신체손해사정사 2차 시험 대비

자동차보험의 이론과 실무

신체손해사정사 2차 시험 대비

자동차보험의 이론과 실무

초판 1쇄 발행	2015년 8월 20일
지은이	고명진·박윤철
펴낸이	원성삼
책임편집	조소연
펴낸곳	예영커뮤니케이션

주소	136~825 서울시 성북구 성북로6가길 31
전화	(02) 766~8931
팩스	(02) 766~8934
홈페이지	www.jeyoung.com
이메일	jeyoung@chol.com
등록일	1992년 3월 1일 제2-1349호

ISBN 978-89-8350-919-2 (13320)

책값 34,000원

저자와의 협의에 따라 인지는 붙이지 않습니다.
저자와 출판사의 허락 없이 내용의 일부를 인용하거나 발췌하는 것을 금합니다.

이 도서의 국립중앙도서관 출판예정도서목록(CIP)은 서지정보유통지원시스템 홈페이지
(http://seoji.nl.go.kr)와 국가자료공동목록시스템(http://www.nl.go.kr/kolisnet)에서 이용
하실 수 있습니다.(CIP제어번호: CIP2015017852)

신체손해사정사 2차 시험 대비

자동차보험의 이론과 실무

고명진·박윤철 共 著

예영커뮤니케이션

머리말

本 書는 신체손해사정사 "자동차보험의 이론과 실무" 수험생들이 이론을 확립하고 실무를 터득하기에 적합한 수험서가 되도록 구성되었고, 기초를 튼튼히 다질 수 있도록 이론과 실무를 체계적으로 접목하였다.

기출문제는 물론 개정된 법령 및 자동차보험 약관을 철저히 분석한 후 충실히 반영하였으며, 특히 신·구 판례들을 부제에 맞게 사례별로 빠짐없이 기록하여 이론과 실무를 동시에 접할 수 있도록 한 것이 本 書의 최대 장점이다.

本 書를 구성하고 있는 제1권 "「자동차손해배상보장법」 해설", 제2권 "자동차보험약관 해설", 제3권 "손해사정실무"를 벗어나서 창출될 수 있는 이론과 실무는 없다고 확신한다.

本 書에 실은 관련 법령 및 약관에 대한 충실한 해설과 사례별 풍부한 판례들은 신체손해사정사 시험을 준비하는 수험생들의 수험서로서 뿐만 아니라, 보상실무 및 손해사정실무 현장에서 실무 참고서로도 유용하게 활용할 수 있을 것으로 확신한다.

구슬이 서 말이라도 꿰어야 보배가 되고, 부뚜막에 소금도 집어 넣어야 하듯이 本 書로 열심히 공부하여 수험생 여러분의 앞날에 합격이라는 결실이 맺어지기를 바란다.

본 과목의 강의 제의를 받고서 곧바로 교재 집필에 착수하였으나 능력의 한계로 拙著임을 인정하지 않을 수 없다. 어려운 가운데 이 책의 출판을 결정해 주신 예영커뮤니케이션의 원성삼 대표님께 감사드리며, 그 持難한 과정 동안 여러 고난과 역경을 극복하고 탈고에 이르게 될 수 있었음을 하나님께 감사드린다.

2015년 8월

고 명 진·박 윤 철

목차

제4장 자동차보험진료수가 기준 및 분쟁 조정

제5장 책임보험 등 사업

제8장 벌 칙

제9장 범칙행위에 관한 처리의 특례

제2권 자동차보험약관 해설

제1편 용어의 정의 및 자동차보험의 구성

제1장 용어의 정의

제2장 개인용 자동차보험의 구성

제2편 자동차보험에서 보상하는 내용

제1장 배상책임

제1절 「대인배상Ⅰ」

제2절 「대인배상Ⅱ」

제2장 손해배상청구권자의 직접청구

제4장 그 밖의 사항

5편 특별약관

제1장 운전가능자에 대한 제한

제2장 「자기신체사고」(자동차상해)의 보상 확대

제3장 사고 처리 시 소요되는 비용

제4장 기타 특별약관

제3권 손해사정실무

제1장 보상 처리 절차

제2장 「대인배상」·「무보험자동차에 의한 상해」 지급 기준

제3장 과실상계 등

제4장 「자기신체사고」 지급 기준

제5장 지급보상금의 계산

제1권

「자동차손해배상보장법」
해설

제1권 「자동차손해배상보장법」 해설

제1장 총 칙

제1조(목적)

이 법은 자동차의 운행으로 사람이 사망 또는 부상하거나 재물이 멸실 또는 훼손된 경우에 손해배상을 보장하는 제도를 확립하여 피해자를 보호하고, 자동차사고로 인한 사회적 손실을 방지함으로써 자동차 운송의 건전한 발전을 촉진함을 목적으로 한다.

이 條는 「자동차손해배상보장법」(이하 「자배법」이라 한다)의 목적을 규정하고 있다.

1. 절대적 교통수단인 자동차로 인한 교통사고의 급증은 국가가 대처해야 할 사회적·경제적 문제로 대두되었다. 이에 국가에서는 적극적인 교통사고의 사전 예방대책 못지않게 사고 발생 후의 소극적 대책으로서 피해자의 보호·구제책을 강구하지 않을 수 없게 되었으며, 그 대책으로서 교통사고 피해자에 대한 손해배상보장제도의 확립이 절실하게 요구 되어졌다.

2. 종래 교통사고 피해자의 구호·구제 조치로서의 법적 근거는 「민법」상 일반 불법행위에 관한 규정에 의하여 불법행위 당사자인 운전자나 사용자에 대하여 손해배상을 청구하는 방법이 유일한 것이었다. 이와는 달리, 교통사고는 거의 대부분 순간적으로 발생하는 우발적인 사고이므로 피해자(청구권자) 측이 운전자의 고의, 과실로 인한 위법행위에 의하여 손해가 발생하였음을 입증하는 것이 쉽지 않을 뿐만 아니라, 가사 피해자가 그 사실을 입증하였다고 하더라도 일반적으로 가해자 측의 변제 능력이 불충분하여 피해자는 만족할 만한 피해보상을 받을 수 없는 경우가 빈번하게 발생하였다.

3. 이와 같은 문제점을 극복하기 위해 1963년에 「자배법」이 제정되었다. 「자배법」은 손해배상 주체를 명확히 함과 동시에 확대하였고, 입증 책임의 전환, 승객 이외의 피해자에 대하여는 조건부(상대적) 무과실책임주의, 승객인 피해자에 대하여는 무과실책임주의, 피해자의 직접청구권 및 가불금청구권, 보유 불명 자동차 피해자에 대한 정부의 자동차손해배상보장제도, 강제보험, 압류 및 양도의 금지, 자동차 양도·양수 후 양수인의 책임보험(「대인배상 I」) 승계로 인한 무보험상태 방지, 자동차보험진료수가제도 도입 및 진료비 지불 보증 등을 채택하여 종래의 법적 미비를 점진적으로 보완·확충하여 가면서 교통사고로 인한 피해자 보호·구제는 물론 적정한 손해배상제도의 실시를 통하여 가해자 측의 이익도 보호하는 데 그 목적이 있다.

제2조(정의)

이 법에서 사용하는 용어의 뜻은 다음과 같다.〈개정 2009.2.6., 2013.8.6.〉

　1. "자동차"란 「자동차관리법」의 적용을 받는 자동차와 「건설기계관리법」의 적용을 받는 건설기계 중 대통령령으로 정하는 것을 말한다.

　2. "운행"이란 사람 또는 물건의 운송 여부와 관계없이 자동차를 그 용법에 따라 사용하거나 관리하는 것을 말한다.

　3. "자동차 보유자"란 자동차의 소유자나 자동차를 사용할 권리가 있는 자로서 자기를 위하여 자동차를 운행하는 자를 말한다.

　4. "운전자"란 다른 사람을 위하여 자동차를 운전하거나 운전을 보조하는 일에 종사하는 자를 말한다.

　5. "책임보험"이란 자동차 보유자와 「보험업법」에 따라 허가를 받아 보험업을 영위하는 자(이하 "보험회사"라 한다)가 자동차의 운행으로 다른 사람이 사망하거나 부상한 경우 이 법에 따른 손해배상책임을 보장하는 내용을 약정하는 보험을 말한다.

　6. "책임공제"란 사업용 자동차의 보유자와 「여객자동차 운수사업법」, 「화물자동차 운수사업법」, 「건설기계관리법」에 따라 공제사업을 하는 자(이하 "공제사업자"라 한다)가 자동차의 운행으로 다른 사람이 사망하거나 부상한 경우 이 법에 따른 손해배상책임을 보장하는 내용을 약정하는 공제를 말한다.

　7. "자동차보험진료수가(진료수가)"란 자동차의 운행으로 사고를 당한 자(이하 "교통사고 환자"라 한다)가 「의료법」에 따른 의료기관(이하 "의료기관"이라 한다)에서 진료를 받음으로써 발생하는 비용으로서 다음 각 목의 어느 하나의 경우에 적용되는 금액을 말한다.

　　가. 보험회사(공제사업자를 포함한다. 이하 "보험회사 등"이라 한다)의 보험금(공제금을 포함한다. 이하 "보험금 등"이라 한다)으로 해당 비용을 지급하는 경우

　　나. 제30조에 따른 자동차손해배상 보장사업의 보상금으로 해당 비용을 지급하는 경우

　　다. 교통사고 환자에 대한 배상(제30조에 따른 보상을 포함한다)이 종결된 후 해당 교통사고로 발생한 치료비를 교통사고 환자가 의료기관에 지급하는 경우

　8. "자동차사고 피해지원사업"이란 자동차사고로 인한 피해를 구제하거나 예방하기 위한 사업을 말하며, 다음 각 목과 같이 구분한다.

　　가. 자동차손해배상 보장사업: 제30조에 따라 국토교통부장관이 자동차사고 피해를 보상하는 사업

　　나. 자동차사고 피해예방사업: 제30조의2에 따라 국토교통부장관이 자동차사고 피해 예방을 지원하는 사업

　　다. 자동차사고 피해자 가족 등 지원사업: 제30조제2항에 따라 국토교통부장관이 자동차사고 피해자 및 가족을 지원하는 사업

　　라. 자동차사고 후유장애인 재활지원사업: 제31조에 따라 국토교통부장관이 자동차사고 후유장애인의 재활을 지원하는 사업

이 條는 법률에서 사용되고 있는 중요한 용어에 관해서 그 뜻을 명확하게 정의한 규정이다.

1. 자동차

이 條에서 말하는 "자동차"란 원동기에 의하여 육상에서 이동할 목적으로 제작한 용구 또는 이에 견인되어 육상을 이동할 목적으로 제작한 용구로서 「자동차관리법」의 적용을 받는 자동차와 「건설기계관리법」의 적용을 받는 건설기계 중 대통령령으로 정하는 것을 말한다.

가. 「자동차관리법」의 적용을 받는 자동차

「자동차관리법」 제3조제1항에서 규정하고 있는 자동차 및 「자동차관리법」 제3조제1항에 따른 자동차를 말하며, 다음 각 호와 같이 구분한다.

1. 승용자동차: 10인 이하를 운송하기에 적합하게 제작된 자동차
2. 승합자동차: 11인 이상을 운송하기에 적합하게 제작된 자동차. 다만, 다음 각 목의 어느 하나에 해당하는 자동차는 승차인원에 관계없이 이를 승합자동차로 본다.
    가. 내부의 특수한 설비로 인하여 승차인원이 10인 이하로 된 자동차
    나. 국토교통부령으로 정하는 경형자동차로서 승차인원이 10인 이하인 전방조종자동차
    다. 캠핑용자동차 또는 캠핑용트레일러
3. 화물자동차: 화물을 운송하기에 적합한 화물적재공간을 갖추고, 화물적재공간의 총적재화물의 무게가 운전자를 제외한 승객이 승차공간에 모두 탑승했을 때의 승객의 무게보다 많은 자동차
4. 특수자동차: 다른 자동차를 견인하거나 구난작업 또는 특수한 작업을 수행하기에 적합하게 제작된 자동차로서 승용자동차·승합자동차 또는 화물자동차가 아닌 자동차
5. 이륜자동차: 총배기량 또는 정격출력의 크기와 관계없이 1인 또는 2인의 사람을 운송하기에 적합하게 제작된 이륜의 자동차 및 그와 유사한 구조로 되어 있는 자동차

■ **「자동차관리법」 제3조(자동차의 종류)**
① 자동차는 다음 각 호와 같이 구분한다. 〈개정 2011.5.24., 2013.3.23.〉
    1. 승용자동차: 10인 이하를 운송하기에 적합하게 제작된 자동차
    2. 승합자동차: 11인 이상을 운송하기에 적합하게 제작된 자동차. 다만, 다음 각 목의 어느 하나에 해당하는 자동차는 승차인원에 관계없이 이를 승합자동차로 본다.
        가. 내부의 특수한 설비로 인하여 승차인원이 10인 이하로 된 자동차
        나. 국토교통부령으로 정하는 경형자동차로서 승차인원이 10인 이하인 전방조종자동차
        다. 캠핑용자동차 또는 캠핑용 트레일러
    3. 화물자동차: 화물을 운송하기에 적합한 화물적재공간을 갖추고, 화물적재공간의 총적재화물

의 무게가 운전자를 제외한 승객이 승차공간에 모두 탑승했을 때의 승객의 무게보다 많은 자동차
    4. 특수자동차: 다른 자동차를 견인하거나 구난작업 또는 특수한 작업을 수행하기에 적합하게
제작된 자동차로서 승용자동차·승합자동차 또는 화물자동차가 아닌 자동차
    5. 이륜자동차: 총배기량 또는 정격출력의 크기와 관계없이 1인 또는 2인의 사람을 운송하기에
적합하게 제작된 이륜의 자동차 및 그와 유사한 구조로 되어 있는 자동차
② 제1항에 따른 구분의 세부 기준은 자동차의 크기·구조, 원동기의 종류, 총배기량 또는 정격출력
등에 따라 국토교통부령으로 정한다.〈신설 2011.5.24., 2013.3.23.〉
③ 제1항에 따른 자동차의 종류는 국토교통부령으로 정하는 바에 따라 세분할 수 있다.

나. 「건설기계관리법」의 적용을 받는 기계

「자동차손해배상보장법」 제2조제1호에서 "「건설기계관리법」의 적용을 받는 건설기계 중 대
통령령으로 정하는 것"이란 다음 각 호의 것을 말한다(「자배법」 시행령 제2조).

    1. 덤프트럭

    2. 타이어식 기중기

    3. 콘크리트믹서트럭

    4. 트럭적재식 콘크리트펌프

    5. 트럭적재식 아스팔트살포기

    6. 타이어식 굴삭기

    7. 「건설기계관리법 시행령」 별표1 제26호에 따른 특수건설기계 중 다음 각 목의 특수건설기계

        가. 트럭지게차

        나. 도로보수트럭

        다. 노면측정장비(노면측정장치를 가진 자주식인 것을 말한다)

> 참고로 「도로교통법」상 자동차는 同法 제2조제18호에서 규정하고 있는 아래의 자동차를 말한다.
>
> ■ 「도로교통법」 제2조제18호
> "자동차"란 철길이나 가설된 선을 이용하지 아니하고 원동기를 사용하여 운전되는 차(견인되는 자
> 동차도 자동차의 일부로 본다)로서 다음 각 목의 차를 말한다.
>   가. 「자동차관리법」 제3조에 따른 다음의 자동차. 다만, 원동기장치자전거는 제외한다.
>   1) 승용자동차 2) 승합자동차 3) 화물자동차 4) 특수자동차 5) 이륜자동차
>   나. 「건설기계관리법」 제26조제1항 단서에 따른 건설기계
>
> ■ 「건설기계관리법」 제26조(건설기계조종사면허)
> ① 건설기계를 조종하려는 사람은 시장·군수 또는 구청장에게 건설기계조종사면허를 받아야 한
> 다. 다만, 국토교통부령으로 정하는 건설기계를 조종하려는 사람은 「도로교통법」 제80조에 따른

운전면허를 받아야 한다. 〈개정 2012.2.22., 2013.3.23.〉

■ 「건설기계관리법」 시행 규칙 제73조(건설기계조종사면허의 특례)
① 법 제26조제1항 단서의 규정에 의하여 「도로교통법」 제80조의 규정에 의한 운전면허를 받아조종하여야 하는 건설기계의 종류는 다음 각 호와 같다.
〈개정 1997.4.7., 2006.5.30., 2008.3.14., 2013.3.23.〉
　　1. 덤프트럭
　　2. 아스팔트살포기
　　3. 노상안정기
　　4. 콘크리트믹서트럭
　　5. 콘크리트 펌프
　　6. 천공기(트럭적재식을 말한다)
　　7. 영 별표 1의 규정에 의한 특수건설기계 중 국토교통부장관이 지정하는 건설기계

2. 운 행

가. 정 의

이 條 제2호에서 말하는 "운행"이란 사람 또는 물건의 운송 여부에 관계없이 자동차를 그 용법에 따라 사용 또는 관리하는 것을 말한다고 규정되어 있는바, 여기서 "자동차를 그 용법에 따라 사용한다"는 것은 자동차의 용도에 따라 그 구조상 설비되어 있는 각종의 당해 장치를 각각의 장치 목적 또는 용법에 따라 사용하는 것을 말한다. 따라서 우선 사용되어지고 있는 것이 객관적으로 자동차임을 요하고, 그 자동차가 각각 장치의 목적 또는 용법에 따라 사용되고 있음 을 요한다.

나. 용어 해설

(1) "그"의 풀이

"그"는 자동차를 의미하며, 자동차의 용도에 따라 계속적으로 고정되어 있는 장치로서 자동차의 구조상 설비되어 있는 당해 자동차의 고유의 장치 전부 또는 일부를 말한다. 즉, "당해 자동차의 고유의 장치"라 함은 자동차의 구조상 설비되어 있는 각종의 장치(裝置)로서 기관(機關), 조향(操向), 전동(傳動), 전기(電氣) 등의 장치 이외의 크레인차의 크레인, 덤프차의 덤프, 화물자동차의 측문 및 후문 등의 자동차 고유의 장치도 포함된다.

(2) "용법"의 풀이

"용법"은 "당해 자동차의 고유의 장치"의 목적에 따라 사용하는 방법을 말한다.

(3) "사용 또는 관리"의 풀이

"사용 또는 관리"는 위와 같은 자동차의 각종 장치의 전부 또는 일부를 각각의 목적 내지는 용법에 따라 사용하는 것과 위 자동차를 유지·수선·개량·보존·이용하는 것을 말한다. 이는 자동차의 주행 중임은 물론, 자동차가 주행 상태에 있지 아니한 상태에서 각종 부수적인 장치를 사용하는 것도 이에 포함되고, 또한 자동차의 당해 장치의 용법에 따른 사용 이외에 그 사고의 다른 직접적인 원인이 존재하거나 그 용법에 따른 사용의 도중에 일시적으로 본래의 용법 이외의 용도로 사용한 경우에도 전체적으로 위 용법에 따른 사용이 사고 발생의 원인이 된 것으로 평가될 수 있다면 역시 운행에 포함된다(대법원 2009.5.28. 선고 2009다9294, 9300 판결). 거기에 더하여, 당해 자동차의 고유의 장치는 원칙적으로 당해 자동차에 계속적으로 고정되어 사용되는 것이지만 당해 자동차에서 분리하여야만 그 장치의 사용 목적에 따른 사용이 가능한 경우에는 그 장치가 평상시 당해 자동차에 고정되어 있는 것으로서 그 사용이 장치 목적에 따른 것이고 당해 자동차의 운행 목적을 달성하기 위한 필수적인 요소이며 시간적·공간적으로 당해 자동차의 사용에 밀접하게 관련된 것이라면 그 장치를 자동차에서 분리하여 사용하더라도 자동차를 그 용법에 따라 사용하는 것으로 볼 수 있다(대법원 2004.7.9. 선고 2004다20340, 20357 판결).

다. 예외

자동차의 각종 장치의 전부 또는 일부를 각각의 사용 목적에 따라 사용하는 경우에는 운행 중에 있다고 할 것이나, 자동차에 타고 있다가 사망하였다 하더라도 그 사고가 자동차의 운송수단으로서의 본질이나 위험과는 전혀 무관하게 사용되었을 경우까지 자동차의 운행 중의 사고로 보기는 어렵다. 일례를 들면, 승용차를 운행하기 위하여 시동과 히터를 켜 놓고 대기하고 있었던 것이 아니라 잠을 자기 위한 공간으로 이용하면서 다만 방한 목적으로 시동과 히터를 켜놓은 상태에서 잠을 자다 질식사한 경우, 자동차 운행 중의 사고에 해당하지 않는다고 한 사례(대법원 2000.01.21. 선고 99다41824 판결)가 있는 반면, 심야에 엘피지 승용차를 운전하여 목적지로 향하여 운행하던 중 눈이 내려 도로가 결빙되어 있어 도로상태가 좋아질 때까지 휴식을 취할 목적으로 도로변에 승용차를 주차한 후 시동을 켠 채 승용차 안에서 잠을 자다가 차내에 누출된 엘피지 가스의 폭발로 화재가 발생하여 운전자가 소사한 경우, 자동차의 운행 중의 사고에 해당한다고 한 사례가 있다(대법원 2000.09.08. 선고 2000다89 판결).

라. "운전"과의 차이

「도로교통법」 제26조는 「26. "운전"이란 도로(제44조·제45조·제54조제1항·제148조 및 제148조의2의 경우에는 도로 외의 곳을 포함한다)에서 차마를 그 본래의 사용 방법에 따라 사용하는 것(조종을 포함한다)을 말한다」고 규정하고 있다. 그중 "자동차의 운전"은 자동차의 원동기를 사용하는 고의의 운전행위로써, 자동차에 설치되어 있는 각종 장치의 조작에 의하여 발진, 일정 방향 및 속도의 유지, 변경, 정차 등 자동차의 주행에 있어서 필요한 조치를 취하는 것은 물론 자동차의 발진 조작까지 완료하는 것을 의미한다. 반면, "운행"은 자동차의 주행상태가 아닌 주행의 전후단계로서 주·정차 상태에서 각종 부수적인 장치를 사용하는 것도 포함하는 것이므로, "운전"이란 「자배법」상 "운행"의 개념보다는 좁은 개념으로 보고 있다.

■ 대법원 2009.05.28. 선고 2009다9294 판결[채무부존재확인·보험금]

자동차의 운행으로 인한 손해배상을 보장하는 자동차보험에 관하여 규정하고 있는 「자동차손해배상보장법」에서 말하는 "자동차"라 함은 원동기에 의하여 육상에서 이동할 목적으로 제작한 용구 또는 이에 견인되어 육상을 이동할 목적으로 제작한 용구이고, 그 "운행"이라 함은 사람 또는 화물의 운송 여부에 관계없이 자동차를 그 용법에 따라 사용하거나 관리하는 것을 말하는데(같은 법 제2조제1, 2호), 이때 "자동차를 그 용법에 따라 사용한다"는 것은 자동차의 용도에 따라 그 구조상 설비되어 있는 각종의 장치를 각각의 장치 목적에 따라 사용하는 것을 말하는 것으로서, 자동차가 주행상태에 있지 아니한 상태에서 각종 부수적인 장치를 사용하는 것도 이에 포함되고, 또한 자동차의 당해 장치의 용법에 따른 사용 이외에 그 사고의 다른 직접적인 원인이 존재하거나 그 용법에 따른 사용의 도중에 일시적으로 본래의 용법 이외의 용도로 사용한 경우에도 전체적으로 위 용법에 따른 사용이 사고 발생의 원인이 된 것으로 평가될 수 있다면 역시 이에 포함된다고 보는 반면(대법원 2004.7.9. 선고 2004다20340, 20357 판결, 대법원 2005.3.25. 선고 2004다71232 판결 등 참조), "운전"의 개념에 대해서는 「도로교통법」상의 도로에서 차마를 그 본래의 사용 방법에 따라 사용하는 것을 말한다고 규정하고 있고(「도로교통법」 제2조제24호), 그중 "자동차 운전"은 자동차의 원동기를 사용하는 고의의 운전행위로서, 엔진의 시동뿐만 아니라 발진 조작의 완료까지 요하는 것이므로, 이는 주행상태가 아닌 주행의 전후단계로서 주·정차상태에서 각종 부수적인 장치를 사용하는 것도 포함하는 「자동차손해배상보장법」상 "운행"의 개념보다는 좁은 개념으로 해석되고 있다(대법원 1999.11.12. 선고 98다30834 판결, 대법원 2004.4.23. 선고 2004도1109 판결 등 참조).

3. 자동차 보유자

가. 정 의

이 條 제3호의 "자동차 보유자"란 「자동차의 소유자나 자동차를 사용할 권리가 있는 자로서 자기를 위하여 자동차를 운행하는 자를 말한다」고 규정하고 있다. 보유자가 되려면 우선 자동차의 소유자 또는 자동차를 사용할 권리를 가진 자라야 한다.

나. "소유자" 및 "자동차를 사용할 권리를 가진 자"의 뜻

자동차의 "소유자"란 자동차의 등록 명의자를 말하며, "자동차를 사용할 권리가 있는 자"란 자동차를 사용함에 있어 일정한 이익을 가지고 자기를 위하여 사용할 수 있는 힘이 법률상 보장되어 있는 자를 말한다. 그 전형적인 예로서는 임대차(「민법」 제618조)와 사용대차(「민법」 제609조) 등에 의하여 자동차를 사용하는 경우이다. 따라서 타인의 자동차를 절취하여 운전하거나 무단운전을 하는 자는 그 자동차를 사용할 권리가 없으므로 보유자가 되지 못한다.

다. "자기를 위하여 자동차를 운행하는 자"의 뜻

"자기를 위하여 자동차를 운행하는 자"란 일반적으로 자동차의 운행에 대한 지배권을 갖고 그 운행에 의한 이익이 자기에게 귀속되는 자를 말한다. 즉, 운행지배권과 운행이익의 귀속자를 말한다. 이처럼 보유자는 자동차의 소유자 또는 자동차를 사용할 권리가 있는 자로서 자기를 위하여 자동차를 운행하는 자이므로 자동차의 소유자라 할지라도 사고 당시 자기(소유자)를 위하여 운행된 것이 아니었으면 보유자가 아니다.

라. "보유자"와 "운행자"의 구분

보유자는 운행자에 포함되며, 운행자 중에서 자동차를 정당하게 사용할 권리가 있는 소유자와 사용대차 및 임대차의 차주와 같은 사용권자를 말한다. 따라서 자동차에 대한 정당한 소유권과 사용권이 없는 절취운전자와 무단운전자는 「자배법」상 운행자로서 책임 주체는 될 수 있지만 보유자가 될 수는 없다. 이와 같은 보유자가 아닌 운행자로서의 절취운전자, 무단운전자는 자배책보험(「대인배상Ⅰ」)의 피보험자가 아니기 때문에 자배책보험(「대인배상Ⅰ」)의 보호를 받을 수 없다. 그러나 절취 또는 무단운전 사고의 피해자는 「자배법」상의 자동차손해배상 보장사업(동법 제30조제1항)에 의하여 자배책보험금의 한도 안에서 정부에 대하여 손해배상을 청구할 수 있고, 정부는 피해자에게 손해배상금을 지급한 후 당해 절취운전자 및 무단운전자에게 손해배상청구권을 대위 행사 한다(법 제39조제1항).[1]

4. 운전자

가. 정 의

이 條 제4호의 "운전자"란 다른 사람을 위하여 자동차를 운전하거나 운전을 보조하는 일에 종사하는 자를 말한다.

나. 다른 사람

여기에서 말하는 "다른 사람"은 보유자를 지칭하는 것이고, 「자배법」 제3조에서 말하는 "다른 사람"은 원칙적으로 보유자와 운전자 이외의 자를 말한다.

다. 다른 사람을 위하여

여기에서 "다른 사람을 위하여"라는 것은 보유자의 정의에서 말한 "자기를 위하여"라는 용어

---

1 김유중, 『자동차보험 대인손해사정 실무』(보험연수원, 1997), 16~17面.

의 반대개념으로써, 자동차의 사용에 있어서 운행지배권과 운행이익이 타인(보유자)에게 귀속되는 것을 의미한다.

라. 운전에 종사하는 자

여기에서 "운전에 종사하는 자"란 사실상 자동차를 운전하는 자이면 족하고, 운전면허의 유무를 불문하며, 또한 종사한다는 것은 어느 업무의 일을 하고 있는 것을 의미하므로 계속적이건 일시적이건, 유상이건 무상이건 불문한다. 운전자란 운전자로서 자동차에 탑승한 자 일반을 지칭하는 것이 아니고, 사고 당시에 현실적으로 운전업무에 종사하고 있었다든가 종사하지 않으면 안 되었던 과실 있는 자를 말한다. 이와는 반대로, 운전자라고 불리는 자라 하더라도 사고 발생 당시에 현실적으로 운전의 업무에 종사하고 있지 않았다고 인정되는 자는 운전자로서의 지위를 이탈한 자로 보아 이 법 제3조의 "다른 사람"에 해당한다고 볼 수 있다.

마. 운전보조자

여기에서 "운전을 보조하는 일에 종사하는 자"란 업무로서 운전자의 운전행위에 참여하여 그 지배 하에서 운전행위를 도와주는 자로서, 통상 조수나 차장(車掌) 등이 이에 해당한다. 이 운전보조자는 반드시 피용자에 한하지 않고 임시조수도 이에 포함된다. 또한 운전보조자는 업무로서 운전의 보조에 종사하고 있으면 족하고, 직업 또는 직별로서 행하여야 할 필요는 없다. 그러나 승객이나 통행인이 업무와 관계없이 운전자 등의 권유에 의해서 혹은 자발적으로 단순히 선의로 운전자의 운전행위를 돕는 행위, 소위 선의의 운전보조행위를 하는 자는 여기서 말하는 운전보조자에 해당하지 않고 同法 제3조의 "다른 사람"에 해당한다. 사용자와 운전보조자와의 관계는 반드시 고용관계가 있어야 하는 것은 아니며 또한 운전의 보조에 종사하는 이상 계속적이건 일시적이건, 유·무상을 가리지 않는다. 대법원 2010.5.27. 선고 2010다5175 판결은 "운전의 보조에 종사하는 자를 판단함에 있어서는, 업무로서 운전자의 운전행위에 참여한 것인지 여부, 운전자와의 관계, 운전행위에 대한 구체적인 참여 내용, 정도 및 시간, 사고 당시의 상황, 운전자의 권유 또는 자발적 의사에 따른 참여인지 여부, 참여에 따른 대가의 지급 여부 등 여러 사정을 종합적으로 고려하여야 한다"고 판시하였다. 이와 관련하여 제기되는 문제점으로는 어떠한 자를 여기서 말하는 운전의 보조에 종사하는 자, 즉, 운전보조자로 볼 것이냐에 관하여, 업무상 운전보조자라고 할 수 있는 지위에 있다고 하는 것과 현실적으로 운전의 보조를 하고 있다는 것의 두 개의 요건 하에서 판단하여야 한다는 견해와 이에 대하여 현실적으로 운전의 보조를 하고 있는 경우만 운전보조자라고 하는 견해가 있는데, 후자의 견해를 취하면 통행인이나 승객 등이 단순히 선의로 운전보조행위를 하다 사상한 자도 운전보조자가 되므로 자배책보험에서 보상을 받지 못하게 되어 「자배법」의 입법 취지에 반하게 된다는 사실이 대두된다.

> ■ 대법원 2010.5.27. 선고 2010다5175 판결[공제금지급]
>
> [1] 구 「자동차손해배상보장법」(2008.3.28. 법률 제9065호로 전부 개정되기 전의 것) 제3조에서 말하는 다른 사람이란 "자기를 위하여 자동차를 운행하는 자 및 당해 자동차의 운전자를 제외한 그 이외의 자"를 지칭하므로, 당해 자동차를 현실로 운전하거나 그 운전의 보조에 종사한 자는 위 법 제3조에 규정된 다른 사람에 해당하지 아니한다. 이와 관련하여 운전의 보조에 종사한 자에 해당하는지를 판단함에 있어서는, <u>업무로서 운전자의 운전행위에 참여한 것인지 여부, 운전자와의 당시의 상황, 운전자의 권유 또는 자발적 의사에 따른 참여인지 여부, 참여에 따른 대가의 지급 여부 등</u> 여러 사정을 종합적으로 고려하여야 한다.
>
> [2] 갑이 크레인 차량 소유자인 을의 부탁으로 크레인의 와이어를 수리하여 준 후 크레인 차량 적재함에서 크레인 작동 방법을 지도하던 중 크레인 차량이 기울어지면서 적재함 위에서 추락하여 상해를 입은 사안에서, 갑이 업무로서 운전행위에 참여하여 사고 방지 의무를 부담하려고 하였다거나 그와 같은 지위에 있었다고 보기는 어렵다는 이유 등으로, 갑이 구 「자동차손해배상보장법」(2008.3.28. 법률 제9065호로 전부 개정되기 전의 것)상 "운전의 보조에 종사하는 자"에 해당한다고 볼 수 없다고 한 원심의 판단을 수긍한 사례

5. 책임보험

이 條 제5호에서는 "책임보험"이란 자동차 보유자와 「보험업법」에 따라 허가를 받아 보험업을 영위하는 자가 자동차의 운행으로 다른 사람이 사망하거나 부상한 경우 이 법 제3조 및 제4조에서 규정한 손해배상책임을 보장하는 내용을 약정하는 보험을 말한다고 규정하고 있다. 즉, 보험회사는 피보험자(자기를 위하여 자동차를 운행하는 자)가 피보험자동차의 운행으로 인하여 다른 사람을 죽거나 다치게 하여 동법 제3조에 의한 손해배상책임을 짐으로써 입은 손해를 보상하는 보험을 일컫는다. 이 보험은 동법 제5조제1항에 의해 가입 의무가 강제되어 있다.

6. 책임공제

이 條 제6호에서는 "책임공제"란 사업용 자동차의 보유자와 「여객자동차 운수사업법」, 「화물자동차 운수사업법」, 「건설기계관리법」에 따라 공제사업을 하는 자가 자동차의 운행으로 다른 사람이 사망하거나 부상한 경우 이 법에 따른 손해배상책임을 보장하는 내용을 약정하는 공제를 말한다고 규정하고 있다. 책임공제 역시 책임보험과 마찬가지로 同法 제5조제1항에 의하여 가입 의무가 강제되어 있다.

7. 자동차보험진료수가

이 條 제7호에서는 "자동차보험진료수가(진료수가)"란 자동차의 운행으로 사고를 당한 자(이

하 "교통사고 환자"라 한다.)가 「의료법」에 따른 의료기관(이하 "의료기관"이라 한다.)에서 진료를 받음으로써 발생하는 비용으로, 다음 각 목의 어느 하나의 경우에 적용되는 금액을 말한다고 하면서, 그 각 목으로는 다음과 같이 규정하고 있다.

가. 보험회사(공제사업자를 포함한다. 이하 "보험회사 등"이라 한다)의 보험금(공제금을 포함한다. 이하 "보험금 등"이라 한다)으로 해당 비용을 지급하는 경우
나. 제30조에 따른 자동차손해배상 보장사업의 보상금으로 해당 비용을 지급하는 경우
다. 교통사고 환자에 대한 배상(제30조에 따른 보상을 포함한다)이 종결된 후 해당 교통사고로 발생한 치료비를 교통사고 환자가 의료기관에 지급하는 경우

8. 자동차사고 피해지원사업

이 條 제8호에서는 "자동차사고 피해지원사업"이란 자동차사고로 인한 피해를 구제하거나 예방하기 위한 사업을 말하며, 다음 각 목과 같이 구분하고 있다.

가. 자동차손해배상 보장사업: 제30조에 따라 국토교통부장관이 자동차사고 피해를 보상하는 사업
나. 자동차사고 피해예방사업: 제30조의2에 따라 국토교통부장관이 자동차사고 피해 예방을 지원하는 사업
다. 자동차사고 피해자 가족 등 지원사업: 제30조제2항에 따라 국토교통부장관이 자동차사고 피해자 및 가족을 지원하는 사업
라. 자동차사고 후유장애인 재활지원사업: 제31조에 따라 국토교통부장관이 자동차사고 후유장애인의 재활을 지원하는 사업

제2장 자동차손해배상책임

제3조(자동차손해배상책임)
자기를 위하여 자동차를 운행하는 자는 그 운행으로 다른 사람을 사망하게 하거나 부상하게 한 경우에는 그 손해를 배상할 책임을 진다. 다만, 다음 각 호의 어느 하나에 해당하면 그러하지 아니하다.
1. 승객이 아닌 자가 사망하거나 부상한 경우에 자기와 운전자가 자동차의 운행에 주의를 게을리하지 아니하였고, 피해자 또는 자기 및 운전자 외의 제3자에게 고의 또는 과실이 있으며, 자동차의 구조상의 결함이나 기능상의 장해가 없었다는 것을 증명한 경우
2. 승객이 고의나 자살행위로 사망하거나 부상한 경우

　　이 條는 자동차손해배상책임의 주체, 성립 요건, 입증 책임의 전환, 면책 요건을 규정한 것으로써 「자배법」의 핵심이다. 한편, 同條는 신체손해사고에만 적용되고 물적손해사고에는 적용되지 않는다.

■ 대법원 2010.12.09. 선고 2010다70773 판결[채무부존재확인]

원심 판결 이유에 의하면, 원심은, ① 원고가 2009.1.5. 피고와 피고 소유의 (차량 등록번호 생략) 아반떼 승용차에 관하여 자동차종합보험계약을 체결한 사실, ② 피고의 아들인 소외 1은 오토바이 판매 및 수리업을 하는 소외 2에게 고용되어 근무하던 중 2009.7.16.18:00경 소외 2의 점포 앞에서 피고의 승낙을 받아 운전하던 위 승용차를 후진하다가 그곳에 주차되어 있던 소외 3 등 피해자들 소유의 오토바이 3대를 파손한 사실, ③ 위 자동차보험계약의 약관에 의하면, 「대물배상」과 관련하여 "피보험자 또는 그 부모, 배우자 및 자녀가 소유, 사용 또는 관리하는 재물에 생긴 손해"(이하 "이 사건 제1면책 조항"이라고 한다) 및 "피보험자가 사용자의 업무에 종사하고 있을 때 피보험자의 사용자가 소유, 사용 또는 관리하는 재물에 생긴 손해"(이하 "이 사건 제2면책 조항"이라고 한다)에 관하여 원고가 보험금 지급 채무를 부담하지 않는 것으로 규정되어 있는 사실을 인정한 다음, 이 사건 보험사고로 인한 손해가 이 사건 각 면책 조항에 해당하여 원고에게 보험금 지급 채무가 없다는 원고의 주장에 대하여, 이 사건 각 면책 조항상의 "피보험자의 자녀 또는 피보험자의 사용자가 사용·관리하는 재물"은 피보험자의 자녀 또는 피보험자의 사용자가 자기 소유의 물건에 준하는 정도로 사용·수익 또는 지배·관리를 하는 관계에 있는 경우를 의미하는 것인데, ① 피보험자인 소외 1의 사용자인 소외 2가 피해 오토바이들을 자기 소유의 물건에 준하는 정도로 사용·수익 또는 지배·관리를 하고 있었다는 사실을 인정하기에 증거가 부족할 뿐만 아니라, 이 사건 보험사고가 피보험자인 소외 1이 사용자인 소외 2의 업무에 종사하고 있을 때 발생한 사고라고 인정하기에도 증거가 부족하므로, 이 사건 보험사고가 이 사건 제2면책 조항이 적용되는 경우에 해당한다는 원고의 주장은 이유 없고, ② 피고용자에 불과한 소외 1이 피해 오토바이들을 자기 소유의 물건에 준하는 정도로 사용·수익 또는 지배·관리하고 있었다고 볼 수 없으므로 이 사건 보험사고에 이 사건 제1면책 조항이 적용된다고도 볼 수 없다는 등의 이유로, 원고의 주장을 배척하였다.

그러나 원심의 위와 같은 판단은 앞서 본 법리에 비추어 이를 수긍할 수 없다.

원심 판결 이유에 의하더라도, 이 사건 차량의 소유자일 뿐 가해자가 아닌 피고가 <u>대물사고인 이 사건 사고에 기하여 피해자들에게 무슨 손해배상책임을 부담한다는 것인지 알 수 없을 뿐 아니라</u>(원심은 "피고는 기명피보험자이기는 하나 배상책임을 부담하는 피보험자에는 해당하지 않는다고 볼 여지는 있다"라고만 설시하였을 뿐, 손해배상책임을 부담하지 아니하여도 보험금청구권을 가지는지 여부에 관하여는 전혀 판단하지 아니하였다), 기록에 의하여도 피고에게 이 사건 보험사고에 따른 손해배상책임을 인정할 만한 근거를 찾아볼 수 없는바, 그렇다면 원고는 피고에 대한 관계에서는 이 사건 각 면책 조항의 적용 여부를 따질 필요 없이 보험계약에 따른 보상 의무를 부담하지 아니한다 할 것이다.

또한 원심이 판시한 바와 같이 원고가 승낙피보험자인 소외 1에 대한 관계에서 이 사건 각 면책 조항이 적용되지 않아 보험금 지급 책임을 면할 수 없다고 하더라도, 그와 같은 사정은 원고의 기명피보험자인 피고에 대한 보험금 지급 책임의 유무에는 아무런 영향을 미칠 수 없는 것이다.

그럼에도 원심은 그 판시와 같은 이유만으로 원고의 피고에 대한 보험금 지급 채무의 부존재확인을 구하는 이 사건 청구를 배척하고 말았으니, <u>이러한 원심 판결에는 자동차종합보험 「대물배상」에 있어서의 보험금청구권자 및 면책 조항의 적용에 관한 법리를 오해한 잘못이 있다.</u>

1. 입법 근거

이 條의 입법 근거는 일반적으로 보상책임원리와 위험책임원리로 설명된다. 보상책임원리란 경제활동을 통하여 이윤을 얻는 자는 그 경제활동 중 타인에게 손해를 가한 경우 손해배상책임을 부담하여야 한다는 것이고, 위험책임원리란 자동차의 운행 중 사고를 유발하는 것과 같이 사회생활상 위험을 창출하는 자는 그 위험으로 타인에게 손해를 가한 때에는 손해배상책임을 부담하여야 한다는 주장이다. 이와 같은 두 개의 입법 근거 중에서 보상책임원리로부터는 "운행이익"을, 위험책임원리로부터는 "운행지배"를 추출한다. "운행이익"과 "운행지배"는 상호보완관계로서 운행에 대한 제 학설 중 일원설의 입장은 "운행이익"은 "운행지배"를 나타내는 하나의 징표에 불과하다고 주장한다.

> ■ 대법원 2009.11.12. 선고 2009다63106 판결[구상금]
> 「자동차손해배상보장법」 제3조는 위험책임과 보상책임원리를 바탕으로 하여 자동차에 대한 운행지배와 운행이익을 가지는 자에게 그 운행으로 인한 손해를 부담하게 하고자 함에 있으므로, 여기서 말하는 "자기를 위하여 자동차를 운행하는 자"는 사회통념상 당해 자동차에 대한 운행을 지배하여 그 이익을 향수하는 책임 주체로서의 지위에 있다고 할 수 있는 자를 말하고, 한편, 자동차의 소유자 또는 보유자는 통상 그러한 지위에 있는 것으로 추인된다 할 것이므로 사고를 일으킨 구체적 운행이 보유자의 의사에 기하지 아니한 경우에도 그 운행에 있어 보유자의 운행지배와 운행이익이 완전히 상실되었다고 볼 특별한 사정이 없는 한 보유자는 당해 사고에 대하여 위 법조의 운행자로서의 책임을 부담한다(대법원 1986.12.23. 선고 86다카556 판결 참조).

2. 접근 방법

가. 개 요

「자배법」상 배상책임의 주체로서 보유자란 통상 자동차에 대한 운행지배권(자동차의 소유권, 임차 등에 의한 사용권)을 가지고 그 운행이익이 자기에게 귀속되는 자, 즉, 운행지배권과 운행이익의 귀속자를 말한다. 이와 같은 보유자 책임에 관하여 종래 학설과 판례는 위험책임(자동차와 같은 위험물을 소유·관리하는 자는 위험이 현실화하여 손해가 발생하는 경우 배상책임을 부담해야 한다는 사고)에 의한 운행지배권과 보상책임(사용자 책임의 근거로서 사용자는 피용자의 활동에 의하여 이익을 얻는 자로 이익이 있는 곳에 손실도 귀속되어야 한다는 사고)의 사상에 입각한 운행이익의 쌍방에 근거를 둔 이원설의 입장을 취하였으나 최근에는 운행지배에 근거하여 보유자 책임을 인정하려고 하는 일원설의 입장을 취하고 있다. 이때 운행이익은 운행지배의 징표에 불과하다는 입장이다. 그러나 운행지배인 일원설은 무단운전 등의 경우에는 설명이 용이하나 자동차 대여사

업자의 보유자 책임을 고려할 때에는 역시 운행이익의 점도 고려하여야 한다는 지적도 있다.[1]

나. 보유자(기존 제 학설)

「자배법」상 배상책임을 지는 보유자 개념이 명백하지 않은 관계로 이에 관한 학설이 분분한 바, 중요한 학설 몇 가지를 언급하기로 한다.

(1) 추상설

보유자의 개념을 사고의 원인이 된 당해 자동차의 운행과는 관계없이 추상적·일반적으로 규정하는 설이다. 즉, 보유자란 추상적·일반적으로 그 지위에 있는 자를 가리키며, 따라서 통상 그 지위에 있다고 인정되는 자를 책임 주체로 해석하여 구체적 운행과 관계없이 운행자로 취급한다.[2]

(2) 항변설

보유자를 책임행위에서가 아니라 책임 주체에서 파악하여 구체적 운행과 관계없이 자동차의 소유, 임차인, 기타 본래 개념적으로 그 권리의 내용 중에 운행지배를 포함하는 지위를 취득한 자를 보유자의 지위를 취득한 자로 인정하여, 제3자에 의하여 무단운전 등이 행하여진 때, 그 운전하게 된 사실이 종래 가지고 있었던 운행지배의 상실 여부에 해당하느냐의 여부에 의해 보유자의 지위에 있느냐의 여부를 정하려는 설이다. 즉, 항변설은 자동차사고가 발생한 경우, 이에 대응하는 배상 의무가 법률상 당연히 귀속된다고 인정되는 지위를 가진 자를 보유자로 하고, 피해자가 이러한 지위의 취득 원인인 요건 사실을 주장·입증하면 되고, 가해자 측은 사고 발생 전에 그러한 지위를 상실하고 있었던 것을 입증하지 못하면 책임을 면할 수 없다고 해석한다.[3]

(3) 구체설

구체설은 보유자를 추상적·일반적으로 당해 자기를 위하여 운행하는 지위에 있는 자를 가리키지 않고, 사고 발생의 원인이 된 운행이 모든 사정을 종합적으로 판단하여 자기를 위한 자를 말한다고 해석한다. 즉, 구체설은 보유자의 개념을 동적으로 이해하고 있다. 구체설에 따르면 사고 당시 보유자가 운행자라는 사실에 대한 입증 책임은 피해자에게 있다.[4]

다. 대법원 판례의 입장

대법원 1986.12.23. 선고 86다카556 판결에서, "「자동차손해배상보장법」 제3조 소정의 '자기를 위하여 자동차를 운행하는 자'는 자동차에 대한 운행을 지배하여 그 이익을 향수하는 책임 주체로서의 지위에 있는 자를 가리키는 것이고, 한편, 자동차의 소유자 또는 보유자는 통상 그러한 지위에 있는 것으로 추인된다 할 것이므로, 사고를 일으킨 구체적 운행이 보유자의 의사에

1　한국자동차보험주식회사, 『자동차손해배상보장법 해설』(한국자동차보험주식회사, 1982), 39~40面.
2　한국자동차보험주식회사, 전게서, 41面.
3　한국자동차보험주식회사, 전게서, 41~42面.
4　한국자동차보험주식회사, 전게서, 40~41面.

기하지 아니한 경우에도 그 운행에 있어 보유자의 운행지배와 운행이익이 완전히 상실되었다고 볼 특별한 사정이 없는 한, 보유자는 당해 사고에 대하여 위 법조의 운행자로서의 책임을 부담하게 된다"고 판시한 것, 1988.9.13. 선고 88다카80 판결에서, "「자동차손해배상보장법」 제3조 소정의 '자기를 위하여 자동차를 운행하는 자'라 함은 일반적·추상적으로 자동차의 운행을 지배하여 그 이익을 향수하는 책임 주체로서의 지위에 있는 자를 말하는 것"이라고 판시한 것, 2009.10.15. 선고 2009다42703, 42710 판결에서 "「자동차손해배상보장법」 제3조에서 자동차사고에 대한 손해배상책임을 지는 자로 규정하고 있는 '자기를 위하여 자동차를 운행하는 자'란 사회통념상 당해 자동차에 대한 운행을 지배하여 그 이익을 향수하는 책임 주체로서의 지위에 있다고 할 수 있는 자를 말하고, 이 경우, 운행의 지배는 현실적인 지배에 한하지 아니하고 사회통념상 간접지배 내지는 지배 가능성이 있다고 볼 수 있는 경우도 포함된다"고 판시한 것은 모두 추상설, 항변설의 입장을 채택한 것으로 보여진다.

3. 운행자

가. 정 의

　「자배법」상 피해자에 대하여 손해배상책임을 부담하는 배상책임의 주체인 "자기를 위하여 자동차를 운행하는 자"를 말한다. 「자배법」 제3조 본문의 "자기를 위하여 자동차를 운행하는 자", 즉, 운행자는 同法上의 책임 주체라는 점에서 그 책임을 발생시킨 "운전자 및 운전보조자"와 구별되고, 同法上 보호 대상인 "타인"과 구별된다. 운전자는 타인에 대한 관계에 있어 「자배법」 제3조의 중한 책임을 지지 아니하나, 운행자 스스로 운전한 경우에는 운행자 책임을 면할 수 없고, 스스로 피해를 입어도 공동운행자에 대하여 책임을 물을 수 없다. 한편, 운행자는 보유자라는 용어와 같은 의미로 사용되기도 하지만 보유자는 자동차의 소유자 또는 자동차를 사용할 권리가 있는 자로서 자기를 위하여 자동차를 운행하는 자(동법 제2조제3호)를 말하므로 절취운전의 경우 운전자는 운행자이기는 하나 보유자는 아니므로 양자가 일치되는 개념은 아니다. 운행자 개념은 운행지배와 운행이익의 존부에 의하여 형성되므로 차량에 대한 소유권·사용권과는 분리된다.

나. 운행이익과 운행지배

(1) 序 言

　"운행자"라는 개념은 운행이익과 운행지배의 존부에 의하여 형성되므로 차량에 대한 소유권·사용권과는 분리되는 개념임은 전술한 바와 같다. 즉, 운행자는 자동차의 소유권, 임대차 등에 의한 사용권 뿐만 아니라 자동차에 운행에 관여하여 현실적으로 관리·운영할 수 있는 운행지배는 물론, 그 운행에 의한 이익이 자기에게 귀속되는 자를 말한다. 최근 학설 및 판례는 운행이익

에서 운행지배에 중점을 두고, 운행이익은 운행지배의 징표에 불과하다 하여 운행지배에 의하여
보유자 책임을 인정하려는 경향이 유력하다.

(2) 운행이익

자동차의 운행으로 인하여 발생되는 이익을 말한다. 여기에서 이익이란 직·간접적인 경제적
이익 뿐만 아니라 사회생활상의 정신적 이익도 포함한다.

(3) 운행지배

(가) 개 념

"운행지배"란 차량 운행에 간섭을 하거나 지배·관리할 수 있는 힘을 말하며, 차량에 대한 지
배·관리 및 관여를 할 수 있는 힘의 관계로써 사실적인 개념이다. 이 경우, 운행의 지배는 현실적
인 지배에 한하지 아니하고 간접지배 내지는 지배 가능성이 있다고 볼 수 있는 경우도 포함한다
(대법원 2012.3.29. 선고 2010다4608 판결, 2014.5.16. 선고 2012다73424 판결 등).

■ 대법원 2009.10.15. 선고 2009다42703, 42710 판결[손해배상(기)·구상금]

[1] 「자동차손해배상보장법」 제3조에서 자동차사고에 대한 손해배상책임을 지는 자로 규정하고
있는 "자기를 위하여 자동차를 운행하는 자"란 사회통념상 당해 자동차에 대한 운행을 지배하여
그 이익을 향수하는 책임 주체로서의 지위에 있다고 할 수 있는 자를 말하고, 이 경우, 운행의 지배
는 현실적인 지배에 한하지 아니하고 사회통념상 간접지배 내지는 지배 가능성이 있다고 볼 수 있
는 경우도 포함한다.

[2] 여관이나 음식점 등의 공중접객업소에서 주차 대행 및 관리를 위한 주차요원을 일상적으로 배
치하여 이용객으로 하여금 주차요원에게 자동차와 시동 열쇠를 맡기도록 한 경우에 위 자동차는
공중접객업자가 보관하는 것으로 보아야 하고 위 자동차에 대한 자동차 보유자의 운행지배는 떠
난 것으로 볼 수 있다. 그러나 자동차 보유자가 공중접객업소의 일반적 이용객이 아니라 공중접객
업자와의 사업·친교 등 다른 목적으로 공중접객업소를 방문하였음에도 호의적으로 주차의 대행
및 관리가 이루어진 경우, 일상적으로는 주차대행이 행하여지지 않는 공중접객업소에서 자동차
보유자의 요구에 의하여 우발적으로 주차의 대행 및 관리가 이루어진 경우 등 자동차 보유자가 자
동차의 운행에 대한 운행지배와 운행이익을 완전히 상실하지 아니하였다고 볼 만한 특별한 사정
이 있는 경우에는 달리 보아야 한다.

(나) 중복적 운행지배와 지배의 상실

자동차가 수인의 공유 내지는 조합의 소유에 속하는 경우, 수인이 임차 또는 사용대차하여 운
행하는 경우에는 그 보유자는 모두 운행지배를 동시에 병존적으로 취득하고 그 운행으로 인한
사고에 대하여 위 보유자들은 공동불법행위자로서 부진정연대채무를 부담하게 된다. 이러한 경
우 공동운행자 내부관계에 있어서 운행지배가 다른 보유자(운행자)에게 이전된 형태를 보이지
만, 공동운행자 간의 인적관계, 차량 관리상태 등을 종합하여 양쪽의 공동지배관계를 인정하는
경우가 있다. 이와 같은 공동지배관계에서는 최초의 운행지배는 간접지배가 되고 새로운 지배는

직접지배이므로 양자는 중복하여 성립되지만 직접지배를 갖던 자가 운행지배를 다른 사람에게 넘겨 주면서 최초의 운행지배권자는 지배 가능성을 상실하여 간접지배의 불성립으로 운행지배를 상실함과 동시에 운행자 책임을 면하게 된다. 중복적 운행지배의 문제는 표리관계로서 운행자 범위의 문제이고, 이것은 자동차의 임대차·사용대차·할부판매·수리업자·명의대여·명의잔존 등의 경우에 문제가 된다.[1]

다. 운행자의 범위

(1) 절취운전자

(가) 意 義

"절취운전"은 강도나 절도범이 타인의 자동차를 몰래 훔치어 운전하는 것을 말한다. 자동차 보유자와 고용관계, 가족관계 또는 친인척이나 지인관계 등 일정한 인적관계가 있는 사람이 자동차를 사용한 후 이를 자동차 보유자에게 되돌려 줄 생각으로 자동차 보유자의 승낙을 받지 않고 무단으로 운전을 하는 협의의 무단운전의 경우와 달리, 자동차 보유자와 아무런 인적관계도 없는 사람이 자동차를 보유자에게 되돌려 줄 생각 없이 자동차를 절취하여 운전하는 것을 말한다.

(나) 보유자의 운행자 책임 판단 기준

절취운전의 경우와 같이 정당한 권한 없이 자동차를 사용한 경우, 그 절취운전자가 "자기를 위하여 자동차를 운행하는 자"인 운행자임에는 틀림이 없으나, 문제는 보유자의 책임 유무에 관한 것이다. 절취운전의 경우, 절취와 관련 보유자의 귀책 사유가 있어 보유자 책임을 인정해야 할 특별한 경우를 제외하고는, 외형상 보유자를 "자기를 위하여 자동차를 운행하는 자"에 해당한다고 가정하더라도 당해 자동차에 대한 운행지배가 보유자로부터 이탈된 것으로 보아 특별한 사유가 없는 보유자의 책임을 소극적으로 해석함이 상당하다. 보유자의 운행자성 인정 여부에 대한 판단 기준을 구체적으로 예시하면, 평소 사고차량의 운전 및 관리상태, 절취운전이 가능하게 된 경위와 그 운행 목적, 절취 과정 및 운전 방법, 절취한 목적, 불법영득의사 유무, 도난 시점과 사고 발생까지의 시간적 간격, 도난장소와 사고장소의 거리 등을 종합적으로 참작하여 판단한다. 그러나 이러한 제반요소들은 참작요소에 지나지 않을 뿐, 보유자가 객관적으로 절취운전을 용인하였는지에 대한 특별한 사정을 엿볼 수 있는 혐의가 없다면 종국적으로 보유자는 운행지배를 상실하여 운행자 책임을 면하게 된다.

(다) 대법원 판례의 태도

대법원 판결은, "절취운전의 경우에는 자동차 보유자는 원칙적으로 자동차를 절취당하였을 때에 운행지배와 운행이익을 상실한 것으로 보아야 한다. 다만, 예외적으로 자동차 보유자의 차량

1 　이보환, 「자동차사고손해배상소송」(서울:육법사, 1990), 43面.

이나 시동 열쇠 관리상의 과실이 중대하여 객관적으로 볼 때 자동차 보유자가 절취운전을 용인하였다고 평가할 수 있을 정도가 되고, 또 절취운전 중 사고가 일어난 시간과 장소 등에 비추어 볼 때에 자동차 보유자의 운행지배와 운행이익이 잔존하고 있다고 평가할 수 있는 경우에 한하여 자동차 보유자에게 운행자성을 인정한다”고 판시하고 있다(대법원 1998.6.23. 선고 98다10380 판결, 2001.4.24. 선고 2001다3788 판결 등). 이는 보유자의 차량 관리상의 책임이 현저한 경우에 한하여서는 보유자의 운행자성을 인정하고 있는 것으로 보여진다.

(2) 무단운전자

(가) 意 義

“무단운전”이란 보유자의 승낙 없이 자동차를 운전하는 것을 말하며, 그 무단운전자가 “자기를 위하여 자동차를 운행하는 자”에 해당되는 것은 절취운전자의 경우와 같다.

(나) 보유자의 운행자 책임 판단 기준

1) 무단운전의 다양성

절취운전과 마찬가지로, 무단운전에 있어서 문제가 되는 것은 무단운전에 의한 사고에 있어서 보유자의 운행자 책임 유무이다. 무단운전의 경우에는 무단운전자와 보유자와의 인적관계, 무단운전의 원인 등 그 형태가 다양하여 일률적으로 보유자 책임의 유무를 단정할 수 없기 때문에 구체적인 사안에 따라서 개별적으로 판단하여야 한다. 이와 관련, 주목할 점은 최근의 판례와 학설은 위험책임, 보상 책임의 사상에 입각하여, “자기를 위하여”라는 요건을 대폭 완화 내지 확장 해석하여 사용자나 보유자의 책임을 긍정함으로써 피해자 보호를 도모하려는 경향이 강하다.

2) 대법원 판례의 태도

무단운전 중의 사고에 대하여, 자동차 소유자(보유자)는 그 운행에 있어 소유자의 운행지배와 운행이익이 완전히 상실되었다고 볼 특별한 사정이 없는 경우에는 그 사고에 대하여「자배법」제3조 소정의 운행자로서의 책임을 부담하고, 그 운행지배와 운행이익의 상실 여부는 평소의 자동차나 그 열쇠의 보관 및 관리상태, 소유자의 의사와 관계없이 그 운행이 가능하게 된 경위, 소유자와 운전자의 인적관계, 운전자의 차량 반환 의사의 유무, 무단운행 후 소유자의 사후 승낙 가능성, 무단운전에 대한 피해자의 인식 유무 등 객관적이고 외형적인 여러 사정을 사회통념에 따라 종합적으로 평가하여 이를 판단하여야 한다. 특히 피해자가 무단운전자의 차량에 동승한 자인 경우에는 그가 무단운전의 정을 알았는지의 여부가 자동차 소유자의 운행지배 내지 운행이익의 상실 여부를 판단하는 중요한 요소가 되는 것이지만, 피해자인 동승자가 무단운행에 가담하였다거나 무단운행의 정을 알고 있었다고 하더라도 그 운행 경위나 운행 목적에 비추어 당해 무단운행이 사회통념상 있을 수 있는 일이라고 선해할 만한 사정이 있거나, 그 무단운행이 운전자의 평소 업무와 사실상 밀접하게 관련된 것이어서 소유자의 사후 승낙 가능성을 전적으로 배제할 수 없는 사정이 있는 경우에는 소유자에게 운행지배와 운행이익을 완전히 상실하였다고 볼 수 없다(대법원 1994.9.23. 선고 94다9085 판결, 1996.7.26. 선고 96다13194 판결 등).

■ 대법원 2006.7.27. 선고 2005다56728 판결[구상금]

자동차의 소유자는 비록 제3자가 무단히 그 자동차를 운전하다가 사고를 내었다고 하더라도 그 운행에 있어 소유자의 운행지배와 운행이익이 완전히 상실되었다고 볼 특별한 사정이 없는 경우에는 그 사고에 대하여「자동차손해배상보장법」제3조 소정의 운행자로서의 책임을 부담하고, 그 운행지배와 운행이익의 상실 여부는 평소의 자동차나 그 열쇠의 보관 및 관리상태, 소유자의 의사와 관계없이 운행이 가능하게 된 경위, 소유자와 운전자의 인적관계, 운전자의 차량 반환 의사의 유무, 무단운행 후 소유자의 사후 승낙 가능성, 무단운전에 대한 피해자의 인식 유무 등 객관적이고 외형적인 여러 사정을 사회통념에 따라 종합적으로 평가하여 이를 판단하여야 한다(대법원 1998.7.10. 선고 98다1072 판결, 1999.4.23. 선고 98다61395 판결 등 참조).

위 법리를 기초로 원심 판결 이유와 기록에 나타난 제반 사정, 특히 피고 2 회사와 소외 2 회사는 앞서 본 바와 같은 특수관계에 있는 점, 피고 2 회사의 직원 소외 5는 (상호 생략)주유소 매장에는 주차공간이 따로 없어 장시간 주차가 불가능함에도 이 사건 사고가 있던 날 평소 주차하던 지하주차장을 도색작업으로 사용할 수 없자 다음날까지 장시간 주차할 목적으로 피고 차량을 (상호 생략)주유소 매장 빈공간에 주차하면서 차량 및 열쇠의 관리에 대하여 특별한 주의 요청도 하지 아니한 채 만연히 피고 차량 열쇠를 소외 2 회사 직원에게 맡기고, 위 열쇠는 소외 2 회사 직원들의 출입이 자유로운 주유소 사무실 내 카운터 옆의 잠금장치가 안 된 보관함에 보관된 점, 앞서 본 바와 같은 소외 1이 피고 차량을 운행하게 된 경위, 소외 1이 이 사건 사고지점까지 무단운전하는 데 걸린 시간은 1시간이 못 되고, 무단 운행한 거리도 서울 강남구 신사동 소재 위 주유소에서 서울 서초구 양재동 소재 이 사건 사고지점까지로 그리 멀지 아니한 점 등에 비추어 보면, 원심이 피고 2 회사 직원이 차량 열쇠를 소외 2 회사 직원에게 맡겼더라도 차량 및 열쇠의 관리 책임이 전적으로 소외 2 회사에게 넘어 갔다고 할 수 없고, 따라서 피고 2 회사는 피고 차량의 소유자로서 그에 대한 운행지배와 운행이익을 완전히 상실하였다고 볼 수 없다고 판단한 것은 정당하고, 거기에 상고이유로 드는 채증법칙 위반 내지「자동차손해배상보장법」상의 운행자 책임에 관한 법리오해 등의 위법이 없다.

(다) 사안별 구체적 사례

1) 제3자의 무단운전

보유자와 아무런 관계없는 제3자의 문단운전에 의한 사고에 있어서는 그 사고의 원인이 된 운전은 무단운전자 자신을 위한 것이므로 보유자 측에 특별한 사정이 없는 한, 당해 자동차에 대한 운행지배가 보유자로부터 이탈한 것으로 보아 보유자 책임을 소극적으로 해석하는 것이 타당하다. "특별한 사정"이란, 예컨대, 자동차를 도로상이나 사람의 왕래가 자유롭고 빈번한 장소에 정차시키고 원동기에 열쇠를 꽂은 채 문을 잠그지 않는 등 운전자에 요구되는 안전조치를 다하지 않고 운전자가 동 자동차로부터 이탈한 때에는 제3자에게 운전을 용인한 것과 동시할 수 있으므로 그 운행지배권이 당연히 보유자에게 귀속되어 있는 것으로 보아 보유자는 제3자의 배상책임을 면할 수 없게 된다(容認說).[1]

---

1   한국자동차보험주식회사, 전게서, 46~47面.

2) 친·인척관계에 있는 자의 무단운전

보유자와 친족 등의 인적관계가 있는 자가 무단운전 중 사고를 발생시킨 경우, 그 피해자에 대하여 보유자는 특별한 사정이 없는 한, 「자배법」 제3조의 운행자 책임을 진다. 이를테면, 父 소유의 자동차를 그 子女가 무단운전한 경우, 비록 그 子女가 父와 다른 세대에 거주하고 있었다고 하더라도 그 子女가 용이하게 무단운전을 할 수 있었다면, 그 무단운전을 추상적·일반적·객관적으로 父를 위한 운행으로 인정하게 되므로 父는 「자배법」 제3조의 운행자 책임을 면할 수 없다.[1]

3) 운전자의 무단운전

자동차 운전을 업무로 하는 피용운전자가 업무 외에 무단으로 사용운전(私用運轉)한 경우에 있어서 보유자의 책임을 부인하려는 소극적 견해도 있으나, 이를 구체적·개별적으로 운전자의 주관에 의하여 판단하지 않고 객관적·추상적·외형상으로 관찰하여 특별한 사정이 없는 한, 당해 운전을 보유자를 위한 것으로 보아 친족관계의 경우와 같이 보유자 책임을 인정하려는 적극성을 취한다.[2]

4) 운전보조자의 무단운전

자동차 운전을 직접 업무로 하지 않는 운전보조자의 무단운전의 경우도 특별한 사정이 없는 한, 운전자의 경우와 동일시하여 보유자 책임과 사용자 책임을 인정한다. 즉, 자동차의 조수가 업무 수행을 위한 무단운전 중의 사고는 물론 사용무단운전 중의 사고에 대하여도 외형상 또는 객관적으로 보유자를 위한 운전이라고 볼 수 있을 때에는 사용자의 보유자 책임을 면할 수 없게 된다.[3]

5) 운전자 이외의 피용자의 무단운전

운전자 또는 운전보조자 이외의 피용자, 즉, 운전업무에 종사하지 않는 피용자가 회사 소유 자동차를 무단운전 중 일으킨 사고에 대하여도 특별한 사정이 없는 한, 운전자와 운전보조자에 준하여 사용자 책임과 보유자 책임을 인정한다.

(3) 사용대차 및 임대차

사용대차는 당사자 일방인 대주가 상대방인 차주에게 무상으로 사용, 수익하도록 자동차(목적물)를 인도하고 차주는 이를 사용, 수익한 후 그 물건을 반환할 것을 약정함으로써, 임대차는 당사자 일방(임대인)이 상대방(임차인)에게 목적물을 사용, 수익하게 할 것을 약정하고 상대방이 이에 대하여 차임을 지급할 것을 약정함으로써 각각 그 효력이 생긴다. 사용대차의 경우, 차량의 대주에게 차량의 반환이 예정되어 있는 등 계약의 성질상 차량의 지배에 관한 대주의 우월적 지위와 차주의 현실적 지배가 어느 한쪽으로 치우치지 않는 한 자동차에 대한 운행지배를 병존적으로 인정할 수 있다. 한편, 차량의 임대차에 있어서는 다수의 판례는 임대인은 임대차계약에서 정한 약정에 따라 임차인에 대한 인적 관리와 물적 관리를 하게 되므로, 임대 목적 차량에 대한 임

1 　한국자동차보험주식회사, 전게서, 48面.
2 　한국자동차보험주식회사, 전게서, 49面.
3 　한국자동차보험주식회사, 전게서, 50面.

대인의 관리 가능성 내지 지배 가능성이 완전히 상실되었다고 볼 만한 특별한 사정이 없는 한, 임대인과 임차인 사이에는 임대 목적 차량에 대한 운행지배가 직접적이고 현재적으로 존재한다고 보고 있다.

(가) 사용대차 및 임대차의 차주의 책임

사용대차 및 임대차의 차주는 「자배법」 제2조제3호의 "자동차를 사용할 권리가 있는 자로서 자기를 위하여 자동차를 운행하는 자"에 해당되므로 「자배법」상의 보유자로서 특별한 사정이 없는 한 보유자 책임을 면할 수 없다.

(나) 사용대차의 대주의 책임

사용대차의 경우에는 일반적으로 대주와 차주 간의 친·인척 및 지인 등의 밀접한 인적관계가 있는 것이 통례이며, 그 사용 목적 또한 제한되고, 대여기간도 단기이며, 비용의 일부를 대주가 부담하는 것이 통상적이다. 따라서 사용대차의 대주는 그 자동차를 언제나 반환 청구할 수 있으므로 당연히 운행지배권을 가지고 있다고 보아야 하며, 운행이익 역시 반드시 경제적 이익에 한하지 않고 사회생활상의 이익도 포함되는 것으로 보기 때문에 운행이익도 향유하고 있다고 봄이 상당하다. 그러므로 대주는 특별한 사정이 없는 한, 보유자 책임을 진다.

(다) 임대차의 대주의 책임

임대차는 임료를 받고 자동차를 타인에게 대여하는 경우로서 그 임료는 자동차 대여 자체에 의한 수익이고 운행으로 인한 수익으로 볼 수 없다는 견해도 있으나 그 임료 중에는 수리비 등을 고려하여 정하게 되므로 운행이익이라고 볼 수 있음은 물론, 자동차의 운행기간, 운전자의 지정 등 임대차계약서상의 임대차 조건을 부여하는 방법으로 임차인을 통한 간접지배를 하고 있어 자동차에 대한 운행지배권을 가지고 있다고 볼 수 있다. 더욱이 운전자와 함께 대여한 경우에는 임대인은 운전자를 통하여 임차인의 운행을 지배하게 되므로 임대인도 특별한 사정이 없는 한, 보유자 책임을 면할 수 없게 된다.[1]

(라) 임대차의 차주의 책임

차주는 임차한 자동차의 운행으로 편익을 얻고 있어 운행이익을 향유하고 있음은 재론의 여지가 없다 하겠으나 운행지배권의 유무에 대해서는 다소 이론의 여지가 있다고 보여진다. 특히 운전자와 함께 임차한 경우에 있어서는 당해 자동차의 점유는 운전자에게 있으므로 차주는 자동차에 대한 직접적인 지배는 할 수 없다 하더라도 최소한 운행 여부와 행선지를 지시하는 등에 대한 지배권의 존재는 부인할 수 없다. 그러므로 차주는 "자기를 위하여 자동차를 운행하는 자"인 운행자로 볼 수 없는 특별한 사정이 없는 한, 원칙적으로 대주와 함께 운행공용자책임을 면할 수 없게 된다.

(4) 자동차 대여업자의 책임

자동차 대여업자는 대여의 허가를 받아 불특정 다수인에게 자동차를 유상으로 대여하는 자로서, 허가 조건에 따라 자동차를 대여한 경우에 임차인이 보유자 책임을 부담하게 되는 것은 다툼

---

1 한국자동차보험주식회사, 전게서, 52~53面.

이 없으나 대여업자의 보유자 책임에 관하여는 다소간 이견이 있다. 즉, 대여업자의 보유자 책임의 유무에 관하여는 대여업자가 "자기를 위하여 자동차를 운행하는 자"에 해당하느냐의 여부, 곧 운행지배권과 운행이익이 대여업자에게도 귀속되느냐 하는 것이다.[1] 이에 관한 판례의 입장은, 임차인이 자동차 보유자인 대여업자에 비하여 그 운행지배와 운행이익이 현저하게 보다 주도적, 구체적, 직접적으로 나타나 있어 용이하게 사고 발생을 방지할 수 있었다고 보여지는 이유로 말미암아 간접적, 추상적인 운행자에 불과한 대외적 책임 주체인 대여업자에게 책임을 물을 수 없는 특별한 경우가 아니면, 대여업자의 보유자 책임을 인정하고 있다(대법원 2014.5.16. 선고 2012다73424 판결).

■ 대구지방법원 1993.05.20. 선고 92가합16816 제21민사부 판결: 확정[손해배상(자)]

가. 렌터카 임차인은 실제로 자동차를 운전하거나 그에 동승하여 직접적으로 운행이익을 누리면서 이를 지배, 관리함으로써 그의 운행지배와 이익은 임대인인 렌터카업자의 운행지배와 이익에 비하여 오히려 보다 직접적이고 구체적으로 나타나게 되어 사고의 발생도 용이하게 방지할 수 있는 지위에 있으므로 렌터카업자에 대한 관계에서 「자동차손해배상보장법」 제3조 소정의 타인임을 주장할 수 었다.

나. 렌터카 임차인의 가족들은 임차인의 운행지배 내지 점유, 관리에 대한 보조자적인 지위에 있고, 사고에 대한 궁극적 책임부담자인 임차인과 경제적 생활공동체를 이루는 가족 구성원으로서 임차인으로부터 안전을 보호받고 경제적 지원을 받는 지위에 있어서 이른바 전보청산의 동일귀속 관계에 있는 점과 손해배상제도의 기본이념 등을 고려할 때 임차인이 렌터카업자에 대하여 책임을 물을 수 없는 사정은 임차인의 가족들에게도 그대로 참작함이 신의칙이나 형평의 원칙에 부합된다고 할 것이므로, 임차인의 가족들로서도 렌터카업자에 대하여 렌터카업자의 운행자성이나 자신들의 타인성을 주장할 수는 없다.

■ 대법원 2014.05.16. 선고 2012다73424 판결[구상금]

위와 같은 사실관계를 앞서 본 법리에 비추어 살펴보면, 비록 피고 2가 이 사건 사고차량을 임차하면서 자신의 인적 사항과 무면허 사실을 속였다 하더라도, 이는 미성년자로서 자동차운전면허가 없는 위 피고가 임대차계약의 내용과 같이 단순히 차량을 임차하여 사용하기 위한 목적에서 비롯된 것으로 여겨질 뿐 아예 하나로개발을 배제하고 차량을 반환하지 않을 의도에서 속인 것으로는 보이지 아니하고, 오히려 사정이 위와 같다면 위 피고에게 차량 반환 의사가 있었다고 볼 여지가 충분할 것이다. 이러한 사정에 이 사건 사고차량의 약정 임대차기간 및 실제 사용기간 등을 아울러 고려하여 보면, 이 사건 사고차량을 임차하는 데에 기망적 수단이 사용되었다는 사정만으로 이 사건 사고차량에 대한 하나로개발의 관리가능성 내지 지배 가능성이 상실되어 그 운행지배가 완전히 단절되었다고 보기는 어려울 것이고, 하나로개발로서는 임대차계약 및 손수운전 자동차 대여 약정을 통하여 여전히 위 피고에 대한 인적 관리와 이 사건 사고차량에 대한 물적 관리를 하고 있었고 임대차계약에 따른 이익을 얻고 있었던 것으로 봄이 타당하다.

---

1   한국자동차보험주식회사, 전게서, 55面.

(5) 명의대여자와 명의잔존자의 책임

명의대여 형태가 천차만별이므로 그 명의대여자의 운행자 책임에 관한 견해도 다양하다. 타인에 대하여 자기의 영업명의를 사용하여 어느 사업을 영위할 것을 허용한 자는 그 사업에 대하여 자기가 책임을 부담할 뜻을 표시한 것과 같으므로 그 명의의 사용을 허용 받은 자가 해당 사업집행에 관하여 타인에게 가한 손해에 대하여도 그 책임을 져야 한다는 견해와 단순한 등록명의만을 가지고 있는 것에 불과한 자는 보유자에 해당되지 않는다는 견해가 있다.

판례에 있어서도 단순한 명의대여만을 가지고 그 책임을 논하는 것은 거의 없고 통상 보다 실질적인 내용, 예컨대, 대여자 스스로 영업자로서의 모든 책임을 부담할 뜻을 표시 혹은 책임을 부담할 것과 같은 행위를 하여 외관상 그 영업의 사용자로서 지위에 있는 것으로 인정되는 사정이나 대여자가 피대여자의 영업에 관여하여 그 양자가 업무를 협동하고 있다고 인정될 사정 등을 들어 보유자 또는 사용자의 책임을 인정하는 추세이다.[1] 대법원 2009.9.10. 선고 2009다37138, 37148 판결은, 자동차 소유자가 명의변경등록을 마치기까지 소유자의 명의로 자동차를 운행할 것을 타인에게 허용하였다면 그 자동차의 운행에 대한 책임을 부담한다고 할 것이나 사고를 일으킨 구체적 운행에 있어 자동차의 등록원부상 소유 명의를 대여한 자가 자동차의 운행지배와 운행이익을 상실하였다고 볼 특별한 사정이 있는 경우에는 위 명의대여자는 당해 사고에 있어서 「자배법」 제3조의 운행자로서의 책임을 부담하지 않는다고 판시하여 위와 같은 입장을 견지하고 있다.

> ■ 대법원 2009.09.10. 선고 2009다37138 판결[채무부존재확인·손해배상(자)]
> 원심이 적법하게 확정한 사실 및 기록에 의하면, 소외 2는 신용불량자인 동생 소외 1의 부탁을 받아 소외 1로 하여금 이 사건 승용차를 구입함에 있어 자신의 명의를 사용하도록 하였으나, 소외 1로부터 명의대여료를 지급받은 적은 없는 사실, 평소 이 사건 승용차는 소외 1이 전적으로 관리, 사용하였고, 피고는 소외 1과 사실혼 관계에 있는 배우자로서 이 사건 승용차의 명의대여 사실을 잘 알고 있었던 사실, 또한 피고는 이 사건 승용차와 관련한 소외 1의 현대캐피탈 주식회사에 대한 할부금채무를 연대보증하기도 하였고, 소외 1이 소외 2 명의로 2006.11.24. 원고와 사이에 이 사건 승용차에 관하여 자동차종합보험계약을 체결할 때에 그 보험료를 납부하기도 한 사실, 이 사건 사고 당시 소외 1은 혈중알콜농도 0.17%의 주취상태였음에도 피고는 소외 1의 운전을 만류하는 등의 조치를 취하지 않았고, 오히려 소외 1이 운전하는 이 사건 승용차의 조수석에 동승한 채 귀가하던 도중 이 사건 사고를 당한 사실을 알 수 있는바, 위와 같은 소외 2가 소외 1에게 명의를 대여하게 된 동기와 목적, 소외 2와 소외 1, 피고 사이의 인적관계, 이 사건 승용차의 관리 및 사용 상황, 이 사건 사고 경위 및 자동차 명의대여자와 명의차용인 사이의 내부관계에서는 명의차용인이 자동차 소유자로서의 지위를 갖는 것인데, 피고는 그 동안 소외 2의 명의대여 사실을 잘 알고 있었던 점 등을 종합하여 볼 때 명의대여자인 소외 2는 이 사건 사고에 있어 이 사건 승용차에 대한 운행지배와 운행이익을 상실하였다고 봄이 타당하다.

---

1 한국자동차보험주식회사, 전게서, 56~57面.

(6) 자동차매도인의 책임

자동차매매계약의 목적물인 자동차가 매수인에게 인도된 경우, 그 등록명의가 여전히 매도인에게 남아 있고 자동차보험계약상 기명피보험자 역시 매도인 명의로 되어 있더라도 매수인이 그 자동차를 자기를 위하여 운행할 때에는 매수인이 운행자에 해당되므로 매수인이 보유자 책임을 부담하게 되는 것은 당연하나, 여기서 문제가 되는 것은 매도인의 보유자 책임의 유무이다. 매도인이 매매목적물인 자동차를 매수인에게 인도한 이상 당해 자동차에 대한 운행지배와 운행이익은 매수인에게 귀속된다고 보아야 하므로 특별한 사정이 없는 한 매도인은 "자기를 위하여 자동차를 운행하는 자"에 해당하지 아니하며 따라서 매도인은 보유자 책임이 없다고 보는 것이 상당하다.[1] 그러나 매도인의 보유자 책임 유무에 대하여 현재 대법원 판례는 "자동차를 매도하기로 하고 인도까지 하였으나 아직 매수인 명의로 그 소유권이전등록이 경료 되지 아니한 경우에 아직 그 등록명의가 매도인에게 남아 있다는 사정만으로 그 자동차에 대한 운행지배나 운행이익이 매도인에게 남아 있다고 단정할 수는 없고, 이러한 경우, 법원이 차량의 매매로 인한 매도인의 운행지배권이나 운행이익의 상실 여부를 판단함에 있어서는 위 차량의 이전등록서류 교부에 관한 당사자의 합의 내용, 위 차량의 매매 경위 및 인도 여부, 인수차량의 운행자, 차량의 보험관계 등 매도인과 매수인 사이의 실질적 관계에 관한 여러 사정을 심리하여 사회통념상 매도인이 매수인의 차량 운행에 간섭을 하거나 지배·관리할 책무가 있는 것으로 평가할 수 있는지의 여부를 가려 결정하여야 할 것이다"라고 판시하여 구체적으로 그 판단 기준을 제시하고 있다(대법원 2009.12.24. 선고 2009다69432 판결).

(7) 할부판매의 매도인의 책임

소유권 유보 자동차 할부판매계약에 의한 매수인은 매매대금 미납으로 소유권은 취득하고 있지 않으나 자동차를 인수하여 상시 자기를 위하여 운행하고 있는 한 보유자로서 책임을 면할 수 없다. 반면, 매도인은 자동차의 소유권을 가지고 있다 하더라도 동 자동차에 대한 실질적인 운행지배를 할 수가 없고 경제적 이익의 귀속도 없는 상황에서 단지 할부판매대금 확보를 위하여 소유권을 유보하고 있는데 불과하므로 운행자에 해당하지 않는다.[2]

대법원 1992.4.14. 선고 91다4102 판결은 "「자동차손해배상보장법」상 자동차 보유자의 운행지배는 현실적으로 보유자와 운전자 사이에 사실상의 지배관계가 존재하는 경우만이 아니라 간접적이거나 제3자의 관리를 통한 관념상의 지배관계가 존재하는 경우도 포함하는 것이므로, 자동차를 매도하고도 자동차등록명의를 그대로 남겨둔 경우에 매도인의 운행지배 유무는 매도인과 매수인 사이의 실질적 관계를 살펴서 사회통념상 매도인이 매수인의 차량 운행에 간섭을 하거나 지배관리 할 책무가 있는 것으로 평가할 수 있는지의 여부를 가려 결정하여야 할 것이다"라고 판시한 다음, 대리점 경영자가 구입하여 할부상환 중인 자동차를 그에게 고용되어 판매실적

---

1   한국자동차보험주식회사, 전게서, 58~59面.
2   한국자동차보험주식회사, 전게서, 62面.

에 따른 급여를 받고 있는 자에게 매도하면서 매도인의 명의로 할부계약상 명의와 그 계약상 의무를 그대로 보유하고 이전등록하지 않은 채 자동차종합보험까지도 매도인 명의로 가입케 하면서 매도인 자신의 사업과 관련된 매수인의 외판업무에 사용케 하여 왔다면, 매도인은 위 자동차의 운행지배에 대한 책무를 벗어난 것으로 보기 어려우므로 「자배법」 제3조 운행자에 해당한다고 하였다.

반면, 이와는 대조적으로 대법원 1996.7.30. 선고 95다54716 판결은 "할부로 매수한 자동차를 제3자에게 다시 매도하고 인도까지 하였으나 제3자의 할부대금 완납 시까지 이전등록을 유보한 경우 회사 명의의 근저당권이 설정되어 있기 때문에 소유자 명의의 이전이 불가능하여 할부금을 모두 지급한 후에 이전하기로 하였다는 사정만으로는 운행지배가 매도인에게 남아 있다고 단정할 수는 없는 것이고, 이러한 경우 법원이 차량의 매매로 인한 매도인의 운행지배권이나 운행이익 상실 여부를 판단함에 있어서는 위 차량의 이전등록서류의 교부에 관한 당사자의 합의 내용, 위 차량의 매매 경위 및 인도 여부, 인수차량의 운행자, 차량의 보험관계 등 여러 사정을 심리하여 판단하여야 하는 것이므로, 원심이 이러한 사정에 관하여 심리·판단하지 아니한 채 매도인이 할부금을 완납할 때까지 소유 명의를 원고 앞으로 남겨두기로 하였다는 이유만으로 매도인이 운행지배를 상실하였다는 피고의 주장을 배척한 것은 「자동차손해배상보장법」 제3조의 법리를 오해하여 심리를 다하지 아니한 위법이 있다"라고 판시하여, 할부금 인수조건부로 자동차를 매도하면서 등록명의를 그대로 남겨 둔 경우, 자동차매도인의 운행지배권이나 운행이익이 상실되어 매도인의 운행자 책임 내지는 보유자 책임을 부정하였다.

(8) 被傭者의 使用者 責任

자동차가 피용자 소유인 경우에 그 피용자가 보유자 책임을 부담하게 되는 것은 명백한 사실이나, 여기에서 문제가 되는 것은 사용자도 보유자 책임을 부담하느냐 하는 것으로써, 그 점에 관하여 보다 심도 있게 살펴보고자 한다.

(가) 업무에 사용하는 경우

1) 명령적 혹은 필요적 社用

사용자(회사)와 합의 또는 회사의 명령에 의해 피용자가 자기 자가용차를 업무에 使用中이라면 그 회사는 운행지배와 운행이익을 가지게 되므로 보유자 책임을 면할 수 없다. 출퇴근 중 발생한 사고에 있어서는 순수한 업무 중이라고는 할 수 없으나 명령적 혹은 필요적 社用에 자가용차를 使用하고 있는 경우에는 그 자동차를 자기가 담당하는 업무를 위하여 회사 내에 가지고 들어온 것은 그 사원의 근무조건으로 되어 있으므로 업무상 운행하기 위하여 필요한 사전적 혹은 사후적인 행위로 보아야 하기 때문에, 회사는 출퇴근 중에 있어서도 운행지배, 운행이익을 향유하여 보유자 책임을 부담하게 된다. 또한 휴일 등의 私用 운행 중의 사고에 대하여는, 회사의 보유자 책임을 인정하기 곤란하지만 피용자의 지위나 직무 내용으로 보아 使用과 社用의 구별이 명확하지 않을 뿐만 아니라 휴일에도 使用할 가능성이 있을 때에는 객관적으로 회사의 운행지배

와 운행이익이 존재한다고 본다.[1]

2) 편리적 社用

피용자의 자가용차를 회사의 업무용에 使用하는 것이 반드시 필요하지는 않으나 업무에 使用하면 편리한 경우이다. 이와 같은 경우에는 회사는 이를 간접적으로 장려, 묵인하고 있었는지의 여부, 사용자의 이익의 유무, 사고가 업무 중에 발생하였느냐의 여부 등을 종합적으로 판단하여 회사의 보유자 책임 여부를 결정한다.[2]

(나) 업무 외 사용의 경우

내근하는 피용자가 전적으로 자가용 자동차를 출퇴근용으로 使用하고 있는 경우를 말한다. 출퇴근 중에는 사용자의 지휘 명령에 의한 지배를 이탈하여 피용자의 자유로운 활동 범위에 속한다고 생각되기 때문에 사용자를 위한 자동차의 운행 내지 업무집행이라고 볼 수 없다. 따라서 사용자는 피용자의 출퇴근 중 사고에 대하여는 비록 출퇴근 중이지만 사용자의 지시나 간섭이 있었다고 하는 특별한 경우를 제외하고서는 보유자 책임이나 사용자 책임을 부담하지 않는다.

(9) 자동차 취급업자

(가) 수리업자

자동차 수리업자가 수리를 위하여 수리 의뢰자로부터 위탁(인도)을 받아 보관 중인 자동차를 운행하다 발생시킨 사고에 대하여 의뢰자는 위탁한 시점부터 특별한 사정이 없는 한 그 자동차에 대한 운행지배를 잃고, 그 운행지배권은 수리업자에게 귀속되므로 수리업자만이「자배법」제3조의 운행자 책임을 부담하게 된다. 그러나 수리를 위하여 수리업자에게 자동차가 인도된 경우에 있어서도 의뢰자(보유자) 측이 자동차 운행상황에 대하여 지도할 수 있는 단계에서 발생한 사고에 대하여 보유자 책임을 인정하였고(大阪地判, 昭和, 44.11.15.), 또 수리업자가 수리 종료 후 의뢰자의 요구에 의하여 환송 중에 야기한 사고에 대하여 보유자 책임을 인정한 판결(대법원 1993.2.9. 선고 92다40167 판결)이 있다. 대법원 1995.2.17. 선고 94다21856 판결 역시 "자동차의 수리를 의뢰하는 것은 자동차 수리업자에게 자동차의 수리와 관계되는 일체의 작업을 맡기는 것으로서 여기에는 수리나 시운전에 필요한 범위 내에서의 운전행위도 포함되는 것이므로 수리하는 동안의 자동차의 운행지배권은 수리업자에게 맡겨져 있는 것이며, 만일 그 피용자가 수리를 위하여 맡겨진 자동차를 운전하다가 일으킨 사고에 대하여는 수리업자가「자동차손해배상보장법」제3조의 '자기를 위하여 자동차를 운행하는 자'로서 손해배상책임을 진다고 하여야 할 것이나, 그가 운행자로서의 운행지배와 운행이익을 완전히 상실하였다고 볼 특별한 사정이 있는 경우에는 달리 보아야 할 것이고,…"라고 판시하여 위와 같은 입장을 견지하고 있음을 알 수 있다. 또한 자동차 보유자인 수리 의뢰자와 수리업자 간에 운행공용자로서 자동차 수리 외에 그 매수가격 결정을 위한 시운전도 하게 할 목적으로 수리업자에게 인도한 경우, 수리 의뢰자인 보유자는 그

---

1   한국자동차보험주식회사, 전게서, 63面.
2   한국자동차보험주식회사, 전게서, 63面.

자동차에 대한 일반적, 추상적인 운행지배 내지 운행이익을 완전히 상실하였다고 단정하기에는 부족하고, 오히려 수리업자와 공동으로 그 자동차의 운행지배 내지 운행이익을 가지고 있었다고 보아야 한다는 판결(대법원 1996.6.28. 선고 96다 12887 판결), 자동차 소유자의 피용자가 수리업자에게 자동차의 수리를 맡기고서도 자리를 뜨지 않고 부품 교체작업을 보조·간섭하였을 뿐만 아니라, 위 교체작업의 마지막 단계에서는 수리업자의 부탁으로 시동까지 걸어 준 경우, 자동차 소유자는 수리작업 동안 수리업자와 공동으로 자동차에 대한 운행지배를 하고 있다고 본 사례(대법원 2000.4.11. 선고 98다56645 판결), 자동차의 수리업자가 수리 완료 여부를 확인하고자 시운전을 하면서 동시에 수리 의뢰자의 요청에 따라 수리 의뢰자 등이 거주할 방을 알아보고자 운행하던 중 교통사고가 발생한 경우, 소유자와 수리업자의 공동운행지배와 운행이익을 인정한 판결(광주고법 2003.6.13. 선고 2003나1167 판결)에서와 같이 수리 의뢰자인 보유자에게 운행지배와 운행이익이 완전히 단절되지 아니한 경우에는 보유자와 수리업자의 공동운행자성을 인정하여 수리를 의뢰한 보유자에게도 책임을 묻고 있음을 알 수가 있다.

(나) 세차업자 및 엔진오일 교환업자

이 경우에 있어서도 자동차를 취급하는 것을 업으로 하고 있다는 점에서는 크게 보아 자동차 수리업자와 보유자 책임을 판단하는 기준을 달리 보아야 할 이유는 없다고 본다. 대법원 판례도 "세차를 의뢰하는 법률관계는 세차작업의 완료를 목적으로 하는 도급계약관계이므로 세차작업 중의 차량의 지배권은 세차업자에게 있다 할 것이니 특단의 사정이 없는 세차작업 중의 차량으로 인하여 야기된 사고에 의한 책임은 세차업자에게 있다"고 판시한 대법원 1976.10.26. 선고 76다517 판결, "엔진오일 교환업자에게 위 차량의 엔진오일 교환을 의뢰하는 법률관계는 엔진오일 교환 작업의 완료를 목적으로 하는 도급계약이므로 엔진오일 교환 작업 중인 차량의 지배권은 특단의 사정이 없는 한 위 엔진오일 교환업자에게만 있다고 할 것이고, 엔진오일 교환 작업을 의뢰한 사람이 차량을 엔진오일 교환업자의 영업장소 내에 주차시킨 후 엔진오일 교환 작업자의 종업원이 그 차량을 작업대 위에까지 올려놓기 위하여 운전하는 행위는 엔진오일 교환 작업의 일부라고 봄이 상당하다 할 것인바, 이 사건에 있어서 피고 회사의 운전사가 이 사건 트럭을 주차시킨 장소가 원심 인정과 같이 위 타이어상회로부터 15미터 밖에 떨어지지 아니한 장소라면 그곳은 사회통념상 위 타이어의 영업장소와 동일하게 볼 수 있다 할 것이므로 위 타이어상회의 종업원인 소외 1이 트럭을 위 주차장소에서 작업대까지 운전한 행위는 엔진오일 교환 작업의 일부였다고 볼 것이다"라고 판시한 대법원 1987.7.7. 선고 87다카449 판결 등에서 알 수 있는 바와 같이, 보유자의 운행지배권이 상실된 것으로 보아 보유자의 책임을 인정하지 않고 있다.

(10) 공중접객업소

여관, 음식점, 호텔 등의 공중접객업소에서 주차 대행 및 관리를 위한 주차요원을 일상적으로 배치하여 이용객으로 하여금 주차요원에게 자동차와 시동 열쇠를 맡기도록 한 경우에는 위 자동차는 공중접객업자가 보관하는 것으로 보아야 하고 위 자동차에 대한 운행지배는 떠난 것으로 보아야 한다(대법원 1988.10.25. 선고 86다카2516 판결). 그러나 자동차 보유자가 공중접객업소의 일반적 이용객이 아니라 공중접객업자와의 사업·친교 등 다른 목적으로 공중접객업소를 방문하였음에도 호의적으로 주차의 대행 및 관리가 이루어진 경우, 일상적으로는 주차대행이 행하여지지 않는 공중접객업소에서 자동차 보유자의 요구에 의하여 우발적으로 주차의 대행 및 관리가 이루어진 경우 등 자동차의 보유자가 자동차의 운행에 대한 운행지배와 운행이익을 완전히 상실하지 아니하였다고 볼 만한 특별한 사정이 있는 경우에는 달리 보아야 한다(대법원 2009.10.15. 선고 2009다42703, 42710 판결).

계속하여 이에 대한 대법원 판례를 살펴보면, 대법원 1988.10.25. 선고 86다카2516 판결은, 갑이 병 소유의 승용차를 운전하고 와서 호텔나이트클럽에 들어가면서 위 업소의 주차안내를 맡고 있던 을에게 자동차와 시동 열쇠를 맡기고 나이트클럽에 들어가 있는 사이에 을이 갑의 승낙 없이 위 자동차를 운전하여 위 업소에 온 다른 손님을 목적지까지 태워다 주고 돌아오던 중 인명사고를 일으킨 경우라면 그 차량은 위 호텔나이트클럽이 보관한 것으로 보아야 하며 갑의 위 차량에 대한 운행지배는 떠난 것으로 보아야 하고 따라서 을의 위 차량운전은 병을 위하여 운행한 것으로 볼 수 없다고 판시하여 보유자의 운행자 책임을 부정하였다. 이와는 달리, 대법원 1994.4.15. 선고 94다5502 판결은, 자동차의 소유자 또는 보유자가 주점에서 음주 기타 운전장애 사유 등으로 인하여 일시적으로 타인에게 자동차의 열쇠를 맡겨 대리운전을 시킨 경우, 위 대리운전자의 과실로 인하여 발생한 차량사고의 피해자에 대한 관계에서는 자동차의 소유자 또는 보유자가 객관적, 외형적으로 위 자동차의 운행지배와 운행이익을 가지고 있다고 보는 것이 상당하고, 대리운전자가 그 주점의 지배인 기타 종업원이라고 하여 달리 볼 것은 없다고 하면서 피고 직원인 소외인이 주점에서 음주한 후 위 주점의 지배인인 소외 1에게 주점종업원 중 운전면허증이 있는 사람을 시켜 주차장에 주차되어 있던 피고 소유 차량을 호텔로 옮겨 달라고 부탁하였고 이에 소외 1이 평소에 대리운전을 하던 종업원을 찾았으나 퇴근하고 없어서 자신이 운전면허도 없이 위 차량을 직접 운전하여 위 호텔로 가던 중 이 사건 사고를 일으키게 되었으므로 소외 1의 위 차량운전은 피고를 위하여 운행한 것으로 볼 수 없다는 피고 주장에 대고서 주장의 위와 같은 사정만으로는 피고가 객관적, 외형적으로 위 차량에 대한 운행지배와 운행이익을 상실한 것으로 볼 수 없다고 판시하여 보유자의 운행자 책임을 인정하였다.

(11) 都給, 受給, 下受給

도급계약에 있어서 도급인은 도급 또는 지시에 관하여 중대한 과실이 없는 한 그 수급인이 그 보유 자동차의 운행 중 발생시킨 사고에 대하여 보유자 내지는 운행자 책임은 없다고 본다. 다만, 도급인이 수급인의 자동차 운행에 대하여 구체적으로 지휘 감독을 한 경우에는 도급인과 수급인의 관계는 실질적으로 사용자와 피용자의 관계에서 수급인 혹은 수급인의 피용자를 통하여 운행지배권을 행사하고 있는 것으로 보여진다. 이러한 경우, 수급인이나 수급인의 피용자의 운행 중 발생한 자동차사고에 도급인은 수급인과 운행지배와 운행이익을 공유하고 있는 것으로 해석하여야 할 것이다. 이와 같은 논리는 수급인과 하수급인 관계에 있어서도 예외가 될 수는 없다.

4. 그 운행으로

가. 槪 說

앞서 「자배법」 제2조제2호에서 "운행"에 대한 개념을 간략하게 살펴보았으나, 「자배법」 제3조에 의한 손해배생책임은 결국 "운행"으로 발생한 손해에 대한 배상책임이라는 점에서, "운행"은 "자동차사고"와 동일시되는 개념이라 할 수 있다. 따라서 보다 더 상세하게 "운행"에 대한 개념을 부연함과 동시에 "그" 및 "운행으로"에 대하여 기술하고자 한다.

「자배법」 제2조제2호는 「"운행"이란 사람 또는 물건의 운송 여부와 관계없이 자동차를 그 용법에 따라 사용하거나 관리하는 것을 말한다」고 규정하고 있음은 앞서 기술한 바와 같다. 그러나 개정 전 「자배법」 제2조제2호는 「"운행"이라 함은 사람 또는 물건의 운송 여부에 불구하고 자동차를 당해 장치의 용법에 따라 사용함을 말한다」고 규정하고 있었다. 따라서 「자배법」 동조 동호에 대한 개정 전후의 문언을 비교해 보면 두 가지의 차이점을 발견할 수가 있다. 첫째, 개정 전의 "당해 장치의 용법"이 개정 후에는 "그 용법"으로, 둘째, 개정 전의 "사용함을 말한다"가 개정 후에는 "사용하거나 관리하는 것을 말한다"로 각각 치환되었음을 알 수가 있다.

「자배법」 제2조제2호의 개정 전후의 문언을 자세히 들여다보면, 개정 진의 "당해 장치의 용법"중 "당해 장치"는 개정 후 동조 동호의 "그 용법"의 "그"로 대체된 사실이 확연하므로, 개정 후 "그"는 "당해 장치"를 말한다고 볼 수 있다. 즉, 앞서 언급한 바와 같이 자동차의 용도에 따라 계속적으로 고정되어 있는 장치로서 자동차의 구조상 설비되어 있는 당해 자동차의 고유의 장치 전부 또는 일부로써 자동차의 구조상 설비되어 있는 각종의 장치(裝置)인 기관(機關), 조향(操向), 전동(傳動), 전기(電氣) 등의 장치는 물론 크레인차의 크레인, 덤프차의 덤프, 화물자동차의 측문 및 후문 등 자동차 고유의 장치도 포함 된다.

한편, 개정 전의 "사용함을 말한다"가 개정 후에는 "사용하거나 관리하는 것을 말한다"로 대체된 것은 자동차보험약관 배상책임 중 책임보험(「대인배상Ⅰ」)을 초과하는 「대인배상Ⅱ」의 약관 문구인 "소유, 사용, 관리"의 개념으로까지 「자배법」 제3조 소정의 "운행으로"의 범위가 확대된 결과가 초래되었다고 볼 수 있다. 이는 "운행으로" 범위를 종전보다 확대 해석하는 것이 가능하게 되었고, 결국에는 기존의 운행이론으로는 차량 관리상 부주의나 과실 등 자동차 보유자의 책임 있는 사유로 발생한 사고에 대하여 운행 중 사고로, 즉, "운행으로" 인한 손해배상책임을 물을 수 없었던 한계가 다소 극복 되지 않았나 하는 생각을 가질 수 있게 되었다.

이와 같은 「자배법」 제2조제2호의 문구상 약간의 변화가 있었음에도 불구하고 동조 동호의 개정 전후의 "운행으로"의 개념은 별반 차이가 없는 것으로 볼 수도 있지만, 「자배법」의 입법 취지의 근간이 자동차를 위험물로 보고 그것에 의하여 발생되는 위험 책임을 규율하는 것이므로,

"운행으로"의 해석이 점점 확대되어 원동기설에서부터 차고출입설까지 이르게 되었다. 따라서 아래에서 종전의 운행이론으로 견고하게 자리를 잡아 온 당해 장치의 용법에 따라 사용하는 소위 "운행"에 대한 제 학설들을 검토하여 보고자 한다.

나. 諸 學說

(1) 원동기설

이 설은 당해 장치를 원동기로 보아 자동차의 "운행"이라는 것은 당해 장치인 원동기에 의하여 육상을 이동하는 것이라고 본다. 자동차의 위험은 자동차가 원동기라는 당해 장치에 의하여 이동하는 데 있다고 보는 것으로써 자동차의 원동기가 작동되지 않는 한 자동차는 운행되지 않는 것이라고 해석한다. 이 설에 의하면 경사진 도로에서 원동기를 끄고 그 탄력에 의하여 주행 중이거나 원동기의 고장으로 쇠사슬 등에 의하여 피견인 중인 때, 원동기의 조작에 의한 주행의 전후, 즉, 발진 이전 및 정지 후 당해 자동차가 도로상에 있더라도 "운행" 중이라고 할 수 없다.[1]

(2) 주행장치설

이 설은 운행이란 원동기장치 이외의 조향장치 및 제동장치 등 주행장치의 조종에 의하여 육상을 이동하는 것이라고 해석한다. 즉, 당해 장치를 반드시 원동기에 한하지 않고 주행장치까지 포함하는 것이다. 주행장치설은 원동기 고장으로 밧줄이나 쇠사슬 등에 의하여 끌려갈 때에도 그 자동차의 주행장치의 조종이 가능하면 운행으로 보게 된다.[2]

(3) 고유장치설

이 설은 당해 장치를 자동차의 구조상 설비되어 있는 각 장치(기관, 조향, 전동, 제동, 전기, 연료, 냉각, 배기, 기타 장치)는 물론 크레인차의 크레인, 덤프차의 덤프, 화물자동차 적재함의 측문 및 후문 등 자동차 고유의 장치도 포함되는 것으로 보고서 이러한 장치의 전부 또는 일부를 그 목적이나 용법에 따라 조작 또는 사용하면 운행에 해당한다고 해석한다. 고유장치설은 원동기 및 주행장치설의 미비점을 보완한 것으로, 승객이 자동차에 승하차 하던 중 차문에 손가락이 끼여 부상을 입은 사고, 화물자동차가 정차 후 적재함의 측·후문을 여는 순간 화물이 붕괴되어 발생한 사고 등은 운행으로 인한 사고로 본다.[3]

우리 대법원 판례는 그동안 고유장치설의 입장을 확고하게 채택하고 있었다고 보여진다. 이러한 사실은 대법원 1980.8.12. 선고 80다904 판결에서 "원심이 자동차 운행에 있어서의 당해 장치를 비단 그 원동기 뿐만이 아니라 자동차를 구성하고 있는 창문과 차체로 차단된 공간으로서의 자동차 내부까지를 포함한 장치 일체를 말하는 것이라고 볼 것이라는 전제 하에 이 건 버스 차내의 화재는 그 판시 승객의 휘발유 지참행위와 성냥불꽃을 던진 행위가 그 주된 직접 원인

---

1   한국자동차보험주식회사, 전게서, 23面.
2   한국자동차보험주식회사, 전게서, 23面.
3   한국자동차보험주식회사, 전게서, 23~24面.

이 되어 발생하였다 할지라도 그 인정 사실과도 같이 위 버스의 원동기에 의한 진행 시의 진동 때문에 위 지참 휘발유통이 흔들려 비닐마개 틈으로 휘발유가 스며 나와 버스 바닥에 흘러 퍼지게 되었고 그 버스의 조명시설이 승객의 소지품을 찾는데 적당치 못한 사정이었으며 그 밖에 출입문 등 위 차의 구조가 승객의 탈출 등 대피에 부적당한 상태였음이 위 화재 발생의 간접적 원인이 되었다 할 것인데 그러한 요인들은 위에서 본 장치 일체의 그 용법에 따른 사용에서 비롯되었다 할 것이므로 위 사고는 위 버스의 운행으로 승객들에게 사상의 손해를 입게 된 경우로서 위 버스 소유자인 원고는 「자동차손해배상보장법」 제3조 소정의 배상책임을 지게 된다"고 판시한 사실에서 충분히 유추해 볼 수 있다. 거기에 더하여 "'자동차를 당해 장치의 용법에 따라 사용하는 것'의 문구 가운데 '당해 장치'란 자동차의 용도에 따라 그 구조상 설비되어 있는 각종의 장치를 말하고 '용법에 따라 사용하는 것'은 위와 같은 각종의 장치를 각각의 장치 목적에 따라 사용하는 것을 의미하는 것"이라고 판시한 대법원 1988.9.27. 선고 86다카2270 판결, 자동차보험약관상의 "운행"이라 함은 자동차를 당해 장치의 용법에 따라 사용하고 있는 것을 말하고, "당해 장치"라 함은 자동차에 계속적으로 고정되어 있는 장치로서 자동차의 구조상 설비되어 있는 자동차의 고유의 장치를 뜻하는 것인데, 이와 같은 각종 장치의 전부 또는 일부를 각각의 사용 목적에 따라 사용하는 경우에는 운행 중에 있다고 할 것이나 자동차에 타고 있다가 사망하였다 하더라도 그 사고가 자동차의 운송수단으로서의 본질이나 위험과는 전혀 무관하게 사용되었을 경우까지 자동차의 운행 중의 사고라고 보기는 어렵다고 하여, 승용차를 운행하기 위하여 시동과 히터를 켜 놓고 대기하고 있었던 것이 아니라 잠을 자기 위한 공간으로 이용하면서 다만 방한 목적으로 시동과 히터를 켜 놓은 상태에서 잠을 자다 질식사한 경우, 자동차 운행 중의 사고에 해당하지 않는다고 판시한 대법원 2000.1.21. 선고 99다41824 판결(이와 유사한 사건을 운행 중 사고라고 판시한 판결도 있는데, 대법원 2000.9.8. 선고 2000다89 판결은 심야에 엘피지 승용차를 운전하여 목적지로 향하여 운행하던 중 눈이 내려 도로가 결빙되어 있어 도로 상태가 좋아질 때까지 휴식을 취할 목적으로 도로변에 승용차를 주차한 후 시동을 켠 채 승용차 안에서 잠을 자다가 차내에 누출된 엘피지가스의 폭발로 화재가 발생하여 운전자가 소사한 경우, 자동차 운행 중의 사고에 해당한다고 판시하여 운행의 연속선상에 있었다고 보아 운행 중 사고에 해당한다고 한 반면, 대법원의 위 99다41824 판결은 차량 운행 중 피로가 누적되어 일부러 휴식을 취하기 위해 승용차를 주차시킨 다음, 날씨가 추운 관계로 승용차의 창문을 모두 닫고 시동과 히터를 켜 놓은 상태에서 운전자는 조수석에 등을 기댄 채 침낭을 덮고, 자녀들은 뒷좌석에 누워서 침낭을 덮은 채로 자다가 산소 결핍으로 인하여 질식사 한 경우, 운행의 연속성이 단절된 상태로 보아 운행 중 사고에 해당하지 않는다고 한 사례이다.) 등에서도 운행의 개념에 대한 "고유장치설"의 견해를 충분히 엿볼 수 있다.

(4) 차고출입설

이 설은 자동차의 장소적 이동이나 당해 장치의 조작에 한하지 않고 주·정차 중이라 하더라도 자동차가 차고를 출발하여 다시 차고에 들어갈 때까지의 일련의 운전행위, 즉, 그것이 운행 중의

一態樣으로 보이는 한 운행으로 간주하는 것이다.

이 설에 입각한 운행은 정차는 물론 주차도 포함하는 것이라고 해석하여야 한다.[1] 차고출입설은 자동차가 교통의 장에 있는 동안은 그것이 주행 중이든 일시 정지 혹은 장시간 정지 중이든 묻지 아니하고, 특유의 위험을 내포하고 있다는 전제 하에 그러한 상태에 있음으로 말미암아 사람의 생명, 신체에 대한 사고를 야기시킨 경우 운행으로 인한 사고로 보아야 한다는 입장이다. 이와 같은 차고출입설은 지금까지는 소수설에 지나지 않았지만, 운행의 정의 내지는 개념에 대한 판례 및 학설이 점차 확대되어 가고 있는 추세에 맞추어 최근에는 오히려 고유장치설을 압도하는 기색마저 없지 않다. 대법원 2004.7.9. 선고 2004다20340, 20357 판결은 "그 '운행'이라 함은 사람 또는 물건의 운송 여부에 관계없이 자동차를 그 용법에 따라 사용 또는 관리하는 것을 말한다고 규정되어 있는바, 여기서 '자동차를 그 용법에 따라 사용한다'는 것은 자동차의 용도에 따라 그 구조상 설비되어 있는 각종의 장치는 원칙적으로 당해 자동차에 계속적으로 고정되어 사용되는 것이지만 당해 자동차에서 분리하여야만 그 장치의 사용 목적에 따른 사용이 가능한 경우에는, 그 장치가 평상시 당해 자동차에 고정되어 있는 것으로서 그 사용이 장치 목적에 따른 것이고 당해 자동차의 운행 목적을 달성하기 위한 필수적인 요소이며 시간적·공간적으로 당해 자동차의 사용에 밀접하게 관련된 것이라면 그 장치를 자동차에서 분리하여 사용하더라도 자동차를 그 용법에 따라 사용하는 것으로 볼 수 있다"고, 대법원 2005.3.25. 선고 2004다71232 판결은 "자동차를 안전하게 주·정차하기 어려운 곳에 주·정차하거나 자동차를 주·정차함에 있어 지형과 도로상태에 맞추어 변속기나 브레이크 등을 조작하지 아니함으로 인하여 사람이 사망하거나 부상한 경우, 이는 원칙적으로 운행 중의 사고로 보아야 하고, 한편, 자동차의 당해 장치의 용법에 따른 사용 이외에 그 사고의 다른 직접적인 원인이 존재하거나, 그 용법에 따른 사용의 도중에 일시적으로 본래의 용법 이외의 용도로 사용한 경우에도 전체적으로 위 용법에 따른 사용이 사고 발생의 원인이 된 것으로 평가될 수 있다면 역시 운행 중의 사고라고 보아야 할 것이다"라고 각각 판시하였다. 또한 대법원 2008.11.27. 선고 2008다55788 판결은 피보험자(자동차 보유자)의 지시에 따라 도로 갓길에 주차된 피보험자동차에서 하역작업을 하던 사람이 교통사고를 당한 사안에서, 위 사고는 자동차의 운행 중의 사고에 해당할 뿐만 아니라 피보험자동차의 소유, 사용, 관리 중에 피보험자의 책임 있는 사유로 발생한 사고라고 판시하였고, 대법원 2009.5.28. 선고 2009다9294, 9300 판결은 "'자동차를 그 용법에 따라 사용한다'는 것은 자동차의 용도에 따라 그 구조상 설비되어 있는 각종의 장치를 각각의 장치 목적에 따라 사용하는 것을 말하는 것으로서, 자동차가 주행상태에 있지 아니한 상태에서 각종 부수적인 장치를 사용하는 것도 이에 포함되고, 또한 자동차의 당해 장치의 용법에 따른 사용 이외에 그 사고의 다른 직접적인 원인이 존재하거나 그 용법에 따른 사용의 도중에 일시적으로 본래의 용법 이외의 용도로 사용한 경우에도 전체적으로 위 용법에 따른 사용이 사고 발생의 원인이 된 것으로 평가될 수 있다면 역시

---

[1]   한국자동차보험주식회사, 전게서, 24面.

이에 해당한다"고 하면서 아파트단지 내 이삿짐 운반을 위해 장시간 주차한 화물차의 고가사다리를 이용한 이삿짐 운반작업 중 인부가 추락하여 사망한 사안에서 운행 중 사고라는 취지로 판시하였다. 위 각각의 판결들은 운행에 대한 판단 기준으로 차고출입설의 입장에 근접한 판결들이 속출하고 있음을 가늠케 하는 데 부족함이 없어 보인다.

반면, 비교적 오래된 하급심 판결로서는 부산지법 1984.5.16. 선고 83가합4449 판결이 "자동차는 운전자가 이를 교통에 쓰기 위하여 도로에 두어 그것에 의하여 작출되는 위험한 상태가 계속되는 한 운행상태에 있는 것이라고 보아야 할 것이고, 도로로부터 끌어내어 차고 내지는 도로 이외의 장소에 둘 때 비로소 운행은 차단된다고 보아야 할 것인바, 그렇다면 위 소외 1이 레미콘 트럭으로 시멘트를 운반하다가 이를 일시 도로변에 주차하였고 또 이 사건 사고가 위 트럭의 주차 중에 발생한 것이라고 하여도 이는 위 트럭의 운행 중에 생긴 사고로 보아야 할 것이니,…"라고 판시하여 운행에 대한 제 학설 중 차고출입설의 입장에 근거하고 있음이 눈에 띈다.

다. 인과관계(그 운행으로)

"그 운행으로"는 "자기를 위한 운행으로 인하여"라는 의미로서 보유자의 배상책임을 인정하려면 "자기를 위한 운행과 타인의 생명 또는 신체의 사상"과의 사이에 인과관계의 존재를 필요로 한다. 이 인과관계에 대하여 조건설에 의한 인과관계라고 주장하는 설도 있으나, 일반 불법행위에 의한 손해배상의 경우와 같이 보유자 책임도 상당인과관계의 범위 내에서 인정함이 타당하다는 상당인과관계설이 유력하다. 인과관계란 일반적으로 일정한 전행사실과 후행사실과의 사이의 필요적인 관계, 즉, 전자(전행사실)가 없었더라면 후자(후행사실)가 발생하지 않았으리라는 관계를 말한다.

(1) 조건설

조건설은 전행사실과 후행사실 사이에 전자가 없었더라면 후자도 없었으리라는 관계가 있다는 점을 충분조건으로 본다. 행위(운행)와 결과(사상, 부상으로 인한 손해) 사이에 적어도 인과의 관계가 있으면 행위자인 운행자의 책임을 발생시키는 것이 충분하다고 하여 인과관계를 인정한다. 이 설은 모든 조건을 동등하게 평가하여 인과관계를 인정하고 있으므로 조건설에 따르면 운행 중 사고 발생 시 혹은 불법행위 시에 예견 가능하지 못했던 특별손해도 배상책임이 있게 된다.

(2) 상당인과관계설

상당인과관계설은 전술한 조건설의 조건관계 외에 동일한 조건이 존재하는 경우에는 동일한 결과를 발생케 하는 것이 보통인가 하는 상당성의 판단을 첨가한다. 즉, 원인인 조건이 일반적인 경우에 있어서 보통 그 결과를 발생케 하는 것이 요구된다. 「자배법」 제3조 소정의 「그 운행으로 다른 사람을 사망하게 하거나 부상하게 한 경우에는 그 손해를 배상할 책임을 진다」에서 "그 손해"는 운행 중 사고와 상당인과관계의 범위 내에 속하는 손해이며, 이것에는 "통상손해"와 "예견 가능한 특별사정으로 인한 손해"가 포함된다. 그런데 어떤 손해가 통상적이라는 것은 "원인 행위와 결과 발생 사이에 개연성이 농후함"을 말하고, 배상책임이 있는 특별사정으로 인한 손해 란 "객관적으로는 개연성이 희박하지만, 가해자의 개인적 환경에 비추어 그러한 손해 발생의 가 능성이 높은 특별한 사정이 존재함을 그들이 알았거나 또는 예견하였으리라고 기대되는 경우의 손해"를 말한다. 상당인과관계의 판단에 있어서 자연적 인과관계에 관한 사실판단과 사회적으로 상당성 있는 인과관계가 존재하는가에 관한 규범적 판단의 두 가지 요소를 병행한다.[1]

대법원 1995.12.12. 선고 95다11344 판결에서 "불법행위의 직접적 대상에 대한 손해가 아닌 간접적 손해는 특별한 사정으로 인한 손해로서 가해자가 그 사정을 알았거나 알 수 있었을 것이 라고 인정되는 경우에만 배상책임이 있다고 할 것인바, 이 사건에서 위 소외인이 위 전신주를 충 격하여 전선을 절단케 함으로써 위 전선으로부터 전력을 공급받아 비닐하우스 내 전기온풍기 를 가동하던 원고가 전력 공급의 중단으로 전기온풍기의 작동이 중지됨으로 인하여 입은 손해 는 특별한 사정으로 인한 손해로서 소외인이 이 사건 사고 당시에 이러한 사정을 알았거나 알 수 있었을 때에만 그 책임을 부담한다고 보아야 할 것이다"라고 판시하였는바, 위 판결(대법원 1996.1.26. 선고 94다5472 판결, 2014.5.29. 선고 2014다642 판결 등은 같은 취지의 판결이다.)에서 드 러난 것같이 우리 대법원은 상당인과관계설을 채택하고 있다.

(3) 운행과 상당인과관계의 사례

(가) 운행과의 상당인과관계를 인정한 예

보상실무에 있어서 일반적으로 운행과 사상과의 사이에 인과관계를 인정하는 경우는 다음과 같다.

1) 정차 후 운전자가 내리려고 자동차의 문을 여는 순간 그 문이 마침 차 옆을 지나던 통행인 을 접촉하여 그 통행인을 사상케 한 사고

2) 화물트럭의 적재함의 후문 또는 측문을 여는 순간 적재한 화물이 붕괴되어 그 옆을 지나던 통행인을 접촉, 사상케 한 사고

3) 화물트럭이 진행 중 그 적재한 화물이 붕괴되어 통행인에 맞아 그 통행인을 사상케 한 경우

4) 크레인차의 크레인이나 덤프차의 덤프를 조작 중에 발생한 사고로 인한 통행인 등의 사상

5) 원동기의 고장으로 쇠사슬 등에 의하여 피견인 중 그 피견인차에 탑승한 운전자의 핸들 및 제동장치의 조작미숙이 원인이 되어 발생한 사고로 인한 사상. 그러나 전륜 또는 후륜이 들려 피 견인 중에는 그 피견인차를 화물로 보아 "화차동일의 원칙"에 의해 견인차에만 배상책임이 발생 한다.

6) 진행 중인 자동차 바퀴에 돌이 튕겨 통행인이 사상한 사고

7) 고속버스 선반에서 소화물 추락으로 승객이 사상한 사고

8) 진행 중 급정차로 승객이 전도하여 입은 사상

---

1   이은영, 『채권총론』(서울: 박영사, 1991), 254~255面.

9) 건설기계차의 시동 중 원동기 동요로 지반이 붕괴되면서 통행인이 사상한 사고

10) 철도건널목을 통과하다가 원동기 고장으로 철도 건널목에 일시정차 중 기차 등과 충돌한 사고

11) 야간에 주차금지 장소에 정차 중 안전조치를 취하지 아니하여 이륜소형자동차 등이 이에 충돌되어 그 운전자가 사상한 사고

12) 화물트럭의 늘어진 밧줄에 뒤따라오던 이륜자동차가 전도되어 그 운전자가 사상된 사고

13) 교량 등에서 트럭의 통과로 접촉의 위험이 충분히 있는 경우, 접촉되지 아니하였으나 생리적, 심리적 영향을 받아 자전거 탄 사람이 전도, 사상된 사고

14) 중앙선을 침범해 오는 차량을 피하기 위해 우측 도로변 가로수에 충돌되어 운전자가 사상된 사고(비접촉사고 → 중앙선 침범 차량 책임 인정)[1]

(나) 운행과의 상당인과관계를 부인하는 예

일반적으로 운행과 사상 간의 인과관계를 인정하지 않는 경우는 다음과 같다.

1) 화물트럭이 일정한 장소에 주차하고 화물의 적재 혹은 적하작업 중에 발생한 사고에 의한 사상(일본에서는 일시정차 하여 적재물의 투하 등에 의한 사고를 적극적으로 해석하여 운행 중 사고로 인정한 사례가 있다- 大阪地判, 昭和 46.5.12.)

2) 고속버스 등의 승객이 맥주병이나 담뱃불을 投下하여 발생한 사고에 의한 사상(이 경우 일본에서는 적극설과 소극설이 있다)

3) 안전한 장소에 자동차를 주차시키고 고장 부위를 수리 중이거나 타이어를 교환하기 위하여 "잭크"를 조작 중 발생한 사고에 의한 사상

4) 화물트럭에 실은 가축이 운행 중 혹은 정차 중 탈출하여 그 가축에 의한 통행인이 사상된 사고

5) 전쟁, 폭동, 기타 이에 준하는 사변 중에 차량권 외의 사유가 원인이 된 승객의 사상

6) 자동차의 진행 중 조류(鳥類)나 낙석(投石) 등 비래물에 의한 승객이 사상된 사고

7) 자전거인이 동일 방향의 트럭에 접촉하지 않으려고 조심한 나머지 도로변 배수구에 추락하여 사상된 사고.[2]

라. 판례 검토

(1) 운행으로 인한 사고라고 선고한 판례

■ 대법원 1980.8.12. 선고 80다904 판결[구상금]

버스 내의 화재가 다른 직접적인 원인 이외에도 그 버스의 원동기에 의한 진동 때문에 승객이

1　한국자동차보험주식회사, 전게서, 66面.
2　한국자동차보험주식회사, 전게서, 65~68面.

지참한 휘발유통의 마개 틈으로 휘발유가 스며 나왔으나 버스의 조명시설이 승객의 소지품을 찾는데 적당치 못하였으며 출입문 등 차의 구조가 대피에 부적당한 상태였음이 위 화재 발생의 간접적 원인이 되었다면 이는 버스의 위 장치들을 그 용법에 따라 사용함으로써 비롯되었다고 할 것이므로 위 화재사고는 위 버스의 운행으로 승객들에게 사상의 손해를 입게 한 경우이어서 버스 소유자는 「자동차손해배상보장법」 제3조 소정의 배상책임을 져야 한다.

■ 부산지법 1984.5.16. 선고 83가합4449 제6민사부 판결: 확정[손해배상청구사건]

운전수가 트럭을 운전하고 가다가 일시 이를 도로변에 주차한 경우도 동 트럭의 "운행 중"이라고 할 것이므로, 위 주차 중인 트럭과 충돌하여 일어난 교통사고에 대하여 위 트럭 소유자는 자동차 보유자로서의 책임을 면할 수 없다.

■ 대법원 1989.10.27. 선고 89다카432 판결[보험금]

승객이 강간을 피하기 위하여 달리는 차량에서 뛰어내리다 사망한 경우가 자동차의 통상 용법에 따른 운행 중의 사고라고 본 사례

■ 대법원 1997.04.08. 선고 95다26995 판결[손해배상(자)]

지게차로 화물차에 각재를 적재한 후 다시 각재를 싣고 오는 사이에 적재된 각재 다발이 떨어지면서 밑에 있던 사람을 사망하게 한 사고가 지게차의 운행으로 말미암아 일어난 것이라고 본 사례

■ 대구지방법원 1997.05.21. 선고 96가합8639 판결: 항소기각[보험금]

유치원생 운송 차량 운전자가 차 안에서 잠든 유치원생을 발견하지 못하고 그대로 둔 채 차량 주차 후 차문을 닫고 떠나 그 유치원생이 질식사한 경우, 자동차의 운행으로 말미암은 사고라고 본 사례

■ 대법원 1997.08.26. 선고 97다5183 판결[손해배상(자)]

한강 선착장 주차장에 주차시킨 승용차가 비탈면을 굴러서 강물에 빠짐으로써 동승자가 사망한 것이 자동차의 "운행"으로 말미암은 것이라고 한 사례

■ 대법원 1997.09.30. 선고 97다24276 판결[채무부존재확인]

[1] 「자동차손해배상보장법」 소정의 "운행"의 의미 및 "운행으로 말미암은 경우"의 판단 기준

[2] 차량 운전자가 오토바이 운전자와 시비가 붙어 차량을 운전하여 오토바이를 추격하던 중 그 오토바이 운전자가 당황한 나머지 넘어져 사고를 당한 경우, 차량의 운행과 사고 발생 사이에 상당인과관계가 있다고 본 사례

[3] 차량 운전자가 오토바이 운전자와 시비가 붙어 차량을 운전하여 오토바이를 추격하던 중 그 오토바이 운전자가 넘어져 사고를 당한 경우, 차량 운전자에게 자동차보험 면책약관에서 규정하는 사망 또는 상해에 관한 고의가 인정되지 않는다고 본 사례

■ 서울지방법원 1997.12.11. 선고 97나7560 판결: 상고기각[손해배상(자)]

[1] 아파트 단지 내의 경사진 비탈길에 사이드 브레이크를 채우지 않고 기아를 중립으로 둔 채 돌멩이만 받쳐 주차된 차량을 밀다가 그 차량과 함께 비탈길로 굴러 사망한 경우, 차량 소유자에

게 자동차 운행자로서의 책임을 인정한 사례

[2] 위 [1]항의 경우, 사고 장소에 대한 사전 안전조치를 취하지 않은 아파트 관리회사의 손해배상책임을 인정한 사례

■ 대법원 1998.09.04. 선고 98다22604 판결[채무부존재확인등·손해배상(자)]

동승자가 주차한 자동차에서 하차하다가 차량 밖의 터널바닥으로 떨어져 다친 사고가 자동차의 운행으로 인한 사고라고 한 사례

■ 대법원 1999.11.12. 선고 98다30834 판결[손해배상(자)]

「도로교통법」 제2조제19호는 "운전"이라 함은 도로에서 차를 그 본래의 사용 방법에 따라 사용하는 것을 말한다고 규정하고 같은 조 제14호는 "'자동차'라 함은 철길 또는 가설된 선에 의하지 않고 원동기를 사용하여 운전되는 차를 말한다고 규정하고 있으므로, 자동차의 운전, 즉, 자동차를 그 본래의 사용 방법에 따라 사용하는 것에 해당하기 위하여는 자동차의 원동기를 사용할 것을 요한다고 할 것이고, 따라서 내리막길에 주차되어 있는 자동차의 핸드 브레이크를 풀어 타력주행을 하는 행위는 「도로교통법」상의 운전에 해당하지 아니한다고 할 것이다(다만 통상의 운전 중에 내리막길에 이르러 원동기를 일시적으로 정지하여 타력으로 주행시키는 것은 별론으로 한다.). 그리고 자동차의 본래적 기능 및 「도로교통법」의 입법 취지에 비추어 볼 때, 주차 중의 자동차를 새로 발진시키려고 하는 경우에 자동차를 그 본래의 사용 방법에 따라 사용하였다고 하기 위하여는 단지 엔진을 시동시켰다는 것만으로는 부족하고 이른바 발진 조작의 완료를 요하며, 또한 그로써 족하다고 할 것이다.

한편, 「자동차손해배상보장법」(1999.2.5. 법률 제5793호로 전문 개정되기 전의 것, 이하「자배법」이라고 쓴다.) 제2조제2호는 "운행"이라 함은 사람 또는 물건의 운송 여부에 관계없이 자동차를 당해 장치의 용법에 따라 사용하는 것이라고 정의하였는바, 여기에서 자동차를 당해 장치의 용법에 따라 사용한다는 것은 자동차의 용도에 따라 그 구조상 설비되어 있는 각종의 장치를 각각의 장치 목적에 따라 사용하는 것을 말하는 것으로서, 자동차가 반드시 주행상태에 있지 않더라도 주행의 전후단계로서 주·정차상태에서 문을 열고 닫는 등 각종 부수적인 장치를 사용하는 것도 포함하므로(대법원 1994.8.23. 선고 93다59595 판결, 1997.9.30. 선고 97다24412 판결 등 참조), 「자배법」상의 "운행"은 「도로교통법」상의 "운전"보다 넓은 개념이지 동일한 개념이 아니라고 할 것이다.

원심은 위와 같은 사실관계 아래에서 위 이양희의 사망을 위 승용차의 운행으로 인한 것으로 판단하면서 위 이관희의 행위를 「도로교통법」상의 운전에는 해당하지 않는다고 보아 피고의 면책주장을 배척하였는바, 기록상 이관희가 발진 조작을 완료하여 원동기의 동력에 의하여 위 승용차를 진행시켰다는 점을 인정할 증거가 없는 이 사건에 있어 위와 같은 법리에 비추어 원심의 위와 같은 판단은 이관희가 핸드 브레이크를 풀었는지의 여부와는 관계없이 정당하고, 거기에 위 운행과 운전에 대한 판단을 그르치거나 전후 모순되게 한 위법이 있다고 할 수 없다고 한 사례

■ 대법원 2000.09.08. 선고 2000다89 판결[보험금]

[1] 교통사고만의 담보특약부 상해보험계약에 적용되는 약관상의 "운행 중"의 의미

[2] 심야에 엘피지 승용차를 운전하여 목적지로 향하여 운행하던 중 눈이 내려 도로가 결빙되어 있어 도로 상태가 좋아질 때까지 휴식을 취할 목적으로 도로변에 승용차를 주차한 후 시동을 켠 채 승용차 안에서 잠을 자다가 차내에 누출된 엘피지 가스의 폭발로 화재가 발생하여 운전자가 소사한 경우, 자동차의 운행 중의 사고에 해당한다고 한 사례

■ 서울지법 2003.9.2. 선고 2002가합68206, 2003가합47220 판결[채무부존재확인·보험금]

피보험자가 차량을 운전하던 도중 차량을 점검하기 위하여 시동을 켜 놓은 채 안전지대에 일시 주차하고 있는 동안에 가해 차량에 의하여 충격되어 피해를 입은 경우, 자동차의 "운행 중" 사고에 해당한다고 한 사례

■ 대법원 2003.09.23. 선고 2002다65936, 65943 판결[채무부존재확인·손해배상(자)]

골목길에 주차시킨 오토바이가 앞·뒤 바퀴에 바람이 빠져서 쓰러질 위험성이 높았음에도 오토바이 소유자가 그대로 방치하면서 매일 시동만 걸어 준 경우, 위 오토바이 위에서 어린 아이가 놀다가 깔려 사망하였다면 「자동차손해배상보장법」 제3조 소정의 "운행으로 인한 사고"에 해당한다고 한 사례

■ 대법원 2004.03.12. 선고 2004다445, 452 판결[채무부존재확인·손해배상(자)]

안전하게 정차하기 어려운 곳에 자동차를 정차하거나 자동차를 정차함에 있어 지형과 도로상태에 맞추어 변속기나 브레이크를 조작하지 아니함으로써 자동차가 추락하여 사람이 사망하거나 부상한 경우, 이를 자동차의 운행으로 인한 사고로 본 사례

■ 대법원 2004.07.09. 선고 2004다20340 판결[채무부존재확인·손해배상(자)]

[1] 「자동차손해배상보장법」 제2조제2호에서 규정하는 "자동차를 그 용법에 따라 사용하는 것"의 의미 및 당해 자동차에서 분리하여야만 각종 장치의 사용 목적에 따른 사용이 가능한 경우, 그 장치의 분리 사용에 대하여 자동차를 그 용법에 따라 사용하는 것으로 보기 위한 요건

[2] 구급차로 환자를 병원에 후송한 후 구급차에 비치된 들것(간이침대)으로 환자를 하차시키던 도중 들것을 잘못 조작하여 환자를 땅에 떨어뜨려 상해를 입게 한 경우, 이는 자동차의 운행으로 인하여 발생한 사고에 해당한다고 한 사례

■ 대법원 2004.10.28. 선고 2004다39689 판결[구상금]

구 「자동차손해배상보장법」(1999.2.5. 법률 제5793호로 전문 개정되기 전의 것) 제3조는 「자기를 위하여 자동차를 운행하는 자는 그 운행으로 말미암아 다른 사람을 사망하게 하거나 부상하게 한 때에는 그 손해를 배상할 책임을 진다」라고 규정하고 있는바, 위 법조에서 "운행으로 말미암아"라 함은 운행과 사고 사이에 상당인과관계를 인정할 수 있는지의 여부에 따라 결정되어야 할 것이다(대법원 1997.9.30. 선고 97다24276 판결 등 참조).

원심이 확정한 바와 같이, 소외 1이 이 사건 차량을 20~30㎞의 속도로 운행하면서 위 차량의

운전석 창가에 매달려 쫓아오던 우영옥의 손을 쳐 동인을 도로에 떨어뜨리고 도주하였는데, 그 직후 소외 2가 영업용택시를 운전하여 반대방향에서 진행하여 오다가 위 택시의 좌측 앞바퀴로 우영옥을 역과하여 사망에 이르게 한 것이라면, 이 사건 차량의 운행과 우영옥의 사망과는 상당인과관계가 있다고 할 것이므로 이 사건 차량의 운행으로 인하여 위 사고가 발생한 것이다라고 한 사례

■ 대법원 2005.03.25. 선고 2004다71232 판결[보험금]

[1] 안전하게 정차하기 어려운 곳에 자동차를 정차하거나 자동차를 정차함에 있어 지형과 도로 상태에 맞추어 변속기나 브레이크를 조작하지 아니함으로써 자동차가 추락하여 사람이 사망하거나 부상한 경우, 이를 운행 중의 사고로 본 사례

[2] 자동차의 당해 장치의 용법에 따른 사용 이외에 그 사고의 다른 직접적인 원인이 존재하거나, 그 용법에 따른 사용의 도중에 일시적으로 본래의 용법 이외의 용도로 사용한 경우에도 운행 중의 사고로 볼 수 있는 경우

[3] 활선자동차의 버킷을 수리할 목적으로 화물자동차를 운전하여 회사의 자재창고에 도착하여 창고 정문 안쪽의 내리막 경사지에 주차한 후 하차하여 수리하다가 날이 어두워지자 화물자동차에 시동을 걸고 전조등을 켜서 그 불빛을 이용하여 작업을 계속하던 중 화물자동차가 경사지에서 굴러 내려와 충격하는 바람에 운전자가 사망한 경우, 자동차의 운행 중의 사고에 해당한다고 한 사례

■ 울산지방법원 2005.06.01. 선고 2004가합8445 판결: 확정[채무부존재확인·보험금청구]

화물차량을 운행 중 적재물의 적재상태가 불량함을 느끼고 도로변에 위 차량을 세운 후 적재물을 정리하던 중 적재물이 떨어져 사고가 발생한 경우, 위 사고는 자동차의 "운행 중의 사고"에 해당한다고 한 사례

■ 대법원 2006.4.13. 선고 2005다73280 판결[손해배상(자)]

[1] 「자동차손해배상보장법」 제3조는 「자기를 위하여 자동차를 운행하는 자는 그 운행으로 인하여 다른 사람을 사망하게 하거나 부상하게 한 때에는 그 손해를 배상할 책임을 진다」라고 규정하고 있는바, 위 법조에서 "운행으로 인하여"라 함은 운행과 사고 사이에 상당인과관계를 인정할 수 있는지의 여부에 따라 결정되어야 한다.

[2] 속칭 날치기 범행을 하기로 마음먹고 승용차를 정상적인 용법에 따라 운행하여 가면서, 같은 방향 왼쪽 앞을 걸어가고 있던 피해자의 핸드백을 잡아채고는 피해자가 핸드백을 빼앗기지 않으려고 아직 잡고 있는 상태에서 위 승용차를 가속하여 도주함으로써, 피해자가 그 힘을 이기지 못하여 차에 끌려오다가 핸드백을 놓치면서 뒹굴면서 넘어졌고 그로 인하여 상해를 입은 사안에서, 승용차의 운행과 사고 사이에 상당인과관계가 있다고 한 사례

■ 대법원 2006.10.13. 선고 2006다35896 판결[보험금]

[1] 피보험자가 운행 중인 교통기관에 탑승하고 있는 동안 입은 불의의 사고를 직접적 원인으

로 사망한 경우를 보험금 지급 사유로 규정하고 있는 보험약관의 의미

[2] 개인영업용택시 운전자가 운전 중에 승객으로부터 칼에 찔려 사망한 경우, 피보험자가 운행 중인 교통기관에 탑승하고 있는 동안에 입은 불의의 사고를 직접적 원인으로 사망한 경우에 해당하므로 교통재해를 직접적 원인으로 한 보험금 지급 사유가 있다고 본 사례

■ 대법원 2008.2.28. 선고 2006다18303 판결[구상금]

[1] 「자동차손해배상보장법」 제3조는 그 본문에서 자기를 위하여 자동차를 운행하는 자는 그 운행으로 인하여 다른 사람을 사망하게 하거나 부상하게 한 때에는 그 손해를 배상할 책임을 진다고 규정하고, 그 단서 제2호에서는 승객이 사망하거나 부상한 경우에 있어서 그 사망 또는 부상이 그 승객의 고의나 자살행위로 인한 것인 때에 한하여 책임을 지지 아니한다고 규정하여, 자동차사고로 승객이 사망하거나 부상당한 경우 운행자는 승객의 사망 또는 부상이 그 승객의 고의나 자살행위로 인한 것임을 주장·입증하지 않는 한 운전상의 과실 유무를 가릴 것 없이 승객의 사망이나 부상에 따른 손해를 배상할 책임을 부담한다.

[2] 승객이란 자동차 운행자의 명시적·묵시적 동의 하에 승차한 사람을 의미하는데, 반드시 자동차에 탑승하여 차량 내부에 있는 사람만을 승객이라고 할 수 없고, 운행 중인 자동차에서 잠시 하차하였으나 운행 중인 자동차의 직접적인 위험 범위에서 벗어나지 않은 사람도 승객의 지위를 유지할 수 있으며, 그 해당 여부를 판단함에는 운행자와 승객의 의사, 승객이 하차한 경위, 하차 후 경과한 시간, 자동차가 주·정차한 장소의 성격, 그 장소와 사고 위치의 관계 등의 제반 사정을 종합하여 사회통념에 비추어 결정하여야 한다.

[3] 고속도로상에서 1차 사고로 정차한 관광버스의 승객 일부가 버스에서 하차하여 갓길에 서서 사고상황을 살피다가 얼마 지나지 않아 2차 사고를 당하여 사망한 사안에서, 망인이 2차 사고 시에도 운행 중인 관광버스의 직접적인 위험 범위에서 벗어나지 않았으므로 「자동차손해배상보장법」 제3조 단서 제2호의 승객에 해당한다고 한 사례

■ 대법원 2008.5.29. 선고 2008다17359 판결[손해배상(자)]

[1] 「자동차손해배상보장법」 제3조에서 규정하는 "운행으로 인하여"의 판단 기준

[2] 고속도로상에서 선행 교통사고가 발생한 후 운전자가 피보험차를 사고지점인 1차로에 그대로 둔 상태에서 동승자가 운전자의 부탁으로 후행차량들에 대한 수신호를 하던 중 후행차량에 충격당한 사고가 발생한 사안에서, 피보험차의 운전자의 불법 정차와 후행 교통사고 사이의 상당인과관계를 인정한 사례

■ 대법원 2008.11.27. 선고 2008다55788 판결 [구상금]

[1] 자동차종합보험약관에서 "피보험자가 피보험자동차를 소유·사용·관리하는 동안에 생긴 피보험자동차의 사고로 인하여 남을 죽게 하거나 다치게 한 때 또는 남의 재물을 없애거나 훼손한 때에 법률상 손해배상책임을 짐으로써 손해를 입는 것"을 보험사고로 정한 경우, 피보험자동차의 사고로 인한 "법률상 손해배상책임"의 범위

[2] 피보험자의 지시에 따라 도로 갓길에 주차된 피보험자동차에서의 하역작업을 하던 사람이 교통사고를 당한 사안에서, 위 사고는 자동차의 운행 중의 사고에 해당할 뿐만 아니라 피보험자동차의 소유·사용·관리 중에 피보험자의 책임 있는 사유로 발생한 사고로서 자동차종합보험약관이 정하는 보험사고에 해당한다고 본 사례

■ 대법원 2009.2.26. 선고 2008다86454 판결[보험금]

[1] 자동차의 용법에 따른 사용 외에 사고의 다른 직접적인 원인이 존재하거나 혹은 일시적으로 본래의 용법 외의 용도로 사용하였음에도 보험사고로 평가할 수 있는 경우

[2] 피보험자인 운전자가 화물자동차를 정차하여 적재함에 화물을 적재하던 중 바지가 적재함 문짝 고리에 걸려 중심을 잃고 땅바닥으로 떨어져 상해를 입은 사안에서, 전체적으로 자동차의 용법에 따른 사용이 사고 발생의 원인이 된 것으로 자동차를 소유·사용·관리하는 동안에 그로 인하여 발생한 자동차보험계약이 정한 보험사고에 해당한다고 본 사례

■ 대법원 2009.04.09. 선고 2008다93629 판결[손해배상(자)]

차량 적재함에 실려 있던 건설기계를 하차하기 위하여 차량의 엔진을 켠 상태에서 리프트를 사용하여 적재함을 들어 올리고 뒷 발판을 내려 고정시킨 후 와이어 인지를 푸는 작업을 하던 중, 차량 운전자의 조작 실수로 와이어 인지를 잡고 있던 사람이 차량에서 추락한 사안에서, 그 사고가 차량의 운행으로 인하여 발생한 사고에 해당한다고 한 사례

■ 대법원 2009.5.28. 선고 2009다9294, 9300 판결[채무부존재확인·보험금]

[1] 「자동차손해배상보장법」 제2조제2호에서 규정하는 "운행"의 의미와 「도로교통법」 제2조제24호에서 규정하는 "운전"의 의미

[2] 아파트단지 내 이삿짐 운반을 위해 장시간 주차한 화물차의 고가사다리를 이용한 이삿짐 운반작업 중 인부가 추락하여 사망한 사안에서, 차량의 운전과 관계없이 그 부착장치를 이용한 작업 중 발생한 위 사고가 보험약관의 객관적 해석상 운전자상해보험에 의한 보상 대상이 되는 보험사고로 볼 수 없다고 한 사례

[3] 자동차의 운행으로 인한 손해배상을 보장하는 자동차보험에 관하여 규정하고 있는 「자동차손해배상보장법」에서 말하는 "자동차"라 함은 원동기에 의하여 육상에서 이동할 목적으로 제작한 용구 또는 이에 견인되어 육상을 이동할 목적으로 제작한 용구이고, 그 "운행"이라 함은 사람 또는 화물의 운송 여부에 관계없이 자동차를 그 용법에 따라 사용하거나 관리하는 것을 말하는데(같은 법 제2조제1, 2호), 이때 "자동차를 그 용법에 따라 사용한다"는 것은 자동차의 용도에 따라 그 구조상 설비되어 있는 각종의 장치를 각각의 장치 목적에 따라 사용하는 것을 말하는 것으로서, 자동차가 주행상태에 있지 아니한 상태에서 각종 부수적인 장치를 사용하는 것도 이에 포함되고, 또한 자동차의 당해 장치의 용법에 따른 사용 이외에 그 사고의 다른 직접적인 원인이 존재하거나 그 용법에 따른 사용의 도중에 일시적으로 본래의 용법 이외의 용도로 사용한 경우에도 전체적으로 위 용법에 따른 사용이 사고 발생의 원인이 된 것으로 평가될 수 있다면 역

시 이에 포함된다고 보는 반면(대법원 2004.7.9. 선고 2004다20340, 20357 판결, 대법원 2005.3.25. 선고 2004다71232 판결 등 참조), "운전"의 개념에 대해서는 「도로교통법」상의 도로에서 차마를 그 본래의 사용 방법에 따라 사용하는 것을 말한다고 규정하고 있고(「도로교통법」 제2조제24호), 그중 "자동차 운전"은 자동차의 원동기를 사용하는 고의의 운전행위로서, 엔진의 시동 뿐만 아니라 발진 조작의 완료까지 요하는 것이므로, 이는 주행상태가 아닌 주행의 전후단계로서 주·정차상태에서 각종 부수적인 장치를 사용하는 것도 포함하는 「자동차손해배상보장법」상 "운행"의 개념보다는 좁은 개념으로 해석되고 있다(대법원 1999.11.12. 선고 98다30834 판결, 대법원 2004.4.23. 선고 2004도1109 판결 등 참조)고 한 사례

(2) 운행으로 인한 사고가 아니라고 선고한 판례

■ 대법원 1993.4.27. 선고 92다8101 판결[채무부존재확인]

가. 「자동차손해배상보장법」 제2조제2호에 의하면 "운행"이라 함은 사람 또는 물건의 운송 여부에 관계없이 자동차를 당해 장치의 용법에 따라 사용하는 것을 말한다고 규정되어 있는바, 당해 장치란 운전자나 동승자 및 화물과는 구별되는 당해 자동차에 계속적으로 고정되어 있는 장치로서 자동차의 구조상 설비되어 있는 당해 자동차 고유의 장치를 말하는 것이고 이와 같은 각종 장치의 전부 또는 일부를 각각의 사용 목적에 따라 사용하는 경우에는 운행 중에 있다고 할 수 있다.

나. 인부가 통나무를 화물차량에 내려놓는 충격으로 지면과 적재함 후미 사이에 걸쳐 설치된 발판이 떨어지는 바람에 발판을 딛고 적재함으로 올라가던 다른 인부가 땅에 떨어져 입은 상해가 자동차의 운행으로 말미암아 일어난 사고가 아니라고 한 사례

■ 대법원 1994.4.29. 선고 93다55180 판결[보험금]

교통사고만의 담보특약부 상해보험계약에 적용되는 약관상 "운행"이라 함은 「자동차손해배상보장법」 제2조에서 규정하고 있는 바와 같이 자동차를 당해 장치의 용법에 따라 사용하고 있는 것을 말하고, 자동차를 교통의 장인 도로에서 끌어 내어 길 옆의 잔디밭에 주차시키고 잠을 자다가 자동차가 미끄러져 내려가 물에 빠져 발생한 사고는 피보험자가 "운행" 중의 자동차에 탑승하고 있을 때의 사고라고 볼 수 없어 위 보험약관에서 말하는 보험사고에 해당하지 않는다고 한 사례

■ 대법원 1994.08.23. 선고 93다59595 판결[손해배상(자)]

가. 「자동차손해배상보장법」 제2조제2호 소정의 "자동차를 당해 장치의 용법에 따라 사용하는 것"의 의의

나. 버스승객이 버스가 정차한 상태에서 열린 출입문을 통하여 하차하다가 넘어져 사고가 난 경우 자동차 운행 중의 사고이기는 하나 운행으로 말미암아 일어난 것이라고는 볼 수 없다는 이유로 자동차손해배상책임을 부인한 사례

■ 대법원 1996.5.28. 선고 96다7359 판결[구상금]

[1] 「자동차손해배상보장법」 제2조제2호에 자동차의 "운행"이라 함은 사람 또는 물건의 운송

여부에 관계없이 자동차를 당해 장치의 용법에 따라 사용하는 것을 말한다고 규정하고 있고, 여기서 당해 장치란 운전자나 동승자 및 화물과는 구별되는 당해 자동차에 계속적으로 고정되어 있는 장치로서 자동차의 구조상 설비되어 있는 당해 자동차 고유의 장치를 말하므로, 이와 같은 각종 장치의 전부 또는 일부를 각각의 사용 목적에 따라 사용하는 경우에는 운행 중에 있는 것이다.

[2] 사고가 트레일러로 견인되는 적재함에 부착되어 있는 쇠파이프를 그 사용 목적에 따라 사용하다가 발생한 것이 아니고 그 철구조물을 철거하는 수리작업 과정에서 발생한 경우, 자동차의 운행 중 일어난 사고로 볼 수 없다고 한 사례

■ 대법원 1996.05.31. 선고 95다19232 판결[계약관계존재확인]

화물 하차작업 중 화물고정용 밧줄에 오토바이가 걸려 넘어져 사고가 발생한 경우, 화물고정용 밧줄은 적재함 위에 짐을 실을 때에 사용되는 것이기는 하나 물건을 운송할 때 일반적·계속적으로 사용되는 장치가 아니고 적재함과 일체가 되어 설비된 고유 장치라고도 할 수 없다는 이유로, 그 사고는 자동차의 운행으로 인한 것이라고는 볼 수 없다고 한 원심 판결을 수긍한 사례

■ 대법원 1996.09.20. 선고 96다24675 판결[손해배상(자)]

정차 중인 화물차량 적재함에서 철근 다발을 도로 상으로 떨어뜨리는 작업 중에 행인을 사망하게 한 사고가 차량의 운행으로 말미암아 일어난 것이 아니라고 본 사례

■ 대법원 1997.01.21. 선고 96다42314 판결[구상금]

[1] 「자동차손해배상보장법」 제2조제2호 소정의 “운행”의 의미 및 자동차 운행자의 책임이 인정되는 사고의 범위

[2] 불도저를 트레일러에 싣던 중에 일어난 전복 사고로 불도저 운전자가 사망한 경우, 자동차의 운행으로 말미암아 일어난 사고로 볼 수 없다고 한 사례

■ 대법원 2000.01.21. 선고 99다41824 판결[채무부존재확인]

[1] 자동차보험약관상 “운행”의 의미 및 자동차를 운송수단으로서의 본질이나 위험과는 전혀 무관하게 사용하다가 발생한 사고를 자동차 운행 중의 사고로 볼 수 있는지 여부(소극)

[2] 승용차를 운행하기 위하여 시동과 히터를 켜 놓고 대기하고 있었던 것이 아니라 잠을 자기 위한 공간으로 이용하면서, 다만, 방한 목적으로 시동과 히터를 켜놓은 상태에서 잠을 자다 질식사한 경우, 자동차 운행 중의 사고에 해당하지 않는다고 한 사례

5. 다른 사람(타인)

가. 序 言

「자배법」 제3조 소정의 “다른 사람”은 “운행자 및 당해 자동차의 운전자(운전보조자를 포함한다)를 제외한 모든 자”를 총칭한다. 이와 같은 “다른 사람”의 정의에 의하면, 운행자와 운전자 및

운전보조자는 「자배법」의 보호 대상인 "다른 사람"에서 제외된다. 「자배법」 제2조제4호의 "다른 사람"은 보유자를 가리키는 데 반하여, 이 조에서의 "다른 사람"은 운행자(보유자)와 운전자를 제외한 모든 자로서, 전자인 "다른 사람"은 손해배상책임의 주체가 되는 자이며, 후자인 "다른 사람"은 "자기를 위하여 자동차를 운행하는 자"에 대하여 손해배상을 청구할 수 있는 자이다.

나. 타인의 범위

(1) 운행관여자
(가) 운전자

「자배법」 제3조에서 말하는 "다른 사람"이란 "자기를 위하여 자동차를 운행하는 자 및 당해 자동차의 운전자를 제외한 그 이외의 자"를 지칭하므로, 당해 자동차를 현실로 운전하거나 그 운전의 보조에 종사하는 자는 위 법 제3조에 규정된 "다른 사람"에 해당되지 않는다. 이와 관련하여 운전의 보조에 종사한 자에 해당하는지를 판단함에 있어서는, 업무로서 운전자의 운전행위에 참여한 것인지 여부, 운전자와의 관계, 운전행위에 대한 구체적인 참여 내용, 정도 및 시간, 사고 당시의 상황, 운전자의 권유 또는 자발적 의사에 따른 참여인지 여부, 참여에 따른 대가의 지급 여부 등 여러 사정을 종합적으로 고려하여야 한다.

> ■ 대법원 2010.05.27. 선고 2010다5175 판결[공제금지급]
> 「자배법」 제3조에서 말하는 "다른 사람"이란 "자기를 위하여 자동차를 운행하는 자 및 당해 자동차의 운전자를 제외한 그 이외의 자"를 지칭하므로, 당해 자동차를 현실로 운전하거나 그 운전의 보조에 종사하는 자는 위 법 제3조에 규정된 "다른 사람"에 해당되지 않는다. 이와 관련하여 운전의 보조에 종사한 자에 해당하는지를 판단함에 있어서는, 업무로서 운전자의 운전행위에 참여한 것인지 여부, 운전자와의 관계, 운전행위에 대한 구체적인 참여 내용, 정도 및 시간, 사고 당시의 상황, 운전자의 권유 또는 자발적 의사에 따른 참여인지 여부, 참여에 따른 대가의 지급 여부 등 여러 사정을 종합적으로 고려하여야 한다.
> 원심 판결 이유 및 원심이 인용한 제1심판결 이유에 의하면, 원심은 그 채택 증거를 종합하여 판시와 같은 사실을 인정한 다음, 원고는 이 사건 사고 당일 20:50경 작업을 마치고 회사로 들어오던 중 소외인으로부터 크레인의 와이어를 고쳐 달라는 부탁을 받게 되자 원고 자신의 업무를 모두 마치고 세면을 한 뒤 와이어를 수리하여 주었고, 그후 크레인 차량 적재함에서 크레인 작동 방법을 잠깐 지도해 준 점, 소외인은 이 사건 크레인의 소유자로서 원고와 소속 회사는 다르나 같은 사무실을 사용하는 관계로 서로 자주 만났던 점, 원고는 소외인으로부터 크레인 작동 방법을 지도해 준 대가를 받지 않은 점 등을 종합하면, 원고가 업무로서 운전행위에 참여하여 사고 방지 의무를 부담하려고 하였다거나 그와 같은 지위에 있었다고 보기는 어렵다는 이유 등을 들어, 원고가 운전의 보조에 종사한 자에 해당한다는 취지의 피고 주장을 배척한 후 원고의 이 사건 공제금 청구를 인용하였다.

1) 운전자의 타인성

「자배법」 제3조 본문의 "다른 사람"이란 "자기를 위하여 자동차를 운행하는 자"와 「자배법」 제2조제4호에서 규정하고 있는 "운전자"를 제외한 그 이외의 자를 일컫는 것이므로, 당해 자동차를 운전한 운전자는 당연히 타인성이 부정된다. 우리 대법원 판례는 사고 당시 당해 자동차를 운전한 자는 「자배법」 제3조의 "다른 사람"에 포함되지 않는다고 판시하여, 「자배법」 제3조의 보호 대상인 타인에 포함되지 않는다는 것을 명확히 하고 있다. 그러나 동 판례는 사고 당시 현실적으로 운전을 하지 않았다 하더라도 당해 자동차를 운전하여야 할 지위에 있는 자가 법령상 또는 직무상의 임무에 위배하여 타인에게 운전을 위탁하였고, 상대가 운전 무자격자나 운전 미숙자인 때에는 역시 마찬가지로 보아야 한다고 판시하여 사고 당시 당해 자동차를 운전하여야 할 지위에 있는 운전자라 하더라도 현실적으로 운전을 하지 않았고 법령상 또는 직무상 임무에 위배되지 않아 당해 사고에 대한 책임이 없다면 타인성을 부정할 수 없다는 여지를 남겨두고 있다 (대법원 2000.3.28. 선고 99다53827 판결).

2) 운전자 상호간의 타인성

갑·을 양 차량의 충돌사고로 갑차량의 운전자가 사상하였거나 또는 갑·을 양 차량의 운전자가 다 같이 사상한 경우에 있어서 갑차량의 운전자는 을차량의 보유자에 대하여, 을차량의 운전자는 갑차량의 보유자에 대하여 각각 타인이 된다. 또한 갑차량의 보유자와 을차량의 보유자가 각기 자기 차량에 탑승 중 충돌사고로 인하여 모두 사상한 경우에도 운전자의 경우와 같이 각기 상대방 차에 대하여 「자배법」 제3조의 타인이 되고, 갑차량의 보유자가 을차량에 탑승하고 있을 때 갑차량과 을차량과의 충돌사고로 을차량의 승객인 갑차량의 보유자가 사상한 때에는 갑차량의 보유자는 을차량의 보유자에 대해서만 「자배법」 제3조의 타인이 될 뿐이다.

3) 교대운전자의 타인성

"교대운전자"란 다음에 본 운전자와 교대하기 위하여 탑승한 운전자, 교대한 뒤 동승한 운전자, 운전 중 수시로 교대하기 위하여 동승한 비번운전자 등을 말한다. 이들 중, 비번운전자는 대개 장거리 운전에 있어서 보유자가 두 명의 운전자를 동승시켜 그들로 하여금 운전 도중에 자적인 판단에 의하여 적의 교대하여 운전할 것을 지시한 경우 그 지시에 따라 다음의 안전운전을 위하여 운전석 옆이나 타장소에서 가면휴식 중의 비번운전자 등으로 운전보조자에 해당하지 아니하는 자를 말한다. 이들 교대운전자의 타인성에 관하여 현실적으로 운전을 하지 않은 교대 전후의 운전자가 타인에 해당된다는 사실에 대하여는 다툼이 없으나, 장거리 운전 도중 가면휴식 상태로 동승한 상태로 있는 비번운전자에 대해서는 이론이 있다. 이 장거리 운전의 비번운전자에게 타인성을 부인하는 견해는, 일단 운전자로서 자동차에 탑승한 이상 그때로부터 목적지에 도착할 때까지는 교대한 비번운전자도 운전자의 지위에 있는 것으로 보아야 하므로 타인에 해당되지 않는다는 것이다. 그러나 위 법 제2조제4호에 규정된 운전자를 이 법 제3조에 규정한 타인으로부터 배제하는 것은 운전자로서의 자동차에 탑승한 일반을 가리키는 것이 아니고, 사고 발생 시에 현실적으로 운전을 하였거나 혹은 운전업무에 종사하여야 할 자가 운전에 종사하지 않는 등 그 업무를 태만히 한 과실이 있기 때문이다. 그러므로 비번운전자와 같이 사고 발생 시 현실적으로 운전을 하지 않았고 운전을 하여야 할 의무가 없는 자, 즉, 사고 발생에 과실 없는 교대운전자는 「자배법」 제3조 본문의 "다른 사람"에 해당한다고 봄이 상당하다.[1] 판례는, 사고 당시 자동차를 스스로 운전하지 아니하였어도 자기는 조수석으로 옮겨 앉고 면허 없는 제3자에게 운전을 시킨 경우에는 운전자로서의 지위를 이탈하지 아니하였다 하여 타인으로 인정하지 않지만, 장거리 여행 시 기타 업무상 필요에 의하여 2인 이상이 자동차에 탑승하고 교대운전 할 때는 일방이 조수석에서 휴식하고 있다가 타방의 운전 담당자 과실에 의하여 손해를 입은 경우에는 타인에 해당한다고 판시하고 있다(대법원 1983.2.22. 선고 82다128 판결). 교대운전자에 대한 타인성 여부를 판단한 각 판결례를 사례별로 살펴보면 아래와 같다.

가) 타인성을 인정한 판례

① 사고차량에 동승하여 교대운전 중 비번의 운전자가 사망한 경우 「자배법」 제3조의 타인에 해당한다는 사례(日本, 大判地, 昭和 40.6.6.)

② 두 명의 운전자가 교대로 운전한 때 일방이 조수석에서 가면 중, 타방의 운전 담당자의 과실에 의한 사고로 사망한 경우, 가면 중의 운전자는 「자배법」 제3조의 타인에 해당한다는 사례(大判地, 昭和 43.5.10.)

③ 야간 장거리 화물운송에 있어서 회사가 두 명의 운전자를 동승시켜 양자가 자주적 판단에 의하여 운전 도중 적의 교체하여 운전하도록 한 경우 조수석에서 가면 휴식 중의 운전자는 「자배법」상 타인에 해당한다는 사례(岐阜地, 昭和 44.9.26. 75쪽)

④ 장거리 운전을 위하여 정·부운전자가 교대로 운전하다가 정운전자가 조수석에서 가면 중, 부운전자의 과실로 야기된 사고에 대하여 그 가면은 자기 당번 시의 안전운전을 위하여 필요한 휴식이고 또한 이는 허용된 가면이라는 이유로 정운전자는 「자배법」 제3조의 타인에 해당한다는 사례(福岡地, 昭和 45.1.2.)

⑤ 조수석에서 법리상 합당한 사리로 가면 중인 화물자동차의 정운전자는 「자배법」 제3조의 타인에 해당한다는 사례(名古屋地, 昭和 45.1.25.)

⑥ 화물자동차에 동승하여 가면 중의 사고로 사망한 견습운전자는 「자배법」 제3조의 타인에 해당한다는 사례(名古屋地, 昭和 45.3.30.)

⑦ 운전사 2인이 장거리를 교대로 운전하여 오는 경우 비번인 교대운전자는 위험에 당하여 담당 운전자로부터 요청이 있는 등 특단의 사정이 없는 한 자기의 당번에 대비하여 수면휴식함이 허용된다 할 것이므로 사고 당시 조수석에 앉아 수면 휴식 중이던 교대운전자는 「자동차손해배상보장법」 제3조의 "타인"에 해당한다고 한 사례(대법원 1983.2.22. 선고 82다128 판결)

⑧ 사고 자동차의 운전사가 자동차회사의 단체협약, 취업 규칙, 인사 관리 규정 및 복무 규정

---

1   한국자동차보험주식회사, 전게서, 74~75面.

에서 규정한 운전 대여 금지나 근무 교대시간 엄수 등을 제대로 지키지 못한 점이 있었다 하더라도 같은 회사 사고 택시의 운전사이며 운전 숙련자인 자에게 운전을 맡기고 자신은 운전석 옆 좌석에 앉아 있었던 것이라면 그 운전사가 사고 택시의 운전자라고는 볼 수 없어 「자동차손해배상보장법」 제3조 소정의 "타인"에 해당한다고 한 사례(대법원 1989.04.24. 선고 89다카2070 판결)

나) 타인성을 부정한 판례

① 운전 자격 없는 대형차의 조수가 운전을 하고 가면 중에 있던 운전자가 상해를 입은 사고에 대하여 피고 회사가 교체하는 것을 묵인하고 있었다는 점과 가면이 다음 운전의 준비행위이었다는 이유로 가면 중인 운전자는 「자배법」 제3조의 타인에 해당한다고 판시하였으나(福岡地判, 昭和 46.2.9.) 이 건에 대하여 항소심(福岡高判, 昭和 47.10.30.)은 타인에 해당하지 않는다고 판시하였다.

② 무면허인 동승자에게 운전을 허용한 운전자는 「자배법」 제3조의 타인에 해당하지 않음은 물론 「민법」상 제3자에도 해당하지 않는다는 사례(東京地判, 昭和 40.4.26.)

③ 업무명령에 위반하여 조수에게 운전시키고 스스로 조수석에 동승하고 있었던 정운전자는 「자배법」 제3조의 타인에 해당하지 않는다는 사례(最高判, 昭和 44.2.28.)

④ 무면허인 운전보조자에게 운전시키고 있다가 동인의 과실에 의한 사고로 사망한 운전자(名古屋地, 昭和 47.5.12.)

⑤ 화물자동차의 운전수가 변속장치를 점검하기 위하여 차체 밑에 들어가 운전면허(취소처분 중)를 갖지 않은 자에게 변속장치의 조작을 의뢰하였던 바, 그 자의 과실로 치사한 운전자(神戶地丹支判, 昭和 46.5.31.)

⑥ 쇼벨 로다의 운전자가 쇼벨을 위로 올린 뒤 쇼벨의 낙하안전방지장치를 하지 않고 운전대를 이탈, 차 앞에서 엔진 외장부를 닦고 있던 중 동료가 운전대에 접근하여 쇼벨 조작 레바를 넘어뜨려 쇼벨이 낙하하여 치사한 운전자(函館地判, 昭和 47.6.28.)

⑦ 자동차 소유자로부터 운전을 위임받아 스스로 자동차를 운전하면서 그 소유자에 대하여 그 자동차의 운행으로 인한 사고의 발생을 미연에 방지하여야 할 선량한 관리자의 주의 의무를 부담하는 지위에 있는 피해자가 그와 같은 주의 의무를 위배하여 그 자동차를 한 번도 운전한 적이 없고 운전면허를 취득한 지 1개월 남짓밖에 되지 아니하여 운전기술이 미숙할 뿐만 아니라 지리에도 익숙하지 아니한 자동차 소유자의 다른 피용자에게 함부로 그 자동차를 운전하도록 하고 자기는 옆자리에 탔다면, 피해자로서는 비록 자동차사고 당시 그 차를 직접 운전하지는 아니하였다 하더라도 적어도 자동차 소유자에 대하여는 「자동차손해배상보장법」 제3조가 정하는 타인임을 주장하여 손해배상을 구할 수 없다고 한 사례(서울지방법원 1996.05.31. 선고 95가단86933 판결)[1].

(나) 운전보조자

1) 序 言

「자배법」 제3조 본문은 「자기를 위하여 자동차를 운행하는 자는 그 운행으로 인하여 다른 사

1　한국자동차보험주식회사, 전게서, 75~76面.

람을 사망하게 하거나 부상하게 한 때에는 그 손해를 배상할 책임을 진다」고 규정하고 있다. 그러므로 자동차사고 피해자가 「자배법」에 의한 구제를 받기 위해서는 반드시 다른 사람(이하 "타인"이라 함)에 해당하여야 한다. 여기서 타인이란 "자기를 위하여 자동차를 운행하는 자 및 당해 자동차의 운전자를 제외한 그 이외의 자"를 가리키므로 「자배법」 제2조제4호 소정의 "다른 사람을 위하여 자동차의 운전이나 운전보조의 일에 종사하는 자", 즉, 운전자는 「자배법」상 타인이 아니며, 운전자에는 운전수 이외에 차장, 조수와 같은 운전보조자가 여기에 속한다.

2) 운전보조자의 타인성

운전보조자라고 해서 반드시 타인으로 보호받을 수 없는 것은 아니다. 「자배법」 제2조제4호는 어디까지나 정의 규정일 뿐, 운전보조자의 타인 여부에 관한 판단은 예컨대, 운전보조자의 운전보조행위가 운전행위와 같이 볼 수 있는지 혹은 그 일부를 분담하고 있었다고 평가할 수 있는지 하는 등의 소위 운전보조행위의 실질적 관점에서 내려진다. 이와 관련하여 대법원은 "당해 자동차를 현실로 운전하거나 그 운전의 보조에 종사한 자는 타인에 해당하지 아니한다"고 함으로써, 운전보조자라 하더라도 운전보조행위 여부에 따라서는 「자배법」 제3조의 타인으로서 보호받을 수도 있게 된다. 그러나 이 기준에 따르더라도, 예컨대, 운전보조를 수행하기 위한 동승 중에 생긴 사고와 같이 사고 발생에 전혀 과실이 없는 운전보조자라 하더라도 타인으로는 보호받을 수 없게 된다. 이와 같은 경우처럼 단지 운전보조에 종사하고 있었다는 이유만으로 타인으로 보호받을 수 없게 된다면 당해 피해 운전보조자에게는 너무 가혹하므로 「자배법」 제3조의 타인에서 제외되는 운전보조자는 "단순히 운전보조행위를 하였다는 것만으로는 충분하지 않고 자기 이외의 제3자에게 책임이 물어질 정도로 유책적 가해행위를 한 것으로 평가되는 자"로 풀이하는 것이 오히려 「자배법」의 제정 목적에 더 부합할 수 있다는 견해가 제기되기도 하였다. 사실 운전보조자의 타인 여부에 관한 다툼은 주로 차장이나 조수 등이 운전보조자로서 운전보조에 종사하고 있던 자를 대상으로 하는 경우가 많고, 타인으로서 운전보조에 종사하고 있던 자를 대상으로 하는 경우는 그리 흔치 않다. 이 경우에는 주로 운전수의 일시적 요청에 의한 호의적 운전보조의 경우가 대부분이기 때문이다. 그러나 비록 운전수의 일시적인 요청에 의한 운전보조라고 하더라도 그것이 반복적인 것이었고 또 운전보조에 종사하고 있던 자가 오히려 주도적으로 운전에 관여하고 있었다면 그 운전의 보조가 비록 호의적인 것이었다고 하더라도 제3조의 타인에서 제외되는 운전보조자로 볼 수 있을 여지가 있다.

3) 운전보조자의 타인성 판단 기준

대법원은 운전보조자의 타인 여부에 관련해서는 두 가지의 기준을 제시하였다. 하나는 이미 제시한 "당해 자동차를 현실로 운전하거나 그 운전의 보조에 종사한 자는 타인에 해당하지 아니한다"는 것이고, 또 하나는 "업무로서 운전자의 운전행위에 참여한 것인지 여부, 운전자와의 관계, 운전행위에 대한 구체적인 참여 내용, 정도 및 시간, 사고 당시의 상황, 운전자의 권유 또는 자발적 의사에 따른 참여인지 여부, 참여에 따른 대가의 지급 여부 등 여러 사정을 종합적으로 고려하여야 한다"는 것이다. 전자는 주로 직무로서 운전보조에 종사하는 자에 대하여 쉽게 적용할 수 있는 기준이고, 후자는 주로 타인으로서 업무로서 운전보조에 종사한 자에 대하여 적용할 수 있는 기준인 듯하다.

한편, 타인으로서 운전보조에 종사하고 있던 자에 대한 적용에 있어서 사고 방지 의무의 유무가 타인 여부를 판단하는 결정적 근거라고 보게 된다면, 그 외 여러 사정은 종합적 고려요소라기보다 단순한 참고 사유 수준의 요소로밖에 볼 수 없지 않을까 하는 생각이 든다. 왜냐하면 승객이나 통행인의 경우는 통상 운전자와 직접적으로 혹은 사적으로 인적 내지는 친분관계가 없는 자임을 감안하면, 이들이 운전자의 일시적인 요청에 의한 운전보조 혹은 선의에 의한 운전보조에 종사하는 경우에는 대가 수수가 거의 이루어지지 않고 설령 있다고 하더라도 단순한 성의 표시에 지나지 않는 것으로 이해하는 것이 상식이므로 이들에 대해서는 사고 방지 의무를 부담할 수 있는 지위에 있지 않다고 보는 것이 지극히 당연하다고 사료되기 때문이다. 그러나 현실적으로 타인으로서 운전보조에 종사하는 자는 반드시 승객이나 통행인에 의해서만 이루어지는 것은 아니며 지인 간에도 이루어질 수 있다. 타인으로서 운전보조에 종사하는 자라 하더라도 그 운전보조자가 오히려 운전수의 운전지도를 행하는 主 된 지위에 있거나 적어도 이와 동시할 수 있을 정도의 운전보조에 종사한 소위 운전행위와 운전보조가 불가분일체의 경우라면 이는 단순한 운전보조를 넘어 운행지배와 추상적인 운행이익까지 얻고 있는 운전보조자로 판단되므로 스스로가 사고 방지 의무의 부담을 창설하여 보유하였음을 묵시적으로 승인하였다고 보는 것이 오히려 더 설득력이 있다고 생각된다.

결론적으로, 운전보조자의 타인성 여부에 대한 판단 기준 내지는 근거를 요약해 보면, 운전보조자라 할지라도 사고 발생에 과실 없는 운전보조자는 「자배법」 제3조의 타인에 해당히는 것으로 보려는 것이 최근 학설 및 판결의 경향이다. 그러나 운전보조자는 전기한 교대운전의 비번운전자와는 상이하여, 보조에 참가한 때로부터 그 임무가 끝날 때까지 일련의 과정 중에는 현실적으로 사고 발생을 미연에 방지하여야 할 지위에 있고, 또한 방지하여야 할 의무가 있는 자이므로 사고 발생에 과실이 없다고 보기는 어렵다. 따라서 승객이나 통행인이 운전자의 요청 내지는 자발적인 호의에 의해 일시적으로 운전보조행위를 한 경우, 현실적으로 자동차의 운전에 관여하지 않은 것처럼 운전행위와 운전보조행위가 불가분의 일체를 이루고 있지 않은 경우 등과 같이 특별한 사정이 있는 경우를 제외하고는 일반적으로 운전보조자는 위 법 제3조의 타인에 해당하지 않는다고 봄이 상당하다.

4) 판결례

가) 갑차가 중앙선을 침범하여 반대차선에서 진행하여 오는 을차를 충격, 갑차의 운전자 옆에 탑승하고 있던 조수가 사망한 사고로서, 과실 없는 운전보조자는 「자배법」 제3조의 타인에 속한다 할 것이므로, 이 사고의 피해자가 갑차의 조수석에 탑승하고 있었다고 하더라도 사고차량의 운행에 관하여 과실이 있었음을 인정할 만한 증거가 없었으므로 피해자는 갑차에 대한 관계에

있어서도 「자배법」 제3조의 타인에 해당한다 하여 갑차와 을차는 피해자에 대하여 연대배상책임이 있음을 인정하였으며 이 판결 내용은 항소심 및 대법원 판결에서도 유지되었음(서울민사지방법원 1978.5.23. 선고 77가합3834 판결, 대법원 1979.3.27. 선고 78다2360 판결).

나) 사고 자동차에 동승하여 假眠 중 사망한 운전조수에 대하여 타인에 해당한다는 사례(日本, 大阪地判, 昭和 40.8.6.)

다) 사고 당시 운전조수로서 조수석에 동승 중 추돌사고로 부상한 경우, 그 운전조수가 운전면허증을 취득하지 않았고, 적재물을 싣고 내리는 등의 노무 및 이 건 사고차의 유도 등을 담당하고 있으나 운전에는 전혀 관여하지 않았고, 이 건 사고를 야기하는데 있어서 기여한 과실이 없는 경우, 「자배법」 제2조제4항의 운전보조자에는 해당한다고는 하지만, 동법 제3조 본문의 타인에 해당한다고 한 사례(福島地部山支, 昭和 49.4.26.)

라) 운전보조자가 타인에 해당하지 않는다고 하려면 당해 사고에 있어서 그 자가 단순히 일반적인 운전보조자에 있었다는 것만으로는 부족하고, 적어도 운전행위의 일부를 분담하는 등 직접의 운전자와 실질적으로 동시할 수 있는 입장에 있음을 요한다는 판례(大阪地堺支判, 昭和 48.7.30.)[1]

마) 당해 자동차의 운전자나 운전보조자라도 사고 당시에 현실적으로 자동차의 운전에 관여하지 않고 있었다면 그러한 자는 같은 법 제3조 소정의 타인으로서 보호된다고 하면서, 피해자가 이 사건 굴삭기의 보조기사로 고용되어 주로 굴삭기의 버켓이나 브레커를 교환하고 그리스유를 주입하는 등의 굴삭기 정비 업무에 종사해 오던 중, 지하철 공사장에서 굴삭기 운전자가 운전하여 작업하던 이 사건 굴삭기의 버켓 고정핀이 빠져 있는 것을 발견하고 이를 수리하다가 굴삭기 운전자가 이를 발견하지 못하고 후진하는 바람에 수지골 골절상을 입은 사고에 대하여, 이 사건 사고 당시 피해자는 이 사건 굴삭기의 수리 업무에 종사하고 있었던 것에 불과하고 굴삭기를 운전하거나 그 운전을 보조하는 업무에 종사하고 있었던 것은 아니므로 피해자는 이 사건 굴삭기의 보조기사라는 이유만으로 그를 법 제3조 소정의 타인이 아니라고 할 수 없다고 판시한 판례(대법원 1999.09.17. 선고 99다22328 판결).

바) 갑이 소외인으로부터 크레인의 와이어를 고쳐 달라는 부탁을 받게 되자 갑 자신의 업무를 모두 마치고 세면을 한 뒤 와이어를 수리하여 주었고, 그후 크레인 차량 적재함에서 크레인 작동 방법을 잠깐 지도해 준 점, 소외인은 이 사건 크레인의 소유자로서 원고와 소속 회사는 다르나 같은 사무실을 사용하는 관계로 서로 자주 만났던 점, 갑은 소외인으로부터 크레인 작동 방법을 지도해 준 대가를 받지 않은 점 등을 종합하면, 갑이 업무로서 운전행위에 참여하여 사고 방지 의무를 부담하려고 하였다거나 그와 같은 지위에 있었다고 보기는 어렵다는 이유 등을 들어, 갑이 운전의 보조에 종사한 자에 해당한다는 취지의 피고 주장을 배척한 판례(대법원 2010.05.27. 선고 2010다5175 판결).

---

1 한국자동차보험주식회사, 전게서, 77面.

(다) 공동운행자

1) 序 言

전술한 바와 같이 「자배법」 제3조 소정의 "다른 사람"은 "운행자 및 당해 자동차의 운전자(운전보조자를 포함한다)를 제외한 모든 자"이다. 따라서 운행자가 타인이 아니라고 하는 것은 재론의 여지가 없다고 하겠으나, 운행자가 공동으로 존재하는 경우, 운행자와 타인은 양립할 수 있는 것인지 아니면 절대 양립할 수 없는 불가분의 관계에 있는지 하는 문제가 제기된다.

2) 운행관여도에 따른 타인성 인정 기준

판례와 학설의 경향은 「자배법」 제3조의 "운행자"와 "다른 사람"은 양립할 수 없는 불가분의 관계로 보기보다는 운행 관여 정도에 따라 양립할 수 있는 개념으로 보고 있다. 복수의 공동운행자중 위 법 제3조의 배상책임 주체인 운행자성 여부를 판단함에 있어서는 피해자인 운행자의 운행관여의 정도가 다른 공동운행자의 그것보다 동등 이하인 경우에는 피해자의 타인성을 인정하여 「자배법」 제3조의 보호 대상인 타인으로 인정하고 있다. 대법원 판결 역시 "「자동차손해배상보장법」 제3조에서 말하는 '다른 사람'이란 '자기를 위하여 자동차를 운행하는 자 및 당해 자동차의 운전자를 제외한 그 이외의 자'를 지칭하는 것이므로, 동일한 자동차에 대하여 복수로 존재하는 운행자 중 1인이 당해 자동차의 사고로 피해를 입은 경우에도 사고를 당한 그 운행자는 다른 운행자에 대하여 자신이 위 법 제3조 소정의 타인임을 주장할 수 없는 것이 원칙이고, 다만, 사고를 당한 운행자의 운행지배 및 운행이익에 비하여 상대방의 그것이 보다 주도적이거나 직접적이고 구체적으로 나타나 있어 상대방이 용이하게 사고의 발생을 방지할 수 있었다고 보이는 경우에 한하여 비로소 자신이 타인임을 주장할 수 있을 뿐이다"라고 판시하여 위와 같은 입장을 공고히 하고 있다(대법원 2001.11.30. 선고 2000다66393 판결).

3) 공동운행자의 유형

가) 전부적 공동운행자

수인이 공동목적을 수행하기 위해 공동으로 차량을 운행할 뿐만 아니라 경비도 공동으로 분담한다. 이를테면 운수사업의 동업자, 경비를 똑같이 분담한 후 자동차를 공동으로 임차하여 장거리 여행 시 교대로 운전하는 공동임차인을 예로 들 수가 있다.

나) 부분적 공동운행자

수인이 자동차를 공동으로 소유하고 운행 경비도 공동으로 분담하는 경우이다. 그러나 자동차 격일제 운행과 같이 구체적 운행에 있어서는 공동운행자 중 어느 1인에게 운행지배 및 운행이익, 즉, 운행자성이 전속적으로 귀속되어진다.

다) 절충적 공동운행자

수인 중 자동차를 보유하고 있는 어느 일방이 경비를 부담한다. 그러나 그 보유자와 신분상 생활공동체관계나 계약관계에 있는 타방 역시 자신을 위하여 수시로 자유롭게 자동차를 운행할 수 있다. 예를 들면, 가장(家長) 소유 차량을 가족 구성원이 자유롭게 이용하는 경우이다.

라) 중첩적 공동운행자

사용대차와 임대차의 대주와 차주, 임대인과 임차인과 같이 수직적으로 운행지배를 공유하거나 운행지배가 중복되는 경우이다.

위 '가)'의 경우에는 공동운행자 내부관계에 있어서 공동운행자 1인이 피해를 입은 경우 다른 공동운행자에 대하여 타인으로 보호를 받을 수 없다. 그러나 위 '나)' 내지 '라)'의 공동운행자의 경우에는 공동운행자 1인은 대외적으로는 운행자로서 책임 주체이지만, 운행지배와 운행이익의 귀속 정도에 따라서는 다른 공동운행자에 대하여 타인으로 보호받을 수 있는 여지가 남아 있다고 보아야 한다.

4) 공동운행자의 타인성

가) 전부적 공동운행자

진정한 또는 전부적 공동운행자의 경우에는 차량의 운행이 공동목적을 수행하고 있는 이상, 운행지배 및 운행이익은 공동운행자 전부에 귀속된다. 따라서 공동운행자 1인은 공동운행 중의 사고로 피해자가 되는 경우에도 다른 공동운행자와의 관계에서 타인성이 부정된다.

나) 부분적 공동운행자

부분적 공동운행자는 대외적으로는 공동운행자 모두가 책임 주체로서 운행자의 지위를 가지나, 그 공동운행자 중 1인이 전속적으로 차량을 운행하는 속성상 다른 공동운행자가 피해를 입은 경우 타인성이 긍정되어 보호를 받을 수 있다. 그러나 피해를 입은 공동운행자 역시 운행자성을 완전히 상실한 것이 아닌 이상 손해배상액 산정 시 운행자성 비율에 따른 조정 경감이 있어야 할 것이다.

다) 절충적 공동운행자

가장(家長) 보유의 차량을 가족 구성원이 수시로 자유롭게 이용하는 경우와 같이 절충적 공동운행자 간의 관계에 있어서는 구체적 사안에 따라서 달리 볼 필요가 있다. 예를 들면, 부부 공동목적을 위한 운행 내지는 성인인 자녀들끼리 공동 유흥을 목적으로 운행 중의 사고와 같이 전부적 공동운행자로 보아야 할 경우에는 그중 1인이 피해를 입은 경우 타인성이 부정된다고 볼 수 있다. 그러나 위와 같은 진정한 전부적 공동운행자성을 지니는 경우를 제외하고는 공동운행자 상호간에 어느 일방의 운행자가 피해를 입은 경우 타방의 운행자에 대하여 타인으로 보호받을 수 있다.

라) 중첩적 공동운행자

사용대차 및 임대차와 같이 수직적으로 운행지배가 중복되는 경우, 공동운행자 내부관계에 있어서는 어느 일방이 배타적·전속적으로 차량을 운행하는 경우와 같이, 피해를 입은 타방의 운행지배 및 운행이익에 비하여 상대방 공동운행자의 그것이 보다 주도적이거나 직접적이고 구체적으로 나타나 있어 용이하게 사고의 발생을 방지할 수 있었다고 보여진다면 사고를 당한 공동운행자는 상대방 공동운행자에 대하여 타인임을 주장할 수 있다.

5) 판례 검토

가) 타인성을 수긍한 판례

① 대법원 1991.5.10. 선고 91다3918 판결

"원심은 이 사건 자동차의 소유자인 피고가 평소 친분이 있던 원고의 처로부터 경남 함양에서 열리는 어머니 회갑연에 다녀올 터이니 이를 무상으로 대여해 달라는 부탁을 받고 이를 승낙하였는데, 원고는 피고의 운전사이자 처의 외사촌동생이 운전하는 위 자동차에 타고 위 회갑연에 가던 도중 이 사건 사고를 당한 사실을 인정한 후, 피고에 대하여 '자기를 위하여 자동차를 운행하는 자'로서「자동차손해배상보장법」제3조에 의한 손해배상책임을 인정하고, 원고는 위 사고 당시 피고에 대한 관계에서 위 법조 소정의 타인이 아니라 공동운행자의 지위에 있었다는 피고의 주장을 배척하였는바, 원심의 이러한 판단은 앞서 본 견해에 따른 것으로서 옳고,…"라고 판시하여 공동운행자인 승용차를 무상으로 임차하여 사용 중인 공동운행자의 타인성을 인정한 사례임.

② 대법원 1992.2.11. 선고 91다42388, 42395(병합) 판결

자동차 대여업자로부터 자동차를 임차하면서 그 운전사를 소개받아 운행 중 야기된 충돌사고로 자동차 임차인과 그 처가 피해를 입게 된 경우에 있어 자동차 대여업자와 자동차 임차인이 그들 사이의 내부관계에 있어서는 비록 임차인이 자동차에 대한 현실적 지배를 하고 있었지만, 자동차의 운행 경위, 운행의 목적, 자동차 대여업자가 임차인에게 운진사를 소개하여 자동차를 대여하게 된 사정, 자동차의 운행에 운전사를 통하여 자동차 대여업자가 관여한 정도 등 모든 정황을 종합하여 볼 때, 자동차의 운행지배 및 운행이익이 임차인에게 전부 이전된 관계가 아니라 서로 공유하는 공동운행자의 관계에 있어서, 대여업자는 여전히 운전사를 통하여 자동차를 직접적으로 지배한다고 보고 그 손해배상책임을 긍정한 사례로 종국에는 공동운행자인 자동차 임차인의 타인성을 인정함.

③ 대법원 1993.4.23. 선고 93다1879 판결

지입차주로부터 운전수가 딸린 차를 임차하여 동승 운행 중 야기된 교통사고로 임차인이 상해를 입은 데 대하여 지입회사에게 직접적 운행지배를 인정하여 손해배상책임을 긍정한 사례

④ 대법원 1993.5.11. 선고 92다2530 판결

피해자가 공동음주유흥을 위하여 차량 소유자에게 무면허음주운행을 하게 하였다는 사정만으로「자동차손해배상보장법」에 의한 손해배상책임을 구할 수 없는 공동운행자에 해당한다고 볼 수 없다 한 사례 ⑤ 대법원 1997.7.25. 선고 96다46613 판결

승낙피보험자(굴삭기 임차인) 자신이 피보험자동차로 인한 교통사고로 피해를 입은 경우, 사고를 당한 승낙피보험자의 운행지배 및 운행이익에 비하여 상대방 피보험자(보유자)의 그것이 보다 주도적이거나 직접적이고 구체적으로 나타나 있어 상대방 피보험자(보유자)가 용이하게 사고의 발생을 방지할 수 있었다고 보여진다면 사고를 당한 승낙피보험자는 상대방 피보험자(보유

자)에 대하여 「자동차손해배상보장법」 제3조 소정의 타인임을 주장할 수 있다고 한 사례

⑥ 대법원 1997.8.26. 선고 94다37844 판결

친구끼리 함께 승용차를 이용하여 여행을 다니기로 한 후 그중 1인이 그 명의로 렌터카 회사로부터 승용차를 임차하여 자신이 운전하다가 트럭과 충돌하여 모두 사망한 경우, 위와 같은 승용차의 운행 경위, 동승자와 운전자와의 인적관계, 운행 목적 등에 비추어 피해자인 동승자들은 운전자와는 물론 렌터카 회사와의 관계에서도 자동차의 운행지배 및 운행이익을 어느 정도 공유한다고 보고, 렌터카의 동승자인 피해자와 렌터카 회사 사이의 운행자성은 4:6의 비율에 해당된다고 판단하여 렌터카 동승자의 타인성을 인정한 사례

⑦ 대법원 1997.8.29. 선고 97다12884 판결

동일한 자동차사고로 인하여 손해배상책임을 지는 피보험자가 복수로 존재하고 그중 1인이 그 자동차사고로 스스로 피해를 입어 다른 피보험자를 상대로 손해배상을 청구하는 경우, 사고를 당한 피보험자의 운행지배 및 운행이익에 비하여 상대방 피보험자의 그것이 보다 주도적이거나 직접적이고 구체적으로 나타나 있어 상대방 피보험자가 용이하게 사고의 발생을 방지할 수 있었다고 보여진다면 사고를 당한 피보험자는 상대방 피보험자에 대하여 「자동차손해배상보장법」 제3조 소정의 타인성을 인정한 사례

⑧ 대법원 1997.11.28. 선고 97다28971 판결

차량의 운전사가 차량 소유자인 사용자의 묵인 하에 전에도 자신을 대신해 그 차량을 운전한 적이 있는 운전 숙련자인 자신의 형에게 운전을 맡기고 동승해 가던 중 사고로 사망한 경우, 사망한 운전사는 「자동차손해배상보장법」 제3조 소정의 타인에 해당한다고 본 사례

나) 타인성을 부정한 판례

① 대법원 1992.3.13. 선고 91다33285 판결

자동차일반종합보험계약의 기명피보험자와 동거 중인 형이 다른 사람들과 함께 기명피보험자로부터 자동차를 빌려 여행 목적에 사용하다가 사고로 사망하였다면 보상 의무가 없는 경우의 피보험자의 하나로 규정한 자동차종합보험보통약관 소정의 기명피보험자의 승낙을 얻어 자동차를 사용 또는 관리 중인 자에 해당할 뿐만 아니라 사고 자동차에 대하여 직접적이고 구체적으로 운행지배를 하고 있었다 할 것이므로 기명피보험자의 형은 자동차 소유자인 기명피보험자에 대하여는 타인성이 결여되어 위 자동차의 사고로 인한 「자동차손해배상보장법」 제3조 소정의 손해배상을 청구할 수 없고 따라서 보험자도 대인배상책임이 없다고 한 사례

② 대법원 1992.06.12. 선고 92다930 판결

갑과 을이 공동으로 경영하는 개고기 등의 도매업에 사용하고자 공동으로 투자하여 트럭을 구입하였다면 갑은 이른바 "진정한 공동운행자"에 해당하고, 한편, 위 사업을 수행할 목적으로 을이 운전하는 위 트럭에 갑이 동승하여 가다가 을의 과실로 사망하였다면 위 사고는 갑의 운행지배가 미치고 있는 동안 발생하였다고 보아야 하며, 또한 갑이 갖는 운행지배와 운행이익의 정도

가 을과 동등하다면, 갑은 「자동차손해배상보장법」 제3조에 규정된 "다른 사람"에 해당하지 않는다고 한 사례

③ 대구지법 1993.5.20. 선고 92가합16816 제21민사부 판결: 확정

렌터카 임차인 및 임차인과 전보청산의 동일 귀속관계에 있는 임차인의 가족들은 실제로 자동차를 운전하거나 그에 동승하여 직접적으로 운행이익을 누리면서 이를 지배, 관리함으로써 그의 운행지배와 이익은 임대인인 렌터카업자의 운행지배와 이익에 비하여 오히려 보다 직접적이고 구체적으로 나타나게 되어 사고의 발생도 용이하게 방지할 수 있는 지위에 있으므로 렌터카업자에 대한 관계에서 「자동차손해배상보장법」 제3조 소정의 타인임을 주장할 수 없다고 한 사례

④ 대법원 2000.10.6. 선고 2000다32840 판결

소외 망인은 소외 주식회사 대신렌트카(이하 "소외 회사"라고 한다)로부터 소외 회사가 보유하고 있는 이 사건 사고 승용차를 대금 173,700원에 임차하여 직접 운전하다가 운전 부주의로 중앙선을 넘어 들어가 반대차선에서 마주 오던 차량과 충돌하는 이 사건 사고를 일으켜 사망하였다는 것인바, 그렇다면 이 사건 사고 당시 위 망인은 사고 승용차에 대하여 운행지배와 운행이익을 가지는 운행자로서, 자동차 보유자인 소외 회사에 비하여 그 운행지배와 운행이익이 보다 직접적이고 구체적으로 나타나 있어 용이하게 사고의 발생을 방지할 수 있었다고 보여지므로 위 망인은 소외 회사에 대하여 법 제3조 소정의 타인임을 주장할 수 없다고 한 사례

⑤ 대법원 2002.12.10. 선고 2002다51654 판결

차량 소유자의 이혼한 전 처가 사고차량에 대하여 실질적으로 운행지배와 운행이익을 가진다고 보아 「자동차손해배상보장법」 제3조 소정의 "타인"에 해당한다고 볼 수 없다고 한 사례

⑥ 대법원 2004.4.28. 선고 2004다10633 판결

망인이 자신의 용무를 위하여 차량 소유자인 사실혼 배우자로부터 차량을 빌린 후 망인과 가깝게 지내는 자로 하여금 운전하게 하고 자신은 그 차에 동승하였다가 교통사고를 당한 경우, 망인은 「자동차손해배상보장법」에서 규정하는 운행자에 해당하므로 사실혼 배우자에 대하여 같은 법 제3조의 "다른 사람"임을 주장할 수 없다고 한 사례

⑦ 대법원 2009.5.28. 선고 2007다87221 판결

기명피보험자로부터 피보험차량을 빌려 운행하던 자가 대리운전자에게 차량을 운전하게 하고 자신은 동승하였다가 교통사고로 상해를 입은 사안에서, 그 운행자는 기명피보험자와의 관계에서 「자동차손해배상보장법」 제3조의 "다른 사람"에 해당한다고 볼 수 없어, 피보험차량의 책임보험자가 그 운행자에게 책임보험금 지급 의무를 부담하지 않는다고 한 사례

(2) 비운행관여자

(가) 피용자

1) 序 言

여기서 말하는 피용자는 가해 운전자와 같은 사용자에 피용되어 있는 피용자가 사상 당한 경

우에 이 피용 피해자를 「자배법」 제3조 소정의 타인에 해당하는지 여부이다. 현행 우리 「민법」은 영미법상의 "공동작업의 원칙" 또는 "동료피용자의 법칙"을 두고 있지 않을 뿐만 아니라, 「자배법」 역시 동일 사용자에 피용된 일방의 피용자의 불법행위에 의하여 타방의 피용자가 사상된 경우 그의 타인성을 배제하는 조항을 두고 있지 않으므로, 같은 사용자에 피용된 피용자의 불법행위에 의하여 손해를 입은 피용자는 업무상이거나 업무 외임을 가리지 않고 이 법 제3조의 타인에 해당된다.[1]

그러나 사용자의 피용자가 사용자에게 자동차의 운전을 위임받아 그 사용자에 대하여 그 자동차의 운행으로 인한 사고의 발생을 미연에 방지하여야 할 선량한 관리자의 주의 의무를 부담하는 지위에 있는 피용자의 경우에는 그와 같은 주의 의무를 위배하여 다른 피용자가 사고를 발생시켜 피해를 입었다면, 그 피해 피용자는 자동차 보유자인 사용자에게 타인성을 주장할 수 없다고 하는 견해가 유력하다.

2) 판례 검토

피용자의 타인성 여부에 대한 판례로써 피해 피용자의 타인성을 긍정한 판례와 부정한 판례를 살펴보면, 사용자로부터 자동차의 운행을 위임받아 사고의 발생을 미연에 방지하여야 할 선량한 관리자의 주의 의무를 부담하는 지위에 있는 피용자가 그 의무를 위반하지 않았다고 보여지는 경우와 위반하였다고 보여지는 경우, 전자는 타인성을 인정하였고 후자는 타인성을 부정하여 각각 상반된 결과를 낳고 있음을 엿볼 수 있다. 일례를 들어 살펴보면, 피해 피용자의 타인성을 긍정한 판결로는 대법원 1989.4.24. 선고 89다카2070 판결을 예로 들 수가 있다. 동 판결은, 사고 자동차의 운전사가 자동차회사의 단체협약, 취업 규칙, 인사 관리 규정 및 복무 규정에서 규정한 운전 대여 금지나 근무 교대시간 엄수 등을 제대로 지키지 못한 점이 있었다 하더라도 같은 회사 사고 택시의 운전사이며 운전 숙련자인 자에게 운전을 맡기고 자신은 운전석 옆 좌석에 앉아 있었던 것이라면 그 운전사가 사고 택시의 운전자라고는 볼 수 없어 「자동차손해배상보장법」 제3조 소정의 "타인"에 해당한다고 판시하여, 복무 규정을 위반하였으나 운전 숙련자인 다른 피용자에게 운전을 맡긴 경우, 비록 복무 규정이 위반이 있었다 하더라도 그것이 사고 발생 방지 의무를 위반한 것으로는 볼 수 없다는 취지로 피용자의 타인성을 긍정하였다. 이와는 대조적으로, 하급심 판례이기는 하지만 서울지법 1996.5.31. 선고 95가단86933 판결은 운전 미숙련자인 다른 피용자에게 운전을 맡겨 사고 발생을 유발케 한 피용자의 타인성을 부정하였다. 즉, 사용자인 자동차 소유자로부터 운전을 위임받아 스스로 자동차를 운전하면서 그 소유자인 사용자에 대하여 그 자동차의 운행으로 인한 사고의 발생을 미연에 방지하여야 할 선량한 관리자의 주의 의무를 부담하는 지위에 있는 피용 피해자가 그와 같은 주의 의무를 위배하여 그 자동차를 한 번도 운전한 적이 없고 운전면허를 취득한 지 1개월 남짓밖에 되지 아니하여 운전기술이 미숙할 뿐만 아니라 지리에도 익숙하지 아니한 자동차 소유자의 다른 피용자에게 함부로 그 자동차를 운전하도록

---

1   한국자동차보험주식회사, 전게서, 78面.

하고 자기는 옆자리에 탔다면, 피해 피용자로서는 비록 자동차사고 당시 그 차를 직접 운전하지
는 아니하였다 하더라도 적어도 사용자인 자동차 소유자에 대하여는 「자동차손해배상보장법」
제3조가 정하는 타인임을 주장하여 손해배상을 구할 수 없다고 판시하였다.

(나) 호의 또는 무상 동승자

1) 정 의

"호의" 또는 "무상 동승자"라 함은 보유자나 운전자가 호의 또는 무상으로 타인을 동승시켜 그
동승자가 지정하는 목적지 혹은 적당한 장소까지 운송되는 자를 말한다. 그러므로 무상 동승자
는 「자배법」 제3조의 책임 주체인 운행자 및 운전자(운전보조자 포함)가 아닌 타인이다.

2) 무상 동승과 호의 동승

무상 동승과 호의 동승은 같은 개념으로 이해되기도 하지만 무상이라 하더라도 강요 동승이나
잠입 동승 또는 운송 자체에 대하여는 대가의 지불이 없어서 무상처럼 보이지만 호텔 손님의 송
영과 같이 다른 비용에 포함되어 있는 때, 보유자 자신을 위한 바이어나 의뢰인의 송영, 회사의
묵인 하에 통근을 위해 회사차에 동승하는 경우는 호의 동승이라고 할 수 없는 무상 동승의 유형
이다. 반면에 유상처럼 보이지만 운송 대가가 아닌 감사의 표시나 연료 값의 일부를 부담하는 경
우는 호의 동승이라 할 수 있다. 이와 같은 호의 동승의 개념적 요소로는 "계약성의 결여", "무상
성", "호의성"을 들 수가 있다. 이를 부연하면, 호의 동승자는 첫째, 무상으로 장소 이전의 이익을
향수하므로 운행자가 갖는 운행이익을 가지며, 둘째, 동승에 의하여 운행 경로의 변경 등 본래의
운행에 일정한 영향을 미치는 점에 있어 운행자가 갖는 운행지배를 가지며, 셋째, 개인적 관계
등에 의하여 운행권 내에 들어가므로 내부적으로는 운행공유자성을 갖는다.[1]

3) 무상 동승자의 타인성

무상 동승자가 「자배법」 제3조 소정의 타인에 해당하는지에 대해서는 동승의 경위, 목적, 태
양이나 자동차와의 관련 등을 개별적으로 검토하여 진정한 내지는 전부적 공동운행자로 볼 수
있는 경우를 제외하고는 타인성이 조각되지 않는다고 보는 것이 상당하다. 그러나 무상 동승자
라 하더라도 사고차량의 무단 사용임을 알았거나 무단 사용을 종용하여 그 차량에 동승한 채 운
행 경로를 좌지우지하는 등 그 차량의 운행관여도 내지는 운행지배가 보유자의 그것에 비하여
상대적으로 가볍지 않은 상태에서 사고를 당하였다면 보유자에 대하여 「자배법」 제3조 소정의
타인성이 조각되어 보호를 받을 수 없게 된다고 봄이 상당하다.

4) 諸 學說

가) 위험승인설

타인의 자동차에 무상으로 동승한다는 것은 동승자 자신이 스스로 운송 중의 위험을 어느 정
도 승인하는 심리상태에서 동승한 자라는 것이다. 그러나 이와 같은 추상적인 이유는 현재 자동

---

1   이보환, 『자동차사고손해배상소송』(서울: 육법사, 1990), 107面.

차 교통의 기능이나 실정에 비추어 설득력이 없다는 주장이 제기되고 있다.[1]

나) 면책특약설

이 설에 의하면, 호의 동승의 경우 운전자와 동승자 간에 묵시적인 면책의 특약이 있다고 본다.[2]

다) 무상계약채무자의 책임감경의 유추설

무상계약에 있어 채무자의 책임이 경감되는 것을 유추하여 호의 운송의 경우 보유자 책임을 경감해야 한다는 설이다.[3]

5) 보유자 책임의 경감

호의 동승자의 과실이 있을 때, 배상액을 산정함에 있어서 과실상계를 할 수 있음은 재론의 여지가 없으나 여기에서 문제가 되는 것은 현행 「자배법」상 호의 동승자에 대하여 보유자 책임을 제한하는 규정을 두고 있지 않으므로 호의 동승자에 대한 배상액을 경감할 수 있는지 하는 문제가 제기된다. 현재로서 보상실무에서는 과실 없는 호의 동승자의 배상액을 산정함에 있어서 동승자 감액 조항을 두고서 보유자 책임을 경감하고 있으나, 소송 판결에서는 과실 없는 단순 호의 동승자의 경우 보유자의 배상책임을 경감시키지 않고 있다. 호의 동승자에 대한 중요 학설을 살펴보기로 한다.

가) 책임긍정설

「자배법」에는 호의 동승자에 관한 규정이 없으므로 운행공용자는 호의 동승자에 대하여 책임을 부담하지 않을 수 없다는 설이다. 이 설은 책임론의 분야에서는 운행공용자의 호의 동승자에 대한 책임을 긍정하지만, 손해론의 분야에서는 호의 동승이라는 점에서 위자료도 참작하지 않은 판례, 위자료만 참작하여 감액한 판례, 과실상계를 한 판례, 위험 부담으로 보아 감액한 판례 등으로 분류된다.[4]

나) 타인성 조각설

책임긍정설과 같이 호의 동승자에 대하여 운행공용자의 책임을 인정하고 손해론의 분야에서 위자료의 참작이나 과실상계에 의하여 동승자의 문제를 해결하지 않고, 호의 동승 중에 운행공용자의 성격을 가지고 있는 자는 「자배법」 제3조의 타인이 아니라는 것이다.[5]

다) 개별적 해결설

책임긍정설과 같이 호의 동승자의 타인성을 항상 긍정하지만 보유자와의 인적관계 및 동승 경위, 동승 전후 과정에서의 동승자 과실 등을 종합적으로 고려하여 공평의 원칙, 신의칙, 권리 남용 금지의 원칙에 의하여 책임제한을 하려는 것이다.[6]

1 　한국자동차보험주식회사, 전게서, 79面.
2 　한국자동차보험주식회사, 전게서, 79面.
3 　한국자동차보험주식회사, 전게서, 79面.
4 　한국자동차보험주식회사, 전게서, 80面.
5 　한국자동차보험주식회사, 전게서, 81面.
6 　한국자동차보험주식회사, 전게서, 81面.

라) 비례적책임설(타인성 조각설의 변형)

以上의 설은 운행공용자책임이나 손해배상청구권의 발생을 全無 아니면 全部로 생각하는 데 대하여, 비례적책임설은 호의 동승자는 일정한 비율로 운행공용자성을 가지며 그 비율로 본래의 운행공용자성에 대한 배상청구가 제한된다고 하는 설이다. 예컨대, 호의 동승자에게 70%의 운행공용자성을 인정하여(본래의 보유자는 당연 100%의 운행공용자성을 가지며 이것이 감소하지는 않는다.), 호의 동승자는 70%의 운행공용자이므로 남은 30%의 타인성을 가지는 것으로 생각하여 호의 동승자는 이 30%에 대하여 보호된다고 한다. 이 설은 운행공용자란 「자배법」 제3조의 책임을 누구에게 부담시킬 것인가 하는 문제이며, 이 타인이란 동조의 보호를 어느 범위까지 인정할 것인가 하는 문제이므로 상호 배척하지 않고 중복되어도 무관하므로, 호의 동승자는 타인성과 운행공용자성이 동시에 존재할 수 있다고 하는 생각에서 기인한 것이다. 이 비례적책임설에는 그 비율을 인정하는 기준을 어떻게 정할 것인가, 동승자가 일정한 비율의 운행공용자성을 보유하고 있다면 제3자에 대하여도 책임을 부담할 것인가라는 문제가 남아 있다.[1]

마) 수정책임상대설(수정운행자성조각설)

이 설은 책임상대설에 있어서 호의 동승자에 대한 보유자의 운행공용자성이 상실될 경우에, 그것을 全無 혹은 全部로 하지 않고 비율적으로 생각하려는 것이다. 이 설은 비례적책임설에서와 같이 동승자의 운행자성을 문제로 하지 않고, 보유자가 다른 피해자에 대해서는 100%의 운행자성을 가진다 하더라도 호의 동승자에 대한 관계에서는 일정 부분만 보유자로 본다. 그러나 판례 중에는 비례적책임설과 수정책임상대설을 다 같이 비율적으로 생각하는 판례가 있는가 하면, 이에 대하여 대외적으로는 공동운행자로서 배상책임을 부담하는 경우라도, 즉, 직접적 운행자에 대한 관계에서는 타인성이 조각되지 않아 「자배법」 제3조의 타인으로서 손해배상청구를 할 수 있다고 하는 판례가 있다.[2]

5) 무상 동승 유형

무상 동승의 유형은 운행자의 책임이 부정되는 잠입형 동승과 강요형 동승, 무단무상 동승, 승인호의 동승으로 분류할 수 있다.

가) 잠입형 동승과 강요형 동승

① 잠입형 동승: 잠입형 동승자에 대한 배상책임은 위험인수설 또는 위험승인설에 의하여 부정되어진다.

② 강요형 동승: 강요에 의하여 동승한 자에게 운행이익과 운행지배가 배타적·독점적으로 이전됨으로써 본래의 운전자는 운행자성을 상실하고, 동승자를 운행자로 간주한다.

나) 무단무상 동승

무단무상 동승은 동승자가 사전에 무단운전임을 알았던 사전 지정 무단무상 동승과 동승 후에

1　한국자동차보험주식회사, 전게서, 81~82面.
2　한국자동차보험주식회사, 전게서, 82面.

이를 알게 된 사후 지정 무단무상 동승으로 분류할 수 있다. 위의 두 유형은 평가에 차이를 두어야 하고, 무상 동승자가 운행자나 운전자의 운행이익이나 운행지배에 관여한 정도와 운전자 및 동승자의 요청이나 권유 정도에 따라서 위 두 유형을 분류할 수 있다.

다) 승인호의 동승

승인호의 동승은 일시적 동승, 간헐적 동승, 상용형 동승으로 분류하고 위 각 유형마다 단순 편승, 변경 동승, 공동목적 동승, 동승 경위에 따라 誘引誘惑同乘, 要求强請同乘으로 분류한다. 이와 같은 동승 경위의 목적이나 유형은 보유자 책임의 감경비율을 측정하는 데 있어 기준이 된다.

6) 무상 동승 유형에 따른 책임감경비율

가) 무단무상 동승자에 대한 책임비율

대법원 판례의 경향은 사전 지정 무단무상 동승자에 대하여는 운행자의 손해배상책임을 전면 부정한다. 그러나 사전 지정 무단무상 동승이라 하더라도 단순한 편승, 경로만 변경시키는 迂廻同乘, 유홍의 공동목적을 위한 동승 등으로 나눌 수 있다. 따라서 사전 지정 무단 동승의 경우에도 전면적으로 손해배상책임을 부정하는 것보다는 위와 같은 사전 지정 무단 동승 유형에 따라서 탄력적으로 손해배상책임을 일정부분 비율적으로 인정하는 것이 타당하다고 생각된다.

나) 승인호의 동승자에 대한 감액비율

승인호의 동승 유형 중 운행지배와 이익에 영향이 미미한 정도의 일시적 단순 편승의 경우, 대법원 판결은 동승자의 책임감경을 배척하는 관대한 태도를 보이고 있다. 이는 호의로 제공된 운행이익을 누리기는 하였으나 운행지배나 운행이익에 영향을 미친 정도가 미미한 만큼 배상액을 감경하는 것은 과하다고 보는 듯하다. 그러나 단순한 편승이 아니라 편승자의 방향 변경 지시, 화물적재, 승차인원의 증가와 같이 운행지배에 영향을 준 경우 책임감경비율을 적용하여 동승자의 배상청구를 감경하는 추세로 기울고 있다. 한편, 호의 동승이라 하여도 동승자와 공동목적으로 운행되는 경우에는 동승자와 운행자가 내부적으로는 공동운행자 관계에 이르는 상태를 설정할 수 있다. 이를테면, 동승자들과 함께 장거리 여행, 유홍 목적의 드라이브, 경비를 분담한 상태에서의 교대운전 등이 전형적인 사례이다. 이러한 경우 동승자에 대한 내부적 관계에서 본래의 운행자의 운행자성은 50% 내지 70% 정도 감소될 수 있다. 위와 같은 호의 동승도 일시적인 것이 아니라, 사고 전에 간헐적인 동승 경력이 있었거나 상용적으로 이루어지 경우에는 동승자에 대한 운행자의 운행자성은 보다 많이 감소된다. 장거리 출퇴근, 등하교 때마다 호의 편승 내지는 호의 변경 동승은 일시적인 우발적 편승과는 달리 보아야 한다. 거기에 더하여 동승 과정에 있어서 동승자의 요구·강청·유인·유혹에 의한 것인지, 혹은 운행자 및 운전자의 유인·유혹·강요에 의한 것인지 하는 동승 경위 역시 운행자의 운행지배와 운행이익의 정도를 결정함에 있어 중요한 요소이다.[1]

---

1   이보환, 전게서, 143~145面.

다) 결 어

앞서 살펴본 바, 무상 동승 사례들을 무단무상 동승, 승인호의 동승으로 나누어 보았다. 대법원 판결은 무단무상 동승 사안에 있어서 피해자가 무단운전임을 알고 동승하였느냐 하는 주관적 요소가 운행자의 운행지배 내지 운행이익의 상실 여부를 판단함에 있어 결정적 기준으로 작용한다. 따라서 동승 피해자가 무단운전임을 알았다는 이유만으로 손해배상을 전면 부인할 것이 아니라, 무단무상 동승과 승인호의 동승을 불문하고 운행자와 동승자의 내부적 관계에서, 운행지배와 운행이익이 동승자에게 배타적·독점적으로 이전되어 본래 운행자의 운행지배와 이익이 상실되었다고 보아도 무방한 정도에까지 이르지 못하는 경우에는 구체적 사안에 따라 운행자의 운행자성을 비율적으로 파악하고 그 비율만큼 책임을 인정하는 것이 손해의 공평분담이라는 원칙에 부합된다.[1]

6. 다른 사람을 사망하게 하거나 부상하게 한 경우

가. 槪 說

위 법 제3조, 소정의 "다른 사람을 사망하게 하거나 부상하게 한 경우"란 운행자와 운전자 이외의 사람의 생명을 끊던가, 신체에 대하여 상해를 입힌 경우이다. 이 신체 중에는 의안, 의치, 의족, 의지, 시력교정용 안경, 보청기 등과 같이 신체에 밀착하여 신체 일부의 기능을 대행하는 것도 포함된다. 이와 같이 「자배법」의 적용 대상이 되는 것은 타인의 인적 손해에 한하고, 가축의 사상이나 재물의 훼손은 이 법의 적용 대상이 되지 않고 「민법」의 적용 대상이 될 뿐이다.

나. 태아의 권리능력

(1) 태아의 권리능력의 취득 시기

「민법」 제3조에서 「사람은 생존한 동안 권리와 의무의 주체가 된다」고 규정하고 있으므로, 태아는 살아서 출생한 때로부터 권리와 의무를 취득하여 사망한 때에 그 권리와 의무를 잃게 된다. 그러므로 어느 시기를 출생으로 보느냐 하는 것은 태아가 자연인으로서의 권리능력을 취득하는 시기를 정하는 것 뿐만 아니라 사산인지 또는 살아서 출생한 뒤에 사망한 것인지를 정하는데도 중요하다. 따라서 이 출생의 시기에 관하여는 여러 가지의 학설 중 중요한 학설을 살펴보면 후술하는 바와 같다.

(가) 진통설: 태아가 모체로부터 분리하기 시작하여 규칙적인 진통을 동반하면서 태반으로부터 분리하기 시작하는 때를 출생이라고 하는 설

---

1 이보환, 전게서, 145~146面

(나) 일부노출설: 태아가 태반으로부터 분리되어 태아의 일부가 외부에 노출된 때를 출생으로 보는 설

(다) 전부노출설: 태아가 살아서 모체로부터 완전히 노출한 때를 출생으로 보는 설

(라) 독립호흡설: 태아가 모체로부터 완전히 분리되어 스스로 호흡을 한 때를 출생으로 보는 설

위와 같은 제 학설 중, 「민법」에서는 전부노출설이 통설이며, 현행 「형법」에서는 진통설이 통설로 되어 있다.[1]

(2) 불법행위의 객체

아직 권리능력을 취득하기 전인 태아를 불법행위의 객체로 볼 수 있는가에 관하여 이론이 있으나, 판례는 태아를 불법행위의 객체로 보고 있다. 따라서 교통사고로 임신부가 사상된 경우, 그 임신부에 대한 불법행위는 일면으로는 모체에 대한 불법행위가 되는 동시에 타면으로는 태아에 대한 불법행위가 된다. 그러나 손해배상청구에 있어서는, 태아가 불법행위로 인하여 조산되고 그로 인하여 제대로 성장하지 못하고 사망하였다면 권리능력을 취득한 후에 사망한 것이므로 권리능력의 주체로서 손해배상청구권이 발생하며 그 청구권을 상속인이 상속할 수 있으나, 태아가 모체 내에서 사망 또는 사산 되었다면 권리능력을 취득하기 이전에 사망하였으므로 손해배상청구권이 발생하지 않는다. 이 경우에는 임신부의 위자료를 산정함에 있어서 참작할 뿐이다.

7. 그 손해를 배상할 책임

위 법 제3조, 소정의 "그 손해를 배상할 책임을 진다"는 것은 자동차의 운행에 의하여 타인의 생명 또는 신체를 사상한 경우, 그 타인이 입은 손해를 전보하여 손해가 없었던 것과 같은 상태로 하는 책임을 지는 것을 말한다. "배상"의 용어는 주로 위법행위에 의한 손해의 전보행위를 지칭하는 경우에 사용되고, 적법행위에 의한 손해의 전보행위의 경우에 사용하는 "보상"과는 그 의의를 달리 하는 것이 통상이다. 또한 "배상"의 경우는 통상 행위자의 고의, 과실, 기타 귀책 사유의 존재를 요건으로 하지만, 이러한 요건을 대폭 완화하든가 혹은 이 요건을 필요로 하지 않을 경우가 있다. 즉, 이 조의 경우도 운행자가 본문의 규정에 의하여 일단 배상책임을 부담하고 단서 조항 전단의 3면책 조건을 증거함으로써 책임을 면하게 되는 조건부 무과실책임과 단서 조항 후단의 승객인 피해자에 대하여는 무과실책임을 규정하고 있다. "책임을 진다"는 것은 일반석으로 자기의 행위 또는 부작위에 기인한 결과에 대하여 일정한 의무, 제재, 부담, 기타의 불이익을 부담하게 되는 것을 의미하는데, 여기서는 운행자가 피해자에 대하여 지급 의무를 부담하는 것을 말한다.

1 　한국자동차보험주식회사, 전게서, 84~85面.

8. 면책 요건

가. 승객이 아닌 자(3면책 요건)

(1) 제1요건: 승객이 아닌 자가 사망하거나 부상한 경우에 자기와 운전자가 자동차의 운행에 주의를 게을리하지 아니하였을 것

(가) "자기"와 "운전자"

"자기"는 본문에서 규정한 "자기를 위하여 자동차를 운행하는 자"로서의 운행자를 가리키는 것으로 이 법 제2조제3호에 규정한 "자기를 위하여 자동차를 운행하는 자"인 보유자의 개념보다 광의로 해석된다. 즉, 여기서 말하는 "자기"는 보유자이거나 혹은 보유자 아닌 자가 자동차를 자기를 위하여 운행하는 경우를 총칭한다.

"운전자"란 타인을 위하여 자동차를 운전하는 자(운전보조자를 포함함)를 의미하므로 자기를 위하여 자동차를 운전하는 자는 「자배법」상 운전자가 아니고 운행자에 해당하게 된다.

(나) 주의를 게을리하지 아니하였고

"주의를 게을리하지 아니하였고"란 보유자는 물론 실제로 해당 자동차를 운전하여 사고를 야기한 운전자가 자동차의 운전에 관하여 「도로교통법」령 또는 「민법」의 일반원칙상 요구되는 주의 의무를 다하였다는 것과 자동차의 보유자가 운전자의 선임 및 사무감독상의 주의 의무를 다하였다는 것도 포함된다. 즉, 보유자 자신이 스스로 자동차를 운전하지 않고 피용운전자로 하여금 운전시켰을 경우, 이 조의 제1면책 요건을 충족하려면 자기 뿐만 아니라 운전자가 법령상 요구되는 주의 의무를 준수하였다는 것을 거증하여야 한다. 여기서 말하는 "주의"는 심리학적인 의미에 있어서의 주의, 즉, 어느 대상을 특히 강하고 명확하게 의식하는 상태를 말하는데 그치지 않고, 법률적 개념의 용의주도한 주의를 포함하는 것으로 해석한다.

이 "주의 의무" 개념에 관하여, 종전에는 「형법」 강학상 오감의 집중작용, 정신력의 긴장 또는 심신의 전기구의 통일을 의미하는 것이라 하여 전적으로 심리적으로 해석하여 왔으나, 최근에 와서는 이에 질적 수정을 가하여 주의의 본질은 단순히 의사의 긴장 내지는 집중이 아니고 용의주도하게 행동하여 법익 침해로부터 멀리하는 행위 내지 태동에 있다고 한다. 말하자면 내적 행위에 그치지 않고 외적 태도의 요소도 문제로 하고 있다. 또한 이 "주의"는 사회통념상 필요한 주의이므로 그 주의 의무의 표준은 사회 일반인이 행위자와 같은 구체적인 지위와 狀態에 있었다면 하여야 하고 또 하여야 할 것이 기대되는 정도의 것이라 한다. 즉, 원칙적으로 中程度 혹은 平均程度의 主意라고 할 수 있다. 판례에서는 "일반 통상인의 주의" 혹은 "게을리한 자와 동일 업무에 종사하는 통상인이 일반적으로 가져야 할 주의" 등의 객관적인 표준에 의하고 있다. 이 주의 의무 내용인 "주의"의 개념을 분석하면, 결과의 발생을 예견하기 위한 의식을 집중·긴장하는 내면적 주의와 結果回避를 위하여 愼重하고 용의주도한 행동을 하여야 할 외면적 주의이다. 따라서 결과 발생의 예견 가능성이나 그 결과 발생의 회피 가능성 중 어느 것이 결한 때에는 불가항력이 된다. 그러므로 여기서 문제가 되는 것은 예견 또는 회피 가능의 범위인데 그것은 객관적이고 구체적인 표준에 의하여야 할 것이다. "게을리하지 아니하였고"란 자동차를 운행함에 있어서 운행자와 운전자가 법령상 요구되는 제반 주의 의무를 다하였다는 소위 무과실을 의미한다. 以下에서 운행자와 운전자의 주의 의무를 약술키로 한다.[1]

(다) 보유자의 운전자 선임·감독 의무

보유자의 피용운전자의 선임, 감독업무 중에 이론이 있는 것은 피용운전자가 자동차를 운전하는 도중에 돌발적으로 "간질"이나 "심장마비" 등을 일으켜 그로 인하여 사고가 발생한 경우의 보유자 책임의 유무이다. 이에 관하여, 사용자인 보유자가 그 情을 豫見不可能하였다면 보유자는 피해자에 대한 배상책임을 면하게 된다는 견해가 있으나, 이는 제3자의 銃器 등에 의한 狙擊과 같이 차량권 외의 원인에 의한 사고가 아니고 자동차의 구조상의 결함이나 기능의 장해와 같이 차량권 내의 요인에 의한 사고로 보아 보유자는 피해자에 대한 배상책임을 면할 수 없다는 설이 유력하다. 위 양설 중 후자의 견해가 피해자의 보호·구제를 제1차적 목적으로 하는 「자배법」의 입법 취지로 보아 타당하다고 본다.[2]

(라) 운전자의 주의 의무

운전자의 주의 의무에 관하여는 「도로교통법」령에서 각종의 주의 의무를 상세히 규정하고 있는데, 이러한 주의 의무는 외국에 비하여 극히 고도의 것으로써 극단적인 결과주의에 흐른 감도 없지 않아 교통사고를 야기하고 도주하는 운전자가 증가하여 도리어 「자배법」의 입법 취지인 피해자의 보호·구제를 결할 우려도 있다. 운전자의 주의 의무에 관하여 주목할 만한 것은 "신뢰의 원칙"이다. 이 "신뢰의 원칙"이란, 교통관여자(운전자)는 다른 교통 관여자가 교통법규를 준수하여 사고의 발생을 회피하기 위한 적절한 행위를 취할 것을 신뢰하고 행동함으로써 족하고 교통관여의 상대방이 교통법규에 위반하여 행동하는 것까지 예견하여야 할 의무는 없다는 것이다. 이 신뢰의 원칙이 적용되는 경우는 대체로 중앙분리대를 넘어온 갑차와 반대방향에서 진행하여 오던 을차와의 충돌사고의 경우 을차에 적용되는 경우가 많은데 을차에 신뢰의 원칙이 적용되어 을차의 보유자 책임이 면제되는 경우로서는 그 충돌사고를 회피할 수 없는 경우에 한하고, 도로 사정 등으로 보아 서행하거나 정차하여 충돌사고를 회피할 수 있는 정도의 여유가 있음에도 불구하고 만연히 주행하다가 충돌사고를 야기시킨 때에는 그 운전자나 보유자는 책임을 면할 수 없다고 해석함이 상당하다.[3]

(2) 제2요건: 피해자 또는 자기 및 운전자 외의 제3자에게 고의 또는 과실이 있을 것

제1요건은 보유자와 운전자가 자동차 운행에 관하여 주의 의무를 다함으로써 무과실이라는 소위 "고의 또는 과실의 부존재"의 면책 요건인데 반하여, 제2요건은 피해자나 제3자의 고의 또

---

1   한국자동차보험주식회사, 전게서, 87~89面.
2   한국자동차보험주식회사, 전게서, 89面.
3   한국자동차보험주식회사, 전게서, 89~90面.

는 과실이 있다는 존재의 면책 요건이다. 그러므로 보유자는 자기 및 운전자의 무과실을 입증하는 것에 더하여 피해자나 제3자의 고의 또는 과실의 존재를 거증하여야 한다. 여기서 피해자 또는 운전자 이외의 제3자라고 규정하고 있는데, 이는 피해자와 운전자를 제외한 제3자만을 의미하는 것이 아니고 피해자를 포함한 제3자를 의미하는 것이다.

(가) 피해자의 고의 또는 과실: "피해자의 고의"란 피해자가 어떠한 사실을 알면서(인식) 행하는 심리상태를 말한다. 예컨대, 진행 중인 자동차에 자살하기 위하여 투신하거나, 승객이 진행 중인 자동차에서 자살하기 위하여 뛰어내리거나 혹은 손해배상금의 수령을 목적으로 차에 뛰어들거나 기타의 방법으로 사망 또는 상해를 입을 것을 알고 하는 행위이다. 피해자의 과실에는 피해자 본인의 과실 뿐만 아니라 피해자를 법률상 감독할 의무가 있는 자의 과실도 포함되며, 그 과실이 사고 발생의 전적인 원인이 된 경우를 제외하고는 과실상계의 이론이 적용하게 된다.

(나) 제3자의 고의 또는 과실: 보유자, 운전자 및 피해자 이외 제3자의 고의 또는 과실 중에는 자연인의 고의 또는 과실 뿐만 아니라, 도로·교량 등의 공작물의 설치·보존·관리상의 하자로 인하여 사고가 발생한 경우, 그 설치·보존·관리자의 고의 또는 과실도 포함된다. 이 경우, 그 하자가 사고 발생에 전적인 원인이 된 경우 이외에는 그 설치·보존 및 관리자와 보유자에게 공동불법행위의 이론이 적용된다.

(다) 故 意: 故意는 自己의 行爲가 일정한 結果를 發生할 것이라는 認識을 하면서 그 行爲를 行하는 意識狀態를 말하는 것이다. 부연하면, 結果의 發生을 알면서 어느 行爲를 敢行하는 心理狀態를 의미한다. 반면, 未必的 故意는 不確定 故意의 하나로서 條件附 故意라고도 한다. 未必的 故意란 어떠한 行爲가 가져올 結果의 發生을 確定的으로 認識하고 있지는 않으나, 그 結果의 發生이 可能하다고 認識하면서 어떠한 行爲를 敢行하는 心理狀態를 말한다. 즉, 自己의 行爲가 일정한 結果를 發生시킬지도 모르나 그 結果가 發生하여도 어찌할 수 없다고 認識하면서 敢行하는 心理狀態이다.

> ■ 대법원 2004.12.10. 선고 2004다31401 판결[채무부존재확인]
> 자동차보험약관상 면책 사유인 "피보험자 등의 고의에 의한 사고"에서의 "고의"라 함은 자신의 행위에 의하여 일정한 결과가 발생하리라는 것을 알면서 이를 행하는 심리상태를 말하고, 여기에는 확정적 고의는 물론 미필적 고의도 포함된다고 할 것이며, 고의와 같은 내심의 의사는 이를 인정할 직접적인 증거가 없는 경우에는 사물의 성질상 고의와 상당한 관련성이 있는 간접사실을 증명하는 방법에 의하여 입증할 수밖에 없고, 무엇이 상당한 관련성이 있는 간접사실에 해당할 것인가는 사실관계의 연결상태를 논리와 경험칙에 의하여 합리적으로 판단하여야 할 것이다(대법원 2001.3.9. 선고 2000다67020 판결 등 참조).

(라) 過 失

1) 認識 있는 過失: 미필적 고의와 인식 있는 과실과의 구별은 결과 발생에 대한 認容의 有無에

의한다. 즉, 행위자가 어떠한 결과가 발생할지도 모르나 결과가 발생하여도 不得己하다고 생각하면서 이에 介意하지 않고 행위를 감행한 경우는 전자에 속하고, 자기의 운전기술이 능숙하므로 사고는 발생하지 않으리라고 생각하면서 운전을 감행한 경우는 후자에 속한다. 예를 들어, 자동차의 운전자가 자기의 진로 상에 아이가 놀고 있는 것을 보았으나 그대로 진행하다가 그 아이를 치사시킨 경우에 있어서, '아이 옆을 무사히 지나가면 다행이나 만약 그 아이를 치사시켜도 부득이하다'고 생각하였다면 이는 결과 발생의 인용이 있으므로 미필적 고의가 되고, 이에 반하여 '치사시키면 큰일이다. 그러나 자기는 운전에 자신이 있으므로 그 아이를 치사시키지는 않을 것이다'라고 생각하였다면 인용이 없으므로 인식 있는 과실이 됨에 불과하다. 이러한 認容說에 대한 구별에 대하여 蓋然說이 있는데, 이 개연설에 의하면 결과 발생이 일반적으로 가능하고 자기의 경우도 그 일반적인 것의 예외는 아니라고 생각한 때가 미필적 고의이고, 그러하지 않을 때에는 인식 있는 과실이라고 한다.[1]

   2) 重過失: 인식 있는 과실과 중과실의 구별은 행위자의 부주의의 정도에 따라 구별하기보다는 결과 발생에 대한 인식의 유무에 의하여 구별하는 것이 이해하기 용이하다. 예컨대, 승객이 진행 중인 자동차에 뛰어 내리다 사상한 사고에 있어서, 그 승객이 뛰어내리다 부상할 위험성은 있으나 자기의 낙법이 능숙하기 때문에 부상을 당하지 않으리라고 인식하면서 뛰어내린 경우는 인식 있는 과실이고, 그러한 인식 없이 막연히 뛰어내린 경우는 중과실에 속한다.

   3) 輕過失: 경과실이란 일정한 결과의 발생을 인식할 수 있었음에도 불구하고 이를 부주의로 인하여 인식하지 못한 경우를 말한다. 중과실과 경과실은 부주의의 정도에 따라 구별하는데, 일반적으로 「민법」상 과실이란 양자를 모두 포함하고 있으므로 그 구별의 실익은 없으나 특히 중과실을 의미할 때에는 중대한 과실이라고 규정하고 있다. 즉, 중과실은 조금만 주의를 하였더라면 결과 발생을 미연에 방지할 수 있었음에도 불구하고 그 주의를 태만히 한 경우이고, 경과실은 상당한 주의를 필요로 하는 경우이다.

  (3) 제3요건: 자동차의 구조상의 결함이나 기능상의 장해가 없었다는 것을 증명할 것

   "자동차의 구조상의 결함" 또는 "기능의 장해"란 일반적으로 현대 자동차공학기술 수준에 비추어 자동차가 통상 갖는 구조상의 결함 또는 기능의 장해를 지칭하는 것으로 해석된다. "자동차의 구조상의 결함"이란 자동차의 성질상의 결함으로서, ① 構造(設計上, 生産工程上, 材質上의 瑕疵), ② 製作方法, ③ 自動車修理上의 結果에 缺陷이 있는 경우를 말하며, "機能의 障害"란, 예컨대, 車輪에 의하여 높이 튕겨진 돌이 缺陷이 없는 操縱裝置에 끼어 操縱이 불가능하게 된 것과 같은 경우이다. 이 결함이나 장해가 없다는 입증에 관하여는 보유자나 운전자가 일상 자동차 정비 시나 운행 개시 시 또는 운행 시에 상당한 주의를 하였더라면 예견 또는 발견이 기대되었느냐의 여부에 불구하고, 현대 자동차공학상의 기술이나 경험에 비추어 불가피한 것이 아닌 한, 결함이나 장해가 있는 것으로 해석함이 상당하다. 이처럼 해석하는 이유는 만일 그 결함이나 장해를

---

1   한국자동차보험주식회사, 전게서, 95~96面.

예견 또는 발견할 수 있었을 때에는 보유자의 운행에 관한 과실에 해당하게 되므로, 특별히 무결함이나 무장해를 면책 사유로 규정한 입법 취지가 무의미하게 되기 때문이다. 위와 같이 해석하는 것은 보유자에게 지나치게 가혹한 책임을 부과하는 것이 아닌가 하는 견해도 없지 않으나, 그렇다고 하여 이 경우 상시 보유자가 최종적으로 책임을 부담하게 되는 것은 아니다. 즉, 구조상의 결함이나 운행으로 인한 자연 마모 등 보유자 귀책 사유에 의한 것이 아닌 자동차 제작 과정에 있었던 것이라면 그 제조업자는 당해 자동차에 대한 운행지배와 운행이익이 없으므로 보유자 책임은 없다 하더라도 보유자가 피해자에게 손해배상한 뒤에 제조업자에게 구상할 수 있으므로 최종적인 책임은 제조업자가 부담하게 된다.[1]

(4) 면책 요건 및 거증 범위

以上이 이 條 단서 전단에서 규정하고 있는 3면책 요건인데, 보유자(운행자)가 이 條 본문의 규정에 의한 책임을 면하려면 이 3면책 요건을 거증해야 한다. 이와 관련하여 문제가 되는 것은 보유자 면책 요건은 이 條 단서에 규정한 3요건에 한정되는가 하는 것과 보유자는 언제나 이 3요건을 전부 거증하여야 하는가 하는 것이다.

위 첫 번째 문제는 이 3요건이 한정적 요건인가 혹은 예시적 요건인가 하는 것으로써, 이 요건은 법의 규정 내지 취지로서 통상 고려될 수 있는 경우의 요건을 들고 있는 데 불과하며, 이 요건 이외의 경우를 모두 부정하는 취지로는 생각되지 않는다. 그러므로 이 條의 면책 요건으로는 규정하고 있지 않으나, 불가항력, 정당방위, 긴급피난은 당연히 보유자 면책 사유로 보는 것이 상당하다.

두 번째의 문제에 관하여는 종래에는 3면책 요건 전부를 거증하여야 한다고 해석하였으나, 반드시 그렇게 해석하여야 할 이유는 없다고 본다. 예컨대, 자살이나 손해배상금을 청구할 목적으로 진행 중인 자동차에 뛰어들거나 기타의 방법으로 자상하는 위장사고에 있어서 그 위장사고임이 명백히 판명되는 한, 보유자가 운전자의 선임 또는 사무감독상 상당한 주의를 하였느냐의 여부나, 자동차의 구조상의 결함이나 기능상의 장해의 유무 등은 사고 발생에 전혀 무관하기 때문이다. 요컨대 사고 발생에 원인이 된 사항을 입증하면 되고, 언제나 다른 요건을 입증할 필요는 없다.[2]

(5) 정당방위

정당방위에 관하여는 「형법」과 「민법」에서 규정하고 있는데, 이 방위행위는 통상 범죄 또는 불법행위가 되지만 정당방위가 되어 위법성이 조각되고 책임이 면제된다.

(가) 「형법」상의 정당방위

자기 또는 타인의 법익에 대한 현재의 부당한 침해를 방위하기 위한 행위는 상당한 이유가 있는 때에는 벌하지 아니한다(「형법」 제21조제1항). 이 정당방위의 성립 요건으로는 다음과 같은 것

---

1   한국자동차보험주식회사, 전게서, 97面.
2   한국자동차보험주식회사, 전게서, 98~99面.

이 있다.

1) 자기 또는 타인의 법익에 대한 현재의 부당한 침해가 있을 것

여기서 "법익"이란 법에 의하여 보호되는 이익을 말하며, "타인의 법익"은 개인적 법익에 한하지 않고 사회적, 국가적 법익도 포함된다. "현재의 침해"란 목전에 절박한 침해나 현재 행하여지고 있는 침해를 말한다. 따라서 과거 또는 장래의 침해에 대하여는 정당방위가 되지 아니한다. "부당"이란 위법과 동의어로서 객관적으로 위법이면 족하고 침해자가 유책임을 요하지 않는다는 것이 통설이다. "침해"란 법익에 대한 공격으로서 사람의 행위를 말한다.

2) 그 침해를 방위하기 위한 행위일 것

"방위"행위는 침해자에 대한 것에 한한다. 이 방위행위는 방위자의 방위의 의사가 있어야 한다는 것이 통설이다.

3) 상당한 이유가 있을 것

"방위"행위는 그 침해행위에 상당하는 것이어야 한다. 따라서 과잉방위는 위법성이 조각되지 않는다.[1]

(나) 「민법」상의 정당방위

타인의 불법행위에 대하여 자기 또는 제3자의 이익을 방위하기 위하여 부득이 타인에게 손해를 가한 자는 배상할 책임이 없다. 그러나 피해자는 불법행위에 대하여 손해의 배상을 청구할 수 있다(「민법」 제761조제1항). 이 「민법」상의 정당방위는 「형법」상의 정당방위와 거의 같으며, 다만 「민법」상의 정당방위는 가해행위가 방위하려고 하는 불법행위자에 대한 반격에 한하지 않고, 제3자에 대한 가해도 무방하다는 것이 「형법」상의 정당방위와 다르다. 위 경우, 방위자가 불법행위자 이외의 제3자에게 가해를 한 때, 그 피해자는 불법행위자에 대하여 손해배상을 청구하게 된다(「민법」 제761조제1항 단서). 따라서 이때 불법행위자에 대한 반격이 아니므로 방위자는 형사책임을 면할 수 없고 민사책임만을 면하게 된다. 예컨대, 자동차를 운전 중 강도를 만나, 그 강도의 불법행위(부당한 침해)에 대하여 운전자가 자기 또는 승객의 법익을 방위하기 위하여 부득이 강도를 致傷시킨 운행행위는 정당방위가 된다. 또한 이 강도의 불법행위에 대하여 운전자가 자기의 이익을 방위하기 위하여 부득이 통행인이나 승객에게 손해를 가한 때에도 「민법」상의 정당방위가 된다. 이 경우, 운전자는 피해자인 통행인이나 승객에 대하여 손해배상책임이 없으며, 보유자는 피해자인 통행인에 대하여는 손해배상책임이 없으나 고의 없는 승객에 대하여는 손해배상책임을 면할 수 없다.[2]

(6) 긴급피난

긴급피난도 정당방위와 같이 「형법」과 「민법」에서 규정하고 있는데, 또한 정당방위와 같이 위법성이 조각되고 책임이 면제된다.

---

1   한국자동차보험주식회사, 전게서, 99~100面.
2   한국자동차보험주식회사, 전게서, 100~101面.

(가) 「형법」상의 긴급피난

자기 또는 타인의 법익에 대한 현재의 위난을 피하기 위한 행위는 상당한 이유가 있는 때에는 벌하지 아니한다(「형법」 제22조). 즉, 긴급피난이 되려면 현재의 위난이 있어야 한다. 이 "위난"을 일으킨 원인은 자연현상이든 사람의 행위이든 불문한다. "상당한 이유"가 있다고 하려면, 그 피난행위 이외에 다른 방법이 없을 것(보충의 원칙)과 그 행위로부터 발생한 해가 피하려는 해의 정도를 초과하지 않을 것(법익균형의 원칙)을 요한다. 그러나 위난을 피하지 못할 책임이 있는 자(경찰관)에게는 긴급피난이 허용되지 않는다.[1]

(나) 「민법」상의 긴급피난

정당방위는 급박한 위난을 피하기 위하여 부득이 타인에게 손해를 가한 경우에도 준용한다(「민법」 제761조제2항). 「민법」상 긴급피난의 성립 요건도 「형법」상의 경우와 거의 같다. 긴급피난의 성격에 관하여도 정당방위의 경우와 같이 위법성 조각 사유로 보는 설과 책임 조각 사유라고 보는 설이 있으나 위법성 조각 사유가 통설이다.[2]

(7) 불가항력

불가항력이란 외부로부터 오는 사실에 대하여 보통 요구되는 정도의 주의나 예방 방법을 강구하더라도 손해를 방지할 수 없는 경우로서 주로 사법상의 책임 또는 책무를 면하게 하는 표준으로 쓰이는 개념이다. 이 불가항력은 보통의 무과실보다 엄격한 관념이다.[3]

나. 승 객

"승객이 고의나 자살행위로 사망하거나 부상한 경우"는 보유자의 손해배상책임이 면제된다. 여기서 승객이란 운전자와 차장의 보호영역 내에 들어온 때로부터 보호영역을 이탈할 때까지의 자를 말한다. 즉, 자동차에 승차하려는 자가 발을 승차대에 올려놓아 체중이 차체에 실린 때로부터 하차하려는 자의 양 발이 지면에 착지하기까지 사이에 있는 자라고 보아야 함이 상당하다. 단, 승객이 강도로 돌변한 경우에는 그 시점부터 법에서 보호할 승객으로 볼 수 없으며, 설령 승객으로 본다 하더라도 그 자신이 사상을 감수하고 감행하는 행위이므로 사상에 대한 고의 내지는 미필적 고의가 있다고 보아야 할 것이다.

고의 및 자살행위란 자상 및 자살행위를 의미하는 것이다. 승객인 피해자에 대하여는 그의 고의 및 자살행위로 인한 사상의 경우 이외는 보유자의 배상책임을 면할 수 없도록 이 條 단서 후단에서 규정한 것은 승객인 피해자를 승객 이외의 피해자보다 두텁게 보호하려는 우리나라 「자배법」의 특유한 조항이다. 따라서 승객이 운행으로 인하여 사상되었다면 설령 당해 운전자의 고의 또는 과실이 없는 경우, 불가항력 또는 정당방위의 경우라 할지라도 보유자는 그 승객의 고의

---

1   한국자동차보험주식회사, 전게서, 101面.
2   한국자동차보험주식회사, 전게서, 101面.
3   한국자동차보험주식회사, 전게서, 101面.

및 자살행위로 인하여 사상한 것임을 거증하지 못하는 한, 피해자에 대한 책임을 면할 수 없게 된다. 이와 같이 고의나 과실 없는 승객인 피해자에 대하여 배상책임을 지는 것은 보유자이고, 운전자는 배상책임이 없다. 그 이유는 운전자는 피해자에 대하여 「자배법」 제3조의 규정에 의한 책임이 없고, 다만 「민법」 제750조의 규정에 의하여 피해자에 대한 배상책임을 부담하게 되는데 정당방위, 긴급피난 및 불가항력의 경우는 위법성이 조각되기 때문이다. 승객 이외의 피해자에 대하여는 이 條 단서 전단의 3요건을 거증하면 보유자가 이 條 본문의 책임을 면하게 되나, 승객 인 피해자에 대하여는 단서 전단의 3요건을 거증하였다 하더라도 책임을 면할 수 없고, 그 승객 의 고의 및 자살행위로 인한 사상임을 거증하여야 책임을 면한다는 의미이다. 부연하면, 보유자 는 이 條 본문의 규정에 의하여 피해자에 대하여 손해배상책임을 지게 되는데, 이 배상책임을 면 하려면 승객 이외의 피해자에 대하여는 단서 전단의 3면책 요건을, 승객인 피해자에 대하여는 그 자신의 고의 및 자살행위로 인한 사상임을 입증하여야 한다는 것이다. 따라서 보유자는 전자의 경우에는 3면책 요건을, 후자의 경우에는 피해자의 고의 및 자살행위로 인한 사상임을 거증하지 못하면 책임을 면할 수 없게 된다.[1]

　「자배법」 제3조는 본문에서 보유자의 무과실책임을 규정하고, 승객 이외의 피해자에 대하여 는 단서 전단의 3요건과 정당방위 및 불가항력 등임을 거증하면 책임을 면하게 되는 상대적 또는 조건부 무과실책임주의를 취하고 있으나, 승객인 피해자에 대하여는 보유자의 무과실책임주의 를 채택하고 있다고 해석하여야 한다. 현행 보상실무에서 투석, 조류 등의 비래로 승객이 사상한 경우에 면책하고 있는 이유는 운전자의 불가항력으로 인한 사고이기 때문에 면책하는 것이 아니 라 운행으로 인한 사고로 보지 않기 때문이다.

제4조(「민법」의 적용)
자기를 위하여 자동차를 운행하는 자의 손해배상책임에 대하여는 제3조에 따른 경우 외에는 「민법」에 따른다.

　이 條는 자동차사고로 인한 피해자에 대한 손해배상책임에 관하여 「자배법」 제3조 규정 이외 에 「민법」의 규정을 적용할 취지를 명시한 주의 규정이다. 우리 「민법」은 불법행위책임에 관하 여 제750조(불법행위의 내용), 제751조(재산 이외의 손해의 배상), 제752조(생명 침해로 인한 위자 료), 제753조(미성년자의 책임능력), 제754조(심신상실자의 책임능력), 제755조(감독자의 책임), 제 756조(사용자의 배상책임), 제757조(도급인의 책임), 제758조(공작물 등의 점유자, 소유자의 책임), 제759조(동물의 점유자의 책임), 제760조(공동불법행위자의 책임), 제761조(정당방위, 긴급피난), 제 762조(손해배상청구권에 있어서의 태아의 지위)에 각각 명문 규정을 두고 있다. 또한 제763조(준용 규정)는 제393조(손해배상의 범위), 제394조(손해배상의 방법), 제396조(과실상계), 제399조(손해

1　한국자동차보험주식회사, 전게서, 102~103面.

배상자의 대위)의 규정은 불법행위로 인한 손해배상에 준용한다고 규정하고 있으며, 이 외의 손해배상에 관하여 중요한 조항으로서는 시효, 손해배상청구권자의 범위, 상속, 법정대리, 변제, 공탁, 상계, 경개, 면제, 혼동, 화해 등이 있다.

1. 불법행위 책임

가. 법 규정

「민법」 제750조는 「고의 또는 과실로 인한 위법행위로 타인에게 손해를 가한 자는 그 손해를 배상할 책임이 있다」고, 제753조는 「미성년자가 타인에게 손해를 가한 경우에 그 행위의 책임을 변식할 지능이 없는 때에는 배상의 책임이 없다」고, 제754조는 「심신상실 중에 타인에게 손해를 가한 자는 배상의 책임이 없다. 그러나 고의 또는 과실로 인하여 심신상실을 초래한 때에는 그러하지 아니하다」고, 제755조는 「① 다른 자에게 손해를 가한 사람이 제753조 또는 제754조에 따라 책임이 없는 경우에는 그를 감독할 법정 의무가 있는 자가 그 손해를 배상할 책임이 있다. 다만, 감독 의무를 게을리 하지 아니한 경우에는 그러하지 아니하다. ② 감독 의무자를 갈음하여 제753조 또는 제754조에 따라 책임이 없는 사람을 감독하는 자도 제1항의 책임이 있다」고 각각 규정하고 있다.

나. 불법행위 책임의 발생 요건

위 법 규정에 근거할 때, 불법행위책임이 성립하기 위한 요건으로는 ① 행위자의 위법한 가해행위가 있을 것, ② 행위자의 고의, 과실 및 책임능력이 있을 것, ③ 가해행위로 인한 손해의 발생이 있을 것, ④ 가해행위와 손해 발생 간에 인과관계가 있을 것 등을 들 수가 있다. 책임능력이 없는 미성년자 및 심신상실자의 감독자의 책임 역시 위 요건이 충족되어야 불법행위 책임이 발생된다.

다. 고의, 과실의 의미

(1) 고 의

여기에서 "고의"라 함은 자신의 행위에 의하여 일정한 결과가 발생하리라는 것을 알면서 이를 감행하는 심리상태를 말하고, 이와 같은 확정적 고의는 물론 자기의 행위로 인하여 어떤 결과 발생의 가능성을 인식하거나 예견하였음에도 불구하고 그 결과의 발생을 용인하는 심리상태를 일컫는 "미필적 고의" 혹은 "불확정적 고의"도 포함한다.

■ 광주지방법원 2006.05.23. 선고 2005나4730 판결[채무부존재확인]
앞서 본 보험약관 제14조 소정의 면책 사유인 "보험계약자 또는 피보험자의 고의로 인한 손해"에서의 "고의"라 함은 자신의 행위에 의하여 일정한 결과가 발생하리라는 것을 알면서 이를 행하는 심리상태를 말하고, 여기에는 확정적 고의는 물로 미필적 고의도 포함된다고 할 것이며, 고의와 같은 내심의 의사는 이를 인정할 직접적인 증거가 없는 경우에는 사물의 성질상 고의와 상당한 관련성이 있는 간접사실을 증명하는 방법에 의하여 입증할 수밖에 없고, 무엇이 상당한 관련성이 있는 간접사실에 해당할 것인가는 사실관계의 연결상태를 논리와 경험칙에 의하여 합리적으로 판단하여야 할 것이다(대법원 2001.3.9. 선고 2000다67020 판결, 대법원 2004.8.20. 선고 2003다26075 판결 등 참조).

(2) 과 실

「민법」 제750조에서 "과실"은 주의 의무를 태만히 하는 것으로써, 거래상 일반적으로 보통 사람에게 요구되는 통상의 주의를 결여하는 개념인 "경과실"과 선량한 관리자로서의 주의를 현저히 결하는 일 내지는 주의 의무 위반의 정도가 일반인의 상식으로는 이해할 수 없을 정도로 크거나 행위자의 주의가 현저하게 결여된 "중과실"을 포함한다.

2. 사용자 책임

가. 법 규정

「민법」 제756조(사용자의 배상책임)는 「① 타인을 사용하여 어느 사무에 종사하게 한 자는 피용자가 그 사무집행에 관하여 제3자에게 가한 손해를 배상할 책임이 있다. 그러나 사용자가 피용자의 선임 및 그 사무감독에 상당한 주의를 한 때 또는 상당한 주의를 하여도 손해가 있을 경우에는 그러하지 아니하다. ② 사용자에 갈음하여 그 사무를 감독하는 자도 전항의 책임이 있다. ③ 전2항의 경우에 사용자 또는 감독자는 피용자에 대하여 구상권을 행사할 수 있다」고 규정하고 있다.

나. 사용자 배상책임의 발생 요건

위 법 규정상, 사용자의 손해배상책임이 발생하기 위해서는 ① 불법행위자가 사용자의 피용인일 것, ② 피용인의 행위가 사용자의 사무집행에 관하여 제3자에게 손해를 가하였을 것, ③ 사용자가 피용사의 신임 및 감독에 상당한 주의를 하지 않았을 것, ④ 피해자가 피용인의 불법행위가 사용자의 사무집행 중이었음을 인식하였을 것 등의 요건이 충족되어져야 한다. 이 경우, 피해자가 가해자를 안다는 것은 피해자가 사용자 및 그 사용자와 불법행위자 사이에 사용관계가 있다는 사실을 인식하는 것 외에 일반인이 당해 불법행위가 사용자의 사무집행과 관련하여 행하여진 것이라고 판단하기에 족한 사실까지도 인식하는 것을 말한다(대법원 2012.03.29. 선고 2011다83189 판결).

■ 대법원 2014.04.10. 선고 2012다61377 판결[채무부존재확인]

피용자의 불법행위가 외관상 사무집행의 범위 내에 속하는 것으로 보이는 경우에 있어서도, 피용자의 행위가 사용자의 사무집행행위에 해당하지 않음을 피해자 자신이 알았거나 또는 중대한 과실로 알지 못한 경우에는 사용자에 대하여 사용자 책임을 물을 수 없다 할 것이고(대법원 1996.4.26. 선고 94다29850 판결, 대법원 2000.11.24. 선고 2000다1327 판결 등 참조), 한편, 사용자 책임이 면책되는 피해자의 중대한 과실이라 함은 조금만 주의를 기울였더라면 피용자의 행위가 그 직무 권한 내에서 적법하게 행하여진 것이 아니라는 사정을 알 수 있었음에도 만연히 이를 직무 권한 내의 행위라고 믿음으로써 일반인에게 요구되는 주의 의무에 현저히 위반하는 것으로 거의 고의에 가까운 정도의 주의를 결여하고, 공평의 관점에서 피해자를 구태여 보호할 필요가 없다고 봄이 상당하다고 인정되는 상태를 말한다(대법원 1999.10.22. 선고 98다6381 판결 참조).

다. 사용관계의 판단 기준

「민법」 제756조가 규정하고 있는 사용자 책임의 요건으로서의 사용관계가 있느냐 여부는 실제적으로 지휘·감독을 하였느냐의 여부에 관계없이 객관적·규범적으로 보아 사용자가 그 불법행위자를 지휘·감독해야 할 지위에 있었느냐의 여부를 기준으로 결정하여야 한다.

■ 대법원 2003.07.25. 선고 2003다9049 판결[구상금]

타인에게 어떤 사업에 관하여 자기의 명의를 사용할 것을 허용한 경우에 그 사업이 내부관계에 있어서는 타인의 사업이고 명의자의 고용인이 아니라 하더라도 외부에 대한 관계에 있어서는 그 사업이 명의자의 사업이고 또 그 타인은 명의자의 종업원임을 표명한 것과 다름이 없으므로, 명의 사용을 허용 받은 사람이 업무 수행을 함에 있어 고의 또는 과실로 다른 사람에게 손해를 끼쳤다면 명의 사용을 허용한 사람은 「민법」 제756조에 의하여 그 손해를 배상할 책임이 있고(대법원 1998.5.15. 선고 97다58538 판결 등 참조), 또한 명의대여관계의 경우 「민법」 제756조가 규정하고 있는 사용자 책임의 요건으로서의 사용관계가 있느냐 여부는 실제적으로 지휘·감독을 하였느냐의 여부에 관계없이 객관적·규범적으로 보아 사용자가 그 불법행위자를 지휘·감독해야 할 지위에 있었느냐의 여부를 기준으로 결정하여야 하는 것이다(위 판결 및 대법원 1997.4.11. 선고 97다386 판결 등 참조).

■ 대법원 2003.10.09. 선고 2001다24655 판결[구상금]

파견 근로자 보호 등에 관한 법률에 의한 근로자 파견은 파견 사업주가 근로자를 고용한 후 그 고용관계를 유지하면서 사용 사업주와 사이에 체결한 근로자 파견계약에 따라 사용 사업주에게 근로자를 파견하여 근로를 제공하게 하는 것으로서, 파견 근로자는 사용 사업주의 사업장에서 그의 지시·감독을 받아 근로를 제공하기는 하지만 사용 사업주와의 사이에는 고용관계가 존재하지 아니하는 반면, 파견 사업주는 파견 근로자의 근로계약상의 사용자로서 파견 근로자에게 임금 지급 의무를 부담할 뿐만 아니라, 파견 근로자가 사용사업자에게 근로를 제공함에 있어서 사용사업자가 행사하는 구체적인 업무상의 지휘·명령권을 제외한 파견 근로자에 대한 파견명령권과 징계권 등 근로계약에 기한 모든 권한을 행사할 수 있으므로 파견 근로자를 일반적으로 지휘·감독해야 할 지위에 있게 되고, 따라서 파견 사업주와 파견 근로자 사이에는 「민법」 제756조의 사용관계가 인정되어 파견 사업주는 파견 근로자의 파견업무에 관련한 불법행위에 대하여 파견 근로자의 사용자로서의 책임을 져야 하지만, 파견 근로자가 사용 사업주의 구체적인 지시·감독을 받아 사용 사업주의 업무를 행하던 중에 불법행위를 한 경우에 파견 사업주가 파견 근로자의 선발 및 일반적 지휘·감독권의 행사에 있어서 주의를 다하였다고 인정되는 때에는 면책된다고 할 것이다.

■ 대법원 2007.06.28. 선고 2007다26929 판결[구상금]
타인에게 어떤 사업에 관하여 자기의 명의를 사용할 것을 허용한 경우에 그 사업이 내부관계에 있어서는 타인의 사업이고 명의자의 고용인이 아니라 하더라도 외부에 대한 관계에 있어서는 그 사업이 명의자의 사업이고 또 그 타인은 명의자의 종업원임을 표명한 것과 다름이 없으므로, 명의 사용을 허용받은 사람이 업무 수행을 함에 있어 고의 또는 과실로 다른 사람에게 손해를 끼쳤다면 명의 사용을 허용한 사람은 「민법」 제756조에 의하여 그 손해를 배상할 책임이 있고, 명의대여관계의 경우 「민법」 제756조가 규정하고 있는 사용자 책임의 요건으로서의 사용관계가 있느냐 여부는 실제적으로 지휘·감독을 하였느냐의 여부에 관계없이 객관적·규범적으로 보아 사용자가 그 불법행위자를 지휘·감독해야 할 지위에 있었느냐의 여부를 기준으로 결정하여야 할 것이다(대법원 2001.8.21. 선고 2001다3658 판결 등 참조).

라. "사무집행에 관하여"의 의미

「민법」 제756조에 규정된 사용자 책임의 요건인 "사무집행에 관하여"라는 뜻은 피용자의 불법행위가 외형상 객관적으로 사용자의 사업활동 내지 사무집행행위 또는 그와 관련된 것이라고 보여질 때에는 행위자의 주관적 사정을 고려함이 없이 이를 사무집행에 관하여 한 행위로 본다는 것이고, 외형상 객관적으로 사용자의 사무집행에 관련된 것인지의 여부는 피용자의 본래 직무와 불법행위의 관련 정도 및 사용자에게 손해 발생에 대한 위험 창출과 방지 조치 결여의 책임이 어느 정도 있는지를 고려하여 판단하여야 한다(대법원 1999.1.26. 선고 98다39930 판결, 대법원 2006.9.14. 선고 2004다53203 판결 등).

■ 대법원 2010.12.09. 선고 2009다101824 판결[손해배상(기)]
「민법」 제756조에 규정된 사용자 책임의 요건인 "사무집행에 관하여"라는 뜻은 피용자의 불법행위가 외형상 객관적으로 사용자의 사업활동 내지 사무집행행위 또는 그와 관련된 것이라고 보일 때에는 행위자의 주관적 사정을 고려함이 없이 이를 사무집행에 관하여 한 행위로 본다는 것이고, 여기에서 외형상 객관적으로 사용자의 사무집행에 관련된 것인지 여부는 피용자의 본래 직무와 불법행위와의 관련 정도 및 사용자에게 손해 발생에 대한 위험 창출과 방지 조치 결여의 책임이 어느 정도 있는지를 고려하여 판단하여야 한다. 하지만 피용자의 불법행위가 외관상 사무집행의 범위 내에 속하는 것으로 보이는 경우에도 피용자의 행위가 사용자나 사용자에 갈음하여 그 사무를 감독하는 자의 사무집행행위에 해당하지 않음을 피해자 자신이 알았거나 중대한 과실로 인하여 알지 못한 경우에는 사용자 책임을 물을 수 없다(대법원 2008.1.18. 선고 2006다41471 판결 등 참조).

마. 사용자의 구상권 행사

(1) 법 규정

「민법」 제756조제2항은 「사용자에 갈음하여 그 사무를 감독하는 자도 전항의 책임이 있다」고, 계속하여 「민법」 제756조제3항은 「전2항의 경우에 사용자 또는 감독자는 피용자에 대하여 구상권을 행사할 수 있다」고 규정하고 있다.

(2) 사용자의 구상권 발생 요건

사용자가 피용자에게 구상권을 행사하기 위해서는 사용자가 피용자의 업무 수행과 관련하여 행하여진 불법행위로 직접 손해를 입었거나 그 피해자인 제3자에게 사용자로서의 「민법」 제756조에 의한 손해배상책임을 부담한 결과로 손해를 입었어야 한다.

■ 대법원 2009.11.26. 선고 2009다59350 판결[구상금]

일반적으로 사용자가 피용자의 업무 수행과 관련하여 행하여진 불법행위로 인하여 직접 손해를 입었거나 그 피해자인 제3자에게 사용자로서의 손해배상책임을 부담한 결과로 손해를 입게 된 경우에 있어서, <u>사용자는 그 사업의 성격과 규모, 시설의 현황, 피용자의 업무 내용과 근로조건 및 근무 태도, 가해행위의 발생 원인과 성격, 가해행위의 예방이나 손실의 분산에 관한 사용자의 배려의 정도, 기타 제반 사정에 비추어 손해의 공평한 분담이라는 견지에서 신의칙상 상당하다고 인정되는 한도 내에서만 피용자에 대하여 손해배상을 청구하거나 그 구상권을 행사할 수 있다고 할 것이나</u>(대법원 1996.4.9. 선고 95다52611 판결 등 참조), 사용자의 감독이 소홀한 틈을 이용하여 고의로 불법행위를 저지른 피용자가 바로 그 사용자의 부주의를 이유로 자신의 책임의 감액을 주장하는 것은 신의칙상 허용될 수 없고(대법원 1995.11.14. 선고 95다30352 판결, 대법원 2001.7.10. 선고 2000다37333 판결 등 참조), 사용자와 피용자기 명의대여자와 명의차용자의 관계에 있다고 하더라도 마찬가지이다.

3. 도급인의 책임

가. 법 규정

「민법」 제757조는 「도급인은 수급인이 그 일에 관하여 제3자에게 가한 손해를 배상할 책임이 없다. 그러나 도급 또는 지시에 관하여 도급인에게 중대한 과실이 있는 때에는 그러하지 아니하다」라고 규정하고 있다. 위 조항은 건설 현장에서 수급인 및 수급인의 피용 운전자들이 건설기계 사용 중 발생시킨 사고와 관련, 자동차보험이론 및 실무에서 많이 적용되고 있는 조항이다.

나. "도급"의 의의

"도급"은 당사자 일방이 어느 일을 완성할 것을 약정하고 상대방이 그 일의 결과에 대하여 보수를 지급할 것을 약정함으로써 그 효력이 생긴다(「민법」 제664조). 따라서 도급계약에 의한 도급인과 수급인과의 관계는 종속적 지위에 있는 일반 고용계약과는 그 성격을 달리하는 수평적, 대등적 관계이다.

다. 도급인의 손해배상책임 발생 요건

「민법」 제757조는 도급 또는 지시에 관하여 도급인에게 중대한 과실이 있는 경우에는 손해배상책임을 면할 수 없다는 취지의 규정을 두고 있다. 이는 도급인이 도급 또는 지시에 관하여 중대한 과실이 없는 한 수급인이 그 일에 관하여 제3자에게 가한 손해를 배상할 책임을 지지 않는 것이 원칙이지만, 그렇지 않은 경우에는 손해배상책임을 면할 수 없다는 것을 명백히 하고 있는 것이다. 수급인이 제3자에게 가한 손해에 대한 도급인의 손해배상책임이 발생하려면, 도급인과 수급인과의 관계가 실질적으로 사용자와 피용자의 관계에 준할 정도의 공사의 운영 및 시행에 관한 직접적인 지시·지도 및 감시·감독이 있어야 한다.

■ 대법원 2014.02.13. 선고 2013다78372 판결[손해배상(산)]

도급계약에서 도급인은 도급 또는 지시에 관하여 중대한 과실이 없는 한 수급인이 그 일에 관하여 제3자에게 가한 손해를 배상할 책임을 부담하지 않는 것이 원칙이고, 다만, 도급인이 수급인의 일의 진행 및 방법에 관하여 구체적인 지휘 감독권을 유보하고 공사의 시행에 관하여 구체적으로 지휘 감독을 한 경우에는 도급인과 수급인의 관계는 실질적으로 사용자와 피용자의 관계와 다를 바가 없으므로 수급인이나 수급인의 피용자의 불법행위로 인하여 제3자에게 가한 손해에 대하여 도급인은 「민법」 제756조 소정의 사용자 책임을 면할 수 없는데, 여기서 지휘 감독이란 실질적인 사용자관계가 인정될 수 있을 정도로 공사시행 방법과 공사진행에 관하여 구체적으로 공사의 운영 및 시행을 직접 지시·지도하고 감시·독려하는 것이어야 한다. 그리고 위와 같은 사용자 및 피용자 관계를 인정할 수 있는 기초가 되는 도급인의 수급인에 대한 지휘 감독은 현장에서 구체적인 공사의 운영 및 시행을 직접 지시·지도하고 감시·독려함으로써 시공 자체를 관리함을 말하며, 단순히 공사의 운영 및 시공의 정도가 설계도 또는 시방서대로 시행되고 있는가를 확인하여 공정을 감독하는 데에 불과한 이른바 감리는 여기에 해당하지 않는다고 할 것이므로 도급인이 수급인의 공사에 대하여 감리적인 감독을 함에 지나지 않을 때에는 양자의 관계를 사용자 및 피용자의 관계와 같이 볼 수 없다(대법원 1983.11.22. 선고 83다카1153 판결 참조).

4. 공작물 등의 점유자, 소유자의 책임

가. 법 규정

「민법」 제758조는 「① 공작물의 설치 또는 보존의 하자로 인하여 타인에게 손해를 가한 때에는 공작물 점유자가 손해를 배상할 책임이 있다. 그러나 점유자가 손해의 방지에 필요한 주의를 해태하지 아니한 때에는 그 소유자가 손해를 배상할 책임이 있다. ② 전항의 규정은 수목의 재식 또는 보존에 하자 있는 경우에 준용한다. ③ 전2항의 경우에 점유자 또는 소유자는 그 손해의 원인에 대한 책임 있는 자에 대하여 구상권을 행사할 수 있다」고 규정하고 있다. 이 조항은 도로시설의 유지·보수·관리의 하자로 발생하는 자동차사고가 빈발하고 있다는 점에서 자동차보험이론 과 실무에서 자주 다루어지고 있다.

나. "공작물의 설치 또는 보존의 하자"의 판단 기준

「민법」 제758조제1항에서 말하는 공작물의 설치·보존상의 하자라 함은 공작물이 그 용도에 따라 통상 갖추어야 할 안전성을 갖추지 못한 상태에 있음을 말하는 것으로서, 이와 같은 안전성 의 구비 여부를 판단함에 있어서는 당해 공작물의 설치·보존자가 그 공작물의 위험성에 비례하 여 사회통념상 일반적으로 요구되는 정도의 방호 조치 의무를 다하였는지의 여부를 기준으로 판 단하여야 한다(대법원 2000.1.14. 선고 99다39548 판결).

■ 대법원 2010.04.29. 선고 2009다101343 판결[손해배상(의)]
「민법」 제758조제1항에서 말하는 공작물의 설치 또는 보존상의 하자라 함은 공작물이 그 용도에 따라 통상 갖추어야 할 안전성을 갖추지 못한 상태에 있음을 말하는 것으로서, 이와 같은 안전성의 구비 여부를 판단함에 있어서는 당해 공작물의 설치 또는 보존자가 그 공작물의 위험성에 비례하 여 사회통념상 일반적으로 요구되는 정도의 방호 조치 의무를 다하였는지의 여부를 기준으로 판 단하여야 하고(대법원 2010.2.11. 선고 2008다61615 판결 등 참조), 또한 공작물의 설치 또는 보존상 의 하자로 인한 사고라 함은 공작물의 설치 또는 보존상의 하자만이 손해 발생의 원인이 되는 경우 만을 말하는 것이 아니며, 다른 제3자의 행위 또는 피해자의 행위와 경합하여 손해가 발생하더라 도 공작물의 설치 또는 보존상의 하자가 공동 원인의 하나가 되는 이상 그 손해는 공작물의 설치 또는 보존상의 하자에 의하여 발생한 것이라고 보아야 한다(대법원 2007.6.28. 선고 2007다10139 판 결 등 참조).
원심 및 제1심이 확정한 사실관계에 의하면, 이 사건 옥상이 설치된 병동에는 망인과 같은 정신과 환자도 입원하고 있었고 망인이 입원한 병실은 8층 건물의 6층에 위치하여 그 입원 환자가 옥상에 출입하기에 비교적 용이한 곳인 점, 이 사건 옥상은 비상시는 피난과 방화의 용도로 사용되지만 평 상시는 입원 환자를 포함하여 이 사건 병동을 출입하는 다수인이 휴식 장소로도 활용할 수 있는 곳 으로 인정되는 점(다음에서 보는 바와 같이 난간을 따라 설치된 돌출부는 이 사건 옥상 이용자가 앉아서 휴식을 취할 수 있는 좌석의 기능을 한 것으로 보인다), 이 사건 옥상에 설치된 난간 높이는 그 바닥으로 부터 115㎝에 이르나 옥상 바닥으로부터 30㎝ 넓이의 돌출부가 설치된 관계로 그 돌출부 상단으로 부터 옥상 난간의 가장 높은 곳까지의 높이가 48㎝에 불과하여 이 사건 옥상의 이용자가 일반적인 성인이라면 별다른 어려움 없이 위 돌출부를 딛고 난간을 넘어가는 것이 가능할 뿐더러, 특히 난간 의 높이와 동일한 높이까지 가로와 세로가 각 51㎝인 정사각형 모양의 돌출부가 설치되어 있어 한 사람 정도라면 그 위에 올라가 충분히 머무를 수도 있을 정도의 공간이 확보되어 있었던 사실, 피 고 병원은 이 사건 옥상 난간에 설치된 돌출부 주변을 따라 별도의 안전시설은 설치하지 아니하였 고 이 사건 옥상에 출입자의 관리나 안전사고 등에 대비한 관리원을 특별히 배치하지는 않았던 사 실 등을 알 수 있다.
이와 같이 이 사건 옥상은 질병으로 인하여 정신적·육체적 건강 상태가 일반인과 동일하지 아니한 환자나 정상적인 정신능력이나 인지적 판단 능력이 부족한 정신과 환자도 이용하는 시설물임에 분명하고(망인도 피고 병원에 입원하여 받은 정신과적 검사에서 강박증상으로 인한 이차적 우울증과 함께 재수생활로 인하여 밀접한 대인관계나 사회적 활동 자체가 전혀 이루어지지 않아 내적 소외감과 외로움도 고조되어 있는 상태로 나타나 강박증, 의증 회피성 인격장애로 진단되었다), 앞서 본 바와 같은 이 사건 옥상의 장소적 환경과 특히 난간 돌출부의 구조·모양과 면적 등에 비추어 보면 정신과적 질환을 가진 환자 등 옥상 이용자 중에서는 호기심이나 그 밖의 충동적 동기로 이 사건 옥상의 돌출부에 올라가거나 이를 이용하여 이상행동을 할 수도 있다는 것을 피고 병원이 전혀 예상할 수 없었다고는 보이지 않으며, 그럼에도 피고 병원이 이러한 행동에 제약을 가할 수 있는 보호시설이나 그 밖의 방호조치를 취하지 아니하였다면 이 사건 옥상에 관하여 사회통념상 일반적으로 요구되는 정도의 방호 조치 의무를 다하였다고 볼 수는 없고, 비록 원심 판시와 같이 망인의 사망 원인이 투신에 의한 사망일 개연성이 아주 높고 피고 병원이 망인의 자살 자체를 예견하기 어려웠다고 하더라도 이 사건 옥상에 존재한 위와 같은 설치 또는 보존상의 하자가 이 사건 사고의 공동 원인의 하나가 되었다고 할 것이다. 그렇다면 이 사건 옥상의 설치 또는 보존상의 하자로 말미암은 망인의 사망에 대하여 그 공작물의 설치 또는 관리자인 피고는 손해배상책임을 면할 수 없다고 할 것임에도 원심이 그 판시와 같은 이유를 들어 피고에게 손해배상책임이 없다고 단정하였는바, 이러한 원심의 판단에는 공작물의 설치 또는 보존상의 하자에 관한 법리를 오해하여 판결에 영향을 미친 위법이 있고, 이 점을 지적하는 취지의 상고이유 주장은 이유 있다. 따라서 원심 판결은 파기를 면할 수 없다 할 것이지만, 원고들이 이 사건 청구금액의 일부만을 상고취지로 하여 상고를 제기하였으므로, 파기 범위는 이 사건 상고취지에 한정된다.

■ 대법원 2012.02.09. 선고 2011다95267 판결[손해배상(기)]
공작물인 도로의 설치·관리상의 하자는 도로의 위치 등 장소적인 조건, 도로의 구조, 교통량, 사고 시에 있어서의 교통 사정 등 도로의 이용 상황과 그 본래의 이용 목적 등 여러 사정과 물적 결함의 위치, 형상 등을 종합적으로 고려하여 사회통념에 따라 구체적으로 판단하여야 할 것이다. 이 사건 사고가 난 도로에 도로가 통상 갖추어야 할 안전성이 결여된 설치·관리상의 하자가 있었다는 원심의 판단은 다음과 같은 이유로 수긍할 수 없다.

기록에 의하면 피고는 2002년경 종전의 버스정류장을 폐쇄하면서 버스정류장 앞뒤로 길이 200m 내지 300m의 방음벽을 설치하였고, 현재는 그 버스정류장 일대가 비상주차대로 사용되고 있음을 알 수 있는 점, 이 사건 하차장소 일대가 인근에 마을이 있고 약 8년 전까지 버스정류장으로 사용된 곳이라고 하더라도 고속도로 비상주차대에서 하차한 승객이 사람의 통행을 위한 길이 아닌 고속도로 옆 경사면을 따라 내려가 마을로 가려고 하는 것은 매우 이례적인 행동인 점 등을 앞서 본 법리에 비추어 볼 때, 특별한 사정이 없는 한 피고가 위와 같이 200m 내지 300m 길이의 방음벽을 설치한 것 이외에 더 나아가 위와 같은 이례적인 행동을 예견하여, 이 사건 하차장소에서 승객을 하차시킬 목적으로 차량을 정차하지 못하게 하거나 이 사건 하차장소 부근의 고속도로 옆 경사면의 통행을 금지하고 추락 위험을 경고하는 내용의 표지판을 설치하며 가드레일과 방음벽 사이의 틈을 메우는 등의 조치까지 취하여야 할 의무가 있다고 보기 어렵고, 따라서 그와 같은 조치가 취해지지 않았다고 하여 이 사건 사고가 난 도로에 도로가 통상 갖추어야 할 안전성이 결여된 설치·관리상의 하자가 있다고 보기 어렵다.

■ 대법원 2013.05.23. 선고 2013다1921 판결[채무부존재확인]
「민법」 제758조제1항에서 말하는 공작물의 설치·보존상 하자라 함은 공작물이 그 용도에 따라 통상 갖추어야 할 안전성을 갖추지 못한 상태에 있음을 말하는 것으로서, 이와 같은 안전성의 구비 여부를 판단함에 있어서는 당해 공작물의 설치·보존자가 그 공작물의 위험성에 비례하여 사회통념상 일반적으로 요구되는 정도의 방호 조치 의무를 다하였는지 여부를 기준으로 판단하여야 한다(대법원 1994.10.28. 선고 94다16328 판결, 대법원 2010.2.11. 선고 2008다61615 판결 등 참조).

원심은 그 채택 증거를 종합하여 그 판시와 같은 사실을 인정한 다음, ① 소외인은 이 사건 차량을 아파트 지하주차장 주차구획 안에 정상적으로 주차한 점, ② 국립과학수사연구원은 이 사건 화재가 이 사건 차량 전면 내부의 전기적인 원인에 의해 발화되었을 가능성이 있으나, 심한 연소로 인해 차량 하단 엔진룸 우측의 엔진 및 주변에 남아 있는 배선 등에서 단락흔 등 전기적인 특이점이 식별되지 않아 구체적인 발화 장소와 원인에 대한 논단은 불가능하다고 감정한 점, ③ 이 사건 화재는 소외인이 이 사건 차량을 주차한 후 3시간 30분 정도 지나서 발생하였으므로, 이 사건 차량의 엔진 과열이나 인적 요인에 의한 발화 가능성은 희박한 것으로 보이는 점, ④ 소외인은 막걸리 판매업에 종사하면서 이 사건 차량을 주류 운반에 이용해 왔는데, 소외인이 이 사건 차량에 인화물질을 넣어 두었다거나, 이 사건 차량의 문 또는 창문을 열어 두었다고 볼 자료는 없고, 소외인이 차량에 적재해 둔 술병이나 상자 등으로 인하여 이 사건 화재가 발생하였다고 볼 자료도 없는 점, ⑤ 이 사건 차량이 정상적으로 운행되지 않았거나 제조사인 기아자동차 주식회사의 직영 서비스센터에서 정비를 받은 이력이 없었던 점 등을 종합하여 보면, 소외인이 이 사건 차량에 술병과 이를 담는 상자 등을 적재하고 있었다거나 이 사건 화재가 차량의 내부에서 시작되었다는 사정만으로는, 소외인이 이 사건 차량을 아파트 지하주차장에 주차하거나 보존함에 있어 이 사건 차량의 위험성에 비례하여 사회통념상 일반적으로 요구되는 정도의 방호 조치 의무를 다하지 아니하였다고 인정하기 어렵고, 달리 이 사건 차량의 설치·보존상 하자가 있음을 인정할 증거가 없다는 이유를 들어 소외인에게는 「민법」 제758조제1항이 정한 손해배상책임이 있다고 볼 수 없다고 판단하였다.

앞서 본 법리와 기록에 비추어 살펴보면, 원심의 이러한 판단은 정당한 것으로 수긍할 수 있고, 거기에 상고이유 주장과 같이 공작물 설치·보존상 하자의 인정에 관한 법리를 오해하거나 논리와 경험의 법칙을 위반하고 자유심증주의의 한계를 벗어나는 등 판결에 영향을 미친 위법이 없다.

다. 소유자의 무과실책임

「민법」 제758조제1항은 「공작물의 설치 또는 보존의 하자로 인하여 타인에게 손해를 가한 때에는 공작물 점유자가 손해를 배상할 책임이 있다. 그러나 점유자가 손해의 방지에 필요한 주의를 해태하지 아니한 때에는 그 소유자가 손해를 배상할 책임이 있다」고 규정하고 있으며, 위 단서 조항에 의하면, 점유자가 손해의 방지에 필요한 주의를 해태하지 아니한 때에는 그 소유자가 손해를 배상할 책임이 있다고 하여 점유자에게는 과실책임을 묻고 있는 반면, 소유자에게는 공작물의 설치 또는 보존에 하자가 있는 이상 무과실책임을 묻고 있다.

라. 점유자 및 사용자의 구상권 행사

「민법」 제758조제3항에서 「전 2항의 경우에 점유자 또는 소유자는 그 손해의 원인에 대한 책임 있는 자에 대하여 구상권을 행사할 수 있다」고 규정하고 있는 바와 같이, 공작물의 설치 또는 보존의 하자로 인하여 타인에게 손해를 배상한 점유자 및 소유자는 사고 발생의 책임이 있는 자에 대하여 구상권을 행사할 수 있다.

5. 동물 점유자의 책임

가. 법 규정

「민법」 제759조는 「① 동물의 점유자는 그 동물이 타인에게 가한 손해를 배상할 책임이 있다. 그러나 동물의 종류와 성질에 따라 그 보관에 상당한 주의를 해태하지 아니한 때에는 그러하지 아니하다. ② 점유자에 갈음하여 동물을 보관한 자도 전항의 책임이 있다」고 규정하고 있다. 최근 반려동물의 급증으로 인하여 동물이 공공장소 및 도로상에 출현하는 사례가 빈번할 뿐만 아니라 자동차사고 발생 원인을 제공하는 사례 역시 허다한 관계로, 동 조항이 자동차보험이론 및 실무에 중요한 의미를 갖게 되었다.

나. 책임 주체

「민법」 제759조에 의하면, 동물이 타인에게 가한 배상책임의 주체를 점유자 및 보관자로 규정하고 있으나, 그 소유자 또한 타인에게 동물을 맡길 때 사고를 방지하여야 할 주의 의무를 해태한 경우에는 손해배상책임을 면할 수 없다.

> ■ 대구고등법원 1980.10.30. 선고 80나258 제2민사부 판결: 확정[손해배상청구사건]
> 도사견은 난폭한 성질을 지녀 사람을 물 위험성이 크므로 그 소유자가 타인에게 이를 맡길 때에는 그 도사견을 안전하게 관리·보관할 수 있는 시설이 있는지 여부를 확인하여 그 시설을 갖춘 경우에 한하여 맡김으로써 사고를 방지하여야 할 주의 의무가 있으므로 이를 확인하지 아니하고 함부로 맡겨 사고가 난 경우에는 소유자에게도 이로 인한 손해를 배상할 책임이 있다.

6. 공동불법행위자의 책임

가. 법 규정

「민법」 제760조는 「① 수인이 공동의 불법행위로 타인에게 손해를 가한 때에는 연대하여 그 손해를 배상할 책임이 있다. ② 공동 아닌 수인의 행위 중 어느 자의 행위가 그 손해를 가한 것인지를 알 수 없는 때에도 전항과 같다. ③ 교사자나 방조자는 공동행위자로 본다」고 규정하고 있다.

나. "공동불법행위"의 의의

"공동불법행위"란 수인의 불법행위가 공동 관련되어 타인에게 손해를 가함으로써 이를 연대하여 배상책임을 지게 되는 경우를 말한다. 「민법」 제760조에서 규정하고 있는 세 가지 경우는 어느 경우를 막론하고 피해자의 손해에 대하여 수인의 행위가 직·간접으로 서로 관련·공동하여 원인을 이루고 있으므로 그 결과에 대하여 관련된 수인이 공동으로 책임을 지게 된다. 그런데 이 條 제1항의 "연대하여"라는 것은 같은 條 제1항 및 제3항이 규정하는 공동불법행위는 행위자 간에 공동목적에 의한 주관적 관련이 있으므로 그 책임은 연대채무로 보아야 하고 같은 條 제2항의 경우는 행위자 간에 그와 같은 공동목적에 의한 주관적 관련이 인정되지 않으므로 이 책임은 부진정연대채무로 해석함이 타당하다고 본다. 생각하건대, 同條가 공동불법행위자에게 연대하여 손해를 배상할 책임을 지도록 규정한 것이 피해자를 보호하기 위한 취지라면, 연대채무의 경우보다는 부진정연대채무가 피해자 보호를 더 두텁게 할 수 있으므로 공동불법행위자의 책임을 부진정연대채무로 봄이 상당하다.

다. 공동불법행위의 성립 요건

공동불법행위가 성립 요건은, 첫째, 복수의 사고 원인자의 각 행위가 독립성을 가지고 각각 불법행위의 요건(고의 또는 과실, 책임능력, 위법한 권리 침해, 손해의 발생, 행위와 손해 사이의 상당인과관계)을 구비하여야 한다. 따라서 위 요건을 결한 자는 제외하고 나머지의 행위자 간에만 공동불법행위가 성립한다. 예컨대, 그들 중 행위가 불가항력, 정당방위, 긴급피난으로 인정되면 그 자를 제외한 나머지 사이에만 공동불법행위가 성립된다. 둘째, 각 행위자 간의 행위가 관련공동하여 타인에게 손해를 가하여야 한다. 이 관련공동이란 각 행위자 간에 공모나 공동하여 타인에게 손해를 가한다는 주관적인 공동의 인식은 필요하지 않고, 다만 그 행위가 객관적으로 관련공동 되어 타인에게 손해를 가한 것으로 족하다는 것이 통설 및 판례이다(대법원 1969. 8. 26. 선고 69다962 판결). 이에 대하여 협의의 공동불법행위의 성립에는 행위자 간의 주관적인 공동관계를 필요로 하며 따라서 행위자 사이에 공모 또는 공동의 인식을 필요로 한다는 설이 있다. 그러나 「민법」이 공동불법행위에 관하여 제408조의 원칙을 배제하고 공동책임으로 하여 피해자를 두텁게 보호하려는 취지로 보아 판례와 같이 공동불법행위자 간의 주관적 공동관계의 유무를 불문하고, 객관적 공동관계가 있는 것으로 충분하다고 본다. 또한 어느 정도의 공동성이 있을 때에 객관적 공동관계가 있다고 인정할 것인지는 행위와 손해 간에 객관적 인과관계의 문제이다. 일례로써, 초등학교 입구에 있는 횡단보도 지점에서 과속으로 달리던 차에 충격되어 지면에 쓰러지는 순간 후속 차에 의하여 역과됨으로써 사망한 경우에 이 두 운전자의 과실 있는 행위는 피해자의 사망에 대한 공동 원인이 되므로 공동불법행위가 된다.[1]

---

1   한국자동차보험주식회사, 전게서, 168~169面.

■ 「민법」 제408조(분할채권관계)

채권자나 채무자가 수인인 경우에 특별한 의사 표시가 없으면 각 채권자 또는 각 채무자는 균등한 비율로 권리가 있고 의무를 부담한다.

■ 대법원 1989.05.23. 선고 87다카2723 판결[손해배상(자)]

원심 판결 이유에 의하면, 원심은 이 사건의 피해자 망 김형노가 1984.8.8. 11:30경 전남대학교 후문 근방 도로상에서 피고 일신중기주식회사 소유 덤프트럭 운전수의 운전 잘못으로 그 차에 치어 뇌좌상중등증, 뇌기저부골절좌측, 두피하혈종 등의 상해로 전치 8주를 요할 부상을 당하고 즉시 전남대학교 의과대학부속병원에 입원하여 치료를 받던 중 1984.9.10. 06:00경 병실을 빠져나와 비상계단 아래의 땅으로 추락하여 뇌간부 손상으로 사망하였다는 사실은 인정하고 위 피고 일신중기의 덤프트럭 운전수의 교통사고 야기와 전남대학부속병원의 시설 하자, 의사, 간호사 등 종사자의 과실로 인한 위 추락사와의 사이에 공동불법행위가 성립된다고 인정하고 피고들은 피해자의 전손해를 연대하여 배상할 책임이 있다고 판시하였다.

그러나 공동불법행위가 성립하려면 행위자 사이에 의사의 공통이나 행위 공동의 인식이 필요한 것은 아니지만 객관적으로 보아 피해자에 대한 권리 침해가 공동으로 행하여졌다고 보여지고 그 행위가 손해 발생에 대하여 공통의 원인이 되었다고 인정되는 경우라야 할 것인바, 이 사건에서 피고 일신중기주식회사 운전수의 불법행위는 1984.8.8. 11:30에 피해자를 차로 치어 그 결과 뇌좌상중증, 뇌기저부골절, 두피하혈종 등의 상해가 발생한 것이며 피고 산하 전남의대부속병원의 시설 하자 및 그 직원의 불법행위는 1984.9.10.에 발생하여 환자가 비상계단에서 추락사한 결과를 발생케 한 것이므로 양 행위가 시간과 장소에 괴리가 있고 결과 발생에 있어서도 양 행위가 경합하여 단일한 결과를 발생시킨 것이 아니고 각 행위의 결과 발생을 구별할 수 있으므로 그러한 경우에는 공동불법행위가 성립한다고 하기 어렵다.

원심으로서는 피고 일신중기주식회사의 배상책임을 정함에 있어서는 피해자 김형노의 추락사를 개의치 아니하고 동인이 교통사고로 부상한 결과 입게 된 손해를 심리하여 그 배상을 명하여야 할 것이고 피고의 배상책임을 정함에 있어서는 피해자가 병원에서 추락사하므로 인하여 발생된 손해를 산정(이때에 교통사고로 인한 손해액과 중첩되지 아니하도록 유의하여야 할 것이다)하여 각기 그 배상을 명하여야 할 것이고 전 손해액에 대하여 연대배상을 명한 것은 잘못이라 할 것이다.

이 점을 지적하는 상고논지는 이유 있고, 원심 판결은 다른 상고이유에 대한 판단을 할 필요 없이 파기할 수밖에 없다. 이에 원심 판결을 파기하고, 사건을 원심법원에 환송하기로 관여 법관의 의견이 일치되어 주문과 같이 판결한다.

■ 대법원 2010.12.09. 선고 2009다101824 판결[손해배상(기)]

공동불법행위가 성립하려면 행위자 사이에 의사의 공통이나 행위 공동의 인식이 필요한 것은 아니지만, 객관적으로 보아 행위자 각자의 고의 또는 과실에 기한 행위가 공동으로 행하여져 피해자에 대한 권리 침해 및 손해 발생에 공통의 원인이 되었다고 인정되는 경우라야 할 것이므로, 공동불법행위를 이유로 손해배상책임을 인정하기 위하여는 먼저 행위자 각자의 고의 또는 과실에 기한 행위가 공동으로 행하여졌다는 점이 밝혀져야 한다(대법원 2008.4.24. 선고 2007다44774 판결 참조).

라. 공동불법행위의 유형

「민법」 제760조에서 규정하고 공동불법행위의 유형은 다음 각 호와 같다.

1. 수인이 공동의 불법행위로 타인에게 손해를 가한 때에는 연대하여 그 손해를 배상할 책임
   이 있다(「민법」 제760조제1항).
2. 공동 아닌 수인의 행위 중 어느 자의 행위가 그 손해를 가한 것인지를 알 수 없는 때에도 전
   항과 같다(「민법」 제760조제2항).
3. 교사자나 방조자는 공동행위자로 본다(「민법」 제760조제3항).

위 「민법」상 규정 이외의 공동불법행위의 유형을 기술하면 다음 각 호와 같다.

1. 보유자와 운전자, 과실 있는 사용자 또는 대리감독자(「민법」 제756조)와 피용자인 운전자는
   공동불법행위자로서 연대하여 피해자에게 배상책임을 부담하게 된다. 사용자를 각각 달리
   하는 피용자들의 공동과실로 제3자에게 손해를 가한 경우에는 그들 사용자들은 공동불법행
   위자로서 책임이 있다.
2. 운전자의 과실과 도로의 하자로 교통사고가 야기된 때에는 운전자와 도로관리 책임자는 공
   동불법행위자로서 연대하여 피해자에게 배상책임을 지게 된다.
3. 자동차 제작상의 하자나 자동차 정비상의 하자와 운전자의 과실로 교통사고가 야기된 때에
   는 자동차 제작업자 또는 정비업자와 운전자는 공동불법행위자로서 연대하여 피해자에게
   배상책임을 부담한다.
4. 교통사고 피해자를 치료하던 의사의 과오로 피해자가 사망하였거나 피해자의 상태가 악화
   되어 치료비가 증가한 경우에는 운전자와 의사(병원)는 공동불법행위자로서 연대하여 피해
   자에게 배상책임을 부담하게 된다. 이 경우, 문제가 되는 것은 의사의 치료 중 과오를 보유
   자가 거증하여야 하는데, 의사라 할지라도 환자 치료에 있어서의 급박성의 유무·수술의 필
   요성 판단, 수술 시기의 선택에 관한 견해 차이 또는 환자의 특이체질 등 고도의 전문성 및
   임상학상의 구체성 등으로 그 거증이 곤란한 점이 있다.[1]

마. 부진정연대채무의 효력

(1) 부진정연대채무

연대채무자 상호간에 주관적 관련 공동이 없이 우연히 발생한 채무를 말한다. 수인의 채무자
가 동일 채무에 대하여 각각 독립하여 그 전부의 채무를 변제할 의무를 부담하기로 하고, 그중

1　한국자동차보험주식회사, 전게서, 169~170面.

한 채무자 혹은 수인의 채무자가 채무를 변제하면 모든 채무자의 채무가 소멸하는 것은 연대채무와 같다. 그러나 채무자 사이에 주관적 관련 공동성이 없으므로 그중 한 사람에 생긴 목적 도달 이외의 사유는 다른 채무자에게 영향을 미치지 아니한다. 예컨대, 교통사고를 발생시킨 차량의 보유자와 운전자는 각각 운행자(혹은 사용자) 및 불법행위 당사자로서 자동차 보유자는 본인의 의사와 관계없이 피해자에 대하여 연대채무를 부담하게 되는데 이를 부진정연대채무라고 한다. 이 경우, 피해자는 불법행위 당사자인 운전자에게 손해배상청구를 포기하나 채무를 면제하여 주었다고 하더라도 다른 연대채무자인 보유자에 대해서는 그 효력이 미치지 아니한다. 또한 피해자는 위 연대채무자 중 어느 일방과 합의를 하였을지라도 그 합의의 효력은 다른 쪽에는 미치지 아니하므로 합의를 하지 않은 채무자에게는 손해배상을 청구할 수 있다.

> ■ 대법원 2009.08.20. 선고 2007다7959 판결[구상금]
> 부진정연대채무 관계는 서로 별개의 원인으로 발생한 독립된 채무라 하더라도 동일한 경제적 목적을 가지고 있고 서로 중첩되는 부분에 관하여 일방의 채무가 변제 등으로 소멸할 경우 타방의 채무도 소멸하는 관계에 있으면 성립할 수 있고, 반드시 양 채무의 발생 원인, 채무의 액수 등이 서로 동일할 것을 요한다고 할 수는 없다(대법원 2009.3.26. 선고 2006다47677 판결 등 참조). 한편, 채무의 변제는 원칙적으로 채무자 뿐만 아니라 제3자도 할 수 있는바, 제3자가 상호 부담부분이 인정되는 부진정연대채무 관계에 있는 채무자 중 1인을 위하여 채무를 변제한 경우 그와 중첩되는 다른 채무자의 채무도 소멸하게 되므로, 제3자는 그 다른 채무자에 대하여 그의 부담부분에 한하여 구상권을 취득할 수 있고, 그와 같은 제3자의 변제는 이행보조자 내지 이행대행자에 의하여 이루어질 수도 있다(대법원 2001.6.15. 선고 99다13515 판결 등 참조).

(2) 채권자(피해자)의 권리

채권자는 채무자(가해자)의 1인 또는 전원에 대하여 동시 또는 순차로 손해액의 일부 또는 전부의 이행을 청구할 수 있다. 이 점은 연대채무의 경우와 같다.

(3) 채무자의 책임

각 채무자는 피해자의 손해액 전부를 배상할 책임이 있다. 이 점에 있어서도 연대채무와 같다.

(4) 채무자 1인에 관하여 생긴 사유

(가) 채권을 실질적으로 만족시키는 사유가 1채무자에 관하여 생긴 때에는 절대적 효력을 일으켜 다른 채무자에게도 목적의 달성으로 인하여 같은 효과를 미친다. 즉, 변제, 대물변제, 공탁 등이 이에 속하며 연대채무와 같다.

(나) 채권자를 만족케 하는 사유 이외의 사유가 채무자에게 생긴 때에는 다른 채무자에게 영향을 미치지 않는 상대적 효력이 있을 뿐이다. 이 점은 연대채무의 경우와 다르다. 즉, 연대채무에 관한 「민법」 제416조 내지 제423조의 규정은 연대채무에 있어서는 절대적 효력이 있으나 부진정연대채무에 있어서는 상대적 효력이 있을 뿐이다. 공동불법행위자의 일방에 대한 손해배상청

구권의 이행청구, 경개, 상계, 면제, 혼동, 소멸시효, 채권자 지체 등은 다른 공동불법행위자에 영향이 없다.[1]

■ 대법원 2010.09.16. 선고 2008다97218 전원합의체 판결[손해배상(기)]
연대채무의 경우에는 「민법」 제418조 제1항에서 채무자 1인이 상계를 함으로써 다른 연대채무자의 채무도 상계한 금액만큼 소멸한다는 이른바 절대적 효력의 취지를 규정하고 있으나, 부진정연대채무의 경우에는 그러한 명문의 규정이 없으므로 이에 관하여는 합리적인 해석에 의하여 해결할 수밖에 없다. 공동불법행위 등의 경우에 연대채무와 구별되는 부진정연대채무가 인정되는 취지와 사용자 책임, 공작물의 점유자 등의 특수한 책임을 인정하고 특히 고의의 불법행위 채권을 수동채권으로 하는 상계를 금지하는 「민법」의 태도로부터 알 수 있는 바는, 「민법」은 채권자의 이중의 채권만족의 위험을 감수하면서까지도 불법행위 피해자로 하여금 현실적으로 채권의 만족을 얻게 하여 피해를 실질적으로 회복할 수 있도록 배려하고 있다는 것이다. 이상과 같은 여러 사정을 모두 고려하여 보면, 부진정연대채무자 중 1인의 상계에는 절대적 효력을 인정하지 아니함이 타당하고, 나아가 부진정연대채무자 중 1인이 채권자와 상계계약을 한 경우에도 상계와 달리 볼 것이 아니다.

■ 대법원 2010.12.23. 선고 2010다52225 판결[구상금]
부진정연대채무자 중 1인을 위하여 보증인이 된 자가 피보증인을 위하여 그 채무를 변제한 경우에는 그 보증인은 피보증인이 아닌 다른 부진정연대채무자들에 대하여는 그 부담부분에 한하여 구상권을 행사할 수 있고(대법원 1996.2.9. 선고 95다47176 판결, 대법원 2010.5.27. 선고 2009다85861 판결 등 참조), 공동불법행위자 중 1인의 손해배상채무가 시효로 소멸한 후에 다른 공동불법행위자 1인이 피해자에게 자기의 부담부분을 넘는 손해를 배상하였을 경우에도, 그 공동불법행위자는 다른 공동불법행위자에게 구상권을 행사할 수 있다(대법원 1997.12.23. 선고 97다42830 판결, 대법원 2006.1.27. 선고 2005다19378 판결 등 참조).
원심이 같은 취지에서 원고들은 소외 회사의 연대보증인으로서 소외 조합에 대하여 이 사건 공사로 인한 손해를 변제함으로써 소외 회사와 부진정연대채무 관계에 있는 회생 회사에 대하여 그 부담부분에 한하여 직접구상권을 행사할 수 있다고 하여 원고들의 청구 원인에 대한 주장을 받아들인 후, 원고의 변제 당시 회생 회사의 소외 조합에 대한 채무가 이미 시효로 소멸하였으므로 원고들은 피고에게 구상권을 행사할 수 없다는 피고의 주장을 배척한 조치는 정당하고, 거기에 부진정연대채무에 관한 법리오해, 구 「회사정리법」 제240조제2항, 「채무자회생법」 제250조제2항제1호에 관한 법리오해 등의 위법이 없다.

■ 「민 법」
제416조(이행청구의 절대적 효력)
어느 연대채무자에 대한 이행청구는 다른 연대채무자에게도 효력이 있다.

제417조(경개의 절대적 효력)
어느 연대채무자와 채권자 간에 채무의 경개가 있는 때에는 채권은 모든 연대채무자의 이익을 위하

---

[1] 한국자동차보험주식회사, 전게서, 171~172面.

여 소멸한다.

제418조(상계의 절대적 효력)
① 어느 연대채무자가 채권자에 대하여 채권이 있는 경우에 그 채무자가 상계한 때에는 채권은 모든 연대채무자의 이익을 위하여 소멸한다.
② 상계할 채권이 있는 연대채무자가 상계하지 아니한 때에는 그 채무자의 부담부분에 한하여 다른 연대채무자가 상계할 수 있다.

제419조(면제의 절대적 효력)
어느 연대채무자에 대한 채무면제는 그 채무자의 부담부분에 한하여 다른 연대채무자의 이익을 위하여 효력이 있다.

제420조(혼동의 절대적 효력)
어느 연대채무자와 채권자 간에 혼동이 있는 때에는 그 채무자의 부담부분에 한하여 다른 연대채무자도 의무를 면한다.

제421조(소멸시효의 절대적 효력)
어느 연대채무자에 대하여 소멸시효가 완성한 때에는 그 부담부분에 한하여 다른 연대채무자도 의무를 면한다.

제422조(채권자 지체의 절대적 효력)
어느 연대채무자에 대한 채권자의 지체는 다른 연대채무자에게도 효력이 있다.

제423조(효력의 상대성의 원칙)
전7조의 사항 외에는 어느 연대채무자에 관한 사항은 다른 연대채무자에게 효력이 없다.

제492조(상계의 요건)
① 쌍방이 서로 같은 종류를 목적으로 한 채무를 부담한 경우에 그 쌍방의 채무의 이행기가 도래한 때에는 각 채무자는 대등액에 관하여 상계할 수 있다. 그러나 채무의 성질이 상계를 허용하지 아니할 때에는 그러하지 아니하다.
② 전항의 규정은 당사자가 다른 의사를 표시한 경우에는 적용하지 아니한다. 그러나 그 의사 표시로써 선의의 제3자에게 대항하지 못한다.

제500조(경개의 요건, 효과)
당사자가 채무의 중요한 부분을 변경하는 계약을 한 때에는 구 채무는 경개로 인하여 소멸한다.

제506조(면제의 요건, 효과)
채권자가 채무자에게 채무를 면제하는 의사를 표시한 때에는 채권은 소멸한다. 그러나 면제로써 정당한 이익을 가진 제3자에게 대항하지 못한다.

제507조(혼동의 요건, 효과)
채권과 채무가 동일한 주체에 귀속한 때에는 채권은 소멸한다. 그러나 그 채권이 제3자의 권리의 목적인 때에는 그러하지 아니하다.

바. 공동불법행위자 간의 구상관계

공동불법행위자는 각자가 그 과실의 대소 여하를 막론하고 피해자의 손해 전부를 배상하여야 할 책임이 있으므로 피해자는 공동불법행위자 1인(부진정연대채무자)에 대하여 그 손해의 전부 혹은 일부를 청구할 수 있으며, 이에 대한 배상으로 인하여 생기는 공동불법행위자 간의 불공평한 내부관계는 과실비율에 따라 구상하여 해결하게 된다. 그러므로 공동불법행위자의 1인이 피해자의 손해 전부를 배상한 경우에는 그 배상자는 과실비율에 따라 다른 공동불법행위자가 부담할 부분을 구상하게 된다. 이 경우, 공동불법행위자 간의 과실비율이 명백하지 않을 때에는 그 부담부분은 원칙적으로 평등한 것으로 본다.

> ■ 대법원 1991. 5. 10. 선고 90다14423 판결[손해배상(자)]
> 피해자가 공동불법행위자 중의 일부만을 상대로 손해배상을 청구하는 경우에도 과실상계를 함에 있어 참작하여야 할 쌍방의 과실은 피해자에 대한 공동불법행위자 전원의 과실과 피해자의 공동불법행위자 전원에 대한 과실을 전체적으로 평가하여야 하고 공동불법행위자 간의 과실의 경중이나 구상권 행사의 가능 여부 등은 고려할 여지가 없다.

> ■ 대법원 2013. 11. 14. 선고 2011다82063 판결[보험금·손해배상(자)]
> 공동불법행위책임은 가해자 각 개인의 행위에 대하여 개별적으로 그로 인한 손해를 구하는 것이 아니라 기해자들이 공동으로 가한 불법행위에 대하여 그 책임을 추궁하는 것으로, 법원이 피해자의 과실을 들어 과실상계를 함에 있어서는 피해자의 공동불법행위자 각인에 대한 과실비율이 서로 다르더라도 피해자의 과실을 공동불법행위자 각인에 대한 과실로 개별적으로 평가할 것이 아니고 그들 전원에 대한 과실로 전체적으로 평가하여야 한다(대법원 1998. 6. 12. 선고 96다55631 판결 등 참조).

(1) 면제의 효력

부진정연대채무에서 소멸시효, 면제 등은 상대적 효력이 있음에 그친다. 예컨대, 갑·을 양 차량이 50%씩의 과실에 의한 충돌사고로 병이 치사하여 병의 총 손해액이 1,000만 원이라고 가정하는 경우, 병의 상속인이 갑차의 보유자로부터 400만 원을 받고 합의한 후 600만 원을 면제하여 준 경우에 그 면제의 효력은 을차의 보유자에게 미치지 않으므로, 병의 상속인은 다시 을차의 보유자에 대하여 나머지 600만 원을 청구할 수 있으므로 이를 지급한 을차의 보유자는 자기의 부담부분을 초과하는 100만 원을 갑차의 보유자에게 구상하게 된다. 이에 대하여 「민법」 제419조(면제의 절대적 효력)를 적용하여 피면제자의 부담부분에 대하여는 다른 채무자의 이익을 위하여도 효력이 생긴다는 견해도 있다. 따라서 부진정연대채무자가 피해자와 합의하고자 할 때에는 전기한 폐단을 제거하기 위하여 부진정연대채무자 전원(보유자, 운전자, 공동불법행위자)의 명의로 합의하든가, 아니면 부진정연대채무자 1인이 피해자와 합의하고자 할 때에는 피해자로부터 다른 부진정연대채무자에 대한 청구를 포기한다는 각서를 받아야 한다.[1]

(2) 구상권의 성립 요건

연대채무자의 1인이 자기의 부담부분을 넘어서 채무를 변제, 기타 자기의 출재로서 공동의 면책을 얻은 경우에 구상권이 성립한다. 따라서 면제, 소멸시효의 완성은 변제가 아니므로 구상권은 성립하지 않는다. 여기서 문제가 되는 것은 구상하려면 면책을 얻은 금액이 채무 전액에 대한 자기의 부담부분 이상임을 요하느냐(갑, 을이 병에 대하여 1,000만 원을 부담하는 경우 갑, 을이 500만 원씩 부담할 때 갑이 600만 원 변제하여야 을에 대하여 100만 원을 구상할 수 있느냐), 혹은 적어도 공동의 면책을 얻은 때에는 그 금액에 대하여 부담부분비율에 따라 구상할 수 있느냐(전항의 경우 갑이 400만 원을 변제하여도 을에게 200만 원을 구상할 수 있느냐) 하는 것이다. 위 경우, 진정연대채무에 있어서는 판례 및 다수설이 후자를 긍정하고 있다. 그러나 채무의 성질이 다른 부진정연대채무에 있어서는 전자를 긍정하고 있다. 공동불법행위자의 1인이 자기의 부담부분을 초과하는 변제를 한 때에는 그 초과부분에 대하여 다른 행위자(공동불법행위자)에 구상할 수 있으나, 그 부담부분을 초과하지 않는 범위 내에서 변제한 때에는 구상할 수 없다.[2]

> ■ 대법원 2009.12.24. 선고 2009다53499 판결[구상금]
> 공동불법행위자의 1인을 피보험자로 하는 보험계약의 보험자가 보험금을 지급하고 「상법」 제682조에 의하여 취득하는 피보험자의 다른 공동불법행위자에 대한 구상권은 피보험자의 부담부분 이상을 변제하여 공동의 면책을 얻게 하였을 때에 다른 공동불법행위자의 부담부분의 비율에 따른 범위에서 성립하는 것이고(대법원 2006.2.9. 선고 2005다28426 판결 등 참조), 공동불법행위자들과 각각 보험계약을 체결한 보험자들은 각자 그 공동불법행위의 피해자에 대한 관계에서 「상법」 제724조 제2항에 의한 손해배상채무를 직접 부담하는 것이므로, 이러한 관계에 있는 보험자가 그 부담부분을 넘어 피해자에게 손해배상금을 보험금으로 지급함으로써 공동불법행위자들의 보험자들이 공동면책되었다면 그 손해배상금을 지급한 보험자는 다른 공동불법행위자들의 보험자들이 부담하여야 할 부분에 대하여 직접구상권을 행사할 수 있다(대법원 1998.9.18. 선고 96다19765 판결 등 참조).
> 원심은, 이 사건 사고는 소외 1 주식회사와 이 사건 기중기의 운전자인 소외 2의 과실이 경합하여 발생한 것으로서, 이 사건 기중기의 소유자인 소외 3은 「자동차손해배상보장법」 제3조에 의하여, 소외 1 주식회사는 불법행위자로서 각자 피해자 소외 4에게 이 사건 사고로 인한 손해를 배상할 의무가 있다고 전제한 다음, 소외 1 주식회사와 사이에 사용자배상책임부 영업배상책임보험(이하 "영업배상책임보험"이라 한다) 계약을 체결한 보험자인 원고가 피해자에게 보험금 1억 원을 지급하였으나, 위 금액은 피해자의 손해액 393,937,499원 중 소외 1 주식회사의 과실비율인 40%에 해당

---

1   한국자동차보험주식회사, 전게서, 172~173面.
2   한국자동차보험주식회사, 전게서, 173面.

하는 원고의 책임분담액 157,574,999원을 초과하지 아니하여 원고로서는 이 사건 기중기에 관하여 영업용자동차보험(이하 "자동차보험"이라 한다) 계약을 체결한 보험자인 피고를 상대로 구상권을 행사할 수 없다고 판단하였는바, 앞서 본 법리에 비추어 기록을 살펴보면, 이러한 원심의 판단은 옳은 것으로 수긍이 되고, 거기에 상고이유의 주장과 같은 위법이 있다고 할 수 없다.

(3) 구상권의 범위

피해자가 공동불법행위자 중의 일부만을 상대로 손해배상을 청구하는 경우에도 과실상계를 함에 있어 참작하여야 할 쌍방의 과실은 피해자에 대한 공동불법행위자 전원의 과실과 피해자의 공동불법행위자 전원에 대한 과실을 전체적으로 평가하여야 하고 공동불법행위자 간의 과실의 경중이나 구상권행사의 가능 여부 등은 고려할 여지가 없다.

(가) 배상, 기타 출재한 금액

출재액이 공동면책금액을 넘어도 공동면책금액 이상으로는 구상할 수 없으며(예컨대, 갑·을 양 차량이 각 5 대 5의 과실로 병을 치사시켜 1,000만 원의 손해를 가한 경우, 갑이 시가 1,200만 원의 것으로 대물변제를 하였다 하더라도 구상은 500만 원), 이에 반하여 배상액 또는 출재액 이상으로는 구상할 수 없다(갑이 시가 600만 원의 것으로 대물변제한 경우 구상은 300만 원이다).

(나) 면책(배상)일 이후의 법정이자

면책된 날 이후이므로 면책된 날을 포함하여 지연이자를 계산한다.

(다) 비 용

피할 수 없는 비용, 기타 변제(배상)의 비용, 피해자로부터 訴求를 당하여 부담한 소송비용 등을 말한다.

(4) 구상권의 소멸시효의 기산점과 기간

공동불법행위자 간의 구상권은 한 공동불법행위자가 자기의 부담부분을 초과하여 다른 공동불법행위자의 부담부분을 면하게 함으로써 그 면제받은 자에 대하여 가지는 권리이므로, 이는 차량보험의 피보험차량이 제3자의 불법행위에 의하여 파손된 경우, 보험자가 피보험자에게 보상하고 그 보험자가 제3자인 불법행위자에 대하여 가지는 손해배상청구권을 취득하여 대위 행사하는 권리(「상법」 제682조)와는 다르다. 그러나 공동불법행위자 간의 구상권에 관하여는 법률이 그 소멸시효의 기간을 정한 바 없으므로 이 구상권에 일반채권의 소멸시효기간에 관한 「민법」 제162조(채권, 재산권의 소멸시효)제1항인 10년을 준용할 수 있는가 하는 것이 문제인데, 판례는 이를 인정하고 있다. 공동불법행위자의 구상권의 소멸시효의 기산점은 구상권자가 현실로 피해자에게 손해배상금액을 지급한 때를 기준으로 한다.[1]

---

1 한국자동차보험주식회사, 전게서, 174面.

■ 대법원 2012.03.29. 선고 2011다83189 판결[손해배상(기)]

불법행위로 인한 손해배상청구권의 단기소멸시효의 기산점이 되는 「민법」 제766조제1항 소정의 "손해 및 가해자를 안 날"이라 함은 손해의 발생, 위법한 가해행위의 존재, 가해행위와 손해의 발생 사이에 상당인과관계가 있다는 사실 등 불법행위의 요건사실에 대하여 현실적이고도 구체적으로 인식하였을 때를 의미하고, 피해자 등이 언제 불법행위의 요건사실을 현실적이고도 구체적으로 인식한 것으로 볼 것인지는 개별 사건에서의 여러 객관적 사정을 참작하고 손해배상청구가 사실상 가능하게 된 상황을 고려하여 합리적으로 인정하여야 한다(대법원 2008.4.24. 선고 2006다30440 판결 등 참조). 여기서 「민법」 제766조제1항의 "가해자를 안다"는 것은 사실에 관한 인식의 문제이지 사실에 대한 법률적 평가의 문제가 아니다(대법원 1993.8.27. 선고 93다23879 판결 참조).

7. 시 효

가. 시 효

(1) 의 의

"시효"란 일정한 사실상태(예컨대, 어떤 자가 채무를 부담하고 있지 아니한 것 같은 사실상태, 어떤 자가 소유자인 것 같은 사실상태 등)가 일정기간("시효기간"이라고 한다.) 계속됨으로써 법률상의 일정한 효과, 즉, 권리의 취득이나 소멸을 일어나게 하는 법률 요건을 말한다. 시효에는 취득시효와 소멸시효가 있다. 취득시효는 장기간에 타인의 물건을 점유하는 자에게 권리(소유권)를 부여하는 제도이고, 소멸시효는 일정기간 동안 행사하지 않는 권리(채권)를 소멸시키는 제도이다. 시효기간이 만료하면 권리의 변동이 생기는데, 특히 소멸시효의 효력에 관해서는 소멸시효의 완성으로 권리는 당연히 소멸한다는 것이 다수설 및 판례의 입장이다.

(2) 시효제도의 필요성

「민법」이 시효제도를 둔 이유는 다음과 같다.

(가) 어떠한 사실상태가 장기간 계속되면 이를 기초로 하여 여러 가지 법률관계가 발생한다. 만약 진실한 권리자가 오랜 세월이 흐른 뒤에 나타나서 권리를 주장한다면 오랜 세월 동안 지속된 사실관계를 믿고 법률관계를 맺어온 사람들에게 혼란을 준다.

(나) 오랜 세월 동안 지속된 사실관계가 과연 정당한 법률관계에 합치하는가 아닌가에 대하여 소송이 제기된 경우에 증거자료를 확보하기가 곤란해진다.

(다) 오랜 세월 동안 자기의 권리를 행사하지 않는 자는 이른바 "권리 위에 잠자는 자"에 해당하여 법으로 보호할 가치가 없다.

나. 소멸시효의 기산점과 기간

(1) 기산점

소멸시효의 "기산점"이라 함은 당해 권리를 행사할 수 있는 최초의 시점을 말한다. 이를테면 기한부 또는 조건부 권리인 때에는 그 기한의 도래 또는 조건이 성취한 때, 기한 또는 조건이 없는 권리에 있어서는 당해 권리가 발생한 때이다. 소멸시효의 기산점에 관하여 「민법」 제166조제1항은 「소멸시효는 권리를 행사할 수 있는 때로부터 진행한다」고 규정하여, 비록 권리가 발생하고 있다 하더라도 그 권리를 행사할 수 없을 때에는 소멸시효의 진행은 개시되지 않음을 명시하고 있다. 위 소멸시효의 기산점에 관한 일반원칙인 「민법」 제166조제1항의 규정에 대한 예외조항으로서, 「민법」 제766조제1항은 「불법행위로 인한 손해배상의 청구권은 피해자나 그 법정대리인이 그 손해 및 가해자를 안 날로부터 3년간 이를 행사하지 아니하면 시효로 인하여 소멸한다」고 규정하여 불법행위로 인한 피해자를 보호하고 있다.

■ 대법원 1985.4.9. 선고 84다552 판결[손해배상]

불법행위로 인한 손해배상청구권의 소멸시효는 불법행위 시가 아니라 그로 인한 손해의 발생 및 가해자를 안 때로부터 진행한다 할 것이므로 사고 당시 예견할 수 없었던 재입원으로 인한 치료비 및 향후 성형수술비 등은 새로운 손해로서 재입원 시에 비로소 알게 되었다 할 것이고 그때부터 시효가 진행된다.

■ 대법원 1998.07.24. 선고 97므18 판결[손해배상(기)]

[1] 「민법」 제766조제1항은 「불법행위로 인한 손해배상의 청구권은 피해자나 그 법정대리인이 그 손해 및 가해자를 안 날로부터 3년간 이를 행사하지 아니하면 시효로 인하여 소멸한다」고 규정하고 있는바, 여기서 말하는 <u>"손해를 안 날"이라 함은 손해의 발생, 위법한 가해행위의 존재, 가해행위와 손해의 발생과의 사이에 상당인과관계가 있다는 사실 등 불법행위의 요건사실에 대하여 현실적이고도 구체적으로 인식하였을 때를 의미한다</u>고 할 것이고, 손해의 액수나 정도를 구체적으로 알아야 할 필요까지는 없다고 하더라도 피해자 등이 언제 불법행위의 요건사실을 현실적이고도 구체적으로 인식한 것으로 볼 것인지는 개별적 사건에 있어서의 여러 객관적 사정을 참작하고 손해배상청구가 사실상 가능하게 된 상황을 고려하여 합리적으로 인정하여야 할 것이다.

[2] 주민등록상 부부로 등재되어 혼인신고가 있었던 것으로 오인하고 있던 중 부의 부정행위에 의하여 사실혼관계가 파기되고 처가 사실상 혼인관계 존재 확인의 소에서 패소한 경우, 처의 사실혼관계 부당 파기로 인한 위자료 청구권의 소멸시효 기산점이 부의 부정행위가 있었던 시점이라고 본 원심 판결을 파기하고 위 패소 판결 선고 시를 그 기산점으로 보아야 한다고 한 사례

---

(2) 기 간

법률에 정하여진 소멸시효의 기간은 「민법」 제162조제1항 및 제2항, 제163조, 제164조에 걸쳐서 각각 알 수 있는 바와 같이 단기 1년에서부터 장기 10년으로 규정하고 있다. 일반 시효기간의 계산에 관하여는 「민법」이 따로 정하는 바 없으므로, 일반원칙에 따라 기산점이 속하는 날의 익일로부터 기산하게 되고(「민법」 제157조) 그 기산점이 오전 0시인 때에는 초일을 산입하여야

한다고 해석하여야 한다.

■ 「민 법」

제162조(채권, 재산권의 소멸시효)

① 채권은 10년간 행사하지 아니하면 소멸시효가 완성한다.

② 채권 및 소유권 이외의 재산권은 20년간 행사하지 아니하면 소멸시효가 완성한다.

제163조(3년의 단기소멸시효)

다음 각 호의 채권은 3년간 행사하지 아니하면 소멸시효가 완성한다. 〈개정 1997.12.13.〉

    1. 이자, 부양료, 급료, 사용료 기타 1년 이내의 기간으로 정한 금전 또는 물건의 지급을 목적으로 한 채권

    2. 의사, 조산사, 간호사 및 약사의 치료, 근로 및 조제에 관한 채권

    3. 도급받은 자, 기사 기타 공사의 설계 또는 감독에 종사하는 자의 공사에 관한 채권

    4. 변호사, 변리사, 공증인, 공인회계사 및 법무사에 대한 직무상 보관한 서류의 반환을 청구하는 채권

    5. 변호사, 변리사, 공증인, 공인회계사 및 법무사의 직무에 관한 채권

    6. 생산자 및 상인이 판매한 생산물 및 상품의 대가

    7. 수공업자 및 제조자의 업무에 관한 채권

제164조(1년의 단기소멸시효)

다음 각 호의 채권은 1년간 행사하지 아니하면 소멸시효가 완성한다.

    1. 여관, 음식점, 대석, 오락장의 숙박료, 음식료, 대석료, 입장료, 소비물의 대가 및 체당금의 채권

    2. 의복, 침구, 장구 기타 동산의 사용료의 채권

    3. 노역인, 연예인의 임금 및 그에 공급한 물건의 대금채권

    4. 학생 및 수업자의 교육, 의식 및 유숙에 관한 교주, 숙주, 교사의 채권

제165조(판결 등에 의하여 확정된 채권의 소멸시효)

① 판결에 의하여 확정된 채권은 단기의 소멸시효에 해당한 것이라도 그 소멸시효는 10년으로 한다.

② 파산 절차에 의하여 확정된 채권 및 재판상의 화해, 조정 기타 판결과 동일한 효력이 있는 것에 의하여 확정된 채권도 전항과 같다.

③ 전2항의 규정은 판결 확정 당시에 변제기가 도래하지 아니한 채권에 적용하지 아니한다.

다. 제척기간과 소멸시효 비교

제척기간은 어떤 종류의 권리에 일정한 존속기간을 정하여 그 기간의 경과로 권리를 소멸시키는 제도이다. 소멸시효와 유사하나, 다음과 같은 차이점이 있다. 첫째, 시효는 중단으로 기간이 갱신되나, 제척기간은 중단이 없다. 둘째, 시효는 당사자가 이를 원용하지 않으면 법원은 이에 따라 재판할 수 없으나, 제척기간은 당연히 효력이 발생하고 법원은 이에 따라 재판하여야 한다. 소멸시효는 권리를 행사할 수 있음에도 불구하고 권리 불행사의 상태를 일정기간 계속함으로써

권리 소멸의 효과를 생기게 하는 제도이다. 소멸시효는 일정기간 권리의 불행사로 그 권리가 소멸한다는 점에서는 제척기간(除斥期間)과 같으나 소급효(遡及效), 중단·정지(中斷·停止), 원용(援用), 이익의 포기 등에서는 크게 다르다. 소멸시효는 단축·경감은 허용되나 배제·연장·가중은 허용되지 않는다(「민법」 제184조).

라. 불법행위와 관련되는 각종 청구권에 있어서 소멸시효의 기산점과 기간

(1) 피해자의 가해자에 대한 손해배상청구의 경우

불법행위로 인한 손해배상의 청구권은 피해자나 그 법정대리인이 그 손해 및 가해자를 안 날로부터 3년간 이를 행사하지 아니하면 시효로 인하여 소멸하고, 또한 불법행위를 한 날로부터 10년을 경과한 때에도 소멸한다(「민법」 제766조제1항 및 제2항). 「민법」 제766조는 불법행위에 의한 피해자의 손해배상청구권의 소멸시효는 피해자나 그 법정대리인이 그 손해 및 가해자를 안 날로부터 기산하게 되어 있는데, 이 條는 "소멸시효는 권리를 행사할 수 있는 때로부터 진행한다"는 「민법」 제166조제1항의 일반원칙에 대한 특칙이다.

(2) 후유장해로 인한 피해자의 가해자에 대한 손해배상청구의 경우

후유장해로 인한 피해자의 가해자에 대한 손해배상청구권의 소멸시효는 그 법정대리인이 후유증의 증상 고정을 안 날로부터 3년이 경과하면 완성된다고 해석함이 상당하다.

(3) 판결 등에 의하여 확정된 채권의 소멸시효

판결에 의하여 확정된 채권은 단기의 소멸시효에 해당한 것이라도 그 소멸시효는 10년으로 한다(「민법」 제165조제1항). 파산 절차에 의하여 확정된 채권 및 재판상의 화해, 조정 기타 판결과 동일한 효력이 있는 것에 의하여 확정된 채권도 같다(동조 제2항). 그러나 피해자가 가해자에 대한 손해배상청구 소송 등에 의하여 확정된 채권의 소멸시효의 기간을 10년으로 한다는 규정은 가·피해자 간에만 적용되는 것이고, 피해자 직접청구권이나 피보험자의 보험금청구권에는 적용되지 않는다.[1]

(4) 피보험자의 보험금청구의 경우

피보험자의 보험금지급청구권의 소멸시효는 "판결로 확정, 재판상의 화해, 중재 또는 서면에 의한 합의로 손해액이 확정되었을 때"로부터 3년이 경과하면 완성된다(「상법」 제662조). 즉, 피보험자가 이 방법에 의하여 확정된 손해액을 피해자에게 지급하는 것은 보험금청구권의 발생 요건이 아니라 보험금 지급 요건으로 되어 있다.

(5) 공동불법행위자 간의 청구권

공동불법행위자 간의 구상권의 소멸시효는 공동불법행위자 1인이 피해자를 만족시키는 변제(공동면책)를 한 때로부터 기산하여 10년간 행사하지 아니하면 완성된다.

---

1   한국자동차보험주식회사, 전게서, 180面.

(6) 보험자의 대위권

차량보험에 있어서, 피보험차량이 제3자의 불법행위에 의해 입은 손해를 보험자가 보상하고 피보험자가 제3자인 불법행위자에 대하여 가지는 손해배상청구권을 대위 취득하는 권리의 소멸시효는 공동불법행위자 간의 구상권과는 달리 피대위자인 피보험자나 그 법정대리인이 그 손해 및 가해자를 안 날로부터 3년 또는 불법행위를 한 날로부터 10년이 경과하면 완성된다. 여기서 주의해야 할 사항은 보험자가 피보험자를 대신하여 제3자의 불법행위로 인한 피해자에게 손해 배상금을 지급하였을 경우, 보험자대위권 행사의 소멸시효 기산점은 손해배상금을 지급한 때가 아니라 특별한 사정이 없는 한 피보험자가 가해자 및 손해를 알았다고 보는 불법행위가 발생한 때라는 것이다.[1]

■ 대법원 1993.06.29. 선고 93다1770 판결[구상금]

1. 「상법」 제682조에 의하면 손해가 제3자의 행위로 인하여 생긴 경우에 보험금액을 지급한 보험자는 그 지급한 금액의 한도에서 그 제3자에 대한 보험계약자 또는 피보험자의 권리를 취득한다고 규정하고 있으나, 이는 피보험자 등의 제3자에 대한 손해배상청구권이 있음을 전제로 하여 지급한 보험금액의 한도에서 그 청구권을 취득한다는 취지에 불과한 것이므로(당원 1981.7.7. 선고 80다1643 판결 참조), 피보험자 등의 제3자에 대한 손해배상청구권이 시효로 인하여 소멸하였다면 보험자가 이를 대위할 여지가 없다고 할 것이고, 이때에 보험자가 취득할 손해배상청구권의 소멸시효의 기산점과 그 기간은 그 청구권 자체를 기준으로 판단하여야 할 것이다.

2. 원심이 확정한 사실에 의하면, 이 사건 보험계약의 피보험자인 위 강진용달의 피용자가 아닌 피고 1이 그 피용자인 피고 박주봉의 승낙을 얻어 피보험차량을 운전하다가 운전 부주의로 사고를 일으켜 위 강진용달이 이로 인한 손해배상책임을 짐으로써 손해를 입게 되었다는 것이어서, 이로 인하여 위 강진용달이 피고 1에 대하여 가지는 손해배상청구권은 불법행위로 인한 것임이 분명하므로, 원심이 그러한 전제 아래 <u>위 강진용달은 특별한 사정이 없는 한 위 사고 당시 그 손해 및 가해자를 알았다고 보아 위 손해배상청구권은 사고 다음날부터 3년이 경과한 1988.3.21.에 그 소멸시효가 완성되어 소멸하였다고 판단하였음은 정당하다.</u>

3. 논지는 보험자가 보험자대위에 의하여 취득하는 권리는 피보험자가 제3자에 대하여 가지는 손해배상청구권이나 그 변형이 아니라 이와 법적 성질을 달리하는 특별한 권리이므로, <u>그 권리의 취득시기는 보험금 지급 시기이고 권리를 행사할 수 있는 시기도 그때이며,</u> 그 소멸시효 기간도 일반채권과 같이 10년으로 보아야 한다는 것이나, 받아들일 수 없다.

마. 시효의 중단

시효가 완성되려면 권리의 불행사라는 사실상태가 법정기간 계속하여 진행하여야 하는데, 이 사실상태의 진행을 막는 사유가 생기면 이제까지 진행하여 온 시효기간을 무효로 하고 그 사유가 끝난 후 새로 시효기간이 진행하게 되는데, 이를 시효의 중단이라 하며 그 사유를 중단 사유라고 한다. 「민법」 제168조에서 규정하고 있는 소멸시효의 중단 사유는 "1.청구, 2.압류 또는 가

---

1   한국자동차보험주식회사, 전게서, 181面.

압류, 가처분, 3.승인"이다.

(1) 청 구

"청구"라 함은 권리자가 시효의 완성으로 이익을 얻을 자에 대하여 자기의 권리 내용을 주장하는 것으로서 이는 재판상의 주장과 재판 외의 주장이 있다.

(가) 재판상의 청구(「민법」 제170조)

재판상의 청구는 소를 제기하는 것을 말한다. 이 경우, 제기되는 소의 종류는 이행의 소, 확인의 소, 형성의 소 등 어느 것이든 관계없다. 그러나 재판상의 청구라 하더라도 소의 각하, 기각 또는 취하의 경우에는 시효중단의 효력이 없다(「민법」 제170조제1항). 이때 6월 내에 재판상의 청구, 파산 절차 참가, 압류 또는 가압류, 가처분을 한 때에는 시효는 최초의 재판상 청구로 인하여 중단된 것으로 본다(「민법」 제170조제2항). 즉, 각하, 기각, 취하된 소의 제기라도 재판 외의 청구인 최고로서의 효력은 인정하겠다는 것이다(「민법」 제174조).

(나) 파산 절차의 참가(「민법」 제171조)

"파산 절차의 참가"는 채권자가 파산재단의 배당에 참가하기 위하여 그의 채권을 신고하는 것을 말한다. 이 참가 신고를 하면 시효중단의 효력이 생긴다. 파산 절차 참가는 채권자가 이를 취소하거나 그 청구가 각하된 때에는 시효중단의 효력이 없다.

(다) 지급명령 신청(「민법」 제172조)

지급명령을 신청하면 시효는 중단된다. 이 중단의 효력은 소를 제기한 경우와 균형을 맞추기 위하여 지급명령신청서를 관할법원에 제출하였을 때 생긴다고 할 것이다. 그러나 지급명령은 채권자가 법정기간 내에 가집행 신청을 하지 아니함으로 인하여 그 효력을 잃은 때에는 시효중단의 효력이 없다.

(라) 화해를 위한 소환 및 임의출석(「민법」 제173조)

소 제기 전에 화해를 신청하면 시효는 중단된다. 그러나 이 신청을 받은 법원의 화해를 위한 소환은 상대방이 출석하지 아니하거나 화해가 성립되지 아니한 때에는 1월 내에 소를 제기하지 아니하면 시효중단의 효력이 없다. 임의출석의 경우에 화해가 성립되지 아니한 때에도 그러하다.

(마) 최 고

전술한 시효중단은 모두 법원을 통한 권리실현 방법인데 반하여, 「민법」은 그 이외에 당사자 사이에서만 이루어지는 이행청구에 대하여서도 시효중단의 효력을 인정하고 있다. 최고는 채권자가 채무자에 대하여 이행을 청구하는 의사통지이다. 그러나 최고는 6월 내에 재판상의 청구, 파산 절차 참가, 화해를 위한 소환, 임의출석, 압류 또는 가압류, 가처분을 하지 아니하면 시효중단의 효력이 없다. 그러므로 최고는 시효기간의 완성이 촉박하여 강력한 중단 방법을 취할 겨를이 없을 때에 취할 수 있는 예비 절차로서 실익이 있을 뿐이다. 즉, 최고 후 6개월 이내에 다시 최

고를 하여도 시효중단의 효력은 생기지 않는다.[1]

(2) 압류 또는 가압류, 가처분

이러한 절차는 반드시 재판상의 청구를 전제로 하는 것이 아니므로, 재판상의 청구 없이 곧 이러한 절차를 밟게 될 경우에는 특히 이러한 사유들을 중단 사유로 삼을 필요가 있는 것이다. 재판상의 청구를 하기 전에 압류를 하게 된 경우로서는, 첫째, 이른바 집행증서(「민소」 제559조제3호)에 의한 압류를 들 수 있고, 둘째, 임의경매에 의한 압류를 들 수 있다. 그리고 재판상의 청구 없이 가압류·가처분을 하는 경우로서는 본안이 계속되기 전에 이러한 집행보전신청을 하는 경우이다(「민소」 제746조, 제756조). 중단의 효력은 압류·가압류 또는 가처분은 권리자의 청구에 의하여 또는 법률의 규정에 따르지 아니함으로 인하여 취소된 때에는 시효중단의 효력이 없다. 법률의 규정에 따르지 않는다 함은 법률상의 적법 요건을 결여하고 있다는 의미이다. 압류·가압류 및 가처분은 시효의 이익을 받은 자에 대하여 하지 아니한 때에는 이를 그에게 통지한 후가 아니면 시효중단의 효력이 없다(「민법」 제176조). 예컨대, 채무자 이외의 제3자(물상보증인)로부터 설정받은 저당물을 압류하였으면 채무자에게 그 사실을 통지한 때에 피담보채권에 관하여 시효중단의 효력이 생기는 것이다.[2]

(3) 승 인

"승인"이라 함은 시효의 이익을 받을 당사자가 시효로 인하여 권리를 상실하는 상대방의 권리의 존재를 인정하는 일방적인 관념의 통지를 말한다. 그러므로 시효를 중단하겠다는 의사 표시는 필요하지 않다. 판례에 의하면 승인은 채권자의 대리인에 대하여도 할 수 있다고 한다. 승인은 채권자 측의 명백한 권리 행사는 아니라 할지라도 이미 채무자가 자신이 채무자임을 승인한 경우에 사실관계는 확연히 드러났다고 볼 수 있으므로 시효의 중단 사유로 한 것이다. 또한 승인의 방법에는 제한이 없다. 예컨대, 점유자가 소유자에게 천연과실을 지급하였거나 채무자가 채권자에게 법정과실인 이자를 지급하거나 담보를 제공하는 행위는 소멸시효에 관한 각기 묵시적 승인이라 할 수 있다. 승인은 반드시 상대방에 대하여 하여야 하므로 은행이 그 장부에 이자를 계산하여 기입하였을 뿐 예금자에게 그 사실을 통지하지 않으면 승인이 될 수 없다는 판례가 있다. 따라서 보험자가 피해자나 병원에 假給金을 지급하였을 때에는 승인으로 보아 시효중단의 효력이 있다는 데 대해서는 다툼이 없으나, 유보 처리의 경우에는 그 유보 처리를 승인으로 보아 시효중단의 효력이 있는 가에 대해서는 다툼의 소지가 있다. 전술한 바와 같이 시효중단의 사유로서의 승인은 시효로 인하여 이익을 받을 자가 그 시효로 인하여 권리를 상실할 자의 권리를 인정하는 일방적인 관념의 통지이고, 시효를 중단한다는 효과 의사를 요하지 않는 것이므로 시효중단의 의사 유·무를 불문하고 그 유보 처리 사실을 상대방에게 통지하면 유보처리는 승인으로서 시효중단의 효력이 있다고 해석함이 타당할 것이다. 따라서 유보 처리 사실을 피해자, 피보험자 등에게 통지하지

---

1   한국자동차보험주식회사, 전게서, 183面.
2   한국자동차보험주식회사, 전게서, 183~184面.

아니한 경우에는 그 유보 처리는 원칙적으로 승인으로서의 시효중단의 효력이 없다고 해석하여야 할 것이다. 승인과 시효중단에 관한 「민법」 규정을 보면, 「민법」 제177조에 시효중단의 효력 있는 승인에는 상대방의 권리에 관한 처분의 능력이나 권한 있음을 요하지 아니한다고 되어 있다.[1]

■ 「민법」 제168조(소멸시효의 중단 사유)
소멸시효는 다음 각 호의 사유로 인하여 중단된다.
    1. 청구
    2. 압류 또는 가압류, 가처분
    3. 승인

(4) 시효중단의 효력

(가) 시효중단 및 당사자

시효가 중단된 때에는 중단하기까지에 경과한 시효기간은 산입하지 아니하고 중단 사유가 끝난 때로부터 새로이 진행한다(「민법」 제178조제1항). 재판상의 청구로 인하여 중단한 시효는 재판이 확정된 때로부터 새로이 진행한다(동조 제2항). 시효의 중단은 당사자와 그 승계인 간에만 효력이 있다(「민법」 제169조). 당사자라 함은 중단 절차에 참여하는 자를 가리키는 것이고, 승계인이라 함은 포괄승계인과 특정승계인 양자를 가리킨다.

(나) 중단 후의 시효 진행

중단 후에 새로 사실상태가 진행되는 시효의 기산점은 시효의 중단 사유에 따라서 다르다.

1) 청 구

재판이 확정된 때부터이다(「민법」 제178주제2항). 이때부터 시효기간은 10년이 된다(「민법」 제165조).

2) 압류·가압류·가처분

절차가 끝난 때부터이다.

3) 승 인

상대방에게 승인이 도달한 때부터이다.

바. 시효의 정지

(1) "정지"의 의의

시효기간이 거의 완성될 무렵에 권리자(채권자)가 시효의 중단 절차를 취할 수 없거나 또는 취하기 곤란한 사정이 생겼을 때에 그 기간의 진행을 일시 그치게 하고 그 사정이 없어졌을 때에 다시 그 나머지 기간을 진행하게 하는 것을 "시효의 정지"라고 한다. 시효의 정지는 시효의 중단

---

1   한국자동차보험주식회사, 전게서, 184~185面.

과 더불어 권리자를 보호하려는 제도로서, 정지는 정지 전에 진행된 기간과 정지 사유가 끝난 후에 진행기간을 계산하는데 반하여, 중단은 중단 전에 진행된 기간과 중단 사유가 끝난 후에 진행될 기간을 합산하지 않는 점이 다르다.

(2) 시효정지 사유와 효력

「민법」에서 규정하고 있는 시효정지 사유는 다음과 같다.

(가) 무능력자의 시효정지

소멸시효의 기간만료 전에 6월 내에 무능력자의 법정대리인이 없는 때에는 그가 능력자가 되거나 법정대리인이 취임한 때로부터 6월 내에는 시효가 완성하지 아니한다(「민법」 제179조).

(나) 재산관리자에 대한 제한능력자의 권리 및 부부 사이의 권리와 시효정지

재산을 관리하는 아버지, 어머니 또는 후견인에 대한 제한능력자의 권리는 그가 능력자가 되거나 후임 법정대리인이 취임한 때부터 6개월 내에는 소멸시효가 완성되지 아니한다(「민법」 제180조제1항). 부부 중 한쪽이 다른 쪽에 대하여 갖는 권리는 혼인관계가 종료된 때부터 6개월 내에는 소멸시효가 완성되지 아니한다(「민법」 제180조제2항).

(다) 상속재산에 대한 권리와 시효정지

상속재산에 속한 권리나 상속재산에 대한 권리는 상속인의 확정, 관리인의 선임 또는 파산선고가 있는 때로부터 6월 내에는 소멸시효가 완성하지 아니한다(「민법」 제181조).

(라) 천재 기타 사변과 시효정지

천재 기타 사변으로 인하여 소멸시효를 중단할 수 없을 때에는 그 사유가 종료한 때로부터 1월 내에는 시효가 완성하지 아니한다(「민법」 제182조).

사. 소멸시효의 소급효

소멸시효는 그 기산일에 소급하여 효력이 생긴다(「민법」 제167조). 소멸시효는 사실관계를 존중하여 그 영속된 사실을 그대로 보호하려는 것을 목적으로 하기 때문에 소멸시효가 완성되면 기산일에 소급하여 효력이 발생하는 것은 당연하다. 이와 같이 시효의 소급효가 인정되는 결과, 다음과 같이 된다.

① 시효로 채무를 면하는 자는 시효기간 중의 이자를 지급할 의무를 면하게 된다.

② 시효로 권리를 상실하는 자가 시효기간 중에 한 처분행위는 무효로 된다.

③ 시효로 소멸하는 채권이 그 소멸시효가 완성하기 전에 상계할 수 있었던 것이라면 채권자는 상계할 수 있다(「민법」 제495조). 이것은 상계에서 오는 특칙으로서 소멸시효에 의한 소급효에 관한 예외 규정이다.[1]

---

1   한국자동차보험주식회사, 전게서, 187面.

아. 소멸시효 완성의 효과

소멸시효 완성의 효과에 대하여는 절대적 소멸설이 지배적이며, 판례(判例)의 태도이다. 소(訴)에서는 원용하여야 한다. 소멸시효 완성의 효과는 기산일(起算日)에 소급하며(동법 제167조), 주(主) 된 권리의 소멸시효는 종(從) 된 권리에도 효력이 미친다(동법 제183조). 채권자는 소멸시효에 의하여 소멸하는 채권이 소멸시효의 완성 전에 상계(相計)할 수 있었던 것이면 상계할 수 있다(동법 제495조), 소멸시효 완성의 이익은 소멸시효 완성 후에만 포기할 수 있다(동법 제184조). 그 포기는 상대방 있는 단독행위(單獨行爲)이며, 처분능력(處分能力)과 권한(權限)을 필요로 하고 소급효가 있다.

자. 시효이익의 포기

(1) 시효이익의 포기를 인정하는 이유

시효제도는 영속한 사실상태를 보호함으로써 법률관계의 안전을 기하려는 공익적 요구에 입각하여 권리의 得喪을 발생케 하는 것이므로 그 권리의 득상이 당사자의 의사에 의하여 좌우되어서는 아니 된다. 그러나 시효에 의하여 남의 물건이 자기의 물건이 되거나 채무를 면하게 되는 것을 원하지 않는 자에게까지 시효의 이익을 강요하는 것은 무의미하다. 시효의 이익을 누리지 않겠다고 하는 의사 표시, 즉, 시효이익의 포기가 인정되는 이유가 여기에 있는 것이다.

(2) 시효완성 전의 포기

소멸시효의 이익은 미리 포기하지 못한다(「민법」 제184조제1항). 만일 시효의 이익을 미리 포기할 수 있게 한다면 채권자는 채무자의 궁박한 상태를 이용하여 채무자로 하여금 시효의 이익을 미리 포기시키려는 경우가 많아질 염려가 있다. 이와 같은 취지에서 소멸시효는 법률행위에 의하여 이를 배제, 연장 또는 가중할 수 없다(「민법」 제184조제2항 전단). 즉, 이러한 특약은 무효이다. 그러나 이와는 반대로 시효기간을 단축하거나 또는 시효 요건을 경감하는 특약은 유효하다(「민법」 제184조제2항 후단). 이러한 특약은 시효제도의 공익적 성격에도 반하지 않을 뿐만 아니라 도리어 경제적인 약자로 볼 수 있는 채무자에게 이익은 될지언정 불이익은 없기 때문이다.

(3) 시효완성 후의 포기

「민법」 제184조제1항의 반대해석으로서 시효의 이익은 그 기간이 완성된 후에는 포기할 수 있다 할 것이다. 기간완성 후의 포기는 시효완성의 이익을 받지 않겠다는 의사 표시이다. 기간완성 후의 포기는 그 기간완성 전의 포기와 달라서, 첫째로, 시효제도의 공익성에 저촉됨이 없고, 둘째로, 개인의사를 존중하게 된다.

(4) 시효포기 방법

(가) 도달주의

포기는 상대방이 있는 단독행위이다. 즉, 시효의 불이익을 받을 사람이 원하건, 원하지 않건

간에 시효의 이익을 받을 사람이 일방적으로 포기의 의사 표시만 하면 그 의사 표시가 상대방에게 도달한 때에 포기의 효력이 생긴다.

(나) 시효이익의 포기의 贈與, 非債辨濟

견해에 따라서는 현행 「민법」이 시효로써 권리의 득실을 확정적으로 발생시키기 때문에 시효완성 후의 포기는 증여 내지 비채변제라고 할지도 모른다. 그러나 시효이익의 포기는 증여 내지 비채변제와는 다르다. 그 이유로는 첫째, 증여(「민법」 제544조)가 되려면 당사자 쌍방에게 증여와 수증의 효과 의사가 있어야 하는데 구체적인 경우에 이 당사자에게 이러한 의사 표시가 있다고 할 수 없으므로 증여라고는 볼 수 없으며, 둘째, 시효로 소멸된 채무의 이행은 비채변제(「민법」 제724조)에서 말하는, 소위 "채무가 없게 된 사유"가 특이하기 때문이다. 그러므로 "시효이익의 포기"라는 개념은 증여나 비채변제와는 다른 독특한 개념으로 보는 것이 정당할 것이다.

(다) 시효이익의 착오

채무자가 시효의 이익이 발생된 것을 알고 변제하거나 또는 채무를 승인하였을 때에는 시효의 이익을 포기하였음이 명백하다. 이에 반하여 시효이익이 발생된 사실을 모르고 변제 내지 승인하였을 때에는 시효이익의 포기가 있었다고 볼 수 있겠는지에 관하여는 의문이 있다. 대체로 시효로 인한 권리의 득실은 당연히 실체적으로 발생하는 것이므로 그 사실을 모르고 한 변제나 승인을 하는 것은 이를테면 착오로 인한 준법률행위라 할 수 있다. 따라서 착오를 이유로 이러한 변제와 승인은 취소될 수 있다 할 것이다(「민법」 제109조).

그러나 이에 대한 문제점이 상당히 제기된다. 첫째, 변제의 경우에는 법리상 부당이득을 이유로 변제 목적물의 반환을 청구할 수 있다 하겠으나, 이 변제가 도의 관념에 적합한 경우에 해당될 때에는 그 반환청구는 불가능하게 된다(「민법」 제744조). 둘째, 승인의 경우에 관하여는 법리적으로 착오를 이유로 취소할 수 있을 것 같은데, 판례는 좀처럼 시효가 완성되었다는 사실을 몰랐다는 점에 대한 입증을 받아들이지 않는다.

물론 이러한 판례들은 「채권이 법정기간의 경과로 인하여 소멸시효에 걸린다는 것은 보통 일반에게 알려져 있다고 인정하여야 할 것으로 채무자가 시효완성 후에 이르러 채무를 승인하였을 때에는 시효완성의 사실을 알고 그 이익을 포기한 것으로 추인하는 것이 타당하다」는 법리를 전제로 한 것이다. 요컨대, 시효완성 후의 이익 포기는 그 사실을 알았건 몰랐건 간에 거의 유효로 되는 셈이다.

(5) 포기의 능력과 권한

시효의 포기는 시효이익의 처분행위이므로 일반 법리에 비추어 처분능력과 처분 권한(「민법」 제118조)이 있어야 된다 할 것이다. 변제로써 포기하는 경우 뿐만 아니라 승인으로 포기하는 경우에도 처분능력과 권한이 필요하다. 여기서 문제가 되는 것은 보험자가 피해자나 피보험자에 대한 손해배상액지급채무나 보험금 지급 채무의 소멸시효가 완성된 경우에 소멸시효의 이익을 포기할 수 있는가 하는 것이다. 보험재정은 보험자 뿐만 아니라 다수 보험계약자의 이해관계가

있으므로 보험자는 시효의 이익을 포기할 수 없다고 보아야 한다.[1]

8. 손해배상의 범위와 내용

가. 손해배상의 범위

(1) 序 言

「민법」 제763조는 제393조(손해배상의 범위), 제394조(손해배상의 방법), 제396조(과실상계), 제399조(손해배상자의 대위)의 규정은 불법행위로 인한 손해배상에 준용한다고 규정하고 있다. 따라서 불법행위로 인한 손해배상책임의 범위는 「민법」 제393조의 적용을 받게 된다. 한편, 배상 범위의 제한 기준으로 종래 우리의 통설은 인과관계의 존부에 의하여 배상 범위를 결정하는 상당인과관계설의 입장을 취해왔으며, 「민법」 제393조도 이러한 상당인과관계설에 기한 것으로 해석되었다.[2] 따라서 불법행위로 인한 배상 의무자의 손해배상 범위는 「민법」 제393조제1항 및 제2항에 기하여 통상손해와 불법행위자(채무자)가 그 사정을 알았거나 알 수 있었던 특별손해에 한정된다고 보는 것이 타당하다.

(2) 상당인과관계설

(가) 개 요

손해배상 범위를 제한하고 있는 「민법」 제393조가 상당인과관계설을 따르고 있다는 것이 유력한 다수의 학설이며, 따라서 불법행위로 인한 모든 손해를 배상하는 것이 아닌 불법행위와 상당한 인과관계가 있는 손해만 배상한다는 결론에 이르게 된다. 따라서 상당인과관계에 대해 살펴보면 후술하는 바와 같다.

(나) 정 의

상당인과관계설은 연속되는 인과관계 중에서 "상당성 있는" 인과관계만이 법적인 인과관계에 해당하므로 그의 범위 안에서 발생한 손해에 한해서 배상되어야 한다는 것이다. 어떤 결과 발생에 불가결의 조건이 된 행위나 사건이라도 그것이 동종의 결과가 발생할 객관적 가능성을 높게 만든 원인이 된 때에만 상당성 있는 인과관계로서 인정된다고 한다. 원인행위로 인한 후속적인 결과는 그것이 통상적이 아니고 원인으로부터 매우 멀기 때문에 일반인의 생활경험상 예상할 수 없는 것인 때에는 손해배상의 대상에서 벗어난다. 왜냐하면 그러한 결과는 인간의 의지에 의한 지배 가능성에서 벗어난 것으로서 누구에게도 그것에 대한 책임을 지울 수 없는 "완전한 우연"으로 다루어져야 하기 때문이다.

(다) 「민법」 제393조와 인과관계

「민법」 제393조에서 명시하는 배상 범위 제한의 가치 기준은 "통상의 손해"와 "채무자(가해자)

---

1   한국자동차보험주식회사, 전게서, 190面.
2   이은영, 전게서, 209~210面.

에게 예견 가능한 특별사정으로 인한 손해"이다. 그런데 어떤 손해가 통상적이라는 것은 "원인행위와 결과 발생 사이에 개연성이 농후함"을 가리키는 것이라고 해석된다. 그리고 배상되는 특별사정으로 인한 손해란 "객관적으로는 개연성이 희박하지만, 당해 채무자나 가해자의 개인적 환경에 비추어 그러한 손해 발생의 가능성이 높은 특별한 사정이 존재함을 그들이 알았거나 또는 예견하였으리라고 기대되는 경우의 손해"를 말한다. 同條 제1항 및 제2항에서 명시하고 있는 통상손해와 특별사정손해의 문언을 종합하여 해석할 때 그 규정의 기본 취지가 상당인과관계설과 일맥상통한다고 생각한다. 배상되어야 할 손해는 결국 상당인과관계의 범위 내에 속하는 손해이며, 이것에는 통상손해와 예견 가능한 특별사정으로 인한 손해가 포함된다. 법원은 상당인과관계의 판단에 있어서 자연적 인과관계에 대한 사실 판단과 사회적으로 상당성 있는 인과관계가 존재하는가에 관한 규범적 판단을 함께 행하게 된다.[1]

(라) 상당성의 판단

종래의 상당인과관계설에서는 상당성을 "객관적으로 볼 때 원인과 결과 사이에 개연성이 증가한 경우"에 인정하였다. 즉, 일반화된 결과와 일반화된 원인 사이에 통계적 빈도가 높은 관계가 있을 때 상당인과관계를 긍정하였다. 이와 같은 종래의 상당인과관계설은 손해배상의 귀책에 중요한 다른 요인들은 무시한 채 단지 개연성 하나에만 의존하여 판단했기 때문에 취약성을 드러내었다. 따라서 상당인과관계설에서 그러한 상당성 판단의 취약성이 보완된다면 「손해배상법」의 이론으로 적격일 것이다. 손해배상법리의 사상적 기초는 무엇보다도 정당한 손해전보 및 일정한 손해위험의 정당한 분배에 있다는 점이 상당성 판단에 고려되어야 한다. 상당성의 판단 근거를 원인과 결과 사이의 개연성에 국한하지 말고 손해배상의 경제적 공평성, 어떤 가해행위가 사회에 던지는 위험성의 크기와 제동의 급박성, 어떤 손해를 누구에게 부담시키는 것이 손해 방지에 도움이 되며 효율적인가 등을 함께 고려대상에 넣어야 한다.[2]

(3) 통상손해

가해자가 피해자에 대하여 배상책임을 지는 것은 피해자의 통상의 손해에 한하며, 이 통상이란 일반적으로 교통사고와 치상과의 사이에 인과관계가 있는 손해를 말한다. 이 인과관계는 전자가 없었다면 후자가 없었으리라는 조건적 인과관계가 아니고 건전한 경험적 법칙과 지식에 의하여 그러한 사실이 있으면 그와 같은 결과가 발생하는 것이 일반적이라고 생각되는 상당인과관계를 말한다.

(4) 특별한 사정으로 인한 손해

전술한 바와 같이 가해자가 피해자에 대하여 손해배상책임을 지는 피해자의 손해는 통상의 손해를 한도로 하고, 특별한 사정으로 인한 피해자의 손해는 가해자 측이 불법행위 당시 그 사정을 알았거나 알 수 있었던 경우에 한하여 배상책임을 지게 된다.

---

1   이은영, 전게서, 254~255面.
2   이은영, 전게서, 256面.

■ 대법원 1995.02.28. 선고 94다31334 판결[손해배상(산)]

건설공사 현장의 사고로 인한 손해가 통상의 손해와는 달리 강풍 등의 특수한 자연적 조건 아래 발생한 것이라 하더라도, 그 공사 현장의 안전관리자가 그와 같은 자연적 조건이나 그에 따른 위험의 정도를 미리 예상할 수 있었고 또 과도한 노력이나 비용을 들이지 아니하고도 적절한 조치를 취하여 자연적 조건에 따른 위험의 발생을 사전에 방지할 수 있었다면, 그러한 사고 방지 조치를 소홀히 하여 발생한 사고로 인한 손해배상의 범위를 정함에 있어 불가항력적인 자연력의 기여분을 인정하여 가해자의 배상 범위를 제한할 것은 아니라고 할 것이다.

■ 대법원 2001.2.23. 선고 99다61316 판결[손해배상(기)]

[1] 불법행위에 기한 손해배상 사건에 있어서 피해자가 입은 손해가 자연력과 가해자의 과실행위가 경합되어 발생된 경우 가해자의 배상 범위는 손해의 공평한 부담이라는 견지에서 손해 발생에 대하여 자연력이 기여하였다고 인정되는 부분을 공제한 나머지 부분으로 제한하여야 함이 상당한 것이지만, 다른 한편, 피해자가 입은 손해가 통상의 손해와는 달리 특수한 자연적 조건 아래 발생한 것이라 하더라도, 가해자가 그와 같은 자연적 조건이나 그에 따른 위험의 정도를 미리 예상할 수 있었고 또 과도한 노력이나 비용을 들이지 아니하고도 적절한 조치를 취하여 자연적 조건에 따른 위험의 발생을 사전에 예방할 수 있었다면, 그러한 사고 방지 조치를 소홀히 하여 발생한 사고로 인한 손해배상의 범위를 정함에 있어서 자연력의 기여분을 인정하여 가해자의 배상 범위를 제한할 것은 아니다.

[2] 임도 개설공사 이후 집중호우로 인한 산사태로 말미암아 발생한 손해의 배상 범위를 정함에 있어 자연력의 기여분을 인정하지 아니한 사례

■ 대법원 2003.06.27. 선고 2001다734 판결[양수금]

가. 원심은 피고의 울진원전 온배수배출구 인근에 설치된 소외 회사의 이 사건 수조식 육상 양식장에서 양식하던 넙치와 전복이 1994.7.24.부터 같은 달 27. 사이에 집단폐사한 것은 피고의 울진원전에서 배출된 온배수가 소외 회사의 양식장에 유입되어 양식장수조의 수온을 급상승시킨 때문이라고 인정하여 피고의 손해배상책임을 인정하고, 다만 위 손해 발생에는 해수온도의 이상고온이라는 자연력이 기여하였다는 이유로 자연력의 기여도를 50%로 인정하여 피고의 책임을 그 나머지 50%로 제한하였다.

나. 불법행위에 기한 손해배상 사건에 있어서 피해자가 입은 손해가 자연력과 가해자의 과실행위가 경합되어 발생된 경우 가해자의 배상 범위는 손해의 공평한 부담이라는 견지에서 손해 발생에 대하여 자연력이 기여하였다고 인정되는 부분을 공제한 나머지 부분으로 제한하여야 함이 상당하고(대법원 1993.2.23. 선고 92다52122 판결 등 참조), 다만, 피해자가 입은 손해가 통상의 손해와는 달리 특수한 자연적 조건 아래 발생한 것이라 하더라도 가해자가 그와 같은 자연적 조건이나 그에 따른 위험의 정도를 미리 예상할 수 있었고 또 과도한 노력이나 비용을 들이지 아니하고도 적절한 조치를 취하여 자연적 조건에 따른 위험의 발생을 사전에 예방할 수 있었다면, 그러한 사고 방지 조치를 소홀히 하여 발생한 사고로 인한 손해배상의 범위를 정함에 있어서 자연력의 기여분을 인정하여 가해자의 배상 범위를 제한할 것은 아니라고 할 것이다(대법원 1995.2.28. 선고 94다31334 판결 참조).

나. 손해배상의 내용

손해배상의 내용을 대별하면, 재산적 손해와 정신적 손해인 위자료로 구분할 수 있으며, 재산적 손해는 다시 치료관계비, 장례비 등 적극적 손해와 치료기간 중 상실한 손해인 휴업 손해 및 사망 또는 후유장해로 인한 노동능력의 상실·감소로 인하여 장래 얻을 수 있는 소득의 상실로 인한 상실수익액 등의 간접손해(소극적 손해)로 구분된다.

(1) 적극적 손해

(가) 구조수색비

이 비용은 사회통념상 필요하고 타당한 실비로서 교통사고로 사망한 피해자의 시체인양비나 유족을 찾는 신문광고비용, 부상자의 구조비용 등이다.

(나) 치료관계비

1) 응급조치비: 사고현장 등에서 피해자에게 응급조치를 행한 비용을 말한다.

2) 호송비: 사고 발생 장소로부터 치료병원까지 호송하기 위한 필요하고도 타당한 실비를 말한다.

3) 입원료: 환자의 상해 부위와 정도에 따라서 다른 환자와 함께 일반병실을 쓸 수 없는 경우를 제외하고서 일반병실에서도 충분한 치료가 가능함에도 불구하고 상급병실을 사용한 경우에는 일반병실료를 초과한 금액에 대하여는 상당인과관계를 넘는 것으로 보아 인정할 수 없다고 본다. 이 입원료에는 환자의 식비도 포함되어 있다.

4) 치료비: 진찰료, 검사비용, 투약료, 처치료, 수술료 등의 통상적인 치료비에 한하여 인정한다. 통상적인 치료비라 함은 과잉치료비와 기왕증 관련 치료비를 제외한 것을 말한다.

5) 한방치료비: 과잉진료 내지는 상해와 상당인과관계 여부와 관련하여 최근에 논란이 가열되고 있다. 그러나 한약의 복용이나 침술 등의 한방치료요법이 상해로 인한 치료에 인과관계가 있다면 통상의 손해로 인정하고 있다. 다만, 의사의 처방 없는 자의적인 한약의 복용이나 민간요법에 따른 한방치료는 상해와 상당성을 결하는 것으로 인정하지 않는다.

6) 통원비, 전원비, 퇴원비: 상해의 부위, 정도, 병원까지의 거리, 교통사정 등을 감안하여 필요하고 타당한 실비를 인정한다.

7) 간호비(개호비 포함): 개호비 및 상실수익에 관한 손해배상청구는 실제로 손해가 발생한 것을 전제하여 인정하는 현실손해설과 실제로 개호비나 일실수익의 손해가 발생하지 않았다 하더라도 피해자는 상해가 중한 경우 그 개호비나 일실수익 상실 상당액의 손해를 입은 것으로 보아야 한다는 상해설로 나뉘어진다. 학설 및 판례는 상해설을 취하고 있는데, 위 상해설에 의하면 일정기간 간호를 받았다는 사실로부터 곧바로 그 소요비용을 청구할 수 있고, 현실적으로 간호를 받았느냐 하는 것은 문제가 되지 않는다.

8) 향후치료비, 의료보조구대: 장래에 지출될 것으로 예상되는 치료비, 수술비, 의치, 의족 등

의료보조기구대는 지출의 개연성이 높은 현실의 손해로 평가한다. 이와 같은 입장은 상해 그 자체를 손해로 보고 치료비나 향후 치료비는 그 평가 방법에 불과한 상해손해설의 입장을 취하고 있는 것이다.

(다) 장례비

장례비는 언젠가는 지출하여야 할 비용이므로 교통사고로 인한 손해로 인정하기는 곤란하다는 견해가 있었으나, 현재의 학설 및 판례는 장례비를 교통사고에 의한 손해로 인정하고 있다. 그러나 그 장례비의 금액에 대해서는 실제로 지출한 비용 전액을 손해로 인정하지 않고 사회통념상 타당한 범위 내에서 인정한다.

(라) 변호사비용

민사소송에 관한 우리나라의 법제는 변호사소송주의(변호사강제주의)를 채택하지 않고 당사자주의를 취하고 있으므로 반드시 변호사만이 소송행위를 할 수 있는 것이 아니므로 변호사비용은 원칙적으로 사고와 상당인과관계의 범위에 속하지 않는다고 보아야 한다. 그러나 최근 교통사고에 의한 손해배상청구 소송은 매우 고도화, 복잡화 또는 전문화하여 법률지식이 없는 자는 소송을 유지하여 권리를 보전하기 곤란하므로 변호사에게 사건을 위임하는 것이 통례로 되어 있다. 이 경우, 부당소송, 부당고소, 부당한 가압류 등에 응소한다든가 혹은 불법행위자의 부당항쟁에 대하여 피해자 측이 적극적으로 소송을 제기하고 가해자 측이 응소하여 다툴 경우에는 변호사비용은 부당소송이나 부당항쟁에서 발생하는 통상의 손해로 보는 것이 타당하며 판례도 이를 인정하고 있다. 다만, 변호사비용으로 인정하는 비용은 실제로 지급한 금액 전부가 아니라 그 범위 안에서 권리의 주장에 필요하다고 인정되는 상당액이다.[1]

(2) 소극적 손해

불법행위로 신체 손상을 입은 경우 손해액의 산정은 물적 손해와는 달리 신체에 교환 가치를 인정할 수 없으므로 직접적인 계산은 불가능하다. 따라서 피해자의 수입감소액을 손해로 계산하는 간접적 방법을 사용함으로써 종래 치료비, 장례비와 같은 적극적 손해와 휴업 손해, 상실된 기대수입, 퇴직금 등의 소극적 손해와 위자료에 해당되는 정신적 손해로 분류하는 소송물의 삼분설이 주류를 형성하면서 소극적 손해는 사고로 인하여 잃어버린 일실이익으로 파악하였고, 이와 같은 방식을 "소득상실설"이라고 일컬었다. 이 설은 실질적으로 근로소득을 얻고 있던 피해자가 그 소득을 상실한 경우에는 설득력이 있으나 무직자, 연소자, 학생, 가정주부와 같이 근로소득이 없는 자가 사상한 사건에서는 그 소득을 가정 또는 추정하지 않을 수 없게 되는 모순이 초래된다. 따라서 사상 내지는 노동능력 상실 그 자체를 손해로 인정하여 피해자가 득하고 있던 소득은 노동능력상실율을 평가하기 위한 하나의 징표에 불과한 간접사실로 보고자 하는 "가동능력상실설"이 등장하였다.[2]

1 　한국자동차보험주식회사, 전게서, 113面.
2 　이보환, 전게서, 225~226面.

(가) 소득상실설의 문제점과 가동능력상실설의 기능

소득상실설은 사상으로 인하여 노동능력을 상실한 경우에 피해자가 입은 손해는 사고가 없었더라면 그가 얻을 수 있었던 이익을 합계하고 간주하는 입장을 취한다. 이 설은 사상 그 자체를 손해로 보지 않고 사상의 결과로 생긴 소득의 상실 내지는 금전적 수입의 감소를 손해로 인정하고서 사상 전·후의 소득 혹은 수입을 비교하여 그 차액을 손해로 보기 때문에 소득상실설 또는 차액설이라 칭하였다. 이 설에는 다음과 같은 문제점이 있다.

1) 피해자가 실질적으로 근로소득이 없는 무직자, 학생, 유아, 가정주부의 경우에는 농촌 또는 도시일용임금을 소득으로 인정하고 있으나, 이와 같은 소득은 추정된 소득일 뿐, 실제 수입이 아니기 때문에 본래의 소득 개념으로는 설명이 어렵다. 따라서 이와 같이 추정된 수입은 피해자의 상실된 노동능력에 대한 평가액이라고 보는 가동능력상실설이 설득력을 갖게 되었다.[1]

2) 사상으로 인하여 노동능력의 일부를 상실하였으나 실제 수입의 감소가 발생하지 않은 경우 차액설에 의하면 손해가 없으므로 노동능력상실 상당의 손해를 전보할 방법이 없다. 하지만 가동능력상실설을 취하면 이와 같은 문제는 사라지게 된다.[2]

3) 피해자의 일실이익 산정의 기초가 되는 소득액을 정함에 있어 소득세 공제 여부에 대하여 종래 공제설과 비공제설로 나뉘어 다툼이 있었다. 피해자가 사고로 잃게 될 순이익은 세액을 공제한 잔액이라고 보지 않을 수 없기 때문에 소득상실설(차액설)에서는 소득세공제설을 취할 수밖에 없다. 그러나 가동능력상실설은 사고로 가동능력의 전부 또는 일부를 상실함으로써 상실하는 수익금액은 그 피해자가 그로 인하여 상실하게 된 가동능력에 대한 총평가액으로서 소득세 등 제공과금을 공제하지 아니한 금액으로 본다. 그 이유는 피해자의 가동에 대한 대가는 세금을 공제하기 전의 총급여액이고, 세금은 그 급여액에 대하여 징수하는 공과금이기 때문이다.[3]

4) 생활보장을 본래의 목적으로 하는 일신전속성의 성격을 지니고 있는 이유로 상속이 허용되지 않는 연금은 일실이익으로 인정할 수 없다. 이 경우, 소득상실로는 설명이 불가능하나 가동능력상실설에 의하면, 연금은 가동능력에 대한 대가가 아니기 때문에 가동능력으로 평가할 수 없다고 하는 설명이 가능하게 된다.[4]

5) 소득상실설은 사상 자체를 손해로 보지 않고 사고로 인하여 실제로 소요된 금액 및 상실한 장래의 수익이 실제로 발생한 손해로 보기 때문에 각 금액이 지급된 때에 비로소 손해가 발생한 것이므로 각 금액이 지급된 때부터 지연손해금을 붙이게 된다. 따라서 치료비, 장례비 등 각 금원이 지급된 날을 찾아 일일이 지연손해금을 계산하여야 한다. 그러나 가동능력상실설에서는 사상 그 자체를 손해로 여겨, 손해액은 상실된 능력의 평가액으로 보기 때문에 사상이 발생한 사고

---

1   이보환, 전게서, 228面.

2   이보환, 전게서, 228面.

3   이보환, 전게서, 225~226面.

4   이보환, 전게서, 230~231面.

일로부터 지연손해금을 산정한다.[1]

6) 소득상실설은 인적 손해와 관련, 재산적 손해를 적극적 손해와 소극적 손해로 분류한 것에 정신적 손해를 더하여 삼분설을 취하고 있다. 삼분설에서는 위 세 가지 손해는 독립된 소송물이므로 각 그 청구액을 넘어 인용할 수 없고, 서로 융통하여 한 편의 초과청구부분을 다른 한 편의 미달된 청구액에 가산하여 인용할 수 없게 된다. 그러나 가동능력상실설을 취하면 일실이익이란 상실된 가동능력의 평가액으로써, 적극적 손해로 파악할 수 있는 것이 가능하여 그 손해는 지급된 치료비, 장례비, 보조구, 개호비 등이 과실상계로 삭감되더라도 일실이익 역시 이들 항목과 같은 적극적 손해로 간주할 수 있으므로 삭감된 치료비나 장례비, 보조구, 개호비가 일실이익의 일부로 전용되어 인정될 수 있다.[2]

■ 대법원 1994.11.25. 선고 94다30065 판결[손해배상(자)]

원래 불법행위로 인한 손해배상채권은 불법행위 시에 발생하고 그 이행기가 도래하는 것이므로, 장래 발생할 소극적·적극적 손해의 경우에도 불법행위 시가 현가산정의 기준 시기가 되고, 이때부터 장래의 손해 발생 시점까지의 중간이자를 공제한 금액에 대하여 다시 불법행위 시부터의 지연손해금을 부가하여 지급을 명하는 것이 원칙이며, 다만 불법행위 시 이후로 사실심의 변론종결일 이전의 어느 시점을 기준으로 하여 그 이후 발생할 일실수입손해를 위 시점으로부터 장래의 각 손해 발생 시점까지의 중간이자를 공제하는 방법으로 현가를 산정하되 지연손해금은 위 기준 시점 이후로부터 구하는 것도 그것이 위와 같은 본래의 방법을 벗어나거나 이에 모순, 저촉되는 것이 아닌 한 허용된다 할 것이나(당원 1994.2.25. 선고 93다38444 판결 등 참조), 불법행위 시 이후 사실심의 변론종결일 이전의 어느 시점을 기준으로 하여 현가를 산정하면서도 지연손해금은 위 기준 시점 이전부터 명하는 것은 위와 같은 방법에 비하여 중간이자를 덜 공제하였거나 지연손해금을 더 많이 인용한 결과가 되어(일종의 과잉배상이 된다) 허용될 수 없다 할 것이다.

(나) 휴업 손해

"휴업 손해"라 함은 일반적으로 자동차 교통사고에 의한 부상자가 그 치료기간 동안 휴직이나 휴업으로 인하여 입은 손해를 말한다. 휴업 손해는 부상자가 치료를 받기 위하여 일을 하지 못하여 입은 손해이므로 피해자가 휴업 손해로서 손해배상을 청구하려면 우선 손해가 있어야 하고, 치료를 받기 위한 휴업과 인과관계가 있는 손해라는 것은 치료를 위한 휴업과 인과관계 있는 손해라 할지라도 그 적법한 수입을 상실함으로 인하여 입은 손해라야 한다. 따라서 위법행위(매춘행위, 공서양속위반행위, 무면허운송사업 등)에 의한 수입을 상실하여 입은 손해는 피해자 측으로 보아 가혹하기는 하나 이를 손해액 산정의 기초로 인정하지 않는다.[3]

---

1   이보환, 전게서, 231面.
2   이보환, 전게서, 231~232面.
3   한국자동차보험주식회사, 전게서, 114面.

(다) 사망자의 상실수익

"사망자의 상실수익"이란 사고로 사망한 자가 생존하였다면 장래 가동하여 얻을 수 있는 수입을 상실함으로 인하여 입은 손해를 말한다. 이 상실수익은 통상 사망자의 월간의 순수입으로부터 사망자의 생활비와 가동가능기간에 해당하는 중간이자(호프만계수나 라이프닛쯔계수 적용)를 공제하여 산정한다.

(라) 후유장해에 의한 상실수익액

"후유장해에 의한 상실수익액"이란 교통사고로 인한 신체 손상이 현대의학으로 더 이상 치료할 수 없는 후유증이 고정되어 사고 전의 노동능력의 전부 또는 일부를 상실함으로 인하여 발생한 손해를 말한다.

1) 상실수익액 산정의 기준이 되는 소득 인정 방법

피해자가 불법행위(혹은 노동능력상실) 당시에 현실적으로 득하고 있던 소득금액을 상실수익액 산정의 기준이 되는 소득금액으로 인정한다. 이 경우, 그 소득이 세무서에 신고된 소득인지 신고되지 않은 소득인지는 가리지 않으나, 무신고의 경우 입증 책임의 부담이 가중될 뿐이다. 급여소득자의 경우 승급에 관한 규정이 명백한 경우에는 그 승급 규정에 의거하여 손해액을 산정함이 상당하다. 이에 대하여 대법원 판례는 상실수익은 노동능력 상실 당시의 수익을 기준으로 하나 장차 그 수익이 증가될 것이 확실하게 예측되는 객관적인 자료가 있는 경우에는 증가될 수익도 고려하여야 한다(대법원 1977.11.5. 선고 76다2418 판결, 1983.6.28. 선고 83다191 판결, 1988.6.28. 선고 87다카1858 판결, 1996.9.24. 선고 96다11501 판결, 1999.8.24. 선고 99다27293 판결 등)고 하였다.

> ■ 대법원 1990.4.24. 선고 88다카19255 판결[손해배상(자)]
> 가. 불법행위로 인한 피해자의 일실이익을 산정함에 있어서는 사고 당시의 피해자의 소득을 기준으로 하여 산정할 수도 있고 추정 소득에 의하여 이를 평가할 수도 있는 것이며 이와 같은 일실이익의 산정은 불확정한 미래 사실의 예측이므로 당해 사건에 현출된 구체적 사정을 기초로 하여 합리적이고 객관성 있는 기대 수익을 산정할 수 있으면 족한 것으로서 반드시 어느 한 쪽만을 정당한 산정 방법이라고 할 수 없다고 할 것이므로, 원심이 원고가 44세의 여자로서 합기도 초단의 자격을 취득한 후 합기도 5단이 된 사고 당시까지 10년 이상 주소지에서 사범 1인을 고용하고 자신은 관장 겸 사범으로서 합기도장을 개설 운영하고 있었던 사실을 인정하고 노동부 발행의 직종별임금실태조사보고서상 10년 이상 경력의 여자체육인 및 관련 종사자의 월평균통계임금을 기준으로 한 추정소득액을 기초로 일실이익을 산정한 점에 이유불비, 심리미진 및 법리오해의 위법이 없다.
> 나. 원고가 합기도장을 개설 운영하면서 역술감정을 하여 오고 있었는데 원고의 합기도장 경영이나 그 사범으로서의 역할이 하루의 활동 가능한 시간 중 반드시 연속된 신체적 동작이나 활동을 필요로 하는 것은 아니어서 그 역할을 수행하는 도중이나 그 전후 시간에 역술감정을 하여 오고 있었다면 원고의 일실이익을 산정함에 있어 합기도장 경영자 및 역학감정인의 두 종류의 수입상실을 모두 인정한 데에 채증법칙 위반의 위법이 있다고 할 수 없다.

■ 대법원 1995.02.28. 선고 94다31334 판결[손해배상(산)]
직장에 종사하는 자가 자기 직장에서 얻고 있던 수입보다 일반노동임금이 많은 경우에는 일반노동에 종사하리라는 개연성이 농후하다고 할 것이므로, 특별한 사정이 없는 한 변론종결 당시의 일반노동임금이 노동능력상실 당시의 현실로 얻은 수입보다 다액일 때에는 그 노동임금을 선택하여 이를 기준으로 하여 일실수입을 산정하여야 하고, 그 특별한 사정은 이를 주장한 측에서 입증하여야 할 것인데(당원 1992.1.21. 선고 91다39306 판결 참조), 이 사건에서는 원고가 피고 회사와의 근로계약 종료일 이후 국내에서도 계속 측량보조공으로 근무할 것이 예상된다고 볼 아무런 증거가 없으므로, 원심이 원고의 일실수입을 농촌일용노임을 기준으로 산정한 조치는 정당하다 할 것이고, 논지는 이유가 없다.

2) 노동능력상실률 인정방법

노동능력상실율을 인정함에 있어 절대적인 기준은 없을 것이나 우리나라에서는 대개 맥브라이드표를 참고하여 담당의사가 종합적으로 판단하는 것을 따르고 있다. 추상장해와 같이 맥브라이드표에 없는 장해항목은 「국가배상법시행령」에 규정한 장해등급표를 적용하고 있으며 최근에는 미국의학협회의 장해 평가 방법의 적용에 적극적인 관심을 보이고 있기도 하다. 한편, 대법원판결은 "노동능력상실률을 적용하는 방법에 의하여 일실이익을 산정할 경우 그 노동능력상실률은 단순한 의학적 신체기능장애율이 아니라 피해자의 연령, 교육 정도, 종전 직업의 성질과 직업 경력, 기능 숙련 정도, 신체기능장애 정도 및 유사 직종이나 타직종의 전업 가능성과 그 확률 기타 사회적, 경제적 조건을 모두 참작하여 경험칙에 따라 정한 수익상실률로서 합리적이고 객관성이 있는 것이어야 하고, 노동능력상실률을 정하기 위한 보조자료의 하나인 의학적 신체기능장애율에 대한 감정인의 감정 결과는 사실인정에 관하여 특별한 지식과 경험을 요하는 경우에 법관이 그 특별한 지식, 경험을 이용하는 데 불과한 것이며, 궁극적으로는 앞서 열거한 피해자의 제 조건과 경험칙에 비추어 규범적으로 결정될 수밖에 없다"고 판시하였다(대법원 1992.05.22. 선고 91다39320 판결).

특히 노동능력상실율 인정과 관련하여 문제가 되고 있는 것은 기왕증이 사고로 인한 부상과 경합하여 피해자의 후유장해 정도를 확대시켰을 때인데, 대법원 1992.04.28. 선고 91다31517 판결은 "불법행위로 인한 손해배상청구 사건에 있어서 피해자의 후유장해가 사고로 인한 부상을 유일한 원인으로 하는 것이 아니고 피해자의 기왕증과 사고로 인한 부상이 함께 경합하여 초래된 것이라면 그 후유장해로 인한 전 손해를 당해 사고로 인한 부상에만 기인한 것으로 단정함은 불법행위책임에 있어서의 손해의 공평한 부담이라는 견지에서 부당한 것이라 할 것이므로 이와 같은 경우에는 피해자의 전 손해 중 기왕증이 기여한 정도에 상응한 손해액을 감한 나머지 손해액만을 가해자에게 부담시키는 것이 타당하다"고, 계속하여 대법원 1992.5.22. 선고 91다39320 판결은 "교통사고로 인한 피해자의 후유증이 그 사고와 피해자의 기왕증이 경합하여 나타난 것이라면, 그 사고가 후유증이라는 결과 발생에 대하여 기여하였다고 인정되는 정도에 따라 그에 상응한 배상액을 부담케 하는 것이 손해의 공평한 부담이라는 견지에서 타당하고, 법원은 그 기여도를 정함에 있어서 기왕증의 원인과 정도, 기왕증과 후유증과의 상관관계, 피해자의 연령과 직업, 그 건강상태 등 제반 사정을 고려하여 합리적으로 판단하여야 할 것이다"라고 각각 판시하였다.

3) 가동가능연령

가) 취업가능연령 시기

취업가능연령의 始期는 원칙적으로 성년이 되는 만 19세를 기준으로 하나, 남자의 경우에는 특별한 사정이 없는 한 군복무기간이 끝나는 만 22세로 추정함이 상당하다. 그러나 만 20세 이전이라도 피해자가 실제 취업을 하고 있었다든지 기타의 수입이 있었을 때에는 성년이 되기 전이라도 상실수일을 인정한다.

나) 취업가능연령의 종기

취업가능연령의 終期는 법령, 단체협약 또는 그 밖의 별도의 정년에 관한 규정이 있으면 이에 의하여 취업가능연한을 인정하나 이 외에는 특별한 사정이 없는 한 만 60세가 될 때까지 인정하고 있는 것이 자동차보상실무나 판례의 경향이다. 취업가능연령에 대한 대법원 판결례를 살펴보면, "일실수입 산정 기초가 되는 가동연한을 인정할 때에는 국민의 평균여명, 경제수준, 고용조건 등 사회적, 경제적 여건 외에 연령별 근로자 인구수, 취업률 또는 근로참가율 및 직종별 근로조건과 정년 제한 등 제반 사정을 조사하여 이로부터 경험칙상 추정되는 가동연한을 도출하던가, 당해 피해자의 연령, 직업, 경력, 건강상태 등 구체적인 사정을 고려하여 가동연한을 인정하야 한다(대법원 1993.11.26. 선고 93다31917 판결, 대법원 1996.11.29. 선고 96다37091 판결, 대법원 1999.9.21. 선고 99다31667 판결, 2011.05.13. 선고 2009다100920 판결)"고 판시하였다.

다) 60세 이상의 취업가능연령 종기

사고 당시 그 연령이 당해 직종에 대하여 일반적으로 인정되는 가동연한을 넘은 피해자에 대하여는 법원이 피해자 본인의 연령, 경력, 건강상태, 가동 여건 등 주관적 특수사정과 관련 분야의 인식, 그 연령에 대한 보험회사의 가동기간 인정 기준 등 주변 사정을 참작하여 그의 가동연한을 인정할 수 있을 것이다. 대법원 1999.09.21. 선고 99다31667 판결은 위와 같은 취지로 사고 당시 농촌일용노동에 종사하고 있던 66세 1개월 남짓 된 농촌 거주자의 농촌일용노임에 의한 일실수입의 지급청구를 배척한 원심 판결을 파기하였다.

4) 평균여명

생명표란 한 출생집단이 연령이 많아짐에 따라 소멸되어 가는 과정을 나타내는 표이다. 어떤 연령층의 인구가 주어진 사망연령의 유형과 수준이 그대로 적용된다는 가정 하에 평균적으로 더 살 수 있는 기간, 연령별 사망확률, 특정 연령의 사람이 다른 연령까지 생존할 수 있는 확률 등을 나다내 준디. 보다 쉽게 설명하면, 어느 연령에 달한 자가 향후 평균 몇 년간 살 수 있는가 하는 연수를 통계에 의하여 표시한 것이다. 각 세별로 작성한 생명표를 완전생명표라고 한다. 이 생명표에 의하여 피해자의 평균여명연수는 용이하게 알 수 있으나 이 평균여명연수 全 期間 중 가동할 수 있다고는 할 수 없다. 그러므로 상실수익 인정과 관련하여서는 피해자의 취업가능연령의 終期가 위 평균여명연수 내에 위치하고 있는지 확인하는 자료로서 가치가 있을 뿐이다. 그러나 향추치료비나 개호비 인정에 있어서는 위 평균여명연수 촌 期間에 인정되는 경우가 있으므로 평균여명연수의 장단에 의해 손해배상액이 좌우된다.

(마) 중간이자 공제

피해자가 가해자에게 청구할 수 있는 상실수익 손해는 피해자가 장래 취득할 수 있는 수입의 상실·감소로 인하여 입은 손해로서, 이 손해는 피해자가 교통사고에 의하여 사망 또는 후유장해라는 사실이 발생한 때에 모든 손해가 발생하는 것이 아니고 앞으로 장기간에 걸쳐서 매월 또는 매년 순차적으로 그 수입을 얻을 수 있는 시기마다 발생하는 것이다.[1] 따라서 피해자가 장래에 순차적으로 얻을 수 있는 수입의 전액을 현 시점에서 일시금으로 배상받으면 피해자로서는 이자에 상당하는 부당이득을 취하게 되며 가해자는 그만큼 부당하게 손해를 보게 되므로 이러한 불공평한 점을 배제하기 위하여 중간이자를 공제한다. 이 중간이자를 공제하기 위하여 이용되는 계산방식으로서는 호프만(Hoffmann)式, 라이프닛쯔(Leipniz)式, 카르프초우(Carpzow)式이 있는데, 법원 소송에서는 호프만(Hoffmann)式, 자동차보험약관에서는 라이프닛쯔(Leipniz)式을 사용하고 있다.

1) 호프만(Hoffmann)式

이 방식에는 단식호프만식 계산법과 복식호프만식 계산법이 있다.

가) 단식호프만(Hoffmann)式

단식호프만식이란 장래 가동하여 얻을 수 있는 수입의 전액을 산출하여 최종의 시기에 전 수입을 확정하고 이를 일괄하여 년 5푼의 비율에 의한 중간이자를 단리로 공제하는 방식이다. 이를 공식으로 표시하면, 앞으로 얻을 수 있는 총수익을 A, 가동가능연수를 n, 이율을 i, 현재 받을 금액을 X라고 할 때, X = A/1 + ni로 된다. 그러나 이 단식은 대단히 부정확하여 피해자에게 유리하다는 비난이 있어, 복식호프만식의 타당성을 주장하는 견해가 지배적이다.

나) 복식호프만(Hoffmann)式

복식호프만식 계산법은 1년마다 이자를 공제하여 누계로써 계산하는 방법으로 "신호프만식"이라고도 한다. 이 공식은 1년분의 수입을 a라고 하면, X = a/1 + i + a/1 + 2i + … + a/1 + ni이다. 이보다 더욱 정확하고 피해자에게 유리한 계산 방법은 1년마다 이자를 공제하지 않고 1개월마다 이자를 공제하여 계산하는 방법이다. 이 방식을 월별누계에 의한 호프만식 계산법이라 한다. 그러나 이 계산법은 급여소득자와 같이 매월 수입이 명확한 경우에는 그 적용이 합당하나 개인사업자나 농업소득자와 같이 월수입이 일정치 않고 연간소득을 파악할 수밖에 없는 경우에는 그 적용이 적합하지 않다. 이 공식은 월수입을 a, 연 5푼의 이율을 월단위로 고친 것을 r, n년의 년수를 월로 고친 것을 n이라고 할 때, X = a/1 + r + a/1 + 2r + a/1 + 3r + … + a/1 + nr이다.

---

1   한국자동차보험주식회사, 전게서, 120~121面.

2) 라이프닛쯔(Leipniz)式

라이프닛쯔(Leipniz)式은 호프만(Hoffmann)式 계산법이 단리로 중간이자를 공제하는데 반하여 복리로 이자를 공제하는 것으로서, 복식호프만식 계산법에 의하면 가공연수가 35년 이상이 되면 원금의 이자가 연간수익액을 초과하는 불합리한 점이 발생하고 현재 금리체계가 복리로 되어 있는 실상을 감안하면 라이프닛쯔식이 타당하다는 설이 있다. 이 계산법은 호프만(Hoffmann)式 계산법보다 피해자가 받을 금액이 적어 피해자에게 불리하다. 라이프닛쯔(Leipniz)式 계산법의 공식은 $X = A/(1 + r)^n$이다.

3) 과잉배상 차단

손해액청구기간에 해당하는 중간이자 공제기간이 414개월을 초과하여 월단위 호프만계수가 240을 넘게 되면 과잉배상을 막기 위하여 호프만계수 240까지만 적용한다(창원지방법원 2006.02.09. 선고 2004가합5228 판결).

> ■ 대법원 1995.02.28. 선고 94다31334 판결[손해배상(산)]
> 개호비의 현가액을 계산함에 있어서 총기간이 414개월을 넘더라도 개호비를 청구하지 않는 기간을 공제한 후의 현가율의 수치가 240을 넘지 않는다면 그에 해당하는 수치를 적용하여 현가를 산정할 수 있다 할 것이므로(당원 1989.6.27. 선고 88다카15512 판결 참조), 같은 방식으로 개호비의 현가액을 산정한 원심 판결은 정당하고, 논지는 이유가 없다.

(바) 생활비 공제

피해자가 교통사고로 인하여 사망한 경우에는 향후 가동기간 동안의 수입을 상실하게 되는 반면, 생존 시 소요되는 자신의 생활비 지출을 면하게 되는 이익을 얻는 결과가 된다. 그러므로 상실수익액을 산정함에 있어서 사망자의 수입으로부터 본인의 생활비를 공제하지 않으면 피해자 측은 부당이득을 득하는 것이 되어 공평의 원칙에 반하게 된다. 이러한 이유로 사망자의 장래 가동기간 동안 득할 수 있는 수입액에서 생활비 공제를 하게 된다. 공제되는 생활비는 피해자의 사회적 지위나 부양가족 수에 관계치 않고 판례나 자동차보험약관 공히 획일적으로 수입액의 1/3을 적용하고 있으며 과실상계 전의 총수입액에서 공제한다.[1]

다. 손익상계

피해자가 손해배상 원인과 동일한 원인으로 이익을 받을 경우 그 손해에서 이익을 공제하는 것을 손익상계라 한다. 부언하면 사고로 인하여 손해를 입음과 동시에 이익을 얻고 그 이익이 사고와 상당인과관계를 갖는 통상 발생하는 이익으로 손해의 전보를 목적으로 지급된 것인 경우에 그것을 공제하는 것을 말한다. 손익상계는 본래의 상계와 같이 상호 대립하는 별개로서 두 개의

---

1   한국자동차보험주식회사, 전게서, 125面.

채권이 대등액에서 소멸하게 하는 것은 아니므로 "손익상계"라는 표현보다는 "손익공제"라고 보는 것이 타당하다고 본다.

> ■ 대법원 1989.12.26. 선고 88다카16867 전원합의체 판결[손해배상(자)]
> 개인택시운송사업면허가 유상으로 양도되고 있어 사실상 교환적 가치를 지니고 있다고 하여도 이러한 사실만으로 곧 위 면허 자체를 자본적 수익재에 해당한다고 말할 수는 없으므로, 개인택시운전사이던 피해자의 일실이익을 산정함에 있어서 위 면허가 차지하는 자본적 기여부분에 해당하는 면허처분가액의 법정이자 상당액을 공제하여야 하는 것은 아니다.
> 불법행위로 사망한 피해자 명의의 개인택시운송사업면허를 유족들이 다른 사람에게 매도함으로써 발생한 그 처분가액에 대한 가동연한까지의 중간이자 상당의 이익은 직접적으로 불법행위로 인하여 발생한 이익이라고는 보기 어려울 뿐 아니라, 위 망인의 가동연한이 도래한 때에 있어서의 위 개인택시의 처분가액이 유족들의 처분가액과 반드시 같은 것이라고 예측할 수도 없는 것이어서 불법행위와 상당인과관계가 있는 이익이라고 보기도 어렵다고 할 것이므로 손익상계에 의하여 손해에서 공제할 수 있는 이득이라고 할 수 없다.
>
> ■ 대법원 2009.12.10. 선고 2009다54706, 54713 판결[채무부존재확인·부당이득금반환]
> 채무불이행이나 불법행위 등이 채권자 또는 피해자에게 손해를 생기게 하는 동시에 이익을 가져다 준 경우에는 공평의 관념상 그 이익은 당사자의 주장을 기다리지 아니하고 손해를 산정함에 있어서 공제되어야만 하는 것이고(대법원 2002.5.10. 선고 2000다37296, 37302 판결 참조), <u>이와 같이 손해배상액의 산정에 있어 손익상계가 허용되기 위해서는 손해배상책임의 원인이 되는 행위로 인하여 피해자가 새로운 이득을 얻었고, 그 이득과 손해배상책임의 원인인 행위 사이에 상당인과관계가 있어야 한다</u>(대법원 1992.12.22. 선고 92다31361 판결, 대법원 2007.11.30. 선고 2006다19603 판결 등 참조).

(1) 「공무원연금법」상의 급여금

　「공무원연금법」상의 급여에 대하여 손해배상액에서 공제하여야 한다는 설과 공제해서는 불가하다는 비공제설이 대립하고 있으나 판례 및 보상실무에서는 비공제설을 취하고 있다. 그 이유는 「공무원연금법」상의 급여는 손해전보를 목적으로 하는 것이 아니라 사회보장제도의 확립에 있고 제급여의 반은 공무원 자신이 불입해 온 기여금의 대가로서 생명보험과 같은 성질을 갖는 것이고, 나머지 반은 후불임금의 성격을 갖는 것으로 불입기여금의 대가와 근로대가인 후불적 임금을 손해의 전보로 보아 공제할 수 없기 때문이다.[1] 그러나 「공무원연금법」상의 퇴직연금을 받던 사람이 타인의 불법행위로 인하여 사망한 경우에 그 유족이 망인이 퇴직연금을 받지 못하게 됨으로써 얻은 손해배상청구권을 상속함과 동시에 유족연금을 지급받게 되었다면, 그 유족은 동일목적의 급부를 이중으로 취득하게 되는 것이므로 그 상속인에게 지급할 손해배상액을 산정함에 있어서는 위 망인의 일실퇴직연금액에서 유족연금액을 공제하여야 한다는 것이 대법원 판례(대법원 1994.5.10. 선고 93다57346 판결)의 태도이다.

1　이보환, 전게서, 538面.

(2) 「군인연금법」 및 「군사원호보상법」상의 급여금

「군인연금법」 및 「군사원호보상법」상의 급여금 또한 「공무원연금법」상의 급여금과 같은 비공제설이 원용될 수 있다. 동법 역시 「공무원연금법」과 마찬가지로 사회보장제도의 일환이고 동법상의 기금은 군인 급여의 1,000분의 55에 해당하는 기여금과 국고 부담으로 조성되어지고 있을 뿐만 아니라, 동법상의 급여는 보험금과 후불적 임금의 성격으로 손해전보에 목적이 있는 것이 아닌 이상 비공제설이 타당한 것으로 보여진다.[1] 한편, 일실연금, 일실퇴직금을 손해액으로 산정하는 한 그것이 후불적 임금과 사회보장적 성격의 급부라 하더라도 그 유족이 취득하는 연금은 이중취득이 되어 부당하므로 비공제설은 소극적 손해가 산정되지 아니한 사건에 관하여만 타당하다고 하는 문제 제기도 있다.

(3) 생명보험금

손익상계의 대상으로서 공제되어야 할 이익은 가해사고에 기인하고 동 사고와 상당인과관계가 있는 범위 내로 한정되는데 생명보험금의 지급은 가해행위와는 관계없이 보험계약에 근거하고 있고, 지급되는 보험금은 보험계약자가 납입한 보험료의 반대급부의 성격을 가짐과 동시에 불법행위의 원인과 관계없이 지급되어지는 것이므로 불법행위에 의한 손해배상액으로부터 공제되어야 할 것은 아니다. 여기에 더하여, 손익상계의 대상이 되는 이익은 사고와 상당인과관계가 있어야 할 것인바, 생명보험금의 지급은 사고에 있어서 통상 발생되는 것이 아니라 보험계약을 체결한 경우에만 발생되는 것이고 가해자와는 무관한 보험료의 대가이므로 이것을 공제하는 것은 손익상계의 근본이념인 공평에 반하게 되어 부당하다고 여겨진다.

(4) 양육비

피부양자(미성년자)가 사망하여 부양 의무자가 손해배상을 청구할 경우 부양 의무를 면하게 되어 생기는 이익인 양육비는 피해자에게 생기는 이익이 아니므로 손익상계의 대상으로서 공제하지 않는다. 손익상계의 대상이 되는 이익은 손해를 입은 피해자에게 생겨야 하는데 사망으로 인한 손해에 대한 손해배상청구권은 피해자인 망인에게 생기는 반면, 양육비의 지출을 면하는 것은 부양 의무자이고 부양 의무자는 위 청구권을 상속한 데에 지나지 않으므로 공제될 수 없다고 보는 것이다. 이와는 반대로 부양자의 양육비는 피해자(사망한 미성년자) 자신이 지급하는 것은 아니지만, 결국 미성년자인 자의 사망에 의하여 손해배상을 청구하는 것은 그 미성년인 자가 아니고 손해배상청구권을 상속한 부모이므로, 부모가 지급 부담을 면한 이익을 그 부모의 청구에 의하여 공제하는 것이 공평의 원칙으로 보아 당연하다고 하는 견해도 대두되고 있음을 지적해 둔다.[2]

(5) 「근로기준법」·「산업재해보상보험법」상의 급여금

(가) 공제 근거 및 성질

---

1   이보환, 전게서, 231~232面.
2   한국자동차보험주식회사, 전게서, 126~127面.

「산업재해보상보험법」에 의한 보험급여는 「근로기준법」에 규정된 재해 보상의 사유가 발생할 때에 수급권자의 청구에 의하여 지급하도록 되어 있고 그의 「산업재해보상보험법」이나 「근로기준법」에 규정하고 있는 보상 사유는 서로 일치하고 있으며, 또 보상체제 간에도 서로 균형을 유지하고 있어 「산재보험법」상의 모든 보험급여는 「근로기준법」상의 당해 재해 보상에 상당하는 것이라고 할 것이므로 두 법에 의한 유족보상금이나 장사비(장의비)는 그 성질에 있어서도 마찬가지라고 할 것이다(대법원 1981.10.13. 선고 80다2928 판결). 「근로기준법」 제87조(다른 손해배상과의 관계)에서는 「보상을 받게 될 자가 동일한 사유에 대하여 「민법」이나 그 밖의 법령에 따라 이 법의 재해 보상에 상당한 금품을 받으면 그 가액의 한도에서 사용자는 보상의 책임을 면한다」고, 「산업재해보상보험법」 제80조(다른 보상이나 배상과의 관계)제1항은 「수급권자가 이 법에 따라 보험급여를 받았거나 받을 수 있으면 보험가입자는 동일한 사유에 대하여 「근로기준법」에 따른 재해 보상 책임이 면제된다」고, 제2항은 「수급권자가 동일한 사유에 대하여 이 법에 따른 보험급여를 받으면 보험가입자는 그 금액의 한도 안에서 「민법」이나 그 밖의 법령에 따른 손해배상의 책임이 면제된다」고 각각 규정하고 있다.

이와 같은 법 규정에 의거 동 급여금은 손해배상액에서 공제되어야 한다. 그러나 엄밀히 말해서 「근로기준법」상 보상금과 「산업재해보상보험법」상 급여금은 손해의 전보적 성격을 지니므로 손해배상 원인과 동일한 원인으로 이익을 받은 경우 그 손해액에서 이익을 공제하는 손익상계와는 그 성질을 달리하고 있다.

(나) 문제 제기

「근로기준법」상 재해 보상금이나 「산업재해보상보험」상 급여금을 수령한 피해자의 손해배상액을 산정함에 있어서 피해자의 상속인과 위 법상의 수급권자가 일치하지 않는 경우가 있다. 이때 피해자의 손해배상액에서 수급권자가 지급받은 급여금을 선 공제 후 상속을 시킬 것인지, 상속 후 공제를 할 것인지 하는 문제가 대두된다.[1] 이와 같은 문제가 발생하는 것은 「근로기준법 시행령」 제48조제1항제1호에서는 유족 보상의 순위에 제1순위로 근로자가 부양하고 있던 배우자이고 그 배우자는 사실혼 관계에 있던 자도 포함한다고 규정하고 있는 사실에서와 같이 「근로기준법」과 「산업재해보상보험법」상의 수급권자와 「민법」상의 상속권자의 범위나 상속순위가 일치하지 않은 결과에서 기인된다.

1) 선 공제 후 상속설

「근로기준법」 및 「산업재해보상보험법」상의 유족급여를 그 수급권자가 수령한 경우에는 그 금액한도 내에서 손해배상책임을 면하게 되므로 피해자의 손해배상금액에서 위 유족급여를 공제한 금액에 한하여 그에 대한 청구권을 상속인 승계 취득하는 것으로 본다(대법원 1977.12.27. 선고 75다1098 판결). 한편, 「공무원연금법」상의 유족연금에 관해서도 동일한 입장을 견지하였던 판례를 찾아 볼 수 있는바 "상속인 중의 일부만이 「공무원연금법」상의 유족연금의 수급권자

---

[1]　이보환, 전게서, 556面.

에 해당하여 그 유족연금의 수급권자와 일실퇴직연금 상당의 손해배상청구권을 상속한 자들의 범위가 일치하지 아니하는 경우에 있어서도 상속인들은 일실퇴직연금액에서 유족연금액을 공제한 나머지를 「민법」이 규정한 바에 따라 공동상속 하는 것이다"라고 판시한 대법원 1994.5.10. 선고 93다57346 판결이 그 사례이다.

2) 상속 후 공제설

상속 후 공제설은 피해자인 망인의 손해배상금액이 상속인들에게 상속이 이루어진 후에 「근로기준법」 및 「산업재해보상보험법」에서 수급권자에게 지급된 유족급여는 수급권자가 상속한 손해배상채권에 한에서 공제된다는 설이다. 부언하면, 근로자가 업무상 재해로 사망함에 따라 근로복지공단이 구 「산업재해보상보험법」에 의한 유족급여를 수급권자에게 지급하였다 하더라도, 수급권자가 아닌 망인의 공동상속인들이 상속한 손해배상채권과 그 유족급여의 수급권은 그 귀속 주체가 서로 상이하여 상호보완적 관계를 인정할 수 없으므로, 수급권자에 대한 유족급여의 지급으로써 그 수급권자가 아닌 다른 공동상속인들에 대한 보험가입자의 손해배상책임까지 당연히 소멸된다고 할 수는 없다. 더 나아가 근로자가 업무상 재해로 사망함에 따라 발생하는 망인의 일실수입 상당 손해배상채권은 모두가 그 공동상속인들에게 각자의 상속분 비율에 따라 공동상속 되고, 근로복지공단이 구 「산업재해보상보험법」에 의하여 수급권자에게 지급하는 유족급여는 당해 수급권자가 상속한 일실수입 상당 손해배상채권을 한도로 하여 그 손해배상채권에서만 공제하는 것으로 해석하여야 하고, 이와 달리 망인의 일실수입 상당 손해배상채권에서 유족급여를 먼저 공제한 후 그 나머지 손해배상채권을 공동상속인들이 각자의 상속분 비율에 따라 공동 상속하는 것으로 해석할 것은 아니다(대법원 2009.5.21. 선고 2008다13104 전원합의체 판결).

3) 판 단

"선 공제 후 상속설"을 취하면 상속인과 유족급여 수급권자가 일치하지 않은 경우에 상속인은 유족급여 상당액을 배상받을 수 없게 되나 "상속 후 공제설"을 취하면 상속인과 유족급여수급권자가 일치하는 경우만 제외하고서 상속인이 상속받는 손해배상금액에서 유족급여가 공제되지 않게 된다. 소송 및 보상실무는 대법원 2009.5.21. 선고 2008다13104 전원합의체 판결 이전에는 "선 공제 후 상속설"을 적용하였으나, 위 판결 이후에는 "상속 후 공제설"을 적용하고 있다. 생각하건대, 유족들의 유족급여수급권과 상속인들의 손해배상채권의 귀속 주체가 서로 상이한 경우 상속인에게 부당이득의 문제가 발생하지 않고 상속분의 실질적 전보라는 측면에서 "상속 후 공제설"이 타당하다고 판단된다.

■ 「근로기준법시행령」

제48조(유족의 범위 등)

① 법 제82조제2항에 따른 유족의 범위는 다음 각 호와 같다. 이 경우 유족 보상의 순위는 다음 각 호의 순서에 따르되, 같은 호에 해당하는 경우에는 그 적힌 순서에 따른다. 〈개정 2008.6.25.〉

　1. 근로자가 사망할 때 그가 부양하고 있던 배우자(사실혼 관계에 있던 자를 포함한다), 자녀, 부모,

손 및 조부모

2. 근로자가 사망할 때 그가 부양하고 있지 아니한 배우자, 자녀, 부모, 손 및 조부모

3. 근로자가 사망할 때 그가 부양하고 있던 형제자매

4. 근로자가 사망할 때 그가 부양하고 있지 아니한 형제자매

② 유족의 순위를 정하는 경우에 부모는 양부모를 선순위로 친부모를 후순위로 하고, 조부모는 양부모의 부모를 선순위로 친부모의 부모를 후순위로 하되, 부모의 양부모를 선순위로 부모의 친부모를 후순위로 한다.

③ 제1항 및 제2항에도 불구하고 근로자가 유언이나 사용자에 대한 예고에 따라 제1항의 유족 중의 특정한 자를 지정한 경우에는 그에 따른다.

■ 「산업재해보상보험법」

제63조(유족보상연금 수급자격자의 범위)

① 유족보상연금을 받을 수 있는 자격이 있는 자(이하 "유족보상연금 수급자격자"라 한다)는 근로자가 사망할 당시 그 근로자와 생계를 같이 하고 있던 유족(그 근로자가 사망할 당시 대한민국 국민이 아닌 자로서 외국에서 거주하고 있던 유족은 제외한다) 중 배우자와 다음 각 호의 어느 하나에 해당하는 자로 한다. 이 경우 근로자와 생계를 같이 하고 있던 유족의 판단 기준은 대통령령으로 정한다.

〈개정 2010.6.4., 2012.12.18.〉

1. 부모 또는 조부모로서 각각 60세 이상인 자

2. 자녀 또는 손자녀로서 각각 19세 미만인 자

3. 형제자매로서 19세 미만이거나 60세 이상인 자

4. 제1호부터 제3호까지의 규정 중 어느 하나에 해당하지 아니하는 자녀·부모·손자녀·조부모 또는 형제자매로서 「장애인복지법」 제2조에 따른 장애인 중 고용노동부령으로 정한 장애등급 이상에 해당하는 자

② 제1항을 적용할 때 근로자가 사망할 당시 태아였던 자녀가 출생한 경우에는 출생한 때부터 장래에 향하여 근로자가 사망할 당시 그 근로자와 생계를 같이 하고 있던 유족으로 본다.

③ 유족보상연금 수급 자격자 중 유족보상연금을 받을 권리의 순위는 배우자·자녀·부모·손자녀·조부모 및 형제자매의 순서로 한다.

제65조(수급권자인 유족의 순위)

① 제57조제5항·제62조제2항(유족보상일시금에 한한다) 및 제4항에 따른 유족 간의 수급권의 순위는 다음 각 호의 순서로 하되, 각 호의 자 사이에서는 각각 그 적힌 순서에 따른다. 이 경우 같은 순위의 수급권자가 2명 이상이면 그 유족에게 똑같이 나누어 지급한다.

1. 근로자가 사망할 당시 그 근로자와 생계를 같이 하고 있던 배우자·자녀·부모·손자녀 및 조부모

2. 근로자가 사망할 당시 그 근로자와 생계를 같이 하고 있지 아니하던 배우자·자녀·부모·손자녀 및 조부모 또는 근로자가 사망할 당시 근로자와 생계를 같이 하고 있던 형제자매

3. 형제자매

② 제1항의 경우 부모는 양부모를 선순위로, 실부모를 후순위로 하고, 조부모는 양부모의 부모를 선순위로, 실부모의 부모를 후순위로, 부모의 양부모를 선순위로, 부모의 실부모를 후순위로 한다.

③ 수급권자인 유족이 사망한 경우 그 보험급여는 같은 순위자가 있으면 같은 순위자에게, 같은 순

위자가 없으면 다음 순위자에게 지급한다.

④ 제1항부터 제3항까지의 규정에도 불구하고 근로자가 유언으로 보험급여를 받을 유족을 지정하면 그 지정에 따른다.

(다) 장래 보험급여액 공제 여부

1) 관련 법 조항

가) 「근로기준법」

「근로기준법」 제85조는 사용자는 지급 능력이 있는 것을 증명하고 보상을 받는 자의 동의를 받으면 제80조(장해 보상), 제82조(유족 보상) 또는 제84조(일시 보상)에 따른 보상금을 1년에 걸쳐 분할보상을 할 수 있다고 규정하고 있다.

나) 「산업재해보상보험법」

「산업재해보상보험법」 제57조제2항은 「장해급여는 장해등급에 따라 별표2에 따른 장해보상연금 또는 장해보상일시금으로 하되, 그 장해등급의 기준은 대통령령으로 정한다」고, 同條 제3항은 「제2항에 따른 장해보상연금 또는 장해보상일시금은 수급권자의 선택에 따라 지급한다」고 규정하고 있으며, 同法 제61조제1항은 「간병급여는 제40조에 따른 요양급여를 받은 자 중 치유 후 의학적으로 상시 또는 수시로 간병이 필요하여 실제로 간병을 받는 자에게 지급한다」고, 계속하여 同法 제62제2항에는 「유족급여는 별표 3에 따른 유족보상연금이나 유족보상일시금으로 하되, 유족보상일시금은 근로자가 사망할 당시 제63조제1항에 따른 유족보상연금을 받을 수 있는 자격이 있는 자가 없는 경우에 지급한다」고 각각 규정하고 있다.

2) 장래 지급 보험급여액 공제에 대한 판례

대법원 1989.6.27. 선고 88다카15512 판결은 "「산업재해보상보험법」 제11조제2항의 규정은 같은 법에 의한 보험급여는 사용자가 「근로기준법」에 의하여 보상하여야 할 업무상 재해로 인한 손해를 국가가 보험자의 입장에서 직접 전보하는 성질을 갖는 것이므로 일단 수급권자에게 보험급여가 지급된 이상 그 금액의 한도 내에서 사용자는 동일한 사유에 대하여 「민법」상의 손해배상책임을 면한다는 이치를 명시한 것에 불과하고, 현실적으로 보험급여를 지급하지 않은 이상 장래에 보험급여를 지급할 것이 확정되어 있더라도 이러한 장래의 보험급여액을 수급권자에게 지급할 손해배상액에서 미리 공제할 필요가 없다"고 판시하였고, 계속하여 대법원 1992.5.28. 선고 91다39603 판결은 "원고가 이 사건 사고로 인하여 「산업재해보상보험법」에 따라 장래 1993.11.1.부터 그 사망 시까지 매년 금 3,035,683원의 장해연금을 지급 받게 되어 있으므로 이를 원고의 재산적 손해액에서 공제하여야 한다는 피고의 주장에 대하여, 원심은 현실적으로 보험급여를 지급하지 아니한 이상 장래에 보험급여를 지급할 것이 확정되어 있더라도 이러한 장래의 보험급여액을 그 수급권자에게 지급할 손해배상액에서 미리 공제할 수는 없다고 판단하였는바, 이는 정당하고(당원 1976.4.27. 선고 75다1253 판결, 1979.10.30. 선고 79다1211 판결, 1989.6.27.

선고 88다카15512 판결 참조) 소론과 같은 위법이 있다고 할 수 없다"고 판시하였다.

3) 판 단

위와 같은 관련 법규 및 대법원 판례 경향에 근거할 때, 장래에 지급 예정 되어 있는 보험급여에 대하여 피해자 혹은 그 상속권자는 손해배상청구 시 위 금액에 대한 공제 없이 손해배상을 받을 수 있다고 보아야 한다. 이는 향후 치료와 간병이 실제적으로 이루어진 경우에 사후적으로 청구할 수 있는 성격의 급여인 요양급여에 해당하는 치료비나 간병비 또한 마찬가지라고 보아야 한다.

4) 손익공제의 순서

불법행위로 인한 손해배상액 산정 시 피해자 측의 과실이 있는 경우에는 과실상계를 한 다음 손익공제 혹은 손익상계를 하는 것이 원칙이다. 이와 같은 원칙은 불법행위 또는 채무불이행에 관하여 채권자의 과실이 있고 채권자가 그로 인하여 이익을 받은 경우에 손해배상액을 산정함에 있어서는 과실상계를 한 다음 손익상계를 하여야 하고(대법원 1990.5.8. 선고 89다카29129 판결, 대법원 1996.1.23. 선고 95다24340 판결 등 참조), 이는 과실상계 뿐만 아니라 손해 부담의 공평을 기하기 위한 책임제한의 경우에도 마찬가지라고 하면서 원심은, 이 사건 채무불이행으로 인한 원고의 손해액을 계산함에 있어 그 판시 손해액에서 이득을 먼저 공제한 다음 여기에서 다시 기록에 나타난 여러 사정을 참작하여 손해 부담의 공평을 기하기 위한 책임제한을 가하는 방식으로 계산하였는바, 이러한 원심 판결에는 손해배상액 산정에 관한 법리오해의 위법이 있다 할 것이고, 이러한 위법은 판결에 영향을 미쳤음이 분명하다고 판시한 대법원 2008.05.15. 선고 2007다37721 판결과 "불법행위로 인한 손해배상액을 산정함에 있어서 과실상계를 한 다음 손익상계를 하여야 한다는 것은 당원의 확립된 견해이고, 「산업재해보상보험법」상의 급여도 마찬가지이다(당원 1989.4.25. 선고 88다카5041 판결, 1990.5.8. 선고 89다카29129 판결 등 참조). 따라서 원심이 이 사건 손해배상액을 산정함에 있어서 원고 김동원이 「산업재해보상보험법」에 따라 수령한 보험급여액을 일실수입액에서 스스로 공제하여 구하고 있다 하여 일실수입액에서 위 보험급여액을 공제한 후 과실상계를 한 것은 위법이다"라고 판시한 대법원 1996.01.23. 선고 95다24340 판결에서 확인할 수 있다.

■ 대법원 2012.09.13. 선고 2012다39103 판결[구상금]

「국민건강보험법」에 따라 보험급여를 받은 피해자가 제3자에 대하여 손해배상청구를 할 경우 그 손해 발생에 피해자의 과실이 경합된 때에는 먼저 산정된 손해액에서 과실상계를 한 다음 거기에서 보험급여를 공제하여야 하고, 그 공제되는 보험급여에 대하여는 다시 과실상계를 할 수 없으며, 보험자가 불법행위로 인한 피해자에게 보험급여를 한 후 피해자의 가해자에 대한 손해배상채권을 대위하는 경우 그 대위의 범위는 손해배상채권의 범위 내에서 보험급여를 한 전액이다(대법원 2002.12.26. 선고 2002다50149 판결, 대법원 2008.5.8. 선고 2008다641 판결, 대법원 2010.4.29. 선고 2010다7294 판결 등 참조).

5) 손익공제 대상 손해

  불법행위의 피해자가 「근로기준법」이나 「산업재해보상보험법」에 따라 휴업급여나 장해급여 등을 이미 지급받은 경우에 그 급여액을 손해배상금액에서 공제하는 것은 그 손해의 성질이 동일하여 상호보완적 관계에 있는 손해에 한한다. 부언하면 피해자가 위 법에 의거 지급받은 휴업급여금이나 장해급여금이 산정된 손해배상금액 중 소극적 손해액을 초과하더라도 그 초과부분을 성질을 달리하는 손해배상액을 산정함에 있어서 공제할 수 없다.

■ 대법원 1993.12.21. 선고 93다34091 판결[손해배상(산)]

손해배상은 손해의 전보를 목적으로 하는 것이므로 피해자로 하여금 실손해 이상의 이익을 취득하게 하는 것은 손해배상의 본지에 반하는 것으로서 허용될 수 없고, 따라서 피해자가 손해를 입은 것과 동일한 원인으로 인하여 이익을 얻은 때에는 그 이익은 공제되어야 할 것이다.

그러나 사용자의 불법행위로 인하여 재해를 입은 경우에 피해자가 「근로기준법」이나 「산업재해보상보험법」에 따라 휴업급여나 장해급여 등을 이미 지급받은 경우에 그 급여액을 일실이익의 배상액에서 공제하는 것은 그 손해의 성질이 동일하여 상호보완적 관계에 있는 것 사이에서만 이루어질 수 있다고 할 것이므로, 피해자가 수령한 휴업급여금이나 장애급여금이 법원에서 인정된 소극적 손해액을 초과하더라도 그 초과부분을 그 성질을 달리하는 손해의 배상액을 산정함에 있어서 공제할 것은 아니고(당원 1991.7.23. 선고 90다11776 판결 참조), 같은 이치에서 휴업급여는 휴업기간중의 일실이익에 대응하는 것이므로 휴업급여금은 그것이 지급된 휴업기간 중의 일실이익 상당의 손해액에서만 공제되어야 할 것이며(당원 1993.9.10. 선고 93다10651 판결 참조), 따라서 이 사건에 있어서와 같이 피해자가 휴업급여를 지급받은 기간 이후의 일실수입 상당의 손해액만을 청구하는 경우에는 휴업급여는 피해자가 청구하는 일실이익과는 관련이 없는 것이어서 공제의 대상이 될 수 없다고 보아야 할 것이다.

■ 대법원 1994.04.26. 선고 94다6628 판결[손해배상(자)]

「산업재해보상보험법」에 규정한 휴업급여는 휴업기간 중의 일실이익에 대응하는 것이므로 휴업급여금은 그것이 지급된 휴업기간 중의 일실이익 상당의 손해액에서만 공제되어야 할 것이다.

■ 대법원 2006.09.28. 선고 2004다48768 판결[구상금]

제3자의 행위에 의한 재해로 인하여 피해 근로자에게 보험급여를 지급한 근로복지공단의 제3자에 대한 「산업재해보상보험법」 제54조제1항에 의한 구상권은 보험급여와 소송물을 같이하는 피해 근로자의 제3자에 대한 손해배상청구권의 금액과 급여액을 한도로 하되, 근로복지공단이 피해 근로자에게 휴업기간 중의 일실수입을 초과하는 휴업급여를 지급한 경우에는 비록 위 휴업급여와 장해급여의 합계액이 피해 근로자의 소극적 손해의 범위 내라고 하더라도, 휴업급여는 휴업기간 중의 일실수입에 대응하는 것이므로 휴업급여금은 그것이 지급된 휴업기간 중의 일실수입 상당의 손해액에서만 공제되어야 하는 점, 휴업급여가 근로자의 휴업기간 중의 일실수입을 초과한다면 그 초과액은 업무상의 사유에 의한 부상 또는 질병으로 인하여 요양 중에 있는 근로자의 최저생활을 보장하기 위하여 실제 발생한 손해보다 초과하여 지급된 것으로 보아야 하므로, 그 금원의 성격상 불법행위를 한 제3자가 아니라 「산업재해보상보험법」에 의하여 보험급여를 지급하는 근로복지공단이 최종 부담자가 되어야 할 것으로 보이는 점 등에 비추어, 휴업기간 중의 일실수입을 초과하는 휴업급여에 관하여는 근로복지공단이 피해 근로자의 제3자에 대한 손해배상청구권을 대위할 수 없다고 할 것이다(대법원 2002.12.10. 선고 2002다46867 판결 참조).

■ 대법원 2011.05.13. 선고 2009다100920 판결[손해배상(자)]
국민연금공단이 제3자의 불법행위로 장애연금이나 유족연금 지급 사유가 발생하여 연금을 지급한 경우 대위 취득하는 손해배상청구권은 수급권자가 장애연금이나 유족연금 지급 사유와 동일한 사유로 제3자에 대하여 청구할 수 있는 손해배상액으로 한정되므로, 대위 취득하는 손해배상청구권은 연금 지급 사유와 같은 성질을 가지고 있을 뿐 아니라 대상이 되는 기간도 일치하여야 하고, 「국민연금법」상 장애연금은 연금가입자가 입은 장애가 계속되는 동안 장애 정도에 따라 지급되는 것으로서(「국민연금법」 제67조제1항) 장애로 인한 일실수입 손해를 전보하는 기능을 가지고 있으므로, 국민연금공단이 제3자의 불법행위로 장애연금을 지급하고 대위 취득하는 손해배상청구권은 연금지급기간에 해당하는 일실수입손해에 한정된다.

9. 과실상계

가. 의 의

과실상계에 관하여 「민법」은 불법행위에 관하여 따로 규정하지 않고 「민법」 제763조는 채무불이행에 관한 「민법」 제396조를 준용하고, 「민법」 제396조(과실상계)는 「채무불이행에 관하여 채권자에게 과실이 있는 때에는 법원은 손해배상의 책임 및 그 금액을 정함에 있어 이를 참작하여야 한다」고 규정하고 있다. 이와 같이 채무불이행에 관한 과실상계의 규정을 불법행위로 인한 손해배상에 준용하게 한 것은 가해자(채무자)는 자기의 과실이나 기타 귀책 사유로 발생한 결과 이상의 손해에 대하여는 그 책임을 부담할 이유가 없고 이에 반하여 피해자(채권자)도 자기의 과실이나 귀책 사유로 발생한 손해를 타인에게 전가시킬 수 없다는 「민법」상의 공평한 손해 분담의 사상에 입각한 것이다. 이와 같이 불법행위 피해자에게 과실이 있는 경우 그 과실을 참작하여 손해배상액을 산정하는 법리가 과실상계이다.[1]

나. 피해자의 과실상계능력

피해자의 과실을 인정하기 위해서는 피해자에게 가해자의 책임능력과 같이 행위의 결과로서 책임이 생긴다는 인식능력이 있음을 요하지 않고, 다만 피해의 발생을 회피하는데 필요한 주의를 할 능력인 사리변식능력이 있으면 족하다. 따라서 초등학교에 입학할 정도의 연령이면 과실상계를 할 수 있다고 본다. 판례도 이러한 취지에서 8세 된 어린이와 초등학교 5학년생에게 각각 과실능력 및 위험판별능력이 있다고 하여 과실상계를 인정하였다(대법원 1966.6.21. 선고 66다730 판결, 1968.

---

1   한국자동차보험주식회사, 전게서, 129~130面.

8.30. 선고 (68다1224 판결). 한편, 피감독대상이 되는 자 중에는 연령에 의한 과실상계능력이 없는 자 뿐만 아니라 연령과는 관계없이 심신상실자 및 정신병자 등이 포함된다. 그러나 스스로 일시적인 심신상실의 상태를 초래하여 사고의 원인을 조성한 자, 예컨대, 사고를 야기하기 위하여 술에 만취하여 노상을 방황하거나 도로상에 누워 있는 자 등에 대하여는 본인의 과실로 본다.

다. 피해자의 과실

과실상계에 있어서 피해자의 과실이란 단순히 직접 피해자 본인의 과실 뿐만 아니라 피해자 측의 과실도 포함된다. 예컨대, 피해자에 대한 감독자인 부모 내지 가사피용자와 신분상 내지 생활관계상 일체로 볼 수 있는 관계에 있는 자의 과실을 피해자의 과실로 본다. 그러므로 피해자와 신분상 또는 생활관계상 일체로 볼 수 없는 자의 과실은 이를 피해자의 과실로 보아 손해배상의 책임 및 그 금액을 정함에 참작할 수 없다. 그 이유는 「민법」 제763조에서 제396조를 불법행위에 의한 손해배상의 책임 및 그 금액을 정함에 있어 준용하도록 규정한 것은 불법행위에 의한 손해가 발생한 경우, 그 손해를 가해자와 피해자에게 공평하게 부담시키는 공평의 이념에 기한 것이므로 피해자와 신분상 또는 생활관계상 일체로 볼 수 없는 제3자의 과실에 의하여 생긴 손해를 피해자에게 전가시키는 것은 공평의 이념에 반하기 때문이다. 판례는 보육원의 보모는 피해자 측에 포함되지 않는 것으로 보고 있다.

(1) 감독 의무자의 과실

종래 판례는 유아가 피해자인 경우, 피해자란 그 유아 자신을 의미하고 부모 등의 감독 의무자에게 과실이 있어도 유아 자신이 손해배상을 청구하는 경우에는 감독자의 과실을 참작하지 않았다. 다만 부모가 스스로 피해자로서의 「민법」 제752조(생명 침해로 인한 위자료)의 규정에 의거 위자료를 청구할 때에는 부모의 감독자로서의 과실을 참작하였다. 그러나 최근 판례는 피해자의 과실은 단순히 피해자 본인의 과실 뿐만 아니라 널리 피해자 측의 과실도 포함하는 것으로 해석하고 있다. 예를 들면, 피해자(유아)에 대한 감독 의무자인 친권자(부모)의 과실은 물론 그 가사피용자와 같이 피해자와 신분상 내지 생활관계상 일체로 볼 수 있는 관계에 있는 자의 과실도 피해자 측의 과실로 보고 있다. 또한 피해자의 과실상계는 피해자의 친권자가 손해배상(위자료)을 청구하는 경우 뿐만 아니라 피해자인 유아 자신이 손해배상을 청구하는 경우에도 친권자의 과실을 참작하고 있다.

(2) 피용자의 과실

종래 판례는 피해자(사용자)의 피용자에게 과실이 있을 때에는 이 피용자의 과실을 피해자 측의 과실로 참작하였다. 한편, 피해자와 운전자가 동일 사용자에 피용된 동료인 경우에는 운전자의 과실을 피해자 측 과실로 보지 않는다. 그러나 운전자가 피곤하여 무면허조수에게 운전시킨 사이에 발생시킨 사고로 운전수가 사상된 경우에는 조수의 과실을 피해자 측 과실로 인정한다.

(3) 기타의 자의 과실

(가) 夫가 운전하는 자동차에 동승하였다가 타차와의 충돌사고로 동승한 妻가 사망한 경우, 夫가 타차의 보유자에 대하여 손해배상을 청구한 때 夫의 과실을 참작, 妻의 상실수익에 대하여 과실상계를 인정하였다.

(나) 형제 간에 있어 兄의 과실을 弟의 손해에 대하여 참작하지 않은 사례가 있다.

(다) 친구관계에 있어서 단순한 친구관계만으로는 그 친구가 운전하는 자동차에 동승하고 있던 다른 친구가 피해를 입어 손해배상을 청구한 경우에 가해자는 친구의 과실을 피해자 측의 과실로 참작할 수 없다는 판례가 있다. 그러나 운전자와 동승자가 직장 동료로서 같이 여행 중인 사고에 있어서는 동승자(피해자)로부터 가해자에 대한 손해배상의 청구에 있어서 운전자의 과실을 피해자 측의 과실로서 참작한 판결이 있다. 이와 같이 친구관계에 있어서 단순한 친구관계를 넘어서 특별히 밀접한 관계가 존재할 때에 한하여, 가해자는 운전하고 있던 친구의 과실을 그 친구의 차에 동승하였던 피해자의 과실로 주장할 수 있게 된다.

> ■ 피해자 측에 포함되는 자라 하더라도 입장을 달리 하여 가해자의 지위에 청구당하는 경우에는 과실상계에 있어서 피해자 측의 인물로 보지 않는다. 일본에서는 父가 운전하는 자동차에 동승 중 父의 과실에 의하여 사망한 子의 모친이 보험회사에 대하여 손해배상액(자배책보험금)의 청구를 한 경우 父는 가해자 측의 지위에 있기 때문에 父의 감독자로서의 과실을 피해자 측의 과실로서 과실상계를 하는 것은 허용되지 않는다(동경지판, 소화 44.7.16. 판례시보 561호, 25면). 同旨로서 夫 운전의 자동차에 동승 중인 妻가 부상하여 妻가 보험회사에 대하여 「자배법」 제12조에 의하여 보험금을 청구한 경우에도 夫의 과실을 참작하지 않은 판결이 있다(동경지판, 소화 46.4.20. 교통민보 4권 650면).

라. 피해자의 사후 과실

피해자가 사고 후에 자기 부주의로 다른 병을 병발케 하였다든가 혹은 치료를 태만히 하여 손해를 확대시킨 경우에는 가해자가 그 사실을 입증하면 피해자의 신의칙상의 의무 위반(손해회피의무 위반)으로서 과실상계를 하게 되는 경우가 있다.

마. 과실상계 준용

가해행위와 피해자 측의 요인이 경합하여 손해가 발생하거나 확대된 경우에, 그 피해자 측의 요인이 체질적인 소인 또는 질병의 위험도와 같이 피해자 측의 귀책 사유와 무관한 것이라고 할지라도 그 질환의 태양·정도 등에 비추어 가해자에게 손해 전부를 배상하게 하는 것이 공평의 이념에 반한다고 판단되면, 법원은 손해배상액을 정하면서 과실상계의 법리를 유추 적용하여 그 손해의 발생 또는 확대에 기여한 피해자 측의 요인을 참작할 수 있다(대법원 2008.3.27. 선고 2008다1576 판결, 2014.04.24. 선고 2012다37251 판결).

10. 손해배상청구권자

가. 序 言

교통사고에 있어서 손해배상청구권자는 부상사고에 있어서는 부상자 본인이고 사망사고에 있어서는 사망자의 법정상속권자이다. 사망자의 법정상속권자가 가해자에 대하여 손해배상을 청구하는 방법으로서 두 가지가 있다. 그 하나는 사망자 본인의 상실수익을 산정하여 이를 사망자의 상속인이 상속하여 청구하는 방법이고, 다른 하나는 상속을 전제로 하지 않고 사망자에 의하여 부양받고 있던 자가 부양자의 사망에 의하여 그 부양받은 권리를 침해당하였다 하여 부양료상당액을 손해로서 산정하여 청구하는 방법이다. 영국·미국·독일 등 구미 제국에서는 부양설을 취하고 있으나 우리나라 및 일본은 상속설을 취하고 있다. 우리나라에서 이와 같이 상속설을 취하게 된 이유는 부양설을 취하게 되면 상속설을 취하는 경우에 비하여 피해자가 청구할 수 있는 배상액이 적기 때문에 피해자 보호를 충실히 하려는 요청에 따른 것이다. 그러나 상속설을 취하면 사망자의 현실수입액에 따라 그 유족(법정상속권자)이 청구할 수 있는 배상액에 심한 격차가 발생하는 문제가 있다.

나. 청구권자의 범위

사망사고에 있어서 사망자인 피상속인의 상속인으로서 손해배상을 청구할 수 있는 자는 사망자의 배우자, 직계비속, 직계존속, 형제자매, 4촌 이내의 방계혈족이다.

다. 태아의 손해배상청구권

「민법」 제762조는 「태아는 손해배상청구권에 관하여는 이미 출생한 것으로 본다」고 규정하여 태아는 가해자에 대한 손해배상청구에 있어서는 법률상 자연인과 같은 권리능력이 있는 것으로 본다. 이와 같이 손해배상청구권에 관하여 이미 출생한 것으로 본다고 할 때에 그 태아의 법률상 지위를 여하히 이해하고 이론 구성을 할 것인가에 관하여 견해가 나누어지고 있다.

(1) 정지조건설

이 설은 태아로 있는 동안에는 아직 권리능력을 취득하지 못하나 살아서 출생한 때에는 그의 권리능력 취득의 효과가 문제의 사고가 발생한 시기까지 소급하여 생긴다고 보는 견해이다. 즉, 출생 시기가 과거의 문제의 사고 발생 시기에 소급한다는 것이다. 이러한 의미에서 이를 인격소급설이라고도 한다.

(2) 해제조건설

이 설은 이미 출생한 것으로 보는 경우에 각 태아는 그 개별적 사항의 범위 안에서 제한된 권리능력을 가지며, 사산한 때에는 그 권리 취득의 효과가 과거의 사고 당시까지 소급하여 소멸한다고 보는 견해이다. 즉, 사산한 시기가 과거에 소급한다는 것이다. 이를 제한적 인격설이라고도 한다.

(3) 차이점

위 양 설 중 어느 설을 취하느냐에 따라서 그 결과는 확연히 달라진다. 예를 들면, 갑이 처, 태아 및 직계존속을 남기고 교통사고로 사망하였다고 가정하면, 이 경우, 가해자는 정지조건설을 취할 때 사망자인 갑의 처와 갑의 직계존속이 동순위로서 공동상속인이 되므로 그들과 합의하여야 하고(이 경우, 태아가 후일에 살아서 생존하게 되면 그 자에게 상속이 회복되는데 이는 그들의 내부관계이다.), 해제조건설을 취하게 되면 갑의 직계존속은 상속순위가 제2순위이므로 제1순위인 갑의 처와 태아가 동순위로서 공동상속하게 되므로 이 경우는 갑의 처와 합의하게 된다(이 경우 태아가 사산하게 되면 상속관계를 변경하게 된다.). 판례는 이들 양 설 중 정지조건설에 따르고 있다. 즉, 「민법」 제762조에 「태아는 손해배상청구권에 관하여는 이미 출생한 것으로 본다」고 규정하고 있는 것은 설사 태아가 권리를 취득한다 하더라도 현행 법상 이를 대행할 기관이 없으니 태아로 있는 동안에는 권리능력을 취득할 수 없으나 살아서 출생한 때에 출생 시기를 문제의 사고 발생 시기까지 소급하여 그때에 태아가 출생한 것과 같이 법률상 취급한다고 해석함이 상당하다(대법원 1976.9.14. 선고 76다1365 판결).

11. 위자료청구권자의 범위

「민법」 제752조는 「타인의 생명을 해한 자는 피해자의 직계존속, 직계비속 및 배우자에 대하여는 재산상의 손해 없는 경우에도 손해배상의 책임이 있다」고 규정하고 있는데 이 條를 제한적·열거적 규정으로 해석할 것인지 아니면 주의적·예시적 규정으로 해석할 것인지 하는 문제가 제기된다. 열거적·제한적 규정으로 해석한다면 피해자의 직계존속, 직계비속 및 배우자만이 위자료를 청구할 수 있고 그 외의 자는 고유의 위자료를 청구할 수 없게 되므로 이 條는 열거적·제한적 규정이 아니고 하나의 주의적·예시적 규정으로 해석함이 상당하다. 학설과 판례에서도 이러한 취지에서 위자료청구권자는 「민법」 제752에 규정된 피해자의 직계존속, 직계비속 및 배우자에 한하지 않고 그 외의 자에게도 그의 고유한 위자료청구권을 인정하고 있다. 판례에 의하면 「민법」 제752조가 피해자의 직계존속, 직계비속 및 배우자를 열거하고 있는 것은 그들에 한하여 위자료청구권이 있다는 것이 아니고, 다만, 생명 침해의 경우 위자료청구권이 있는 자를 예시적으로 규정한 것이며 이들은 그들의 정신적 고통에 관한 입증을 할 필요 없이 당연히 위자료를 청구할 수 있는데 지나지 않으며, 피해 당시 그 손해로 인한 정신적 고통을 느낄 수 없는 유아라 할지라도 그 유아가 성장하여 장래 그로 인한 정신적 고통을 感得하게 될 것이 경험칙상 용이하게 추단되므로 그러한 유아도 감득할 위 정신적 고통에 대한 위자료청구권이 있다고 한다(대법원 1971.3.9. 선고 70다2992 판결). 그러므로 「민법」 제752조에 규정된 친족 이외의 친족도 그의 정신적 고통을 입증하면 일반원칙인 「민법」 제750조, 제751조에 의하여 역시 위자료를 청구할 수 있다. 여기서 유의할 점은 학설 및 판례가 다 같이 사실상 혼인관계에 있는 자와 未認知의 子에게 위자료청구권을 인정하나 상속권은 부인하고 있는 점이다.[1]

12. 부양청구권자

부양청구권자는 피상속인인 사망자의 상속인으로서의 상속순위에서 벗어난 유족과 처음부터 상속권이 없는 다음 각 호의 자이다.

1. 사망자의 상속인이 되지 못한 사망자의 부모, 조부모, 손자, 형제자매 등으로서 실제로 사망자로부터 부양을 받고 있던 자
2. 가정법원의 심판에 의하여 사망자로부터 실제로 부양을 받고 있던 자
3. 미인지의 자
4. 사실상의 혼인관계에 있는 자

이 경우, 가해자가 부양자의 피부양자에게 배상하여야 할 손해배상은 부양자가 사망 당시 피부양자에게 지출하였던 금액에 부양 필요 기간에 대응하는 중간이자를 공제하여 산출한 금액에 상당하는 금원이다.

가. 인 지

(1) 의 의

혼인 외에서 출생한 자를 자기의 자로 인정하는 의사 표시이다. 혼인 외에서 출생한 자는 법률상 당연히 부(父)가 없다. 인지는 원칙적으로 혼인 외의 출생자에 대하여 법률상의 부자 또는 모자관계를 정하는 제도로서 부모가 임의로 인지하는 경우와 재판상의 인지 두 경우가 있다.

(2) 인지의 종류

(가) 임의인지

부 또는 모는 혼인 외의 子를 임의로 인지할 수 있다(「민법」 제855조제1항). 子를 인지할 수 있는 자는 피인지자의 진정한 부 또는 모이다. 인지를 하려면 의사능력이 있어야 하고, 의사능력만 있으면 미성년자나 피한정후견인이라도 누구의 동의도 필요 없이 인지를 할 수 있다. 그러나 부가 피성년후견인의 경우에 한해서는 성년후견인의 동의를 얻어야 한다. 피인지자는 생존하고 있어야 하는 것이 원칙이지만 사망한 자에게 직계비속이 있는 경우에는 그 사망한 자를 인지할 수

---

1   한국자동차보험주식회사, 전게서, 137面.

있다. 인지는 피인지자의 승낙을 요하지 않으며 「가족관계등록 등에 관한 법률」에 정한 바에 따라 신고함으로써 효력이 생긴다(「민법」 제859조제1항).

(나) 강제인지

父 또는 母가 임의로 인지하지 않는 경우에는 子가 父子 또는 母子관계의 존재에 대한 확인심판을 청구할 수 있다. 이것을 강제인지라고 한다. 심판을 청구할 수 있는 자는 子와 그 직계비속 그 법정대리인이다. 피청구인은 父 또는 母이며, 父 또는 母가 사망한 때에는 사망을 안 날로부터 2년 이내에 검사를 상대로 인지의 심판을 청구할 수 있다. 강제인지는 심판의 확정에 의하여 효력이 발생하고 임의인지와 같이 신고가 있어야 비로소 유효하게 되는 것은 아니다.

(3) 인지의 효력

인지가 있으면 일반적으로 법률상의 부자관계 또는 모자관계가 발생하고, 인지는 그 자의 출생 시에 소급하여 효력이 생긴다(「민법」 제860조). 인지의 소급효는 제3자가 이미 취득한 권리를 해할 수 없다.

나. 사실혼자의 혼인신고

「민법」 제812조(혼인의 성립)는 「① 혼인은 「가족관계의 등록 등에 관한 법률」에 정한 바에 의하여 신고함으로써 그 효력이 생긴다. ② 전항의 신고는 당사자 쌍방과 성년자인 증인 2인의 연서한 서면으로 하여야 한다」고 규정하여 혼인신고는 인지의 경우와 같이 소급효를 인정하지 않고 있으며, 또한 현행 「민법」에서는 사실상의 혼인관계에 있는 자의 일방이 사망한 경우, 생존한 타방이 부모 사망 후 인지청구에 관한 「민법」 제864조, 제865조제2항에서와 같이 검사를 상대로 사실상의 혼인관계 존재확인의 소를 제기하여 그 심판에 의한 확인을 얻어 혼인신고를 할 수 있는 조항을 두고 있지 않다. 판례는 "사실상 혼인관계존부확인의 청구는 혼인 당사자 일방이 다른 일방을 상대로 함을 원칙으로 하며, 그 일방이 사망한 경우에 검사를 상대로 할 수 있느냐에 대하여는 원래 검사를 상대로 하는 심판청구는 다른 경우에 속하는 것이므로 법률에 이를 허용하는 특별한 규정이 없는 한 검사는 위와 같은 확인을 구하는 사건의 당사자가 될 자격이 없다고 하면서 설사 반대의 견해 아래 검사를 상대로 한 이 사건의 청구가 적법한 것이라 하더라도 그 청구는 단순한 과거의 사실관계의 확인을 구함에 그치는 것이며 그 사실관계를 확인한다 하더라도 이로 인하여 청구인과 소외 망부와의 사이에 특별한 법률관계가 생긴다고 할 수 없으니 이 심판청구는 확인의 이익도 없다"고 판시하였다. 예컨대, 사실상 혼인관계에 있는 당사자의 일방이 자동차 교통사고로 사망한 경우 설령 생존한 당사자의 타방이 혼인신고를 할 수 있다 하더라도, 현행 「민법」상으로는 혼인신고의 효력은 신고한 때 생기고 당사자 일방이 사망한 때에 소급하지 않으므로 생존한 사실혼자는 상속권이 없어 가해자에 대하여 상속을 전제로 하는 손해배상을 청구할 수 없다. 다만, 사실혼자가 「혼인신고특례법」의 규정에 의하여 생존한 당사자 일방이 혼인신고를 한 경우에는 인지의 경우와 같이 그 혼인신고는 소급 효력을 가진다.

그러므로 이 경우, 사실상의 혼인관계에 있는 갑이 교통사고로 사망한 때, 생존한 사실상의 혼인관계에 있는 을이 가정법원으로부터 갑·을 간의 사실상혼인관계존재확인의 심판을 받아 혼인신고를 하면 갑·을 간에는 갑의 사망 시에 법률상의 부부로 되므로 을은 갑의 상속인으로서 가해자에 대하여 손해배상을 청구할 수 있다.[1]

■ 「혼인신고특례법」
제1조(목적)
이 법은 혼인 당사자 중 어느 한쪽이 전쟁이나 사변으로 전투에 참가하거나 전투 수행을 위한 공무에 종사함으로 인하여 혼인신고를 하지 못하고 사망한 경우에 관한 특칙을 규정함을 목적으로 한다.

제2조(혼인신고)
혼인신고 의무자 중 어느 한쪽이 제1조에 따른 사유로 사망한 경우에는 생존한 당사자가 가정법원의 확인을 받아 단독으로 혼인신고를 할 수 있다.

제3조(확인재판 관할)
제2조의 확인은 사망한 당사자의 마지막 주소지가 있는 곳의 가정법원이 관할한다.

제4조(신고의 효력)
제2조에 따른 신고가 있는 경우에는 신고 의무자 어느 한쪽의 사망 시에 신고가 있었던 것으로 본다.

제5조(적용 범위)
제1조에 따른 전투 또는 전투 수행을 위한 공무에 관한 사항은 대통령령으로 정한다.

13. 상 속

가. 정 의
"상속"이란 피상속인이 생전에 가지고 있던 재산적 권리와 의무를 상속인이 승계하는 것을 말한다. 이 경우, 상속인은 피상속인의 재산적 권리 의무를 포괄적으로 승계하는 것이 원칙이나 피상속인의 소극적 재산이 적극적 재산을 초과할 때에는 상속을 포기하거나 한정승인을 신청할 수 있다.

나. 상속인의 순위
재산상속인의 순위는 호주상속의 경우와 같이 획일적으로 법률로서 규정하고 있으나 재산상속인은 1인에 한하지 않고 동순위의 자가 복수가 되어 공동 상속하는 경우가 많다. 현행 「민법」은 재산상속인의 순위를 피상속인의 직계비속과 배우자, 직계존속과 배우자, 형제자매, 4촌 이내의 방계혈족으로 정하고 있다. 이상의 상속인이 없을 때에는 그 상속재산은 국가에 귀속하게 된다.

---

1   한국자동차보험주식회사, 전게서, 139~140面.

(1) 제1순위의 상속인

제1순위의 상속인은 피상속인의 직계비속과 배우자이다.

(가) 피상속인의 직계비속

피상속인의 직계비속이 수인인 경우에는 피상속인의 최근친의 직계비속을 선순위로 하고(자 또는 손자가 있을 때는 자가 상속인이 된다.), 촌수가 같은 직계비속이 수인이 있을 때에는 동순위로서 공동상속인이 된다. 태아도 상속순위에 있어서는 이미 출생한 것으로 본다. 직계비속이면 그들이 자연혈족과 법정혈족 간에 차등을 두지 않으므로 친생자이건 양자이건 차별을 받지 않는다. 또한 결혼, 남·녀, 혼인 중 출생이나 혼인 외 출생 여부를 불문한다. 특히 양자는 양부모와 친생부모에 대하여 직계비속으로서 양면으로 각각 제1순위의 상속인이 된다. 한편, 2005.3.31. 신설된 친양자의 경우에는 친양자의 입양 전의 친족관계는 제908조의2제1항의 청구에 의한 친양자 입양이 확정된 때에 종료되므로 친양자는 친생부모에 대해서는 직계비속으로서 상속인이 될 수 없다. 다만, 부부의 일방이 그 배우자의 친생자를 단독으로 입양한 경우에 있어서의 배우자 및 그 친족과 친생자 간의 친족관계는 그러하지 아니하다(「민법」 제908조의3제2항).

(나) 피상속인의 배우자

1) 妻가 피상속인인 경우에는 그 직계비속과 夫는 그 직계비속과 동순위로 공동상속인이 되고, 직계비속과 직계존속이 없을 때에는 단독 상속인이 된다. 이 경우에 妻는 혼인신고를 필한 법률상의 배우자임을 요한다. 즉, 혼인 외의 출생자의 생모가 교통사고로 사망한 경우 父는 子와 공동상속인이 되지 못하고 子만이 단독 상속인이 되며 子가 없더라도 父는 상속인이 되지 못한다.

2) 夫가 피상속인인 경우의 妻(법률상의 배우자)는 그의 직계비속과 동순위로 공동상속인이 된다. 법률상의 배우자임을 요하는 것 역시 처가 피상속인인 경우에 있어서 夫와 같다.

(2) 제2순위의 상속인

제2순위의 상속인은 피상속인의 직계존속과 배우자이다.

(가) 피상속인의 직계존속 피상속인의 직계존속이면 되고, 그 직계존속이 자연혈족이든 법정혈족이든 불문하고 상속순위에 차등을 두지 않는다. 따라서 친생부모와 양부모가 다 같이 생존하고 있을 때에는 그들은 동순위로서 공동상속인이 된다. 하지만 친양자의 경우 친생부모는 상속인이 되지 못한다.

공동 직계존속이 수인인 때에는 최근친자인 부모가 선순위가 되고 촌수가 같을 때에는 동순위로 공동상속인이 된다.

(나) 피상속인의 배우자

피상속인의 배우자는 제1순위 피상속인의 배우자와 마찬가지로 직계존속과 동순위로 공동상속인이 되고, 그 직계존속과 직계비속이 없을 때 비로소 단독 상속인이 된다.

(3) 제3순위의 상속인

제3순위의 상속인은 피상속인의 형제자매이다. 피상속인의 형제자매도 자연혈족과 법정혈족

간에 차등을 두지 않으므로 친생자와 양자가 동순위의 상속인이 된다. 형제자매의 경우에 있어서도 직계비속과 마찬가지로 남녀, 결혼 여부에 차등을 두지 않는다. 태아도 이미 출생한 것으로 보는 것 역시 직계비속과 같다.

(4) 제4순위의 상속인

제4순위의 상속인은 피상속인의 4촌 이내의 방계혈족이다. 방계혈족 또한 남녀의 성별, 기혼·미혼에 따라서 상속순위의 차별을 받지 않는다. 피상속인의 4촌 이내의 방계혈족 간에는 피상속인의 최근친순위로 상속인이 되고, 촌수가 같은 수인의 방계혈족이 있을 때에는 동순위로서 공동상속인이 된다. 태아도 상속순위에 있어서는 이미 출생한 것으로 본다.

■ 「민 법」
제767조(친족의 정의)
배우자, 혈족 및 인척을 친족으로 한다.

제768조(혈족의 정의)
자기의 직계존속과 직계비속을 직계혈족이라 하고 자기의 형제자매와 형제자매의 직계비속, 직계존속의 형제자매 및 그 형제자매의 직계비속을 방계혈족이라 한다. 〈개정 1990.1.13〉

제769조(인척의 계원)
혈족의 배우자, 배우자의 혈족, 배우자의 혈족의 배우자를 인척으로 한다. 〈개정 1990.1.13.〉

제770조(혈족의 촌수의 계산)
① 직계혈족은 자기로부터 직계존속에 이르고 자기로부터 직계비속에 이르러 그 세수를 정한다.
② 방계혈족은 자기로부터 동원의 직계존속에 이르는 세수와 그 동원의 직계존속으로부터 그 직계비속에 이르는 세수를 통산하여 그 촌수를 정한다.

제771조(인척의 촌수의 계산)
인척은 배우자의 혈족에 대하여는 배우자의 그 혈족에 대한 촌수에 따르고, 혈족의 배우자에 대하여는 그 혈족에 대한 촌수에 따른다.

제772조(양자와의 친계와 촌수)
① 양자와 양부모 및 그 혈족, 인척사이의 친계와 촌수는 입양한 때로부터 혼인 중의 출생자와 동일한 것으로 본다.
② 양자의 배우자, 직계비속과 그 배우자는 전항의 양자의 친계를 기준으로 하여 촌수를 정한다.

제775조(인척관계 등의 소멸)
① 인척관계는 혼인의 취소 또는 이혼으로 인하여 종료한다. 〈개정 1990.1.13.〉
② 부부의 일방이 사망한 경우 생존 배우자가 재혼한 때에도 제1항과 같다. 〈개정 1990.1.13.〉

제776조(입양으로 인한 친족관계의 소멸)

입양으로 인한 친족관계는 입양의 취소 또는 파양으로 인하여 종료한다.

제777조(친족의 범위)

친족관계로 인한 법률상 효력은 이 법 또는 다른 법률에 특별한 규정이 없는 한 다음 각 호에 해당하는 자에 미친다.
    1. 8촌 이내의 혈족
    2. 4촌 이내의 인척
    3. 배우자
[전문개정 1990.1.]

제1000조(상속의 순위)

① 상속에 있어서는 다음 순위로 상속인이 된다.〈개정 1990.1.13.〉
    1. 피상속인의 직계비속
    2. 피상속인의 직계존속
    3. 피상속인의 형제자매
    4. 피상속인의 4촌 이내의 방계혈족
② 전항의 경우에 동순위의 상속인이 수인인 때에는 최근친을 선순위로 하고 동친등의 상속인이 수인인 때에는 공동상속인이 된다.
③ 태아는 상속순위에 관하여는 이미 출생한 것으로 본다.

제1003조(배우자의 상속순위)

① 피상속인의 배우자는 제1000조제1항제1호와 제2호의 규정에 의한 상속인이 있는 경우에는 그 상속인과 동순위로 공동상속인이 되고 그 상속인이 없을 때에는 단독상속인이 된다.
② 제1001조의 경우에 상속 개시 전에 사망 또는 결격된 자의 배우자는 동조의 규정에 의한 상속인과 동순위로 공동상속인이 되고 그 상속인이 없을 때에는 단독상속인이 된다.

다. 대습상속

(1) 피상속인의 직계비속 및 형제자매의 대습상속

「민법」 제1001조(대습상속)에서는 「「민법」 제1000조 제1항제1호와 제3호의 규정에 의하여 상속인이 될 직계비속 또는 형제자매가 상속 개시 전에 사망하거나 결격자가 된 경우에 그 직계비속이 있는 때에는 그 직계비속이 사망하거나 결격된 자의 순위에 갈음하여 상속인이 된다」고 규정하고 있다.

(2) 배우자의 대습상속

「민법」 제1003조 제2항에서는 「「민법」 제1001조의 경우에 상속 개시 전에 사망 또는 결격된 자의 배우자는 동조의 규정에 의한 상속인과 동순위로 공동상속인이 되고 그 상속인이 없는 때에는 단독 상속인이 된다」고 규정하고 있다.

라. 동시사망

자연인의 사망의 시기는 사실상 사망한 때이고, 「가족관계등록법」에 정하는 바에 따라 사망신고를 한 때가 아니다. 상속은 피상속인이 사망한 때 개시되고 상속인이 정하여지므로, 언제 사망하였느냐 하는 문제는 언제 출생한 것으로 보느냐 하는 문제에 못지않게 중요한 것이다. 그러므로 동일한 원인에 의하여 2인 이상이 사망한 경우, 동시에 사망하였느냐 혹은 이시에 사망하였느냐를 증명하기 곤란한 때, 「민법」제30조(동시사망)는 「2인 이상이 동일한 위난으로 사망한 경우에는 동시에 사망한 것으로 추정한다」고 규정하였다. 예컨대, 갑(夫), 을(妻) 부부(夫婦)가 여행 중 교통사고로 사망하였을 때 동시 또는 이시 사망의 사례별 상속에 대해 살펴보면 후술하는 바와 같다.

(1) 갑·을(혼인신고의 여부를 가리지 않음)의 직계비속이 없는 경우에 동시에 사망하였다고 가정하면, 夫인 갑의 상속인은 夫의 직계존속 또는 형제자매 등이 되고, 妻인 을의 상속인은 을의 친가의 직계존속, 형제자매 등이 되므로 가해자는 갑에 대한 손해배상은 갑의 상속인과 을에 대한 손해배상은 을의 상속인과 각각 합의하여야 한다.

(2) 이시 사망의 경우로서 갑과 을의 직계비속이 없는 상태에서 을이 갑보다 먼저 사망하였다고 하면 혼인신고를 한 경우와 하지 않은 경우에 각각 그 결과가 달라진다.

(가) 혼인신고를 한 경우는 갑이 을의 직계존속과 공동상속인이 되어 갑의 상속분만큼 을의 손해배상청구권을 상속하게 되므로 결국 갑의 손해배상청구권과 갑의 상속 지분에 해당하는 을의 손해배상청구권은 갑의 직계존속 또는 형제자매 등이 상속하게 된다. 한편, 을의 직계존속이나 형제자매 역시 각각 그들의 상속분만큼 을의 손해배상청구권을 상속하게 된다.

(나) 혼인신고를 하지 않은 경우에는 갑의 손해배상청구권은 갑의 직계존속 또는 형제자매가 상속하고 을의 손해배상청구권은 을의 친가의 직계존속 또는 형제자매 등이 상속하게 되므로 가해자는 각 상속인과 합의하여야 한다.

(3) 이시 사망의 경우로써 갑이 을보다 먼저 사망한 경우, 혼인신고를 한 경우와 하지 않은 경우에 따라 그 결과가 달라진다.

(가) 혼인신고를 한 경우 갑의 손해배상청구권은 갑의 직계존속이 있으면 을은 갑의 직계존속과 동순위로서 공동상속하고, 갑의 직계존속이 없으면 단독 상속한다. 따라서 을의 친가의 직계존속 또는 형제자매 등은 을이 夫인 갑의 손해배상청구권을 상속한 부분과 을의 손해배상청구권을 상속하게 된다.

(나) 혼인신고를 하지 않은 경우에는 갑의 손해배상청구권은 갑의 직계존속 또는 형제자매 등이 상속하고 을의 손해배상청구권은 을의 친가의 직계비속 또는 형제자매 등이 각각 상속하게

된다.

마. 공동상속인의 법정상속분

공동상속인 간의 상속분에 관하여는 피상속인의 유언에 의하여 정해지는 경우 외에 상속인 상호간의 협의에 의하여 정할 수 있으나, 이러한 방법에 의하여 상속분을 정할 수 없는 경우에는 「민법」 제1009조에 규정한 법정상속분에 따르게 된다. 동조 규정에 의하면 동순위 상속인이 수인인 때에는 그 상속분은 균분으로 하고 피상속인 배우자의 상속분은 5할을 가산한다.

■「민 법」

제1009조(법정상속분)

① 동순위의 상속인이 수인인 때에는 그 상속분은 균분으로 한다.

② 피상속인의 배우자의 상속분은 직계비속과 공동으로 상속하는 때에는 직계비속의 상속분의 5할을 가산하고, 직계존속과 공동으로 상속하는 때에는 직계존속의 상속분의 5할을 가산한다.

제1010조(대습상속분)

① 제1001조의 규정에 의하여 사망 또는 결격된 자에 갈음하여 상속인이 된 자의 상속분은 사망 또는 결격된 자의 상속분에 의한다.

② 전항의 경우에 사망 또는 결격된 자의 직계비속이 수인인 때에는 그 상속분은 사망 또는 결격된 자의 상속분의 한도에서 제1009조의 규정에 의하여 이를 정한다. 제1003조제2항의 경우에도 또한 같다.

14. 법정대리

가. 序 言

"대리"라 함은 타인(대리인)의 독립적 행위에 의하여 본인 자신이 행위한 것과 동일한 법률 효과를 직접 취득하는 행위를 말한다. 이 경우, 타인(대리인)의 법적지위를 대리권이라 한다. 대리는 개인의사자치의 보완 또는 확장을 위하여 존재하는 제도이므로 대리를 허용하는 범위는 의사자치의 법적 수단인 법률행위, 즉, 행위자가 의욕하는 대로 그 의사 표시의 내용에 따라 직·간접적으로 법률 효과를 발생시키는 행위에 한정하고, 불법행위 또는 사실행위에 관하여는 대리가 인정되지 아니한다. 예컨대, 어떤 개인(본인)을 대신하여 기물을 파손한 경우에 그 법률행위의 법률 효과가 대리의 효과로서 본인에게 귀속되는 것은 아니다. 또한 가공행위와 같은 사실행위도 대리는 있을 수 없다. 이 대리행위의 효과는 대리인에게 귀속되었다가 본인에게 귀속되는 것이 아니고 직접 본인에게 귀속된다. 대리에는 수권의 근거에 따라 법정대리와 임의대리로 구분할 수 있는데, 전자는 대리권이 법률의 규정 등에 의하여 수여되는 것이며, 후자는 본인의 위임 등 그 의사에 기인하여 수여되는 것이다. 대리권 행사의 방법 및 법률적 효력에 대한 조항을 열거하면, 본인이 그 기간 내에 확답을 발하지 아니한 때에는 추인을 거절한 것으로 본다(「민법」 제131조). 추인 또는 거절의 의사 표시는 상대방에 대하여 하지 아니하면 그 상대방에 대항하지 못한다. 그러나 상대방이 그 사실을 안 때에는 그러하지 아니하다(「민법」 제132조). 추인은 다른 의사 표시가 없는 때에는 계약 시에 소급하여 그 효력이 생기며(「민법」 제133조), 대리권 없는 자가 한 계약은 본인의 추인이 있을 때까지 상대방은 본인이나 그 대리인에 대하여 이를 철회할 수 있다. 그러나 계약 당시에 상대방이 대리권 없음을 안 때에는 그러하지 아니하다(「민법」 제134조). 다른 자의 대리인으로서 계약을 맺은 자가 그 대리권을 증명하지 못하고 또 본인의 추인을 받지 못한 경우에는 그는 상대방의 선택에 따라 계약을 이행할 책임 또는 손해를 배상할 책임이 있다(「민법」 제135조제1항). 여기서는 미성년자, 행위능력이 없는 성년의 법정대리인으로서 친권자(부모)와 후견인(친권자가 없거나 친권을 행사할 수 없는 경우)에 대하여 살펴보기로 한다. 대리권 없는 자가 타인의 대리인으로 계약을 한 경우에 상대방은 상당한 기간을 정하여 본인에게 그 추인 여부의 확답을 최고할 수 있다.

나. 친권자

(1) 부모 공동행사의 원칙

현행 「민법」에서는 미성년자인 자에 대한 친권은 부모가 공동으로 행사하는 것을 원칙으로 한다. 따라서 그 친권을 행사할 때에는 부모 쌍방의 명의로 행사하는 것이 원칙이나 일방의 동의를 얻어 단독으로 행사하여도 유효하다고 본다. 그러나 일방이 타방의 동의를 얻지 않고 단독명의나 쌍방명의로 행사한 경우에는 부모의 법정대리인으로서의 대리 또는 동의의 효과는 발생하지 않는다. 그러므로 父나 母의 일방이 단독명의나 쌍방명의로 친권을 행사한 때에는 그것이 대리행위이면 무권대리행위로서 적법한 추인이 없는 한 그 효력이 없다.[1]

(2) 단독행사의 제한

부모의 일방이 친권을 행사할 수 없을 때에는 다른 일방이 이를 행사한다(「민법」 제909조제3항). 여기서 친권을 행사할 수 없는 때란 친권을 사실상 행사할 수 없는 때와 법률상 행사할 수 없는 경우를 말한다. 즉, 사망, 중병, 장기 부재 중의 경우는 전자에 속하고, 친권 상실의 경우와 질병, 장애, 노령, 그 밖의 사유로 인한 정신 제약으로 사무를 처리할 능력이 지속적으로 결여되어 가정법원으로부터 성년 후견 개시의 심판을 받은 경우는 후자에 속한다.

(3) 혼외자 등의 친권자

혼인 외의 자가 인지된 경우와 부모가 이혼하는 경우에는 부모의 협의로 친권자를 정하여야 하고, 협의할 수 없거나 협의가 이루어지지 아니하는 경우에는 가정법원은 직권으로 또는 당사자의 청구에 따라 친권자를 지정하여야 한다. 다만, 부모의 협의가 자의 복리에 반하는 경우에는

---

1   한국자동차보험주식회사, 전게서, 155面.

가정법원은 보정을 명하거나 직권으로 친권자를 정한다(「민법」 제909조제4항).

(4) 양자의 친권자

친권에 복종할 미성년자인 양자의 친권자는 친생부모가 아니고 양부모가 친권자가 된다(「민법」 제909조제1항). 입양이 취소되거나 파양된 경우 또는 양부모가 모두 사망한 경우 친생부모 일방 또는 쌍방, 미성년자, 미성년자의 친족은 그 사실을 안 날부터 1개월, 입양이 취소되거나 파양된 날 또는 양부모가 모두 사망한 날부터 6개월 내에 가정법원에 친생부모 일방 또는 쌍방을 친권자로 지정할 것을 청구할 수 있다. 다만, 친양자의 양부모가 사망한 경우에는 그러하지 아니하다(「민법」 제909조의2제2항).

(5) 친권의 상실

부 또는 모가 친권을 남용하여 자녀의 복리를 현저히 해치거나 해칠 우려가 있는 경우에는 자녀, 자녀의 친족, 검사 또는 지방자치단체의 장의 청구에 의하여 그 친권의 상실 또는 일시 정지를 선고할 수 있다(「민법」 제924조제1항). 가정법원은 거소의 지정이나 징계, 그 밖의 신상에 관한 결정 등 특정한 사항에 관하여 친권자가 친권을 행사하는 것이 곤란하거나 부적당한 사유가 있어 자녀의 복리를 해치거나 해칠 우려가 있는 경우에는 자녀, 자녀의 친족, 검사 또는 지방자치단체의 장의 청구에 의하여 구체적인 범위를 정하여 친권의 일부 제한을 선고할 수 있으며(「민법」 제924조의2), 법정대리인인 친권자가 부적당한 관리로 인하여 자녀의 재산을 위태롭게 한 경우에는 자녀의 친족, 검사 또는 지방자치단체의 장의 청구에 의하여 그 법률행위의 대리권과 재산관리권의 상실을 선고할 수 있다(「민법」 제925조).

(6) 양자와 친양자

(가) 양 자

"양자"란 생리적 친생자관계가 없는데도 있는 것으로 의제된 법정친자를 말하며, 친생자와 같은 법적 효력이 부여된다. 양자에 있어서 의제된 부모를 "양부모"라 한다. 양친자관계는 부모 아닌 者와 子가 아닌 者가 子로 될 것을 서로 바라는 의사가 있어서, 이러한 당사자의 의사에 따라 친자와 같은 신분관계를 창설하는 것을 법률이 허용하는 관계이다. 「민법」에서 양친자관계는 양자와 양부모 및 그 혈족·인척 사이의 법정친족관계이다. 양자는 입양일로부터 양친의 혼인 중의 출생자와 같은 신분을 취득하며, 양자의 배우자·직계비속과 그 배우자는 양자의 양가에 대한 친계를 기준으로 하여 촌수관계를 형성한다. 그러나 양자의 생가의 부모 및 그 밖의 혈족에 대한 친족관계는 유지되고, 양친자관계는 입양이 취소되거나 파양한 경우에 소멸한다.

(나) 친양자

"친양자"란 자녀의 복리를 위해 양자를 완전한 친생자로 인정하는 제도이다. 따라서 친양자로 입양되면 친생부모와의 친족관계나 상속관계는 모두 종료되고, 양부모와의 법률상 친생자관계를 새롭게 형성하며, 성과 본도 양부의 성과 본으로 변경할 수 있다. 친양자를 하려는 자는 ① 3년 이상 혼인 중인 부부로서 공동으로 입양할 것, 다만, 1년 이상 혼인 중인 부부의 일방이 그 배우자의 친생자를 친양자로 하는 경우에는 그러하지 아니하다. ② 친양자로 될 자가 미성년자일 것, ③ 친양자로 될 자의 친생부모가 친양자의 입양에 동의할 것, 다만, 부모의 친권이 상실되거나 사망 그 밖의 사유로 동의할 수 없는 경우에는 그러하지 아니하다. ④ 친양자가 될 자가 13세 이상인 경우에는 법정대리인의 동의를 받아 입양을 승낙할 것, ⑤ 친양자가 될 자가 13세 미만인 경우에는 법정대리인이 그를 갈음하여 입양을 승낙하여야 가정법원에 친양자 입양청구를 할 수 있다. 이와 같이 친양자는 친생친족관계와 양친자관계가 모두 유지되는 양자와는 달리 양자의 종전의 친족관계를 종료하고 양친의 친생자로만 인정하는 제도를 새롭게 신설(신설 2005.3.31.)하였다.

다. 후견인

미성년자에게 친권자가 없거나 친권자가 친권의 상실 또는 일시정지의 선고(「민법」 제924조), 친권의 일부 제한의 선고(「민법」 제924조의2), 대리권, 재산관리권 상실의 선고(「민법」 제925조)를 받거나 또는 대리권, 관리권의 사퇴(「민법」 제927조제1항)에 따라 친권의 전부 또는 일부를 행사할 수 없는 경우에는 미성년후견인을 두어야 한다(「민법」 제928조).

한편, 「민법」 제929조는 「가정법원의 성년 후견 개시 심판이 있는 경우에는 그 심판을 받은 사람의 성년후견인을 두어야 한다」고 규정하고 있다.

(1) 미성년후견인
(가) 지정후견인

미성년자에게 친권을 행사하는 부모는 유언으로 미성년후견인을 지정할 수 있다. 다만, 법률행위의 대리권과 재산관리권이 없는 친권자는 그러하지 아니하다(「민법」 제931조제1항) 이 경우 유언으로 후견인을 지정할 수 있는 친권자는 최후에 남아 있는 친권자이고, 부모 중 어느 한 사람이 남아 있을 때에는 유언으로 후견인을 지정할 수 없다.

(나) 선임후견인

미성년자에게 지정된 미성년후견인이 없는 경우에는 가정법원은 「민법」 제932조제1항에 따라 직권으로 또는 미성년자, 친족, 이해관계인, 검사, 지방자치단체의 장의 청구에 의하여 미성년후견인을 선임한다. 미성년후견인이 없게 된 경우에도 또한 같다.

(2) 성년후견인

「민법」 제929조는 2011.3.7. 同條 전문이 개정되고 2014.10.15. 일부 개정되기 전의 同條의 「금치산 또는 한정치산의 선고가 있는 때에는 그 선고를 받은 자의 후견인을 두어야 한다」는 규정이 대치된 것으로서, 同條 개정 전의 금치산 또는 한정치산의 선고 대상인 의사무능력자의 상태와 유사한 질병, 장애, 노령, 그 밖의 사유로 인한 정신적 제약으로 사무를 처리할 능력이 지속적으로 결여된 사람에 대하여 본인, 배우자, 4촌 이내의 친족, 미성년후견인, 미성년후견감독인, 한정후견인, 한정후견감독인, 특정후견인, 특정후견감독인, 검사 또는 지방자치단체의 장의 청구에 의하여 가정법원이 성년 후견 개시의 심판을 한다(「민법」 제9조제1항).

(3) 후견인의 결격 사유

후견인은 피후견인의 법정대리인으로서 충분한 능력을 갖추고 피후견인의 이익을 보호하여
야 할 자이므로, 「민법」 제937조에서 규정하고 있는 다음과 같은 결격 사유가 있는 자는 후견인
이 될 수 없다.

1. 미성년자
2. 피성년후견인, 피한정후견인, 피특정후견인, 피임의후견인
3. 회생 절차 개시 결정 또는 파산선고를 받은 자
4. 자격정지 이상의 형의 선고를 받고 그 형기 중에 있는 사람
5. 법원에서 해임된 법정대리인
6. 법원에서 해임된 성년후견인, 한정후견인, 특정후견인, 임의후견인과 그 감독인
7. 행방이 불분명한 사람
8. 피후견인을 상대로 소송을 하였거나 하고 있는 자 또는 그 배우자와 직계혈족

(4) 후견인의 중요행위의 제한

「민법」 제950조제1항은 「후견인이 피후견인을 대리하여 다음 각 호의 어느 하나에 해당하는
행위를 하거나 미성년자의 다음 각 호의 어느 하나에 해당하는 행위에 동의를 할 때는 후견감독
인이 있으면 그의 동의를 받아야 한다」고 규정하고 있다.

1. 영업에 관한 행위
2. 금전을 빌리는 행위
3. 의무만을 부담하는 행위
4. 부동산 또는 중요한 재산에 관한 권리의 득실 변경을 목적으로 하는 행위
5. 소송행위
6. 상속의 승인, 한정승인 또는 포기 및 상속재산의 분할에 관한 협의

라. 성년의제

「민법」 제826조의2는 「미성년자가 혼인을 한 때에는 성년자로 본다」고 규정함으로써 미성년
자가 혼인을 하면 친권 또는 후견의 복종으로부터 해방되어 부부생활 및 사회생활의 독립성을
보장하여 부부 공동생활을 부부 간의 협동에 의하여 유지하도로 성년으로 인정하고 있다. 따라
서 혼인한 미성년자는 독립적으로 적법하게 법률행위를 할 수 있으므로 가해자는 혼인한 미성년
자와 직접 합의를 할 수 있다. 이 경우, 우리 「민법」이 법률혼인주의를 채택하고 있으므로, 혼인
은 「가족관계의 등록 등에 관한 법률」에 정한 바에 의하여 신고함으로써 그 효력이 생긴다(「민
법」 제812조제1항)는 사실에 특히 유의하여야 한다.

마. 합의 시 유의사항

법률행위 당사자는 권리능력이 있는 자이어야 함으로서 가해자가 피해자와 합의 시 그 피해자가 권리능력이 없는 미성년자(혼인한 자는 제외)나 성년 후견 개시의 심판을 받은 의사무능력자인지 여부를 철저히 확인할 필요가 있다. 위와 같이 법률행위를 할 수 없는 권리무능력자와 합의를 할 수 없을 때에는 그들의 법정대리인으로서의 친권자나 후견인과 합의를 하여야 한다. 가해자가 피해자의 친권자와 합의를 할 때에는 원칙적으로 부모를 합의의 당사자로 하여 그 합의서에 부모의 서명 날인을 받아야 하며, 피해자의 후견인과 합의를 할 때에는 그가 피해자의 후견임을 입증할 수 있는 증빙서를 제출하도록 하여야 한다.

15. 변 제

가. 정 의

"변제"란 채무자가 채무의 내용인 급부를 실현하는 행위를 말한다. 변제가 있으면 채무자는 목적을 달성하고 채권은 소멸한다. "이행"과 같은 용어이지만, 이행은 채권의 효력상의 용어이고, 변제는 채무의 소멸상의 용어이다. 「민법」제460조는 변제 제공의 방법에 대하여 「변제는 채무 내용에 좇은 현실 제공으로 이를 하여야 한다. 그러나 채권자가 미리 변제받기를 거절하거나 채무의 이행에 채권자의 행위를 요하는 경우에는 변제 준비의 완료를 통지하고 그 수령을 최고하면 된다」고 규정하고 있다.

나. 신의칙의 원칙

변제를 완료하기 위하여는 채무자와 채권자가 서로 협력을 필요로 하는 경우가 많다. 채무자는 자기 채무에 대하여 최대한 이행하여야 하며, 채권자 또한 채무 변제에 협력해야 하는 신의 성실의 의무가 있다. 이 채무자의 행위를 "변제의 제공"이라 하고, 채권자의 행위를 "변제의 수령"이라고 하는데 모두가 신의성실의 원칙이나 거래 관습에 따라 그 내용과 정도를 결정해야 한다.

다. 변제의 방법

변제는 채권의 내용에 따라 본래의 급부대로 이행하는 것이 보통이지만, 채권자의 승낙이 있으면 다른 물건으로 변제할 수도 있는데 이를 대물변제(代物辨濟)라고 한다. 또한 변제는 채무자가 아닌 자도 할 수 있다. 이것을 제3자의 변제라고 한다. 제3자가 변제를 하면 제3자는 변제를 한 부분을 채무자에게 구상할 수 있다. 이것을 변제자의 대위 또는 대위 변제라고 한다.

라. 변제의 수령 권한

변제는 채권자만이 수령할 수 있다는 것이 원칙이다. 그러나 예외적으로 채권을 압류당하였을 때와 같이 채권자에게 수령 권한이 없는 경우가 있으며, 예금증서와 인장을 소지한 자나 영수 증의 지참인이 진정한 수령 권한이 있는 자가 아닌데도 이 자에게 변제를 한 경우와 같이 수령 권한이 없는 자에 대한 변제가 유효인 경우도 있다.

■ 서울중앙지방법원 2009.08.18. 선고 2009나16017 판결[구상금]

1) 원고의 사무관리 주장에 대한 판단

원고가 피고에게 위 책임보험금 상당의 사무관리비용을 청구하기 위하여는 그 전제로서 <u>원고의 위 피해자에 대한 보험금의 지급이 제3자의 변제로서 유효하고</u> 이로써 피고의 위 피해자에 대한 책임보험금 지급채무가 소멸되어야 할 것이고, 한편, 제3자의 변제는 변제자가 타인의 채무를 변제한다는 의사를 가지고 있었음을 요건으로 하고 그와 같은 변제자의 의사는 자신의 변제가 「민법」 제469조에 따른 제3자의 변제임을 나타내는 변제 지정을 통하여 표시되어야 할 것인바(만약 그렇지 않을 경우 채권자로서는 출연의 의미를 파악할 수 없기 때문이다), 원고가 위 피해자에게 보험금을 지급하면서 명시적 또는 묵시적으로 피고의 책임보험금 지급채무를 변제한다는 의사 표시를 하였음을 인정할 아무런 증거가 없으므로(앞서 본 바와 같이 원고가 "이 사건 사고와 관련한 당사자 등에 대한 일체의 청구권"을 포기한다는 내용의 권리포기서를 작성하여 와 피해자의 대리인으로 하여금 서명, 날인케 한 사실은 인정되나, 원고가 보험금을 지급하면서 위와 같은 권리 포기 조항을 작성하여 피해자 측으로 하여금 서명, 날인케 한 사실만으로 원고가 채권자인 피해자에게 지급 의무 없는 타인의 채무를 변제한다는 의사 표시를 하였다고 보기는 어렵다), 원고의 위 피해자에 대한 위 보험금의 지급은 제3자의 변제로서의 효력이 없고, 따라서 피고는 여전히 위 피해자에 대하여 책임보험금 지급채무를 부담하고 있으므로, 원고의 위 주장은 이러한 점에서도 이유 없다.

더욱이, 피고가 피해자에 대하여 부담하는 보험금 지급 채무는 피해자의 보험금직접청구권에 기인한 것으로 그 소멸시효가 3년(「자동차손해배상보장법」 제10조, 제41조 참조)인 반면, 원고가 피고의 보험금 지급 채무를 제3자 변제로서 유효하게 변제하였다고 하면서 주장하는 피고에 대한 사무관리에 기한 비용상환청구권 내지 부당이득반환청구권은 그 소멸시효가 일반채권으로서 10년에 해당하는바, 원고가 피고의 의사와는 무관하게 피해자에게 지급한 책임보험금 상당의 보험금에 관하여 피고의 보험금 지급 채무를 유효하게 변제한 것이라고 본다면 피고로서는 그가 부담하게 되는 채무의 소멸시효가 부당하게 연장되는 불이익을 감수하여야 하는 불공평한 결과를 초래하게 되므로, 피고가 원고의 이 사건 청구에 응하지 않는 것이 순환구상의 논리 등에 비추어 보더라도 극히 부당하다고 보이지는 아니하는 점에서도, 원고의 주장을 그대로 받아들이기 어렵다.

2) 원고의 부당이득 주장에 대한 판단

부당이득이 성립하기 위해서는 법률상 원인 없이 타인의 재산 또는 노무로 인하여 이익을 얻고, 이로 인하여 타인에게 손해를 가해야 하는바(「민법」 제741조), 원고의 위 피해자에 대한 위 보험금의 지급이 제3자의 변제로서의 효력이 없고, 따라서 피고가 여전히 위 피해자에 대하여 책임보험금 지급채무를 부담하고 있음은 앞서 본 바와 같으므로, 원고가 위 피해자에게 위 보험금을 지급함으로써 피고의 위 피해자에 대한 책임보험금 지급채무가 소멸되었음을 전제로 한 원고의 위 주장도 이유 없다.

제461조(변제 제공의 효과)

변제의 제공은 그때로부터 채무 불이행의 책임을 면하게 한다.

제462조(특정물의 현상 인도)

특정물의 인도가 채권의 목적인 때에는 채무자는 이행기의 현상대로 그 물건을 인도하여야 한다.

제463조(변제로서의 타인의 물건의 인도)

채무의 변제로 타인의 물건을 인도한 채무자는 다시 유효한 변제를 하지 아니하면 그 물건의 반환을 청구하지 못한다.

제464조(양도능력 없는 소유자의 물건 인도)

양도할 능력 없는 소유자가 채무의 변제로 물건을 인도한 경우에는 그 변제가 취소된 때에도 다시 유효한 변제를 하지 아니하면 그 물건의 반환을 청구하지 못한다.

제465조(채권자의 선의 소비, 양도와 구상권)

① 전2조의 경우에 채권자가 변제로 받은 물건을 선의로 소비하거나 타인에게 양도한 때에는 그 변제는 효력이 있다.

② 전항의 경우에 채권자가 제3자로부터 배상의 청구를 받은 때에는 채무자에 대하여 구상권을 행사할 수 있다.

제466조(대물변제)

채무자가 채권자의 승낙을 얻어 본래의 채무이행에 갈음하여 다른 급여를 한 때에는 변제와 같은 효력이 있다. 〈개정 2014.12.30.〉

제467조(변제의 장소)

① 채무의 성질 또는 당사자의 의사 표시로 변제 장소를 정하지 아니한 때에는 특정물의 인도는 채권성립 당시에 그 물건이 있던 장소에서 하여야 한다.

② 전항의 경우에 특정물 인도 이외의 채무 변제는 채권자의 현주소에서 하여야 한다. 그러나 영업에 관한 채무의 변제는 채권자의 현 영업소에서 하여야 한다.

제468조(변제기 전의 변제)

당사자의 특별한 의사 표시가 없으면 변제기 전이라도 채무자는 변제할 수 있다. 그러나 상대방의 손해는 배상하여야 한다.

제469조(제3자의 변제)

① 채무의 변제는 제3자도 할 수 있다. 그러나 채무의 성질 또는 당사자의 의사 표시로 제3자의 변제를 허용하지 아니하는 때에는 그러하지 아니하다.

② 이해관계 없는 제3자는 채무자의 의사에 반하여 변제하지 못한다.

제470조(채권의 준점유자에 대한 변제)
채권의 준점유자에 대한 변제는 변제자가 선의이며 과실 없는 때에 한하여 효력이 있다.

제471조(영수증 소지자에 대한 변제)
영수증을 소지한 자에 대한 변제는 그 소지자가 변제를 받을 권한이 없는 경우에도 효력이 있다. 그러나 변제자가 그 권한 없음을 알았거나 알 수 있었을 경우에는 그러하지 아니하다.

제472조(권한 없는 자에 대한 변제)
전2조의 경우 외에 변제받을 권한 없는 자에 대한 변제는 채권자가 이익을 받은 한도에서 효력이 있다.

제473조(변제비용의 부담)
변제비용은 다른 의사 표시가 없으면 채무자의 부담으로 한다. 그러나 채권자의 주소 이전 기타의 행위로 인하여 변제비용이 증가된 때에는 그 증가액은 채권자의 부담으로 한다.

제474조(영수증청구권)
변제자는 변제를 받는 자에게 영수증을 청구할 수 있다.

제475조(채권증서반환청구권)
채권증서가 있는 경우에 변제자가 채무 전부를 변제한 때에는 채권증서의 반환을 청구할 수 있다. 채권이 변제 이외의 사유로 전부 소멸한 때에도 같다.

제476조(지정변제 충당)
① 채무자가 동일한 채권자에 대하여 같은 종류를 목적으로 한 수개의 채무를 부담한 경우에 변제의 제공이 그 채무 전부를 소멸하게 하지 못하는 때에는 변제자는 그 당시 어느 채무를 지정하여 그 변제에 충당할 수 있다.
② 변제자가 전항의 지정을 하지 아니할 때에는 변제받는 자는 그 당시 어느 채무를 지정하여 변제에 충당할 수 있다. 그러나 변제자가 그 충당에 대하여 즉시 이의를 한 때에는 그러하지 아니하다.
③ 전2항의 변제 충당은 상대방에 대한 의사 표시로써 한다.

제477조(법정변제 충당)
당사자가 변제에 충당할 채무를 지정하지 아니한 때에는 다음 각 호의 규정에 의한다.
　　1. 채무 중에 이행기가 도래한 것과 도래하지 아니한 것이 있으면 이행기가 도래한 채무의 변제에 충당한다.
　　2. 채무 전부의 이행기가 도래하였거나 도래하지 아니한 때에는 채무자에게 변제이익이 많은 채무의 변제에 충당한다.
　　3. 채무자에게 변제이익이 같으면 이행기가 먼저 도래한 채무나 먼저 도래할 채무의 변제에 충당한다.
　　4. 전2호의 사항이 같은 때에는 그 채무액에 비례하여 각 채무의 변제에 충당한다.

제478조(부족변제의 충당)

1개의 채무에 수개의 급여를 요할 경우에 변제자가 그 채무 전부를 소멸하게 하지 못한 급여를 한 때에는 전2조의 규정을 준용한다.

제479조(비용, 이자, 원본에 대한 변제 충당의 순서)

① 채무자가 1개 또는 수개의 채무의 비용 및 이자를 지급할 경우에 변제자가 그 전부를 소멸하게 하지 못한 급여를 한 때에는 비용, 이자, 원본의 순서로 변제에 충당하여야 한다.
② 전항의 경우에 제477조의 규정을 준용한다.

제480조(변제자의 임의대위)

① 채무자를 위하여 변제한 자는 변제와 동시에 채권자의 승낙을 얻어 채권자를 대위할 수 있다.
② 전항의 경우에 제450조 내지 제452조의 규정을 준용한다.

제481조(변제자의 법정대위)

변제할 정당한 이익이 있는 자는 변제로 당연히 채권자를 대위한다.

제482조(변제자대위의 효과, 대위자 간의 관계)

① 전2조의 규정에 의하여 채권자를 대위한 자는 자기의 권리에 의하여 구상할 수 있는 범위에서 채권 및 그 담보에 관한 권리를 행사할 수 있다.
② 전항의 권리 행사는 다음 각 호의 규정에 의하여야 한다.
  1. 보증인은 미리 전세권이나 저당권의 등기에 그 대위를 부기하지 아니하면 전세물이나 저당물에 권리를 취득한 제3자에 대하여 채권자를 대위하지 못한다.
  2. 제3취득자는 보증인에 대하여 채권자를 대위하지 못한다.
  3. 제3취득자 중의 1인은 각 부동산의 가액에 비례하여 다른 제3취득자에 대하여 채권자를 대위한다.
  4. 자기의 재산을 타인의 채무의 담보로 제공한 자가 수인인 경우에는 전호의 규정을 준용한다.
  5. 자기의 재산을 타인의 채무의 담보로 제공한 자와 보증인 간에는 그 인원수에 비례하여 채권자를 대위한다. 그러나 자기의 재산을 타인의 채무의 담보로 제공한 자가 수인인 때에는 보증인의 부담부분을 제외하고 그 잔액에 대하여 각 재산의 가액에 비례하여 대위한다. 이 경우에 그 재산이 부동산인 때에는 제1호의 규정을 준용한다.

16. 공 탁

가. 정 의

"공탁"은 금전의 지급, 문건의 인도 등과 같이 채권자의 수령을 요하는 급부에 관하여 그 금액의 다툼에 채권자가 수령을 거부하거나 수령이 불능한 때와 채무자의 과실 없이 채권자를 알 수 없는 경우에, 채무자가 채권자의 협력 없이 변제의 목적물을 채권자를 위하여 공탁소에 임치하여 채무를 면하게 하는 제도이다. 이와 같은 변제공탁 이외에도 채권의 담보, 기타 목적을 위하

여 널리 이용되고 있다.[1]

나. 공탁의 종류

"공탁"이란 법령의 규정에 의하여 금전, 유가증권, 기타의 물품을 공탁소에 임치하는 것으로써 공법, 사법에 걸쳐 많이 있는데, 이를 대별하면 다음과 같다.

(1) 변제공탁

"변제공탁"은 채무 변제(소멸)를 위한 것으로써, 채무자가 채권자의 협력 없이 채무를 면하는 수단으로써 가장 중요한 실체법상의 의의를 가지고 있다. 이 경우, 공탁 원인이 되는 것은 일반적으로 채권자의 수령 거절, 수령 불능 및 채무자의 과실 없이 채권자를 알 수 없는 경우가 있다. 자동차사고에 있어서 가해자 측이 운전자의 형사상 유리한 판결을 구하기 위하여 손해배상금으로 일정한 금액을 공탁하는 경우가 있는데, 이는 일종의 변제공탁에 속한다.

(2) 담보공탁

"담보공탁"은 채권 담보를 위한 공탁이다. 이는 상대방에게 생긴 손해의 배상을 담보하기 위한 수단으로서, 주로 「민사소송법」 제199조(가집행의 선고), 제700조(가압류명령), 제715조(가압류 절차의 준용)에 의한 공탁이 이에 해당한다.

(3) 보관공탁

"보관공탁"은 단순히 보관하는 의미로 하는 공탁으로서, 이는 타인의 물건을 즉시 처분할 수 없는 사정이 있을 때에 일시 공탁으로 보관하는 것이다.

다. 공탁의 당사자

(1) 공탁자

공탁을 할 수 있는 자는 채무자에 한하지 않는다. 즉, 「민법」은 변제자라고 하였기 때문에 변제를 할 수 있는 제3자도 유효하게 공탁을 할 수 있다.

(2) 공탁을 받는 자

수탁 처분을 하는 것은 채무이행지의 공탁소이다. 공탁소는 일반적으로 공탁을 받을 권리 있는 자를 총칭하는 것이나, 현행 「공탁법」상 공탁사무는 국가공무원이 행하게 되므로 공탁소는 공탁사무를 행하는 국가기관이다.

라. 공탁의 방법과 절차

공탁의 방법과 절차는 「공탁법」이 정하는 바에 의하지만, 변제공탁에 관하여서는 「민법」,

---

[1]　한국자동차보험주식회사, 전게서, 219面.

「상법」에 실체적 규정이 있다(「민법」 제487조, 제491조, 「상법」 제142조, 제145조).

마. 공탁의 효과

(1) 채무의 소멸
공탁이 성립하면 채무는 소멸한다(「민법」 제487조).

(2) 채권자의 공탁물 교부 청구권
채권자는 공탁소에 대하여 공탁물의 교부를 청구할 권리를 취득한다. 「민법」에 명문은 없으나 채무자가 공탁으로 인하여 당연히 그 채무를 면하는 것은 채권자가 이 권리를 취득하기 때문이다.

(3) 공탁물의 소유권 이전 시기
(가) 불특정물의 경우: 금전의 공탁과 같이 소비임치(「민법」 제702조)가 성립하는 경우에는 공탁에 의하여 공탁소가 그 물건의 소유권을 취득하고 채권자가 이것으로부터 동종 동량의 물건의 교부를 받은 때에는 그 소유권을 취득하게 된다는 것은 의심할 여지가 없다.

(나) 특정물의 경우: 제3자를 위한 물권계약이 가능하냐는 문제에 관하여 이를 긍정하는 견해를 취한다면, 공탁은 제3자(채권자)를 위한 물권계약을 포함하는 것이고, 이것은 채권자의 수익의 의사 표시로써 그 효력이 생긴다고 해석하면 될 것이다. 즉, 채권자의 수익의 의사 표시로써 물권적 합의가 성립할 뿐만 아니라 동시에 반환청구권의 양도에 의한 인도가 행하여지는 것이고, 이로써 소유권이 채권자에게 이전되는 것이다. 공탁소는 채권자의 수익의 의사 표시가 있을 때까지는 공탁자를 위하여, 그후는 채권자를 위하여 점유하는 것으로 된다.

바. 공탁물의 수령과 회수

(1) 공탁물의 수령
공탁물을 수령하고자 하는 자는 대법원 규칙이 정하는 바에 의하여 그 권리를 증명하여야 한다(「공탁법」 제9조제1항).

(2) 공탁물의 회수
공탁은 변제자의 보호를 목적으로 하는 제도이므로 채권자 또는 제3자를 해하지 아니하는 한, 공탁자가 공탁물을 회수하는 것을 허용하여도 무방하다. 따라서 공탁자는 다음 각 호의 어느 하나에 해당하면 그 사실을 증명하여 공탁물을 회수할 수 있다(「공탁법」 제9조제2항).
1. 「민법」 제489조에 따르는 경우
2. 착오로 공탁을 한 경우
3. 공탁의 원인이 소멸한 경우

(3) 소멸시효

「공탁법」제9조제3항은 「제1항 및 제2항의 공탁물이 금전인 경우(제7조에 따른 유가증권상환
금, 배당금과 제11조에 따른 물품을 매각하여 그 대금을 공탁한 경우를 포함한다) 그 원금 또는 이자
의 수령, 회수에 대한 권리는 그 권리를 행사할 수 있는 때부터 10년간 행사하지 아니할 때에는
시효로 인하여 소멸한다」고 규정하고 있다.

■ 「민 법」
제487조(변제공탁의 요건, 효과)
채권자가 변제를 받지 아니하거나 받을 수 없는 때에는 변제자는 채권자를 위하여 변제의 목적물을
공탁하여 그 채무를 면할 수 있다. 변제자가 과실 없이 채권자를 알 수 없는 경우에도 같다.

제488조(공탁의 방법)
① 공탁은 채무이행지의 공탁소에 하여야 한다.
② 공탁소에 관하여 법률에 특별한 규정이 없으면 법원은 변제자의 청구에 의하여 공탁소를 지정하
고 공탁물 보관자를 선임하여야 한다.
③ 공탁자는 지체없이 채권자에게 공탁통지를 하여야 한다.

제489조(공탁물의 회수)
① 채권자가 공탁을 승인하거나 공탁소에 대하여 공탁물을 받기를 통고하거나 공탁유효의 판결이
확정되기까지는 변제자는 공탁물을 회수할 수 있다. 이 경우에는 공탁하지 아니한 것으로 본다.
② 전항의 규정은 질권 또는 저당권이 공탁으로 인하여 소멸한 때에는 적용하지 아니한다.

제490조(자조매각금의 공탁)
변제의 목적물이 공탁에 적당하지 아니하거나 멸실 또는 훼손될 염려가 있거나 공탁에 과다한 비용
을 요하는 경우에는 변제자는 법원의 허가를 얻어 그 물건을 경매하거나 시가로 방매하여 대금을 공
탁할 수 있다.

제491조(공탁물 수령과 상대의무이행)
채무자가 채권자의 상대의무이행과 동시에 변제할 경우에는 채권자는 그 의무이행을 하지 아니하
면 공탁물을 수령하지 못한다.

17. 상 계

가. 정 의

"상계"란 채권자와 채무자가 서로 대립하는 동종의 채권·채무를 갖는 경우에 그 채권과 채무
를 대등액에 있어서 소멸케 하는 일방적 의사 표시를 말한다. 예를 들면, B가 A에 대하여 10만
원의 채무를 부담하고 있고, B도 또한 A에 대한여 7만 원의 채권을 취득하고 있을 때에는 양쪽

에서 별도로 변제를 하지 않고, B의 A에 대한 의사 표시에 의하여 B의 채권 7만 원을 소멸시킴과 동시에 A의 채권을 3만 원으로 감할 수 있는 것이다. 상계는 광의로는 당사자 사이의 계약에 의한 상계(상계계약)를 포함하지만, 협의로는 일방적 의사 표시에 의한 상계를 가리킨다.

나. 자동채권과 수동채권

상계를 하는 쪽의 채권(위 '가'의 예에서는 7만 원인 B의 채권)을 자동채권이라고 하고, 상계되는 쪽의 채권(위 '가'의 예에서는 10만 원인 A의 채권)을 수동채권이라고 한다.

다. 상계적상

양 채권이 상계할 수 있는 사정에 놓여 질때 이것을 상계적상(相計適狀)이라고 한다. 상계적상이 가능하기 위한 조건은 다음 각 호와 같다.

1. 자동채권과 수동채권이 존재하고 있어야 한다. 다만, 자동채권이 시효로 소멸되어도 이의 소멸 이전에 양 채권이 동시에 존재하고 있었다면 무방하다.
2. 양 채권이 변제기에 도래하고 있어야 한다. 다만, 수동채권은 변제기가 도래하지 않아도 이를 상계하는 자가 변제기 이전에 지급할 의사가 있으면 무방하다.

그러나 상계적상이라고 하더라도 수동채권이 불법행위에 입각한 손해배상채권인 경우나 압류가 금지된 채권의 경우 등과 같이 상계가 허용되지 않는 경우도 있다.

라. 상계의 효력

상계는 상대방에 대한 의사 표시로 효력이 발생한다. 의사 표시는 "재판상"이거나 "재판 외"이거나 상관없다. 상계의 의사 표시가 있으면 상계적상 시로 소급하여 효력이 발생한다. 상계의 상대방이 여러 개의 채권을 지니고 있는 경우에는 어느 채권을 먼저 충당할 것인가 하는 문제가 발생하는데 일반적으로 변제의 충당에 관한 규정(「민법」 제476조~제479조)을 준용한다.

마. 상계금지

채무가 고의의 불법행위로 인한 것인 때에는 그 채무자는 상계로 채권자에게 대항하지 못하고(제496조 불법행위채권을 수동채권으로 하는 상계의 금지), 채권이 압류하지 못할 것인 때에는 그 채무자는 상계로 채권자에게 대항하지 못한다(제497조 압류금지채권을 수동채권으로 하는 상계의 금지).

■ 대법원 1982.12.14. 선고 82다카1201 판결[손해배상]

상계는 채권자와 채무자가 서로 동종의 채권, 채무를 가지는 경우에 그 채권과 채무를 대등액에서 소멸하게 하는 의사 표시이므로 상계가 유효하기 위하여는 자동채권과 수동채권이 있어야 하므로 상계 당시 수동채권이 없었다면 자동채권은 소멸되었다고 할 수 없으므로 원고 회사의 피용자인 소외인이 원고 회사가 상대방에 대하여 부담할 채무가 없는데도 자기 자신이 상대방에 대하여 부담하는 채무와 상계하기 위하여 상계의 의사 표시를 하였다고 하여도 원고 회사의 상대방에 대한 채권이 소멸되었다고 할 수 없다.

■ 부산고등법원 1988.12.07. 선고 88나2298 제2민사부 판결: 확정[양수금]

매매목적물의 하자로 인하여 매수인이 매도인에 대하여 가지는 손해배상청구권의 행사에 관하여도 「민법」 제495조가 유추 적용되어 그 손해배상청구권의 행사기간이 경과한 후라도 그 손해배상청구권이 그 기간 도과 전에 상계할 수 있었던 것이면 매수인은 이를 자동채권으로 하여 상계할 수 있다.

■ 대법원 1999.02.12. 선고 98다44956 판결[구상금]

원심 판결 이유에 의하면, 원심은 피고가 원심 판시의 카고트럭의 소유자인 소외 회사에 대한 금 7,417,610원의 연체보험료 채권을 자동채권으로 하여 이 사건 사고로 인한 피고의 소외 회사에 대한 보험금채무와 대등액에서 상계하였으므로 원고가 구하는 구상금에서 위 연체보험료 상당액이 공제되어야 한다는 피고의 항변에 대하여, 그 판결에서 채용하고 있는 증거들을 종합하여, 피고가 소외 회사와의 사이에 이 사건 사고차량이 아닌 소외 회사 소유의 다른 차량들에 관한 자동차종합보험계약을 체결하고 1993.5.7. 그 보험료로 액면금 25,551,930원의 약속어음을 소외 회사로부터 수령하였다가 위 약속어음이 지급 거절되자, 피고가 1993.6.23. 위 다른 차량들에 관한 보험계약을 해지한 사실, 피고가 1993.12.20.경 소외 회사에 대한 위 보험계약 해지 시까지의 금 7,417,610원의 연체보험료 채권으로 이 사건 사고로 인한 소외 회사의 피고에 대한 보험금채권을 대등액에서 상계한다는 의사 표시를 한 사실을 인정한 다음, 피고 주장의 위 연체보험료 채권은 이 사건 사고를 일으킨 카고트럭이 아니라 소외 회사 소속의 다른 차량에 관한 보험계약에 의하여 발생한 것이므로, 보험자가 손해를 보상할 경우 보험료의 지급을 받지 아니한 잔액을 보상할 금액에서 공제할 수 있다는 취지의 「상법」 제677조의 규정이 적용될 수 없을 뿐만 아니라, 원고의 피고에 대한 구상금채권은 원고가 이 사건 사고의 피해자들에게 손해배상금을 지급함으로써 피고에 대하여 직접 취득한 것이므로 피고가 소외 회사에 대하여 이 사건 사고차량이 아닌 다른 차량에 관한 연체보험료 채권으로 원고의 피고에 대한 구상금채권을 상계할 수는 없다는 이유로 피고의 위 항변을 배척하고 있다.

기록에 비추어 살펴보면, 원심의 위와 같은 사실인정과 판단은 정당하고, 거기에 상고이유에서 지적하는 바와 같은 「상법」 제677조에 관한 법리오해나 상계에 관한 법리오해의 위법이 있다고 할 수 없다. 이 점에 관한 상고이유도 받아들일 수 없다.

■ 대법원 2006.10.26. 선고 2004다63019 판결[양수금]

가. 「민법」 제496조는 채무가 고의의 불법행위로 인한 것인 때에는 그 채무자는 상계로 채권자에게 대항하지 못한다고 규정하고 있는바, 위 규정의 취지는, 고의의 불법행위에 의한 손해배상채권에 대하여 상계를 허용한다면 고의로 불법행위를 한 자까지도 상계권 행사로 현실적으로 손해배상

을 지급할 필요가 없게 되어 보복적 불법 행위를 유발하게 될 우려가 있고, 또 고의의 불법행위로
인한 피해자가 가해자의 상계권 행사로 인하여 현실의 변제를 받을 수 없는 결과가 됨은 사회적 정
의관념에 맞지 아니하므로 고의에 의한 불법행위의 발생을 방지함과 아울러 고의의 불법행위로
인한 피해자에게 현실의 변제를 받게 하려는 데 있다 할 것이다(대법원 1994.8.12. 선고 93다52808
판결, 2002.1.25. 선고 2001다52506 판결 등 참조).
또한, 「민법」 제756조에 의한 사용자의 손해배상책임은 피용자의 배상책임에 대한 대체적 책임이
라 할 것이고(대법원 1992.6.23. 선고 91다33070 판결 참조), 「민법」 제756조제1항에서 사용자가 피
용자의 선임 및 그 사무감독에 상당한 주의를 한 때 또는 상당한 주의를 하여도 손해가 있을 경우
에는 책임을 면할 수 있도록 규정함으로써 사용자 책임에서의 사용자의 과실은 직접의 가해행위
가 아닌 피용자의 선임·감독에 관련된 것으로 해석되는바, 이러한 점에 비추어 볼 때 피용자의 고
의의 불법행위로 인하여 사용자 책임이 성립하는 경우에도, 불법행위의 피해자에게 현실의 변제
에 의하여 손해를 전보케 하려는 취지에서 규정된 「민법」 제496조의 적용을 배제하여야 할 이유
는 없다고 할 것이므로, 사용자 책임이 성립하는 경우 사용자는 자신의 고의의 불법행위가 아니라
는 이유로 「민법」 제496조의 적용을 면할 수는 없다고 할 것이다.
나. 원심 판결 이유에 의하면, 원심은 같은 취지에서 원심 공동피고가 고의로 신두용의 대출금 중
2억 원을 편취한 행위에 대한 사용자 책임을 부담하는 피고 은행이 위 손해배상채무를 수동채권으
로 상계할 수 없다고 판단하였는바, 위와 같은 원심의 판단은 정당하고 거기에 상계금지에 관한 법
리오해의 위법이 있다고 할 수 없다.

■ 대법원 2009.12.10. 선고 2007다30171 판결[구상금]
가. 구 「산업재해보상보험법」(2007.4.11. 법률 제8373호로 전부 개정되기 전의 것, 이하 "구 「산재보험
법」"이라고 한다) 제54조제1항 본문은 「공단은 제3자의 행위에 의한 재해로 인하여 보험급여를 지
급한 경우에는 그 급여액의 한도 안에서 급여를 받은 자의 제3자에 대한 손해배상청구권을 대위한
다」고 규정하고 있으므로, 근로복지공단(이하 "공단"이라고 한다)이 제3자의 행위에 의한 재해로 인
하여 사망한 근로자의 유족에게 유족급여를 지급하고 대위하는 권리는 그 유족급여의 한도 안에
서 그 유족급여를 받은 유족이 사망한 근로자로부터 상속한 일실수입 상당의 손해배상채권(이하
"유족급여수급자의 손해배상채권"이라고 한다)이다.
한편, 구 「자동차손해배상보장법」(2008.3.28. 법률 제9065호로 전부 개정되기 전의 것, 이하 "구 「자배
법」"이라고 한다)의 규정에 의하면, 자동차 보유자는 자동차의 운행으로 다른 사람이 사망하거나
부상한 경우에 피해자에게 일정한 금액을 지급할 책임을 지는 책임보험 또는 책임공제(이하 "책임
보험 등"이라 한다)에 가입하여야 하고(제5조), 그 손해배상책임이 발생한 경우 그 피해자는 일정한
요건 아래 보험사업자 등에 대하여 「상법」 제724조제2항의 규정에 의하여 보험금 등을 자기에게
직접 지급할 것을 청구할 수 있으며(제9조제1항), 그 직접청구권은 이를 압류 또는 양도할 수 없다
(제32조). 다른 한편, 채권이 압류하지 못할 것인 때에는 그 채무자는 상계로 채권자에게 대항하지
못한다(「민법」 제497조).
이러한 규정들은 자동차의 운행으로 사람이 사망하거나 부상한 경우에 있어서 인적 피해에 대한
손해배상을 보장하는 제도를 확립함으로써 피해자를 보호하려는 데에 그 목적이 있으므로, 공단
이 유족급여를 지급함으로써 그 유족급여수급자의 손해가 이미 전보되었다면, 그것으로써 피해자
보호의 목적이 달성되었고 따라서 공단이 유족급여수급자를 대위하여 행사하는 보험사업자 등 제

3자에 대한 손해배상채권에 대하여는 성질상 구「자배법」제32조의 압류 또는 양도 금지 규정이 적용되지 않는다고 봄이 상당하다.

나. 다른 한편, 일반적으로 당사자 사이에 상계적상이 있는 채권이 병존하고 있는 경우에는 이를 상계할 수 있는 것이 원칙이고, 이러한 상계의 대상이 되는 채권은 상대방과 사이에서 직접 발생한 채권에 한하는 것이 아니라, 제3자로부터 양수 등을 원인으로 하여 취득한 채권도 포함한다고 할 것인바, 이러한 상계권자의 지위가 법률상 보호를 받는 것은, 원래 상계제도가 서로 대립하는 채권, 채무를 간이한 방법에 의하여 결제함으로써 양자의 채권채무관계를 원활하고 공평하게 처리함을 목적으로 하고 있고, 상계권을 행사하려고 하는 자에 대하여는 수동채권의 존재가 사실상 자동채권에 대한 담보로서의 기능을 하는 것이어서 그 담보적 기능에 대한 당사자의 합리적 기대가 법적으로 보호받을 만한 가치가 있음에 근거하는 것이다(대법원 2003.4.11. 선고 2002다59481 판결 참조). 따라서 채권 양도에 있어서 특별한 사정이 없는 한 채무자의 승낙 당시까지 양도인에 대하여 생긴 사유로써 양수인에게 대항할 수 있는 것이어서 승낙 당시 이미 상계를 할 수 있는 원인이 있었던 경우에는 아직 상계적상에 있지 아니하였다고 하더라도 그후에 상계적상이 생기면 채무자는 양수인에 대하여 상계로 대항할 수 있는 것이 원칙이고(대법원 1999.8.20. 선고 99다18039 판결 등 참조), 이러한 법리는 그 채권이 대위되는 경우에도 마찬가지로 적용된다.

그러나 양도 또는 대위되는 채권이 원래 압류가 금지되는 것이었던 경우에는, 처음부터 이를 수동채권으로 한 상계로 채권자에게 대항하지 못하던 것이어서 그 채권의 존재가 채무자의 자동채권에 대한 담보로서 기능할 여지가 없고 따라서 그 담보적 기능에 대한 채무자의 합리적 기대가 있다고도 할 수 없으므로, 그 채권이 양도되거나 대위의 요건이 구비된 이후에 있어서도 여전히 이를 수동채권으로 한 상계로써 채권 양수인 또는 대위 채권자에게 대항할 수 없다고 봄이 상당하다.

다. 원심 판결 이유에 의하면, 이 사건 사고는 소외 1의 피용자인 망 소외 2의 과실과 피고 2 소유 자동차의 운전자인 피고 1의 과실이 경합하여 발생한 사실, 피고 2 소유 자동차에 관한 구「자배법」상의 보험자인 피고 동부화재해상보험 주식회사(이하 "동부화재"라고 한다)는 이 사건 사고로 사망한 위 망인의 단독상속인 소외 3에 대하여 구「자배법」제9조제1항의 규정에 의한 직접 손해배상채무를 지는 한편, 이 사건 사고로 인하여 소외 4, 5 및 피고 2가 입은 손해를 배상하여 위 망인 및 피고 1을 공동면책시킴으로써 위 망인의 상속인 소외 3에 대하여 구상금채권을 취득한 사실, 그런데 원고는 구「산재보험법」의 규정에 따라 위 망인의 사망을 업무상 재해로 인정하고 위 소외 3에게 유족보상일시금 48,126,000원을 지급함으로써, 구「산재보험법」제54조제1항 본문에 의하여 소외 3의 피고들에 대한 손해배상채권을 같은 금액의 범위 안에서 대위하게 된 사실을 알 수 있다.

이러한 사실관계를 앞에서 본 법리에 비추어 보면, <u>소외 3의 피고 동부화재에 대한 손해배상채권은 원래 구「자배법」제9조 제1항, 제32조에 의하여 압류 및 양도가 금지되는 것이어서 피고 동부화재가 이를 수동채권으로 한 상계로 대항하지 못하던 것이었으므로, 원고가 소외 3을 대위하게 된 이후에 있어서도 여전히 피고 동부화재가 소외 3에 대한 구상금채권을 자동채권으로 하고 소외 3의 위 손해배상채권을 수동채권으로 한 상계로써 원고에게 대항할 수 없다고 봄이 상당하다.</u>

그런데도 원심은 이와 달리, 피고 동부화재가 위와 같은 상계로써 원고에게 대항할 수 있다고 보아 원고의 피고들에 대한 이 사건 청구를 모두 배척하고 말았으니, 원심 판결에는 구「자배법」제32조의 압류금지 규정의 해석·적용에 관한 법리 등을 오해하여 판결에 영향을 미친 위법이 있다. 이 점에 관한 상고이유의 주장은 이유 있다.

■ 「민 법」

제492조(상계의 요건)

① 쌍방이 서로 같은 종류를 목적으로 한 채무를 부담한 경우에 그 쌍방의 채무의 이행기가 도래한 때에는 각 채무자는 대등액에 관하여 상계할 수 있다. 그러나 채무의 성질이 상계를 허용하지 아니할 때에는 그러하지 아니하다.

② 전항의 규정은 당사자가 다른 의사를 표시한 경우에는 적용하지 아니한다. 그러나 그 의사 표시로써 선의의 제3자에게 대항하지 못한다.

제493조(상계의 방법, 효과) 판례문헌

① 상계는 상대방에 대한 의사 표시로 한다. 이 의사 표시에는 조건 또는 기한을 붙이지 못한다.

② 상계의 의사 표시는 각 채무가 상계할 수 있는 때에 대등액에 관하여 소멸한 것으로 본다.

제494조(이행지를 달리하는 채무의 상계) 판례문헌

각 채무의 이행지가 다른 경우에도 상계할 수 있다. 그러나 상계하는 당사자는 상대방에게 상계로 인한 손해를 배상하여야 한다.

제495조(소멸시효 완성된 채권에 의한 상계) 판례문헌

소멸시효가 완성된 채권이 그 완성 전에 상계할 수 있었던 것이면 그 채권자는 상계할 수 있다.

제496조(불법행위채권을 수동채권으로 하는 상계의 금지)

채무가 고의의 불법행위로 인한 것인 때에는 그 채무자는 상계로 채권자에게 대항하지 못한다.

제497조(압류금지채권을 수동채권으로 하는 상계의 금지)

채권이 압류하지 못할 것인 때에는 그 채무자는 상계로 채권자에게 대항하지 못한다.

제498조(지급금지채권을 수동채권으로 하는 상계의 금지) 판례문헌

지급을 금지하는 명령을 받은 제3채무자는 그후에 취득한 채권에 의한 상계로 그 명령을 신청한 채권자에게 대항하지 못한다.

제499조(준용 규정)

제476조 내지 제479조의 규정은 상계에 준용한다.

18. 경 개

가. 정 의

"경개"는 채무의 요소를 변경함으로써 신 채무를 성립시키고 동시에 구 채무를 소멸시키는 유상계약을 말한다. 「민법」 제500조(경개의 요건, 효과)는 「당사자가 채무의 중요한 부분을 변경하는 계약을 한 때에는 구 채무는 경개로 인하여 소멸한다」고 규정하고 있다.

나. 종 류

(1) 채무자 변경으로 인한 경개

을의 갑에 대한 채무를 소멸시키고 병의 갑에 대한 채무를 성립시키는 경개는 갑·을·병 3명의 계약으로 할 수 있음은 물론이지만, 갑·병만의 계약으로도 할 수 있다. 다만 을의 의사에 반하는 때에는 효력이 생기지 않는다.

(2) 채권자의 변경으로 인한 경개

갑의 을에 대한 채권을 소멸시키고 병의 을에 대한 채권을 성립시키는 경개는 갑·을·병 3명의 계약에 의한다고 해석한다. 채권자 변경으로 인한 경개는 확정일자 있는 증서로 하지 않으면 제3자에게 대항하지 못한다.

(3) 채무의 목적 변경으로 인한 경개

채무의 목적 변경으로 인한 경개는 동일 채권자와 동일 채무자 간의 계약이다. 경개계약에는 아무런 형식을 필요로 하지 않는다.

다. 효 력

경개의 효력은 구 채무가 소멸하고 신 채무가 성립하는 것에는 아무런 문제가 없다. 여기에서 주의할 것은 구 채무의 소멸과 신 채무의 성립 사이에 인과관계가 존재해야 한다. 만약 구 채무가 존재하지 아니하거나 취소되면 신 채무는 성립하지 아니하고, 또 반대로 신 채무가 성립하지 아니하거나 취소되면 구 채무는 소멸하지 않는다.

19. 면 제

"면제"는 채권자가 채권을 포기하는 단독행위를 말한다. 「민법」 제506조(면제의 요건, 효과)는 「채권자가 채무자에게 채무를 면제하는 의사를 표시한 때에는 채권은 소멸한다. 그러나 면제로써 정당한 이익을 가진 제3자에게 대항하지 못한다」고 규정하고 있다. 위 규정에 의하면 채무자의 승낙을 필요로 하지 않으며 채권자가 단독으로 할 수 있다. 채무자에 대하여 채권을 포기하겠다는 의사 표시를 하면 어떤 방법이든 무방하다. 면제는 채권자의 자유이지만, 만약 당해 채권이 질권이 설정되어 있으면 면제를 할 수 없다. 면제에 의하여 제3자의 권리를 해할 때에는 면제를 허용하지 않는다.

> ■ 서울중앙지방법원 2009.08.18. 선고 2009나16017 판결[구상금]
> 사무관리가 성립하기 위하여는 우선 그 사무가 타인의 사무이고 타인을 위하여 사무를 처리하는 의사, 즉, 관리의 사실상의 이익을 타인에게 귀속시키려는 의사가 있어야 함은 물론 나아가 그 사무의 처리가 본인에게 불리하거나 본인의 의사에 반한다는 것이 명백하지 아니할 것을 요한다 할 것

인바(대법원 1997.10.10. 선고 97다26326 판결), 우선 원고 스스로 보험금 지급 경위에 관하여 피고
측에서 이 사건 사고에 대한 보험사고 접수 처리를 거부하여 부득이 원고가 위 피해자에게 이를
대신 지급하였다고 주장하고 있을 뿐만 아니라 원고가 위 피해자에게 보험금을 지급하면서 법률
상 지급 의무자인 피고를 대신하여 이를 지급한다는 의사를 표시하였다거나 또는 위 피해자의 피
고에 대한 보험금청구권을 포기시켰다는 사정이 보이지 않는 점(갑 제5호증의 기재에 의하면, 원고
가 피해자에게 합의금을 지급하면서 피해자 소외 1의 대리인 소외 2로 하여금 "이 사건 사고와 관련된 당사
자 및 공동불법행위자에 대한 일체의 청구권"을 포기하겠다는 내용의 권리포기서에 서명, 날인케 한 사실
은 인정되나, 채무의 면제는 채무자에 대한 의사 표시로서만 효력이 발생하므로(「민법」 제506조 참조), 피
해자의 대리인이 원고에게 권리포기서를 작성하여 준 사실만으로 피해자의 피고에 대한 책임보험금 상당
의 보험금지급청구권을 포기하거나 피고의 지급 의무를 면제시켰다고 보기 어렵다), 「자동차손해배상보
장법」에 따른 손해배상책임의 존부나 범위, 특히 「자동차손해배상보장법시행령」 제3조에 따라 위
피해자에게 지급하여야 할 책임보험금의 범위에 대하여는 항상 분쟁의 소지가 있는 점 등에 비추
어 보면, 원고가 위 피해자에게 위와 같이 보험금을 지급한 것은 본인인 피고의 의사에 반하는 것
이 명백하거나 적어도 원고에게 피고를 위하여 사무를 처리하는 의사, 즉, 위 보험금 지급의 사실
상의 이익을 피고에게 귀속시키려는 의사가 있었다고 보기 어렵다.

20. 혼 동

가. 정 의

「민법」 제507조는 「채권과 채무가 동일한 주체에 귀속한 때에는 채권은 소멸한다. 그러나 그
채권이 제3자의 권리의 목적인 때에는 그러하지 아니하다」라고 하여 혼동의 요건과 효과를 규정
하고 있다. 위 법조상의 "혼동"이라 함은 채무자가 채권자를 상속하는 것과 같이 채권자의 지위
와 채무자의 지위가 동일한 주체(동일인)에게 귀속하는 것을 말한다. 이런 경우에는 채권을 존속
시킬 필요가 없으므로 소멸시킨다. 다만, 이 채권이 제3자의 권리, 예컨대, 질권의 목적인 때에는
혼동으로 질권의 목적물을 소멸시켜서는 아니 되므로 예외적으로 채권은 여전히 존속한다.

나. 취 지

「민법」 제507조가 혼동을 채권의 소멸 사유로 인정하고 있는 것은 채권과 채무가 동일한 주
체에 귀속한 때에 채권과 채무의 존속을 인정하여서는 안 될 적극적인 이유가 있어서가 아니고
그러한 경우에 채권과 채무의 존속을 인정하는 것이 별다른 의미를 갖지 않기 때문에 채권·채무
의 소멸을 인정함으로써 그후의 권리의무관계를 간소화하려는 데 그 목적이 있다. 그러므로, 채
권과 채무가 동일한 주체에 귀속하게 되더라도 그 채권의 존속을 인정하여야 할 특별한 이유가
있는 때에는 그 채권은 혼동에 의하여 소멸되지 아니하고 그대로 존속한다고 봄이 상당함에 비
추어, 채권과 채무가 동일인에게 귀속되는 경우라도 그 채권의 존재가 채권자 겸 채무자로 뒨 사
람의 제3자에 대한 권리 행사의 전제가 되는 관계로 채권의 존속을 인정하여야 할 정당한 이익

이 있을 때에는 그 채권은 혼동에 의하여 소멸하는 것이 아니라고 봄이 상당하다. 「민법」 제507조 단서에서 채권이 제3자의 권리의 목적인 때에는 혼동에 의한 채권 소멸이 생기지 아니한다고 규정하고 있는 것은 그러한 이유 때문이며, 상속인이 한정승인을 하거나 상속재산과 고유재산이 분리된 때(「민법」 제1031조, 제1050조), 어음이나 수표 등 유가증권상의 채무자가 채권자가 된 때(「어음법」 제11조제3항, 제77조제1항제1호, 「수표법」 제14조제3항) 등에는 이러한 혼동에 의한 채권 소멸의 예외가 인정되는 이치도 같은 것이라고 할 것이다.

다. 「자배법」 제3조의 손해배상채권과 채무에 대한 혼동의 효력

(1) 원 칙

자동차 운행 중 교통사고로 인하여 「자배법」 제3조에 의한 손해배상채권과 채무가 상속으로 동일인에게 귀속하더라도 "가해자가 피해자의 상속인이 되는 등 특별한 경우"를 제외하고는 피해자의 보험자에 대한 직접청구권의 전제가 되는 위 법 제3조에 의한 피해자의 운행자에 대한 손해배상청구권은 상속에 의한 혼동에 의하여 소멸되지 않는다.

(2) 「자배법」 제3조에서 혼동을 인정하지 않는 이유

(가) 교통사고 피해자 보호의 필요성

자동차 운행 중 교통사고가 일어나 자동차의 운행사나 동승한 그의 친족이 사망하여 「자배법」 제3조에 의한 손해배상채권과 채무가 상속으로 동일인에게 귀속하게 되는 때에, 교통사고를 일으킨 차량의 운행자가 자동차손해배상책임보험에 가입하였다면, 가해자가 피해자의 상속인이 되는 등의 특별한 경우를 제외하고는 생존한 교통사고 피해자나 사망지의 상속인에게 책임보험에 의한 보험의 혜택을 부여하여 이들을 보호할 사회적 필요성이 있는 점은 다른 교통사고와 다를 바 없다.

(나) 보험자 면책의 합리적 사유 결여

원래 자동차손해배상책임보험의 보험자는 상속에 의한 채권·채무의 혼동 그 자체와는 무관한 제3자일 뿐 아니라 이미 자신의 보상 의무에 대한 대가인 보험료까지 받고 있는 처지여서 교통사고의 가해자와 피해자 사이에 상속에 의한 혼동이 생긴다는 우연한 사정에 의하여 자기의 보상 책임을 면할 만한 합리적인 이유가 없으므로, 자동차손해배상책임보험의 약관에 의하여 피해자가 보험회사에 대하여 직접 보험금의 지급청구를 할 수 있는 이른바 직접청구권이 수반되는 경우에는 그 직접청구권의 전제가 되는 「자배법」 제3조에 의한 피해자의 운행자에 대한 손해배상청구권은 상속에 의한 혼동에 의하여 소멸되지 아니한다고 보아야 한다(대법원 1995.05.12. 선고 93다48373 판결).

■ 대법원 1995.05.12. 선고 93다48373 판결[손해배상(자)]

1. 상고이유 제1, 2점에 대하여

가. 원심 판결 이유에 의하면 원심은, 소외 1이 1991.1.9. 18:30경 자신의 소유인 이 사건 승용차를 운전하여 전남 곡성군 오산면 연화리 소재 호남고속도로 회덕기점 195.8km 지점 하행선상을 진행 중 이 사건 교통사고를 일으켜 소외 1 및 위 승용차에 타고 있던 그의 언니들인 소외 2, 3이 그 자리에서 각 사망한 사실, 원고 1, 2는 소외 1, 2, 3의 부모이고 나머지 원고들은 위 망인들의 형제자매이며 소외 4(이 사건 공동원고였으나 제1심에서 소를 취하하였다)는 소외 3의 남편인 사실, 다른 한편, 소외 1은 1990.12.11. 자동차보험사업을 하는 피고 회사와의 사이에 위 승용차의 운행 중 남을 죽게 하거나 다치게 하여 위 망인이 손해배상책임을 짐으로써 입은 손해를 피고 회사가 보상하여 주기로 하고, 만일 피보험자가 사망하여 피해자가 손해배상을 받을 수 없을 경우에는 피해자가 직접 피고 회사에 보험금의 지급을 청구할 수 있다는 내용의 자동차손해배상책임보험계약을 체결한 사실, 소외 2의 손해배상청구권은 그 부모인 원고 1, 2가 상속하였고 소외 3의 손해배상청구권은 위 원고들 및 남편인 소외 4가 각 상속하였는데 소외 4는 자신의 상속분에 해당하는 소외 3의 소외 1에 대한 손해배상채권을 원고 1에게 양도하고 이를 피고 회사에게 통지한 사실을 각 인정하고, 소외 1과 피고 회사가 맺은 보험계약상의 피해자의 피고 회사에 대한 직접청구권 부분의 약정은 이른바 제3자를 위한 계약이므로 이 사건 사고의 피해자들인 원고들은 이 사건 손해배상청구 소송을 제기함으로써 그 수익의 의사 표시를 하였다고 할 것이어서 피고 회사는 원고들에게 이 사건 사고로 말미암은 손해를 배상할 책임이 있다고 판단하였다.

그리고 원심은, 원고 1, 2는 소외 1의 소외 2, 3에 대한 손해배상채무도 상속하여 소외 2, 3의 소외 1에 대한 손해배상채권과 소외 1의 소외 2, 3에 대한 손해배상채무가 동일인들에게 귀속되었으므로 「민법」상의 혼동으로 모두 소멸하였고 따라서 피고의 의무도 소멸하였다는 피고의 주장에 대하여는 다음과 같은 이유로 이를 배척하였다. 즉, 원고 1, 2가 소외 2, 3의 이 사건 사고로 인한 손해배상채권과 소외 1의 이로 인한 손해배상채무를 동시에 상속 또는 양도받게 되어 혼동의 효과가 발생하기는 하였으나, 자동차손해배상책임보험의 약관에 의하여 보험자가 피해자에 대하여 직접 교통사고로 인한 손해를 배상하여야 하는 의무의 법적 성질은 피보험자나 그 상속인들의 피해자에 대한 손해배상채무를 병존적으로 인수하는 것이고, 피보험자나 그 상속인들의 피해자에 대한 손해배상채무와 보험자의 피해자에 대한 손해배상채무의 관계는 부진정연대채무라고 할 것이며, 부진정연대채무자 1인에 관하여 생긴 혼동의 효력은 다른 연대채무자에게 미치지 않는다고 할 것이므로 원고 1, 2의 위 손해배상채무가 혼동에 의하여 소멸한다고 하더라도 위 자동차보험계약의 보험자인 피고 회사의 원고들에 대한 손해배상채무가 영향을 받지는 않는다는 것이다.

나. 「민법」 제507조 본문은 「채권과 채무가 동일한 주체에 귀속한 때에 채권은 소멸한다」라고 규정하여 이른바 혼동에 의한 채권의 소멸을 인정하고 있는데, 「민법」이 이처럼 혼동을 채권의 소멸 사유로 인정하고 있는 것은 채권과 채무가 동일한 주체에 귀속한 때에 채권과 채무의 존속을 인정하여서는 안 될 적극적인 이유가 있어서가 아니고 그러한 경우에 채권과 채무의 존속을 인정하는 것이 별다른 의미를 가지지 않기 때문에 채권 채무의 소멸을 인정함으로써 그후의 권리의무관계를 간소화 하려는데 그 목적이 있는 것이라고 여겨진다.

그러므로 채권과 채무가 동일한 주체에 귀속하게 되디리도 그 채권의 존속을 인정하여야 할 특별한 이유가 있는 때에는 그 채권은 혼동에 의하여 소멸되지 아니하고 그대로 존속한다고 봄이 상당할 것이다. 「민법」 제507조 단서에서 채권이 제3자의 권리의 목적인 때에는 혼동에 의한 채권 소멸이 생기지 아니한다고 규정하고 있는 것은 그러한 이유 때문이며, 상속인이 한정승인을 하거나 상속재산과 고유재산이 분리된 때(「민법」 제1031조, 제1050조), 어음이나 수표 등 유가증권상의 채무자가 채권자가 된 때(「어음법」 제11조제3항, 제77조제1항제1호, 「수표법」 제14조제3항) 등에는 이러한 혼동에 의한 채권 소멸의 예외가 인정되는 이치도 같은 것이라고 할 것이다.

이와 같은 「민법」 제507조 본문과 단서의 취지에 비추어 보면, 채권과 채무가 동일인에게 귀속되는 경우라도 그 채권의 존재가 채권자 겸 채무자로 된 사람의 제3자에 대한 권리 행사의 전제가 되는 관계로 채권의 존속을 인정하여야 할 정당한 이익이 있을 때에는 그 채권은 혼동에 의하여 소멸하는 것이 아니라고 봄이 상당하다.

다. 이러한 관점에서 이 사건과 같이 자동차 운행 중 교통사고가 일어나 자동차의 운행자나 동승한 그의 친족이 사망하여 「자동차손해배상보장법」 제3조에 의한 손해배상채권과 채무가 상속으로 동일인에게 귀속하게 되는 때에, 교통사고를 일으킨 차량의 운행자가 자동차손해배상책임보험에 가입한 경우의 문제를 살펴본다면, 가해자가 피해자의 상속인이 되는 등의 특별한 경우를 제외하고는 생존한 교통사고 피해자나 사망자의 상속인에게 책임보험에 의한 보험의 혜택을 부여하여 이들을 보호할 사회적 필요성이 있는 점은 다른 교통사고와 다를 바 없고, 다른 한편, 원래 자동차손해배상책임보험의 보험자는 상속에 의한 채권·채무의 혼동 그 자체와는 무관한 제3자일 뿐 아니라 이미 자신의 보상의무에 대한 대가인 보험료까지 받고 있는 처지여서 교통사고의 가해자와 피해자 사이에 상속에 의한 혼동이 생긴다는 우연한 사정에 의하여 자기의 보상책임을 면할 만한 합리적인 이유가 없으므로, 자동차 책임보험의 약관에 의하여 피해자가 보험회사에 대하여 직접 보험금의 지급청구를 할 수 있는 이른바 직접청구권이 수반되는 경우에는 그 직접청구권의 전제가 되는 「자동차손해배상보장법」 제3조에 의한 피해자의 운행자에 대한 손해배상청구권은 상속에 의한 혼동에 의하여 소멸되지 아니한다고 보아야 할 것이다.

라. 그런데 이 사건에서는 1이 피고 회사와의 사이에 위 승용차의 운행 중 남을 죽게 하거나 다치게 하여 소외 1이 손해배상책임을 짐으로써 입은 손해를 피고 회사가 보상하여 주기로 하고, 만일 피보험자인 1의 사망으로 피해자가 손해배상을 받을 수 없을 경우에는 피해자가 직접 피고 회사에 보험금의 지급을 청구할 수 있다는 이른바 직접청구권을 인정하는 내용의 자동차손해배상책임보험계약을 체결한 사실은 원심이 확정한 바와 같고, 그렇다면 원고 1, 2로서는 자신들의 딸들인 소외 2, 3의 소외 1에 대한 이 사건 손해배상채권과 소외 1의 소외 2, 3에 대한 손해배상채무를 아울러 승계하였다고 하더라도 현실적으로 그 손해가 전보되지 아니한 이상 피고에 대한 직접청구권을 행사하기 위하여 위 손해배상채권의 존속을 주장할 정당한 이익을 가진다고 할 것이니 위 손해배상채권은 혼동으로 인하여 소멸하는 것이 아니라고 봄이 상당하고 따라서 위 원고들은 피고에 대하여 위 보험계약에 기한 직접청구권을 행사할 수 있다고 할 것이다.

마. 그러므로 원심이 원고 1, 2의 피고에 대한 직접청구권이 소멸하지 아니하였다고 한 것은 비록 그 이유에 있어서는 적절하지 아니하나 그 결과에 있어서는 정당하고, 위 원고들의 손해배상채권이 혼동에 의하여 소멸하였음을 전제로 하는 상고이유 제1, 2점은 더 나아가 판단할 필요 없이 이유 없다.

2. 상고이유 제3점에 대하여

원심이 확정하고 있는 것처럼 소외 3이 1988.2.4. 일본인인 소외 4와 혼인하여 1988.3.8.부터 일본국 동경도에 거주하여 왔다고 하더라도 이 사건 사고의 발생지는 우리나라이므로 이 사건 사고로 인한 손해배상에 관하여는 우리나라의 법률이 적용되어야 함은 소론이 지적하는 바와 같다.

그러나 소외 3이 이 사건 사고가 없었으면 앞으로 일본에서 계속 거주할 사정이었다면 그가 그 곳에서 얻을 수 있는 수입을 전제로 일실수입을 산정함이 상당할 것이므로, 그 가동연한 또한 일본에서의 그것을 기준으로 하여야 할 것이다(당원 1970. 2. 10. 선고 69다2039, 2040 판결 참조). 원심 판결이 같은 취지로 판단한 것은 정당하고, 또 기록에 의하면 가동연한에 관한 원심의 사실인정도 수긍할 수 있으며 거기에 소론과 같은 법리오해, 심리미진 또는 채증법칙 위배 등의 위법이 있다고 할 수 없다. 논지는 이유 없다.

■ 대법원 2003.01.10. 선고 2000다41653 판결[채무부존재확인·손해배상(자)](가해자 상속포기 하지 않음).

가. 책임보험의 보험자에 대한 직접청구권의 소멸 여부에 관하여

원심이 인용한 제1심 판결은 그 채택증거를 종합하여, 원고(반소피고, 이하 "원고"라 한다)는 피고(반소원고, 이하 "피고"라 한다)와 사이에 피고 소유의 경남 81라(이하 생략) 소형화물차에 대하여 책임보험계약을 체결하였는데 피고의 처인 1심 공동피고가 보험기간 중인 1998.4.3. 13:30경 위 자동차에 아들인 소외 1 외 1인을 조수석에 태우고 운행하던 중 중앙선을 침범함으로 인하여 마주 오던 승용차와 충돌하는 사고를 냈고, 위 사고로 위 소외 1이 그 시경 사망한 사실을 인정한 후, 자동차 운행 중 사고로 인하여 구 「자동차손해배상보장법」(1999.2.5. 법률 제5793호로 개정되기 전의 것) 제3조에 의한 손해배상채권과 채무가 상속으로 동일인에게 귀속하더라도 교통사고의 피해자에게 책임보험 혜택을 부여하여 이를 보호하여야 할 사회적 필요성은 동일하고 책임보험의 보험자가 혼동이라는 우연한 사정에 의하여 자신의 책임을 면할 합리적인 이유가 없다는 점 등을 고려할 때 가해자가 피해자의 상속인이 되는 등 특별한 경우를 제외하고는 피해자의 보험자에 대한 직접청구권의 전제가 되는 위 법 제3조에 의한 피해자의 운행자에 대한 손해배상청구권은 상속에 의한 혼동에 의하여 소멸되지 않는다고 할 것인데(대법원 1995.5.12. 선고 93다48373 판결 등 참조), 피고는 구 「자동차손해배상보장법」 제3조에 따라 피해자에 대한 배상책임을 부담하는 자동차의 운행자에 불과하므로 이 사건 사고 발생에 대한 귀책 사유 있음에 대한 자료가 없는 이상, 비록 피고에게 위 사고로 인한 손해배상채권과 손해배상채무가 함께 귀속된다 하더라도, 위 손해배상청구권은 망인의 원고에 대한 직접청구권의 전제가 되기 때문에 혼동으로 소멸하지 않고, 따라서 피고는 망인의 상속인으로서 원고에 대하여 직접청구권을 행사할 수 있다고 판단하였다.

기록과 관계법리에 비추어 살펴보면, 원심의 사실 인정과 판단은 정당하고 거기에 상고이유에서 주장하는 혼동으로 인한 채권, 채무의 소멸에 관한 법리오해의 위법이 없다.

나. 과실상계 여부에 관하여

원심은, 피고가 자동차의 보유자로서 피해자인 망인에 대하여 손해배상책임을 지므로 피고의 과실을 피해자인 망인의 과실과 동일시할 수 있는 피해자 측의 과실로 볼 수 없고, 또한 사고 당시 망인에 대한 다른 보호감독자인 1심 공동피고가 직접 위 자동차를 운전하고 있었던 반면 피고는 사고 당시 위 자동차에 탑승하지 않고 있었던 점에 비추어 피고가 위 사고와 관련하여 망인에 대한 보호 감독 의무를 해태하였다고 볼 수 없으며, 또 피고와 1심 공동피고는 부부지간일 뿐 피고가 1심 공동피고를 일방적으로 지휘 감독할 위치에 있지 않으므로 피고가 위 사고와 관련하여 1심 공동피고에 대한 지휘 감독 의무를 해태하였다고 볼 수도 없다고 판단하여 원고의 과실상계 주장을 배척하였다.

기록과 관계법리에 비추어 살펴보면, 원고의 과실상계 주장을 배척한 원심의 조치는 정당하고 거

기에 상고이유에서 주장하는 과실상계에 관한 법리오해의 위법이 없다.

다. 직접청구권의 행사 범위에 관하여

나아가 원심은 피고가 청구할 수 있는 직접청구권의 범위에 관하여, 1심 공동피고가 가해자로서 피해자인 망인의 상속인이 되었기 때문에 망인의 1심 공동피고에 대한 손해배상청구권은 혼동으로 소멸하였다는 이유로 1심 공동피고는 처음부터 보험자에 대한 직접청구권을 취득하지 못하였고, 피고만이 보험자에 대한 직접청구권자로서 구 「자동차손해배상보장법시행령」(1998.6.24. 대통령령 제15817호로 개정되기 전의 것) 제3조 소정의 한도 내의 손해액 전부에 대하여 원고에게 직접청구권을 행사할 수 있다고 판단하였다.

그러나 이 사건에서 피해자인 망인의 원고에 대한 직접청구권은 그의 사망으로 상속인인 피고와 1심 공동피고에게 1/2지분씩 상속되었으므로 피고는 자신의 상속분에 한하여 직접청구권을 행사할 수 있다(다만, 1심 공동피고는 이 사건 사고의 가해자로서 위 직접청구권의 전제가 되는 망인의 1심 공동피고에 대한 손해배상청구권과 1심 공동피고의 망인에 대한 손해배상채무가 혼동으로 소멸하였으므로 자신의 상속분에 상응하는 직접청구권을 행사할 수 없게 된 것이다).

그렇다면 원심으로서는 위 시행령 제3조제1항제1호 소정의 한도액 중 피고의 상속지분에 상응하는 금액과 제3조제2항제1호 소정의 치료비를 합한 금액 범위에서 피고의 반소청구를 인용하고, 이를 초과하는 부분에 대하여는 채무의 부존재확인을 구하는 원고의 본소 청구를 인용하였어야 할 것임에도, 피고의 상속지분을 무시하고 위 시행령 제3조제1항제1호 소정의 한도액 전액의 범위 내에서 피고의 반소청구를 인용하고 원고의 본소청구를 기각하였으니, 이러한 원심의 조치는 책임보험의 한도액과 상속에 관한 법리오해로 판결 결과에 영향을 미친 위법이 있다. 이를 지적하는 원고의 상고이유의 주장은 이유 있다.

■ 대법원 2005.01.14. 선고 2003다38573 판결[채무부존재확인·손해배상(자)](가해자 상속포기)

1. 원심의 인정과 판단

원심은 그 채택 증거를 종합하여, 김남효는 2002.2.12. 15:05경 그 소유인 광주 33러8439호 승용차를 운전하여 광주 북구 화암동 도로를 진행하다가 전방 주시를 소홀히 하여 도로 노견의 가로등 원격점멸기를 충격한 사고를 일으켰고 이로 인하여 위 승용차에 동승하고 있던 이준석이 그 무렵 사망하였는데 위 이준석은 김남효와 피고(반소원고, 이하 "피고"라 한다) 사이의 미혼의 아들인 사실, 원고(반소피고, 이하 "원고"라 한다)는 2001.9.4.경 위 김남효와 사이에서 위 승용차를 피보험차량으로, 보험기간을 같은 날부터 2002.9.4.까지로 하여 보험기간 내에 피보험자가 위 피보험자동차의 운행으로 인하여 남을 죽게 하거나 다치게 하여 「자동차손해배상보장법」(이하 「자배법」이라 한다) 등에 의한 손해배상책임을 짐으로써 입은 손해를 「자배법시행령」 제3조에서 정한 한도 내에서 보상하기로 하는 내용의 책임보험계약을 체결한 사실, 김남효는 위 이준석으로부터의 상속에 대하여 상속 개시 후 3개월 이내인 2002.3.29. 상속포기신고를 하여 2002.4.1. 위 신고를 수리한다는 심판이 이루어진 사실을 적법하게 인정하였다.

피고가 반소청구로서, 이 사건 사고의 피해자인 이준석이 「자배법」 제9조제1항에 따라 원고에 대하여 취득한 책임보험금 직접청구권은 이준석이 사망함으로써 김남효와 피고에게 상속되었으나 김남효가 상속을 포기함으로써 피고가 단독으로 재산상속인이 되었으므로 그 직접청구권의 행사로서 구 「자배법시행령」(2002.8.14. 대통령령 제17711호로 개정되기 전의 것) 제3조제1항제1호에 따른 책임보험금의 한도액인 금 80,000,000원의 지급을 구한다고 주장함에 대하여, 원심은 「자배법」

제9조제1항에 의한 피해자의 보험자에 대한 직접청구권이 수반되는 경우에는 그 직접청구권의 전제가 되는 「자배법」 제3조에 의한 피해자의 운행자에 대한 손해배상청구권은 비록 위 손해배상청구권과 손해배상 의무가 상속에 의하여 동일인에게 귀속되더라도 혼동에 의하여 소멸되지 않지만 가해자가 피해자의 상속인이 되는 등 특별한 경우에는 혼동으로 소멸한다고 할 것이므로 이 사건에서 원고에 대한 직접청구권의 전제가 되는 망인의 김남효에 대한 손해배상청구권 중 가해자인 김남효가 상속받은 부분은 상속 개시 당시 김남효가 망인에 대하여 이 사건 사고로 인하여 부담하게 된 손해배상 의무와 혼동으로 이미 소멸하였다고 할 것이어서 그 이후에 이루어진 김남효의 상속포기는 그 목적물이 없는 것으로서 효력이 없고 그렇지 않더라도 위 상속포기는 가해자인 김남효가 원고에 대한 직접청구권 중 자신의 상속분이 혼동에 의하여 소멸하는 것을 회피하기 위하여 한 것이므로 신의칙에도 반하여 역시 효력이 없다고 판단하여, 피고의 반소청구 중 위 김남효의 상속포기로 인하여 그녀의 상속지분이 귀속된 1/2 지분에 관한 부분을 배척하였다.

 2. 대법원의 판단

원심의 판단 중 상속포기의 효력을 부정한 부분은 수긍하기 어렵다.

「자배법」 제9조제1항에 의한 피해자의 보험자에 대한 직접청구권이 수반되는 경우에는 그 직접청구권의 전제가 되는 「자배법」 제3조에 의한 피해자의 운행자에 대한 손해배상청구권은 비록 위 손해배상청구권과 손해배상 의무가 상속에 의하여 동일인에게 귀속되더라도 혼동에 의하여 소멸되지 않고 이러한 법리는 「자배법」 제3조에 의한 손해배상 의무자가 피해자를 상속한 경우에도 동일하지만, 예외적으로 가해자가 피해자의 상속인이 되는 등 특별한 경우에 한하여 손해배상청구권과 손해배상 의무가 혼동으로 소멸하고 그 결과 피해자의 보험자에 대한 직접청구권도 소멸한다고 할 것이다(대법원 1995.5.12. 선고 93다48373 판결, 2003.1.10. 선고 2000다41653, 41660 판결 참조).

그런데 상속포기는 자기를 위하여 개시된 상속의 효력을 상속 개시 시로 소급하여 확정적으로 소멸시키는 제도로서(「민법」 제1019조제1항, 제1042조 등) 피해자의 사망으로 상속이 개시되어 가해자가 피해자의 자신에 대한 손해배상청구권을 상속함으로써 위의 법리에 따라 그 손해배상청구권과 이를 전제로 하는 직접청구권이 소멸하였다고 할지라도 가해자가 적법하게 상속을 포기하면 그 소급효로 인하여 위 손해배상청구권과 직접청구권은 소급하여 소멸하지 않았던 것으로 되어 다른 상속인에게 귀속되고, 그 결과, 위에서 본 "가해자가 피해자의 상속인이 되는 등 특별한 경우"에 해당하지 않게 되므로 위 손해배상청구권과 이를 전제로 하는 직접청구권은 소멸하지 않는다고 할 것이다. 그리고 상속포기는 상속의 효과로서 당연승계제도를 채택한 우리 「민법」 하에서 상속인을 보호하기 위하여 마련된 제도로서 상속포기로 인하여 당해 상속인에게 발생하였던 포괄적인 권리 의무의 승계의 효력을 소멸시키는 결과, 만약 상속포기를 하지 아니하였더라면 혼동으로 소멸하였을 개별적인 권리가 소멸하지 않는 효과가 발생하였더라도 이는 상속포기로 인한 부수적 결과에 불과한 것이어서 이를 이유로 신의칙 등 일반조항을 들어 전체적인 상속포기의 효력을 부정하는 것은 상당하지 아니하다는 점, 나아가 이 사건에서 김남효의 상속포기로 인하여 그녀의 상속지분은 피고에게 귀속되었는데 피고는 원래의 공동상속인 중 하나로서 피해자의 아버지이기 때문에 피고에게 책임보험에 의한 혜택을 부여하여 보호할 사회적 필요성을 부정하기 어렵다는 점 등에 비추어 볼 때 이 사건에서 상속포기가 신의칙에 반하여 무효라고 할 수도 없다고 할 것이다.

그럼에도 불구하고, 원심은 앞서 본 이유를 들어 상속포기의 효력을 부정하였으니 이러한 원심의 판단에는 상속포기의 효과, 혼동에 의한 권리 소멸과의 관계 등에 관한 법리오해의 위법이 있다고 할 것이고, 이를 지적하는 상고이유의 주장은 이유 있다.

21. 합의, 재판상 화해, 확정 판결

가. 합 의

(1) 정 의

"합의"는 본래 법률상의 용어가 아니며, 굳이 그 法源을 찾자면 「민법」상 "화해"를 들 수가 있다. 따라서 화해에 대한 법 조항을 보면, 「민법」 제731조에 「화해는 당사자가 상호 양보하여 당사자 간의 분쟁을 종지할 것을 약정함으로써 그 효력이 생긴다」고 규정하고 있다. 교통사고 등 불법행위에 있어서 가해자와 피해자가 배상액을 일정액으로 정하여 그것으로 손해배상의 문제를 종결짓는 것을 배상액 합의라고 한다. 손해배상 의무를 지는 가해자와 손해배상청구권자인 피해자 간에는 책임 발생 요건의 충족, 손해배상의 범위, 배상액 산정 등에 규범적 판단을 필요로 한다. 양 당사자 사이에는 이와 같은 판단에 관하여 의견 대립이 있을 수밖에 없고, 이러한 대립은 상호 양보에 의한 화해계약 또는 법원의 판결에 의하여 종결된다. 배상액 합의는 화해계약의 한 종류로서 판결을 거치지 않고 배상액을 확정하는 수단이 된다.

(2) 합의의 효력

동법 제732조에는 「화해계약은 당사자 일방이 양보한 권리가 소멸되고 상대방이 화해로 인하여 그 권리를 취득하는 효력이 있다」고 규정하고 있는 사실에서 알 수 있듯이 배상액 합의가 있으면 손해배상 의무는 그 금액으로 소멸된다. 합의 후에 실제 손해가 합의금액보다 크거나 적더라도 증액이나 감액을 청구할 수 없음이 원칙이다. 동법 제733조에는 「화해계약은 착오를 이유로 하여 취소하지 못한다. 그러나 화해 당사자의 자격 또는 화해의 목적인 분쟁 이외의 사항에 착오가 있는 때에는 그러하지 아니하다」라고 각각 규정하고 있다. 이 조항과 관련하여 부언하면, 배상액 합의 이후에 심각한 후유증이 생기는 등 예기치 못한 사정이 전개된 경우에는 추가배상청구가 가능하다. 예상치 못한 사정이 전개된 경우에는 추가의 배상청구를 인정하는 것이 합당하다. 합의 당시 예상할 수 없었던 손해는 화해계약의 효력 범위 밖에 속하므로 그에 대하여는 합의가 없었던 것으로 본다(대법원 1970.8.31. 선고 70다1284 판결, 1988.12.27. 선고 87다카 2005 판결). 배상액 합의와 함께 행해진 부제소합의도 예상할 수 없었던 후유증에 관해서는 효력이 없다(대법원 1989.3.28. 선고 88다카4994 판결). 피해자가 그의 궁박·경솔·무경험으로 인하여 적정한 배상액보다 현저하게 소액의 배상액을 정한 경우에 그 합의는 불공정한 계약으로서 무효이다(제104조).[1]

---

1   이은영, 전게서, 296~297面.

　합의 효력의 범위에 대한 대법원 판례를 살펴보면, 화해계약은 화해 당사자의 자격 또는 화해의 목적인 분쟁 이외의 사항에 착오가 있는 경우를 제외하고는 착오를 이유로 취소하지 못하지만, 화해계약이 사기로 인하여 이루어진 경우에는 화해의 목적인 분쟁에 관한 사항에 착오가 있는 때에도 「민법」 제110조에 따라 이를 취소할 수 있다는 취지이고, 그 구체적 판결례는 후기와 같다.

장해에 관한 보상이 포함된 것인지 여부를 판단함에 있어 고려되어야 할 요소로는 보이지 않는 점, 이 사건 소송에서 실시된 신체감정 결과 원고는 32%의 영구적인 노동능력을 상실하였을 정도로 그 후유장해가 중하여 원고의 과실을 참작하고 김종석으로부터 받은 합의금을 공제하더라도 원고가 입은 손해액은 시행령 [별표 2]의 제8급 제2항에 의한 보상한도액인 1,800만 원을 초과할 것으로 보이는데, 원고가 겨우 3,800,000원만을 지급받고 후유장해로 인한 손해배상금에 관한 권리까지 모두 포기하기로 합의하였다고는 쉽사리 납득하기 어려운 사정들을 앞서 본 법리에 비추어 보면, 원·피고 사이에 체결된 합의서에 기재된 "책임보험 부상 손해보상금 일체"라는 부분을 그 기재 내용에도 불구하고 합의서에 부동문자로 기재되어 있는 부분을 다시 한 번 확인하고 일체의 보상금을 모두 지급받은 것을 강조하기 위하여 기재한 것에 불과하다고 볼 수는 없다고 할 것이다.

그럼에도 불구하고, 원심이 피고의 본안전 항변을 그 판시와 같은 이유로 받아들여 원고의 청구를 배척하였음에는 채증법칙을 위반하여 사실을 오인하였거나 손해배상의 합의의 효력에 관한 법리를 오해하여 판결 결과에 영향을 미친 위법이 있다고 할 것이다. 이 점을 지적하는 상고이유의 주장은 이유 있다.

■ 대법원 2007.03.15. 선고 2004다64272 판결[구상금]

불법행위로 인한 손해배상과 관련하여 당사자 사이에 피해자가 일정한 금액을 지급받고 나머지 청구를 포기하기로 하는 내용의 합의나 화해가 이루어진 경우, 그 목적이 된 사항에 관하여는 나중에 다시 배상을 청구할 수 없는 것이 원칙이므로, 합의나 화해 당시의 여러 사정을 종합적으로 참작하여 이를 엄격하게 해석하여야 한다(대법원 2003.10.10. 선고 2003다19206 판결 참조).

원심이 그 판시와 같은 사정에 비추어 소외 1 회사가 다른 공동불법행위자의 보험자인 피고로부터 자동차종합보험의 「대물배상」 한도액인 2,000만 원을 지급받으면서 작성한 합의서에 피고에 대한 "법률상의 배상액"을 포기한다고 기재하였다고 하여, 위 한도액과는 무관한 손해방지비용의 상환청구권을 포기한 것으로 볼 수 없다고 판단한 것은 정당하고, 거기에 합의의 효력에 관한 법리를 오해하였거나 채증법칙을 위배하여 사실을 오인한 위법 등이 없다.

■ 대법원 2007.12.27. 선고 2007다70285 판결[보험금]

「민법」 제733조는 「화해계약은 착오를 이유로 하여 취소하지 못한다. 그러나 화해 당사자의 자격 또는 화해의 목적인 분쟁 이외의 사항에 착오가 있는 때에는 그러하지 아니하다」고 규정하고 있고, 여기서 "화해의 목적인 분쟁 이외의 사항"이라 함은 분쟁의 대상이 아니라 분쟁의 전제 또는 기초가 된 사항으로서 쌍방 당사자가 예정한 것이어서 상호 양보의 내용으로 되지 않고 다툼이 없는 사실로 양해된 사항을 말하므로(대법원 2005.8.19. 선고 2004다53173 판결 등 참조), 실제로는 위 보험금에 관한 권리가 원고들에게 귀속됨에도 피고가 착오로 자신에게 귀속되는 것으로 잘못 알고 있었고 피고로부터 그러한 말을 들은 원고들 역시 위 보험금에 관한 권리가 피고에게 귀속되는 것으로 잘못 알고 있었다면 위 보험금에 관한 권리가 피고에게 귀속된다는 사실은 화해의 목적인 분쟁의 대상이 아니라 그 전제사항으로 당사자 사이에 예정된 것이어서 상호 양보의 대상이 되지 않고 다툼이 없는 사실로 양해된 사항이었음이 명백하고 또한 그것이 원고들의 의사 표시에 있어 법률행위의 내용의 중요부분에 해당하는 것 역시 분명하여 원고들은 착오를 이유로 위 의사 표시를 취소할 수도 있다고 할 것이다.

■ 대법원 2008.09.11. 선고 2008다15278 판결[손해배상(자)]

「민법」 제733조의 규정에 의하면, 화해계약은 화해 당사자의 자격 또는 화해의 목적인 분쟁 이외의 사항에 착오가 있는 경우를 제외하고는 착오를 이유로 취소하지 못하지만, 화해계약이 사기로 인하여 이루어진 경우에는 화해의 목적인 분쟁에 관한 사항에 착오가 있는 때에도 「민법」 제110조에 따라 이를 취소할 수 있다고 할 것이다.

원심은 제1심 판결을 인용하여 피고의 보상담당직원 소외 1은 소외 2에게 소외 3의 형제자매들은 「공무원연금법」상 유족연금 등을 수령할 자격이 없고, 따라서 피고도 소외 3의 일실퇴직금 상당의 금원을 지급할 의무가 없다고 말하였고, 소외 2는 그의 말을 믿어 부제소특약을 포함한 이 사건 합의를 하게 되었으므로, 결국 이 사건 합의는 소외 1의 기망에 의해 체결된 것으로서, 이를 이유로 한 원고들의 취소의 의사 표시에 의하여 취소되었다고 판단하였다.

(3) 합의 후의 추가청구

손해배상에 있어서 합의는 손해배상책임의 발생이 확정된 후, 손해배상의 범위 및 액수에 대하여 합의 당사자인 가해자인 배상책임 의무자와 피해자인 손해배상청구권자가 상호 양보하여 분쟁을 종지할 것을 약정함으로써, 당사자 일방이 양보한 권리가 소멸하고 상대방이 그 권리를 취득하는 것을 말한다. 부연하면 합의 당시 가·피해자 간에 약정한 배상액 이외에는 일체 추가청구를 하지 않겠다고 하는 의사의 합치로서 가해자는 민사상 일체의 책임을 면하게 되는 것이다. 이와 같은 합의 후에 추가청구를 인정하게 된다면 합의 또는 권리 포기 조항의 효력이 부정된다. 판례가 합의 또는 권리 포기 조항을 부정하여 합의 또는 권리 포기 후에 추가청구를 인정하는 방법을 항목별로 살펴보면 以下와 같다.

(가) 합의와 비진의표시, 통정허위표시 및 예문 해석

「민법」 제107조제1항의 「의사 표시는 표의자가 진의 아님을 알고 한 것이라도 그 효력이 있다. 그러나 상대방이 표의자의 진의 아님을 알았거나 이를 알 수 있었을 경우에는 무효로 한다」는 조항과 동법 제108조제1항의 「상대방과 통정한 허위의 의사 표시는 무효로 한다」는 조항을 원용하여, 형사적 처벌을 경감 받을 목적으로 다급한 상황에서 이루어졌거나 경제적 궁핍으로 인한 절박한 상황에서 속히 합의금을 수령해야 할 필요성에 의해 합의서가 작성 또는 합의가 이루어진 경우에는 합의서에 기재된 금액 이외의 일체의 청구권을 포기한다는 합의 내용은 비진의 의사 표시, 통정허위 표시, 또는 진정한 의사의 합치가 없는 인쇄문구에 불과한 예문으로 무효라고 해석한다.[1]

(나) 합의와 착오로 인한 취소

「민법」 제109조제1항은 「의사 표시는 법률행위의 내용의 중요부분에 착오가 있는 때에는 취소할 수 있다. 그러나 그 착오가 표의자의 중대한 과실로 인한 때에는 취소하지 못한다」고, 「민법」 제733조(화해의 효력과 착오)는 「화해계약은 착오를 이유로 하여 취소하지 못한다. 그러나

---

1   이보환, 전게서, 578~579面.

화해 당사자의 자격 또는 화해의 목적인 분쟁 이외의 사항에 착오가 있는 때에는 그러하지 아니하다」고 각각 규정하고 있다. 합의는 「민법」상 화해계약이며 손해배상에 있어서 화해계약의 목적인 분쟁은 손해배상액이다. 위 손해배상액은 부상 정도, 치료기간, 후유장해 발생 및 사망 여부 등에 의해 결정된다. 한편, 합의 당시 합의 당사자들은 이와 같은 기초적인 요소들을 기준으로 손해배상액을 산정 또는 판단하여 합의할 수밖에 없고, 합의 당사자들은 이러한 기초적 요소들에 대한 기준 및 판단은 통상 치료병원 전문의사가 발급한 진단서에 근거한다. 따라서, 합의 후에 나타난 새로운 부상의 발현, 치료기간의 연장 및 장기화, 후유장해, 사망 등으로 늘어난 손해는 합의 당시 합의 당사자들이 예상치 못했던 것으로써 합의의 목적인 분쟁의 대상으로 삼았다고 볼 수 없으므로 착오를 이유로 합의를 취소할 수 있다.

■ 대법원 2007.12.27. 선고 2007다70285 판결[보험금]

원심의 인정 사실 및 기록에 의하여 알 수 있는 바와 같이 피고가 원고들로부터 위 동의서와 각서를 교부받기 전에 이 사건 보험계약에 따른 보험금의 대략적인 액수 및 위 보험금에 관한 권리가 원고들에게 귀속됨을 잘 알고 있었음에도 원고들에게 이를 알리지 않은 채 오히려 위 보험금에 관한 권리가 애초부터 자신에게 귀속되는 것처럼 말하고 마치 위 보험금 액수가 4,700만 원에 불과한 것처럼 오인하게 하는 문구를 기재한 동의서를 원고들에게 제시하여 날인을 받음으로써 원고들로 하여금 위 보험금 액수의 극히 일부에 불과한 3,000만 원만을 위로금조로 지급받고 보험금에 관한 권리를 피고에게 귀속시키는 데에 동의를 하도록 하였다면, 이는 원고들을 기망하여 보험금에 관한 권리를 처분하는 의사 표시를 하게 한 것이므로 원고들은 위 의사 표시를 취소할 수 있다고 할 것이다.

설령, 피고가 그 주장과 같이 위 보험금에 관한 권리가 자신에게 귀속되는 것으로 잘못 알고 있었기 때문에 원고들에게 그와 같은 취지로 말한 것이라 하더라도 원고들이 피고로부터 3,000만 원을 위로금조로 지급받는 대신 보험금에 관한 권리를 피고에게 귀속시키는 데에 동의를 한 것은 당사자 사이에 실질적으로 화해계약을 체결한 것이라고 할 것인데, 「민법」 제733조는 「화해계약은 착오를 이유로 하여 취소하지 못한다. 그러나 화해 당사자의 자격 또는 화해의 목적인 분쟁 이외의 사항에 착오가 있는 때에는 그러하지 아니하다」고 규정하고 있고, 여기서 "화해의 목적인 분쟁 이외의 사항"이라 함은 분쟁의 대상이 아니라 분쟁의 전제 또는 기초가 된 사항으로서 쌍방 당사자가 예정한 것이어서 상호 양보의 내용으로 되지 않고 다툼이 없는 사실로 양해된 사항을 말하므로(대법원 2005.8.19. 선고 2004다53173 판결 등 참조), 실제로는 위 보험금에 관한 권리가 원고들에게 귀속됨에도 피고가 착오로 자신에게 귀속되는 것으로 잘못 알고 있었고 피고로부터 그러한 말을 들은 원고들 역시 위 보험금에 관한 권리가 피고에게 귀속되는 것으로 잘못 알고 있었다면 위 보험금에 관한 권리가 피고에게 귀속된다는 사실은 화해의 목적인 분쟁의 대상이 아니라 그 전제사항으로 당사자 사이에 예정된 것이어서 상호 양보의 대상이 되지 않고 다툼이 없는 사실로 양해된 사항이었음이 명백하고 또한 그것이 원고들의 의사 표시에 있어 법률행위의 내용의 중요부분에 해당하는 것 역시 분명하여 원고들은 착오를 이유로 위 의사 표시를 취소할 수도 있다고 할 것이다.

(다) 합의와 불공정한 법률행위

「민법」 제104조(불공정한 법률행위)는 「당사자의 궁박, 경솔 또는 무경험으로 인하여 현저하게 공정을 잃은 법률행위는 무효로 한다」고 규정하고 있다. 同法 同條에 규정된 불공정한 법률행위는 객관적으로 급부와 반대급부 사이에 현저한 불균형이 존재하고, 주관적으로 그와 같이 균형을 잃은 거래가 피해 당사자의 궁박, 경솔 또는 무경험을 이용하여 이루어진 경우에 성립하는 것으로서, 약자적 지위에 있는 자의 궁박, 경솔 또는 무경험을 이용한 폭리행위를 규제하려는 데에 그 목적이 있다. 불공정한 법률행위가 성립하기 위한 요건인 궁박, 경솔, 무경험은 모두 구비되어야 하는 요건이 아니라 그중 일부만 갖추어져도 충분하다.

여기에서 "궁박"이라 함은 "급박한 곤궁"을 의미하는 것으로서 경제적 원인에 기인할 수도 있고 정신적 또는 심리적 원인에 기인할 수도 있으며, "무경험"이라 함은 일반적인 생활체험의 부족을 의미하는 것으로서 어느 특정영역에 있어서의 경험 부족이 아니라 거래 일반에 대한 경험 부족을 뜻하고, 당사자가 궁박 또는 무경험의 상태에 있었는지 여부는 그의 나이와 직업, 교육 및 사회경험의 정도, 재산 상태 및 그가 처한 상황의 절박성의 정도 등 제반 사정을 종합하여 구체적으로 판단하여야 한다. 한편, 피해 당사자가 궁박, 경솔 또는 무경험의 상태에 있었다고 하더라도 그 상대방 당사자에게 그와 같은 피해 당사자 측의 사정을 알면서 이를 이용하려는 의사, 즉, 폭리행위의 악의가 없었다거나 또는 객관적으로 급부와 반대급부 사이에 현저한 불균형이 존재하지 아니한다면 불공정 법률행위는 성립하지 않는다(대법원 2002.10.22. 선고 2002다38927 판결).

(라) 합의서 내용 및 권리포기서의 한정적 해석

합의서 및 권리포기서에서 가·피해자 당사자 간에 일정한 합의금액을 지급받고 나머지의 청구를 포기하기로 하는 약정을 한 때에는 합의서 및 권리포기서에 기재된 합의금액에 대한 효력은 인정한다. 그러나 그 합의가 손해의 범위나 액수를 정확히 확인하기 어려운 상황 하에서 조급히 졸속으로 합의금액을 받고 합의가 이루어진 경우에는 그 합의 당시 피해자가 포기한 손해배상청구권은 그 당시 예측이 가능하였던 손해의 범위로 한정하여 해석하여야 하고, 그후에 발생한 후발손해에 대하여서까지 배상청구권을 포기했다고 할 것은 아니다라고 해석하는 것이다(대법원 1988.4.27. 선고 87다카74판결, 1991.4.9. 선고 90다16078 판결 등).

> ■ 대법원 1977.4.12. 선고 76다2737 판결[손해배상]
> 상해를 입고 불구가 된 사건에 대하여 부상 다음날에 당사자 간에 병원치료비와 위자료 20만 원을 받고 한 민형사상 일체의 이의 없다는 합의는 사고 직후라 부상의 전모가 의학상으로 뚜렷이 나났다고 보기 어렵고 그때 현재로는 원고 피고가 중한 불구가 되리라는 사정을 예측할 수 없었고 당사자들은 그 예상한 정도의 부상에 관하여 합의한 것이므로 처음 예상한 것 이상으로 중한 사태가 일어났다면 그 합의를 들어 손해배상청구를 못한다고 할 수 없다.

■ 대법원 1980.11.25. 선고 80다1568 판결[손해배상]

기록에 의하여 살펴보니 원고 강낙식이 소론 합의서를 작성할 당시에 있어서는 원고 강병희의 상처
가 쉽게 완치되리라는 전망이었고, 피고는 치료비를 부담하겠다고 성의를 보이므로 공무원인 피고
의 형사책임을 감경되게끔 하기 위하여 치료비 외에 손해배상청구를 아니 하겠다는 내용의 동 합
의서를 작성하였으나 이때는 현재와 같이 불구로 인한 74퍼센트의 노동력 상실이란 후유증은 예상
못하였다는 원심 판시 사실을 수긍할 수 있으므로 이렇게 합의 당시 예상 못한 중대한 사태가 일어
났다면 위와 같은 합의를 들어 예상 못하였던 손해의 배상을 구할 수 없는 것이라고는 볼 수 없으니
(당원 1977.4.12. 선고 76다2737 판결 참조) 원심이 피고의 청구권 포기 항변을 배척하고 원고 강병희
의 일실손해 등의 배상청구를 인용한 원심의 조치는 결론에 있어 정당하고 반대의 견해로 법리오해
있다는 소론은 채택할 바 못된다.

■ 대법원 1984.12.26. 선고 84다카1483 판결[손해배상]

기록에 의하여 원심 적시의 증거를 살펴보면 이 사건 합의 당시의 진료 담당 의사인 소외 오춘택
조차도 그 작성의 갑 제12호중 기재에서 합의 당시 합병증이 없는 한 금속제거수술을 하여야 하
고 그 합병증의 병발 여부는 위 수술 뒤라야 알 수 있다고 말하였다는 것이며 제1심 및 원심증인 사
공 현도 합의 당시 담당의사가 1년 뒤의 금속제거수술 외에는 별일 없을 것이라고 해서 합의에 응
하였다고 진술하고 있고 신체감정인 김풍택의 감정 결과에 의하더라도 관혈정복 및 내고정수술
을 했으면 일반적으로 골수염 병발의 가능성은 있다고 보나 합의 당시 배농이 없었던 점으로 미
루어 합병증이 없었던 것으로 추단된다는 것일 뿐 다만 피고 회사의 안전주임으로 근무하고 있
던 제1심 및 원심증인 배대용만이 신체적으로 상당한 후유증을 예상하고 합의한 것이라고 진술하
고 있으나 위 각 증거에 비추어 보나 또 상당한 위험을 예상하고도 민사상 청구를 포기하겠다는 합
의를 한다는 것은 경험과 논리에 비추어 보더라도 믿을 것이 되지 못한다 하겠으니 원고들이 골
수염의 병발을 예상하고도 이건 합의를 한 것이라는 원심 판시는 잘못이라고 하지 않을 수 없다.
그렇다면 이와 같이 합의 당시에 예상할 수 없었던 병발증이 발생하였다면 이와 같은 합의를 내세
워 예상할 수 없었던 손해의 배상도 청구할 수 없다고는 할 수 없을 것이니 원심의 법리오해와 채증
법칙위반으로 인한 사실오인 또는 이유불비 내지 이유모순을 나무라는 상고논지는 이 점에서 그 이
유가 있다고 하겠다.

■ 대법원 1988.04.27. 선고 87다카74 판결[손해배상]

불법행위로 인한 손해배상에 관하여 가해자와 피해 당사자 간에 피해자가 일정한 금액을 지급받
고 그 나머지의 청구를 포기하기로 약정한 때에는 그후에는 그 이상의 손해가 사후에 발생했다는
이유로 위에서 본 합의금액을 넘는 손해배상청구를 하는 것을 인용해 줄 수는 없다고 보는 것이 마
땅하다 하겠으나 모든 손해가 확실하게 파악되지 않는 상황하에서 조급하게 적은 금액을 받고 위
와 같은 합의가 이루어진 경우에는 그 합의 당시 피해자가 포기한 손해배상청구권은 그 당시에 예
측이 가능했던 손해에 대한 것 뿐이라고 해석해야 할 것이지 당시에 예상할 수 없었던 적극적 치료
비나 후유증이 그후에 생긴 경우의 그 손해에 대하여서까지 배상청구권을 포기했다고 해석할 것
이 아니므로 원심이 그 설시 사실관계를 바탕으로 하여 원고가 이 사건에서 문제가 된 부제소합의
당시 후유정신장애가 있으리라는 점을 전혀 예측하지 못하고 외상에 대한 치료종결로 경과가 호
전되었으므로 그것을 전제로 하여 그후 바로 그와 같은 합의를 한 사실을 확정한 다음 당시에 전혀

예상할 수 없었던 외상후신경증으로 인한 손해배상청구 소송까지도 제기하지 않기로 하는 취지로 위와 같은 합의를 한 것이라고 볼 수 없다고 한 판단은 옳고 여기에는 소론과 같은 심리미진, 채증법칙위배, 이유불비나 모순 등의 위법 따위가 있다 할 수 없다.

■ 대법원 1991.04.09. 선고 90다16078 판결[손해배상(기)]

불법행위로 인한 손해배상에 관하여 가해자와 피해자 사이에 피해자가 일정한 금액을 지급받고 그 나머지 청구를 포기하기로 합의가 이루어진 때에는 그후 그 이상의 손해가 발생하였다 하여 다시 그 배상을 청구할 수 없는 것이나, 다만, 그 합의가 손해 발생의 원인인 사고 후 얼마 지나지 아니하여 손해의 범위를 정확히 확인하기 어려운 상황에서 이루어진 것이고 후발손해가 합의 당시의 사정으로 보아 예상이 불가능한 것으로서 당사자가 후발손해를 예상하였더라면 사회통념상 그 합의금액으로는 화해하지 않았을 것이라고 보는 것이 상당할 만큼 그 손해가 중대한 것일 때에는 당사자의 의사가 이러한 손해에 대해서까지 그 배상청구권을 포기한 것이라고 볼 수 없으므로 다시 그 배상을 청구할 수 있다고 보아야 할 것이다.

위에서 원심이 확정한 사실관계에 비추어보면 원고 1의 후유증으로 인한 손해는 소장유착에 의한 장폐쇄증상으로 유착박리수술을 받은 손해를 말하고 그 밖에 소장유착에 의한 장폐쇄증상이 완치되지 아니하여 불구자가 되었다는 원고들 주장은 원심이 적법히 배척하고 있는바, 원심이 확정한 바와 같은 이 사건 합의에 이르게 된 경위와 합의 당시 및 소장유착박리수술시행 후 원고 1의 증상에다가 이 사건 합의금액은 6,000,000원인데 같은 원고가 카톨릭병원에서 농양 배농술을 받고 퇴원할 때까지의 기왕 치료비가 3,968,120원이고 위 소장유착박리수술의 치료비가 1,571,100원인 사실이 기록상 명백한 점 등을 합쳐 살펴보면, 위 소장유착박리수술로 인한 손해는 합의 당시의 사정으로 보아 전혀 예상이 불가능한 손해로서 예상하였더라면 사회통념상 그 합의 금액으로는 합의하지 않았을 것이라고 보는 것이 상당할 만큼 중대한 손해라고 보기 어려우므로, 원심이 그 설시 내용에 미흡한 점은 있으나 같은 취지에서 원고들의 주장을 배척한 것은 정당하고, 거기에 소론이 지적하는 바와 같은 법리오해나 조리, 경험칙에 어긋난 사실인정의 잘못이 있다 할 수는 없다. 논지가 들고 있는 당원 1970.8.31. 선고 70다1284 판결은 이 사건에 적절한 판례가 아니다. 논지는 이유 없다.

나. 재판상 화해 및 판결 확정 후의 추가청구

(1) 기판력

원고가 전 소송과 동일한 불법행위로 인하여 입은 적극적 재산상 손해로서 그 치료비의 청구를 하려면 전 소송에서 원고가 적극적 재산상 손해 중 일부의 청구를 유보하고 그 이외의 일부만을 청구한다는 취지를 명시한 때에 한하여 그 청구권이 있다 할 것이고, 전 소송에서 일부 청구라는 취지를 명시하지 아니하고 적극적 재산상 손해의 일부만을 청구하였다면 전소에 대한 판결의 기판력이 청구하지 아니한 부분에까지 미치게 되어 나머지 부분에 대하여는 이를 청구할 수 없으므로, 일부 청구 유보의 취지가 내심의 의사만으로 유보된 것인 때에는 전 소송의 확정 판결의 기판력이 후소에 미친다(대법원 1982.11.23. 선고 82다카845 판결). 즉, 원고가 전 소송과 동일한 불법행위로 인하여 입은 적극적 재산상 손해로서 그 치료비의 청구를 하려면 전 소송에서 원고가 적극적 재산상 손해 중 일부의 청구를 유보하고 그 이외의 일부만을 청구한다는 취지를 명시한 때에 한하여 그 청구권이 있다 할 것이다. 그러므로 기판력에 의해 재판상 화해나 판결 확정 후에 변론종결 당시 예상할 수 없었던 피해자의 후발손해에 대한 추가청구가 불가능하게 되어 기판력을 피할 수 있는 방법이 모색되었다.

(2) 일부청구권 유보 요건 완화

불법행위로 인한 손해배상청구의 소송에 있어서 치료비 등 적극적 손해배상의 청구는 특단의 사정이 없는 한 일개의 소송물이라 할 것이나 그 적극적 손해의 배상을 청구한 前訴訟의 변론종결 후에 새로 어떤 적극적 손해가 발생한 경우에 그 前訴訟의 변론종결 당시 그 손해의 발생을 예견할 수 없었고 또 그 부분청구를 포기하였다고는 볼 수 없는 등 특단의 사정이 있다면 비록 그 前訴訟에서 그에 관한 청구의 유보가 되어 있지 아니하였다 하더라도 그 부분에 대한 손해배상의 청구는 위 前訴訟의 소송물과 동일성이 없는 별개의 소송물로서 그 소의 이익이 없다고 할 수 없어 前訴訟의 기판력에 저촉되어 부적법한 것이라고는 할 수 없다(대법원 1980.11.25. 선고 80다1671 판결).

(3) 기판력의 시간적 제한

기판력의 시간적 제한이론은 후발손해가 발생하는 손해배상청구 사건의 특성상 분쟁의 일회적 해결을 완화시켜 피해자가 입은 손해가 단일 소송물일지라도 기판력의 기준 시, 즉, 변론종결 또는 화해 시까지 발생된 손해에만 기판력이 미치고, 변론종결 또는 화해 시에 예상할 수 없었던 이유로 그 이후에 판명된 후발손해에는 기판력의 차단 효과가 미치지 않는다고 해석한다.[1]

> ■ 대법원 1980.11.25. 선고 80다1671 판결[손해배상]
> 불법행위로 인한 적극적 손해의 배상을 명한 전 소송의 변론종결 후에 새로운 적극적 손해가 발생한 경우에 그 소송의 변론종결 당시 그 손해의 발생을 예견할 수 없었고 또 그 부분 청구를 포기하였다고 볼 수 없는 등 특별한 사정이 있다면 전소송에서 그 부분에 관한 청구가 유보되어 있지 않다고 하더라도 이는 전 소송의 소송물과는 별개의 소송물이므로 전소송의 기판력에 저촉되는 것이 아니다.
>
> ■ 대법원 1985.4.9. 선고 84다552 판결[손해배상]
> 전 소송에서 불법행위를 원인으로 치료비 청구를 하면서 일부만을 특정하여 청구하고 그 이외의 부분은 별도소송으로 청구하겠다는 취지를 명시적으로 유보한 때에는 그 전 소송의 소송물은 그 청구한 일부의 치료비에 한정되는 것이고 전 소송에서 한 판결의 기판력은 유보한 나머지 부분의 치료비에까지는 미치지 아니한다 할 것이므로 전 소송의 계속 중에 동일한 불법행위를 원인으로 유보한 나머지 치료비 청구를 별도 소송으로 제기하였다 하더라도 중복제소에 해당하지 아니한다.

---

1 이보환, 전게서, 593~594面.

■ 대법원 1994.1.14. 선고 93다43170 판결[부당이득금반환]

상속재산에 대한 협의분할의 소급효에 의하여 피상속인의 사망 시부터 원고의 단독 소유로 되었는데 원고가 이를 알지 못한 탓으로 전소에서 법정상속분만을 청구하였다가 전소가 항소심에 계속 중 별소로 법정상속분을 제외한 나머지 부분을 청구한 경우 소송의 경과로 보아 원고가 전소의 사실심 변론종결 시까지 전소가 일부청구임을 명시하였다고 한 사례

■ 대법원 2007.4.13. 선고 2006다78640 판결 [손해배상(의)]

[1] 불법행위로 인한 적극적 손해의 배상을 명한 전 소송의 변론종결 후에 새로운 적극적 손해가 발생한 경우에 그 소송의 변론종결 당시 그 손해의 발생을 예견할 수 없었고 또 그 부분 청구를 포기하였다고 볼 수 없는 등 특별한 사정이 있다면 전 소송에서 그 부분에 관한 청구가 유보되어 있지 않다고 하더라도 이는 전소송의 소송물과는 별개의 소송물이므로 전 소송의 기판력에 저촉되는 것이 아니다.

[2] 식물인간 피해자의 여명이 종전의 예측에 비하여 수년 연장되어 그에 상응한 향후 치료, 보조구 및 개호 등이 추가적으로 필요하게 된 것은 전소의 변론종결 당시에는 예견할 수 없었던 새로운 중한 손해로서 전소의 기판력에 저촉되지 않는다고 한 사례

■ 대법원 2008.12.24. 선고 2008다6083 판결[대여금]

가분채권의 일부에 대한 이행청구의 소를 제기하면서 그 일부를 유보하고 나머지만을 청구한다는 취지를 명시하지 아니한 이상 그 일부 청구에 대한 확정 판결이나 조정조서의 기판력은 청구하고 남은 잔부청구에까지 미치는 것이고(대법원 1982.11.23. 선고 82다카845 판결 참조), 이러한 법리는 수 개의 금전채권을 일괄하여 청구함에 있어 그 총 금액의 일부를 청구하는 경우에도 마찬가지라 할 것이다.

다. 당사자 간의 분쟁 종결과 산재보험금에 대한 추가청구의 가부

(1) 문제 제기

교통사고의 피해자가 제3자의 불법행위로 인하여 피해를 입은 경우에는 「산업재해보상보험법」에서 「근로기준법」상의 각종 보상금에 해당하는 보험급여를 받음과 동시에 「민법」상 손해배상청구권도 취득하게 된다. 이러한 경우, 업무 수행 중인 교통사고 피해자가 가해자인 제3자에게 합의나 확정 판결에 의하여 손해배상채무의 전부 또는 일부를 면제하였다면 「산업재해보상보험법」에 의하여 산업재해보상보험금을 청구할 수 있는지에 대해 후술하기로 한다.[1]

(2) 관련 법규

(가) 「근로기준법」

- 제87조(다른 손해배상과의 관계)

보상을 받게 될 자가 동일한 사유에 대하여 「민법」이나 그 밖의 법령에 따라 이 법의 재해 보

---

1 이보환, 전게서, 595面.

상에 상당한 금품을 받으면 그 가액의 한도에서 사용자는 보상의 책임을 면한다.

(나)「산업재해보상보험법」

- 제80조(다른 보상이나 배상과의 관계)

1) 수급권자가 이 법에 따라 보험급여를 받았거나 받을 수 있으면 보험가입자는 동일한 사유에 대하여「근로기준법」에 따른 재해 보상 책임이 면제된다.

2) 수급권자가 동일한 사유에 대하여 이 법에 따른 보험급여를 받으면 보험가입자는 그 금액의 한도 안에서「민법」이나 그 밖의 법령에 따른 손해배상의 책임이 면제된다. 이 경우, 장해보상연금 또는 유족보상연금을 받고 있는 자는 장해보상일시금 또는 유족보상일시금을 받은 것으로 본다.

3) 수급권자가 동일한 사유로「민법」이나 그 밖의 법령에 따라 이 법의 보험급여에 상당한 금품을 받으면 공단은 그 받은 금품을 대통령령으로 정하는 방법에 따라 환산한 금액의 한도 안에서 이 법에 따른 보험급여를 지급하지 아니한다. 다만, 제2항 후단에 따라 수급권자가 지급받은 것으로 보게 되는 장해보상일시금 또는 유족보상일시금에 해당하는 연금액에 대하여는 그러하지 아니하다.

- 제87조(제3자에 대한 구상권)

1) 공단은 제3자의 행위에 따른 재해로 보험급여를 지급한 경우에는 그 급여액의 한도 안에서 급여를 받은 자의 제3자에 대한 손해배상청구권을 대위한다. 다만, 보험가입자인 2 이상의 사업주가 같은 장소에서 하나의 사업을 분할하여 각각 행하다가 그중 사업주를 달리하는 근로자의 행위로 재해가 발생하면 그러하지 아니하다.

2) 제1항의 경우에 수급권자가 제3자로부터 동일한 사유로 이 법의 보험급여에 상당하는 손해배상을 받으면 공단은 그 배상액을 대통령령으로 정하는 방법에 따라 환산한 금액의 한도 안에서 이 법에 따른 보험급여를 지급하지 아니한다.

(3) 판결례

(가) 대법원 1978.2.14. 선고 76다2119 전원합의체 판결[손해배상]

「산업재해보상보험법」에 의한 보상보험금 수급권자가 가해자인 제3자의 자기에 대한 손해배상 채무의 전부 또는 일부를 면제하였다면 이를 면제한 것으로 인정될 수 없는 특별한 사정이 없는 한 그 면제한 한도에 있어서의 산재보험금청구권을 상실한 것으로 보아야 한다(다수의견).

(나) 대법원 2007.6.15. 선고 2005두7501 판결[장해보상연금부지급처분취소]

[1] 제3자의 불법행위에 의한 재해로 인하여「산업재해보상보험법」상의 보험급여 지급 의무가 발생한 경우 보험급여의 수급권자가 보험급여와 제3자에 의한 손해배상에 의하여 중복전보를 받는 것과 유책의 제3자가 그 책임을 면탈하는 것을 방지하고 보험재정의 확보를 꾀하려는 데 목적이 있는「산업재해보상보험법」제54조제2항의 입법 취지와 그 규정 내용에 비추어 볼 때, 보험급여의 수급권자가 제3자로부터 자신의 재산상 손해배상과 관련된 일정한 금원을 지급받고

나머지 청구를 포기 또는 면제하기로 하였거나 혹은 이를 전혀 지급받지 않은 채 제3자의 재산상 손해배상 의무 전부를 면제하여 주었다면, 수급권자가 그 재해로 인하여 제3자로부터 배상받을 수 있는 진정한 재산상 손해액(보험급여 항목과 관련된 범위에 국한된다)의 한도 내에서 근로복지공단은 보험급여의 지급 의무를 면하게 되고, 「산업재해보상보험법」상 장해급여인 장해보상일시금과 장해보상연금은 지급방법에 차이가 있을 뿐 그 전체로서의 가치는 동일하므로 장해급여 지급 의무 소멸 범위를 판단함에 있어 양자는 동일하게 취급되어야 한다.

[2] 제3자의 불법행위로 재해를 입은 근로자가 제3자로부터 장해급여일시금을 초과하는 액수의 일실수입 상당 손해배상금을 수령할 수 있었음에도 그중 일부만을 수령하고 나머지 청구는 포기하기로 합의한 사안에서, 근로자가 장해보상일시금과 장해보상연금 중 어느 것을 선택하였는지와 무관하게 근로복지공단의 장해급여 지급 의무가 전부 소멸한다.

(4) 판 단

위와 같은 관계 법규와 판례 등을 종합하여 보면, 업무 수행 중 교통사고를 당한 피해자가 가해자인 제3자로부터 손해배상금액을 지급받고 나머지 청구를 포기 또는 면제하기로 하는 합의나 확정 판결을 받은 후 권리 포기를 하는 합의를 하였을 경우 「산업재해보상보험법」에 의한 보험급여를 청구할 수 없다. 단, 그 범위는 「산업재해보험법」상 보험급여에 동일한 손해에 한정됨은 물론 합의로 인하여 포기 또는 면제한 금액이 「산업재해보상보험」 급여액을 초과한 경우에 한정된다. 따라서 이 경우에 있어서도 피해자가 산업재해보상보험금으로 청구할 수 없는 금액은 피해자가 가해자인 제3자로부터 지급받을 수 있는 진정한 재산상 손해액에 국한되고, 진정한 손해액을 초과하는 금액에 대해서는 나머지 청구를 포기 또는 면제하기로 하는 합의나 확정 판결을 받은 후 권리 포기를 하는 합의를 하지 않은 이상, 「산업재해보상보험」에 의한 보험급여를 청구할 수 있다고 보아야 할 것이다.

제3장 손해배상을 위한 보험 가입 등

제5조(보험 등의 가입 의무)
① 자동차 보유자는 자동차의 운행으로 다른 사람이 사망하거나 부상한 경우에 피해자(피해자가 사망한 경우에는 손해배상을 받을 권리를 가진 자를 말한다. 이하 같다)에게 대통령령으로 정하는 금액을 지급할 책임을 지는 책임보험이나 책임공제(이하 "책임보험 등"이라 한다)에 가입하여야 한다.
② 자동차 보유자는 책임보험 등에 가입하는 것 외에 자동차의 운행으로 다른 사람의 재물이 멸실되거나 훼손된 경우에 피해자에게 대통령령으로 정하는 금액을 지급할 책임을 지는 「보험업법」에 따른 보험이나 「여객자동차 운수사업법」, 「화물자동차 운수사업법」 및 「건설기계

관리법」에 따른 공제에 가입하여야 한다.

③ 다음 각 호의 어느 하나에 해당하는 자는 책임보험 등에 가입하는 것 외에 자동차 운행으로 인하여 다른 사람이 사망하거나 부상한 경우에 피해자에게 책임보험 등의 배상책임 한도를 초과하여 대통령령으로 정하는 금액을 지급할 책임을 지는 「보험업법」에 따른 보험이나 「여객자동차 운수사업법」, 「화물자동차 운수사업법」 및 「건설기계관리법」에 따른 공제에 가입하여야 한다.

   1. 「여객자동차 운수사업법」 제4조제1항에 따라 면허를 받거나 등록한 여객자동차 운송사업자

   2. 「여객자동차 운수사업법」 제28조제1항에 따라 등록한 자동차 대여사업자

   3. 「화물자동차 운수사업법」 제3조 및 제29조에 따라 허가를 받은 화물자동차 운송사업자 및 화물자동차 운송가맹사업자

   4. 「건설기계관리법」 제21조제1항에 따라 등록한 건설기계 대여업자

④ 제1항 및 제2항은 대통령령으로 정하는 자동차와 도로(「도로교통법」 제2조제1호에 따른 도로를 말한다. 이하 같다)가 아닌 장소에서만 운행하는 자동차에 대하여는 적용하지 아니한다.

⑤ 제1항의 책임보험 등과 제2항 및 제3항의 보험 또는 공제에는 각 자동차별로 가입하여야 한다.

1. 의 의

「자배법」 제5조제1항은 자동차 보유자에게 위 법 시행령에서 정하는 금액의 책임을 지는 책임보험이나 책임공제를 의무적으로 가입하도록 강제하고 있다. 위 규정은 자동차의 운행으로 사람이 사망하거나 부상한 경우는 물론 다른 사람의 재물이 멸실되거나 훼손된 경우에 피해자에게 대통령령으로 정하는 금액을 지급할 책임을 지는 보험 가입을 강제하여 자동차 운행으로 인한 인적, 물적 피해에 대한 손해배상을 보장하는 제도를 확립함으로써 피해자를 보호하려는 데에 그 목적이 있다.

2. 대통령령으로 정하는 금액

동법 제5조제1항에 따라 자동차 보유자가 가입하여야 하는 책임보험 또는 책임공제의 보험금 또는 공제금은 피해자 1명당 다음 각 호의 금액과 같다.

가. 신체사고

1. 사망한 경우에는 1억 원의 범위에서 피해자에게 발생한 손해액. 다만, 그 손해액이 2천만

원 미만인 경우에는 2천만 원으로 한다.

2. 부상한 경우에는 별표 1에서 정하는 금액의 범위에서 피해자에게 발생한 손해액. 다만, 그 손해액이 법 제15조제1항에 따른 자동차보험진료수가(진료수가)에 관한 기준에 따라 산출한 진료비 해당액에 미달하는 경우에는 위 법 시행령[별표 1]에서 정하는 금액의 범위에서 그 진료비 해당액으로 한다.

3. 부상에 대한 치료를 마친 후 더 이상의 치료 효과를 기대할 수 없고 그 증상이 고정된 상태에서 그 부상이 원인이 되어 신체의 장애(이하 "후유장애"라 한다)가 생긴 경우에는 동 시행령 [별표 2]에서 정하는 금액의 범위에서 피해자에게 발생한 손해액

한편, 동일한 사고로 동 시행령 제1항 각 호의 금액을 지급할 둘 이상의 사유가 생긴 경우에는 다음 각 호의 방법에 따라 책임보험금을 지급한다.

1. 부상한 자가 치료 중 그 부상이 원인이 되어 사망한 경우에는 동법 시행령 제1항제1호와 같은 항 제2호에 따른 한도금액의 합산액 범위에서 피해자에게 발생한 손해액

2. 부상한 자에게 후유장애가 생긴 경우에는 위 시행령 제1항제2호와 같은 항 제3호에 따른 금액의 합산액

3. 위 시행령 제1항제3호에 따른 금액을 지급한 후 그 부상이 원인이 되어 사망한 경우에는 위 시행령 제1항제1호에 따른 금액에서 같은 항 제3호에 따른 금액 중 사망한 날 이후에 해당하는 손해액을 뺀 금액

나. 대물사고

법 제5조제2항에서 "대통령령으로 정하는 금액"이란 사고 1건당 1천만 원의 범위에서 사고로 인하여 피해자에게 발생한 손해액을 말한다.

다. 사업용 자동차 등이 가입해야 하는 보험 등의 금액

「여객자동차 운수사업법」에 의한 여객자동차 운수사업자, 자동차 대여사업자, 「화물자동차 운수사업법」에 의한 화물자동차 운수사업자 및 화물자동차 운송가맹업자, 「건설기계관리법」에 의한 건설기계 대여사업자는 법 제5조제3항의 규정에 의해, 책임보험 등에 가입하는 것 외에 자동차 운행으로 인하여 다른 사람이 사망하거나 부상한 경우에 책임보험 등의 배상한도를 초과하여 대통령령으로 정하는 금액을 지급할 책임을 지는 보험이나 공제에 가입하여야 한다. 여기에서 "대통령령으로 정하는 금액"이란 피해자 1명당 1억 원 이상의 금액 또는 피해자에게 발생한 모든 손해액을 말한다.

3. 책임보험 등에의 가입 의무가 없는 자동차

법 제5조제4항에서 "대통령령으로 정하는 자동차"와 도로가 아닌 장소에서 운행하는 자동차에 대하여는 책임보험 등의 가입 의무가 없다고 규정하고 있다.

가. 책임보험 가입 의무가 없는 대통령령으로 정하는 자동차

법 제5조제4항에서 "대통령령으로 정하는 자동차"란 동법 시행령 제5조의2(보험 등의 가입 의무 면제 사유)에서 규정하고 있는 다음 각 호의 어느 하나에 해당하는 자동차를 말한다.

1. 대한민국에 주둔하는 국제연합군대가 보유하는 자동차
2. 대한민국에 주둔하는 미합중국군대가 보유하는 자동차
3. 제1호와 제2호에 해당하지 아니하는 외국인으로서 국토교통부장관이 지정하는 자가 보유하는 자동차
4. 견인되어 육지를 이동할 수 있도록 제작된 피견인자동차

나. 법 제5조제4항의 도로

법 제5조제4항에서 말하는 "도로"는 「도로교통법」 제2조제1호에 따른 도로로써 다음 각 호에 해당하는 곳을 말한다.

1. 「도로법」에 따른 도로
2. 「유료도로법」에 따른 유료도로
3. 「농어촌도로 정비법」에 따른 농어촌도로
4. 그 밖에 현실적으로 불특정 다수의 사람 또는 차마가 통행할 수 있도록 공개된 장소로서 안전하고 원활한 교통을 확보할 필요가 있는 장소

따라서 위 도로에서 운행하지 않는 자동차는 위 법 소정의 책임보험 등의 가입 의무가 없다.

제5조의2(보험 등의 가입 의무 면제)
① 자동차 보유자는 보유한 자동차(제5조제3항 각 호의 자가 면허 등을 받은 사업에 사용하는 자동차는 제외한다)를 해외 체류 등으로 6개월 이상 2년 이하의 범위에서 장기간 운행할 수 없는 경우로서 대통령령으로 정하는 경우에는 그 자동차의 등록업무를 관할하는 특별시장·광역시장·도지사·특별자치도지사(자동차의 등록업무가 시장·군수·구청장에게 위임된 경우에는 시장·군수·구청장을 말한다. 이하 "시·도지사"라 한다)의 승인을 받아 그 운행 중지기간에 한하여 제5조

제1항 및 제2항에 따른 보험 또는 공제에의 가입 의무를 면제받을 수 있다. 이 경우, 자동차 보유자는 해당 자동차등록증 및 자동차등록번호판을 시·도지사에게 보관하여야 한다.
② 제1항에 따라 보험 또는 공제에의 가입 의무를 면제받은 자는 면제기간 중에는 해당 자동차를 도로에서 운행하여서는 아니 된다.
③ 제1항에 따른 보험 또는 공제에의 가입 의무를 면제받을 수 있는 승인 기준 및 신청 절차 등 필요한 사항은 국토교통부령으로 정한다.〈개정 2013.3.23.〉

법 제5조의2제1항 전단에서 보험 등의 가입 의무 면제 사유에 해당하는 "대통령령으로 정하는 경우"란 다음 각 호의 어느 하나에 해당하는 경우를 말한다.

1. 해외 근무 또는 해외 유학 등의 사유로 국외에 체류하게 되는 경우
2. 질병이나 부상 등의 사유로 자동차 운전이 불가능하다고 의사가 인정하는 경우
3. 현역(상근예비역은 제외한다)으로 입영하거나 교도소 또는 구치소에 수감되는 경우

제6조(의무보험 미가입자에 대한 조치 등)
① 보험회사 등은 자기와 제5조제1항부터 제3항까지의 규정에 따라 자동차 보유자가 가입하여야 하는 보험 또는 공제(이하 "의무보험"이라 한다)의 계약을 체결하고 있는 자동차 보유자에게 그 계약 종료일의 75일 전부터 30일 전까지의 기간 및 30일 전부터 10일 전까지의 기간에 각각 그 계약이 끝난다는 사실을 알려야 한다. 다만, 보험회사 등은 보험기간이 1개월 이내인 계약인 경우와 자동차 보유자가 자기와 다시 계약을 체결하거나 다른 보험회사 등과 새로운 계약을 체결한 사실을 안 경우에는 통지를 생략할 수 있다.〈개정 2009.2.6.〉
② 보험회사 등은 의무보험에 가입하여야 할 자가 다음 각 호의 어느 하나에 해당하면 그 사실을 국토교통부령으로 정하는 기간 내에 특별자치도지사·시장·군수 또는 구청장(자치구의 구청장을 말하며, 이하 "시장·군수·구청장"이라 한다)에게 알려야 한다.〈개정 2013.3.23.〉
  1. 자기와 의무보험계약을 체결한 경우
  2. 자기와 의무보험계약을 체결한 후 계약기간이 끝나기 전에 그 계약을 해지한 경우
  3. 자기와 의무보험계약을 체결한 자가 그 계약기간이 끝난 후 자기와 다시 계약을 체결하지 아니한 경우
③ 제2항에 따른 통지를 받은 시장·군수·구청장은 의무보험에 가입하지 아니한 자동차 보유자에게 지체 없이 10일 이상 15일 이하의 기간을 정하여 의무보험에 가입하고 그 사실을 증명할 수 있는 서류를 제출할 것을 명하여야 한다.
④ 시장·군수·구청장은 의무보험에 가입되지 아니한 자동차의 등록번호판(이륜자동차 번호판 및 건설기계의 등록번호표를 포함한다. 이하 같다)을 영치할 수 있다.

⑤ 시장·군수·구청장은 제4항에 따라 의무보험에 가입되지 아니한 자동차의 등록번호판을 영치하기 위하여 필요하면 경찰서장에게 협조를 요청할 수 있다. 이 경우, 협조를 요청받은 경찰서장은 특별한 사유가 없으면 이에 따라야 한다.

⑥ 시장·군수·구청장은 제4항에 따라 의무보험에 가입되지 아니한 자동차의 등록번호판을 영치하면 「자동차관리법」이나 「건설기계관리법」에 따라 그 자동차의 등록업무를 관할하는 시·도지사와 그 자동차 보유자에게 그 사실을 통보하여야 한다.〈개정 2012.2.22.〉

⑦ 제1항과 제2항에 따른 통지의 방법과 절차에 관하여 필요한 사항, 제4항에 따른 자동차 등록번호판의 영치 및 영치 해제의 방법·절차 등에 관하여 필요한 사항은 국토교통부령으로 정한다.〈개정 2013.3.23.〉

법 제6條는 자동차 보유자의 의무보험 가입 강제를 실현시키기 위한 보험회사 등과 행정관청의 의무사항을 정하고 있다.

제7조(의무보험 가입관리전산망의 구성·운영 등)

① 국토교통부장관은 의무보험에 가입하지 아니한 자동차 보유자를 효율적으로 관리하기 위하여 「자동차관리법」 제69조제1항에 따른 전산정보처리조직과 「보험업법」 제176조에 따른 보험료율 산출기관(이하 "보험료율 산출기관"이라 한다)이 관리·운영하는 전산정보처리조직을 연계하여 의무보험 가입관리전산망(이하 "가입관리전산망"이라 한다)을 구성하여 운영할 수 있다.〈개정 2013.3.2.3〉

② 국토교통부장관은 지방자치단체의 장, 보험회사 및 보험 관련 단체의 장에게 가입관리전산망을 구성·운영하기 위하여 대통령령으로 정하는 정보의 제공을 요청할 수 있다. 이 경우, 관련 정보의 제공을 요청받은 자는 특별한 사유가 없으면 요청에 따라야 한다.

〈개정 2009.2.6., 2013.3.23.〉

③ 삭제 〈2009.2.6.〉

④ 가입관리전산망의 운영에 필요한 사항은 대통령령으로 정한다.

제8조(운행의 금지)

의무보험에 가입되어 있지 아니한 자동차는 도로에서 운행하여서는 아니 된다. 다만, 제5조제4항에 따라 대통령령으로 정하는 자동차는 운행할 수 있다.

제9조(의무보험의 가입증명서 발급 청구)

의무보험에 가입한 자와 그 의무보험계약의 피보험자(이하 "보험가입자 등"이라 한다) 및 이해관계인은 권리 의무 또는 사실관계를 증명하기 위하여 필요하면 보험회사 등에게 의무보험에 가입한 사실을 증명하는 서류의 발급을 청구할 수 있다.

- 법 제7條는 의무보험 미가입 방지 및 의무보험 가입의 실효성을 확보하기 위한 의무보험 가입전산망의 구성·운영 등에 관하여 규정하고 있다.
- 법 제8條는 의무보험 미가입 자동차에 대한 도로상의 운행 금지에 관하여 규정하고 있다.
- 법 제9條는 보험회사 등에게 의무보험가입증명서 발급 청구에 관하여 규정하고 있다.

> **제10조(보험금 등의 청구)**
> ① 보험가입자 등에게 제3조에 따른 손해배상책임이 발생하면 그 피해자는 대통령령으로 정하는 바에 따라 보험회사 등에게 「상법」 제724조제2항에 따라 보험금 등을 자기에게 직접 지급할 것을 청구할 수 있다. 이 경우, 피해자는 자동차보험진료수가에 해당하는 금액은 진료한 의료기관에 직접 지급하여 줄 것을 청구할 수 있다.
> ② 보험가입자 등은 보험회사 등이 보험금 등을 지급하기 전에 피해자에게 손해에 대한 배상금을 지급한 경우에는 보험회사 등에게 보험금 등의 보상 한도에서 그가 피해자에게 지급한 금액의 지급을 청구할 수 있다.

1. 피해자 직접청구권

同條 제1항은 피보험자가 피해자에게 부담하는 손해배상 의무를 병존적으로 인수한 보험자에 대하여 피해자가 보험자에 대하여 직접 손해배상을 청구할 수 있는 "피해자 직접청구권"에 관한 규정이다. 이는 同條 및 「상법」 제724조제2항에 의하여 피해자에게 인정되는 책임보험자에 대한 직접청구권으로 피해자가 책임보험자에 대하여 가지는 손해배상청구권으로서 가해자에 대한 손해배상청구권과는 별개의 권리이다. 同條 제2항은 피보험자가 피해자의 손해를 배상한 다음 보험자에게 청구하는 "보험금청구권"에 관한 규정으로써 보험자로서는 제3자인 피해자가 피보험자로부터 손해배상을 받기 전에는 피보험자에 대한 보험금 지급으로 직접청구권을 갖는 피해자에게 대항할 수 없다.

2. 피해자 직접청구권을 인정하는 이유

자배책보험은 본래 보험회사와 보험계약자 또는 피보험자와의 관계로서, 피해자는 하나의 숨겨진 당사자의 지위를 점유하는 자에 불과하다. 그런데 자배책보험에 있어서 피해자의 직접청구권을 인정하지 않고 피보험자의 보험금청구권만을 인정한다면, 사고의 당사자인 가해자(피보험자)와 피해자 간의 손해배상의 문제를 해결하는 합의가 성립되지 않아 소송에 係屬中이라든가 가해자의 변제능력이 없는 경우 피해자는 손해배상을 받지 못하게 된다. 또한 「상법」 제724조제1항은 「보험자는 피보험자가 책임을 질 사고로 인하여 생긴 손해에 대하여 제3자가 그 배상을 받기 전에는 보험금액의 전부 또는 일부를 피보험자에게 지급하지 못한다」고 규정하고 있기 때문에 피보험자가 보험금을 수령하려면 피해자에게 손해배상금액을 지급하여야 하므로 이를 지급하지 못하면 보험금을 수령하지 못하게 된다. 따라서 위와 같은 폐단을 배제하여 신속한 피해자 보호 및 구제와 아울러 자배책보험의 실효를 확보하고자 숨겨진 지위에 있는 피해자를 전면에 등장시켜 보험회사에 대한 피해자의 직접청구권을 인정하게 된 것이다.

3. 직접청구권의 법적 성질

가. 독립성

「상법」 제724조제2항에 의하여 피해자에게 인정되는 직접청구권의 법적 성질은 보험자가 피보험자의 피해자에 대한 손해배상채무를 병존적으로 인수한 것으로써 피해자가 보험자에 대하여 가지는 손해배상청구이고 피보험자의 보험자에 대한 보험금청구권의 변형 내지는 이에 준하는 권리가 아니다(대법원 1999.02.12. 선고 98다44956 판결). 이와 같은 직접청구권의 법적 성질에 비추어 볼 때 피해자의 직접청구권은 피보험자의 권리가 피해자에게 이전되는 것이 아니다. 그러므로 피해자의 직접청구권은 보험금청구권과는 별개의 독립성을 지닌다.

일반적으로 피해자의 직접청구권은 보험계약에서 당사자 간의 직접적인 의사 표시의 효과로서 파생한 것이 아니고, 또 피보험자의 권리가 피해자에게 이전한 것도 아니며, 피해자는 손해 발생과 동시에 피보험자가 갖는 권리의 내용과 다른 개별독립의 권리를 이 법의 규정에 의하여 원시적으로 취득하는 것이다. 이와 같이 피해자청구권은 개별독립의 권리이므로 피해자가 同法 제3조의 규정에 의하여 보유자에 대한 손해배상청구권과 이 條의 규정에 의하여 보험회사에 대하여 손해배상액의 청구권을 가지고 있는 경우에, 전자의 청구권의 포기는 특별한 사정이 없는 한, 후자의 청구에 영향을 미치지 않는다.

■ 대법원 2007.01.25. 선고 2006다60793 판결[구상금]
「산업재해보상보험법」 제54조제1항 본문에 규정된 제3자라 함은 보험자, 보험가입자(사업주) 및 해당 수급권자를 제외한 자로서 피해 근로자와 산업재해보상보험관계가 없는 자로 피해 근로자에 대하여 불법행위책임 내지 「자동차손해배상보장법」이나 「민법」 또는 「국가배상법」의 규정에 의한 손해배상책임을 지는 자를 말한다. 나아가 교통사고의 가해자에 대하여 「자동차손해배상보장법」 제3조에 의한 손해배상책임이 발생한 경우, 「자동차손해배상보장법」 제9조 및 「상법」 제724조제2항에 의하여 피해자에게 인정되는 책임보험자에 대한 직접청구권은 피해자가 책임보험자에 대하여 가지는 손해배상청구권으로서 가해자에 대한 손해배상청구권과는 별개의 권리라 할 것이므로, 「자동차손해배상보장법」 제9조제1항 및 「상법」 제724조제2항에 의하여 피해자에 대하여 직접 손해배상책임을 지는 책임보험자는 교통사고의 가해자가 「산업재해보상보험법」상 제3자에 해당되는지 여부와 상관없이 제3자에 포함된다.

나. 강행성

「자배법」 제10조제1항, 제11조제1항, 제30조제1항에서 규정하고 있는 피해자 직접청구권은 자동차사고로 인한 피해자를 보호하려는 데에 그 목적이 있으므로 보험가입자(피보험자) 등이 피해자에게 손해배상금을 지급하기 전에는 보험자에 대한 보험금청구권을 처분할 수 없다. 同法上 이와 같은 피해자 직접청구권에 관한 규정은 강행 규정으로 이에 반하는 보험약관의 내용은 무효이다.

다. 배타성

피해자 직접청구권은 오로지 피해자만이 행사할 수 있는 배타적 권리이다. 또한「자배법」 제40조에서는 同法 제10조제1항, 제11조제1항, 제30조제1항에 따른 피해자 직접청구권은 압류하거나 양도할 수 없다고 규정하여 피해자 직접청구권의 배타적 권리를 확고히 하고 있다.

■ 대법원 1995.09.26. 선고 94다28093 판결[보험금]
「상법」 제724조제1항은 피보험자가 「상법」 제723조제1, 2항의 규정에 의하여 보험자에 대하여 갖는 보험금청구권과 제3자가 「상법」 제724조제2항의 규정에 의하여 보험자에 대하여 갖는 직접청구권의 관계에 관하여, 제3자의 직접청구권이 피보험자의 보험금청구권에 우선한다는 것을 선언하는 규정이라고 할 것이므로, 보험자로서는 제3자가 피보험자로부터 배상을 받기 전에는 피보험자에 대한 보험금 지급으로 직접청구권을 갖는 피해자에게 대항할 수 없고, 따라서 보험자는 제3자가 피보험자로부터 배상을 받기 전에는 「상법」 제724조제1항의 규정을 들어 피보험자의 보험금 지급 청구를 거절할 권리를 갖게 된다.

■ 대법원 2004.05.28. 선고 2004다6542 판결[전부금]
구 「자동차손해배상보장법」(2003.8.21. 법률 제6969호로 개정되기 전의 것) 제32조는 같은 법 제9조제1항의 규정에 의한 교통사고 피해자의 보험가입자 등에 대한 직접청구권을 압류 또는 양도할 수 없도록 규정하고 있는바, 이는 자동차의 운행으로 사람이 사망하거나 부상한 경우에 있어서 인적 피해에 대한 손해배상을 보장하는 제도를 확립함으로써 피해자를 보호하려는 데에 그 목적이 있으므로, 교통사고 피해자를 치료한 의료기관이 피해자에 대한 진료비 청구권에 기하여 피해자의 보험사업자 등에 대한 직접청구권을 압류하는 것까지 금지하는 취지로 볼 것은 아니다.

■ 대법원 2006.04.20. 선고 2005마1141 결정[채권가압류]
「자동차손해배상보장법」 제9조제1항은 "보험가입자 등"에게 같은 법 제3조의 규정에 의한 손해배상책임이 발생한 경우에 피해자는 보험사업자 등에게 보험금 등을 자기에게 직접 지급할 것을 청구할 수 있도록 규정하고 있고, 같은 법 제8조는 강제(의무)보험에 가입한 자와 당해 강제(의무)보험계약의 피보험자를 "보험가입자 등"으로 정의하고 있으므로, 피해자가 같은 법 제9조제1항에 의하여 보험사업자 등에게 행사하는 직접청구권은 강제(의무)보험의 피보험자에게 손해배상책임이 발생한 경우에 같은 법 제5조제1항에 의하여 강제되는 강제(의무)보험금의 범위에 한한다고 할 것이고, 따라서 같은 법 제9조제1항의 규정에 의한 청구로서 압류금지를 정한 같은 법 제32조의 규정도 위 범위에서 적용된다고 할 것이다.

4. 직접청구권에 대한 보험자의 항변권

가. 관련 규정

자동차보험약관의 피해자 직접청구권의 단서 조항에는 보험회사는 피보험자가 그 사고에 관하여 가지는 항변으로 손해배상청구권자에게 대항할 수 있다고 규정하고 있으며, 「상법」 제724조제2항의 단서 조항 역시 「보험자는 피보험자가 그 사고에 관하여 가지는 항변으로써 제3자에게 대항할 수 있다」고 규정하고 있다.

나. 보험자의 항변 사유

보험자가 피해자의 직접청구권에 대항할 수 있는 항변 사유로는 보험자가 보험계약자나 피보험자에게 갖는 항변 사유와 피보험자가 피해자에게 갖는 항변 사유를 들 수가 있다.

(1) 보험계약자 등에 대한 항변 사유

피해자의 직접청구권이 법령에 의해 부여된 독립된 별개의 권리이지만 그 취득은 보험자와 보험계약자 간의 책임보험계약에서 비롯된 것이다. 이러한 책임보험계약은 보험자가 피보험자의 제3자에 대한 법률상 손해배상책임을 담보하는 것이므로, 피해자가 보험자에게 갖는 권리는 보험계약상 피보험자인 가해자가 보험자에게 갖는 권리에 한정된다. 따라서 보험자는 보험계약상 보험계약자나 피보험자에 대한 항변 사유인 보험계약의 불성립, 무효, 해제, 해지, 실효 등으로 인한 면책 사유로 피해자에게 대항할 수 있다.

(2) 피보험자가 피해자에게 갖는 항변 사유

피해자의 보험자에 대한 직접청구권은 피보험자인 가해자에게 갖는 손해배상청구권에서 기인한다. 즉, 피해자는 가해자에 대한 손해배상청구권 발생 시 보험자가 가해자인 피보험자에게

부담하는 보험계약상의 책임에 한하여 보험자에게 직접청구권을 행사하는 것이다. 따라서 보험
자는 피보험자가 피해자에게 갖는 손해배상책임의 발생 원인과 범위에 대하여 가지는 항변권으
로써 피해차에게 대항할 수 있다. 예를 들면, 손해배상책임 유무와 범위를 다투는 면·부책에 관
한 것이나 과실상계, 손익상계, 호의 동승 감액 등에 관하여 피보험자의 피해자에 대한 항변으로
써 보험자는 피해자에게 대항할 수 있다. 한편, 채권 만족 사유인 상계는 강제의무보험(「대인배
상Ⅰ」)은 「자배법」 제40조에서 직접청구권의 압류나 양도를 금지하고 있으므로 「대인배상Ⅰ」
에 대해서는 보험자가 가해자인 피보험자의 상계권을 이유로 피해자에게 대항할 수 없으나, 가
해자가 피해자에게 상계의사를 표시하고 그 사실을 보험자에게 통지하면 상계 범위 내에서 「대
인배상Ⅰ」을 초과한 금액에 대해서는 보험자는 피해자의 직접청구권에 대항할 수 있다. 또 다른
채권 만족 사유인 면제나 혼동에 있어서는 피해자가 가해자에게 손해배상채무를 전부 혹은 일부
를 면제하여 주었다고 하더라도 별개의 독립된 권리인 보험자에 대한 직접청구권을 포기한 것으
로는 볼 수 없으므로 면제를 근거로 보험자는 피해자의 직접청구권에 대항할 수 없고, 혼동 역시
가해자가 피해자의 상속인이 되는 특별한 경우를 제외하고는 보험자는 혼동을 이유로 피해자의
직접청구권에 대항할 수 없다.

5. 직접청구권과 보험금청구권의 경합

보험자는 피보험자가 책임을 질 사고로 인하여 생긴 손해에 대하여 제3자가 그 배상을 받기
전에는 보험금액의 전부 또는 일부를 피보험자에게 지급하지 못한다는 「상법」 제724조제1항
은 피보험자가 「상법」 제723조제1, 2항의 규정에 의하여 보험자에 대하여 갖는 보험금청구권과
「상법」 제724조제2항의 규정에 의하여 보험자에 대하여 갖는 직접청구권의 관계에 관하여, 피
해자의 직접청구권이 보험금청구권에 우선한다는 것을 선언한 규정이라고 볼 수 있다. 따라서
보험자로서는 제3자인 피해자가 피보험자로부터 손해배상을 받기 전에는 피보험자에 대한 보험
금 지급으로 직접청구권을 갖는 피해자에게 대항할 수 없다. 즉, 피보험자의 보험청구권과 피해
자의 직접청구권이 경합할 때 피해자의 직접청구권이 우선한다.

■ 대법원 2014.09.25. 선고 2014다207672 판결[보험금]

「상법」 제724조제1항은, 피보험자가 「상법」 제723조제1, 2항의 규정에 의하여 보험자에 대하여
갖는 보험금청구권과 제3자가 「상법」 제724조제2항의 규정에 의하여 보험자에 대하여 갖는 직접
청구권의 관계에 관하여, 제3자의 직접청구권이 피보험자의 보험금청구권에 우선한다는 것을 선
언하는 규정이라고 할 것이므로, 보험자로서는 제3자가 피보험자로부터 배상을 받기 전에는 피
보험자에 대한 보험금 지급으로 직접청구권을 갖는 피해자에게 대항할 수 없다 할 것이다(대법원
1995.9.26. 선고 94다28093 판결 참조). 그런데 피보험자가 보험계약에 따라 보험자에 대하여 가지는

보험금청구권에 관한 가압류 등의 경합을 이유로 한 집행공탁은 피보험자에 대한 변제공탁의 성질을 가질 뿐이므로, 이러한 집행공탁에 의하여 「상법」 제724조제2항에 따른 제3자의 보험자에 대한 직접청구권이 소멸된다고 볼 수는 없으며, 따라서 그 집행공탁으로써 「상법」 제724조제1항에 의하여 직접청구권을 가지는 제3자에게 대항할 수 없다.

위 법리 및 기록에 비추어 살펴보면 원심이, 피고가 소외인과의 보험계약에 따라 부담하여야 할 보험금 중 남아 있는 금액은 329,760,874원인데 원고와 롯데손해보험 주식회사가 소외인에 대한 손해배상채권과 구상금채권을 피보전채권으로 하여 각 소외인의 피고에 대한 보험금청구권을 가압류함에 따라 피고가 2013.7.8. 「민사집행법」 제291조, 제248조제1항에 의해 가압류된 보험금 채권액 전액인 329,760,874원을 공탁하였으므로 「상법」 제724조제2항에 따른 피고의 원고에 대한 보험금 직접 지급 의무가 소멸하였다는 취지의 피고 주장을 배척한 조치는 정당하고, 거기에 상고이유 주장과 같이 집행공탁에 관한 법리를 오해한 잘못이 없다.

제11조(피해자에 대한 가불금)

① 보험가입자 등이 자동차의 운행으로 다른 사람을 사망하게 하거나 부상하게 한 경우에는 피해자는 대통령령으로 정하는 바에 따라 보험회사 등에게 자동차보험진료수가에 대하여는 그 전액을, 그 외의 보험금 등에 대하여는 대통령령으로 정한 금액을 제10조에 따른 보험금 등을 지급하기 위한 가불금으로 지급할 것을 청구할 수 있다.

② 보험회사 등은 제1항에 따른 청구를 받으면 국토교통부령으로 정하는 기간에 그 청구받은 가불금을 지급하여야 한다. 〈개정 2013.3.23.〉

③ 보험회사 등은 제2항에 따라 지급한 가불금이 지급하여야 할 보험금 등을 초과하면 가불금을 지급받은 자에게 그 초과액의 반환을 청구할 수 있다.

④ 보험회사 등은 제2항에 따라 가불금을 지급한 후 보험가입자 등에게 손해배상책임이 없는 것으로 판명된 경우에는 가불금을 지급받은 자에게 그 지급액의 반환을 청구할 수 있다.

⑤ 보험회사 등은 제3항 및 제4항에 따른 반환청구에도 불구하고 가불금을 반환받지 못하는 경우로서 분담금 재원 등 대통령령으로 정하는 요건을 갖추면 반환받지 못한 가불금의 보상을 정부에 청구할 수 있다. 〈개정 2009.2.6.〉

이 條는 동법 제10조에 의한 피해자 직접 청구에 있어서의 가불금제도에 관한 사항을 규정하고 있다.

1. 정 의

"가불금"이란 피해자의 청구에 의하여 보험회사가 동법 시행령 제10조 각 호에 의한 금액을 손해배상액의 일부로서 假渡하는 금전을 말한다.

2. 입법 취지

피해자의 가불금지급 청구권을 인정하는 입법 취지는, 피해자가 同法 제3조의 규정에 의하여 보유자로부터 손해배상금이나 同法 제10조의 규정에 의하여 보험회사로부터 손해배상액을 지급받으려면 보유자의 배상책임의 유무, 피해자의 과실의 판정 등으로 장시간이 소요되어 피해자는 당장에 지출이 필요한 치료비나 장례비 등으로 경제적 곤란을 당하게 되므로, 보유자의 배상책임의 유무를 불문하고 일정한 금액을 보험회사로부터 지급받게 하여 피해자의 편의를 도모하고자 함은 물론 피해자 보호, 구제에 만전을 기하려는 데에 있다.

3. 가불금액의 한도

가. 치료비

同法 제11조제1항은 보험가입자 등이 자동차의 운행으로 다른 사람을 사망하게 하거나 부상하게 한 경우에는 피해자는 대통령령으로 정하는 바에 따라 보험회사 등에게 자동차보험진료수가에 대하여는 그 전액을 청구할 수 있다고 규정하고 있다.

나. 치료비를 제외한 손해배상액

피해자는 同法 제11조제1항에서 "대통령령으로 정한 금액"을 보험회사에 가불금으로 청구할 수 있다. "대통령령으로 정한 금액"이란 피해자 1명당 同法 시행령 제10조제1항 각 호의 구분에 따른 금액의 범위에서 피해자에게 발생한 손해액의 100분의 50에 해당하는 금액을 말한다.

1. 사망의 경우: 1억 원
2. 부상한 경우: 별표 1에서 정하는 상해 내용별 한도금액
3. 후유장애가 생긴 경우: 별표 2에서 정하는 신체장애 내용별 한도금액

4. 가불금의 지급기한

同法 제11조제2항은 보험회사 등은 제1항에 따른 청구를 받으면 국토교통부령으로 정하는 기간에 그 청구받은 가불금을 지급하여야 한다고 규정하고 있다. 여기서 "국토교통부령이 정하는 기간"이란 피해자로부터 가불금의 지급 청구를 받은 날부터 10일까지의 기간을 말한다.

5. 가불금의 반환청구권 행사

가. 초과금액

보험회사가 가불금을 지급한 금액이 법 제10조의 규정에 의하여 보험회사가 지급하여야 할 손해배상액을 초과하였다는 것이 판명된 때, 보험회사는 가불금을 지급받은 피해자에 대하여 그 초과된 금액을 반환청구할 수 있다(同法 제11조제3항).

나. 면책사고에 대한 가불금액

보험회사 등은 제2항에 따라 가불금을 지급한 후 보험가입자 등에게 손해배상책임이 없는 것으로 판명된 경우에는 가불금을 지급받은 자에게 그 지급액의 반환을 청구할 수 있다(同法 제11조제3항). 다만, 보험회사가 가불금을 지급한 후 자동차의 보유자가 同法 제3조의 규정에 의한 손해배상책임은 없으나 「민법」 제756조의 규정에 의한 사용자 책임이 있음이 판명된 때에는 법령이나 자동차보험약관에는 규정하고 있지 않지만 보험계약자나 피보험자의 고의로 인한 사고의 경우 자동차 소유자(피보험자)에 대하여 청구할 수 있다고 본다.

> ■ 대법원 2013.10.11. 선고 2013다42755 판결[손해배상(자)]
> 법 제3조에 기한 보험자의 배상책임은 그 사고와 상당인과관계 있는 법률상 손해 일체를 그 내용으로 하는 것으로서, 사망사고의 경우 그 배상의 대상이 되는 손해에는 치료비 등 적극적 손해, 일실 수입 등 소극적 손해 및 정신적 손해 모두를 포함하는 것이다(대법원 2004.4.16. 선고 2003다67755 판결 등 참조).
> 한편, 법 제11조제1항은 「보험가입자 등이 자동차의 운행으로 다른 사람을 사망하게 하거나 부상하게 한 경우에는 피해자는 대통령령으로 정하는 바에 따라 보험회사 등에게 자동차보험진료수가에 대하여는 그 전액을, 그 외의 보험금 등에 대하여는 대통령령으로 정한 금액을 제10조에 따른 보험금 등을 지급하기 위한 가불금으로 지급할 것을 청구할 수 있다」고 정하고, 같은 조 제3항은 「보험회사 등은 제2항에 따라 지급한 가불금이 지급하여야 할 보험금 등을 초과하면 가불금을 지급받은 자에게 그 초과액의 반환을 청구할 수 있다」고 정하고 있다. 그리고 법 시행령 제10조제1항은 「법 제11조제1항에서 "대통령령으로 정하는 금액"이란 피해자 1명당 다음 각 호의 구분에 따른 금액의 범위에서 피해자에게 발생한 손해액의 100분의 50에 해당하는 금액을 말한다」고 정하면서 제2호에서 부상의 경우 상해급수별 책임보험 한도금액을 가불금 지급의 한도로 정하고 있다. 이와 같이 법 및 시행령은 보험회사 등이 피해자에게 지급하는 가불금이 피해자에게 발생한 "손해액"으로서 지급되는 것이고, 후에 손해배상액이 확정되면 보험회사 등이 "지급하여야 할 보험금"에서 기지급한 가불금을 공제하여 정산할 것을 전제로 하여 가불금이 초과 지급되었을 경우 그 반환을 청구할 수 있도록 정하고 있을 뿐, 가불금이 사고로 인하여 발생한 손해 중 피해자의 재산상 손해에만 한정하여 지급되는 것이라고 볼 만한 근거는 찾아볼 수 없다. 또한 이 사건에서 피고가 망인에게 가불금을 지급할 당시에 작성된 "합의서"(기록 94면, 100면)에도 "법률상 손해배상금의 일부"로서 수령한다는 기재만이 있을 뿐이고, 달리 피고와 망인이 재산상 손해에 한정하여 가불금을 지급하고 수령하였다고 볼 만한 자료는 찾아볼 수 없다. 위와 같은 법령의 규정 등을 종합하여 앞서 본 법리에 비추어 보면, 보험회사 등이 피해자에게 지급하는 가불금은 특별한 사정이 없는 한 사고로 인한 손해배상채무 전체에 대하여 그 지급의 효력이 미치는 것으로 봄이 상당하다.

6. 반환받지 못한 가불금의 보상

가. 법 규정 취지

同法 제11조제5항은 「보험회사 등은 제3항 및 제4항에 따른 반환 청구에도 불구하고 가불금을 반환받지 못하는 경우로서 분담금 재원 등 대통령령으로 정하는 요건을 갖추면 반환받지 못한 가불금의 보상을 정부에 청구할 수 있다」고 규정하고 있다. 피해자로부터 가불금 지급의 청구를 받은 보험회사는 지체 없이 그 청구한 가불금을 피해자에게 지급하여야 하므로, 그 가불금을 지급한 후, 피해자에 대한 보유자의 同法 제3조의 규정에 의한 손해배상책임이 없는 것이 판명된 때(예컨대, 보유자가 제3조 단서의 3면책 요건, 정당방위, 위장사고임을 입증한 때)에는, 그 지급한 가불금의 금액을 정부에 대하여 보상을 청구할 수 있도록 하고 있다. 이와 같이 피해자에 대한 보유자의 손해배상책임이 없을 때에는 가불금을 받은 피해자에게 반환받지 못할 때에 정부에 대하여 보상을 청구할 수 있도록 규정한 취지는, 가불금으로 지급된 금액의 회수로 보험회사의 재산권 침해 방지를 확보하기 위함이다. 위 규정에 의하여 보험회사에 보상을 한 정부는 그 보상한 금액에 대하여 가불금을 지급받은 피해자에게 반환청구를 하게 된다.

나. 정부에 가불금 보상청구를 위한 요건

보험회사가 피해자에게 지급한 가불금을 반환받지 못한 금액을 정부에 보상청구하기 위한 同法 제11조제5항에서 규정하고 있는 "대통령령으로 정하는 요건"이란 보험회사 등이 「민사집행법」 제24조 또는 제56조에 따른 집행권원을 가진 경우로서 同法 시행령 제10조제2항에서 정하고 있는 다음 각 호의 어느 하나에 해당하는 경우를 말한다.

1. 가불금을 지급받은 자의 강제집행의 대상이 되는 재산(이하 "책임재산"이라 한다)에 대하여 최초로 강제집행을 시작한 날부터 1년이 지났음에도 불구하고 반환받아야 할 금액의 전부 또는 일부를 반환받지 못한 경우
2. 가불금을 지급받은 자의 책임재산을 알 수 없어 강제집행을 시작하지 못한 경우로서 「민사집행법」 제62조제7항에 따른 재산 명시 신청 각하 결정(보험회사 등이 가불금을 지급받은 자의 주소를 알았거나 알 수 있었음에도 불구하고 이를 바로잡지 아니하여 받은 각하 결정은 제외한다)이 있은 경우에는 그 각하 결정이 있은 날부터 1년이 지난 경우
3. 가불금을 지급받은 자의 책임재산을 알 수 없어 강제집행을 시작하지 못한 경우로서 「민사집행법」 제74조에 따라 재산조회를 한 결과 가불금을 지급받은 자의 책임재산이 없는 것으로 조회된 경우에는 보험회사 등이 같은 법 제77조 및 「재산조회규칙」 제13조에 따라 재산조회 결과를 출력받은 날부터 1년이 지난 경우

제12조(자동차보험진료수가의 청구 및 지급)

① 보험회사 등은 보험가입자 등 또는 제10조제1항 후단에 따른 피해자가 청구하거나 그 밖의 원인으로 교통사고 환자가 발생한 것을 안 경우에는 지체 없이 그 교통사고 환자를 진료하는 의료기관에 해당 진료에 따른 자동차보험진료수가의 지급 의사 유무와 지급 한도를 알려야 한다.〈개정 2009.2.6.〉

② 제1항에 따라 보험회사 등으로부터 자동차보험진료수가의 지급 의사와 지급 한도를 통지받은 의료기관은 그 보험회사 등에게 제15조에 따라 국토교통부장관이 고시한 기준에 따라 자동차보험진료수가를 청구할 수 있다.〈개정 2013.3.23.〉

③ 의료기관이 제2항에 따라 보험회사 등에게 자동차보험진료수가를 청구하는 경우에는 「의료법」 제22조에 따른 진료기록부의 진료기록에 따라 청구하여야 한다.

④ 제2항에 따라 의료기관이 자동차보험진료수가를 청구하면 보험회사 등은 30일 이내에 그 청구액을 지급하여야 한다. 다만, 제19조제1항에 따라 심사 청구를 하는 경우에는 그러하지 아니하다.

⑤ 의료기관은 제2항에 따라 보험회사 등에게 자동차보험진료수가를 청구할 수 있는 경우에는 교통사고 환자(환자의 보호자를 포함한다)에게 이에 해당하는 진료비를 청구하여서는 아니 된다. 다만, 다음 각 호의 어느 하나에 해당하는 경우에는 해당 진료비를 청구할 수 있다.

〈개정 2013.3.23.〉

1. 보험회사 등이 지급 의사가 없다는 사실을 알리거나 지급 의사를 철회한 경우
2. 보험회사 등이 보상하여야 할 대상이 아닌 비용의 경우
3. 제1항에 따라 보험회사 등이 알린 지급 한도를 초과한 진료비의 경우
4. 제10조제1항 또는 제11조제1항에 따라 피해자가 보험회사 등에게 자동차보험진료수가를 자기에게 직접 지급할 것을 청구한 경우
5. 그 밖에 국토교통부령으로 정하는 사유에 해당하는 경우

이 條는 피해자의 진료비의 피해자 직접청구권 및 보험회사의 지급보증, 자동차보험진료수가의 청구 및 청구 절차, 보험회사의 자동차보험진료수가 지급에 관하여 규정하고 있다.

1. 보험회사의 지급보증

同法 제1항에서는 보험회사의 의료기관에 자동차보험진료수가의 지급보증을 의무화 하고 있다. 보험회사 등이 의료기관에 진료비 지급보증을 하여야 하는 경우는 다음 각 목과 같다.

가. 보험가입자 및 피해자가 同法 제10조제1항 후단에 의해 진료비를 청구하는 경우
나. 교통사고 환자가 발생한 것을 안 경우

2. 자동차보험진료수가 적용

보험회사 등은 의료기관에 자동차보험진료수가의 지급 의사 유무와 지급 한도를 통보하도록 되어 있고, 그 통지를 받은 의료기관은 同法 제15조에 의거 국토교통부장관이 고시한 기준에 따라 자동차보험진료수가를 청구하도록 하여 결국은 교통사고 환자의 진료를 자동차보험진료수가를 적용하도록 법제화 하였다.

3. 자동차보험진료수가의 청구 및 지급 절차

同條 제3항에 따르면, 의료기관이 同條 제2항에 따라 보험회사 등에게 자동차보험진료수가를 청구하는 경우에는 「의료법」 제22조에 따른 진료기록부의 진료기록에 따라 청구하도록 되어 있고, 의료기관의 이와 같은 청구에 대하여 보험회사 등은 同法 제19조제1항에 따라 심사 청구를 하는 경우를 제외하고는 30일 이내에 그 청구액을 지급하여야 한다고 同條 제4항에서 규정하고 있다.

4. 피해자에 진료비 청구 금지

同條 제5항에서는 의료기관이 同條 제2항에 따라 보험회사 등에게 자동차보험진료수가를 청구할 수 있는 경우에는 다음 각 목의 경우를 제외하고는 교통사고 환자에게 진료비를 청구하지 못하도록 규정하고 있다. 의료기관이 교통사고 환자에게 진료비를 청구할 수 있는 경우는 다음 각 목과 같다.

가. 보험회사 등이 지급 의사가 없다는 사실을 알리거나 지급 의사를 철회한 경우
나. 보험회사 등이 보상하여야 할 대상이 아닌 비용의 경우
다. 제1항에 따라 보험회사 등이 알린 지급 한도를 초과한 진료비의 경우
라. 제10조제1항 또는 제11조제1항에 따라 피해자가 보험회사 등에게 자동차보험진료수가를 자기에게 직접 지급할 것을 청구한 경우
마. 그 밖에 국토교통부령으로 정하는 사유에 해당하는 경우

제12조의2(업무의 위탁)
① 보험회사 등은 제12조제4항에 따라 의료기관이 청구하는 자동차보험진료수가의 심사·조정 업무 등을 대통령령으로 정하는 전문심사기관(이하 "전문심사기관"이라 한다)에 위탁할 수 있다.
② 전문심사기관은 제1항에 따라 의료기관이 청구한 자동차보험진료수가가 제15조에 따른 자동차보험진료수가에 관한 기준에 적합한지를 심사한다.

이 條는 자동차보험진료수가의 심사·조정·업무 등을 전문심사기관에 위탁하는 사항에 대하여 규정하고 있다.

1. 위탁업무

同條에서 전문심사기관에 위탁하는 업무의 범위는 의료기관이 청구하는 자동차보험진료수가의 심사, 조정이다.

2. 전문심사기관

同法 제12조의2제1항에서 "대통령령으로 정하는 전문심사기관"이란 「국민건강보험법」 제62조에 따른 건강보험심사평가원을 말한다.

3. 전문심사기관의 심사 결과 효력

보험회사 등은 전문심사기관의 심사 결과에 따라 자동차보험진료수가를 지급하여야 한다.

4. 자동차보험진료수가의 심사·지급

가. 심 사

건강보험심사평가원은 제6조의2에 따라 자동차보험진료수가를 청구받은 때에는 그 청구 내용이 법 제15조제1항에 따른 자동차보험진료수가에 관한 기준에 적합한지를 심사하여야 한다 (同法 시행 규칙 제6조의3제1항).

나. 의료기관의 자료 제출

건강보험심사평가원의 원장은 제6조의2에 따라 청구 받은 사실을 확인할 필요가 있다고 인정하면 해당 의료기관에 관련 자료의 제출을 요구할 수 있으며, 의료기관은 특별한 사유가 없으면 이에 따라야 한다. 다만, 해당 의료기관이 관련 자료의 제출을 거부하거나 제출한 자료만으로는 사실관계 확인이 곤란한 경우에는 현지를 방문하여 확인할 수 있다(同法 시행 규칙 제6조의3제1항).

다. 심사 결과 통보

건강보험심사평가원의 원장은 同法 시행 규칙 제6조의2(자동차보험진료수가의 청구)에 따라 자동차보험진료수가를 청구받은 날부터 15일 이내에 해당 의료기관 및 보험회사 등에 그 심사 결과를 알려야 한다(同法 시행 규칙 제6조의3제1항).

라. 지 급

보험회사 등은 제3항에 따라 자동차보험진료수가 심사 결과를 통보받은 때에는 해당 의료기관에 자동차보험진료수가를 지급하여야 한다(同法 시행 규칙 제6조의3제1항).

5. 이의 제기

의료기관 및 보험회사 등은 건강보험심사평가원의 심사 결과에 이의가 있는 때에는 심사 결과를 통보받은 날부터 25일 이내에 건강보험심사평가원에 이의 제기할 수 있다(同法 시행 규칙 제6조의4제1항). 한편, 건강보험심사평가원은 제1항에 따라 이의 제기를 받은 때에는 이의 제기를 받은 날부터 30일 이내에 해당 의료기관 및 보험회사 등에게 이의 제기에 대한 심사 결과를 알려야 하고(同法 시행 규칙 제6조의4제2항), 심사 결과를 통보받은 의료기관 및 보험회사 등은 그 결과에 따라 자동차보험진료수가를 정산하여야 한다(同法 시행 규칙 제6조의4제3항).

> **제13조(입원 환자의 관리 등)**
> ① 제12조제2항에 따라 보험회사 등에 자동차보험진료수가를 청구할 수 있는 의료기관은 교통사고로 입원한 환자(이하 "입원 환자"라 한다)의 외출이나 외박에 관한 사항을 기록·관리하여야 한다.
> ② 입원 환자는 외출하거나 외박하려면 의료기관의 허락을 받아야 한다.
> ③ 제12조제1항에 따라 자동차보험진료수가의 지급 의사 유무 및 지급 한도를 통지한 보험회사 등은 입원 환자의 외출이나 외박에 관한 기록의 열람을 청구할 수 있다. 이 경우, 의료기관은 정당한 사유가 없으면 청구에 따라야 한다.

이 條는 교통사고 환자의 진료비에 대하여 보험회사의 지급보증을 받은 의료기관의 입원 환자 관리 등에 관한 의무사항을 규정하고 있다.

> **제13조의2(교통사고 환자의 퇴원·전원 지시)**
> ① 의료기관은 입원 중인 교통사고 환자가 수술·처치 등의 진료를 받은 후 상태가 호전되어 더 이상 입원 진료가 필요하지 아니한 경우에는 그 환자에게 퇴원하도록 지시할 수 있고, 생활

근거지에서 진료할 필요가 있는 경우 등 대통령령으로 정하는 경우에는 대통령령으로 정하는 다른 의료기관으로 전원하도록 지시할 수 있다. 이 경우, 의료기관은 해당 환자와 제12조제1항에 따라 자동차보험진료수가의 지급 의사를 통지한 해당 보험회사 등에게 그 사유와 일자를 지체 없이 통보하여야 한다.
② 제1항에 따라 교통사고 환자에게 다른 의료기관으로 전원하도록 지시한 의료기관이 다른 의료기관이나 담당의사로부터 진료기록, 임상소견서 및 치료경위서의 열람이나 송부 등 진료에 관한 정보의 제공을 요청받으면 지체 없이 이에 따라야 한다.

이 條는 의료기관의 교통사고 입원 환자의 외출 또는 외박에 관한 기록·관리 및 교통사고 환자 전원 지시에 관한 사항을 규정하고 있다.

제14조(진료기록의 열람 등)
① 보험회사 등은 의료기관으로부터 제12조제2항에 따라 자동차보험진료수가를 청구받으면 그 의료기관에 대하여 관계 진료기록의 열람을 청구할 수 있다. 〈개정 2012.2.22.〉
② 제12조의2에 따라 심사 등을 위탁받은 전문심사기관은 심사 등에 필요한 자료를 의료기관에 요청할 수 있다. 〈신설 2012.2.22.〉
③ 제1항 또는 제2항의 경우 의료기관은 정당한 사유가 없는 한 이에 응하여야 한다.
〈신설 2012.2.22.〉
④ 보험회사 등은 보험금 지급 청구를 받은 경우 대통령령으로 정하는 바에 따라 경찰청 등 교통사고 조사기관에 대하여 교통사고 관련 조사기록의 열람을 청구할 수 있다. 이 경우, 경찰청 등 교통사고 조사기관은 특별한 사정이 없는 한 열람하게 하여야 한다. 〈신설 2012.2.22.〉
⑤ 보험회사 등 또는 전문심사기관에 종사하거나 종사한 자는 제1항부터 제4항까지에 따른 진료기록 또는 교통사고 관련 조사기록의 열람으로 알게 된 다른 사람의 비밀을 누설하여서는 아니 된다. 〈개정 2012.2.22.〉

이 條는 의료기관으로부터 자동차보험진료수가를 청구받은 보험회사 등이 의료기관에 관계 진료기록의 열람을 청구할 수 있는 권리, 자동차보험진료수가의 심사·조정 업무 등을 위탁받은 전문심사기관이 심사 등에 필요한 자료를 요청할 수 있는 권리 및 이에 대한 의료기관의 의무사항, 교통사고조사기관에 교통사고 관련 조사기록의 열람·청구 등에 관한 사항을 규정하고 있다.

제14조의2(책임보험 등의 보상 한도를 초과하는 경우에의 준용)
자동차 보유자가 책임보험 등의 보상 한도를 초과하는 손해를 보상하는 보험 또는 공제에 가입한 경우, 피해자가 책임보험 등의 보상 한도 및 이를 초과하는 손해를 보상하는 보험 또는 이 條는 책임보험(「대인배상Ⅰ」)의 보상한도를 초과하는 「대인배상Ⅱ」 보험 역시 同法 제10조(보험금 등의 청구), 제11조(피해자에 대한 가불금), 제12조(자동차보험진료수가의 청구 및 지급), 제12조의2(업무의 위탁), 제13조(입원 환자의 관리 등), 제13조의2(교통사고 환자의 퇴원·전원 지시), 제14조(진료기록의 열람 등)에 준용함을 규정하고 있다.

제4장 자동차보험진료수가 기준 및 분쟁 조정

이 條는 보험회사 등 의료기관 및 교통사고 환자 간의 진료비에 관한 분쟁을 방지하기 위한 자동차보험진료수가에 관한 기준 및 자동차보험진료수가 기준에 포함되어야 하는 사항 등에 관하여 규정하고 있다. 同條 제2항의 "그 밖에 국토교통부령으로 정하는 사항"이란 다음 각 호의 사항을 말한다.

1. 자동차보험진료수가로 산정·지급하는 진료의 기준
2. 자동차보험진료수가의 산정 방법
3. 자동차보험진료수가의 청구 및 지급 방법
4. 자동차보험진료수가로 산정·지급하는 「의료법」 제46조제5항에 따른 추가비용에 관한 사항

한편, 「의료법」 제46조(환자의 진료 의사 선택 등)제5항은 「의료기관의 장은 제4항에도 불구하고 일정한 요건을 갖추고 선택 진료를 하게 하는 경우에는 추가비용을 받을 수 있다」고 규정하

고 있다.

이 條는 보험회사 등과 자동차 정비업자 간의 정비요금에 대한 분쟁을 예방하기 위한 정비요금 고시 등에 관한 사항을 규정하고 있다.

同法 제17條는 자동차보험진료수가와 관련된 분쟁의 예방 및 신속한 해결을 위한 자동차보험진료수가분쟁심의회의 구성에 관한 사항을 규정하고 있고, 同法 제18條는 위 심의회 운영비용

부담에 관한 사항을 규정하고 있다.

이 條는 보험회사 등과 의료기관 간에 심사 결과에 이의에 대한 심사 청구의 대상 및 절차, 심사 결과 효력에 대하여 규정하고 있다.

한편, 同條 제6항의 대통령령으로 정한 "심의회에 대한 심사 청구의 대상 및 절차"란 同法 시행령 제16조의2(심의회에 대한 심사 청구의 대상 및 절차)에서 규정하고 있는 다음 각 항과 같다.

① 보험회사 등과 의료기관은 법 제12조의2제2항에 따른 이의 제기 결과가 자동차보험진료수가 기준을 부당하게 적용한 것으로 판단되면 법 제19조제1항에 따라 심의회에 심사를 청구할 수 있다.

② 제1항에 따라 심사를 청구하려는 보험회사 등과 의료기관은 이의 제기 결과에 대한 불복 사유 등을 적은 심사청구서를 심의회에 제출하여야 한다.

③ 심의회는 보험회사 등과 의료기관으로부터 심사 청구를 받은 경우에는 그 사실을 건강보험심사평가원에 통보하여야 한다.

④ 제3항에 따라 통보를 받은 건강보험심사평가원은 해당 청구에 대한 의견을 심의회에 제출하여야 한다.

⑤ 제1항부터 제4항까지에서 규정한 사항 외에 심사 청구의 대상 및 절차에 관하여 필요한 사항은 국토교통부장관이 정하여 고시한다.

제20조(심사·결정·절차 등)

① 심의회는 제19조제1항에 따른 심사 청구가 있으면 자동차보험진료수가 기준에 따라 이를 심사·결정하여야 한다. 다만, 그 심사 청구 사건이 자동차보험진료수가 기준에 따라 심사·결정할 수 없는 경우에는 당사자에게 합의를 권고할 수 있다.

② 심의회의 심사·결정 절차 등에 필요한 사항은 심의회가 정하여 국토교통부장관의 승인을 받아야 한다.〈개정 2013.3.23.〉

제21조(심사와 결정의 효력 등)

① 심의회는 제19조제1항의 심사 청구에 대하여 결정한 때에는 지체 없이 그 결과를 당사자에게 알려야 한다.

② 제1항에 따라 통지를 받은 당사자가 심의회의 결정 내용을 받아들인 경우에는 그 수락 의사를 표시한 날에, 통지를 받은 날부터 30일 이내에 소를 제기하지 아니한 경우에는 그 30일이 지난 날의 다음 날에 당사자 간에 결정 내용과 같은 내용의 합의가 성립된 것으로 본다.

제22조(심의회의 권한)

심의회는 제20조제1항에 따른 심사·결정을 위하여 필요하다고 인정하면 보험회사 등·의료기관·보험사업자 단체 또는 의료사업자 단체에 필요한 서류를 제출하게 하거나 의견을 진술 또는 보고하게 하거나 관계 전문가에게 진단 또는 검안 등을 하게 할 수 있다.

제23조(위법 사실의 통보 등)

심의회는 심사 청구 사건의 심사나 그 밖의 업무를 처리할 때 당사자 또는 관계인이 법령을 위반한 사실이 확인되면 관계 기관에 이를 통보하여야 한다.

제23조의2(심의회 운영에 대한 점검)

① 국토교통부장관은 필요한 경우 심의회의 운영 및 심사 기준의 운용과 관련한 자료를 제출받아 이를 점검할 수 있다.〈개정 2013.3.23.〉

② 심의회는 제1항에 따라 자료의 제출 또는 보고를 요구받은 때에는 특별한 사유가 없는 한 이에 응하여야 한다.

[본조신설 2012.2.22.]

이 각 條는 심의회의 심사 및 결정 절차(제20조), 심사와 결정의 효력(제21조), 권한(제22조), 위법 사실의 통보 등(제23조), 운영에 대한 점검(제23조의2) 등에 관하여 각각 규정하고 있다.

제5장 책임보험 등 사업

제24조(계약의 체결 의무)

① 보험회사 등은 자동차 보유자가 제5조제1항부터 제3항까지의 규정에 따른 보험 또는 공제에 가입하려는 때에는 대통령령으로 정하는 사유가 있는 경우 외에는 계약의 체결을 거부할 수 없다.

② 자동차 보유자가 교통사고를 발생시킬 개연성이 높은 경우 등 국토교통부령으로 정하는 사유에 해당하면 제1항에도 불구하고 다수의 보험회사가 공동으로 제5조제1항부터 제3항까지의 규정에 따른 보험 또는 공제의 계약을 체결할 수 있다. 이 경우, 보험회사는 자동차 보유자에게 공동계약 체결의 절차 및 보험료에 대한 안내를 하여야 한다. 〈개정 2013.3.23.〉

이 條는 同法에 의해 보험가입이 강제되어 있는 의무보험에 대한 보험회사의 계약 체결 의무와 사고 발생 위험율이 높은 자동차 보유자에 대한 보험회사 등의 보험계약 공동체결에 관한 사항을 규정하고 있다.

1. 의무보험계약 체결 거부 가능 사유

보험회사 등이 계약 체결을 거부할 수 있는 同條 제1항 단서의 "대통령령으로 정하는 사유가 있는 경우"란 同法 시행령 제17조에서 규정하고 있는 다음 각 호의 어느 하나에 해당하는 경우를 말한다.

1. 「자동차관리법」 또는 「건설기계관리법」에 따른 검사를 받지 아니한 자동차에 대한 청약이 있는 경우
2. 「여객자동차 운수사업법」, 「화물자동차 운수사업법」, 「건설기계관리법」, 그 밖의 법령에 따라 운행이 정지되거나 금지된 자동차에 대한 청약이 있는 경우
3. 청약자가 청약 당시 사고 발생의 위험에 관하여 중요한 사항을 알리지 아니하거나 부실하게 알린 것이 명백한 경우

2. 공동계약 체결 가능 사유

공동계약 체결이 가능한 同條 제2항의 "국토교통부령으로 정하는 사유"란 同法 시행 규칙 제8조에서 규정하고 있는 다음 각 호의 어느 하나에 해당하는 경우를 말한다.

1. 과거 2년 동안 다음 각 목의 어느 하나에 해당하는 사항을 2회 이상 위반한 경력이 있는 경우
   가. 「도로교통법」 제43조에 따른 무면허운전 등의 금지
   나. 「도로교통법」 제44조제1항에 따른 술에 취한 상태에서의 운전금지
   다. 「도로교통법」 제54조제1항에 따른 사고 발생 시의 조치 의무
2. 보험회사가 「보험업법」에 따라 허가를 받거나 신고한 법 제5조제1항부터 같은 조 제3항까지의 규정에 따른 보험의 보험료율과 책임준비금 산출 기준에 따라 손해배상책임을 담보하는 것이 현저히 곤란하다고 보험료율 산출기관이 인정한 경우

이 條는 의무보험계약의 해제 및 해지 금지사항과 해제 가능 사유에 대하여 규정하고 있다. 同條 제6호에서 "그 밖에 국토교통부령으로 정하는 경우"란 "의무보험계약의 해제 가능 사유"로서 同法 시행 규칙 제9조에서 규정하고 있는 다음 각 호의 어느 하나에 해당하는 경우를 말한다.

1. 「자동차관리법」 제48조제2항에 따른 이륜자동차의 사용 폐지 신고를 한 경우
2. 「자동차관리법」 제43조제1항제2호 또는 「건설기계관리법」 제13조제1항제2호에 따른 정기 검사를 받지 아니한 경우
3. 법 제5조제3항에 따른 보험 또는 공제의 가입에 관한 계약에서 「상법」 제650조제1항, 제2항, 제651조, 제652조제1항 또는 제654조에 따른 계약 해지의 사유가 발생한 경우

따라서 의무보험계약의 해제가 가능한 사유는 同法 제25조의 예외 사항인 同條 제1호에서 제5호까지 해당하는 사유 및 同法 시행 규칙 제9조제1호에서 제3호까지 해당하는 사항이다.

■ 「민 법」

제650조(보험료의 지급과 지체의 효과)

① 보험계약자는 계약 체결 후 지체없이 보험료의 전부 또는 제1회 보험료를 지급하여야 하며, 보험계약자가 이를 지급하지 아니하는 경우에는 다른 약정이 없는 한 계약 성립 후 2월이 경과하면 그 계약은 해제된 것으로 본다.

② 계속 보험료가 약정한 시기에 지급되지 아니한 때에는 보험자는 상당한 기간을 정하여 보험계약자에게 최고하고 그 기간 내에 지급되지 아니한 때에는 그 계약을 해지할 수 있다.

③ 특정한 타인을 위한 보험의 경우에 보험계약자가 보험료의 지급을 지체한 때에는 보험자는 그 타인에게도 상당한 기간을 정하여 보험료의 지급을 최고한 후가 아니면 그 계약을 해제 또는 해지하지 못한다.

제651조(고지 의무 위반으로 인한 계약 해지)

보험계약 당시에 보험계약자 또는 피보험자가 고의 또는 중대한 과실로 인하여 중요한 사항을 고지하지 아니하거나 부실의 고지를 한 때에는 보험자는 그 사실을 안 날로부터 1월 내에, 계약을 체결한 날로부터 3년 내에 한하여 계약을 해지할 수 있다. 그러나 보험자가 계약 당시에 그 사실을 알았거나 중대한 과실로 인하여 알지 못한 때에는 그러하지 아니하다.〈개정 1991.12.31.〉

제652조(위험 변경 증가의 통지와 계약 해지)

① 보험기간 중에 보험계약자 또는 피보험자가 사고 발생의 위험이 현저하게 변경 또는 증가된 사실을 안 때에는 지체없이 보험자에게 통지하여야 한다. 이를 해태한 때에는 보험자는 그 사실을 안 날로부터 1월 내에 한하여 계약을 해지할 수 있다.

② 보험자가 제1항의 위험 변경 증가의 통지를 받은 때에는 1월 내에 보험료의 증액을 청구하거나 계약을 해지할 수 있다.〈신설 1991.12.31.〉

제653조(보험계약자 등의 고의나 중과실로 인한 위험 증가와 계약 해지)

보험기간 중에 보험계약자, 피보험자 또는 보험수익자의 고의 또는 중대한 과실로 인하여 사고 발생의 위험이 현저하게 변경 또는 증가된 때에는 보험자는 그 사실을 안 날부터 1월 내에 보험료의 증액을 청구하거나 계약을 해지할 수 있다.〈개정 1991.12.31.〉

제654조(보험자의 파산선고와 계약 해지)

① 보험자가 파산의 선고를 받은 때에는 보험계약자는 계약을 해지할 수 있다.

② 제1항의 규정에 의하여 해지하지 아니한 보험계약은 파산선고 후 3월을 경과한 때에는 그 효력을 잃는다.〈개정 1991.12.31.〉

제655조(계약 해지와 보험금청구권)

보험사고가 발생한 후라도 보험자가 제650조, 제651조, 제652조 및 제653조에 따라 계약을 해지하였을 때에는 보험금을 지급할 책임이 없고 이미 지급한 보험금의 반환을 청구할 수 있다. 다만, 고지 의무를 위반한 사실 또는 위험이 현저하게 변경되거나 증가된 사실이 보험사고 발생에 영향을 미치지 아니하였음이 증명된 경우에는 보험금을 지급할 책임이 있다.

제26조(의무보험계약의 승계)
① 의무보험에 가입된 자동차가 양도된 경우에 그 자동차의 양도일(양수인이 매매대금을 지급하고 현실적으로 자동차의 점유를 이전받은 날을 말한다)부터 「자동차관리법」 제12조에 따른 자동차 소유권 이전등록 신청기간이 끝나는 날(자동차 소유권 이전등록 신청기간이 끝나기 전에 양수인이 새로운 책임보험 등의 계약을 체결한 경우에는 그 계약 체결일)까지의 기간은 「상법」 제726조의4에도 불구하고 자동차의 양수인이 의무보험의 계약에 관한 양도인의 권리 의무를 승계한다.
② 제1항의 경우 양도인은 양수인에게 그 승계기간에 해당하는 의무보험의 보험료(공제계약의 경우에는 공제분담금을 말한다. 이하 같다)의 반환을 청구할 수 있다.
③ 제2항에 따라 양수인이 의무보험의 승계기간에 해당하는 보험료를 양도인에게 반환한 경우에는 그 금액의 범위에서 양수인은 보험회사 등에게 보험료의 지급 의무를 지지 아니한다.

이 條는 양도차량이 소유권 이전등록 절차를 밟는 동안 「상법」 제726조의4의 규정에 의해 무보험상태에 놓이게 되는 것을 방지하여 피해자를 보호하기 위한 「상법」 同條의 특칙이다.

■ 「상법」 제726조의4(자동차의 양도)
① 피보험자가 보험기간 중에 자동차를 양도한 때에는 양수인은 보험자의 승낙을 얻은 경우에 한하여 보험계약으로 인하여 생긴 권리와 의무를 승계한다.
② 보험자가 양수인으로부터 양수 사실을 통지받은 때에는 지체없이 낙부를 통지하여야 하고 통지받은 날부터 10일 내에 낙부의 통지가 없을 때에는 승낙한 것으로 본다.

제27조(의무보험사업의 구분 경리)
보험회사 등은 의무보험에 따른 사업에 대하여는 다른 보험사업·공제사업이나 그 밖의 다른 사업과 구분하여 경리하여야 한다.

제28조(사전협의)
금융위원회는 「보험업법」 제127조제2항에 따라 금융위원회가 정하는 기준(같은 법 제4조제1항제2호다목에 따른 자동차보험의 보험약관에 대한 기준으로서 책임보험에만 적용되는 것에 한정한다)을 변경하려는 경우에는 국토교통부장관과 미리 협의하여야 한다.〈개정 2013.3.23.〉
[전문개정 2009.2.6.]

同法 제27條는 의무보험을 초과하는 보험(「대인배상Ⅱ」, 공제계약)사업과 구분 경리에 관한 사항을 규정하고 있으며, 同法 제28條는 기초 서류의 변경에 대해 해당 부처 간의 사전협의에 관하여 규정하고 있다.

제29조(보험금 등의 지급 등)

① 「도로교통법」 제44조제1항에 따른 술에 취한 상태에서 운전금지 위반 등 대통령령으로 정하는 사유로 다른 사람이 사망 또는 부상하거나 다른 사람의 재물이 멸실되거나 훼손되어 보험회사 등이 피해자에게 보험금 등을 지급한 경우에는 보험회사 등은 법률상 손해배상책임이 있는 자에게 국토교통부령으로 정하는 금액을 구상할 수 있다.〈개정 2013.3.23.〉

② 제5조제1항에 따른 책임보험 등의 보험금 등을 변경하는 것을 내용으로 하는 대통령령을 개정할 때 그 변경 내용이 보험가입자 등에게 유리하게 되는 경우에는 그 변경 전에 체결된 계약 내용에도 불구하고 보험회사 등에게 변경된 보험금 등을 지급하도록 하는 다음 각 호의 사항을 규정할 수 있다.

    1. 종전의 계약을 새로운 계약으로 갱신하지 아니하더라도 이미 계약된 종전의 보험금 등을 변경된 보험금 등으로 볼 수 있도록 하는 사항

    2. 그 밖에 보험금 등의 변경에 필요한 사항이나 변경된 보험금 등의 지급에 필요한 사항

이 條는 음주운전 사고 발생 시 음주운전 등 운전금지 위반으로 법률상 손해배상책임이 있는 자에 대한 보험자의 구상권 행사 및 법령 개정으로 보험금 등을 변경하는 경우 보험가입자 등에게 변경 전에 체결된 계약 내용에 구속됨 없이 변경된 보험금 등의 지급에 관한 사항을 규정하고 있다.

1. 구상 사유

보험회사 등이 손해배상책임이 있는 자에게 구상할 수 있는 同條 제1항에서 "대통령령으로 정하는 사유"란, 同法 시행령 제18조에서 규정하고 있는 다음 각 호의 어느 하나에 해당하는 사유를 말한다.

1. 「건설기계관리법」에 따른 건설기계조종사면허 또는 「도로교통법」에 따른 운전면허 등 자동차를 운행할 수 있는 자격을 갖추지 아니한 상태(자격의 효력이 정지된 경우를 포함한다)에서 자동차를 운행하다가 일으킨 사고
2. 「도로교통법」 제44조제1항을 위반하여 술에 취한 상태에서 자동차를 운행하다가 일으킨 사고

2. 구상금액

同條 제1항에서 "국토교통부령이 정하는 금액"이란 同法 시행 규칙 제10조에서 규정하고 있는 보험회사 등이 피해자에게 실제로 지급한 보험금 또는 공제금의 총액을 말한다. 다만, 보험회사 등이 실제로 지급한 보험금 또는 공제금의 총액이 다음 각 호의 어느 하나에 해당하는 금액을 초

과하는 경우에는 다음 각 호의 어느 하나에 해당하는 금액을 말한다.

1. 사망 또는 부상의 경우: 사고 1건당 300만 원
2. 재물의 멸실 또는 훼손의 경우: 사고 1건당 100만 원

3. 법령 개정으로 변경된 보험금 지급 규정

同條 제2항제1호 및 제2호에서는 책임보험 등의 보험금 등을 변경하는 것을 내용으로 하는 대통령령을 개정할 때, 보험가입자 등에게 유리한 경우에는 법령 개정 전에 체결된 보험계약의 내용에 구속되지 않고 변경된 보험금 등을 지급하도록 하는 규정을 두고 있다.

제6장 자동차사고 피해지원사업

제30조(자동차손해배상 보장사업)
① 정부는 다음 각 호의 어느 하나에 해당하는 경우에는 피해자의 청구에 따라 책임보험의 보험금 한도에서 그가 입은 피해를 보상한다. 다만, 정부는 피해자가 청구하지 아니한 경우에도 직권으로 조사하여 책임보험의 보험금 한도에서 그가 입은 피해를 보상할 수 있다.
〈개정 2012.2.22.〉
　　1. 자동차 보유자를 알 수 없는 자동차의 운행으로 사망하거나 부상한 경우
　　2. 보험가입자 등이 아닌 자가 제3조에 따라 손해배상의 책임을 지게 되는 경우. 다만, 제5조제4항에 따른 자동차의 운행으로 인한 경우는 제외한다.
② 정부는 자동차의 운행으로 인한 사망자나 대통령령으로 정하는 중증 후유장애인의 유자녀 및 피부양가족이 경제적으로 어려워 생계가 곤란하거나 학업을 중단하여야 하는 문제 등을 해결하고 중증 후유장애인이 재활할 수 있도록 지원할 수 있다.
③ 국토교통부장관은 제1항에 따른 업무를 수행하기 위하여 다음 각 호의 기관에 대통령령에 따른 정보의 제공을 요청하고 수집·이용할 수 있으며, 요청받은 기관은 특별한 사유가 없으면 관련 정보를 제공하여야 한다.〈신설 2012.2.22., 2013.3.23.〉
　　1. 경찰청장
　　2. 특별시장·광역시장·도지사·특별자치도지사·시장·군수·구청장
④ 정부는 제11조제5항에 따른 보험회사 등의 청구에 따라 보상을 실시한다.
〈개정 2012.2.22.〉
⑤ 제1항·제2항 및 제4항에 따른 정부의 보상 또는 지원의 대상·기준·금액·방법 및 절차 등에 필요한 사항은 대통령령으로 정한다.〈개정 2012.2.22.〉

이 條는 보유 불명 자동차에 의한 피해자, 同法 제3조의 규정에 의한 보유자 책임이 부인되는 무단운전 및 도난운전 중의 사고로 인한 피해자, 무보험자동차에 의한 피해자에 대한 정부의 책임보험금 지급 및 절차, 교통사고 피해자의 유자녀와 피부양가족의 생계 및 학업 지원, 중증장애인의 재활지원사업, 보험회사 가불금 반환청구 미수금 보상 등에 관하여 규정하고 있다.

1. 입법 취지

이 條의 입법 취지는 현행 자배책보험 등 자동차보험제도만으로는 자동차의 운행으로 인한 모든 피해자의 보호·구제에 만전을 기할 수 없으므로, 정부가 사회정책적 내지는 사회보장의 일환으로 보유 불명인 자동차 및 자배책보험 미가입 자동차의 운행으로 사상한 피해자를 보호·구제하고자 함에 있다.

2. 보상 요건

자동차손해배상 보장사업에 의해 보상을 받기 위해서는 다음 각 호의 어느 하나에 해당되어야 한다.

1. 자동차 보유자를 알 수 없는 자동차의 운행으로 사망하거나 부상하여야 한다.
2. 보험가입자 등이 아닌 자가 제3조에 따라 손해배상의 책임을 지게 되는 사고의 피해자 이어야 한다. 즉, 책임보험 미가입 차량의 보유자가 일으킨 사고나 무단운전자 및 절취운전자가 사고를 일으킨 후 보유자의 동법 제3조의 책임이 부인되어 보험자의 보상책임이 면책되는 사고의 피해자는 동조 규정에 의해 정부에 피해보상금액을 책임보험금 한도 내에서 청구할 수 있다.
3. 동법 시행령 제5조에서 정하고 있는 책임보험 가입 의무가 없는 다음 각 목의 자동차 운행으로 인한 사고의 피해자가 아니어야 한다.
   가. 대한민국에 주둔하는 국제연합군대가 보유하는 자동차
   나. 대한민국에 주둔하는 미합중국군대가 보유하는 자동차
   나. 제1호와 제2호에 해당하지 아니하는 외국인으로서 국토교통부장관이 지정하는 자가 보유하는 자동차
   라. 견인되어 육지를 이동할 수 있도록 제작된 피견인자동차

4. 법 제5조제4항에서 말하는 "도로"는 「도로교통법」 제2조제1호에 따른 도로로써 다음 각 호에 해당하는 곳을 말하므로, 정부보장사업으로 보상을 받기 위해서는 각 호에 해당하는 곳에서 발생한 자동차사고의 피해자이어야 한다. 따라서 불특정 다수의 사람이나 자동차의 통행이 제한된 비공개된 장소에서의 사고로 인한 피해자는 정부보장사업에 의해 보상을 받을 수가 없다.

    가. 「도로법」에 따른 도로

    나. 「유료도로법」에 따른 유료도로

    다. 「농어촌도로 정비법」에 따른 농어촌도로

    라. 그 밖에 현실적으로 불특정 다수의 사람 또는 차마가 통행할 수 있도록 공개된 장소로써 안전하고 원활한 교통을 확보할 필요가 있는 장소

5. 사고 발생의 일시, 장소 및 개요를 입증할 수 있는 관할 경찰서장의 확인이 가능한 사고의 피해자이어야 한다(동법 시행령 제20조제2항제2호). 따라서 피해자가 동조 제1항에 의해 보상을 청구하려면 반드시 당해 사고를 관할 경찰서에 신고하여야 한다.

3. 보장사업 지급금액

보유 불명 자동차 및 무보험자동차의 피해자에 지급하는 피해보상금은 책임보험의 보험금 한도에서 피해자가 입은 실제 손해액이다. 이에 대해 同法 시행령 제19조에서는 「법 제30조제1항에 따라 정부가 피해자에게 보상할 금액은 「보험업법」에 따라 인가된 책임보험의 약관에서 정하는 책임보험금 지급 기준에 따라 산정한 금액으로 한다」라고 구체적으로 규정하고 있다.

4. 피해자 미청구 시 지급 규정

同條 제1항 후단에서 「정부는 피해자가 청구하지 아니한 경우에도 직권으로 조사하여 책임보험의 보험금 한도에서 그가 입은 피해를 보상할 수 있다」고 규정하여 피해자 보호 및 구제에 만전을 기하고 있다.

5. 생계, 학업, 재활 지원대상자

同條 제2항에서는 정부는 자동차의 운행으로 인한 사망자나 대통령령으로 정하는 중증 후유장애인의 유자녀 및 피부양가족의 생계 및 학업, 재활을 지원할 수 있도록 규정하고 있다. 여기에서 정부가 지원할 수 있는 대상자는 중증 후유장애인, 사망자 또는 중증 후유장애인의 유자녀와 피부양가족으로서 생계를 같이 하는 가족의 생활형편이 「국민기초생활보장법」에 따른 최저생계비를 고려하여 국토교통부장관이 정하는 기준에 해당되어 생계 유지, 학업 또는 재활치료

(중증 후유장애인인 경우만 해당한다)를 계속하기 곤란한 상태에 있는 자로서 同法 시행령 제23조
(지원의 방법 및 절차 등)제2항에 따라 지원대상자로 결정된 자로 한다.

6. 보험회사 등의 가불금 반환청구 미수금 보상

同法 제11조제5항은 「보험회사 등은 제3항 및 제4항에 따른 반환 청구에도 불구하고 가불금
을 반환받지 못하는 경우로서 분담금 재원 등 대통령으로 정하는 요건을 갖추면 반환받지 못한
가불금의 보상을 정부에 청구할 수 있다」고 규정하고 있고, 同條 제4항에서는 「정부는 제11조제
5항에 따른 보험회사 등의 청구에 따라 보상을 실시한다」고 규정하고 있다.

7. 준 용

同條 제1항에 따른 피해자의 보상금청구에 관하여는 同法上의 보험금청구 및 피해자 직접청
구권(제10조), 가불금 청구(제11조), 자동차보험진료수가의 청구 및 지급(제12조), 입원 환자의 관
리(제13조), 교통사고 환자의 퇴원·전원 지시(제13조의2), 진료기록의 열람(제14조)을 준용하도록
규정하고 있다(제35조).

8. 보상하지 않는 손해액

가. 다른 법률에 의해 배상 또는 보상받은 금액

정부는 피해자가 「국가배상법」, 「산업재해보상보험법」, 그 밖에 대통령령으로 정하는 법률
에 따라 제30조제1항의 손해에 대하여 배상 또는 보상을 받으면 그가 배상 또는 보상받는 금액
의 범위에서 제30조제1항에 따른 보상 책임을 지지 아니한다(제36조제1항). 이 경우, 피해자가
위 법령에 의해 배상 또는 보상을 받은 금액이 실제 손해액에 미치지 않으면 피해자는 이들 법령
에 의해 배상 또는 보상을 받았다 하더라도 책임보험금 한도액 범위 내에서 정부에 보상을 청구
할 수 있음은 물론이다.

나. 배상 의무자가 지급한 배상금액

정부는 피해자가 同法 제3조의 손해배상책임이 있는 자로부터 同條 제1항의 손해에 대하여 배상
을 받으면 그가 배상받는 금액의 범위에서 同條 제1항에 따른 보상 책임을 지지 아니한다(제36조제2
항).

9. 청구권대위, 압류금지, 시효

가. 청구권 등의 대위

(1) 손해배상청구권대위

정부는 同條 제1항에 따라 피해를 보상한 경우에는 그 보상금액의 한도에서 제3조에 따른 손해배상책임이 있는 자에 대한 피해자의 손해배상청구권을 대위 행사할 수 있다(제39조제1항).

(2) 가불금 반환청구권대위

정부는 제30조제4항에 따라 보험회사 등에게 가불금 반환청구 미수금을 보상한 경우에는 제11조제3항 및 제4항에 따른 가불금을 지급받은 자에 대한 보험회사 등의 반환청구권을 대위 행사 할 수 있다.

나. 압류 및 양도금지

同法 제40조에서는 제10조제1항의 피해자의 직접청구권, 제11조제1항의 가불금청구권을 포함하여 同條 제1항에 의한 자동차손해배상 보장사업 청구권 또한 압류하거나 양도할 수 없다고 규정함으로써 피해자 보호 및 구제에 만전을 기하고 있다.

다. 시 효

同法 제41조(시효)에서는 제10조제1항의 피해자 직접청구권, 제11조제1항의 가불금청구권, 제29조제1항의 음주 및 무면허 운전 등 운전 금지 위반자에 대한 구상금청구권을 비롯하여 同條 제1항에 따른 정부보장사업청구권은 3년간 행사하지 아니하면 시효로 소멸한다고 규정하고 있다.

> **제30조의2(자동차사고 피해예방사업)**
> ① 국토교통부장관은 자동차사고로 인한 피해 등을 예방하기 위하여 다음 각 호의 사업을 수행할 수 있다.
> 　1. 자동차사고 피해 예방을 위한 교육 및 홍보 또는 이와 관련한 시설 및 장비의 지원
> 　2. 자동차사고 피해 예방을 위한 기기 및 장비 등의 개발·보급
> 　3. 그 밖에 자동차사고 피해 예방을 위한 연구·개발 등 대통령령으로 정하는 사항
> ② 제1항에 따른 자동차사고 피해예방사업의 기준·금액·방법 및 절차 등에 관하여 필요한 사항은 대통령령으로 정한다.
> [본조신설 2013.8.6.]

이 條는 자동차사고 피해 예방에 대한 정부의 각종 사업의 기준, 금액, 방법, 절차 등에 관하여 규정하고 있다.

제31조(후유장애인의 재활 지원)
① 국토교통부장관은 자동차사고 후유장애인의 재활을 지원하기 위한 의료재활시설 및 직업재활시설(이하 "재활시설"이라 한다)을 설치하여 그 재활에 필요한 다음 각 호의 사업(이하 "재활사업"이라 한다)을 수행할 수 있다.〈개정 2013.3.23.〉
　　1. 의료재활사업 및 그에 딸린 사업으로서 대통령령으로 정하는 사업
　　2. 직업재활사업(직업재활상담을 포함한다) 및 그에 딸린 사업으로서 대통령령으로 정하는 사업
② 재활시설의 설치와 제32조제1항에 따른 재활시설 및 재활사업의 관리·운영 등에 필요한 재원은 제37조에 따른 자동차손해배상 보장사업 분담금 중에서 대통령령으로 정하는 금액으로 한다.
③ 재활시설의 용도로 건설되거나 조성되는 건축물, 토지, 그 밖의 시설물 등은 국가에 귀속된다.
④ 국토교통부장관이 재활시설을 설치하는 경우에는 그 규모와 설계 등에 관한 중요 사항에 대하여 자동차사고 후유장애인단체의 의견을 들어야 한다.〈개정 2013.3.23.〉

　　이 條는 자동차사고 후유장애인의 재활을 지원하기 위한 의료재활시설 및 직업재활시설의 설치 및 그에 필요한 각종 사업의 수행에 대하여 규정하고 있다.

제32조(재활시설 운영자의 지정)
① 국토교통부장관은 다음 각 호의 구분에 따라 그 요건을 갖춘 자 중 국토교통부장관의 지정을 받은 자에게 재활시설이나 재활사업의 관리·운영을 위탁할 수 있다.
〈개정 2009.5.27., 2013.3.23.〉
　　1. 의료재활시설 및 제31조제1항제1호에 따른 재활사업: 「의료법」 제33조에 따라 의료기관의 개설 허가를 받고 재활 관련 진료과목을 개설한 자로서 같은 법 제3조제3항에 따른 종합병원을 운영하고 있는 자
　　2. 직업재활시설 및 제31조제1항제2호에 따른 재활사업: 자동차사고 후유장애인단체 중에서 「민법」 제32조 및 「공익법인의 설립·운영에 관한 법률」에 따라 국토교통부장관의 허가를 받은 법인으로서 대통령령으로 정하는 요건을 갖춘 법인
② 제1항에 따라 지정을 받으려는 자는 대통령령으로 정하는 바에 따라 국토교통부장관에게 신청하여야 한다.〈개정 2009.5.27., 2013.3.23.〉
③ 제1항에 따라 지정을 받은 자로서 재활시설이나 재활사업의 관리·운영을 위탁받은 자(이하 "재활시설 운영자"라 한다)는 재활시설이나 재활사업의 관리·운영에 관한 업무를 수행할 때에는 별도의 회계를 설치하고 다른 사업과 구분하여 경리하여야 한다.〈개정 2009.5.27.〉
④ 재활시설 운영자의 지정 절차 및 그에 대한 감독 등에 관해 필요한 사항은 대통령령으로 정한다.

이 條는 정부가 지정하는 재활시설 운영자의 자격, 요건, 신청 방법, 지정 절차, 회계 및 경리, 감독 등에 관하여 규정하고 있다.

제33조(재활시설 운영자의 지정 취소)
① 국토교통부장관은 재활시설 운영자가 다음 각 호의 어느 하나에 해당하면 그 지정을 취소할 수 있다. 다만, 제1호 또는 제2호에 해당하면 그 지정을 취소하여야 한다. 〈개정 2013.3.23.〉

　　1. 거짓이나 그 밖의 부정한 방법으로 지정을 받은 경우
　　2. 제32조제1항 각 호의 요건에 맞지 아니하게 된 경우
　　3. 제32조제3항을 위반하여 다른 사업과 구분하여 경리하지 아니한 경우
　　4. 정당한 사유 없이 제43조제4항에 따른 시정명령을 3회 이상 이행하지 아니한 경우
　　5. 법인의 해산 등 사정의 변경으로 재활시설이나 재활사업의 관리·운영에 관한 업무를 계속 수행하는 것이 불가능하게 된 경우
② 국토교통부장관은 제1항에 따라 재활시설 운영자의 지정을 취소한 경우로서 다음 각 호에 모두 해당하는 경우에는 새로운 재활시설 운영자가 지정될 때까지 그 기간 및 관리·운영조건을 정하여 지정이 취소된 자에게 재활시설이나 재활사업의 관리·운영업무를 계속하게 할 수 있다. 이 경우, 지정이 취소된 자는 그 계속하는 업무의 범위에서 재활시설 운영자로 본다. 〈개정 2013.3.23.〉

　　1. 지정취소일부터 새로운 재활시설 운영자를 정할 수 없는 경우
　　2. 계속하여 재활시설이나 재활사업의 관리·운영이 필요한 경우
③ 제1항에 따라 지정이 취소된 자는 그 지정이 취소된 날(제2항에 따라 업무를 계속한 경우에는 그 계속된 업무가 끝난 날을 말한다)부터 2년 이내에는 재활시설 운영자로 다시 지정받을 수 없다.

이 條는 재활시설 운영자의 지정 취소에 관한 세부적인 사항에 대하여 규정하고 있다.

제34조(재활시설운영심의위원회)
① 재활시설의 설치 및 재활사업의 운영 등에 관한 다음 각 호의 사항을 심의하기 위하여 국토교통부장관 소속으로 재활시설운영심의위원회(이하 "심의위원회"라 한다)를 둔다. 〈개정 2013.3.23.〉

　　1. 재활시설의 설치와 관리에 관한 사항
　　2. 재활사업의 운영에 관한 사항
　　3. 재활시설 운영자의 지정과 지정 취소에 관한 사항
　　4. 재활시설 운영자의 사업계획과 예산에 관한 사항

이 條는 재활시설심의운영위원회의 설치 및 심의사항, 구성 운영에 필요한 사항에 관하여 규정하고 있다.

이 條는 제30조(자동차손해배상 보장사업)제1항에 따른 피해자 보상금청구권 및 피해자의 진료수가에 대한 심사 청구에 관한 준용 조항에 대하여 규정하고 있다.

이 條는 제30조제1항의 정부 보장사업 청구권에 기한 보상금액과 다른 법률에 따른 배상 또는 보상금액과 조정, 교통사고 사망자 및 중증 후유장애인의 유자녀 및 피부양가족의 생계, 학업, 재활 지원과 다른 법률에 따른 지원의 조정에 대하여 규정하고 있다.

제37조(자동차사고 피해지원사업 분담금)
① 제5조제1항에 따라 책임보험 등에 가입하여야 하는 자와 제5조제4항에 따른 자동차 중 대통령령으로 정하는 자동차 보유자는 자동차사고 피해지원사업을 위한 분담금을 국토교통부장관에게 내야 한다.〈개정 2013.8.6.〉
② 제1항에 따라 분담금을 내야 할 자 중 제5조제1항에 따라 책임보험 등에 가입하여야 하는 자의 분담금은 책임보험 등의 계약을 체결하는 보험회사 등이 해당 납부 의무자와 계약을 체결할 때에 징수하여 정부에 내야 한다.
③ 제1항에 따른 분담금은 정부의 세입세출예산 외로 운용하며, 그 금액과 납부 방법 및 관리 등에 필요한 사항은 대통령령으로 정한다.
[제목개정 2013.8.6.]

　　이 條는 자동차사고 피해지원사업 분담금의 부담(납부) 주체, 징수 방법, 회계 운용, 납부 방법 및 관리 등에 관한 사항을 규정하고 있다.

제38조(분담금의 체납 처분)
① 국토교통부장관은 제37조에 따른 분담금을 납부기간에 내지 아니한 자에 대하여는 10일 이상의 기간을 정하여 분담금을 낼 것을 독촉하여야 한다.〈개정 2013.3.23.〉
② 국토교통부장관은 제1항에 따라 분담금 납부를 독촉받은 자가 그 기한까지 분담금을 내지 아니하면 국세 체납 처분의 예에 따라 징수한다.〈개정 2013.3.23.〉

　　이 條는 피해지원사업 분담금의 체납 처분 및 징수에 관한 사항을 규정하고 있다.

제39조(청구권 등의 대위)
① 정부는 제30조제1항에 따라 피해를 보상한 경우에는 그 보상금액의 한도에서 제3조에 따른 손해배상책임이 있는 자에 대한 피해자의 손해배상청구권을 대위 행사할 수 있다.
② 정부는 제30조제4항에 따라 보험회사 등에게 보상을 한 경우에는 제11조제3항 및 제4항에 따른 가불금을 지급받은 자에 대한 보험회사 등의 반환청구권을 대위 행사할 수 있다.
〈개정 2012.2.22.〉
③ 정부는 다음 각 호의 어느 하나에 해당하는 때에는 제39조의2에 따른 자동차손해배상 보장사업 채권정리위원회의 의결에 따라 제1항 및 제2항에 따른 청구권의대위 행사를 중지할 수 있으며, 구상금 또는 미반환 가불금 등의 채권을 결손 처분 할 수 있다.〈신설 2009.2.6.〉
　　1. 해당 권리에 대한 소멸시효가 완성된 때
　　2. 그 밖에 채권을 회수할 가능성이 없다고 인정되는 경우로서 대통령령으로 정하는 경우

同法 제39조는 제30조제1항에 따른 자동차손해배상 보장사업의 보상금액, 제30조제4항에 따라 보험회사 등에 미반환 가불금을 지급한 정부의 손해배상청구권 대위, 이들 청구권 대위 행사의 중지, 구상금 또는 미반환 가불금 등의 채권 결손 처분에 관한 사항을 규정하고 있다. 同法 제39조의2는 제39조제1항 및 제2항에 따른 채권의 결손 처분과 관련된 사항을 의결하기 위한 채권정리위원회의 설치 및 구성·운영 등에 필요한 사항에 관하여 규정하고 있다.

제7장 보 칙

이 條는 피해자의 직접청구권(제10조제1항), 가불금청구권(제11조제1항), 보장사업 보상금청구권(제30조제1항)의 압류금지를 규정하고 있다. 이와 같이 위 보험금청구권에 대한 압류를 금지하는 것은 피해자 보호를 목적으로 하는 피해자의 직접청구 또는 가불금 청구, 보장사업 보상금 청구 제도의 사회보장적 성격에 비추어 타당한 입법조치라 하겠다.

1. "압류"의 의의

"압류"란 일반적으로 집행기관이 채권자의 채무의 내용을 실현시키기 위하여 강제집행의 착수로서 집행의 목적이 되는 채무자 재산의 사실상 또는 법률상의 처분을 금지하는 강제행위를 말한다. 압류는 광의로는 국가 권력에 의하여 특정한 유체물이나 권리에 관하여 사인의 사실상 또는 법률상의 처분행위를 금지하는 강제행위이며, 협의로는 금전채권에 관한 강제집행의 제1단계로서 집행기관이 채무자의 재산의 사실상 또는 법률상의 처분행위를 금지하여 채권자의 재산을 확보함으로써 채권자의 목적을 실현시키려는 강제행위이다.

가. 「민사소송법」상의 압류는 執達吏 또는 집행법원 등 국가의 집행기관이 채무자의 의사에 반하여 채권자의 목적을 실현하기 위한 강제행위를 말한다.

나. 행정상의 압류는 국세체납 처분의 1단계로서의 체납자의 재산압류가 있다. 이 경우는 행정상의 편의를 고려하여 「민사소송법」상의 압류에 비하여 簡易한 방법을 정하고 행정권 자체가 이것을 행할 수 있게 하고 있다.

다. 「형사소송법」상의 압류는 押收의 일종으로써 법원이나 수사기관이 증거물 또는 몰수할 것으로 사료되는 물건의 점유를 강제적으로 취득하는 재판 및 그 집행을 말한다.

2. 압류명령

"압류명령"은 제3채무자에 대하여 채무자에게 지급하는 것을 금지하고 채무자에 대하여 채권의 처분, 특히 그 推尋과 領收를 하지 못하게 하는 집행법원의 결정을 말한다. 이 압류명령은 집행법원이 직권으로 제3채무자와 채무자에게 송달하고 채권자에게 송달한 것을 통지하게 되는데, 이 명령은 채무자에 대한 송달로서 압류의 효력이 발생하게 된다. 그러므로 압류명령의 송달을 받은 채무자가 그 명령에 위반하는 처분, 즉, 채무자가 채권의 양도, 면제, 상계 및 제3채무자에 대한 변제를 가지고 압류채권자에게 대항할 수 없다.

압류명령은 채권자의 신청에 의하여 내리는데, 채권자의 압류신청을 받은 집행법원은 제3채무자나 채무자의 심문을 하지 않는 이유는 채권은 무형적 존재이므로 압류를 미리 알게 되면 미리 재산을 처분할 염려가 있기 때문이다.

3. 압류금지

"압류금지"는 채무자의 일정한 재산을 강제집행의 목적물로서 압류하는 것을 법률상 또는 재판상 금지하는 것을 말한다. 압류금지의 취지는 채무자의 경제적 궁박한 상태를 구제하여 최저 생활이나 생업의 유지를 보장하려는 사회정책적 목적에 기인한다.

가. 압류금지채권을 수동채권으로 하는 상계의 금지

「민법」 제497조는 「채권이 압류하지 못할 것인 때에는 그 채무자는 상계로 채권자에게 대항하지 못한다」고 규정하고 있다. 따라서 압류금지채권은 채무자가 상계로서 채권자에게 대항할 수 없으므로 보험회사는 설령 피해자가 보험료 납입 등의 채무를 부담하고 있다 하더라도 그 피해자의 의사에 반하여 피해자에 대한 손해배상액의 지급채무를 상계로써 대항할 수 없다. 환언하면 보험회사가 피해자에 대하여 갖는 보험료지급청구권을 자동채권(상계를 주장하는 측의 채권)으로 하고 피해자의 보험회사에 대한 손해배상액지급청구권을 수동채권(상계를 당하는 측의 채권)으로 하여 상계할 수 없다는 것이고, 이에 반하여 피해자가 보험회사에 대하여 갖는 손해배상액지급청구권을 자동채권으로 하고 보험회사의 피해자에 대한 보험료지급청구권을 수동채권으로 하여 상계하는 것은 무방하다.

나. 피해자의 자의에 따른 양도

피해자의 채권자는 피해자의 보험회사에 대한 직접청구권, 가불금청구권, 보장사업 보상금청구권을 압류할 수 없다. 그러나 피해자가 自意로 보험회사에 대한 이들 청구권을 채권자에게 양도하는 것은 무방하다.

다. 불법행위채권을 수동채권으로 하는 상계의 금지

가해자가 피해자에 대하여 채권을 가지고 있을 때, 가해자가 자기의 채권을 자동채권으로 하여 피해자의 「자배법」상 위 청구권들을 상계로써 대항할 수 있는지 의문이 있을 수 있다. 「민법」 제496조는 「채무가 고의의 불법행위로 인한 것인 때에는 그 채무자는 상계로 채권자에게 대항하지 못한다」고 규정하고 있으므로 교통사고가 가해자의 고의로 인하여 발생한 경우, 가해자(채무자)가 사고 전에 피해자에 대하여 가지고 있는 채권을 수동채권으로 하여 상계로써 대항할 수 없으나, 교통사고가 가해자의 과실에 의하여 발생한 경우에는 가해자가 피해자에 대하여 갖고 있는 채권(자동채권)과 피해자의 손해배상청구권(수동채권)은 상계할 수 있다고 해석된다. 또한 피해자의 가해자에 대한 손해배상청구권은 현행 법상 압류금지 되어 있지 않으므로 피해자의 채권자는 피해자의 가해자에 대한 손해배상청구권을 압류할 수 있다고 본다.

라. 보험료지급청구권, 보험금지급청구권 간의 상계

피보험자의 보험회사에 대한 보험금지급청구권을 피보험자의 채권자가 압류하는 것은 이 條에서 금지하고 있지 않으므로 피보험자의 보험금지급청구권을 피보험자의 채권자가 압류할 수 있으며, 또한 피보험자가 보험회사에 대하여 보험료 납부 채무를 부담하고 있을 때 보험회사는 보험료지급청구권과 피보험자의 보험금지급청구권을 상계할 수 있다.

> **제41조(시효)**
> 제10조, 제11조제1항, 제29조제1항 또는 제30조제1항에 따른 청구권은 3년간 행사하지 아니하면 시효로 소멸한다. 〈개정 2009.2.6.〉

이 條는 직접청구권(제10조), 운전금지 위반자 등에 대한 구상금청구권(제29조제1항), 보장사업 보상금청구권(제30조제1항)의 단기소멸시효에 관하여 규정하고 있다. 同法上 피해자 보호 취지에 부합하기 위해 이들 청구권에 대한 소멸시효가 2년이었던 것을 3년으로 개정하였다.

제42조(의무보험 미가입자에 대한 등록 등 처분의 금지)

① 제5조제1항부터 제3항까지의 규정에 따라 의무보험 가입이 의무화된 자동차가 다음 각 호의 어느 하나에 해당하는 경우에는 관할 관청(해당 업무를 위탁받은 자를 포함한다. 이하 같다)은 그 자동차가 의무보험에 가입하였는지를 확인하여 의무보험에 가입된 경우에만 등록·허가·검사·해제를 하거나 신고를 받아야 한다.

    1. 「자동차관리법」 제8조, 제12조, 제27조, 제43조제1항제2호, 제43조의2제1항, 제48조제1항부터 제3항까지 또는 「건설기계관리법」 제3조 및 제13조제1항제2호에 따라 등록·허가·검사의 신청 또는 신고가 있는 경우

    2. 「자동차관리법」 제37조제3항 또는 「지방세법」 제131조에 따라 영치된 자동차등록번호판을 해제하는 경우

② 제1항제1호를 적용하는 경우 「자동차관리법」 제8조에 따라 자동차를 신규로 등록할 때에는 해당 자동차가 같은 법 제27조에 따른 임시운행허가 기간이 만료된 이후에 발생한 손해배상책임을 보장하는 의무보험에 가입된 경우에만 의무보험에 가입된 것으로 본다.

③ 제1항 및 제2항에 따른 의무보험 가입의 확인 방법 및 절차 등에 관하여 필요한 사항은 국토교통부령으로 정한다. 〈개정 2013.3.23.〉

[전문개정 2012.2.22.]

이 條는 자동차 보유자의 의무보험 가입의 실효적 강제를 위한 의무보험 미가입자에 대한 등록 등 처분의 금지, 의무보험 가입의 확인 방법 및 절차 등에 관한 사항을 규정하고 있다.

제43조(검사·질문 등)

① 국토교통부장관은 필요하다고 인정하면 소속 공무원에게 재활시설, 자동차보험진료수가를 청구하는 의료기관 또는 제45조제1항부터 제5항까지의 규정에 따라 권한을 위탁받은 자의 사무소 등에 출입하여 다음 각 호의 행위를 하게 할 수 있다. 다만, 자동차보험진료수가를 청구한 의료기관에 대하여는 제1호 및 제3호의 행위에 한한다.

〈개정 2009.5.27., 2013.3.23., 2013.8.6.〉

    1. 이 법에 규정된 업무의 처리 상황에 관한 장부 등 서류의 검사

    2. 그 업무·회계 및 재산에 관한 사항을 보고받는 행위

    3. 관계인에 대한 질문

② 국토교통부장관은 이 법에 규정된 보험사업에 관한 업무의 처리 상황을 파악하거나 자동차손해배상 보장사업을 효율적으로 운영하기 위하여 필요하면 관계 중앙행정기관, 지방자치단체, 금융감독원 등에 필요한 자료의 제출을 요청할 수 있다. 이 경우, 자료 제출을 요청받은 중앙행정기관, 지방자치단체, 금융감독원 등은 정당한 사유가 없으면 요청에 따라야 한다.

〈개정 2013.3.23.〉

③ 제1항에 따라 검사 또는 질문을 하는 공무원은 그 권한을 표시하는 증표를 지니고 이를 관계인에게 내보여야 한다.

④ 국토교통부장관은 제1항에 따라 검사를 하거나 보고를 받은 결과 법령을 위반한 사실이나 부당한 사실이 있으면 재활시설 운영자나 권한을 위탁받은 자에게 시정하도록 명할 수 있다.

〈개정 2013.3.23.〉

이 條는 국토교통부 소속 공무원의 재활시설, 자동차보험진료수가를 청구하는 의료기관 등에 업무의 처리 상황에 관한 장부 등 서류의 검사, 업무, 회계 및 재산에 관한 사항을 보고받는 행위, 관계인에 대한 질문, 이 법에 규정된 보험사업에 관한 업무의 처리 상황을 파악 및 자동차손해배상 보장사업의 효율적 운영을 위한 관계 기관 및 부처 등에 필요한 자료의 제출을 요청할 수 있는 사항에 대하여 규정하고 있다.

제43조의2(포상금)

① 국토교통부장관은 자동차 보유자를 알 수 없는 자동차의 운행으로 다른 사람을 사망하게 하거나 부상하게 한 자동차 또는 운전자를 목격하고 대통령령으로 정하는 관계 행정기관이나 수사기관에 신고 또는 고발한 사람에 대하여 그 신고되거나 고발된 운전자가 검거될 경우 1백만 원의 범위에서 포상금을 지급할 수 있다.〈개정 2013.3.23.〉

② 제1항의 포상금은 같은 항에 따라 신고되거나 고발된 운전자가 검거됨으로써 제30조제1항제1호에 따라 지급하여야 할 보상금이 절약된 금액의 범위에서 제37조제1항에 따른 분담금으로 지급할 수 있다.

③ 제1항에 따른 포상금 지급의 대상·기준·금액·방법 및 절차 등은 대통령령으로 정한다.

[본조신설 2012.2.22.]

이 條는 보유 불명 자동차 운행 중 사고로 다른 사람을 사상케 한 자동차나 운전자를 신고 및 고발한 자에 대한 포상금 지급, 기준, 금액, 방법 및 절차 등에 관하여 규정하고 있다.

제44조(권한의 위임)

국토교통부장관은 이 법에 따른 권한의 일부를 대통령령으로 정하는 바에 따라 특별시장·광역시장·도지사·특별자치도지사·시장·군수 또는 구청장에게 위임할 수 있다.

〈개정 2013.3.23.〉

이 條는 同法에 따른 권한의 위임에 관하여 규정하고 있다.

제45조(권한의 위탁 등)

① 국토교통부장관은 대통령령으로 정하는 바에 따라 다음 각 호의 업무를 보험회사 등 또는 보험 관련 단체에 위탁할 수 있다. 이 경우, 금융위원회와 협의하여야 한다.

〈개정 2012.2.22., 2013.3.23.〉

    1. 제30조제1항에 따른 보상에 관한 업무

    2. 제35조에 따라 자동차손해배상 보장사업을 하는 자를 보험회사 등으로 보행을 위한 업무

    3. 제37조에 따른 분담금의 수납·관리·운용에 관한 업무

    4. 제39조제1항에 따른 손해배상청구권의 대위 행사에 관한 업무

    5. 채권정리위원회의 안건심의에 필요한 전문적인 자료의 조사·검증 등의 업무

    6. 제43조의2제1항에 따른 포상금의 지급에 관한 업무

② 국토교통부장관은 대통령령으로 정하는 바에 따라 제30조제2항에 따른 지원에 관한 업무 및 재활시설의 설치에 관한 업무를 「교통안전공단법」에 따라 설립된 교통안전공단에 위탁할 수 있다.〈개정 2013.3.23.〉

③ 국토교통부장관은 제7조에 따른 가입관리전산망의 구성·운영에 관한 업무를 보험료율 산출기관에 위탁할 수 있다.〈개정 2013.3.23.〉

④ 국토교통부장관은 제30조제4항에 따른 보상 업무와 제39조제2항에 따른 반환청구에 관한 업무를 보험 관련 단체 또는 특별법에 따라 설립된 특수법인에 위탁할 수 있다.

〈개정 2012.2.22., 2013.3.23.〉

⑤ 국토교통부장관은 제30조의2제1항에 따른 자동차사고 피해예방사업에 관한 업무를 「교통안전공단법」에 따라 설립된 교통안전공단 및 보험 관련 단체에 위탁할 수 있다.

〈신설 2013.8.6.〉

⑥ 국토교통부장관은 제1항 또는 제2항에 따라 권한을 위탁받은 자에게 그가 지급할 보상금 또는 지원금에 충당하기 위하여 예산의 범위에서 보조금을 지급할 수 있다.〈개정 2013.8.6.〉

⑦ 제1항부터 제5항까지의 규정에 따라 권한을 위탁받은 자는 「형법」 제129조부터 제132조까지의 규정을 적용할 때에는 공무원으로 본다.〈신설 2009.2.6., 2013.8.6.〉

⑧ 국토교통부장관은 제1항부터 제5항까지의 규정에 따라 업무를 위탁받은 자에게 제37조에 따른 분담금을 그 위탁업무를 수행하기 위하여 필요한 경비로 지원할 수 있다.

〈신설 2009.2.6., 2013.8.6.〉

⑨ 제8항에 따른 분담금의 지원 범위 및 대상 등에 관하여 필요한 사항은 대통령령으로 정한다.〈신설 2009.2.6., 2013.8.6.〉

　이 條는 同法에 규정한 각종 업무를 보험회사 등 보험 관련 단체, 교통안전공단, 보험료율 산출기관, 특수법인 등에 위탁하는 사항 및 이들 기관의 업무 수행에 필요한 경비, 보조금 등에 관

하여 규정하고 있다.

이 條는 同法 제45조제3항에 의거 가입관리전산망의 구성·운영에 관한 업무를 위탁받은 보험료율 산출기관의 같은 條 제1항에 따라 업무를 위탁받은 보험회사 등 또는 보험 관련 단체에 정보제공 사항, 정보 제공 내용 등의 기록 및 보관에 관한 사항에 대하여 규정하고 있다.

이 條는 보험료율 산출기관 및 그 기관으로부터 정보를 제공받은 정보 이용자의 정보 누설 및 제공의 금지에 관한 사항에 대하여 규정하고 있다.

제8장 벌 칙

　　이 條는 同法 규정을 위반하였을 때 벌칙에 대하여 규정하고 있다.

　　同條 제1항은 제14조제5항의 보험회사의 진료기록 또는 교통사고 관련 조사기록의 열람으로 알게 된 비밀 누설 금지, 제27조의 보험사업자의 의무보험사업의 구분 경리, 제32조제3항의 재활시설 운영자의 별도의 회계 설치 및 다른 사업과의 구분 경리, 제45조3의 보험료율 산출기관의 정보 누설 및 제공 금지 위반 시 벌칙에 관한 규정이다.

　　同條 제2항은 제5조2의 의무보험 가입 의무 면제기간 중 자동차 운행 금지, 제8조의 의무보험 미가입 차량의 운행 금지 위반 시 벌칙에 대하여 규정하고 있다.

　　同條 제3항은 제12조제3항의 의료기관의 자동차보험진료수가 청구 시 진료기록부의 진료기록에 따라 청구하는 것을 위반하였을 때의 벌칙 규정이다.

　　이 條는 법인의 대표자, 법인, 개인의 대리인, 사용자, 종업원의 행위에 대하여 관리·감독의 책임이 있는 법인 또는 개인에 대한 벌칙 규정이다.

이 條는 同法 규정 위반 시 각종의 과태료 부과 및 그 절차에 관하여 규정하고 있다.

이 條는 본래 "과태료의 부과 절차"에 관하여 규정하고 있던 것을 2009.2.6.자 同法 개정으로
인하여 삭제되었다.

제9장 범칙행위에 관한 처리의 특례

제50조(통칙)

① 이 장에서 "범칙행위"란 제46조제2항의 죄에 해당하는 위반행위(의무보험에 가입되어 있지 아니한 자동차를 운행하다가 교통사고를 일으킨 경우는 제외한다)를 뜻하며, 그 구체적인 범위는 대통령령으로 정한다.〈개정 2012.2.22.〉

② 이 장에서 "범칙자"란 범칙행위를 한 자로서 다음 각 호의 어느 하나에 해당하지 아니하는 자를 뜻한다.

    1. 범칙행위를 상습적으로 하는 자

    2. 죄를 범한 동기·수단 및 결과 등을 헤아려 통고 처분을 하는 것이 상당하지 아니하다고 인정되는 자

③ 이 장에서 "범칙금"이란 범칙자가 제51조에 따른 통고 처분에 의하여 국고 또는 특별자치도·시·군 또는 구(자치구를 말한다)의 금고에 내야 할 금전을 뜻한다.〈개정 2012.2.22.〉

④ 국토교통부장관은 사법경찰관이 범칙행위에 대한 수사를 원활히 수행할 수 있도록 대통령령으로 정하는 범위에서 가입관리전산망에서 관리하는 정보를 경찰청장에게 제공할 수 있다.〈개정 2012.2.22., 2013.3.23.〉

이 條는 "범칙행위" 및 "범칙자"에 관하여 규정하고 있다. "범칙자의 범위"는 同法 시행령 제38조에서 규정하고 있고 다음 각 항과 같다.

① 법 제50조제2항제1호에서 "범칙행위를 상습적으로 하는 자"란 범칙행위를 한 날부터 1년 이내에 같은 위반행위를 한 사람을 말한다.

② 법 제50조제2항제2호를 적용할 때에는 다음 각 호의 어느 하나에 해당하는 사람은 범칙자에서 제외하여야 한다.

    1. 법 제6조제3항에 따라 의무보험 가입 명령을 받고 2개월 이내에 의무보험에 가입하지 아니한 사람

    2. 의무보험에 가입되어 있지 아니한 자동차를 운행하다가 교통사고를 일으킨 사람

제51조(통고 처분)

① 시장·군수·구청장 또는 경찰서장은 범칙자로 인정되는 자에게는 그 이유를 분명하게 밝힌 범칙금 납부통고서로 범칙금을 낼 것을 통고할 수 있다. 다만, 다음 각 호의 어느 하나에 해당하는 자에게는 그러하지 아니하다.〈개정 2012.2.22.〉

    1. 성명이나 주소가 확실하지 아니한 자

    2. 범칙금 납부 통고서를 받기를 거부한 자

이 條는 범칙자에 대한 범칙금 통고 주체 및 통고, 범칙금 액수에 대하여 규정하고 있다.

이 條는 범칙금 납부 기간 및 방법, 이의 제기에 관하여 규정하고 있다.

제2권

자동차보험약관
해설

자동차보험약관은 자동차를 소유·사용·관리하는 동안에 발생한 사고에 대하여 보상하는 자동차보험 계약의 계약 당사자인 보험계약자와 보험회사 간의 권리·의무 사항을 규정한 것이다. 자동차보험약관에는 구체적인 보상 내용 및 보험계약의 성립에서 소멸까지의 보험계약자와 보험회사 간의 권리와 의무사항이 명시되어 있다. 본 권에서는 자동차보험약관을 "제1편 용어의 정의 및 자동차보험의 구성", "제2편 자동차보험에서 보상하는 내용", "제3편 보험금 또는 손해배상의 청구", "제4편 일반사항", "제5편 지급 기준 및 과실상계", "제6편 특별약관"으로 분류하여 설명하기로 한다.

제1편 용어의 정의 및 자동차보험의 구성

제1장 용어의 정의

1. 가지급금

가. 정 의

자동차사고로 인하여 소요되는 비용을 충당하기 위하여 보험회사가 피보험자에 대한 보상책임이나 피해자에 대한 손해배상책임을 확정하기 전에 그 비용의 일부를 피보험자 또는 피해자에게 미리 지급하는 것을 말한다.

나. 가지급금, 우선 지급금, 가불금 비교

(1) 지급 근거

가지급금은 자동차보험약관 규정, 우선 지급금은 「교특법」 제4조제2항 및 同法 시행령 제2조 내지 제4조, 가불금은 「자배법」 제11조 同法 시행령 제10조, 同法 시행 규칙 제6조에 근거하여 지급한다.

(2) 지급금액

(가) 가지급금

가지급금으로 지급할 금액의 한도는 자동차보험진료수가는 전액, 진료수가 이외의 손해배상금은 자동차보험약관에 따라 지급할 금액의 50%이다.

(나) 우선 지급금액

우선 지급해야 할 치료비는 통상비용 전액, 우선 지급할 치료비 외의 손해배상금의 범위는 부상 및 후유장애의 경우 보험약관 또는 공제약관에서 정한 지급 기준에 의하여 산출한 위자료의 전액과 휴업손해액 또는 상실수익액의 100분의 50에 해당하는 금액이며, 대물손해액의 경우 보험약관 또는 공제약관에서 정한 지급 기준에 의하여 산출한 대물배상액의 100분의 50에 해당하는 금액이다.

(다) 가불금

자동차보험진료수가는 전액, 진료비 외에 손해액은 사망의 경우 1억 원, 부상은 同法 시행령 별표 1에서 정하는 상해급별 한도금액, 후유장애는 同法 시행령 별표 2에서 정하는 신체장애 등 급별 한도금액 각각의 100분의 50에 해당하는 금액이다.

(3) 지급기한

자동차보험약관상 가지급금은 가지급금을 정하고 그 정하여진 날로부터 7일 이내에,「교특법」상 우선 지급금은 손해배상금 우선 지급의 청구를 받은 날로부터 7일 이내에,「자배법」상 가불금은 지급 청구를 받은 날부터 10일까지의 기간 안에 각각 지급하도록 규정하고 있다.

(4) 손해배상금의 범위

진료비를 제외한 손해배상금의 범위는 가지급금과 우선 지급금은 보험약관 또는 공제약관에서 정한 지급 기준에 의하여 산출한 금액인데 반하여, 가불금은 피해자에게 발생한 손해액이다. 한편, 여기에서 유의할 점은 우선 지급금은 부상 및 후유장해 시 위자료는 전액을 우선 지급금으로 지급하고 있으나, 가지급금과 가불금은 위자료 항목의 별도 규정을 두지 않고 진료비 외에 손해액을 합산한 금액을 기준으로 하고 있다. 또한 가지급금과 우선 지급금은 대물손해액이 지급 범위에 포함되어 있으나 가불금은 포함되어 있지 않다.

(5) 초과지급액 및 면책사고에 대한 반환청구권

「자배법」제11조제3항에는「보험회사 등은 제2항에 따라 지급한 가불금이 지급하여야 할 보험금 등을 초과하면 가불금을 지급받은 자에게 그 초과액의 반환을 청구할 수 있다」고, 同法 同條 제4항에는「보험회사 등은 제2항에 따라 가불금을 지급한 후 보험가입자 등에게 손해배상책임이 없는 것으로 판명된 경우에는 가불금을 지급받은 자에게 그 지급액의 반환을 청구할 수 있다」고 규정하고 있다. 반면, 자동차보험약관 및「교특법」상에는「자배법」상 위와 같은 취지의 반환 규정을 두고 있지 않다. 그러나 가지급금 및 우선 지급금 역시「자배법」상 가불금 반환청구권 규정을 준용하여 초과지급금, 면책사고 지급금에 대하여 반환청구권을 행사할 수 있다고 보아야 한다. 한편,「자배법」제11조제5항에는「보험회사 등은 제3항 및 제4항에 따른 반환청구에도 불구하고 가불금을 반환받지 못하는 경우로서 분담금 재원 등 대통령령으로 정하는 요건을 갖추면 반환받지 못한 가불금의 보상을 정부에 청구할 수 있다」고 규정하고 있고, 同法 同條上의 동 조항에 의거, 가불금 뿐만 아니라 가지급금과 우선 지급금 역시 반환받지 못하는 경우에는 보상을 정부에 청구할 수 있다고 본다.

■ 개인용 자동차보험약관
제32조(가지급금의 지급)
① 손해배상청구권자가 가지급금을 청구한 경우 보험회사는 「자동차손해배상보장법」 또는 「교통사고처리특례법」 등에 의해 이 약관에 따라 지급할 금액의 한도에서 가지급금(자동차보험진료수가는 전액, 진료수가 이외의 손해배상금은 이 약관에 따라 지급할 금액의 50%)을 지급합니다.
② 보험회사는 가지급금 청구에 관한 서류 등을 받았을 때에는 지체 없이 지급할 가지급액을 정하고 그 정하여진 날로부터 7일 이내에 지급합니다.
③ 보험회사가 정당한 사유 없이 가지급금액을 정하는 것을 지연하거나 제2항에 정한 지급기일 내에 가지급금을 지급하지 않았을 때에는, 지급할 가지급금이 있는 경우 그 다음날부터 지급기일까지의 기간에 대하여 보험개발원이 공시한 정기예금이율에 따라 연 단위 복리로 계산한 금액을 가지급금에 더하여 드립니다.
④ 보험회사가 가지급금 청구에 관한 서류를 받은 때부터 10일 이내에 손해배상청구권자에게 가지급금을 지급하는 것을 거절하는 이유 또는 그 지급을 연기하는 이유(추가 조사가 필요할 때에는 확인이 필요한 사항과 확인이 종료되는 시기를 포함)를 서면(전자우편 등 서면에 갈음할 수 있는 통신수단을 포함)으로 통지하지 않은 경우, 정당한 사유 없이 가지급액을 정하는 것을 지연한 것으로 봅니다.
⑤ 보험회사는 「자동차손해배상보장법」 등 관련 법령상 피보험자의 손해배상책임이 발생하지 않거나 이 약관상 보험회사의 보험금 지급 책임이 발생하지 않는 것이 객관적으로 명백할 경우에는 가지급금을 지급하지 않을 수 있습니다.
⑥ 손해배상청구권자에게 지급한 가지급금은 장래 지급될 손해배상액에서 공제되나, 최종적인 손해배상액의 결정에는 영향을 미치지 않습니다.
⑦ 손해배상청구권자가 가지급금을 청구할 때는 손해배상을 청구하는 경우와 동일하게 제31조(제출서류)에 정한 서류 등을 보험회사에 제출하여야 합니다.

■ 「교통사고처리특례법」
제4조(보험 등에 가입된 경우의 특례)
① 교통사고를 일으킨 차가 「보험업법」 제4조, 제126조, 제127조 및 제128조, 「여객자동차 운수사업법」 제60조, 제61조 또는 「화물자동차 운수사업법」 제51조에 따른 보험 또는 공제에 가입된 경우에는 제3조제2항 본문에 규정된 죄를 범한 차의 운전자에 대하여 공소를 제기할 수 없다. 다만, 다음 각 호의 어느 하나에 해당하는 경우에는 그러하지 아니하다.
　1. 제3조제2항 단서에 해당하는 경우
　2. 피해자가 신체의 상해로 인하여 생명에 대한 위험이 발생하거나 불구(부구)가 되거나 불치(부치) 또는 난치의 질병이 생긴 경우
　3. 보험계약 또는 공제계약이 무효로 되거나 해지되거나 계약상의 면책 규정 등으로 인하여 보험회사, 공제조합 또는 공제사업자의 보험금 또는 공제금 지급 의무가 없어진 경우
② 제1항에서 "보험 또는 공제"란 교통사고의 경우 「보험업법」에 따른 보험회사나 「여객자동차 운수사업법」 또는 「화물자동차 운수사업법」에 따른 공제조합 또는 공제사업자가 인가된 보험약관 또는 승인된 공제약관에 따라 피보험사와 피해자 간 또는 공제조합원과 피해자 간의 손해배상에 관한

합의 여부와 상관없이 피보험자나 공제조합원을 갈음하여 <u>피해자의 치료비에 관하여는 통상비용의 전액을, 그 밖의 손해에 관하여는 보험약관이나 공제약관으로 정한 지급 기준 금액을 대통령령으로 정하는 바에 따라 우선 지급하되</u>, 종국적으로는 확정 판결이나 그 밖에 이에 준하는 집행권원상 피보험자 또는 공제조합원의 교통사고로 인한 손해배상금 전액을 보상하는 보험 또는 공제를 말한다.
③ 제1항의 보험 또는 공제에 가입된 사실은 보험회사, 공제조합 또는 공제사업자가 제2항의 취지를 적은 서면에 의하여 증명되어야 한다.
[전문개정 2011.4.12.]

■ 「교통사고처리특례법시행령」
제2조(우선 지급할 치료비에 관한 통상비용의 범위)
① 법 제4조제2항의 규정에 의하여 우선 지급하여야 할 치료비에 관한 통상비용의 범위는 다음 각 호와 같다.
　　1. 진찰료
　　2. 일반병실의 입원료. 다만, 진료상 필요로 일반 병실보다 입원료가 비싼 병실에 입원한 경우에는 그 병실의 입원료
　　3. 처치·투약·수술 등 치료에 필요한 모든 비용
　　4. 의지·의치·안경·보청기·보철구·기타 치료에 부수하여 필요한 기구 등의 비용
　　5. 호송·전원·퇴원 및 통원에 필요한 비용
　　6. 보험약관 또는 공제약관에서 정하는 환자 식대·간병료 및 기타 비용
② 치료비에 관한 통상비용의 계산에 있어서 피해자가 외국에서 치료를 받은 경우의 제1항 각 호의 비용은 국내 의료기관에서 동일한 치료를 하는 경우 그에 상당한 비용으로 한다. 다만, 국내의료기관에서 치료가 불가능하여 외국에서 치료를 받은 경우에는 그에 소요되는 비용으로 한다.

제3조(우선 지급할 치료비 외의 손해배상금의 범위)
① 법 제4조제2항의 규정에 의하여 우선 지급하여야 할 치료비 외의 손해배상금의 범위는 다음 각 호와 같다.
　　1. 부상의 경우 보험약관 또는 공제약관에서 정한 지급 기준에 의하여 산출한 위자료의 전액과 휴업손해액의 100분의 50에 해당하는 금액
　　2. 후유장애의 경우 보험약관 또는 공제약관에서 정한 지급 기준에 의하여 산출한 위자료 전액과 상실수익액의 100분의 50에 해당하는 금액
　　3. 대물손해의 경우 보험약관 또는 공제약관에서 정한 지급 기준에 의하여 산출한 대물배상액의 100분의 50에 해당하는 금액
② 제1항제1호 및 제2호의 규정에 의한 위자료가 중복되는 경우에는 보험약관 또는 공제약관이 정하는 바에 의하여 지급한다.

제4조(손해배상금의 우선 지급 절차)
① 피해자가 제2조 및 제3조의 규정에 의한 손해배상금의 우선 지급을 받고자 하는 때에는 금융위원회 또는 국토교통부장관이 정하는 바에 의하여 보험사업자 또는 공제사업자에게 손해배상금 우선 지급의 청구를 하여야 한다. 〈개정 1994.12.23., 1999.5.24., 2008.2.29., 2008.12.31., 2013.3.23.〉
② 제1항의 규정에 의하여 손해배상금 우선 지급의 청구를 받은 보험사업자 또는 공제사업자는 그

청구를 받은 날로부터 7일 이내에 이를 지급하여야 한다.

③ 피해자가 「자동차손해배상보장법」 제10조 및 제11조에 따라 손해배상액 또는 가불금을 지급받은 때에는 보험사업자 또는 공제사업자는 손해배상금의 우선 지급액에서 이를 공제할 수 있다.

〈개정 2008.9.25.〉

■ 「자동차손해배상보장법」
제11조(피해자에 대한 가불금)
① 보험가입자 등이 자동차의 운행으로 다른 사람을 사망하게 하거나 부상하게 한 경우에는 피해자는 대통령령으로 정하는 바에 따라 보험회사 등에게 자동차보험진료수가에 대하여는 그 전액을, 그 외의 보험금 등에 대하여는 대통령령으로 정한 금액을 제10조에 따른 보험금 등을 지급하기 위한 가불금으로 지급할 것을 청구할 수 있다.
② 보험회사 등은 제1항에 따른 청구를 받으면 국토교통부령으로 정하는 기간에 그 청구받은 가불금을 지급하여야 한다. 〈개정 2013.3.23.〉
③ 보험회사 등은 제2항에 따라 지급한 가불금이 지급하여야 할 보험금 등을 초과하면 가불금을 지급받은 자에게 그 초과액의 반환을 청구할 수 있다.
④ 보험회사 등은 제2항에 따라 가불금을 지급한 후 보험가입자 등에게 손해배상책임이 없는 것으로 판명된 경우에는 가불금을 지급받은 자에게 그 지급액의 반환을 청구할 수 있다.
⑤ 보험회사 등은 제3항 및 제4항에 따른 반환청구에도 불구하고 가불금을 반환받지 못하는 경우로서 분담금 재원 등 대통령령으로 정하는 요건을 갖추면 반환받지 못한 가불금의 보상을 정부에 청구할 수 있다.

■ 「자동차손해배상보장법시행령」
제10조(가불금액 등)
① 법 제11조제1항에서 "대통령령으로 정하는 금액"이란 피해자 1명당 다음 각 호의 구분에 따른 금액의 범위에서 피해자에게 발생한 손해액의 100분의 50에 해당하는 금액을 말한다.

〈개정 2009.12.31.〉

  1. 사망의 경우: 1억 원
  2. 부상한 경우: 별표 1에서 정하는 상해 내용별 한도금액
  3. 후유장애가 생긴 경우: 별표 2에서 정하는 신체장애 내용별 한도금액

■ 「자동차손해배상보장법」 시행 규칙
제6조(가불금의 지급기한)
법 제11조제2항에서 "국토교통부령으로 정하는 기간"이란 피해자로부터 가불금의 지급청구를 받은 날부터 10일까지의 기간을 말한다.

2. 마약 또는 약물

「도로교통법」 제45조에서 정한 "마약, 대마, 향정신성의약품, 그 밖에 행정안전부령에서 정하는 것"을 말한다.

■ 「도로교통법」
제45조(과로한 때 등의 운전 금지)
자동차 등의 운전자는 제44조에 따른 술에 취한 상태 외에 과로, 질병 또는 약물(마약, 대마 및 향정신성의
약품과 그 밖에 행정자치부령으로 정하는 것을 말한다. 이하 같다)의 영향과 그 밖의 사유로 정상적으로 운전
하지 못할 우려가 있는 상태에서 자동차 등을 운전하여서는 아니 된다. 〈개정 2013.3.23., 2014.11.19.〉
[전문개정 2011.6.8.]

■ 「도로교통법」 시행 규칙
제28조(운전이 금지되는 약물의 종류)
법 제45조에 따라 자동차 등의 운전자가 그 영향으로 인하여 운전이 금지되는 약물은 흥분·환각 또
는 마취의 작용을 일으키는 유해화학물질로써 「화학물질관리법시행령」 제11조에 따른 환각물질로
한다. 〈개정 2009.11.27., 2014.12.24.〉

■ 「화학물질관리법시행령」
제11조(환각물질)
법 제22조제1항에서 "대통령령으로 정하는 물질"이란 다음 각 호의 어느 하나에 해당하는 물질을 말
한다.
　　1. 톨루엔, 초산에틸 또는 메틸알코올
　　2. 제1호의 물질이 들어 있는 시너(도료의 점도를 감소시키기 위하여 사용되는 유기용제를 말한다), 접
　　　착제, 풍선류 또는 도료
　　3. 부탄가스

3. 무면허운전(조종)

　「도로교통법」 또는 「건설기계관리법」의 운전(조종)면허에 관한 규정에 위반되는 무면허 또
는 무자격운전(조종)을 말하며, 운전(조종)면허의 효력이 정지된 상황이거나 운전(조종)이 금지
된 상황에서 운전(조종)하는 것을 포함한다.

■ 「도로교통법」
제43조(무면허운전 등의 금지)
누구든지 제80조에 따라 지방경찰청장으로부터 운전면허를 받지 아니하거나 운전면허의 효력이 정
지된 경우에는 자동차 등을 운전하여서는 아니 된다.
[전문개정 2011.6.8.]

제80조(운전면허)
① 자동차 등을 운전하려는 사람은 지방경찰청장으로부터 운전면허를 받아야 한다. 다만, 제2조제
19호나목의 원동기를 단 차 중 「교통 약자의 이동편의 증진법」 제2조제1호에 따른 교통 약자가 최
고속도 시속 20킬로미터 이하로만 운행될 수 있는 차를 운전하는 경우에는 그러하지 아니하다.

■ 「도로교통법」 제2조(정의)

19. "원동기장치자전거"란 다음 각 목의 어느 하나에 해당하는 차를 말한다.

　가. 「자동차관리법」 제3조에 따른 이륜자동차 가운데 배기량 125시시 이하의 이륜자동차

　나. 배기량 50시시 미만(전기를 동력으로 하는 경우에는 정격출력 0.59킬로와트 미만)의 원동기를 단 차

② 지방경찰청장은 운전을 할 수 있는 차의 종류를 기준으로 다음 각 호와 같이 운전면허의 범위를 구분하고 관리하여야 한다. 이 경우, 운전면허의 범위에 따라 운전할 수 있는 차의 종류는 행정자치부령으로 정한다. 〈개정 2013.3.23., 2014.11.19.〉

　1. 제1종 운전면허

　가. 대형면허

　나. 보통면허

　다. 소형면허

　라. 특수면허

　2. 제2종 운전면허

　가. 보통면허

　나. 소형면허

　다. 원동기장치자전거면허

　3. 연습운전면허

　가. 제1종 보통연습면허

　나. 제2종 보통연습면허

③ 지방경찰청장은 운전면허를 받을 사람의 신체상태 또는 운전 능력에 따라 행정자치부령으로 정하는 바에 따라 운전할 수 있는 자동차 등의 구조를 한정하는 등 운전면허에 필요한 조건을 붙일 수 있다. 〈개정 2013.3.23., 2014.11.19.〉

④ 지방경찰청장은 제87조 및 제88조에 따라 적성검사를 받은 사람의 신체상태 또는 운전 능력에 따라 제3항에 따른 조건을 새로 붙이거나 바꿀 수 있다.

[전문개정 2011.6.8.]

■ 「도로교통법」 시행 규칙

제53조(운전면허에 따라 운전할 수 있는 자동차 등의 종류)

법 제80조제2항에 따라 운전면허를 받은 사람이 운전할 수 있는 자동차 등의 종류는 별표 18과 같다.

[별표 18]〈개정 2010.12.31.〉

운전할 수 있는 차의 종류(제53조 관련)

운전면허		운전할 수 있는 차량
종별	구분	
제1종	대형면허	○승용자동차 ○승합자동차 ○화물자동차 ○긴급자동차 ○건설기계 　- 덤프트럭, 아스팔트살포기, 노상안정기 　- 콘크리트믹서트럭, 콘크리트펌프, 천공기(트럭 적재식)

		- 콘크리트믹서트레일러, 아스팔트 콘크리트 재생기 - 도로보수트럭, 3톤 미만의 지게차 ○특수자동차(트레일러 및 레커는 제외한다) ○원동기장치자전거
	보통면허	○승용자동차 ○승차정원 15인 이하의 승합자동차 ○승차정원 12인 이하의 긴급자동차(승용 및 승합자동차에 한정한다) ○적재중량 12톤 미만의 화물자동차 ○건설기계(도로를 운행하는 3톤 미만의 지게차에 한정한다) ○총중량 10톤 미만의 특수자동차(트레일러 및 레커는 제외한다) ○원동기장치자전거
	소형면허	○3륜화물자동차　　○3륜승용자동차　　○원동기장치자전거
	특수면허	○트레일러　○레커　○제2종보통면허로 운전할 수 있는 차량
제2종	보통면허	○승용자동차 ○승차정원 10인 이하의 승합자동차 ○적재중량 4톤 이하의 화물자동차 ○총중량 3.5톤 이하의 특수자동차(트레일러 및 레커는 제외한다) ○원동기장치자전거
	소형면허	○이륜자동차(측차부를 포함한다) ○원동기장치자전거
	원동기장치 자전거면허	○원동기장치자전거
연습면허	제1종 보통	○승용자동차 ○승차정원 15인 이하의 승합자동차 ○적재중량 12톤 미만의 화물자동차
	제2종 보통	○승용자동차 ○승차정원 10인 이하의 승합자동차 ○적재중량 4톤 이하의 화물자동차

(주)

1. 「자동차관리법」 제30조에 따라 자동차의 형식이 변경 승인되거나 동법 제34조에 따라 자동차의 구조 또는 장치가 변경 승인된 경우에는 다음의 구분에 의한 기준에 따라 이 표를 적용한다.

　가. 자동차의 형식이 변경된 경우

　(1) 차종이 변경되거나 승차정원 또는 적재중량이 증가한 경우: 변경 승인 후의 차종이나 승차정원 또는 적재중량

　(2) 차종의 변경 없이 승차정원 또는 적재중량이 감소된 경우: 변경 승인 전의 승차정원 또는 적재중량

　나. 자동차의 구조 또는 장치가 변경된 경우: 변경 승인 전의 승차정원 또는 적재중량

2. 별표 9 (주) 제6호 각 목에 따른 위험물 등을 운반하는 적재중량 3톤 이하 또는 적재용량 3천 리터 이하의 화물자동차는 제1종 보통면허가 있어야 운전을 할 수 있고, 적재중량 3톤 초과 또는 적재용량 3천 리터 초과의 화물자동차는 제1종 대형면허가 있어야 운전할 수 있다.

3. 피견인자동차는 제1종 대형면허, 제1종 보통면허 또는 제2종 보통면허를 가지고 있는 사람이 그 면허로 운전할 수 있는 자동차로 견인할 수 있다. 이 경우, 총중량 750킬로그램을 초과하는 피견인 자동차를 견인하기 위하여는 견인하는 자동차를 운전할 수 있는 면허 외에 제1종 특수(트레일러)면 허를 가지고 있어야 한다.
4. 제3호의 규정에 불구하고 「자동차관리법」 제3조에 따른 이륜자동차로는 피견인자동차를 견인할 수 없다.

제81조(연습운전면허의 효력)
연습운전면허는 그 면허를 받은 날부터 1년 동안 효력을 가진다. 다만, 연습운전면허를 받은 날부터 1년 이전이라도 연습운전면허를 받은 사람이 제1종 보통면허 또는 제2종 보통면허를 받은 경우 연습운전면허는 그 효력을 잃는다.

제82조(운전면허의 결격 사유)
① 다음 각 호의 어느 하나에 해당하는 사람은 운전면허를 받을 수 없다. 〈개정 2014.12.30.〉
    1. 18세 미만(원동기장치자전거의 경우에는 16세 미만)인 사람
    2. 교통상의 위험과 장해를 일으킬 수 있는 정신질환자 또는 뇌전증 환자로서 대통령령으로 정하는 사람
    3. 듣지 못하는 사람(제1종 운전면허 중 대형면허·특수면허만 해당한다), 앞을 보지 못하는 사람이나 그 밖에 대통령령으로 정하는 신체장애인
    4. 양쪽 팔의 팔꿈치관절 이상을 잃은 사람이나 양쪽 팔을 전혀 쓸 수 없는 사람. 다만, 본인의 신체장애 정도에 적합하게 제작된 자동차를 이용하여 정상적인 운전을 할 수 있는 경우에는 그러하지 아니하다.
    5. 교통상의 위험과 장해를 일으킬 수 있는 마약·대마·향정신성의약품 또는 알코올 중독자로서 대통령령으로 정하는 사람
    6. 제1종 대형면허 또는 제1종 특수면허를 받으려는 경우로써 19세 미만이거나 자동차(이륜자동차는 제외한다)의 운전경험이 1년 미만인 사람

■ 「도로교통법시행령」 제42조(운전면허 결격 사유에 해당하는 사람의 범위)
① 법 제82조제1항제2호에서 "대통령령으로 정하는 사람"이란 치매, 정신분열병, 분열형 정동장애, 양극성 정동장애, 재발성 우울장애 등의 정신질환 또는 정신 발육 지연, 간질 등으로 인하여 정상적인 운전을 할 수 없다고 해당 분야 전문의가 인정하는 사람을 말한다.
② 법 제82조제1항제3호에서 "대통령령으로 정하는 신체장애인"이란 다리, 머리, 척추, 그 밖의 신체의 장애로 인하여 앉아 있을 수 없는 사람을 말한다. 다만, 신체장애 정도에 적합하게 제작·승인된 자동차를 사용하여 정상적인 운전을 할 수 있는 경우는 제외한다. 〈개정 2013.12.17.〉
③ 법 제82조제1항제5호에서 "대통령령으로 정하는 사람"이란 마약·대마·향정신성 의약품 또는 알코올 관련 장애 등으로 인하여 정상적인 운전을 할 수 없다고 해당 분야 전문의가 인정하는 사람을 말한다.
[전문개정 2013.6.28.]

② 다음 각 호의 어느 하나의 경우에 해당하는 사람은 해당 각 호에 규정된 기간이 지나지 아니하면 운전면허를 받을 수 없다. 이 경우, 제1호부터 제5호까지의 규정은 벌금 이상의 형(집행유예를 포함한다.)을 선고받은 사람에게만 적용한다.

  1. 제43조(무면허운전 등의 금지) 또는 제96조제3항(국제운전면허)을 위반하여 자동차 등을 운전한경우에는 그 위반한 날(운전면허효력 정지기간에 운전하여 취소된 경우에는 그 취소된 날을 말하며, 이하 이 조에서 같다)부터 1년(원동기장치자전거면허를 받으려는 경우에는 6개월로 하되, 제46조(공동 위험행위의 금지)를 위반한 경우에는 그 위반한 날부터 1년). 다만, 사람을 사상한 후 제54조(사고 발생 시의 조치)제1항에 따른 필요한 조치 및 제2항에 따른 신고를 하지 아니한 경우에는 그 위반한 날부터 5년으로 한다.

  2. 제43조(무면허운전 등의 금지) 또는 제96조제3항(국제운전면허)을 3회 이상 위반하여 자동차 등을 운전한 경우에는 그 위반한 날부터 2년

  3. 제44조(술에 취한 상태에서의 운전 금지), 제45조(과로한 때 등의 운전 금지) 또는 제46조(공동 위험행위의 금지)를 위반하여 사람을 사상한 후 제54조(사고 발생 시의 조치)제1항 및 제2항에 따른 필요한 조치 및 신고를 하지 아니한 경우에는 운전면허가 취소된 날부터 5년

  4. 제43조부터 제46조까지의 규정에 따른 사유가 아닌 다른 사유로 사람을 사상한 후 제54조제1항 및 제2항에 따른 필요한 조치 및 신고를 하지 아니한 경우에는 운전면허가 취소된 날부터 4년

  5. 제44조제1항을 위반하여 술에 취한 상태에서 운전을 하다가 3회 이상 교통사고를 일으킨 경우에는 운전면허가 취소된 날부터 3년, 자동차 등을 이용하여 범죄행위를 하거나 다른 사람의 자동차 등을 훔치거나 빼앗은 사람이 제43조를 위반하여 그 자동차 등을 운전한 경우에는 그 위반한 날부터 3년

  6. 제44조제1항 또는 제2항을 3회 이상 위반 또는 제46조를 2회 이상 위반하여 각각 운전면허가 취소되거나 제93조(운전면허의 취소·정지)제1항제8호·제12호 또는 제13호의 사유로 운전면허가 취소된 경우에는 운전면허가 취소된 날부터 2년

  7. 제1호부터 제6호까지의 규정에 따른 경우가 아닌 다른 사유로 운전면허가 취소된 경우에는 운전면허가 취소된 날부터 1년(원동기장치자전거면허를 받으려는 경우에는 6개월로 하되, 제46조를위반하여 운전면허가 취소된 경우에는 1년). 다만, 적성검사를 받지 아니하여 운전면허가 취소된사람 또는 제1종 운전면허를 받은 사람이 적성검사에 불합격되어 다시 제2종 운전면허를 받으려는 경우에는 그러하지 아니하다.

  8. 운전면허효력 정지 처분을 받고 있는 경우에는 그 정지기간

③ 제93조에 따라 운전면허 취소 처분을 받은 사람은 제2항에 따른 운전면허 결격기간이 끝났다 하여도 그 취소 처분을 받은 이후에 제73조제2항에 따른 특별한 교통안전교육을 받지 아니하면 운전면허를 받을 수 없다.

[전문개정 2011.6.8.]

■ 대법원 2007.07.12. 선고 2006도5993 판결[집회 및 시위에 관한 법률 위반·「도로교통법」 위반]

[1] 구 「도로교통법」(2005.5.31. 법률 제7545호로 전문 개정되기 전의 것) 제42조의2에서 말하는 "공동 위험행위"란 2인 이상인 자동차 등의 운전자가 공동으로 2대 이상의 자동차 등을 정당한 사유 없이 앞뒤로 또는 좌우로 줄을 지어 통행하면서 신호 위반, 통행구분 위반, 속도제한 위반, 안전거리 확

보 위반, 급제동 및 급발진, 앞지르기 금지 위반, 안전운전 의무 위반 등의 행위를 하여 다른 사람에게 위해를 주거나 교통상의 위험을 발생하게 하는 것으로, 2인 이상인 자동차 등의 운전자가 함께 2대 이상의 자동차 등으로 위의 각 행위 등을 하는 경우에는 단독으로 한 경우와 비교하여 다른 사람에 대한 위해나 교통상의 위험이 증가할 수 있고 집단심리에 의해 그 위해나 위험의 정도도 가중될 수 있기 때문에, 이와 같은 공동위험행위를 금지하고 있다.

제96조(국제운전면허증에 의한 자동차 등의 운전)
① 외국의 권한 있는 기관에서 다음 각 호의 어느 하나에 해당하는 협약에 따른 운전면허증(이하 "국제운전면허증"이라 한다)을 발급받은 사람은 제80조제1항에도 불구하고 국내에 입국한 날부터 1년 동안만 그 국제운전면허증으로 자동차 등을 운전할 수 있다. 이 경우, 운전할 수 있는 자동차의 종류는 그 국제운전면허증에 기재된 것으로 한정한다.
　　1. 1949년 제네바에서 체결된 「도로교통에 관한 협약」
　　2. 1968년 비엔나에서 체결된 「도로교통에 관한 협약」
② 국제운전면허증을 외국에서 발급받은 사람은 「여객자동차 운수사업법」 또는 「화물자동차 운수사업법」에 따른 사업용 자동차를 운전할 수 없다. 다만, 「여객자동차 운수사업법」에 따른 대여사업용 자동차를 임차하여 운전하는 경우에는 그러하지 아니하다.
③ 제82조제2항에 따른 운전면허 결격 사유에 해당하는 사람으로서 같은 항 각 호의 구분에 따른 기간이 지나지 아니한 사람은 제1항에도 불구하고 자동차 등을 운전하여서는 아니 된다.
[전문개정 2011.6.8.]

제97조(자동차 등의 운전 금지)
① 제96조에 따라 국제운전면허증을 가지고 국내에서 자동차 등을 운전하는 사람이 다음 각 호의 어느 하나에 해당하는 경우에는 그 사람의 주소지를 관할하는 지방경찰청장은 행정자치부령으로 정한 기준에 따라 1년을 넘지 아니하는 범위에서 국제운전면허증에 의한 자동차 등의 운전을 금지할 수 있다. 〈개정 2013.3.23., 2014.11.19.〉
　　1. 제88조제1항에 따른 적성검사를 받지 아니하였거나 적성검사에 불합격한 경우
　　2. 운전 중 고의 또는 과실로 교통사고를 일으킨 경우
　　3. 대한민국 국적을 가진 사람이 제93조제1항 또는 제2항에 따라 운전면허가 취소되거나 효력이 정지된 후 제82조제2항 각 호에 규정된 기간이 지나지 아니한 경우
　　4. 자동차 등의 운전에 관하여 이 법이나 이 법에 따른 명령 또는 처분을 위반한 경우
② 제1항에 따라 자동차 등의 운전이 금지된 사람은 지체 없이 국제운전면허증에 의한 운전을 금지한 지방경찰청장에게 그 국제운전면허증을 제출하여야 한다.
③ 지방경찰청장은 제1항에 따른 금지기간이 끝난 경우 또는 금지 처분을 받은 사람이 그 금지기간 중에 출국하는 경우에는 그 사람의 반환청구가 있으면 지체 없이 보관 중인 국제운전면허증을 돌려주어야 한다.
[전문개정 2011.6.8.]

4. 무보험자동차

가. 약관 규정

피보험자동차가 아니면서 피보험자를 죽게 하거나 다치게 한 자동차로서 다음 중 어느 하나에 해당하는 것을 말한다. 이 경우, 자동차라 함은 「자동차관리법」에 의한 자동차, 「건설기계관리법」에 의한 건설기계, 「군수품관리법」에 의한 차량, 「도로교통법」에 의한 원동기장치자전거 및 「농업기계화촉진법」에 의한 농업기계를 말하며, 피보험자가 소유한 자동차를 제외한다.

가. 자동차보험 「대인배상Ⅱ」나 공제계약이 없는 자동차

나. 자동차보험 「대인배상Ⅱ」나 공제계약에서 보장하지 않는 경우에 해당하는 자동차

다. 이 약관에서 보상될 수 있는 금액보다 보상 한도가 낮은 자동차보험의 「대인배상Ⅱ」나 공제계약이 적용되는 자동차. 다만, 피보험자를 죽게 하거나 다치게 한 자동차가 2대 이상이고 각각의 자동차에 적용되는 자동차보험의 「대인배상Ⅱ」 또는 공제계약에서 보상되는 금액의 합계액이 이 약관에서 보상될 수 있는 금액보다 낮은 경우에 한하는 그 각각의 자동차

라. 피보험자를 죽게 하거나 다치게 한 자동차가 명확히 밝혀지지 않은 경우 그 자동차

나. 무보험자동차 대상 범위

(1) 「자동차관리법」에 의한 자동차
(2) 「건설기계관리법」에 의한 건설기계
(3) 「군수품관리법」에 의한 차량

「군수품관리법」에 의한 차량이란 「군수품관리법시행령」상 [별표]의 "전비품 2.전투지원장비, 기동"에 해당하는 트럭(지휘정찰, 작전연락, 장비가설, 병력 및 물자 수송용), 견인차, 구난차, 통신가설차, 중장비 운반차 및 기타 군용트럭과 트레일러 등을 말한다.

(4) 「도로교통법」에 의한 원동기장치자전거

「도로교통법」에 의한 원동기장치자전거란 「도로교통법」 제2조제19호 가목과 나목에서 규정하고 있는 "「자동차관리법」 제3조에 따른 이륜자동차 가운데 배기량 125시시 이하의 이륜자동차"와 "배기량 50시시 미만(전기를 동력으로 하는 경우에는 정격출력 0.59킬로와트 미만)의 원동기를 단 차"를 말한다.

(5) 「농업기계화촉진법」에 의한 농업기계

「농업기계화촉진법」 제2조(정의)에서는, 이 법에서 사용하는 용어의 뜻은 다음과 같다고 규정하고 있다.

1. "농업기계"란 다음 각 목에 해당하는 것으로써 농림축산식품부령으로 정하는 것을 말한다.

　가. 농림축산물의 생산에 사용되는 기계·설비 및 그 부속 기자재

　나. 농림축산물과 그 부산물의 생산 후 처리작업에 사용되는 기계·설비 및 그 부속 기자재

　다. 농림축산물 생산시설의 환경 제어와 자동화에 사용되는 기계·설비 및 그 부속 기자재

　라. 그 밖에 「농어업·농어촌 및 식품산업 기본법」 제3조제1호가목에 따른 농업과 같은 조 제8호에 따른 식품산업(농림축산물을 보관, 수송 및 판매하는 산업은 제외한다)에 사용되는 기계 설비 및 그 부속 기자재

5. 부분품, 부속품, 부속기계장치

가. 부분품

엔진, 변속기(트랜스미션) 등 자동차가 공장에서 출고될 때 원형 그대로 부착되어 자동차의 조성부분이 되는 재료를 말한다.

나. 부속품

자동차에 정착(볼트, 너트 등으로 고정되어 있어서 공구 등을 사용하지 않으면 쉽게 분리할 수 없는 상태) 또는 장비(자동차의 기능을 충분히 발휘하기 위해 갖추어 두고 있는 상태 또는 법령에 따라 자동차에 갖추어 두고 있지 않는 상태)되어 있는 물품을 말하며, 자동차 실내에서만 사용하는 것을 목적으로 해서 자동차에 고정되어 있는 내비게이션이나 고속도로통행료단말기(고속도로 통행료 등의 지급을 위해 고속도로 요금소와 통행료 등에 관한 정보를 주고받는 송신수신장치-하이패스 단말기 등)를 포함한다. 다만, 다음의 물품을 제외한다.

(1) 연료, 보디커버, 세차용품

(2) 법령에 의해 자동차에 정착하거나 장비하는 것이 금지되어 있는 물건으로 휴대전화기, 노트북, 캠코더, 카메라, 음성재생기(CD 플레이어, MP3 플레이어, 카세트테이프 플레이어 등), 녹음기, 전자수첩, 휴대용 라디오, 핸드백, 서류가방, 골프채 등

(3) 통상 장식품으로 보는 물건

(4) 부속기계장치

다. 부속기계장치

의료방역차, 검사측정차, 전원차, 방송중계차 등 자동차등록증상 그 용도가 특정한 자동차에 정착되거나 장비되어 있는 정밀기계장치를 말한다.

6. 운전(조종)

「도로교통법」상 도로(「도로교통법」제44조(술에 취한 상태에서의 운전 금지), 제45조(과로한 때의 운전 금지), 제54조(사고 발생 시의 조치)제1항, 제148조(벌칙) 및 제148조의2(벌칙)의 경우에는 도로 외의 곳을 포함)에서 자동차 또는 건설기계를 그 본래의 사용 방법에 따라 사용하는 것을 말한다. 「도로교통법」에서 "운전"이란 도로(동법 제44조·제45조·제54조제1항·제148조 및 제148조의2의 경우에는 도로 외의 곳을 포함한다.)에서 차마를 그 본래의 사용 방법에 따라 사용하는 것(조종을 포함한다.)을 말한다고 규정하고 있고(「도로교통법」제2조제26호), 그중 "자동차 운전"은 자동차의 원동기를 사용하는 고의의 운전행위로써, 엔진의 시동 뿐만 아니라 발진 조작의 완료까지 의미하는 것을 말한다(대법원 2009.5.28. 선고 2009다9294 판결).

■ 대법원 1993.06.22. 선고 93도828 판결[「도로교통법」위반]

원심 판결 이유에 의하면 원심은, 일렬주차를 하여야만 간신히 다른 차량이 통행할 수 있는 이 사건 주택가 막다른 골목길에서 다른 차량의 통행 및 주차에 대비하여 피고인이 일단 주차시켜 놓았던 자기의 차량을 다시 똑바로 일렬주차하기 위하여 약 1m 정도 전·후진시킨 사실을 인정한 다음, 주차장에서든 일반 차량의 통행에 제공되는 곳에서든 단순히 주차의 목적으로 차량을 전·후진시킨 것만으로는 「도로교통법」 제107조의2제1호, 제41조제1항이 금지하는 주취운전에 해당한다고 할 수 없다고 판단하였다.

그러나 「도로교통법」 제2조제1호, 제19호에 의하면 위 법에서 "운전"이라 함은 도로에서 차를 그 본래의 사용 방법에 따라 사용하는 것을 말하고, 위 법에서 "도로"라 함은 도로법에 의한 도로, 유료도로법에 의한 유료도로, 그 밖의 일반교통에 사용되는 모든 곳을 말한다고 규정되어 있는바, 여기서 말하는 "일반교통에 사용되는 모든 곳"이라 함은 현실적으로 불특정 다수의 사람 또는 차량의 통행을 위하여 공개된 장소로서 교통질서 유지 등을 목적으로 하는 일반교통 경찰권이 미치는 공공성이 있는 곳을 의미하는 것이므로 특정인들 또는 그들과 관련된 특정한 용건이 있는 자들만이 사용할 수 있고 자주적으로 관리되는 장소가 아닌 한 이 사건 주택가의 막다른 골목길(기록에 의하면 이 골목 끝부분에는 도보통행용 오르막 계단길이 직선으로 더 뻗어 있고 위 끝부분 가까운 지점 측면으로 좁은 골목이 연결되어 있음을 알 수 있다) 등과 같은 곳도 위 법에서 말하는 도로에 해당한다 할 것이고(당원 1992.9.22. 선고 92도1777 판결, 1992.10.9. 선고 92도1662 판결 등 참조), 또 피고인이 이러한 장소에서 자동차의 시동을 걸어 위와 같이 이동하였다면 비록 그것이 주차를 위한 것이라거나 주차시켜 놓았던 차량을 똑바로 정렬하기 위한 것이라 하더라도 이는 "차량을 그 본래의 사용 방법에 따라 사용"하는 것으로서 위 법에서 말하는 "운전"에 해당한다고 볼 수밖에 없을 것이다.

■ 대법원 2004.04.23. 선고 2004도1109 판결[「도로교통법」위반(음주운전)]

「도로교통법」 제2조제19호는 "운전"이라 함은 도로에서 차를 그 본래의 사용 방법에 따라 사용하는 것을 말한다고 규정하고 있는바, 여기에서 말하는 운전의 개념은 그 규정의 내용에 비추어 목적적 요소를 포함하는 것이므로 고의의 운전행위만을 의미하고 자동차 안에 있는 사람의 의지나 관여없이 자동차가 움직인 경우에는 운전에 해당하지 않는다. 그러므로 어떤 사람이 자동차를 움직이게 할 의도 없이 다른 목적을 위하여 자동차의 원동기(모터)의 시동을 걸었는데, 실수로 기어 등 자동차의 발진에 필요한 장치를 건드려 원동기의 추진력에 의하여 자동차가 움직이거나 또는 불안전한 주차상태나 도로여건 등으로 인하여 자동차가 움직이게 된 경우는 자동차의 운전에 해당하지 아니한다.

■ 대법원 2005.09.15. 선고 2005도3781 판결[「도로교통법」위반(음주운전)]
1. 「도로교통법」 제2조제1호에서 도로의 개념으로 정한 "일반교통에 사용되는 모든 곳"이라 함은 현실적으로 불특정 다수의 사람 또는 차량의 통행을 위하여 공개된 장소로서 교통질서 유지 등을 목적으로 하는 일반교통 경찰권이 미치는 공공성이 있는 곳을 의미하는 것이고, 특정인들 또는 그들과 관련된 특정한 용건이 있는 자들만이 사용할 수 있고 자주적으로 관리되는 장소는 이에 포함된다고 볼 수 없다(대법원 1999.12.10. 선고 99도2127 판결, 2002.3.26. 선고 2002도68 판결 등 참조).
원심 판결 이유에 의하면, 원심은 그 채용 증거들에 의하여, 피고인이 음주운전한 이 사건 공영주차장은 특정상가 건물의 업주 및 고객을 위한 것이 아니라 이 지역 일대의 주차난 해소 및 그로 인한 교통체증 해소라는 공익적 목적을 가지고 유성구청에서 설치한 것으로서, 특별히 관리인이 상주하여 관리하지 아니하고 출입차단장치가 설치되어 있지 않으며, 무료로 운영되고 있어 불특정 다수인이 수시로 이용할 수 있을 뿐만 아니라 주차장 양쪽면이 일반도로와 접해 있고, 동·서쪽 각 2개씩의 출입구가 있어 양쪽 도로에서 출입이 가능하며, 교통체증이 있는 시간대에는 동서 양쪽 일반도로 사이를 왕래하기 위하여 차량 통행로로 이용되고 있는 사실을 인정한 다음, 이러한 사정이라면 위 주차장은 불특정 다수의 사람 또는 차량의 통행을 위하여 공개된 장소로서 일반교통 경찰권이 미치는 공공성이 있는 「도로교통법」 제2조제1호에서 말하는 도로에 해당한다고 판단하였다.
앞서 본 법리와 관계 증거를 기록에 비추어 살펴보면, 원심의 위와 같은 인정과 판단은 정당한 것으로 수긍이 가고, 거기에 상고이유의 주장과 같이 사실을 잘못 인정하거나 「도로교통법」상 도로에 관한 법리를 오해하는 등의 위법이 있다고 볼 수 없다.
2. 「도로교통법」 제2조제19호는 "운전"이라 함은 도로에서 차를 그 본래의 사용 방법에 따라 사용하는 것을 말한다고 규정하고 있는바, 여기에서 말하는 운전의 개념은 그 규정의 내용에 비추어 목적적 요소를 포함하는 것이므로 고의의 운전행위만을 의미하고(대법원 2004.4.23. 선고 2004도1109 판결 참조), 또한 도로에서 자동차의 시동을 걸어 이동하였다면 그것이 주차된 다른 차량의 출입의 편의를 위하여 주차시켜 놓았던 차량을 이동시켜 주기 위한 것이더라도 차량을 그 본래의 사용 방법에 따라 사용하는 것으로서 「도로교통법」상의 "운전"에 해당한다(대법원 1993.6.22. 선고 93도828 판결 참조).
이와 같은 취지에서 원심이 피고인은 음주운전의 고의로 이 사건 차량을 운전한 것이라고 인정한 것은 정당한 것으로 수긍이 가고, 거기에 상고이유의 주장과 같이 고의나 「도로교통법」상의 운전에 관한 법리를 오해하는 등의 위법이 있다고 볼 수 없다.

7. 음주운전(조종)

「도로교통법」에 정한 술에 취한 상태에서 운전(조종)하거나 음주 측정에 불응하는 행위를 말한다. 관련 법 조항은 다음과 같다.

■ 「도로교통법」 제44조(술에 취한 상태에서의 운전 금지)

① 누구든지 술에 취한 상태에서 자동차 등(「건설기계관리법」 제26조제1항 단서에 따른 건설기계 외의 건설기계를 포함한다. 이하 이 조, 제45조, 제47조, 제93조제1항제1호부터 제4호까지 및 제148조의2에서 같다)을 운전하여서는 아니 된다.

② 경찰공무원은 교통의 안전과 위험 방지를 위하여 필요하다고 인정하거나 제1항을 위반하여 술에 취한 상태에서 자동차 등을 운전하였다고 인정할 만한 상당한 이유가 있는 경우에는 운전자가 술에 취하였는지를 호흡조사로 측정할 수 있다. 이 경우, 운전자는 경찰공무원의 측정에 응하여야 한다.
〈개정 2014.12.30.〉

③ 제2항에 따른 측정 결과에 불복하는 운전자에 대하여는 그 운전자의 동의를 받아 혈액 채취 등의 방법으로 다시 측정할 수 있다.

④ 제1항에 따라 운전이 금지되는 술에 취한 상태의 기준은 운전자의 혈중알코올농도가 0.05퍼센트 이상인 경우로 한다.

8. 의무보험

「자동차손해배상보장법」 제5조에 따라 자동차 보유자가 의무적으로 가입하는 보험을 말한다. 구체적으로는 「자동차손해배상보장법시행령」 제3조제1항 및 제2항의 규정에 의한 책임보험금을 담보하는 「대인배상Ⅰ」 및 「자배법시행령」 제3조제3항의 규정에 의한 금액(1사고당 1천만 원의 보상 한도 금액을 말한다.)을 담보하는 「대물배상」을 말한다. 다만, 대물의무보험금액 이상을 담보하는 「대물배상」의 경우, 대물의무보험금액 한도만을 말한다. 여기에서 말하는 「자동차손해배상보장법」 제5조는 다음과 같다.

■ 「자동차손해배상보장법」
제5조(보험 등의 가입 의무)

① 자동차 보유자는 자동차의 운행으로 다른 사람이 사망하거나 부상한 경우에 피해자(피해자가 사망한 경우에는 손해배상을 받을 권리를 가진 자를 말한다. 이하 같다)에게 대통령령으로 정하는 금액을 지급할 책임을 지는 책임보험이나 책임공제(이하 "책임보험 등"이라 한다)에 가입하여야 한다.

② 자동차 보유자는 책임보험 등에 가입하는 것 외에 자동차의 운행으로 다른 사람의 재물이 멸실되거나 훼손된 경우에 피해자에게 대통령령으로 정하는 금액을 지급할 책임을 지는 「보험업법」에 따른 보험이나 「여객자동차 운수사업법」, 「화물자동차 운수사업법」 및 「건설기계관리법」에 따른 공제에 가입하여야 한다.

③ 다음 각 호의 어느 하나에 해당하는 자는 책임보험 등에 가입하는 것 외에 자동차 운행으로 인하여 다른 사람이 사망하거나 부상한 경우에 피해자에게 책임보험 등의 배상책임 한도를 초과하여 대통령령으로 정하는 금액을 지급할 책임을 지는 「보험업법」에 따른 보험이나 「여객자동차 운수사업법」, 「화물자동차 운수사업법」 및 「건설기계관리법」에 따른 공제에 가입하여야 한다.
  1. 「여객자동차 운수사업법」 제4조제1항에 따라 면허를 받거나 등록한 여객자동차 운송사업자
  2. 「여객자동차 운수사업법」 제28조제1항에 따라 등록한 자동차 대여사업자

　　3.「화물자동차 운수사업법」제3조 및 제29조에 따라 허가를 받은 화물자동차 운송사업자 및 화물자동차 운송가맹사업자

　　4.「건설기계관리법」제21조제1항에 따라 등록한 건설기계 대여업자

④ 제1항 및 제2항은 대통령령으로 정하는 자동차와 도로(「도로교통법」제2조제1호에 따른 도로를 말한다. 이하 같다)가 아닌 장소에서만 운행하는 자동차에 대하여는 적용하지 아니한다.

⑤ 제1항의 책임보험 등과 제2항 및 제3항의 보험 또는 공제에는 각 자동차별로 가입하여야 한다.

9. 자동차 취급업자

자동차 정비업, 주차장업, 급유업, 세차업, 자동차 판매업, 자동차 탁송업 등 자동차를 취급하는 일에 종사하는 자를 말하며, 이들 또는 이들의 피용자가 법인인 경우에는 그 법인의 이사와 감사를 포함한다.

10. 피보험자

보험회사에 보상을 청구할 수 있는 자로서 다음 중 어느 하나에 해당하는 자를 말하며, 구체적인 피보험자의 범위는 각각의 보장종목에서 정하는 바에 따른다.

가. 기명피보험자

피보험자동차를 소유·사용·관리하는 자 중에서 보험계약자가 지정하여 보험증권의 기명피보험자란에 기재되어 있는 피보험자를 말한다. 이는 「자배법」상의 운행자에 해당하는 개념으로 기명피보험자란 피보험자동차에 대하여 운행지배나 운행이익을 향유하는 피보험자를 말한다. 여기에서 주의할 점은 기명피보험자란 반드시 자동차등록원부상 소유자와 일치하는 개념이 아니라는 것이다. 소유권 유보의 할부판매의 매도인이나 매수인, 차량임대차계약의 임차인과 같이 피보험자동차의 소유자는 아니지만 실제 자동차를 소유·사용·관리할 권한이 있는 자, 즉, 자동차의 운행지배와 운행이익이 귀속된 자는 그 소유 여부와 관계없이 자기를 기명피보험자로 하는 보험계약을 체결할 수 있다. 기명피보험자는 보험보호의 주된 대상으로 피보험자군의 중심에 있는 자이다. 따라서 친족피보험자는 기명피보험자의 친족에 한정되고, 승낙피보험자의 승낙 주체는 반드시 기명피보험자이어야 할 뿐만 아니라 사용피보험자는 기명피보험자의 사용자 지위에 있어야 할 것이 요구된다. 심지어 최근 판례에서 운전피보험자가 기명피보험자의 의사에 명백히 반하여 운전한 경우에는 그것이 설령 다른 피보험자를 위하여 피보험자동차를 운전 중이었다 하더라도 운전피보험자로 볼 수 없다고 한 사례가 있을 정도로 피보험자동차에 대한 기명피보험자의 중심적인 위치는 절대적이다. 또한 자동차종합보험약관에 기명피보험자의 승낙을 얻어 자동차를 사용 또는 관리 중인 자를 피보험자로 규정하고 있는 경우의 기명피보험자라 함은

피보험자동차에 대한 운행지배나 운행이익을 향유하는 피보험자를 말한다고 보아야 한다(대법원 1992.12.22. 선고 92다30221 판결).

■ 대법원 2011.11.10. 선고 2009다80309 판결[채무부존재확인]

원심은 소외 1이 이 사건 보험계약을 체결할 당시 이 사건 차량의 소유 명의자 또는 실제 소유자가 누구인지는 고지 대상에 해당하지 아니하였던 것으로 보면서 소외 1이 이 사건 차량의 실제 소유자가 소외 2임에도 불구하고 자신을 소유자로 허위 고지하였다고 인정할 증거가 없다고 판단하고, 나아가 원심 판시의 여러 사정에 비추어 보면, 소외 1에게 이 사건 차량에 대한 운행지배나 운행이익이 없어 이 사건 보험계약의 기명피보험자가 될 수 없다고 인정할 만한 증거가 없는 이상, 소외 1이 스스로를 기명피보험자로 하여 이 사건 보험계약을 체결한 것이 피보험자에 관한 허위 고지에 해당한다고 보기 어렵다고 판단하였다.

기록에 의하여 알 수 있는 바와 같이, 이 사건 보험계약에서 기명피보험자의 자격을 피보험차량의 소유자로 제한하지 아니하였고, 아울러 기명피보험자 이외에 기명피보험자와 같이 살거나 살림을 같이 하는 친족으로서 피보험자동차를 사용 또는 관리 중인 사람 및 기명피보험자의 승낙을 얻어 피보험자동차를 사용하거나 관리 중인 사람 등도 피보험자에 포함시킴으로써 피보험자를 폭넓게 규정하고 있는 점 등에 비추어 보면, 이 사건 보험계약에서 보험료율의 산정은 피보험차량의 소유 여부에 따라 달라지는 것이 아니라 기명피보험자의 연령·성향·운전 및 사고 경력 등에 따라 달라진다고 볼 수 있으므로, <u>기명피보험자인 소외 1이 피보험차량인 이 사건 차량을 실제 소유하고 있는지 여부는 「상법」 제651조에서 정한 "중요한 사항"에 해당한다고 볼 수 없다.</u>

나아가 위에서 본 바와 같이 소외 1에게 피보험차량인 이 사건 차량에 대한 운행지배나 운행이익이 없다고 단정할 수 없다는 원심의 판단을 수긍하는 이상, <u>소외 1이 자신을 기명피보험자로 하여 이 사건 보험계약을 체결한 것이 피보험자에 관한 허위 고지에 해당한다고 할 수 없다.</u>

따라서 소외 1이 자신을 기명피보험자로 하여 이 사건 보험계약을 체결하면서 피보험차량인 이 사건 차량의 실제 소유자에 관하여 고지하지 아니하였다 하더라도 중요한 사항에 관한 고지 의무를 위반한 것으로 볼 수 없으므로, 원심의 위와 같은 판단은 정당하고, 거기에 상고이유로 주장하는 바와 같이 보험계약상 고지 의무에 관한 법리를 오해한 위법이 있다고 할 수 없다.

나. 친족피보험자

기명피보험자와 같이 살거나 살림을 같이 하는 친족으로서 피보험자동차를 사용하거나 관리하는 자를 말한다. "친족피보험자"는 기명피보험자의 승낙이 없어도 기명피보험자와 같이 살거나 살림을 같이 하면서 피보험자동차를 관리하거나 사용하는 친족이기만 하면 기명피보험자의 승낙 여부와 관계없이 피보험자의 지위를 득한다. 따라서 기명피보험자의 승낙을 받아 자동차를 사용하거나 운전함으로써 비로소 보험계약상의 피보험자로 취급되는 이른바 "승낙피보험자"와는 피보험자성을 취득하는 경위가 다르다(서울지방법원 2003.07.23. 선고 2002가단237623 판결).

위 조항에서 말하는 "친족"이란 「민법」 제767조에서 정의하고 있는 배우자, 혈족 및 인척을 가리킨다. 친족의 범위는 「민법」 제777조에서 규정하고 있는 "8촌 이내의 혈족, 4촌 이내의 인척, 배우자"를 의미한다. 여기에서 배우자는 명문의 규정이 없으나 자동차보험약관 "용어 풀이"

에서 배우자에는 사실혼 관계에 있는 자도 포함된다고 규정하고 있는 점에 미루어 사실혼 배우자도 포함되는 것으로 보아야 할 것이다.

또한 "같이 살거나 살림을 같이하는 친족"이라 함은 동일세대에 거소를 두고서 동거하는 자 뿐만 아니라 거소를 달리하고 있을지라도 기명피보험자의 子가 학업상 떨어져 사는 것과 같이 생활공동체로서 밀접한 관계가 있는 것까지 포함하는 개념이다. 자동차보험에서 친족피보험자를 두고 있는 이유는 친족의 경우 기명피보험자와 신분적, 경제적 혹은 생활공동체로써 일체성을 지니고 있고 자동차를 기명피보험자 1인이 전속적으로 소유·사용·관리하기보다는 통상적으로 이와 같이 기명피보험자와 일체성을 지니고 있는 친족이 사용하는 경우가 일반적일 뿐만 아니라, 이 경우에 통상 기명피보험자가 그 사용을 명시적으로나 묵시적으로 승낙할 수 있는 인적관계에 있다고 추정할 수 있기 때문이다.

다. 승낙피보험자

기명피보험자의 승낙을 얻어 피보험자동차를 사용하거나 관리하고 있는 자를 말한다. 따라서 기명피보험자 이외의 다른 피보험자의 승낙을 얻어 피보험자동차를 사용하거나 관리하고 있는 자는 승낙피보험자에 해당되지 않는다. 거기에 더하여 피보험자동차에 대한 운행이익과 운행지배를 상실하여 운행자성이 없는 자 역시 승낙피보험자의 지위를 가질 수 없다. 기명피보험자의 승낙 방법에 있어서는 직·간접적, 명시적·묵시적, 혹은 개별적·포괄적 여부를 가리지 않고, 승낙 기간의 장·단이나 유·무상 여부도 따질 필요가 없다.

■ 대법원 1997.03.14. 선고 95다48728 판결[손해배상(자)]

이 사건 보험계약의 내용이 된 업무용 「자동차종합보험보통약관」 제11조는 위 약관 소정의 배상책임에서 피보험자라 함은 보험증권에 기재된 피보험자, 즉, 기명피보험자 외에 기명피보험자의 승낙을 얻어 피보험자동차를 사용 또는 관리 중인 자 등을 피보험자로 명시하고 있는데, 여기서 말하는 기명피보험자의 승낙이라 함은 반드시 명시적이거나 개별적일 필요는 없고 묵시적 또는 포괄적 승낙도 가능하지만 특별한 사정이 없는 한 피보험자의 직접적인 승낙임을 요하고, 승낙받은 자로부터 다시 승낙받은 자는 위 조항 소정의 피보험자에 해당하지 않는다고 할 것이다(대법원 1989.11.28. 선고 88다카26758 판결, 1993.2.23. 선고 92다24127 판결, 1995.4.28. 선고 94다43870 판결 등 참조). 따라서 원심이 권재열로부터 위 화물자동차를 매수한 김기백은 기명피보험자인 권재열의 승낙을 얻은 승낙피보험자에 해당하나 승낙피보험자인 김기백으로부터 다시 승낙을 받은 문승욱이나, 문승욱으로부터 또 다시 승낙을 받은 소외 1은 기명피보험자인 권재열로부터 직접적인 승낙을 받은 승낙피보험자라고 볼 수 없다고 판단한 데 승낙피보험자의 법리를 오해한 위법이 있다고 할 수는 없을 것이다.

그러나 위 업무용 「자동차종합보험보통약관」 제1조에 의하면 피보험자가 보험증권에 기재된 피보험자동차의 운행으로 인하여 남을 죽게 하거나 다치게 하여 「자동차손해배상보장법」 등에 의한 손해배상책임을 짐으로써 입은 손해는 피고가 보상하도록 되어 있고, 위 약관 제11조는 피보험자의 개념을 규정하면서 기명피보험자 뿐만 아니라 승낙피보험자 등 복수의 피보험자를 열거하고 있으로, 보험자인 피고로서는 피보험자동차의 운전자가 누구이든지 간에 위 약관 제11조 소정의 복수의 피보험자 중에서 한 사람이라도 「자동차손해배상보장법」 등에 의한 자동차 운행자로서 손해배상책임을 지게 되는 자가 있는 경우에 그 피보험자의 손해를 보상하여야 하는 것이고, 피보험자동차의 운전자가 기명피보험자나 승낙피보험자가 아니라고 하여 바로 그 보상책임이 면제되는 것이 아니다. 이러한 법리는 「상법」 제724조제2항에 의하여 피보험자가 책임질 사고로 입은 손해에 대하여 피해자가 보험자에게 직접 보상을 청구하는 경우에도 마찬가지라고 할 것이다.

그런데 기록에 의하면, 원고들은 기명피보험자인 권재열이 책임질 이 사건 사고로 입은 손해에 대하여서도 피해자의 직접청구권을 행사하고 있음이 명백하므로, 원심으로서는 마땅히 기명피보험자인 권재열에게 이 사건 사고로 인한 손해배상책임이 있는지 여부를 가려(원심이 인정한 사실관계에 의하면 권재열이 위 화물자동차에 대하여 과연 운행지배와 운행이익을 보유하고 있는지는 더 검토되어야 할 것이다) 원고들의 이 사건 청구의 당부를 판단하였어야 할 것이다.

그럼에도 불구하고 원심이 위 화물자동차의 기명피보험자인 권재열이 위 화물자동차에 대한 운행자의 지위를 상실하지 아니하여 「자동차손해배상보장법」 제3조 소정의 자기를 위하여 자동차를 운행하는 자로서 이 사건 사고로 인하여 위 망인 및 원고들이 입은 손해를 배상할 책임이 있다고 판단하면서도, 위 화물자동차의 운전자인 소외 1이 승낙피보험자가 아니라는 이유를 들어 원고들의 이 사건 청구를 배척한 것은 업무용 자동차종합보험보통약관상의 피보험자에 대한 법리 오해와 이유모순의 잘못을 범하여 판결 결과에 영향을 미친 위법을 저질렀다고 하지 않을 수 없다. 상고이유 중 이 점을 지적하는 부분은 이유 있다.

■ 대법원 1997.08.29. 선고 97다12884 판결[손해배상(자)]

원심이 적법히 인정한 바와 같이 이 사건 사고 당시 시행 중이던 영업용 자동차종합보험보통약관(1994.8. 개정되기 전의 것)은 제11조로 피보험자를 기명피보험자에 한정하지 않고 열거적으로 복수의 피보험자를 규정하여 제3호로 "기명피보험자의 승낙을 얻어 피보험자동차를 사용 또는 관리 중인 자", 이른바 승낙피보험자도 피보험자의 하나로 규정하고 있고, 제9조로 피보험자가 피보험자동차를 소유·사용·관리하는 동안에 생긴 피보험자동차의 사고로 인하여 남을 죽게 하거나 다치게 하여 법률상 손해배상책임을 짐으로써 입은 손해를 배상한다고 규정하고 있으므로, 승낙피보험자는 기명피보험자의 승낙을 얻어 피보험자동차를 사용 또는 관리하는 자로서 그 사용·관리 중의 피보험자동차의 사고로 인하여 남을 죽게 하거나 다치게 하는 경우 법률상 손해배상책임을 지는 지위에 있는 자를 말한다 할 것이니, 여기에서 "피보험자동차를 사용 또는 관리한다"고 함은 반드시 현실적으로 피보험자동차를 사용 또는 관리하는 경우만을 의미하는 것이 아니고 사회통념상 피보험자동차에 대한 지배가 있다고 볼 수 있는 경우도 포함하는 의미라 할 것이다.

기록에 의하면, 원고 김동식은 1994.5.7. 이 사건 다세대주택 건축공사 중 위 원고가 하도급 받은 공사를 시공하는 과정에서 콘크리트 타설작업에 사용하기 위하여 콘크리트 펌프가 필요하게 되자, 이 사건 콘크리트 펌프를 그 지입차주인 위 박종출로부터 그의 피용인인 위 박종희와 함께 반나절 사용하기로 하고 임대료 금 200,000원에 임차하였는 바, 같은 날 18:00경 위 박종희가 이 사건 콘크리트 펌프를 운전하여 위 공사 현장 부근의 차도에 도착하여 공사 현장으로 진입하기 위해 골목길로 후진하려 하였으나, 이 사건 콘크리트 펌프가 진입 후 정차하여 작업할 곳에 자재들이 널려 있었으므로 위 원고가 위 박종희에게 위 콘크리트 펌프를 정차할 것을 지시하고 10분 내지 15

분 정도 자재들을 정리하고 있었는데, 위 박종희가 이를 후진시키다가 위 원고를 피하지 못하고 위 원고의 좌측 발목 부분을 위 콘크리트 펌프 뒷바퀴로 친 사실을 알 수 있는바, 이와 같이 위 박종희가 이 사건 콘크리트 펌프에 이 사건 다세대주택 신축공사 현장에 사용될 콘크리트를 싣고 위 공사 현장 부근에 도착하여 위 콘크리트 펌프를 임차한 위 원고의 지시에 따라 10여 분간 정차하였으니 이로써 이미 위 콘크리트 펌프는 사회통념상 위 원고의 지배 하에 있었다 할 것이고, 나아가 콘크리트 펌프는 콘크리트를 운반하여 공사 현장에 이를 쏟아부어 바로 콘크리트 타설작업을 할 수 있도록 하는 건설기계인 바, 위 박종희가 위 원고의 지시에 따라 위 공사 현장 부근에서 잠시 이 사건 콘크리트 펌프를 정차시켰다가 위 콘크리트를 쏟아부을 공사 현장을 향하여 이 사건 콘크리트 펌프를 후진시킨 것이니 현실적으로도 위 원고가 이를 사용하기 시작하였다 할 것이므로, 위 원고는 기명피보험자인 소외 회사 또는 지입차주인 위 박종출의 승낙을 얻어 피보험자동차를 사용 또는 관리 중인 자에 해당한다 할 것이다.

그럼에도 불구하고 원심은 판시와 같은 이유로 위 원고가 이 사건 콘크리트 펌프를 사용·관리하고 있었던 것이 아니라고 판단하였으니, 원심에는 위 보험약관 소정의 승낙피보험자에 관한 법리를 오해한 위법이 있다 할 것이다.

■ 대법원 2005.09.15. 선고 2005다10531 판결[구상금]

파견 근로자가 운전하는 자동차의 운행으로 인한 운행이익은 사용 사업주에 귀속하는 것이지 파견 사업주에게 귀속하는 것이 아니고, 파견 사업주는 파견 근로자가 일으킨 사고에 있어 피보험자동차의 운행에 관하여 지휘·감독할 여지가 없기 때문에 피보험자동차를 지배하거나 지배할 가능성이없으며, 파견 사업주의 운행자성을 인정하게 되면 사용 사업주가 자동차종합보험에 가입하지 않은경우 파견 근로자에 대한 선임·감독상의 과실이 없는 경우에도「자동차손해배상보장법」상의 배상책임을 부담하게 되어 부당하므로, 피보험자동차에 대하여 운행자의 지위를 갖지 않는 파견 사업주를 승낙피보험자로 의제할 수는 없다.

■ 부산지방법원 2008.08.29. 선고 2007나13913 판결: 상고[채무부존재확인]

살피건대, 기명피보험자의 승낙을 얻어 자동차를 사용·관리 중인 자를 피보험자로 규정하고 있는 자동차종합보험보통약관에서의 기명피보험자라 함은 피보험자동차에 대한 사용 또는 관리를 허락할 권한을 가진 자, 즉, 피보험자동차에 대한 운행지배와 운행이익을 향유하는 피보험자를 말하므로, 피보험자동차의 사용·관리에 대하여 아무런 권한이 없이 단지 보험계약서에 피보험자로 기재되어 있음에 불과한 자로부터 피보험자동차의 사용을 승낙받은 자는 위 약관이 정하는 승낙피보험자에 해당하지 않는다(대법원 1997.6.24. 선고 96다52120 판결 등 참조).

그러므로 보건대, 피고 2는 피보험자동차인 이 사건 차량을 구입한 후 계속하여 위 차량을 배타적으로 사용하였고 피고 1은 이를 전혀 사용하지 아니한 점, 피고 2를 이 사건 차량을 피보험자로 할 경우의 1년간 보험료가 피고 1을 피보험자로 할 경우에 비하여 100만 원 정도 다액인 점 등은 앞서 본 것과 같은바, 이러한 점에 비추어 보면, 비록 이 사건 보험계약의 기명피보험자는 피고 1로 되어 있으나, 이는 피고 2가 이 사건 보험계약 체결 당시 보험료를 절감할 목적으로 원고에게 이 사건 차량을 실질적으로 운행하지 아니하여 피보험이익이 없는 피고 1을 기명피보험자로 고지한 것에 기인할 뿐이고, 달리 피고 1에게 이 사건 차량에 대한 운행지배나 운행이익이 있다고 볼 수 없어 피고 1을 기명피보험자라고 할 수 없고, 따라서 피고 1로부터 이 사건 차량의 사용을 승낙받은 피고 2는 비록 형식상으로는 승낙피보험자에 해당하나, 승낙피보험자는 기명피보험자가 피보험자동차에 대한 운행지배나 운행이익을 향유하는 자임을 전제하고 있는것이어서, 기명피보험자가 피보험자동차에 대한 운행지배나 운행이익이 없다면 기명피보험자와 사이에 약관이 정한 일정한 인적관계가 있는 자라 하더라도 승낙피보험자에는 해당될 수 없으므로, 원고는 피고들에 대하여 이 사건 보험계약에 기한 보험금 지급 채무를 부담하지 않는다.

■ 대법원 2010.04.15. 선고 2009다100616 판결[채무부존재확인]
피고 1이 이미 운행이익과 운행지배를 상실한 피고 회사로부터 이 사건 자동차의 사용을 허락받은 사정만으로 피고 1을 이 사건 사고와 관련하여 승낙피보험자의 지위에 있다고 볼 수 없다고 본 것은 정당하고, 거기에 상고이유에서 주장하는 바와 같은 판결 결과에 영향이 있는 심리미진 내지 사실오인으로 인한 채증법칙 위반, 신의칙, 형평의 원칙, 보험제도에 관한 법리오해 등의 위법이 없다.

■ 서울고등법원 2014.07.03. 선고 2013나2009459 판결: 확정[채무부존재확인]
1) 자동차종합보험과 같은 이른바 손해배상책임보험은 피보험자가 보험사고로 인하여 제3자에게 손해배상책임을 지는 경우에 이를 보상하는 것이므로, 보험자의 보상 의무는 피보험자의 제3자에 대한 손해배상책임의 발생을 그 전제로 한다(대법원 1988.6.14. 선고 87다카2276 판결, 대법원1998.4.23. 선고 97다19403 전원합의체 판결, 대법원 2010.12.9. 선고 2010다70773 판결 등 참조).
2) 이 사건 사고의 가해자인 소외 1이 이 사건 보험계약의 피보험자에 해당하는지를 본다.
이 사건 보험계약의 내용이 된 보통약관에는 피보험자의 범위에 기명피보험자의 승낙을 얻어 피보험자동차를 사용하거나 관리 중인 자를 명시하고 있음은 앞서 본 바와 같다. 여기서 기명피보험자의 승낙은 반드시 명시적이거나 개별적일 필요는 없고 묵시적 또는 포괄적인 승낙도 가능하지만 특별한 사정이 없는 한 피보험자로부터의 직접적인 승낙임을 요하고, 승낙받은 자로부터 다시 승낙받은 자는 같은 조항 소정의 피보험자에 해당하지 않는다(대법원 1989.11.28. 선고 88다카26568 판결, 대법원 1993.2.23. 선고 92다24127 판결, 대법원 1995.4.28. 선고 94다43870 판결 등 참조).
앞서 본 기초 사실에 의하면, 이 사건 보험계약의 기명피보험자인 소외 2는 소외 3에게 이 사건 자동차의 사용을 승낙한 사실, 소외 3은 다시 소외 1에게 이 사건 자동차를 임대하여 준 사실이 인정된다. 그렇다면 소외 1은 기명피보험자(소외 2)의 승낙을 받은 자(소외 3)로부터 다시 승낙을 받은 자에 불과하고, 달리 소외 1이 이 사건 보험계약의 보통약관에서 정하고 있는 피보험자에 해당한다고 인정할 증거가 없다.
따라서 이 사건 보험계약의 피보험자가 아닌 소외 1이 이 사건 사고로 피고에게 입힌 손해에 대하여 원고는 피고에게 이를 보상할 책임을 부담하지 아니한다.

라. 사용피보험자

  기명피보험자의 사용자 또는 계약에 따라 기명피보험자의 사용자에 준하는 지위를 얻는 자를 말한다. 따라서 기명피보험자 이외의 친족·승낙·운전 피보험자의 사용자는 사용피보험자가 될 수 없고, 기명피보험자의 사용자가 사용피보험자가 되기 위해서는 반드시 기명피보험자가 피보험자동차를 사용자의 업무에 사용하고 있어야 한다. 이 경우, 기명피보험자 자신이 직접 피보험자동차를 사용하든 기명피보험자의 승낙을 얻은 다른 사람(예컨대, 동료)이 사용자를 위해 사용하든 사용자가 피보험자가 되는 데 있어서는 개의치 않는다. 이 조항에서 기명피보험자의 사용자의 범위에 관하여 "계약에 따라 기명피보험자의 사용자에 준하는 지위를 얻는 자"라고 규정하고 있으므로, 「근로기준법」상의 사용자 또는 고용계약상 고용인 뿐만 아니라 피보험자와 사실상 지휘·감독관계에 있는 자도 사용자에 포함된다(대법원 2006.09.28. 선고 2004다48768 판결).

■ 대법원 1998.04.23. 선고 97다19403 전원합의체 판결[보험금]

이 사건의 경우를 보건대, 원심이 확정한 사실관계에 의하면, 소외 고려산업개발 주식회사(이하 고려산업이라고만 한다)는 기명피보험자로서 중기대여업자인 원고로부터 이 사건 덤프트럭을 그 소속 운전기사 소외 안영억과 함께 임차하여 위 고려산업의 지휘·감독 하에 위 안영억으로 하여금 이를 운전하게 하였는데, 위 안영억이 1995.9.20.01:00경 이 사건 덤프트럭을 운전하다가 부주의하게 후진한 과실로 위 고려산업이 관리하던 소외 금명전기 주식회사 소유의 레미콘 배차 플랜트 조정실 기둥을 파손시켰다는 것이고, 한편, 이 사건 영업용 「자동차보험약관」은 제22조제3항에서 "기명피보험자의 승낙을 얻어 피보험자동차를 사용 또는 관리 중인 자"(이른바 승낙피보험자), 같은 조 제5항에서 "피보험자를 위하여 피보험자동차를 운전 중인 자"(이른바 운전피보험자)를 각 피보험자의 하나로 규정하면서 제21조제2항제1호에서 "피보험자 또는 그 부모, 배우자 및 자녀가 소유, 사용 또는 관리하는 재물에 생긴 손해", 같은 항 제2호에서 "피보험자가 사용자의 업무에 종사하고 있을 때 피보험자의 사용자가 소유, 사용 또는 관리하는 재물에 생긴 손해"에 대하여는 피고가 보상하지 아니한다는 면책 조항을 두고 있다는 것이다.

사정이 이와 같다면 원고는 기명피보험자, 위 고려산업은 위 약관 제22조제3항 소정의 승낙피보험자, 위 안영억은 위 약관 제22조제5항 소정의 운전피보험자이어서 피해자에게 배상책임을 지는 피보험자가 복수로 존재하는 경우라고 할 것이므로, 위에서 본 법리에 따르면 위 각 면책 조항에서 정한 "피보험자"란 면책 사유와 관련이 있는 "당해 피보험자"를 의미하는 것으로 해석하여야 할 것인바, 위 고려산업에 대한 관계에 있어서는 위 약관 제21조제2항제1호 소정의 "피보험자가 사용 또는 관리하는 재물"에 해당하고, 위 안영억에 대한 관계에 있어서는 위 약관 제21조제2항제2호 소정의 "피보험자가 사용자의 업무에 종사하고 있을 때 피보험자의 사용자가 사용 또는 관리하는 재물에 생긴 손해"에 해당하므로, 보험자인 피고에게 면책 사유가 존재한다고 할 것이나, 원고에 대한 관계에 있어서는 원고는 위 레미콘 배차 플랜트를 소유, 사용 또는 관리하는 자가 아니고, 위 고려산업이 원고의 사용자로 되거나 원고가 위 고려산업의 업무를 수행한 일도 없는 이 사건에 있어서 위 약관 제21조제2항제1호, 제2호 소정의 각 면책 사유에 해당되지 아니하므로, 보험자인 피고의 이 사건 보험금 지급 책임이 면책되는 것은 아니라고 할 것이다.

같은 취지에서 위 약관의 면책 조항에 따라 피고의 보험금 지급 책임이 면책된다는 피고의 주장을 배척한 원심의 조처는 정당하고, 거기에 상고이유로 주장하는 바와 같은 법리오해의 위법은 없다.

마. 운전피보험자

다른 피보험자(기명피보험자, 친족피보험자, 승낙피보험자, 사용피보험자를 말함)를 위하여 피보험자동차를 운전 중인 자(운전보조자를 포함)를 말한다. 위 약관 문언의 객관적·물리적 해석에 의하면 피보험자동차를 운전 중인 자가 다른 피보험자를 위하여 피보험자동차를 운전한 것이 아니라 자기를 위하여 운전한 경우에는 운전피보험자로 볼 수 없다.

운전피보험자는 "자기를 위하여 자동차를 운전하는 자"가 아니라 "다른 피보험자를 위하여 자동차를 운전하는 자"에 해당되어 「자배법」 제3조의 배상책임의 주체가 아니어서 운전 중 사고 발생 시 「자배법」의 보호를 받을 수 없다. 또한 운전피보험자는 통상 다른 피보험자와 사·피용자 관계의 피용자 지위에서 운전하는 것이 일반적이고 운전피보험자가 사고를 발생시켰을 때, 운전피보험자는 제3의 피해자에 대한 손해배상책임에 있어서 통상 운행자 내지는 사용자 관계에 있는 다른 피보험자와 부진정연대채무를 부담함은 물론 「민법」 제750조의 불법행위 당사자로서 손해배상책임을 지게 된다. 사용자가 제3자에 대한 손해배상책임을 부담한 경우에는 사용자는 「민법」 제756조제3항에 의거 운전자에게 구상권을 행사하는 것이 가능하다. 그러므로 사회적·경제적 약자인 피용 운전자가 최종적으로 손해배상책임을 지게 되는 결과에 이르게 되어 이와 같은 피용 운전자를 보험 보호 대상으로 삼기 위해 피보험자로 지정하게 된 것이다.

- 운전피보험자를 수긍한 판례

■ 대법원 2000.09.29. 선고 2000다33331 판결[구상금]
1. 보험자대위의 법리에 의하여 보험자가 제3자에 대한 보험계약자 또는 피보험자의 권리를 행사하기 위해서는 손해가 제3자의 행위로 인하여 생긴 경우라야 하고, 이 경우, 제3자라고 함은 피보험자 이외의 자가 되어야 할 것인바, 「자동차종합보험보통약관」에 피보험자는 기명피보험자 외에 기명피보험자의 승낙을 얻어 자동차를 사용 또는 관리 중인 자 및 위 각 피보험자를 위하여 피보험자동차를 운전 중인 자(운행보조자를 포함함) 등도 포함되어 있다면, 이러한 승낙피보험자 등의 행위로 인하여 보험사고가 발생한 경우 보험자가 보험자대위의 법리에 의하여 그 권리를 취득할 수 없다(대법원 1993.1.12. 선고 91다7828 판결 참조).
2. 원심은 그 내세운 증거를 종합하여, 원고와 피보험자인 피고의 소속 부대는 이 사건 사고차량을 피보험자동차로 하여 업무용 자동차종합보험계약을 체결한 사실과 이 사건 피보험자동차의 운전병으로 근무하던 피고가 소속 부대를 무단으로 벗어났다가 다시 부대로 복귀하던 중 판시 일시와 장소에서 이 사건 사고를 일으킨 사실을 인정한 다음, 제3자인 피고에 의하여 발생된 이 사건 사고로 말미암아 피보험자인 소속 부대가 피해자들에게 부담하게 되는 손해를 보험자인 원고가 모두 배상함으로써 「상법」 제682조에 따라 피보험자인 소속 부대의 피고에 대한 손해배상청구권을 대위 취득하였다는 원고의 주장에 대하여, 이 사건 「자동차종합보험보통약관」에 의하면 피보험자에는 보험증권에 기재된 기명피보험자 외에 기명피보험자의 승낙을 얻어 피보험자동차를 사용 또는 관리 중인 자, 위 각 피보험자를 위하여 피보험자동차를 운전 중인 자(운전보조자) 등도 포함되어 있는 사실을 인정할 수 있는바, 그렇다면 피고는 이 사건 보험계약의 피보험자인 위 소속 부대의 운전병으로서 부대의 승낙을 얻어 이 사건 피보험자동차를 운행하는 자에 해당하고, 또 비록 피고가 위와 같이 사고를 일으킬 무렵에 일시적으로 소속 부대를 무단이탈한 상태에 있었다고 하여도, 당시 피고가 여전히 피보험자 부대의 운전병의 지위에 있었던 이상 피고를 피보험자동차의

운행과 무관한 제3자로 볼 수는 없으므로 피고는 「상법」 제682조에서 말하는 제3자에 해당하지 아니한다고 판단하였다.

3. 그런데 위 「자동차종합보험보통약관」에서 말하는 "각 피보험자를 위하여 피보험자동차를 운전 중인 자(운행보조자를 포함함)"라 함은 통상 기명피보험자 등에 고용되어 피보험자동차를 운전하는 자를 의미하고 있으며(1991.11.26. 선고 90다10063 판결, 대법원 1993.6.29. 선고 93다1770 판결 등 참조), 한편, 「자동차종합보험보통약관」에서 위와 같이 피보험자를 위하여 당해 피보험자동차를 운전하는 자까지 피보험자의 범위를 확대하여 규정하고 있는 취지와 위와 같은 운전자와 "기명피보험자의 승낙을 얻어 자동차를 사용 또는 관리 중인 자"를 별도의 항목에서 피보험자로 보고 있는 점 등에 비추어 본다면, 위와 같은 운전자의 경우에는 당해 운행에 있어서의 구체적이고 개별적인 승낙의 유무에 관계없이 위 약관상의 피보험자에 해당한다고 보아야 할 것이다.

이러한 법리와 기록에 비추어 살펴보면, 원심의 판단 중 다소 적절하지 아니한 것으로 보이는 부분이 있기는 하나, 기명피보험자인 소속 부대가 관리하는 피보험자동차인 이 사건 사고차량(소속 부대장 승용차)의 운전병으로 근무하던 피고는 사고 당시 운전을 하게 된 경위가 어떠한지를 불문하고 위 약관에서 말하는 피보험자를 위하여 피보험자동차를 운행하는 자에 해당하고 따라서 「상법」 제682조에서 말하는 제3자에 해당하지 아니한다고 보아야 할 것이므로 원고의 이 사건 구상금 청구를 기각한 원심은 결론에 있어 정당하고, 거기에 보험자대위에 있어서의 제3자에 관한 법리를 오해하고, 「자동차종합보험보통약관」상의 승낙피보험자와 운전피보험자에 대한 해석을 잘못하여 판결 결과에 영향을 미친 위법이 있다고 할 수 없다.

그리고 이 사건에 있어서와 같이 보험자인 원고가 피보험자인 국가의 피고에 대한 청구권을 대위행사할 수 있는지 여부는 원·피고 사이에 체결된 위 보험계약의 약관에 대한 해석과 그 적용 범위에 관한 문제로서 피고가 궁극적으로 국가에 대하여 구상책임을 지는지 여부와는 별개의 문제라 할 것이다. 따라서 피고가 국가에 대하여 구상책임이 있으므로 원고의 구상청구에도 응하여야 한다는 상고이유의 주장 또한 받아들일 수 없다.

■ 대법원 2001.11.27. 선고 2001다44659 판결[구상금]

그러나 이 사건 사고가 피고 신국환의 과실로 인하여 발생함으로써 피고들이 피해자에 대하여 손해배상책임을 부담한다고 하더라도, 다음에서 보는 바와 같이 피고들은 사고 승용차의 보험자인 원고에 대하여는 「상법」 제682조에 의한 보험자대위의 상대방인 제3자에 해당한다고 볼 수 없으므로, 보험자대위의 법리에 기초한 원고의 청구는 결국 이유 없다.

즉, 보험자대위의 법리에 의하여 보험자가 제3자에 대한 보험계약자 또는 피보험자의 권리를 행사하기 위해서는 손해가 제3자의 행위로 인하여 생긴 경우라야 하고, 이 경우 제3자라고 함은 피보험자 이외의 자가 되어야 할 것이므로, 「자동차책임보험약관」이 기명피보험자 외에 기명피보험자의 승낙을 얻어 자동차를 사용 또는 관리 중인 자, 이러한 각 피보험자를 위하여 피보험자동차를 운전 중인 자(운전보조자 포함) 등도 피보험자로 정하고 있다면, 이러한 승낙피보험자 등의 행위로 인하여 보험사고가 발생한 경우 보험자가 보험자대위의 법리에 의하여 그 권리를 취득할 수 없다(대법원 2000.9.29. 선고 2000다33331 판결, 2001.6.1. 선고 2000다33089 판결 등 참조).

기록과 원심이 인정한 사실관계에 의하면, 원고의 「자동차보험약관」 중 강제책임보험에 관한 제4조는 기명피보험자의 승낙을 얻어 피보험자동차를 사용 또는 관리 중인 자(제3호) 및 같은 조 제1호 내지 제4호에서 정하는 피보험자를 위하여 피보험자동차를 운전 중인 자(제5호)도 그 피보험자에 포함하고 있는바, 피고 신택모는 그 피용자인 피고 신국환을 통하여 사고 승용차 소유자로부터 그 주차 관리를 위탁받아 관리 중에 있었고, 피고 신국환은 피고 신택모를 위하여 사고 승용차를 운전하다가 이 사건 사고를 일으킨 셈이고, 원고는 강제책임보험자로서 이 사건 손해배상금을 지급한 것이므로, 피고들은 보험약관에서 정하는 승낙피보험자 또는 그를 위하여 운전 중인 자일 뿐, 「상법」 제682조에서 말하는 "제3자"에 해당하는 자라고는 볼 수 없다.

■ 대법원 2006.02.24. 선고 2005다31637 판결[구상금]

상고이유 제1, 2점을 함께 본다.

「상법」 제682조 소정의 보험자대위의 법리에 의하여 보험자가 제3자에 대한 보험계약자 또는 피보험자의 권리를 행사하기 위해서는 손해가 제3자의 행위로 인하여 생긴 경우라야 하고, 이 경우, 제3자라고 함은 피보험자 이외의 자가 되어야 할 것인바, 자동차종합보험보통약관에 피보험자는 기명피보험자 외에 기명피보험자의 승낙을 얻어 자동차를 사용 또는 관리 중인 자 및 위 각 피보험자를 위하여 피보험자동차를 운전 중인 자(운행보조자를 포함함) 등도 포함되어 있다면, 이러한 승낙피보험자나 운전피보험자 등의 행위로 인하여 보험사고가 발생한 경우 보험자는 보험자대위의 법리에 의하여 그 권리를 취득할 수 없다(대법원 1991.11.26. 선고 90다10063 판결, 1993.1.12. 선고 91다7828 판결, 1993.6.29. 선고 93다1770 판결, 1995.6.9. 선고 94다4813 판결, 2000.9.29. 선고 2000다33331 판결 등 참조).

앞서 본 법리에 비추어 기록을 살펴보면, 피고가 2002.7.8.경 소외 회사에 입사한 이래 소외 회사 소유의 피보험차량인 이 사건 차량을 운전하여 배달 업무에 종사하는 한편, 이를 이용하여 출·퇴근을 하였으며, 이 사건 차량을 운행하지 않을 때에는 차량 열쇠를 소외 회사의 매장 내 계산대 열쇠걸이에 걸어두는 방법으로 보관한 사실, 피고는 2002.9.29.경 음주운전으로 운전면허가 취소되었으나 운전면허 취소 사실이 알려질 경우 직장을 잃게 될 것이 두려워 소외 회사에게 그 사실을 알리지 않은 사실, 피고는 2002.12.12.19:30경 퇴근하여 동료 직원들과 술을 마신 다음 22:10경 소외 회사의 매장에 들러 위 계산대 열쇠걸이에 보관 중이던 이 사건 차량 열쇠를 가지고 나와 음주, 무면허상태에서 이를 운전하여 귀가하던 도중 같은 날 23:36경 이 사건 사고를 야기한 사실을 인정할 수 있는바, 비록 피고가 채용 이후 운전면허가 취소된 사실을 숨겼다 하더라도 면허를 소지한 상태에서 배달 업무를 위하여 운전기사로서 채용되었던 점, 수시로 이 사건 차량을 출·퇴근용으로 이용하였다는 점 등에 비추어 피고는 기명피보험자인 소외 회사를 위하여 이 사건 차량을 운전하는 운전피보험자에 해당함이 명백하다. 따라서 피고가 자동차종합보험약관상 승낙피보험자에 해당할 수 있다는 취지의 원심 설시 부분이 다소 적절치는 않으나, 이 사건 차량의 운전업무에 종사하는 피고가 위 자동차종합보험약관상 운전피보험자에 해당하는 이상 승낙피보험자에 해당하는지 여부 또는 무면허운전을 하였는지 여부에 관계없이 피고는 「상법」 제682조에서 말하는 제3자에 해당하지 않는다고 할 것이므로, 앞에서 살핀 바와 같은 취지로 피고가 「상법」 제682조에서 말하는 제3자임을 전제로 하는 원고의 주장이 이유 없다고 판단한 원심의 조치는 정당하고, 거기에 상고이유와 같은 피보험자 또는 「상법」 제682조의 보험자대위의 법리를 오해함으로써 판결에 영향을 미친 위법이 있다고 할 수 없으며, 한편, 원고가 상고이유 중에 내세우는 판결들은 그 사안이 달라 이 사건에 그대로 적용할 수 없다.

- 운전피보험자를 부정한 판례

■ 대법원 1998.02.27. 선고 96다41144 판결[보험금]

위 약관 제10조제2항제2호 소정의 피보험자동차를 운전 중인 자라 함은 기명피보험자나 승낙피보험자 등 약관 제11조제1호 내지 제4호 소정의 피보험자를 포함하여 현실적으로 피보험자동차를 운전하는 모든 사람을 의미하는 것이 아니라 기명피보험자나 승낙피보험자 등 약관 제11조제1호 내지 제4호 소정의 피보험자를 위하여 피보험자동차를 운전 중인 자를 의미한다고 해석함이 상당하다 할 것이다.

이 사건의 경우 원심이 확정한 사실관계에 의하면 소외 1이 기명피보험자로서 자동차 대여업자인 원고로부터 이 사건 사고차량을 임차하여 그 차량에 자신의 처 소외 2와 자 소외 3을 태우고 가다가 교통사고를 내어 위 소외 2와 소외 3이 사망하였다는 것이므로, 위 소외 1은 위 약관 제11조제3호 소정의 이른바 승낙피보험자, 원고는 위 약관 제11조제1호 소정의 기명피보험자로서 각 배상책임 의무가 있는 피보험자라고 할 것인바, 위 망인들은 위 소외 1에 대한 관계에서는, 위 약관 제10조제2항제3호 소정의 배상책임 있는 피보험자의 배우자 및 자녀에 해당하므로 보험자인 피고에게 면책 사유가 존재한다고 할 것이나, 원고와의 관계에서는, 위 약관 제10조제2항제1호 소정의 인적 관계가 없으므로 피고에게 같은 호 소정의 면책 사유가 존재하지 아니할 뿐만 아니라, 위 소외 1이 기명피보험자인 원고를 위하여 위 사고차량을 운전하였다고 볼 증거가 없고 오히려 위 소외 1이 자기를 위하여 위 사고차량을 운전한 자에 해당하는 이 사건에 있어서 위 소외 1이 위 약관 제10조제2항제2호 소정의 피보험자동차를 운전 중인 자에 해당하지 아니함이 분명하고, 따라서 위 망인들은 위 약관 제10조제2항제2호가 적용될 여지가 없으므로 역시 보험자인 피고에게 면책 사유가 존재하지 아니한다고 할 것이므로, 피고의 이 사건 보험금 지급 책임이 면책되는 것은 아니라고 할 것이다.

■ 대법원 2013.09.26. 선고 2012다116123 판결[구상금]

1. 일반적인 자동차종합보험약관에서 보험회사는 피보험자가 피보험자동차를 소유·사용·관리하는 동안에 생긴 피보험자동차의 사고로 인한 손해에 대하여 보상책임을 지도록 하면서, 그 피보험자의 범위에 관하여는 ① 보험증권에 기재된 "기명피보험자", ② 기명피보험자의 친족 등 "친족피보험자", ③ 기명피보험자의 승낙을 얻어 운행한 "승낙피보험자", ④ 기명피보험자의 사용자 등 "사용피보험자", ⑤ 위 ① 내지 ④에서 규정한 피보험자를 위하여 피보험자동자를 운전한 "운전피보험자"를 규정하고 있다. 여기에서 말하는 "운전피보험자"는 통상 기명피보험자 등에 고용되어 피보험자동차를 운전하는자를 의미하지만(대법원 2000.9.29. 선고 2000다33331 판결 등 참조), 운전업무를 위하여 고용된 자가 아니라고 하더라도 기명피보험자 등으로부터 구체적·개별적인 승낙을 받고 그 기명피보험자 등을 위하여 운전을 하였다면 운전피보험자가 될 수 있다(대법원 2003.11.14. 선고 2003다37686 판결 참조). 그러나 설령 승낙피보험자로부터 구체적·개별적인 승낙을 받고 그 승낙피보험자를 위하여 자동차 운전을 하였다고 하더라도, 그것이 기명피보험자의 의사에 명백히 반하는 것으로 볼 수 있는 경우에는 그 운전자를 운전피보험자에 해당한다고 볼 수는 없다. 따라서 그러한 운전자가 피보험자동차를 운전하던 중 일으킨 사고로 인한 손해에 대해서 보험금을 지급한 보험자는 「상법」 제682조에 따라 기명피보험자를 대위하여 운전자를 상대로 손해배상청구를 할 수 있다고 보아야 한다.

2. 원심 판결 및 원심이 적법하게 채용한 증거들에 의하면, 소외인이 주식회사 카로렌트카(이하 "카로렌트카")로부터 이 사건 승용차를 임차하면서 작성한 차량대여계약서에는 "임차인의 제3자 또는 만 연령 (   )세 이하인 자가 운전하여 사고가 발생하였을 시 보험 혜택을 받지 못합니다"라는 문구(이하 '이 사건 문구')가 기재되어 있는 사실, 그럼에도 불구하고 소외인은 피고로 하여금 이 사건 승용차를 운전하게 하였고 피고가 이 사건 승용차를 운전하던 중 이 사건 사고가 발생한 사실, 이 사건 승용차에 관하여 주식회사 카로렌트카와 사이에 자동차종합보험계약을 체결한 원고는 이 사건 사고로 인한 피해자들에게 보험금을 지급한 사실 등을 알 수 있다.

앞에서 본 법리를 위 사실관계에 비추어 살펴보면, 우선 이 사건 문구 중 "제3자"는 "임차인 본인 이외의 사람"을 의미하는 것이라고 보는 것이 그 문언이나 거래 관행에 비추어 타당해 보이고, 그러한 제3자가 운전하여 사고가 발생한 경우에는 보험 혜택을 받지 못하다고 규정함으로써 결국 기명피보험자인 카로렌트카는 임차인 본인 이외의 다른 사람은 이 사건 승용차를 운전하여서는 아니 된다는 의사를 명백히 표시한 것이라고 보기에 충분하다. 따라서 설령 피고가 승낙피보험자인 소외인의 허락을 받아 소외인을 위하여 이 사건 승용차를 운전하였다고 하더라도, 이는 기명피보험자인 카로렌트카의 의사에 명백히 반하는 것이라고 보아야 하므로 다른 특별한 사정이 없는 한 피고는 "운전피보험자"가 될 수 없다고 할 것이다.

그럼에도 불구하고 원심은 이와 달리, 이 사건 문구의 제3자는 "피보험자가 될 수 없는 제3자"를 의미하고, 피고가 승낙피보험자인 소외인의 구체적이고 개별적인 승낙을 받고 소외인을 위하여 이 사건 승용차를 운전한 이상 "운전피보험자"에 해당한다고 보았고, 그러한 전제 하에 원고는 피보험자인 피고를 상대로는 「상법」 제682조의 보험자대위의 법리에 따른 구상금을 청구할 수 없다고 판단하여, 원고의 이 사건 청구를 기각한 제1심의 결론을 유지하였다. 이러한 원심 판결에는 처분문서의 해석이나 운전피보험자의 범위에 관한 법리 등을 오해하여 판결에 영향을 미친 위법이 있다. 이 점을 지적하는 상고이유의 주장은 이유 있다.

11. 피보험자의 부모, 배우자, 자녀

가. 피보험자의 부모

피보험자의 부모, 양부모를 말한다. 여기에서 부모란 친생부와 친생모를 말하며 계부, 계모는 포함되지 않는다.

나. 피보험자의 배우자

법률상 배우자 또는 사실혼관계에 있는 배우자를 말한다. 사실혼은 당사자 사이에 주관적으로 혼인의 의사가 있고, 객관적으로도 사회관념상 가족 질서적인 면에서 부부공동생활을 인정할 만한 혼인생활의 실체가 있어야 한다.

> ■ 대법원 2009.12.24. 선고 2009다64161 판결[구상금]
> [1] 사실혼은 당사자 사이에 주관적으로 혼인의 의사가 있고, 객관적으로도 사회관념상 가족질서적인 면에서 부부공동생활을 인정할 만한 혼인생활의 실체가 있으면 일단 성립하는 것이고, 비록

우리 법제가 일부일처주의를 채택하여 중혼을 금지하는 규정을 두고 있다 하더라도 이를 위반한 때를 혼인 무효의 사유로 규정하지 않고 단지 혼인 취소의 사유로만 규정하고 있는 까닭에(「민법」 제816조) 중혼에 해당하는 혼인이라도 취소되기 전까지는 유효하게 존속하는 것이고, 이는 중혼적 사실혼이라 하여 달리 볼 것이 아니다. 또한 비록 중혼적 사실혼관계일지라도 법률혼인 전 혼인이 사실상 이혼상태에 있다는 등의 특별한 사정이 있다면 법률혼에 준하는 보호를 할 필요가 있을 수 있다.

[2] 법률상 배우자와의 혼인이 아직 해소되지 않은 상태에서 갑과 혼인의 의사로 실질적인 혼인생활을 하고 있는 을을, 갑이 가입한 부부운전자 한정운전 특별약관부 자동차보험계약상의 "사실혼관계에 있는 배우자"에 해당한다고 한 사례

다. 피보험자의 자녀

법률상 혼인관계에서 출생한 자녀, 사실혼관계에서 출생한 자녀, 양자 또는 양녀를 말한다.

제2장 개인용 자동차보험의 구성

1. 보장종목

보험회사가 판매하는 개인용, 업무용, 영업용 자동차보험은 「대인배상 I」, 「대인배상 II」, 「대물배상」, 「자기신체사고」, 「무보험자동차에 의한 상해」, 「자기차량손해」의 6가지 보장종목과 특별약관으로 구성되어 있다. 보험회사는 보험계약자가 가입한 위 보장종목의 담보 내용에 띠라 대한민국(북한 시역을 포함) 안에서 생긴 사고에 대하여 보상한다.

2. 보험 가입

가. 의무보험

「자동차손해배상보장법」 제5조에 의해 보험에 가입할 의무가 있는 자동차 보유자는 「대인배상 I」과 「대물배상」(「자동차손해배상보장법」에서 정한 보상 한도에 한함)을 반드시 가입하여야 한다.

나. 임의보험

의무보험에 가입하는 보험계약자는 의무보험에 해당하지 않는 보장종목을 선택하여 가입할 수 있다.

다. 보장종목별 보상 내용

각 보장종목별 보상 내용은 다음과 같으며 상세한 내용은 "제2편 자동차보험에서 보상하는 내

용"에서 후술하기로 한다.

(1) 배상책임

자동차사고로 인하여 피보험자(혹은 보유자)가 손해배상책임을 짐으로써 입은 손해를 보상한다.

(가)「대인배상 I」: 자동차사고로 다른 사람을 죽게 하거나 다치게 한 경우에「자동차손해배상보장법」에서 정한 한도에서 보상한다.

(나)「대인배상 II」: 자동차사고로 다른 사람을 죽게 하거나 다치게 한 경우에 그 손해가「대인배상 I」에서 지급하는 금액을 초과하는 경우에 그 초과손해를 보상한다.

(다)「대물배상」: 자동차사고로 다른 사람의 재물을 없애거나 훼손한 경우에 보상한다.

(2) 배상책임 이외의 보장종목

(가)「자기신체사고」: 피보험자가 피보험자동차를 소유·사용·관리하는 동안에 생긴 사고로 죽거나 다친 경우에 보상한다.

(나)「무보험자동차에 의한 상해」: 피보험자가 무보험자동차로 인하여 생긴 사고로 죽거나 다친 때에 그로 인한 손해에 대하여 배상 의무자가 있는 경우에 보험약관에서 정하는 바에 따라 보상한다.

(다)「자기차량손해」: 보험회사는 피보험자가 피보험자동차를 소유·사용·관리하는 동안에 발생한 사고로 인하여 피보험자동차에 직접적으로 생긴 손해를 보험증권에 기재된 보험가입금액을 한도로 보상한다. 다만, 보험가입금액이 보험가액보다 많은 경우에는 보험가액을 한도로 보상한다. 이 경우, 피보험자동차에 통상 붙어 있거나 장치되어 있는 부속품과 부속기계장치는 피보험자동차의 일부로 본다. 그러나 통상 붙어 있거나 장치되어 있는 것이 아닌 것은 보험증권에 기재한 것에 한한다. 한편,「자기차량손해」에서 "사고"란 열거위험담보로 아래와 같다.

① 타차 또는 타물체와의 충돌, 접촉, 추락, 전복 또는 차량의 침수로 인한 손해. "침수"란 흐르거나 고인 물, 범람하는 물, 해수 등에 피보험자동차가 빠지거나 잠기는 것을 말하며, 차량도어나 선루프 등을 개방해 놓았을 때 빗물이 들어간 것은 침수로 보지 아니한다. "물체"란 구체적인 형태를 지니고 있어 충돌이나 접촉에 의해 자동차의 외부에 직접적인 손상을 줄 수 있는 것을 말하며, 엔진 내부나 연료탱크 등에 이물질을 삽입하는 경우 물체로 보지 않는다.

② 화재, 폭발, 낙뢰, 날아온 물체, 떨어지는 물체에 의한 손해 또는 풍력에 의해 차체에 생긴 손해

③ 피보험자동차 전부의 도난으로 인한 손해. 그러나 피보험자동차에 장착 또는 장치되어 있는 일부 부분품, 부속품, 부속기계장치만의 도난에 대해서는 보상하지 아니한다.

제2편 자동차보험에서 보상하는 내용

제1장 배상책임

제1절 「대인배상Ⅰ」

1. 보상책임

「대인배상Ⅰ」에서 보험회사는 피보험자가 피보험자동차의 운행으로 인하여 다른 사람을 죽거나 다치게 하여 「자동차손해배상보장법」 제3조에 의한 손해배상책임을 짐으로써 입은 손해를 보상한다. 따라서 「대인배상Ⅰ」에서 보험회사의 보상책임이 발생하려면, 다음 각 호의 조건이 성취되어야 한다.

  가. 피보험자(운행자)가 자기를 위하여 자동차를 운행 중에 발생한 피보험자동차의 사고이어야 한다.

  나. 운행자 및 운전자(운전보조자 포함) 이외의 제3자인 타인이 다치거나 죽는 사상을 입었어야 한다.

  다. 피보험자(운행자)에게 「자배법」상 손해배상책임이 발생하여야 한다.

  라. 제3자인 타인이 사상을 입어 손해가 발생하였더라도 그 손해배상을 청구하지 않으면 손해배상책임이 발생되지 않으므로 제3자인 타인의 손해배상청구가 있이야 한다.

위와 같은 보험자의 보상책임 발생 요건 외에도 보험회사의 「대인배상Ⅰ」에서 보상책임이 발생하려면 보험기간 중 피보험자동차사고가 발생해야 하고, 「자배법」 제3조 단서 조항의 면책 사유에 해당되지 않아야 하고, 대한민국(북한 지역 포함) 내에서 발생된 사고이어야 한다.

2. 피보험자

「대인배상Ⅰ」에서 피보험자라 함은 다음 중 어느 하나에 해당하는 자를 말하며, 다음에서 정하는 자 외에도 「자동차손해배상보장법」상 자동차 보유자에 해당하는 자가 있는 경우에는 그 자를 「대인배상Ⅰ」의 피보험자로 본다.

  가. 기명피보험자

  나. 친족피보험자

다. 승낙피보험자

라. 사용피보험자

마. 운전피보험자

위의 피보험자들이 자동차보험 「대인배상 I」의 피보험자로 규정되어 있더라도 피보험자동차의 운행지배 및 운행이익을 상실하여 자기를 위하여 자동차를 운행하는 자로 볼 수 없는 경우에는 적격피보험자로 볼 수 없다.

3. 보상하지 않는 손해

가. 「자배법」 제3조 단서 규정에 해당하는 손해

(1) 승객 이외의 자가 사상한 경우

(가) 운행자 및 운전자가 자동차의 운행에 관하여 주의를 게을리하지 아니하였을 때

(나) 피해자 또는 자기 및 운전자 외의 제3자에게 고의 또는 과실이 있을 때

(다) 자동차의 구조상의 결함이나 기능상의 장해가 없었다는 것을 증명한 때

(2) 승객의 경우

(가) 승객이 고의나 자살행위로 사망하거나 부상한 때

(나) 고의란 자신의 행위로 인해서 발생할 결과를 인식하면서도 그것을 인용하는 행위를 하는 심리상태를 말하며, 일정한 결과 발생의 가능성을 인식하면서도 감히 행하는 "미필적 고의"를 포함한다.

(다) 고의를 면책으로 하는 이유는 고의로 사고를 발생시키는 것은 우연한 사고를 담보하는 보험이론에 반하여 보험사고로 할 수가 없고, 도덕적 위험을 예방하기 위한 사전 제재적 성격의 필요성이 있으며, 고의에 의한 사고를 면책으로 하지 않으면 보험금을 사취할 목적으로 인위적 사고가 빈번하여 사회·경제적 손실의 증가 뿐만 아니라 보험의 단체성을 유지하기 어렵고, 무엇보다 반사회적 범죄를 용인하는 결과가 되어 보험정책적인 측면에서라도 면책으로 할 수밖에 없다.

나. 자동차보험약관에서 면책으로 하는 손해

(1) 고의 손해

(가) 자동차보험약관 규정

자동차보험약관 「대인배상 I」의 "보상하지 않는 손해"에서 「보험계약자 또는 피보험자의 고의로 인한 손해는 「대인배상 I」에서 보상하지 않는다. 다만, 「자동차손해배상보장법」 제10조의

규정에 따라 피해자가 보험회사에 직접청구를 한 경우, 보험회사는 「자동차손해배상보장법」에서 정한 금액을 한도로 피해자에게 손해배상금을 지급한 다음 지급한 날로부터 3년 이내에 고의로 사고를 발생시킨 보험계약자나 피보험자에게 그 금액의 지급을 청구한다」고 규정하고 있다.

(나) 피해자 보호

자동차보험약관 「대인배상 I」의 "보상하지 않는 손해"의 단서 조항에서는 피보험자의 고의사고로 인한 피해자가 「자배법」 제10조에 근거하여 보험자에게 직접청구권을 행사할 경우에는 「자배법」에서 정한 「대인배상 I」 보상 한도액 내에서는 손해배상금을 지급한 다음 보험계약자나 피보험자에게 3년 이내로 구상권을 행사하도록 규정하여 피해자를 보호하고 있다. 그러나 「대인배상 II」에서는 이와 같은 피해자 보호 규정이 없다.

(2) 보험계약자 및 피보험자의 의무불이행으로 늘어난 손해

보험계약자나 피보험자가 정당한 이유 없이 다음 각 호의 사항을 이행하지 아니한 경우 그로 말미암아 늘어난 손해액이나 회복할 수 있었다고 믿어지는 금액은 보상하지 아니한다.

(가) 손해의 방지와 경감에 대한 조치를 취하지 아니하였을 때

(나) 타인으로부터 손해배상을 받을 수 있는 경우 그 권리(공동불법행위 등의 경우 연대채무자 상호간의 구상권 포함)의 보전과 행사에 필요한 절차를 취하지 아니하였을 때

(다) 사고 발생 통지 의무를 이행하지 않거나 게을리하였을 때

(라) 손해배상청구의 소송을 제기하려고 할 경우 또는 제기한 경우, 서면으로 보험회사에 통지하지 아니하였을 때

(마) 회사가 꼭 필요하다고 인정하는 증거서류를 제출하지 아니하거나 손해의 조사에 협력하지 아니한 때

(3) 고지 의무 및 통지 의무 위반으로 인한 손해

(가) 고지 의무 위반

보험계약 당시 보험계약자, 피보험자 또는 이들의 대리인이 고의나 중대한 과실로 회사가 서면으로 질문한 기재사항 중 중요한 사항에 관하여 사실대로 빠짐없이 알리지 않아 그 위반 사실과 사고 발생과 인과관계가 있는 손해는 보상하지 않는다.

(나) 통지 의무 위반

보험기간 중 보험계약자나 피보험자가 다음 사실이 생긴 경우 이를 지체 없이 회사에 서면으로 통지하고 회사의 승인을 받아야 하며, 그 승인을 받기 전에 생긴 사고가 증가된 위험으로 인하여 생긴 사고는 보상하지 않는다.

1) 자동차의 용도, 차종, 등록번호, 구조 변경, 자동차 검사에 관한 사항 등 회사가 서면으로 질문한 기재사항 중 중요한 사항에 변경이 있을 때

2) 자동차보험약관 「대인배상 I」 가입을 요하지 아니하는 자동차로 되었을 때

3) 다른 보험계약을 맺고자 할 때 또는 다른 보험계약이 있는 것을 안 때

(4) 피보험자동차의 교체 시 승인 전 사고 손해

피보험자가 보험기간 중 기존의 피보험자동차를 폐차 또는 양도한 다음 그 자동차와 동일한 차종으로 다른 자동차로 교체한 경우에는 보험계약을 교체된 자동차에 승계시키고자 한다는 의사를 서면으로 회사에 통지하고 회사의 승인을 받아야 한다. 이와 같은 승인 전의 교체된 자동차의 사고로 인한 손해는 보상하지 않는다.

제2절 「대인배상Ⅱ」

1. 보상하는 손해

가. 자동차보험약관 규정

「대인배상Ⅱ」에서 보험회사는 피보험자가 피보험자동차를 소유·사용·관리하는 동안에 생긴 피보험자동차의 사고로 인해 다른 사람을 죽게 하거나 다치게 하여 법률상 손해배상책임을 짐으로써 입은 손해(「대인배상Ⅰ」에서 보상하는 손해를 초과하는 손해에 한함)를 보상한다.

나. "피보험자동차사고"의 정의

「대인배상Ⅱ」의 보상조건인 "피보험자가 피보험자동차를 소유·사용·관리하는 동안에 생긴 피보험자동차의 사고"의 정의는 「자배법」상의 운행의 개념이 "사람 또는 물건의 운송 여부와 관계없이 자동차를 그 용법에 따라 사용하거나 관리하는 것"으로 확대된 이상, 「대인배상Ⅰ」의 "피보험자동차의 운행으로 인하여 발생한 피보험자동차의 사고"와 동일한 개념으로 해석한다 하여도 무리는 아니라고 본다.

다. 자동차보험 「대인배상Ⅱ」의 보상조건

위와 같은 자동차보험약관 규정의 "보상하는 손해" 조항에 담겨져 있는 보상조건은 다음과 같다.

(1) 피보험자가 피보험자동차를 소유·사용·관리하는 동안에 생긴 피보험자동차의 사고이어야 한다.
(2) 다른 사람을 죽게 하거나 다치게 하였어야 한다.
(3) 피보험자에게 법률상 손해배상책임이 발생하여야 한다.
(4) 「대인배상Ⅰ」의 보상금액을 초과하는 손해가 발생하여야 한다.

2. 피보험자

「대인배상 II」에서 피보험자라 함은 기명피보험자, 친족피보험자, 승낙피보험자, 사용피보험자, 운전피보험자 중 어느 하나에 해당하는 자를 말한다.

위 피보험자 중에서 승낙피보험자와 운전피보험자의 경우에 자동차 취급업자가 업무상 위탁받은 피보험자동차를 사용하거나 관리하는 경우에 피보험자로 보지 않는다. 그러나 「대인배상 I」에 있어서는 자동차 보유자의 지위를 상실하지 않은 이상 자동차 취급업자의 피보험자 배제 조항이 없다.

3. 보상하지 않는 손해

가. 면책 사유의 의의

보험계약에서 보험사고가 발생한 경우 보험자의 보험금 지급 책임을 면하게 하는 사유를 보험 관련 법령이나 보험약관에서 규정하고 있다. 법정 면책 사유는 보험계약상 하자로 인한 면책, 강행 규정에 의한 면책, 상대적 면책으로 대별된다. 전자는 주로 계약상 보험계약자의 의무 불이행에 따른 보험계약의 불성립이나 보험자에 의한 보험계약의 해제 및 해지 사유인 보험료 미납이나 지체, 고지 의무 위반, 통지 의무 위반 등을 들 수가 있다. 반면, 「상법」 제644조 및 제659조제1항과 제678조는 강행 규정에 의한 면책 규정으로 볼 수 있겠고, 제660조는 상황에 의한 보험경영상의 이유로 한 상대적 면책 규정으로 볼 수 있다.

(1) 법정 면책 사유

법률상 면책 사유로는 「상법」 제644조(보험사고의 객관적 확정의 효과), 「보험계약자는 계약 체결 후 지체 없이 보험료의 전부 또는 제1회 보험료를 지급하여야 하며, 보험계약자가 이를 지급하지 아니하는 경우에는 다른 약정이 없는 한 계약 성립 후 2월이 경과하면 그 계약은 해제된 것으로 본다」, 「계속보험료가 약정한 시기에 지급되지 아니한 때에는 보험자는 상당한 기간을 정하여 보험계약자에게 최고하고 그 기간 내에 지급되지 아니한 때에는 그 계약을 해지할 수 있다」고 규정한 「상법」 제650조(보험료의 지급과 지체의 효과), 고지 의무 위반으로 인한 계약 해지에 관하여 규정한 「상법」 제651조, 보험기간 중 위험의 변경 또는 증가에 대한 통지 의무에 관한 「상법」 제652조(위험 변경 증가의 통지와 계약 해지) 및 제653조(보험계약자 등의 고의나 중과실로 인한 위험 증가와 계약 해지), 보험사고가 보험계약자 또는 피보험자나 보험수익자의 고의 또는 중대한 과실로 인하여 생긴 때에는 보험자는 보험금액을 지급할 책임이 없다고 규정한 「상법」 제659조(보험자의 면책 사유) 및 손해보험에 있어서 보험의 목적의 성질, 하자 또는 자연 소모로 인한 손해는 보험자가 이를 보상할 책임이 없다고 규정한 「상법」 제678조(보험자의 면책 사유),

전쟁 등으로 인한 면책을 규정한 「상법」 제660조 등이다.

(2) 약관상 면책 사유

(가) 책임 면제 사유

자동차보험약관상 면책 사유로는 보험사고의 발생 원인과 관련하여 면책으로 규정하고 있는 책임 면제 사유와 보험사고 발생 후 그 손해를 면책으로 규정하고 있는 담보 배제 사유로 구분할 수 있다. 자동차보험약관 「대인배상Ⅱ」 면책 조항의 전항인 고의 면책, 전쟁 위험 면책, 자연재해 면책, 핵연료물질로 인한 손해 면책, 유상운송 위험 면책, 제3자와의 계약으로 늘어난 손해 면책, 무면허운전 면책, 피보험자동차의 시험용·경기용·연습용으로 사용하던 중 발생한 손해 면책 규정 등은 책임 면제 사유(원인 면책 사유)에 해당된다.

특히 책임 면제 사유에 해당하는 면책 사유 중 무면허운전 면책 조항, 유상운송 면책 조항, 음주운전 부분 면책 조항에 있어서는 무면허운전, 유상운송, 음주운전과 사고 발생 간에 인과관계를 요구하지 않은 상황에 의한 면책 사유로 규정하고 있다.

(나) 담보 배제 사유

피보험자동차의 사고로 죽거나 다친 사람이 피보험자·부모·배우자·자녀이거나 피용자 및 동료일 때 보상하지 않는다고 규정한 면책 조항은 담보 배제 사유(사고 발생 결과 제한 사유)에 해당된다.

(다) 절대적, 상대적 면책 사유

1) 의 의

자동차보험약관 「대인배상Ⅱ」 에서 당사자 간 약정에 의해서 보험계약으로 담보할 수 없는 성질의 위험과 담보할 수 있는 위험에 따라서 절대적 면책 사유와 상대적 면책 사유로 분류할 수 있다. 고의는 당사자 간 특약으로도 담보될 수 없는 절대적 면책 사유에 해당된다. 반면에 위험율에 따라서 산정된 보험료를 기준으로 보험계약 당사자 간 특별약정으로 보험자가 인수할 수 있는 위험을 상대적 면책 사유라고 하며, 유상운송 위험 면책 사유가 이에 해당된다. 반면에 면책 사유가 피보험자 모두에게 획일적으로 적용되느냐 아니면 피보험자 개별적으로 면책 사유가 적용되느냐에 따라서 전자를 절대적 면책 사유, 후자를 상대적 면책 사유라 일컫는다.

2) 자동차보험 「대인배상Ⅱ」 에서의 절대적 면책 사유·상대적 면책 사유

가) 위험의 성질에 따른 분류

① 절대적 면책 사유

자동차보험약관 「대인배상Ⅱ」 에서 절대적 면책 사유는 고의사고로 인한 면책 규정 뿐이다. 「상법」 제659조에 반하여 보험계약자 당사자 간 특별약정으로도 고의사고는 보험자가 담보 위험으로 인수할 수 없다.

② 상대적 면책 사유

고의사고 위험 이외에 전쟁 위험, 자연재해 위험, 핵연료물질 위험, 유상운송 위험 등은 보험계약 당사자 간의 특별약정으로 인수할 수 있는 것이므로 상대적 면책 사유에 해당된다. 부언하면, 「상법」 제659조제1항은 「보험사고가 보험계약자 또는 피보험자나 보험수익자의 고의 또는 중대한 과실로 인하여 생긴 때에는 보험자는 보험금액을 지급할 책임이 없다」고 규정하고 있음에도 불구하고 자동차보험약관 「대인배상Ⅱ」의 "보상하지 않는 손해"에서는 중과실사고로 인한 면책 규정을 따로 두고 있지 않으므로 무면허운전 중 사고의 위험도 절대적 면책 사유라고 할 수 없고 상대적 면책 사유에 해당된다고 볼 수 있다. 하지만 위와 같은 상대적 면책 사유에 해당하는 위험 중 자동차보험약관 「대인배상Ⅱ」에서 특약으로 담보하고 있는 위험은 유상운송 위험 뿐이다. 전쟁 위험 등 거대 위험도 특약으로 담보가 가능한 상대적 위험이지만 보험기술 및 보험재정상의 문제 등으로 사실상 특별약정으로도 담보하지 않고 있다.

나) 피보험자 적용 기준에 따른 분류

① 절대적 면책 사유

자동차보험약관 「대인배상Ⅱ」의 "피보험자 개별적용" 조항에서는 기명피보험자의 고의사고 위험, 유상운송 위험, 피보험자동차의 시험용·경기용·연습용 위험은 피보험자 개별적용의 제외 위험으로 규정하고 있다. 따라서 이들 위험은 절대적 면책 사유에 해당된다. 자동차보험약관 「대인배상Ⅱ」에서 이와 같이 피보험자 개별적용의 제외 규정에서는 누락되어 있다 하더라도 보험기술상 전쟁 위험이나 자연재해 위험과 같은 거대 위험과 피보험자 또는 그 부모, 배우자 및 자녀의 사상에 대한 손해는 모든 피보험자에게 면책된다고 할 수 있으므로 절대적 면책 사유에 해당된다.

② 상대적 면책 사유

자동차보험약관 「대인배상Ⅱ」에서 "보상하지 않는 손해"로 규정하고 있는 기명피보험자 이외의 피보험자 고의 면책 조항, 산재보험 면책 조항, 무면허운전 면책 조항, 음주운전 부분 면책 조항 등은 피보험자 개별적용이 가능한 상대적 면책 사유에 해당된다.

나. 고의 면책

(1) 면책 규정

(가) 「상법」 규정

「상법」 제659조(보험자의 면책 사유)제1항은 「보험사고가 보험계약자 또는 피보험자나 보험수익자의 고의 또는 중대한 과실로 인하여 생긴 때에는 보험자는 보험금액을 지급할 책임이 없다」고 규정하고 있다.

(나) 자동차보험약관 「대인배상Ⅱ」 규정

자동차보험약관 「대인배상Ⅱ」의 "보상하지 않는 손해"에서 "보험계약자 또는 기명피보험자의 고의로 인한 손해"와 "기명피보험자 이외의 피보험자의 고의로 인한 손해"는 보상하지 않는다고 규정하고 있다.

(2) 절대적 면책 사유

고의로 인한 사고의 위험은 보험계약 체결 당사자인 보험계약자와 보험자 사이의 당사자 간 약정에 의해서도 담보될 수 없는 위험으로 절대적 위험이다.

(3) 기 타

고의의 정의 및 면책 취지는 「대인배상 I」과 동일하다.

다. 전쟁 위험, 자연재해 위험, 핵연료물질 위험 면책

(1) 면책 규정
(가) 「상법」 규정

「상법」 제660조(전쟁 위험 등으로 인한 면책)는 보험사고가 전쟁 기타의 변란으로 인하여 생긴 때에는 당사자 간에 다른 약정이 없으면 보험자는 보험금액을 지급할 책임이 없다고 규정하고 있다.

(나) 자동차보험약관 「대인배상 II」 규정

자동차보험약관 「대인배상 II」의 "보상하지 않는 손해"에서 "전쟁·혁명·내란·사변·폭동·소요 또는 이와 유사한 사태로 인한 손해", "지진·분화·태풍·홍수·해일 등 천재지변으로 인한 손해", "핵연료물질의 직접 또는 간접적인 영향으로 인한 손해"는 보상하지 않는다고 규정하고 있다.

(2) 면책 취지

전쟁 위험, 자연재해 위험, 핵연료물질 위험과 같은 이상 위험 또는 거대 위험의 경우 보험이론상으로 당사자 간 특별약정으로 담보할 수 있는 상대적 위험이다. 하지만 실질적으로는 보험기술상 혹은 보험재정상의 문제로 보험자가 담보 위험으로 인수하지 않고 있다. 이와 같은 위험을 인수하여 자칫 보험사고가 발생하기라도 한다면 보험경영상 어려움에 처할 수 있을 뿐만 아니라 보험의 단체성도 유지할 수 없기 때문이다. 이와 같은 문제에도 불구하고 최근에는 풍수재해와 같이 자연재해나 천재지변의 위험은 고율의 보험료를 적용하여 당사자 간 특약으로 담보하는 경우도 있다.

라. 유상운송 위험 면책

(1) 자동차보험약관 「대인배상 II」 규정
(가) 개인용 자동차보험

영리를 목적으로 요금이나 대가를 받고 피보험자동차를 반복적으로 사용하거나 빌려 준 때에 생긴 손해. 다만, 임대차계약(계약기간이 30일을 초과하는 경우에 한함)에 따라 임차인이 피보험자동차를 전속적으로 사용하는 경우에는 보상한다. 그러나 임차인이 피보험자동차를 영리를 목적으로 요금이나 대가를 받고 반복적으로 사용하는 경우에 생긴 손해는 보상하지 않는다.

(나) 업무용 자동차보험

피보험자동차가 승용차 또는 승합차(버스)인 경우에 요금이나 대가를 목적으로 반복적으로 피보험자동차를 사용하거나 대여한 때에 생긴 손해

(다) 영업용 자동차보험

피보험자동차가 대여사업용 자동차인 경우 임차인이 영리를 목적으로 요금 또는 대가를 받고 피보험자동차를 사용하거나 대여한 때에 생긴 손해

(2) 유상운송 면책 취지

비사업용 자동차로서 보험에 가입한 차량을 계속적 또는 반복적으로 유상운송행위에 사용하는 경우에 발생된 사고에 관하여 약관 조항으로 보험자의 면책을 규정한 것은, 사업용 자동차 이외의 자동차를 유상운송에 제공하는 행위가 「자동차운수사업법」 제58조, 제72조제5호에 의하여 처벌의 대상이 되는 범법행위로서 이를 억제하려는 데 그 취지가 있을 뿐 아니라, 사업용 자동차와 비사업용 자동차는 보험사고의 위험률에 큰 차이가 있어 보험료의 액수도 다르기 때문이다(대법원 1992.05.22. 선고 91다36642 판결).

(3) 유상운송 면책 조건

보험자가 피보험자동차의 사고에 대하여 유상운송 면책에 의한 보상책임을 지지 않기 위해서는 피보험자가 영리를 목적으로 요금이나 대가를 받고 피보험자동차를 반복적으로 사용하거나 빌려 주어야 한다. 즉, 첫째, 영리를 목적으로 할 것, 둘째, 요금이나 대가를 받았을 것, 셋째, 피보험자동차를 계속적, 반복적으로 사용히기나 빌려 주있을 것 등의 조건이 성취되어야 한다. 따라서 요금이나 대가를 수수한 것이 영리목적이 아닌 실비변상적인 성격의 것이거나 유상운송이 계속적, 반복적이 아닌 일회성으로 행해진 경우에는 유상운송으로 면책될 수 없다.

■ 광주고등법원 1989.02.09. 선고 88나550 제2민사부 판결: 상고허가신청기각[보험금]
종합관광휴양업을 목적으로 설립된 회사가 비사업용 자동차를 운행하면서 승객 1인당 금 120원씩의 요금을 받았으나, 그 운행 목적이 주한미공군기지의 영외 주거자들과 그 가족에 대한 출퇴근의 편의를 위한 것이었고 일반인은 탑승을 금하면서 약 7.4킬로미터의 구간만을 운행하였으며 그 차량유지비 등에 충당하기 위하여 시내버스와 같은 액수의 요금을 받았다면 자동차의 용도나 운행 목적, 운행 구간과 요금 액수들에 비추어 이는 자동차종합보험보통약관상의 면책 조항인 비사업용 자동차가 영리를 목적으로 요금이나 대가를 받고 자동차를 사용한 때에 해당된다고 볼 수 없다.

■ 대법원 1992.09.22. 선고 92다28303 판결[채무부존재확인]
원심이 확정한 바와 같이 소외 박경훈이 판시 승용차를 피고 명의로 등록하고 원고 회사의 자동차종합보험에도 그 기명피보험자를 피고로 하였는데 위 박경훈과 피고를 잘 알면서 평소 위 차량을 빌려타고 다니던 소외 김철회가 판시와 같이 위 박경훈으로부터 위 차량의 열쇠를 받아 위 차량을

몰고 그의 심부름으로 김밥을 사러갔다가 마음대로 부산에서 서울로 올라가 위 차량을 운행 중에 이 사건 사고가 발생하였고 그후 위 김철희가 위 박경훈에게 위 무단운행을 사과하는 전화를 하였는데도 그 차량의 반환을 요구하지도 아니한 채 그 운행을 묵인하고 있었다면 피고는 「자동차손해배상보장법」상의 운행자성을 상실하였다고 할 수 없다 할 것이므로 같은 취지에서 원심이 원고에게 피고에 대한 이 사건 보험금 채무를 지운 것은 정당하고 거기에 지적하는 바와 같은 법리의 오해나 채증법칙을 어긴 위법이 없다.

또한 원심이 그 증거에 의하여 위 김철희가 위 차량을 운행하면서 요금 10,000원을 받고 유상운송을 한 사실을 인정한 다음 이와 같이 1회적인 유상운송만으로는 원·피고 사이의 자동차종합보험계약의 약관 제10조제1항제7호의 "요금이나 대가를 목적으로 계속적 또는 반복적으로 피보험자동차를 사용하거나 대여한 때에 생긴 사고로 인한 손해"에 해당하지 아니한다고 판단하여 원고의 면책 주장을 배척한 것도 기록에 비추어 정당하므로 거기에 지적하는 바와 같은 법리오해의 위법이 없다.

■ 대법원 1997.10.10. 선고 96다23252 판결[보험금]

그리고 원심이 인정한 바와 같은 원고 법인의 설립 근거나 목적 및 성격, 원고 법인이 구급차를 운행하고 이송처치료를 징수하는 근거, 원고 법인과 다른 일반 응급환자 이송업자 등이 징수하는 이송처치료의 차이 등 제반 사정에 비추어 보면 원고 법인이 위 자동차를 포함한 구급차를 운행하여 응급환자를 이송하고 징수하는 이송처치료는 원고 법인이 제공한 사회복지 혜택에 대한 비용 중 일부를 수혜자 등으로부터 징수한 것으로서 실비변상적인 성격을 가진다고 할 것이므로 이를 구급차를 이용한 응급환자의 운송에 대한 대가나 요금이라고 볼 수 없다 할 것이다.

따라서 원고 법인이 요금이나 대가를 목적으로 계속적 또는 반복적으로 구급차를 운행하여 왔다고고 할 수 없어 이 사건 교통사고는 위 보험약관 제10조제1항제7호에 해당한다고 할 수 없는바, 이와 같은 취지의 원심 판단은 정당하고 거기에 소론과 같은 유상운송의 법리오해가 있다고 볼 수 없다. 논지는 모두 이유 없다.

■ 대법원 1999.01.26. 선고 98다48682 판결[손해배상(자)]

비사업용으로 보험에 가입된 자동차를 계속적·반복적으로 유상운송에 제공하다가 발생된 사고에 관하여 약관으로 보험자의 면책을 규정한 것은 주된 이유가 사업용 자동차와 비사업용 자동차는 보험사고 위험률에 큰 차이가 있어 보험료의 액수가 다르기 때문이고, 보험계약자나 피보험자가 보험계약을 체결한 후 위험이 뚜렷이 증가하거나 적용할 보험료에 차액이 생기는 사실을 안 때에 보험자에게 그 사실을 통지하도록 약관으로 규정한 것은 「상법」 제652조의 규정과 같은 취지에서 보험기간 중에 위험이 현저하게 변경 또는 증가된 경우 보험자에게 그 사실을 알려 보험계약을 해지하거나 변경할 수 있는 기회를 주기 위한 것이므로, 위 각 약관 조항에서 규정한 면책 사유나 통지 의무의 대상이 되는 사실은 그로 인하여 변경 또는 증가된 위험이 보험계약 체결 당시에 존재하고 있었다면 보험자가 보험계약을 체결하지 아니하였거나 적어도 같은 보험료로는 보험을 인수하지 않았을 것으로 인정되는 사실만을 의미하는 것이고, 따라서 이 사건에서와 같이 소외 1이 서적 도매상에서 일당을 받고 서적의 상·하차, 분류 및 배달업무에 종사하면서 다른 차량과 함께 가끔 자신 소유의 승합차를 이용하여 서적을 배달한 일이 있다는 정도의 사실만으로는 차량의 운송 경위나 목적, 빈도 등에 비추어 볼 때 이에 해당한다고 보기 어렵다.

■ 대법원 1999.09.03. 선고 99다10349 판결

[1] 업무용 자동차보험보통약관이 요금이나 대가를 목적으로 반복적으로 피보험자동차를 사용하거나 대여하는 이른바 유상운송 중의 사고에 관하여 보험자의 면책을 규정하고 있는 것은, 유상운송의 경우가 그렇지 않은 경우보다 보험사고의 위험이 훨씬 큰 만큼 별도의 위험담보 특약에 의하여 보험료를 추가로 납부하지 않는 한 그로 인한 위험을 인수하지 않겠다는 데 그 주된 취지가 있는 만큼, 피보험자동차의 운행이 위 약관에서 말하는 유상운송에 해당되려면 단순히 운행과 관련하여 반복적으로 금원을 지급받았다는 것만으로는 부족하고, 그 운행의 형태가 당초 예정한 것과 달라져 위험이 보험자가 예상한 것 이상으로 커지는 정도에까지 이르러야 한다.

[2] 피보험자가 단체구성원 또는 소속원을 위하여 사용하거나, 이와 유사한 형태로 다른 사람의 운송을 위하여 반복적으로 사용할 목적으로 업무용 자동차보험에 가입하여 공동 사용 특별요율에 의한 보험료를 납부하고 그 운행과 관련하여 단체구성원 등으로부터 반복적으로 금원을 수수하였다 하더라도 그 금원의 수수가 운행 경비의 분담 차원에서 행해진 것에 불과하다면, 그로 인하여 운행 형태가 당초와 다르게 변경되었다거나 위험이 예상 이상으로 커졌다고 할 수는 없으므로 그것을 들어 위 보험약관상의 면책 사유인 유상운송이라고 할 수는 없다.

(4) 보험종목별 차이

유상운송 면책 조항은 보험종목별로 차이를 보이고 있다.

(가) 피보험자동차

유상운송 면책이 적용되는 피보험자동차에 있어서 개인용 자동차보험은 보험 가입 대상 전 차종인 개인 소유 승용자동차, 업무용 자동차보험은 승용차와 승합차(버스), 영업용 자동차보험은 대여사업용 자동차에 한정되어 있다. 따라서 업무용 자동차보험의 화물자동차는 유상운송을 이유로 면책되지 않는다.

(나) 단서 조항

개인용 자동차보험은 임대차계약의 단서 조항이 있으나 업무용과 영업용은 위 단서 조항이 없다. 즉, 개인용 자동차보험은 계약기간이 30일을 초과하는 임대차계약에 의해 임차인이 피보험자동차를 전속적으로 사용하는 경우에는 부책된다. 그러나 업무용 자동차보험의 승용차나 승합차(버스)는 개인용 자동차보험의 위 단서 조항에 의해 부책될 수 없으며, 영업용 자동차보험의 대여사업자동차의 임차인이 피보험자동차를 30일을 초과하는 기간 동안 전대한 경우에도 면책된다.

(다) 유상운송 위험 담보 특별약관

개인용 자동차보험은 피보험자동차가 다목적 1종·2종 승용자동차, 업무용 자동차보험은 구급차 중 승용자동차로서 유상으로 운송용에 제공하는 경우에만 특별약관에 가입할 수 있다.

마. 제3자와의 계약으로 늘어난 위험

(1) 자동차보험약관「대인배상Ⅱ」규정

자동차보험약관「대인배상Ⅱ」의 "보상하지 않는 손해"에서「피보험자가 제3자와 손해배상에 관한 계약을 맺고 있을 때 그 계약으로 늘어난 손해는 보상하지 않는다」고 규정하고 있다.

(2) 강조 조항

위 면책 조항은 동 약관의 "보상하는 손해"에서 보험자의 보상책임을 피보험자의 법률상 손해배상 책임에 한정된다고 규정하고 있으므로 본 조항은 논란 방지를 위한 강조 조항으로 보아야 한다.

(3) 면책 이유

피보험자가 제3자와 손해배상에 관한 계약으로 늘어난 손해를 면책 사유로 삼는 것은 보험회 사가 예측할 수 없는 손해임과 동시에 공모에 의한 도덕적 위험을 규제하기 위한 필요성이 있기 때문이다.

(4) 늘어난 손해의 책임

피보험자가 법률상 손해배상책임이 없는데도 책임이 발생하는 손해와 피보험자가 법률상 손 해배상책임을 지는 금액 이상은 면책이다.

바. 무면허운전 면책

(1) "무면허운전"의 의의

「도로교통법」또는「건설기계관리법」의 운전(조종)면허에 관한 규정에 위반하는 무면허 또 는 무자격 운전(조종)을 말한다.

(2) 자동차보험약관「대인배상Ⅱ」규정

자동차보험약관「대인배상Ⅱ」의 "보상하지 않는 손해"에서「피보험자 본인이 무면허운전을 하였거나, 기명피보험자의 명시적·묵시적 승인 하에서 피보험자동차의 운전자가 무면허운전을 하였을 때에 생긴 사고로 인한 손해. 다만,「자동차손해배상보장법」제5조제2항의 규정에 따라 자동차 보유자가 의무적으로 가입하여야 하는「대물배상」보험가입금액 한도에서는 보상합니 다」라고 규정하고 있다.

(3) 면책 이유

무면허운전 중 사고를 면책으로 규정하고 있는 것은 다음과 같다. 첫째, 무면허운전이 사고 발 생 개연성이 높고, 둘째, 무면허운전 자체가 미필적 고의에 해당하는 반사회적인 행위이며, 셋 째, 무면허운전이 법으로 금하고 있는 법규 위반에 해당되기 때문이다.

■ 대법원 1998.03.27. 선고 97다6308 판결[손해배상(자)]

자동차종합보험보통약관상의 무면허운전 면책 조항은 사고 발생의 원인이 무면허운전에 있음을 이유로 한 것이 아니라 사고 발생 시에 무면허운전 중이었다는 법규 위반 상황을 중시하여 이를 보험자의 보험 대상에서 제외하는 사유로 규정한 것이므로, 운전자의 운전면허가 정지되거나 취소된 경우에도 위 면책 규정상의 무면허운전에 해당된다고 보아야 하고, 운전자의 운전면허가 적법한 절차에 따라 정지 또는 취소된 이상 운전자가 그 무면허운전 사실을 인식하지 못하였다고 하더라도 달리 볼 것은 아니다.

■ 대법원 1998.11.27. 선고 98다39701 판결[손해배상(자)]

자동차 대여사업자가 자동차 운전면허가 없는 사람에게 무면허자임을 알면서도 승용차를 대여하였고, 그 무면허자가 대여받은 승용차를 운전하던 중 운전미숙의 과실로 인하여 교통사고가 발생한 경우, 무면허운전은 「도로교통법」 제40조제1항에 의하여 금지되어 있는 범죄행위임이 명백하고 운전기술이 없거나 미숙한 사람이 자동차를 운전할 경우에는 타인의 생명이나 신체에 위해를 미칠 위험이 큰 점에 비추어 볼 때, 달리 특별한 사정이 없는 한 자동차 대여사업자가 무면허자에게 위 자동차를 대여한 행위와 무면허자의 위와 같은 운전 미숙이 원인이 되어 발생한 교통사고 사이에는 상당인과관계가 있다고 보아야 한다.

(4) 유 형

전기 용어 정의에서 무면허운전을 유형별로 상세하게 기술하였으므로 본 장에서는 간략하게 요약하면 다음과 같다.

(가) 운전면허를 받지 않고 운전

(나) 면허 취소, 정지기간 중 운전

(다) 면허종별 위반(50cc미만의 오토바이라도 최소한 원동기장치자전거면허가 있어야 하며, 125cc 이상의 오토바이는 2종 소형면허가 있어야 하며, 2종 면허로 사업용 자동차를 운행할 수 없다.)

(라) 적성검사, 유효기간이 지난 면허로 운전

(마) 면허증 교부 전 운전(면허증 교부일자 기준)

(바) 외국인이 국제운전면허를 받지 않고 운전하거나 국제운전면허를 받았어도 입국일로부터 1년 초과하여 운전한 경우와 국제운전면허로 비사업용 이외의 차량 운전

(사) 군면허로 군용차 이외의 차 운전(자동차등록증에 군용 표시가 된 자동차)

(5) 책임보험(「대인배상Ⅰ」) 부책 및 자기부담금 조항

'04년 8월 22일 이후 계약부터 「자배법」 개정에 따라 무면허운전이라 하더라도 「대인배상Ⅰ」은 물론 「대물배상」의 책임보험금 한도 내에서는 보상한다. 「대인배상Ⅰ」은 부상, 후유장해는 급수별 한도 내에서 사망은 한도액 1억 원, 「대물배상」은 1,000만 원 한도 내에서 실제 손해액을 보상한다. 단, 「대인배상Ⅰ」인 경우 300만 원, 「대물배상」인 경우 100만 원의 자기부담 조항이 있다.

■ 대법원 2013.03.14. 선고 2012다90603 판결[구상금]
자동차종합보험의 약관 중 「피보험자가 음주운전 또는 무면허운전을 하는 동안의 사고로 인하여 보험회사가 보험금을 지급하게 되는 경우 피보험자는 약관에 정한 금액을 자기부담금으로 부담하여야 한다」는 내용의 자기부담금 조항에서 정한 "피보험자"가 기명피보험자에 한정되는지가 문제된 사안에서, 특별한 사정이 없는 한 위 약관 조항에서 말하는 "피보험자"는 「자동차손해배상보장법」(이하 "법"이라 한다) 제29조제1항에서 정한 "법률상 손해배상책임이 있는 자"와 동일한 의미라고 보아야 하는데, 이에는 기명피보험자 뿐만 아니라 그로부터 사용 승낙을 받은 친족피보험자 등도 포함되는 점 등 여러 사정에 비추어 "피보험자"를 기명피보험자로 한정하여 해석할 것은 아님에도, 이와 달리 본 원심 판결에는 법 제29조제1항 및 이에 따른 위 약관의 자기부담금 조항에 대한 해석을 잘못하여 판결에 영향을 미친 위법이 있다고 한 사례

(6) 기명피보험자의 명시적, 묵시적 승인

묵시적 승인은 무면허운전에 대한 승인 의도가 명시적으로 표현되는 경우와 동일시 할 수 있는 정도로 그 승인 의도를 추단할 만한 사정이 있는 경우로 한정되어야 한다. 또한 명시적, 묵시적 승인이 없는 무단, 절취 무면허운전 사고에 대해서는 보상책임이 발생하며 보험자는 피해자에게 보상을 한 후에 이들에게 구상한다. 단, 친족피보험자와 같이 제3자의 범위에 포함되지 않는 자에게는 보험자대위권이 제한된다.

■ 「상 법」
제682조(제3자에 대한 보험대위)
① 손해가 제3자의 행위로 인하여 발생한 경우에 보험금을 지급한 보험자는 그 지급한 금액의 한도에서 그 제3자에 대한 보험계약자 또는 피보험자의 권리를 취득한다. 다만, 보험자가 보상할 보험금의 일부를 지급한 경우에는 피보험자의 권리를 침해하지 아니하는 범위에서 그 권리를 행사할 수 있다.
② 보험계약자나 피보험자의 제1항에 따른 권리가 그와 생계를 같이하는 가족에 대한 것인 경우 보험자는 그 권리를 취득하지 못한다. 다만, 손해가 그 가족의 고의로 인하여 발생한 경우에는 그러하지 아니하다.

■ 대법원 2002.09.06. 선고 2002다32547 판결[구상금]
피보험자의 동거친족에 대하여 피보험자가 배상청구권을 취득한 경우, 통상은 피보험자는 그 청구권을 포기하거나 용서의 의사로 권리를 행사하지 않은 상태로 방치할 것으로 예상되는 바, 이러한 경우 피보험자에 의하여 행사되지 않는 권리를 보험자가 대위 취득하여 행사하는 것을 허용한다면 사실상 피보험자는 보험금을 지급받지 못한 것과 동일한 결과가 초래되어 보험제도의 효용이 현저히 해하여진다 할 것이고, 무면허면책약관은 보험약관에 있어서의 담보 위험을 축소하고 보험료의 할인을 가능하게 하는 데 그 취지가 있는 것이기는 하나, 그 경우에도 피보험자의 명시적이거나 묵시적인 의사에 기하지 아니한 채 무면허운전자가 피보험자동차를 운전한 경우에는 면책 조항의 예외로서 보험자가 책임을 지는 점에 미루어 무면허운전자가 동거가족인 경우에도 보험자

의 대위권 행사의 대상이 되는 것으로 해석한다면, 무면허운전자가 가족이라는 우연한 사정에 의하여 면책약관에 위배되지 않은 보험계약자에게 사실상 보험 혜택을 포기시키는 것이어서 균형이 맞지 않는 점 등에 비추어, 무면허운전 면책약관부 보험계약에서 무면허운전자가 동거가족인 경우 특별한 사정이 없는 한 「상법」 제682조 소정의 제3자의 범위에 포함되지 않는다고 봄이 타당하다(대법원 2000.6.23. 선고 2000다9116 판결 참조).

■ 대법원 2002.09.24. 선고 2002다27620 판결[구상금]

자동차보험에 있어서 피보험자의 명시적·묵시적 승인 하에서 피보험자동차의 운전자가 무면허운전을 하였을 때 생긴 사고로 인한 손해에 대하여는 보상하지 않는다는 취지의 무면허운전 면책약관은 무면허운전이 보험계약자나 피보험자의 지배 또는 관리 가능한 상황에서 이루어진 경우에 한하여 적용되는 것이고(대법원 2000.5.30. 선고 99다66236 판결 등 참조), 26세 이상 한정운전 특별약관 제2조제2항 소정의 "피보험자동차를 도난당하였을 경우"라 함은 피보험자의 명시적이거나 묵시적인 의사에 기하지 아니한 채 제3자가 피보험자동차를 운전한 경우를 말하는 것이며(대법원 2000.2.25. 선고 99다40548 판결 등 참조), 위 각 경우에 있어서 묵시적 승인(의사)은 명시적 승인의 경우와 동일하게 면책약관이 적용되므로 무면허 또는 도난운전에 대한 승인 의도가 명시적으로 표현되는 경우와 동일시할 수 있는 정도로 그 승인 의도를 추단할 만한 사정이 있는 경우에 한정되어야 하고, 무면허 또는 도난운전이 보험계약자나 피보험자의 묵시적 승인 하에 이루어졌는지 여부는 보험계약자나 피보험자와 무면허 또는 도난운전자의 관계, 평소 차량의 운전 및 관리 상황, 당해 무면허 또는 도난운전이 가능하게 된 경위와 그 운행 목적, 평소 무면허 또는 도난운전자의 운전에 관하여 보험계약자나 피보험자가 취해 온 태도 등의 제반 사정을 함께 참작하여 인정할 것이다. 원심이 인용한 제1심 판결은, 피고의 무면허운전 면책약관 및 26세 이상 한정운전 특별약관에 따라 면책되어야 한다는 피고의 항변에 대하여 그 채택 증거들에 의하여, 이 사건 승용차의 소유자이며 피보험자인 임근승은 식당을 운영하면서 가정용 및 개인업무용으로 자신만이 운전하던 위 승용차의 열쇠를 평소 본인이 직접 관리하여 왔으나, 사고 당일 오후 친구들과의 계모임으로 외출하면서 식당 관리를 처제 및 종업원에게 맡기고 식당 열쇠와 같이 묶여 있던 차량 열쇠를 방안에 있던 바구니에 넣어둔 사실, 사고 당시 만 15세인 임근승의 아들 임광수가 위 열쇠를 몰래 들고 나와 무면허로 이 사건 승용차를 운전하다가 이 사건 사고를 발생시킨 사실, 임근승은 평소 임광수가 가끔 자신의 식당 주차장 내에 주차된 이 사건 승용차를 주차장 내에서 운전하는 것을 볼 때마다 주차장 내에서는 운전연습을 하더라도 주차장 밖으로 나가서는 안 된다고 주의를 주어 이 사건 사고 전에는 임광수가 위 승용차를 운전하여 위 주차장 밖으로 나간 적이 없었던 사실을 각 인정한 다음, 이와 같은 피보험자인 임근승과 운전자인 임광수의 관계, 평소 차량의 관리 상황, 만 15세의 임광수가 위 승용차를 무면허로 운전하게 된 경위, 평소 임광수의 운전에 관하여 임근승이 취해 온 태도 등에 비추어 임근승이 만 15세의 임광수가 위 승용차를 무면허로 운전하는 데 대하여 묵시적으로 승인하였다고 보기 어렵다고 할 것이라는 이유로 피고의 면책 항변을 배척하였는바, 앞서 본 법리와 그 채택 증거들을 기록과 비추어 살펴보면, 원심의 사실 인정과 판단은 모두 수긍이 되고, 거기에 상고이유의 주장과 같은 심리미진, 채증법칙 위반으로 인한 사실오인 또는 면책약관의 적용에 관한 법리오해의 위법이 없다.

■ 대법원 2013.09.13. 선고 2013다32048 판결[구상금]

자동차보험에서 피보험자의 명시적·묵시적 승인 하에 피보험자동차의 운전자가 무면허운전을 하였을 때 생긴 사고로 인한 손해에 대하여는 보상하지 않는다는 취지의 무면허운전 면책약관은 무면허운전이 보험계약자나 피보험자의 지배 또는 관리 가능한 상황에서 이루어진 경우에 한하여 적용되는 것인바(대법원 2000.5.30. 선고 99다66236 판결 등 참조), 위 경우에 묵시적 승인은 무면허에 대한 승인 의도가 명시적으로 표현되는 경우와 동일시할 수 있는 정도로 그 승인 의도를 추단할 만한 사정이 있으면 인정된다. 구체적으로 무면허운전이 보험계약자나 피보험자의 묵시적 승인하에 이루어졌는지 여부는, 보험계약자나 피보험자와 무면허운전자의 관계, 평소 차량의 운전 및 관리 상황, 당해 무면허운전이 가능하게 된 경위와 그 운행 목적, 평소 무면허운전자의 운전에 관하여 보험계약자나 피보험자가 취해 온 태도 등의 제반 사정을 함께 참작하여 판단할 것이다(대법원 2002.9.24. 선고 2002다27620 판결 등 참조).

(7) 피보험자 개별적용

귀책 사유가 없는 피보험자의 피보험이익은 보호되어야 하므로 기명피보험자의 명시적·묵시적 승인이 없는 경우 무면허운전 면책 조항을 피보험자마다 개별적으로 적용하여 보험자는 기명피보험자의 법률상 손해배상책임을 보상하고 무면허운전에 대하여 귀책 사유가 있는 피보험자에게 구상해야 할 것이다.

■ 대법원 1997.06.10. 선고 97다6827 판결[손해배상(자)]

피고의 자동차공제약관의 무면허 면책 조항은 무면허운전이 조합원이 지배 또는 관리 가능한 상황에서 이루어진 경우에 한하여 적용되는 조항이라 할 것이고, 여기에서 무면허운전이 조합원의 지배 또는 관리 가능한 상황에서 이루어진 경우라 함은 조합원의 명시적 또는 묵시적 승인 아래 이루어진 경우를 말하는 것이며, 조합원의 승낙을 얻어 공제계약자동차를 사용 또는 관리 중인 자의 승인만 있는 경우에는 조합원의 묵시적인 승인이 있다고 할 수 없어 무면허운전 면책 조항이 적용되지 아니한다. 그런데 화물트럭에 관하여 지입회사를 조합원으로 하여 공제조합에 가입한 경우에는 다른 특별한 사정이 없는 한 공제사업자인 피고와의 관계에서는 지입회사만이 조합원이고 지입차주는 조합원의 승낙을 얻어 공제계약자동차를 사용 또는 관리하는 자에 불과하므로, 지입차주의 승낙 아래 무면허로 화물자동차를 운전하다가 사고를 낸 경우에는 무면허 면책 조항이 적용되지 아니한다 할 것이다(당원 1995.9.15. 선고 94다17888 판결 참조).

■ 대법원 1997.06.27. 선고 97다10512 판결[보험금]

위 개인용 「자동차종합보험 보통약관」 제1조에 의하면 피보험자가 보험증권에 기재된 피보험자동차의 운행으로 인하여 남을 죽게 하거나 다치게 하여 「자동차손해배상보장법」 등에 의한 손해배상책임을 짐으로써 입은 손해는 피고가 보상하도록 되어 있고, 위 약관 제11조는 피보험자의 개념을 규정하면서 기명피보험자(제1항) 뿐만 아니라 친족피보험자("기명피보험자와 같이 살거나 살림을 같이 하는 친족으로서 피보험자동차를 사용 또는 관리 중인 자", 제2항), 승낙피보험자(제3항) 등 복수의 피보험자를 열거하고 있으므로, 보험자인 피고로서는 피보험자동차의 운전자가 누구이든지 간에 위 약관 제11조 소정의 복수의 피보험자 중에서 한 사람이라도 「자동차손해배상보장법」 등에 의한 자동차 운행자로서 손해배상책임을 지게 되는 자가 있는 경우에 그 피보험자의 손해를 보상하여야 하는 것이다(당원 1997.3.14. 선고 95다48728 판결 참조).

한편, 위 약관 제10조제6항은 「피보험자동차의 운전자가 무면허운전을 하였을 때에 생긴 사고로 인한 손해에 대하여는 보상하지 아니한다」고 규정하고 있는데, 위 규정은 무면허운전이 보험계약자나 피보험자의 지배 또는 관리 가능한 상황에서 이루어진 경우, 즉, 보험계약자나 피보험자의 명시적 또는 묵시적 승인 하에 이루어진 경우에 한하여 적용되는 조항이라고 해석되는 바(당원 1991.12.24. 선고 90다카23899 판결 등 참조), 하나의 사고에 대하여 배상책임이 있는 피보험자가 복수인 경우에는 각 피보험자별로 보험자의 손해보상책임 발생 여부를 결정하여야 하는 것과 마찬가지로 위와 같은 면책 조항의 적용 여부도 각 피보험자별로 결정하여야 할 것이니(당원 1988.6.14. 선고 87다카2276 판결, 1996.5.14. 선고 96다4305 판결 등 참조), 이 사건과 같이 기명피보험자인 원고가 그와 동거하는 아들인 소외 1의 무면허운전으로 인한 피해자들의 손해를 배상하고 그 배상액에 대하여 보험자인 피고에게 보험금의 지급을 구하는 사건에 있어서는 원고에 대하여 위 면책 조항이 적용되는지 여부를 결정하여야 할 것이고, 소외 1이 위 약관 제11조제2항 소정의 친족피보험자에 해당한다 하더라도 그 이유만으로 원고에 대하여 위 면책 조항이 적용된다고 할 수는 없고, 소외 1의 무면허운전이 기명피보험자인 원고의 명시적 또는 묵시적 승인 하에 이루어진 경우에 한하여 위 면책 조항이 적용된다 할 것이다.

■ 대법원 1999.04.23. 선고 98다61395 판결[손해배상(자)]

피보험자동차의 운전자가 무면허운전을 하였을 때 생긴 사고로 인한 손해에 대하여는 보상하지 않는다는 취지의 무면허운전 면책약관은 무면허운전이 보험계약자나 피보험자의 지배 또는 관리가 가능한 상황에서 이루어진 경우에 한하여 적용되고, 여기서 무면허운전이 보험계약자나 피보험자의 지배 또는 관리가 가능한 상황에서 이루어진 경우라 함은 보험계약자 또는 피보험자의 명시적 또는 묵시적 승인 하에 이루어진 경우를 말하며, 이 경우에 있어서 묵시적 승인은 명시적 승인의 경우와 동일하게 면책약관의 적용으로 이어진다는 점에서 무면허운전에 대한 승인 의도가 명시적으로 표현되는 경우와 동일시할 수 있는 정도로 그 승인 의도를 추단할 만한 사정이 있는 경우에 한정되어야 하므로, 무면허운전이 보험계약자나 피보험자의 묵시적 승인 하에 이루어졌는지 여부는 보험계약자나 피보험자와 무면허운전자의 관계, 평소의 차량의 운전 및 관리 상황, 당해 무면허운전이 가능하게 된 경위와 그 운행 목적, 평소 무면허운전자의 운전에 관하여 보험계약자나 피보험자가 취해 온 태도 등의 제반 사정을 함께 참작하여 인정하여야 한다(대법원 1997.7.8. 선고 97다15685 판결, 1998.7.10. 선고 98다1072 판결 등 참조).

원심이 그 판시와 같은 소외 1의 운전에 대하여 소외 2가 취하여 온 태도, 소외 1과 소외 2의 관계, 평소의 위 사고차량의 운전 및 관리상황, 위 무면허운전이 가능하게 된 경위와 목적 등의 제반 사정을 참작하여 볼 때, 소외 2가 소외 1의 무면허운전에 대하여 묵시적인 승인을 하였다고 보기 어렵다고 보아, 소외 1의 무면허운전이 보험계약자나 피보험자의 명시적 또는 묵시적 승인 하에 이루어졌음을 전제로 하는 피고의 주장을 배척한 조치는 정당하고, 거기에 피고가 주장하는 바와 같은 무면허운전의 면책약관에 관한 법리를 오해한 위법이 있음을 찾아볼 수 없다.

그리고 소외 2가 위 사고차량에 대해서 운행지배와 운행이익을 상실하지 아니하였다는 판단과 소외 1의 무면허운전에 대하여 명시적이거나 묵시적인 승인을 하지 아니하였다는 판단은 양립할 수 있는 것이므로(대법원 1997.6.27. 선고 97다10512 판결 참조), 원심이 운행자 지위 상실 주장과 무면
허운전에 대한 승인이 있었다는 주장을 모두 배척한 것은 정당하고, 거기에 이유불비의 위법이 있
다고 할 수 없다.

■ 대법원 2007.11.16. 선고 2007다37820 판결[손해배상(자)]
하나의 사고에 대하여 배상책임이 있는 피보험자가 복수인 경우에는 면책 조항의 적용 여부도 각
피보험자별로 결정하여야 할 것이니, 소외인의 무면허운전의 피해자인 원고들이 기명피보험자인
금다렌트카의 책임을 물어 보험자인 피고에게 직접 손해배상을 청구하는 이 사건에 있어서, 피고는
소외인이 승낙피보험자라는 이유만으로 무면허운전 면책 조항의 적용을 주장할 수 없고, 소외인의
무면허운전이 기명피보험자인 금다렌트카의 명시적 또는 묵시적 승인 하에 이루어진 경우에 한하
여 면책 주장이 허용될 수 있을 것이다(대법원 1997.6.27. 선고 97다10512 판결 참조).
기록에 의하면, 금다렌트카가 소외인의 무면허운전에 대하여 명시적이거나 묵시적인 승인을 하였
다고 보기 어렵다 할 것이므로, 피고의 무면허운전 면책 주장은 배척될 수밖에 없다.

사. 피보험자동차를 시험용, 경기용, 연습용 등으로 사용 시 면책

(1) 자동차보험약관 「대인배상 II」 규정

자동차보험약관 「대인배상 II」의 "보상하지 않는 손해"에서 「피보험자동차를 시험용, 경기용
또는 경기를 위해 연습용으로 사용하던 중 생긴 손해. 다만, 운전면허시험을 위한 도로주행 시험
용으로 사용하던 중 생긴 손해는 보상한다」고 규정하고 있다.

(2) 면책 취지

타보험종목과의 형평성을 고려하여 보험약관 개정 시, 「대인배상 II」와 「대물배상」에 추가시
켜 전 담보(「대인배상 I」 제외)에서 면책으로 규정하고 있다.

(3) 면책 사고

피보험자가 로드레이스(Road race)나 서킷레이스(Circuit race) 등에 경기 중이거나 경기에 나
가기 위하여 연습 중에 발생한 사고와 자동차 제조사나 자동차 부품 제조사 등이 자동차의 성능
을 시험하기 위하여 시험운전 중 발생한 사고는 면책 대상이다.

(4) 「자기신체사고」 등

「자기신체사고」와 「무보험자동차에 의한 상해」의 경우 피보험자동차 뿐 아니라 피보험자동
차 외의 자동차를 사용하여 발생한 사고도 포함된다.

아. 피보험자 또는 그 부모, 배우자 및 자녀 면책

(1) 자동보험약관 「대인배상 II」 규정

자동보험약관 「대인배상 II」의 "보상하지 않는 손해"에서는 "피보험자 또는 그 부모, 배우자

및 자녀"가 죽거나 다친 경우에는 보상하지 않는다고 규정하고 있다.

개정 전 구 약관에서는 피보험자가 법인인 경우에는 이사와 감사 또는 그 부모와 배우자 및 자녀도 보상하지 않는 사람에 포함되어 있었으나 개정 약관에는 동 문구가 삭제되었다. 그러나 개정 약관에 동 문구가 명시되어 있지 않더라도 피보험자가 법인인 경우 이사와 감사 또는 그 부모와 배우자 및 자녀가 죽거나 다친 경우에 보상하지 않는다고 보아야 한다.

한편, 구 약관에는 피보험자동차를 운전 중인 자(운전보조자 포함), 기명피보험자로부터 허락을 얻어 피보험자동차를 운행하는 자와 그들의 부모, 배우자, 자녀를 보상하지 않는 사람으로 명시하였으나, 이들 역시 개정 약관의 피보험자에 해당하므로 약관의 해석이나 적용에 있어서는 실질적인 차이가 없다고 보아야 한다.

(2) 면책 이유

피보험자 및 이와 밀접한 인적관계에 있는 자들에 대해 면책으로 규정한 이유는

(가) 도덕적 위험(moral risk)을 방지하고,

(나) 실무상 손해액을 산정하기가 곤란하고,

(다) 타보험 영역(상해보험에서 담보)이고,

(라) 가족 간의 사고는 통상 손해배상을 하지 않는다는 점, 가족 간의 손해배상은 가족 간에 맡긴다는 가단이론(家團理論)과 가족 간 손해배상을 이행하였다 하더라도 그들 간에는 경제적 귀속 주체의 동일성이 강하여 실질적인 효과가 없다는 한주머니 이론에 근거를 두고 있다.

■ 대법원 1993.09.14. 선고 93다10774 판결[보험금 지급]

임의보험인 자동차종합보험의 대인배상보험은 강제보험인 자동차손해배상책임보험과는 달리 그 목적이 피해자의 보호에 있다기보다는 피보험자의 손해배상책임을 전보하고자 함에 있을 뿐 아니라 그 가입 여부 또한 자유로우므로 일반적으로 사적 자치의 원칙이 적용되는 영역에 속하고, 피보험자나 운전자의 배우자 등이 사고로 손해를 입은 경우에는 그 가정 내에서 처리함이 보통이고 손해배상을 청구하지 않는 것이 사회통념에 속한다고 보이며, 이러한 경우의 보호는 별도의 보험인 자손사고보험에 의하도록 하고 있는 점 등으로 미루어 보면, 피보험자나 운전자의 배우자 등이 사고로 손해를 입은 경우를 자동차종합보험의 대인배상보험에서 제외하고 있는 약관 규정이 「약관의규제에 관한 법률」 제7조제2호에 위반된다거나 경제적인 강자인 보험자에게 일방적으로 유리한 규정에 해당하여 무효라고 할 수 없다.

■ 대법원 1994.10.25. 선고 93다39942 판결[보험금]

기록에 의하면 피고 회사의 「자동차종합보험보통약관」(대인배상보험) 제10조는 피고 회사가 "보상하지 아니하는 손해"를 규정하면서 그 제2항제1호에서 「보험증권에 기재된 피보험자 또는 그 부모, 배우자 및 자녀가 죽거나 다친 경우에는 보상하지 아니합니다」라고 규정하고 있음을 알 수 있는바, 이러한 면책 조항은 피보험자나 그 배우자 등이 사고로 손해를 입은 경우에는 그 가정 내에서 처리함이 보통이고 손해배상을 청구하지 않는 것이 사회통념에 속한다고 보아 규정된 것으로서

(당원 1993.9.14. 선고 93다10774 판결 참조), 그러한 사정은 사실혼관계의 배우자에게도 마찬가지라 할 것이므로 여기서 "배우자"라 함은 반드시 법률상의 배우자만을 의미하는 것이 아니라, 이 사건에서와 같이 관행에 따른 결혼식을 하고 결혼생활을 하면서 아직 혼인신고만 되지 않고 있는 사실혼관계의 배우자도 이에 포함된다고 봄이 상당하다고 할 것이다.

원심은 같은 취지로 판단하고 있으므로 정당하고, 「약관의 규제에 관한 법률」 제5조제2항은 약관의 뜻이 명백하지 아니한 경우에는 고객에게 유리하게 해석되어야 한다고 규정하고 있으나, 위 약관의 문언상 "배우자"에 사실혼관계에 있는 배우자도 포함한다는 것이 위 약관 규정의 합리적 해석 원칙에서 고객에게 불리하다고 볼 수도 없으므로, 원심의 판단에 소론과 같은 「약관의 규제에 관한 법률」 제5조제2항의 법리를 오해한 위법이 있다는 논지는 이유 없다.

또 객관적으로 보아 보험계약자인 소외 김상경이 위 약관 면책 조항의 배우자에 사실혼관계의 배우자가 포함됨을 알았더라면 피고 회사와 이 사건 보험계약을 체결하지 아니하였으리라고 인정할 만한 사정도 엿보이지 않는 이 사건에서 위 사실은 약관의 중요한 내용이 아니라고 한 원심의 판단은 정당하고, 거기에 소론과 같은 「약관의 규제에 관한 법률」 제3조제2항, 제3항의 법리를 오해한 위법도 없다.

■ 대법원 2011.03.24. 선고 2010다94021 판결[부당이득금 반환]

약관의 해석은, 신의성실의 원칙에 따라 당해 약관의 목적과 취지를 고려하여 공정하고 합리적으로 해석하되, 개개 계약 당사자가 기도한 목적이나 의사를 참작함이 없이 평균적 고객의 이해가능성을 기준으로 객관적·획일적으로 해석하여야 한다(대법원 2009.5.28. 선고 2008다81633 판결 등 참조).

전국화물자동차공제조합의 「자동차공제약관」 제13조에 의하면, 기명조합원으로부터 허락을 얻어 공제계약 자동차를 운행하는 자가 죽거나 다친 경우 「대인배상Ⅱ」에서 정한 공제조합의 보상금 지급 의무가 면책되는 것으로 규정되어 있으므로, 공제조합으로서는 죽거나 다친 피해자가 위 면책 조항에서 정한 승낙조합원에 해당한다는 사유가 있으면 「대인배상Ⅱ」에서 정한 보상금 지급 의무의 면책을 주장할 수 있다.

원심 판결 이유에 의하면, 원심은 그 채택 증거를 종합하여 원고는 2006.10.25. 진산운수주식회사와의 사이에 이 사건 차량에 관하여 「대인배상Ⅰ·Ⅱ」 등을 담보하는 이 사건 공제계약을 체결한 사실,피고는 자신의 공사 현장에서 사용하던 자재인 유로폼을 옮기기 위하여 진산운수로부터 운전기사인 소외인과 함께 이 사건 차량을 임차한 사실, 피고는 2007.10.19. 약 4미터 높이의 유로폼 더미 위에 올라가 유로폼에 줄을 묶어 크레인 고리에 걸어 주는 작업을 하고 있었는데, 소외인이 크레인을 잘못 작동하여 크레인에 걸린 줄로 피고를 추락하게 하여 상해를 입게 한 사실을 인정한 다음, 피고는 기명조합원으로부터 허락을 얻어 공제계약 자동차를 운행하는 자에 해당하므로, 원고는 위 면책 조항에 따라 「대인배상Ⅱ」에 의한 보상금을 피고에게 지급할 의무가 없다고 판단하였다.

앞서 본 법리와 기록에 비추어, 원심의 위와 같은 사실인정과 판단은 정당한 것으로 수긍할 수 있다.

원심 판결에는 상고이유에서 주장하는 바와 같이 「대인배상Ⅱ」에서의 승낙조합원 해당 여부 및 승낙조합원 면책 조항의 해석에 관한 법리를 오해하는 등의 위법이 없다.

(3) 면책 범위 제한(피보험자 개별적용)

운전피보험자 또는 허락피보험자의 부모, 배우자, 자녀의 경우 이들에 대하여 기명피보험자의 배상책임이 성립되는 경우에는 보상하도록 하고 있다. 예를 들면, 고용 운전기사가 택시회사의 허락을 받지 않거나 신고를 하지 않고 무상으로 처와 아들을 태우고 운행 중 사고로 처가 사망한 건에 대해 회사(기명피보험자)에 대해 타인성을 인정하여 보험회사의 보상책임을 인정한다.[1]

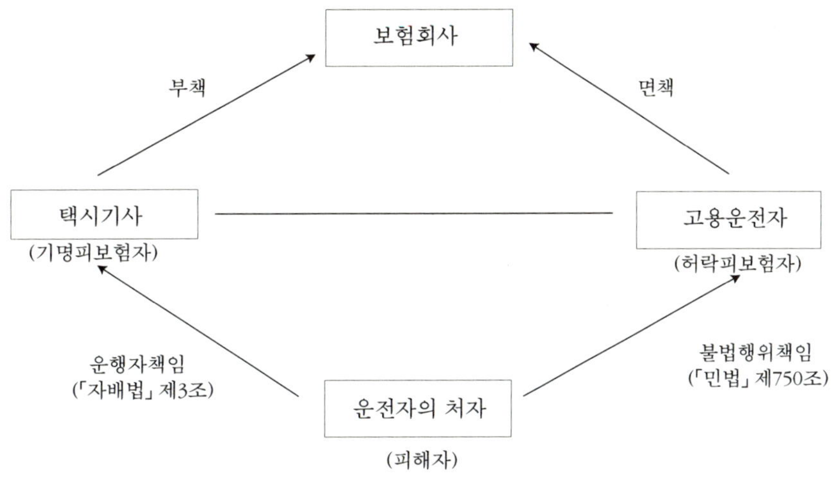

■ 대법원 1996.05.14. 선고 96다4305 판결[채무부존재확인]

자동차종합보험에 있어서 동일 자동차사고로 인하여 피해자에 대하여 보상책임을 지는 피보험자가 복수로 존재하는 경우에는 그 피보험이익도 피보험자마다 개별로 독립하여 존재하는 것이므로 각각의 피보험자마다 손해배상책임의 발생 요건이나 면책 조항의 적용 여부 등을 개별적으로 가려서 보상책임의 유무를 결정하는 것이 원칙이므로, 특별한 사정이 없는 한, 약관에 피보험자 개별적용 조항을 별도로 규정하고 있지 않더라도 각 피보험자별로 위 면책 조항의 적용 여부를 가려 보험자의 면책 여부를 결정하여야 할 것이고, 위 약관의 규정 형식만으로 배상책임이 있는 복수의 피보험자 중 어느 한 사람이라도 피해자와의 사이에 위 조항 소정의 인적관계가 있기만 하면 모든 피보험자에 대한 보상책임을 면하는 것으로 해석할 것은 아니라 할 것이다(당원 1988.6.14. 선고 87다카2276 판결 참조). 따라서, 원심이 그 판시와 같은 이유로 위 면책약관을 절대적 면책 규정이라고 본 것은 잘못이라 할 것이다.

그러나 한편, 위 보험약관 제11조에 의하면 제1항의 보험증권에 기재된 피보험자(기명피보험자) 외에도 제5항에서 기명피보험자를 위하여 피보험자동차를 운전 중인 자도 피보험자로 규정하고 있고, 제10조제2항에 의하면 대인배상의 경우 보상하지 아니하는 손해로서 피보험자동차를 운전 중인 자 또는 그 부모, 배우자 및 그 자녀(제2호) 외에, 배상책임 의무가 있는 피보험자 또는 그 부모, 배우자 및 자녀(제3호)에 대한 각 사고의 경우를 들고 있는바, 이 사건 사고를 일으킨 운전자인 위 최정현은 위 보험약관 제11조제5항 소정의 기명피보험자인 소외 홍성의료원을 위하여 피보험자동차를 운전 중인 자, 위 홍성의료원은 위 보험약관 제11조제1항 소정의 기명피보험자로서, 각 배상

---

1   민병진, 『자동차보험이론』((주)고시아카데미, 2006), 103面.

책임 의무가 있는 피보험자인데, 피고들은 위 최정현에 대한 관계에서는 같은 약관 제10조제2항제3호 소정의 배상책임 있는 피보험자의 배우자 및 자녀에 해당하고, 위 홍성의료원과의 관계에서는 같은 약관 제10조제2항제2호 소정의 피보험자동차를 운전 중인 자의 배우자 및 자녀에 해당하여 위 최정현 및 위 홍성의료원 모두와의 관계에서 보험자인 원고에게 면책 사유가 존재한다고 할 것이므로, 원고의 피고들에 대한 이 사건 대인배상 지급 채무는 없다고 할 것이고, 따라서 원심의 위에서 본 잘못은 판결의 결론에는 아무런 영향이 없다고 할 것이다. 결국 상고는 이유 없음에 돌아간다.

■ 대법원 1998.02.27. 선고 96다41144 판결[보험금]

위 약관 제10조제2항제2호 소정의 피보험자동차를 운전 중인 자라 함은 기명피보험자나 승낙피보험자 등 약관 제11조제1호 내지 제4호 소정의 피보험자를 포함하여 현실적으로 피보험자동차를 운전하는 모든 사람을 의미하는 것이 아니라 기명피보험자나 승낙피보험자 등 약관 제11조제1호 내지 제4호 소정의 피보험자를 위하여 피보험자동차를 운전 중인 자를 의미한다고 해석함이 상당하다 할 것이다.

이 사건의 경우 원심이 확정한 사실관계에 의하면 소외 1이 기명피보험자로서 자동차 대여업자인 원고로부터 이 사건 사고차량을 임차하여 그 차량에 자신의 처 소외 2와 자 소외 3을 태우고 가다가 교통사고를 내어 위 소외 2와 소외 3이 사망하였다는 것이므로, 위 소외 1은 위 약관 제11조제3호 소정의 이른바 승낙피보험자, 원고는 위 약관 제11조제1호 소정의 기명피보험자로서 각 배상책임 의무가 있는 피보험자라고 할 것인바, 위 망인들은 위 소외 1에 대한 관계에서는, 위 약관 제10조제2항제3호 소정의 배상책임 있는 피보험자의 배우자 및 자녀에 해당하므로 보험자인 피고에게 면책 사유가 존재한다고 할 것이나, 원고와의 관계에서는, 위 약관 제10조제2항제1호 소정의 인적 관계가 없으므로 피고에게 같은 호 소정의 면책 사유가 존재하지 아니할 뿐만 아니라, 위 소외 1이 기명피보험자인 원고를 위하여 위 사고차량을 운전하였다고 볼 증거가 없고 오히려 위 소외 1이 자기를 위하여 위 사고차량을 운전한 자에 해당하는 이 사건에 있어서 위 소외 1이 위 약관 제10조제2항제2호 소정의 피보험자동차를 운전 중인 자에 해당하지 아니함이 분명하고 따라서 위 망인들은 위 약관 제10조제2항제2호가 적용될 여지가 없으므로 역시 보험자인 피고에게 면책 사유가 존재하지 아니한다고 할 것이므로, 피고의 이 사건 보험금 지급 책임이 면책되는 것은 아니라고 할 것이다.

같은 취지에서 위 약관의 면책 조항에 따라 피고의 보험금 지급 책임이 면책된다는 피고의 주장을 배척한 원심의 조처는 정당하고, 거기에 상고이유로 주장하는 바와 같은 보험 면책 조항에 관한 법리오해나 약관 제10조제2항제2호의 해석을 그르친 위법 등이 있다고 할 수 없다.

(4) 피해자의 타인성

(가) 정 의

타인은 자동차고의 객체로 손해배상청구의 주체로서 「자배법」상 타인이거나 「민법」상 타인이어야 하며 자동차보험 「대인배상Ⅱ」의 보상책임에서 제외된 자에 해당되지 않아야 한다.

(나) 타인성 판단

1) 「민법」상 타인의 범위

「민법」 제750조의 불법행위 이외의 자. 「민법」 제756조의 사용자의 피용자를 제외한 자가 타인이다. 따라서 배우자, 운전보조자도 「민법」상 타인이다.

2)「자배법」상 타인의 범위

운행자와 운전자(운전보조자 포함) 이외의 자이다.

자. 피용자 재해 면책 조항

(1) 자동차보험약관「대인배상Ⅱ」규정

자동차보험약관「대인배상Ⅱ」의 "보상하지 않는 손해"에서 「배상책임 있는 피보험자의 피용자로서「산업재해보상보험법」(이하「산재보험법」이라 한다)에 의한 재해 보상을 받을 수 있는 사람. 다만, 그 사람이 입은 손해가 같은 법에 의한 보상 범위를 넘어서는 경우 그 초과손해를 보상합니다」라고 규정하고 있다.

(2) 면책 취지

「산재보험법」에 의한 재해 보상을 받을 수 있는 사람인 경우에 보험자의 면책 사유로 규정하고 있는 것은 사용자와 근로자의 노사관계에서 발생한 업무상 재해로 인한 손해에 대해서는 노사관계를 규율하는 「근로기준법」에서 각종 보상책임을 규정하는 한편, 이러한 보상책임을 담보하기 위하여 「산재보험법」으로 산업재해보상보험제도를 설정하고 있음에 비추어 노사관계에서 발생하는 재해 보상에 대해서는 원칙적으로 산업재해보험(이하 "산재보험"이라 한다.)에 의하여 전보받도록 하려는 데에 그 취지가 있다(대법원 1994.3.11. 선고 93다58622 판결). 이외에도 업무상 재해는 일반 자동차사고의 전형적인 위험인 운송수단으로써의 본질이나 위험과는 별개의 이질적 위험이고, 이러한 이질적 위험에서 보험료 산정의 기준이 되는 위험율 역시 차이가 있어 자동차보험으로 보장하는 것이 적절치 않다는 주장이 있었다. 그러나 업무 수행 중 피해 근로자가 자동차보험과 산재보험에서 모두 보상을 받게 될 경우 부당이득을 취하게 되므로 이를 방지하기 위해서 동 면책 규정을 두고 있다고 하는 주장이 설득력을 얻고 있다. 이와 같은 주장은 자동차보험약관에서 면책 사유를 "「산업재해보상보험법」에 의한 재해 보상을 받을 수 있는 사람"으로 하고 있는 점과 「같은 법에 의한 보상 범위를 넘어서는 경우 그 초과손해를 보상합니다」라고 규정하여 결국에는 산재보험급여 초과손해는 면책 대상에서 제외하고 있는 사실에서 그 근거를 찾을 수 있다고 하겠다.

(3) 면책 요건

위 면책 조항이 성립하기 위해서는 배상책임 있는 피보험자가 사용자의 지위에서 「산업재해보상보험법」상 보상책임이 발생함과 동시에 자동차사고로 피용자인 피해자에게 배상책임이 발생해야 한다. 즉, 사용자에게 「산재보험법」상 보상책임이 발생하기 위해서는 다음 각 호의 요건이 충족되어야 한다.

1. 자동차사고가 업무상 재해이어야 한다.

2. 피해자가 배상책임 의무가 있는 피보험자의 피용자이어야 한다.

3. 피해자가 「산재보험법」에 의한 재해 보상을 받을 수 있는 자이어야 한다.

(가) 업무상 재해일 것

1) 업무상 재해의 성립 요소

근로자의 부상이나 질병, 신체장해 또는 사망 등에 대하여 이를 "업무상"과 "업무 외"로 구별하는 이유는, 현행 법의 입장에서 본다면 근로관계의 당사자로서의 사용자가 책임을 부담해야 하는지 여부를 명확히 하기 위한 필요성에서 출발한다. 즉, "업무상"의 재해에 대해서는 「근로기준법」상 사용자가 직접적으로 보상을 하든가 또는 「산재보험법」의 경우에 보험관장자가 보험급여책임을 부담하지 않으면 안 되지만 "업무 외"의 재해에 대해서는 일체의 책임을 부담하지 않는다. 업무상의 재해는 재해의 결과에 대하여 보험관장자가 전면적으로 보험급여의 지급 책임을 부담해야 하는 재해를 말한다. 보험관장자가 업무상의 재해에 대하여 보험급여의 지급 책임을 부담해야 한다는 취지는 당해 재해가 근로관계를 기반으로 하여 발생한 것이기 때문이다.

2) 업무상 재해의 인정 기준

"업무상 재해"라 함은 업무상의 사유에 따른 근로자의 부상·질병·장해 또는 사망을 말한다(「산재보험법」 제5조제1호). 이는 같은 법 개정 전의 구 규정에 명시했던 업무 수행성과 업무 기인성을 삭제하고 대신에 업무상 사유로 개정하였다. 이것은 업무상의 인정 기준을 설정함에 있어서 종전의 엄격한 "2요건주의"인 업무 수행성과 업무 기인성을 탈피하여 업무상의 인정에 있어서 보다 융통성 있게 확대·해석할 수 있는 여지를 마련하기 위한 취지라고 볼 수 있다. 업무상 재해 인정 기준에는 일반적으로 업무 수행성과 업무 기인성의 두 개의 요소로 나누어 설명할 수 있다.

가) 업무 수행성

"업무 수행성"이라 함은 당해 근로자가 사업주의 지휘·명령 하에서 업무를 행하는 것을 말한다. 업무 수행성은 근로자가 근로계약에 의하여 사업주의 지배·관리 하에 업무를 행하는 것을 의미한다고 하더라도 직접적인 지배·관리에 의한 것에만 국한되는 것이 아니라 그 업무와 수반되어 기대되는 행위 또는 사고로 생긴 재해도 포함된다. 「업무상 재해 인정 기준」 제3조제1항에서 업무 수행성을 「사업주의 지배·관리 하에서 근로자가 작업 중, 작업 준비 중, 작업 종료 전에 업무와 관련하여 발생한 재해는 업무상 재해로 인정한다」고 규정하고 있다. 일반적으로 업무 수행성이 있는 한 업무 기인성은 그 반증 사유가 없는 한 추정되므로 업무 수행성은 업무상의 제1차적인 판단 기준이 된다고 할 수 있다. 물론 업무 수행성이 인정되는 경우에도 휴식시간 중의 자유로운 행동으로 인한 부상과 같이 사적이거나 자의적인 행위로 인한 재해의 경우에는 업무 기인성이 부인되므로 업무상의 재해로 볼 수 없는 경우도 있다.

나) 업무 기인성

"업무 기인성"이라 함은 업무와 재해로 인하여 傷病 등과의 사이에 상당인과관계가 인정되는 것을 말한다. 업무 기인성은 업무상의 행동, 작업 내용 또는 작업환경과 당해 재해 간에 상당인과관계가 인정되는 것을 말한다. 업무와 재해 간에 "그 업무에 종사하지 않았다면 당해 재해는 발생하지 않았을 것이다"라든지 "그와 같은 업무에 종사한다면 당해 재해가 발생할 수도 있다"고 인정될 때에 업무 기인성은 존재하게 되고 이것을 업무상 재해 인정 기준으로 삼고 있다.

「업무상 재해 인정 기준」 제3조제2항에서도 「근로자가 담당하는 업무와 재해 발생 간에 상당한 인과관계가 있으면 업무상 재해로 인정한다」고 규정하고 있다. 이른바 상당인과관계설에 입각하고 있다(대법원 1992.5.12. 선고 91누10466 판결).

다) 업무상 재해의 구체적인 유형

업무상 재해의 유형을 취업 중의 재해, 취업시간 외의 재해, 사업장 시설 외에서의 재해, 기타의 재해 등으로 나누어 구체적으로 예시하면 후술하는 것과 같다.

① 취업 중의 재해

㉮ 업무 수행 중의 재해

재해는 근로자가 담당하는 업무 수행 중 또는 업무에 수반되는 행위이거나 사업주 또는 노무관리를 위임받은 자의 지시에 의한 행위 중에 발생한 경우에는 업무상의 재해로 인정된다. 그러나 업무 수행 중이라 하더라도 업무를 탈피한 행위는 업무 외의 행위이다. 예를 들면, 술에 만취하여 자동차에서 추락한 운전조수의 사망은 업무 외의 재해로 본다.

㉯ 재해 원인과 업무상 원인 또는 사업장 시설의 하자 등의 원인이 경합한 경우

재해가 사적 행위 또는 자의적인 행위 등의 업무 외적인 원인으로 발생하였다면 재해로 인정할 수 없음이 원칙이나 그 재해 원인과 업무상 원인 또는 사업장 시설 하자 등의 원인이 경합하였을 때에 업무상 재해로 인정한다. 또한 근로자의 본래의 업무와는 관계없으나 사업주의 특별 명령에 의하여 사업주의 사적인 임무에 종사하던 중에 입은 재해는 업무상의 재해로 인정된다.

㉰ 작업 중단 중의 재해

근로자가 사업주의 지배·관리 하에 있는 한 작업 중단 중이라 하더라도 업무이탈행위·자해행위 등 업무 외의 재해로 인정할 만한 사유가 없는 한 업무상 재해로 인정한다. 예를 들면, 취업시간에 토목공사 현장에서 물을 마시러 가던 중에 발생한 재해는 생리적인 필요에 의한 행위 중에 발생한 재해로써 업무상 재해이다. 또한 취업 중의 돌발적인 원인에 의한 반사행위로 일시적으로 업무에서 이탈한 경우에도 당해 근로자가 이를 피할 수 없거나 또는 통상적으로 일어날 수 있는 경우라면 업무 수행에 부수해서 일어나는 행위라고 볼 수 있으므로 업무상의 행위로 인정된다. 예를 들면, 바람에 날려간 모자를 줍다가 다른 차량에 치어서 사망한 운전조수의 재해는 업무상의 재해로 보아야 한다.

㉘ 업무에 수반하는 필요적·합리적 행위 중의 재해

취업 중에 업무에 수반되는 필요적·합리적 행위에 의하여 발생하는 재해는 업무상의 재해로 인정된다(제5조제4항). 예를 들면, 電線架設工事中의 工具이 감전되어 사망한 경우, 製材工이 작업 중에 정전이 되어 모터운전을 위해 전신주에 올라가서 수리하던 중에 감전되어 추락사한 경우, 수령에 빠져 운동 불능케 된 다른 회사의 트럭을 끌어 올리던 트럭 운전수의 갑작스런 발병으로 교체 운전한 운전 무면허 조수의 버스 운행 중의 부상, 운전면허를 가지지 않은 자동차 수리공이 수리한 차를 시운전하다가 입은 재해, 자동차 운전수가 荷積作業의 도중에 절단된 전선을 수리하던 중 감전사한 경우, 전력회사의 종업원이 수요자의 요청에 의하여 자기가 담당하는 업무가 아닌 동력선의 수리 중에 입은 재해 등은 모두 업무상 재해로 볼 수 있다. 이와 같은 행위는 모두 피해 근로자의 본래의 담당 업무라고는 할 수 없으나 당해 업무를 담당하는 근로자로서의 긴급조치이거나 합리적인 행위라고 인정되기 때문이다.

㉙ 업무에 수반한 준비·정리행위 중의 재해

업무에 수반한 준비행위 또는 정리행위 중에 발생한 재해는 사업장 시설 내에 있는 한 업무상 재해로 인정된다. 즉, 근로자가 소정의 작업시간의 전후에 있어서 담당작업을 준비 중이거나 또는 작업을 완료한 후 뒷처리 등의 정리행위를 하던 중에 발생한 재해는 그 재해가 사업장의 시설 내에서 발생한 경우에 한하여 업무상 재해로 인정한다(서울고등법원 1995.6.15. 선고 94구4631 판결). 그러므로 철도 보선공이 작업시간 전에 자발적으로 선로를 점검하던 중에 발생한 재해, 일용근로자가 작업 종료 후 작업도구의 반환과 임금을 수령하기 위하여 현장에서 사무소로 가던 도중에 넘어져서 사망한 재해 등은 당연히 업무상 재해로 본다.

㉚ 긴급 업무 중의 재해

돌발적인 사고로 담당 업무 이외의 긴급 업무를 행하던 중에 재해가 발생했을 경우, 그 행위가 당해 근로자에게 기대되는 행위일 경우에는 취업시간 중 및 사업주의 지시 여부에 관계없이 업무상 재해로 본다(대법원 1993.11.9. 선고 93다25851 판결). 예를 들면, 작업 현장에서 동료인 근로자의 구조작업 중에 사망한 경우에는 사업주의 지시가 없었다고 하더라도 사회통념상 근로자에게 기대되는 행위라고 보아야 하므로 업무상의 재해로 인정된다. 또한 경리사원이 취업 중인 사업장 내에서 소화활동 중 부상한 경우에는 업무상의 재해로 인정된다.

② 취업시간 외의 재해

㉠ 시설물의 설치·관리의 하자 또는 이용 중에 발생한 재해

사업장 내에서 휴식시간·작업 개시 전 및 작업 종료 후 등 취업시간 외에 사업주와의 고용종속 및 지배·관리 하의 상태에서 사업주의 시설물의 설치·관리의 하자 또는 이용 중에 발생한 재해는 업무상의 재해로 인정된다. 예를 들면, 작업 현장에서 점심식사 중 嚴石下落에 의하여 사망한 경우, 출근 중에 근로자가 일하던 작업 현장에서 통나무가 떨어져서 부상한 경우, 작업이 완료된 후에 사업장 부설의 목욕탕에서 목욕 중에 입은 화상, 점포의 2, 3층에서 寄宿하는 근로자

의 화재로 인한 부상, 방직회사의 여자 기숙사에서 기숙사 설비의 미비로 인한 목욕 중 감전사, 준설선의 선원이 船中 급식에 의한 식중독, 회사에서 실시하는 정기예방주사로 인한 쇼크사망 등은 업무 기인성에 있으므로 업무상 재해이다.

㉯ 개인 용무로 발생한 재해

휴식시간 중 작업 개시 전 및 작업 종료 후라 하더라도 개인 용무로 발생한 재해는 사업주의 지배·관리상태를 이탈한 경우로 보아 업무상 재해로 볼 수 없다. 그러므로 작업 종료 후 3~4시간을 사업장 내에서 사적인 일을 하던 중에 발생한 재해와 휴식시간 중 사적인 사유로 외출 중에 발생한 재해 역시 업무상 재해로 인정되지 않는다.

㉰ 사업주가 제공·관리하는 시설 이용 중에 발생한 재해

사업주가 사업 관리상 또는 업무 관리상 필요에 의하여 근로자를 위해서 일체의 시설을 제공·관리하고 있는 경우에 근로자가 동 시설을 이용 중에 발생한 재해는 업무상 재해로 인정된다. 예를 들면, 사업체 부속의 기숙사에서 화재가 나서 사상한 경우에는 업무상 재해이나 사업주가 제공한 시설물이라 하더라도 회사의 사택 등과 같이 그 시설물의 사용권이 근로자의 전속적인 권리에 속하는 경우에는 사업주의 지배·관리 하에 있다고 볼 수 없으므로 업무상 재해로 인정되지 않는다.

③ 사업장 시설 외에서의 재해

㉮ 출근 중의 재해

출근 중에는 근로자가 사업주의 지배·관리 하에 있다고 볼 수 없더라도 업무 수행 방법 등에 관하여 포괄적으로 사업주의 명을 받아 일정한 往復順路 또는 교통수단을 이용한 출근 중의 행위는 전 과정을 통하여 사업주의 고용종속 및 지배·관리 중에 있는 것으로 보아 그 동안에 발생한 재해는 업무상의 재해로 인정된다. 또한 공용업무 또는 직무수행을 위하여 외출 중에 순로를 벗어나지 아니한 업무 수행 중의 재해는 사적행위 또는 자해행위를 제외하고는 업무상 재해로 인정한다. 이와 같이 출장 중의 재해는 업무상의 재해로 인정되지만 어느 시점까지를 "출장 중"이라고 볼 것인지 하는 문제가 있다. 자택에서 직접 출장 목적지로 가는 경우에는 자택 출발 시점에서 귀가할 때까지를 출장 중이라고 할 수 있다. 예를 들면, 종업원이 출장소에서 자택으로 되돌아오던 중 교통사고로 부상을 입은 때에는 업무상 재해로 본다. 그러나 출장 중의 재해라 할지라도 사적인 목적을 위하여 업무를 이탈한 경우에는 업무상의 재해가 아니다(대법원 1992.11.24. 선고 92누11046 판결, 1993.11.9. 선고 93다23107 판결). 한편, 외근 중의 재해도 출장의 경우와 마찬가지로 업무상 재해로 인정된다. 외근에 있어서는 외근자가 특정 지역을 담당하고 있는 경우에는 자택을 출발하여 근무지인 회사 사무소에 들어설 때가 아니라 최초의 용무지에 도착한 시점에서 업무가 개시되는 것을 기준으로 할 것이고, 그 이전의 경우는 통상 재해로 볼 것이다.

㉯ 通勤途上의 재해

일반적으로 통근 도상에서 발생한 재해는 사업주의 지배·관리 하에서 발생한 것이 아니므로

업무상의 재해라 할 수 없다. 그러나 통근버스 등과 같이 제공한 교통수단이나 이에 준하는 교통수단을 사업주가 이용하도록 하여 통근도상에서 발생한 재해는 업무상 재해로 인정된다(대법원 1993.1.19. 선고 92누13073 판결). 그러므로 회사 직원이 통근버스에 승차하려다가 실족하여 부상한 재해는 당연히 업무상 재해이다.

　㉬ 慣行으로 하는 행사 중의 재해

　보통 근로자가 종사해야 하는 업무의 범위는 근로계약에서 예정되어 있으나 사업주의 지시 등이 있는 경우에는 그 범위 이외의 행위도 업무의 범위에 포함되는 경우가 있다.

　사업주의 지시에 의하거나 당해 사업장의 단체협약·취업 규칙 또는 노무 관리상 필요에 의하여 관행으로 하는 행사(운동경기, 야유회, 등산대회) 중에 발생한 재해는 업무상 재해로 인정된다. 이 행사들은 근로자의 건강 유지 또는 사기를 증진함으로써 업무 효율성을 제고하기 위한 방책이라고 할 수 있으므로 업무상 재해로 인정하는 것이다. 이와 같은 행사를 위해서 사업주는 필요한 비용이나 장소의 제공을 해야 한다. 따라서 사업주로부터 비용·장소의 제공을 받지 않았던 근로자가 스스로 국내 운동경기에 참여하기 위한 연습 중 부상한 경우에는 업무상 재해로 볼 수 없다. 이외에도 宴會·懇談會 및 慰勞旅行 등 각종 행사 준비·안내·통솔 등 그 담당 업무의 일환으로 출장 중에 발생한 재해는 업무상 재해로 인정된다. 따라서 위로여행 등 담당 업무로 하지 않은 경우의 재해는 업무상 재해로 인정되지 않는다.

　㉭ 치료 중의 재해

　업무상 傷病에 의하여 치료 중에 새로운 傷病이 발생한 경우에는 최초의 상병과 새로운 상병 간에 상당인과관계가 있는 경우에는 업무 기인성이 인정되어 새로운 상병에 대해서도 업무상 재해로 인정된다. 예를 들면, 업무상의 골절에 의하여 자택에서 요양 중에 있는 자가 용변 후 넘어져 재골절한 경우에는 상당인과관계가 인정되기 때문에 업무상 재해로 인정되어야 한다고 해석된다. 그러나 통원치료를 받기 위하여 자전거로 통원 중에 사고가 발생하여 다른 부위에 부상을 입은 경우에는 업무상 재해로 볼 수 없다.[1]

■ 「산업재해보상보험법」
제37조(업무상의 재해의 인정 기준)
① 근로자가 다음 각 호의 어느 하나에 해당하는 사유로 부상·질병 또는 장해가 발생하거나 사망하면 업무상의 재해로 본다. 다만, 업무와 재해 사이에 상당인과관계가 없는 경우에는 그러하지 아니하다.〈개정 2010.1.27.〉
　1. 업무상 사고
　　가. 근로자가 근로계약에 따른 업무나 그에 따르는 행위를 하던 중 발생한 사고
　　나. 사업주가 제공한 시설물 등을 이용하던 중 그 시설물 등이 결함이나 관리 소홀로 발생한 사고

1　박윤철, "자동차사고 근로재해면책약관에 관한 연구", 한양대학교 석사학위논문, 1995.

다. 사업주가 제공한 교통수단이나 그에 준하는 교통수단을 이용하는 등 사업주의 지배 관리 하
　　에서 출퇴근 중 발생한 사고
라. 사업주가 주관하거나 사업주의 지시에 따라 참여한 행사나 행사 준비 중에 발생한 사고
마. 휴게시간 중 사업주의 지배 관리 하에 있다고 볼 수 있는 행위로 발생한 사고
바. 그 밖에 업무와 관련하여 발생한 사고
2. 업무상 질병
가. 업무 수행 과정에서 물리적 인자, 화학물질, 분진, 병원체, 신체에 부담을 주는 업무 등 근로자
　　의 건강에 장해를 일으킬 수 있는 요인을 취급하거나 그에 노출되어 발생한 질병
나. 업무상 부상이 원인이 되어 발생한 질병
다. 그 밖에 업무와 관련하여 발생한 질병
② 근로자의 고의·자해행위나 범죄행위 또는 그것이 원인이 되어 발생한 부상·질병·장해 또는 사망
은 업무상의 재해로 보지 아니한다. 다만, 그 부상·질병·장해 또는 사망이 정상적인 인식능력 등이
뚜렷하게 저하된 상태에서 한 행위로 발생한 경우로서 대통령령으로 정하는 사유가 있으면 업무상
의 재해로 본다.
③ 업무상의 재해의 구체적인 인정 기준은 대통령령으로 정한다.

■ 「산업재해보상보험법시행령」
제2절 업무상의 재해의 인정 기준
제27조(업무 수행 중의 사고)
① 근로자가 다음 각 호의 어느 하나에 해당하는 행위를 하던 중에 발생한 사고는 법 제37조제1항제
1호가목에 따른 업무상 사고로 본다.
1. 근로계약에 따른 업무 수행 행위
2. 업무 수행 과정에서 하는 용변 등 생리적 필요 행위
3. 업무를 준비하거나 마무리하는 행위, 그 밖에 업무에 따르는 필요적 부수행위
4. 천재지변·화재 등 사업장 내에 발생한 돌발적인 사고에 따른 긴급피난·구조행위 등 사회통념
　　상 예견되는 행위
② 근로자가 사업주의 지시를 받아 사업장 밖에서 업무를 수행하던 중에 발생한 사고는 법 제37조제
1항제1호가목에 따른 업무상 사고로 본다. 다만, 사업주의 구체적인 지시를 위반한 행위, 근로자의
사적 행위 또는 정상적인 출장 경로를 벗어났을 때 발생한 사고는 업무상 사고로 보지 않는다.
③ 업무의 성질상 업무 수행 장소가 정해져 있지 않은 근로자가 최초로 업무 수행 장소에 도착하여
업무를 시작한 때부터 최후로 업무를 완수한 후 퇴근하기 전까지 업무와 관련하여 발생한 사고는 법
제37조제1항제1호가목에 따른 업무상 사고로 본다.

제28조(시설물 등의 결함 등에 따른 사고)
① 사업주가 제공한 시설물, 장비 또는 차량 등(이하 이 조에서 "시설물 등"이라 한다)의 결함이나 사업
주의 관리 소홀로 발생한 사고는 법 제37조제1항제1호나목에 따른 업무상 사고로 본다.
② 사업주가 제공한 시설물 등을 사업주의 구체적인 지시를 위반하여 이용한 행위로 발생한 사고와
그 시설물 등의 관리 또는 이용권이 근로자의 전속적 권한에 속하는 경우에 그 관리 또는 이용 중에
발생한 사고는 법 제37조제1항제1호나목에 따른 업무상 사고로 보지 않는다.

제29조(출퇴근 중의 사고)
근로자가 출퇴근하던 중에 발생한 사고가 다음 각 호의 요건 모두에 해당하면 법 제37조제1항제1호
다목에 따른 업무상 사고로 본다.
  1. 사업주가 출퇴근용으로 제공한 교통수단이나 사업주가 제공한 것으로 볼 수 있는 교통수단을
     이용하던 중에 사고가 발생하였을 것
  2. 출퇴근용으로 이용한 교통수단의 관리 또는 이용권이 근로자 측의 전속적 권한에 속하지 아니
     하였을 것

제30조(행사 중의 사고)
운동경기·야유회·등산대회 등 각종 행사(이하 "행사"라 한다)에 근로자가 참가하는 것이 사회통념상
노무 관리 또는 사업운영상 필요하다고 인정되는 경우로서 다음 각 호의 어느 하나에 해당하는 경우
에 근로자가 그 행사에 참가(행사 참가를 위한 준비·연습을 포함한다)하여 발생한 사고는 법 제37조제
1항제1호라목에 따른 업무상 사고로 본다.
  1. 사업주가 행사에 참가한 근로자에 대하여 행사에 참가한 시간을 근무한 시간으로 인정하는 경우
  2. 사업주가 그 근로자에게 행사에 참가하도록 지시한 경우
  3. 사전에 사업주의 승인을 받아 행사에 참가한 경우
  4. 그 밖에 제1호부터 제3호까지의 규정에 준하는 경우로서 사업주가 그 근로자의 행사 참가를 통
     상적·관례적으로 인정한 경우

제31조(특수한 장소에서의 사고)
사회통념상 근로자가 사업장 내에서 할 수 있다고 인정되는 행위를 하던 중 태풍·홍수·지진·눈사태
등의 천재지변이나 돌발적인 사태로 발생한 사고는 근로자의 사적 행위, 업무 이탈 등 업무와 관계
없는 행위를 하던 중에 사고가 발생한 것이 명백한 경우를 제외하고는 법 제37조제1항제1호바목에
따른 업무상 사고로 본다.

제32조(요양 중의 사고)
업무상 부상 또는 질병으로 요양을 하고 있는 근로자에게 다음 각 호의 어느 하나에 해당하는 사고
가 발생하면 법 제37조제1항제1호바목에 따른 업무상 사고로 본다.
  1. 요양급여와 관련하여 발생한 의료사고
  2. 요양 중인 산재보험 의료기관(산재보험 의료기관이 아닌 의료기관에서 응급진료 등을 받는 경우에
     는 그 의료기관) 내에서 업무상 부상 또는 질병의 요양과 관련하여 발생한 사고

제33조(제3자의 행위에 따른 사고)
제3자의 행위로 근로자에게 사고가 발생한 경우에 그 근로자가 담당한 업무가 사회통념상 제3자의
가해행위를 유발할 수 있는 성질의 업무라고 인정되면 그 사고는 법 제37조제1항제1호바목에 따른
업무상 사고로 본다.

제34조(업무상 질병의 인정 기준)
① 근로자가 「근로기준법시행령」 제44조제1항 및 같은 법 시행령 별표 5의 업무상 질병의 범위에

속하는 질병에 걸린 경우 다음 각 호의 요건 모두에 해당하면 법 제37조제1항제2호가목에 따른 업무상 질병으로 본다.

　　1. 근로자가 업무 수행 과정에서 유해·위험요인을 취급하거나 유해·위험요인에 노출된 경력이 있을 것
　　2. 유해·위험요인을 취급하거나 유해·위험요인에 노출되는 업무시간, 그 업무에 종사한 기간 및 업무 환경 등에 비추어 볼 때 근로자의 질병을 유발할 수 있다고 인정될 것
　　3. 근로자가 유해·위험요인에 노출되거나 유해·위험요인을 취급한 것이 원인이 되어 그 질병이 발생하였다고 의학적으로 인정될 것

② 업무상 부상을 입은 근로자에게 발생한 질병이 다음 각 호의 요건 모두에 해당하면 법 제37조제1항제2호나목에 따른 업무상 질병으로 본다.

　　1. 업무상 부상과 질병 사이의 인과관계가 의학적으로 인정될 것
　　2. 기초질환 또는 기존 질병이 자연발생적으로 나타난 증상이 아닐 것

③ 제1항 및 제2항에 따른 업무상 질병(진폐증은 제외한다)에 대한 구체적인 인정 기준은 별표 3과 같다.

④ 공단은 근로자의 업무상 질병 또는 업무상 질병에 따른 사망의 인정 여부를 판정할 때에는 그 근로자의 성별, 연령, 건강 정도 및 체질 등을 고려하여야 한다.

제36조(자해행위에 따른 업무상의 재해의 인정 기준)

법 제37조제2항 단서에서 "대통령령으로 정하는 사유"란 다음 각 호의 어느 하나에 해당하는 경우를 말한다.

　　1. 업무상의 사유로 발생한 정신질환으로 치료를 받았거나 받고 있는 사람이 정신적 이상 상태에서 자해행위를 한 경우
　　2. 업무상의 재해로 요양 중인 사람이 그 업무상의 재해로 인한 정신적 이상 상태에서 자해행위를 한 경우
　　3. 그 밖에 업무상의 사유로 인한 정신적 이상 상태에서 자해행위를 하였다는 것이 의학적으로 인정되는 경우

제37조(사망의 추정)

① 법 제39조제1항에 따라 사망으로 추정하는 경우는 다음 각 호의 어느 하나에 해당하는 경우로 한다.

　　1. 선박이 침몰·전복·멸실 또는 행방불명되거나 항공기가 추락·멸실 또는 행방불명되는 사고가 발생한 경우에 그 선박 또는 항공기에 타고 있던 근로자의 생사가 그 사고 발생일부터 3개월간 밝혀지지 아니한 경우
　　2. 항행 중인 선박 또는 항공기에 타고 있던 근로자가 행방불명되어 그 생사가 행방불명된 날부터 3개월간 밝혀지지 아니한 경우
　　3. 천재지변, 화재, 구조물 등의 붕괴, 그 밖의 각종 사고의 현장에 있던 근로자의 생사가 사고 발생일부터 3개월간 밝혀지지 아니한 경우

② 제1항에 따라 사망으로 추정되는 사람은 그 사고가 발생한 날 또는 행방불명된 날에 사망한 것으로 추정한다.

③ 제1항 각 호의 사유로 생사가 밝혀지지 아니하였던 사람이 사고가 발생한 날 또는 행방불명된 날부터 3개월 이내에 사망한 것이 확인되었으나 그 사망 시기가 밝혀지지 아니한 경우에도 제2항에 따

른 날에 사망한 것으로 추정한다.

④ 보험가입자는 제1항 각 호의 사유가 발생한 때 또는 사망이 확인된 때(제3항에 따라 사망한 것으로 추정하는 때를 포함한다)에는 지체 없이 공단에 근로자 실종 또는 사망확인의 신고를 하여야 한다.

⑤ 법 제39조제1항에 따라 보험급여를 지급한 후에 그 근로자의 생존이 확인되면 보험급여를 받은 사람과 보험가입자는 그 근로자의 생존이 확인된 날부터 15일 이내에 공단에 근로자 생존확인신고를 하여야 한다.

⑥ 공단은 근로자의 생존이 확인된 경우에 보험급여를 받은 사람에게 법 제39조제2항에 따른 금액을 낼 것을 알려야 한다.

⑦ 제6항에 따른 통지를 받은 사람은 그 통지를 받은 날부터 30일 이내에 통지받은 금액을 공단에 내야 한다.

(나) 피해자가 배상책임 의무가 있는 피보험자의 피용자일 것

1) 피보험자의 배상책임 의무 발생

위 면책 조항에서 피보험자의 배상책임 의무를 지는 경우는 「자배법」상 배상책임과 「민법」상 배상책임이다. 따라서 업무상 재해 발생 시 피보험자가 운행자로서 배상책임이나 가해운전자로서 불법행위 당사자 혹은 사용자로서 배상책임 의무가 발생하는 경우에 위 면책 조항을 적용할 수 있다.

2) 피용자

근로 재해 면책 조항에서 "피용자"란 「근로기준법」상의 근로자를 말한다. 「근로기준법」상의 근로자에 해당하는지의 여부를 판단함에 있어서는 그 계약의 형식이 「민법」상의 고용계약인지 또는 도급계약인지에 관계없이 그 실질에 있어 근로자가 사업 또는 사업장에 임금을 목적으로 종속적인 관계에서 사용자에게 근로를 제공하였는지 여부에 따라 판단하여야 할 것이고, 위에서 말하는 종속적인 관계가 있는지 여부를 판단함에 있어서는, 업무의 내용이 사용자에 의하여 정해지고 취업 규칙 또는 복무(인사) 규정 등의 적용을 받으며 업무 수행 과정에 있어서도 사용자로부터 구체적, 개별적인 지휘·감독을 받는지 여부, 사용자에 의하여 근무시간과 근무장소가 지정되고 이에 구속을 받는지 여부, 근로자 스스로가 제3자를 고용하여 업무를 대행케 하는 등 업무의 대체성 유무, 비품, 원자재나 작업도구 등의 소유관계, 보수의 성격이 근로 자체의 대상적 성격이 있는지 여부와 기본급이나 고정급이 정해져 있는지 여부 및 근로소득세의 원천징수 여부 등 보수에 관한 사항, 근로제공관계의 계속성과 사용자에의 전속성의 유무와 정도, 사회보장제도에 관한 법령 등 다른 법령에 의하여 근로자로서의 지위를 인정받는지 여부, 양 당사자의 경제·사회적 조건 등을 종합적으로 고려하여 판단한다(대법원 1994.12.09. 선고 94다22859 판결).

■ 대법원 2007.11.30. 선고 2006도7329 판결[「근로기준법」위반·강제집행면탈·명예훼손·라디오에의한 명예훼손]

「근로기준법」상의 근로자에 해당하는지 여부를 판단함에 있어서는 그 계약의 형식이 「민법」상의 고용계약인지 또는 도급계약인지에 관계없이 그 실질에 있어 근로자가 사업 또는 사업장에 임금을 목적으로 종속적인 관계에서 사용자에게 근로를 제공하였는지 여부에 따라 판단하여야 할 것이고, 위에서 말하는 종속적인 관계가 있는지 여부를 판단함에 있어서는, 업무의 내용이 사용자에 의하여 정하여지고 취업 규칙 또는 복무(인사) 규정 등의 적용을 받으며 업무 수행 과정에 있어서도 사용자로부터 구체적, 개별적인 지휘·감독을 받는지 여부, 사용자에 의하여 근무시간과 근무장소가 지정되고 이에 구속을 받는지 여부, 근로자 스스로가 제3자를 고용하여 업무를 대행케 하는 등 업무의 대체성 유무, 비품, 원자재나 작업도구 등의 소유관계, 보수의 성격이 근로 자체의 대상적 성격이 있는지 여부와 기본급이나 고정급이 정하여져 있는지 여부 및 근로소득세의 원천징수 여부 등 보수에 관한 사항, 근로제공관계의 계속성과 사용자에의 전속성의 유무와 정도, 사회보장제도에 관한 법령 등 다른 법령에 의하여 근로자로서의 지위를 인정받는지 여부, 양 당사자의 경제·사회적 조건 등을 종합적으로 고려하여 판단하여야 하며(대법원 1994.12.9. 선고 94다22859 판결 참조), 구 「근로기준법」(2007.4.11. 법률 제8372호로 전문 개정되기 전의 것) 제112조, 제36조, 제42조에서 정하는 임금 및 퇴직금 등의 기일 내 지급 의무 위반 죄는 사용자가 그 지급을 위하여 최선의 노력을 다하였으나, 경영 부진으로 인한 자금사정 등으로 지급기일 내에 지급할 수 없었던 불가피한 사정이 인정되는 경우에만 면책되는 것이고, 단순히 사용자가 경영 부진 등으로 자금 압박을 받아 이를 지급할 수 없었다는 것만으로는 그 책임을 면할 수 없다(대법원 2002.11.26. 선고 2002도649 판결 참조).

■ 「근로기준법」

제2조(정의)

① 이 법에서 사용하는 용어의 뜻은 다음과 같다.

   1. "근로자"란 직업의 종류와 관계없이 임금을 목적으로 사업이나 사업장에 근로를 제공하는 자를 말한다.

   2. "사용자"란 사업주 또는 사업 경영 담당자, 그 밖에 근로자에 관한 사항에 대하여 사업주를 위하여 행위하는 자를 말한다.

   3. "근로"란 정신노동과 육체노동을 말한다.

   4. "근로계약"이란 근로자가 사용자에게 근로를 제공하고 사용자는 이에 대하여 임금을 지급하는 것을 목적으로 체결된 계약을 말한다.

   5. "임금"이란 사용자가 근로의 대가로 근로자에게 임금, 봉급, 그 밖에 어떠한 명칭으로든지 지급하는 일체의 금품을 말한다.

   6. "평균임금"이란 이를 산정하여야 할 사유가 발생한 날 이전 3개월 동안에 그 근로자에게 지급된 임금의 총액을 그 기간의 총일수로 나눈 금액을 말한다. 근로자가 취업한 후 3개월 미만인 경우도 이에 준한다.

   7. "소정근로시간"이란 제50조, 제69조 본문 또는 「산업안전보건법」 제46조에 따른 근로시간의 범위에서 근로자와 사용자 사이에 정한 근로시간을 말한다.

   8. "단시간근로자"란 1주 동안의 소정 근로시간이 그 사업장에서 같은 종류의 업무에 종사하는 통상 근로자의 1주 동안의 소정 근로시간에 비하여 짧은 근로자를 말한다.

3) 배상책임 의무가 있는 피보험자의 피용자이어야 하는 이유

　"배상책임 의무가 있는 피보험자의 피용자"이어야 위 면책 조항을 적용할 수 있는 이유는 다음에서 보는 것과 같다. 자동차보험 「대인배상Ⅱ」에 있어서 피보험자는 기명피보험자, 친족피보험자, 승낙피보험자, 사용피보험자, 운전피보험자 등으로 규정되어 있다. 이처럼 피보험자가 다수이므로 한 자동차사고로 배상책임 의무를 지는 피보험자가 복수로 존재하는 경우에도 피해 피용자가 배상책임 의무가 있는 피보험자의 피용자가 아닌 경우에는 이 면책 조항을 적용할 수 없다. 예를 들면, 기명피보험자가 피보험자동차를 친구에게 빌려 주었을 때, 그 친구가 동 자동차를 사용하던 중 자기 회사의 업무에 종사 중인 피용자를 사상케 한 경우를 생각해 보면, 그 친구는 승낙피보험자임과 동시에 피해자인 피용자에 대하여 배상책임을 지는 피해 피용자의 사용자이므로 그 친구(승낙피보험자)가 그 피해 피용자에 대하여 배상책임을 짐으로써 입은 손해는 피용자재해 면책 규정에 의하여 면책된다. 그러나 기명피보험자는 피해자와 사용관계에 있는 자, 즉, 피해자는 기명피보험자의 피용자가 아니므로 동 면책 규정이 적용되지 아니하고 기명피보험자가 피해자에게 배상책임을 짐으로써 입은 손해는 보상하게 된다. 따라서 동 면책 규정이 적용되기 위해서는 반드시 "배상책임 의무가 있는 피보험자의 피용자"이어야 하는 것이다.

(다) 피해자가 「산재보험법」에 의한 재해 보상을 받을 수 있는 자일 것

　동 면책 조항을 적용하기 위해서는 자동차사고로 인한 피해자가 「산재보험법」에 의한 재해 보상을 받을 수 있어야 한다. 피해 피용자가 동법에 의한 재해 보상을 받기 위해서는 업무상 사유에 의한 재해가 근로자를 사용하는 사업장(「산재보험법」 제6조)에서 발생해야 한다. 산업재해보험 가입 대상은 근로자를 사용하는 모든 사업 또는 사업장에 적용한다. 다만, 위험률·규모 및 장소 등을 고려하여 대통령령으로 정하는 사업에 대하여는 이 법을 적용하지 아니한다. 따라서 동법의 적용 제외 사업장(「산재보험법시행령」 제2조)에서 발생한 업무상 재해는 재해 보상을 받을 수 없다. 한편, 산재보험 적용 사업장의 사업주가 산재보험에 가입하지 않은 상태에서 재해가 발생한 경우에도 산재보험 처리를 받을 수가 있다. 다만, 보험가입 대상자인 사업주가 보험관계성립신고를 게을리한 기간 중에 발생한 재해나 산재보험료의 납부를 게을리한 기간 중에 발생한 재해에 대해여 근로복지공단은 재해자에게 산재보험급여를 지급하고(「고용보험 및 산재보험의 보험료 징수 등에 관한 법률」 제26조제1항) 그 급여에 해당하는 보험급여액의 100분의 50에 해당하는 금액을 사업주에게 징수한다(「고용보험 및 「산재보험법」의 보험료 징수 등에 관한 법률 시행령」 제34조제1항).

■ 「산업재해보상보험법시행령」
제2조(법의 적용 제외 사업)
① 「산업재해보상보험법」(이하 "법"이라 한다) 제6조 단서에서 "대통령령으로 정하는 사업"이란 다음 각 호의 어느 하나에 해당하는 사업 또는 사업장(이하 "사업"이라 한다)을 말한다.

〈개정 2008.8.7., 2010.3.26.〉

1. 「공무원연금법」 또는 「군인연금법」에 따라 재해 보상이 되는 사업
2. 「선원법」, 「어선원 및 어선 재해보상보험법」 또는 「사립학교교직원 연금법」에 따라 재해 보상이 되는 사업
3. 「주택법」에 따른 주택건설사업자, 「건설산업기본법」에 따른 건설업자, 「전기공사업법」에 따른 공사업자, 「정보신공사업법」에 따른 정보통신공사업자, 「소방시설공사업법」에 따른 소방시설업자 또는 「문화재보호법」에 따른 문화재 수리업자가 아닌 자가 시공하는 다음 각 목의 어느 하나에 해당하는 공사
    가. 「고용보험 및 산업재해보상보험의 보험료 징수 등에 관한 법률 시행령」 제2조제1항제2호에따른 총공사금액(이하 "총공사금액"이라 한다)이 2천만 원 미만인 공사
    나. 연면적이 100제곱미터 이하인 건축물의 건축 또는 연면적이 200제곱미터 이하인 건축물의 대수선에 관한 공사
4. 가구 내 고용활동
5. 제1호부터 제4호까지의 사업 외의 사업으로서 상시 근로자 수가 1명 미만인 사업
6. 농업, 임업(벌목업은 제외한다), 어업 및 수렵업 중 법인이 아닌 자의 사업으로서 상시 근로자 수가 5명 미만인 사업

② 제1항 각 호의 사업의 범위에 관하여 이 영에 특별한 규정이 없으면 「통계법」에 따라 통계청장이 고시하는 한국표준산업분류표에 따른다.

③ 총공사금액이 2천만 원 미만인 건설공사가 「고용보험 및 산업재해보상보험의 보험료 징수 등에 관한 법률」(이하 "보험료징수법"이라 한다) 제8조제1항 또는 같은 조 제2항에 따라 일괄 적용을 받게 되거나 설계 변경(사실상의 설계 변경이 있는 경우를 포함한다)으로 그 총공사금액이 2천만 원 이상으로 되면 그때부터 법의 적용을 받는다.

제2조의2(상시 근로자 수의 산정 및 적용 시점)

① 제2조제1항제5호에 따른 상시근로자 수는 사업을 시작한 후 최초로 근로자를 사용한 날부터 그 사업의 가동일수 14일 동안 사용한 근로자 연인원을 14로 나누어 산정한다. 이 경우, 상시 근로자 수가 1명 미만이면 최초로 근로자를 사용한 날부터 하루씩 순차적으로 미루어 가동기간 14일 동안 사용한 근로자 연인원을 14로 나누어 산정한다.

② 제1항에도 불구하고 최초로 근로자를 사용한 날부터 14일 이내에 사업이 종료되거나 업무상 재해가 발생한 경우에는 그때까지 사용한 연인원을 그 가동일수로 나누어 산정한다.

③ 제1항 및 제2항에 따라 산정한 상시 근로자 수가 1명 이상이 되는 사업은 상시 근로자 수가 최초로 1명 이상이 되는 해당 기간의 첫 날에 상시 근로자 수가 1명 이상이 되는 사업이 성립한 것으로 본다.

④ 제2조제1항제6호에 따른 상시 근로자 수의 산정 방법은 제1항부터 제3항까지의 규정을 준용한다. 이 경우, "제2조제1항제5호"는 "제2조제1항제6호"로, "1명"은 "5명"으로 본다.

■ 「고용보험 및 산업재해보상보험의 보험료 징수 등에 관한 법률」
제26조(산재보험 가입자로부터의 보험급여액 징수 등)

① 공단은 다음 각 호의 어느 하나에 해당하는 재해에 대하여 산재보험급여를 지급하는 경우에는 대통령령으로 정하는 바에 따라 그 급여에 해당하는 금액의 전부 또는 일부를 사업주로부터 징수할 수 있다.

　　1. 사업주가 제11조에 따른 보험관계 성립신고를 게을리한 기간 중에 발생한 재해

　　2. 사업주가 산재보험료의 납부를 게을리한 기간 중에 발생한 재해

② 공단은 제1항에 따라 산재보험급여액의 전부 또는 일부를 징수하기로 결정하였으면 지체 없이 그 사실을 사업주에게 알려야 한다.

■ 「고용보험 및 산업재해보상보험의 보험료 징수 등에 관한 법률 시행령」

제34조(산재보험급여액의 징수 기준)

① 법 제26조제1항제1호에 따른 보험급여액의 징수는 보험가입신고를 하여야 할 기한이 끝난 날의 다음 날부터 보험가입신고를 한 날까지의 기간 중에 발생한 재해에 대한 요양급여·휴업급여·장해급여·간병급여·유족급여·상병보상연금에 대하여 하며, 징수할 금액은 가입신고를 게을리한 기간 중에 발생한 재해에 대하여 지급 결정한 보험급여 금액의 100분의 50에 해당하는 금액으로 한다. 다만, 요양을 시작한 날(재해 발생과 동시에 사망한 경우에는 그 재해 발생일)부터 1년이 되는 날이 속하는 달의 말일까지의 기간 중에 급여청구 사유가 발생한 보험급여로 한정한다.

② 법 제26조제1항제2호에 따른 보험급여액의 징수는 월별보험료 또는 개산보험료의 납부기한(법 제17조제3항에 따른 분할 납부의 경우에는 각 분기의 납부기한)의 다음 날부터 해당 보험료를 낸 날의 전날까지의 기간 중에 발생한 재해에 대한 요양급여·휴업급여·장해급여·간병급여·유족급여·상병보상연금에 대하여 하며, 징수할 금액은 재해가 발생한 날부터 보험료를 낸 날의 전날까지의 기간 중에 급여 청구 사유가 발생한 보험급여 금액의 100분의 10에 해당하는 금액으로 한다. 다만, 다음 각 호에 해당하는 경우는 징수하지 아니한다.

　　1. 재해가 발생한 날까지 내야 할 해당 연도의 월별보험료에 대한 보험료 납부액의 비율이 100분의 50 이상인 경우

　　2. 해당 연도에 내야 할 개산보험료에 대한 보험료 납부액의 비율(분할 납부의 경우에는 재해가 발생한 분기까지 내야 할 개산보험료에 대한 보험료 납부액의 비율)이 100분의 50 이상인 경우

③ 제1항이나 제2항에 따라 보험급여액을 징수할 때 지급 결정된 보험급여가 장해보상연금 또는 유족보상연금인 경우에는 최초의 급여 청구 사유가 발생한 날에 장해보상일시금 또는 유족보상일시금이 지급 결정된 것으로 본다.

④ 법 제26조제1항제1호 및 제2호에 해당하는 사유가 경합된 경우에는 그 경합된 기간 동안에는 보험급여액의 징수비율이 가장 높은 징수금만을 징수한다.

[전문개정 2010.9.29.]

차. 동료 근로자 재해 면책 조항

(1) 자동보험약관 「대인배상 Ⅱ」 규정

　자동차보험약관 「대인배상 Ⅱ」의 "보상하지 않는 손해"에서 「피보험자동차가 피보험자의 사용자의 업무에 사용되는 경우 그 사용자의 업무에 종사 중인 다른 피용자로서 「산업재해보상보험법」에 의한 재해 보상을 받을 수 있는 사람. 다만, 그 사람이 입은 손해가 같은 법에 의한 보상범위를 넘는 경우 그 초과손해를 보상합니다」라고 규정하고 있다.

(2) 면책 취지

피해자와 가해 운전자가 모두 피보험자의 피용자일 경우, 피해자가 피보험자에게 손해배상을 청구하면 피용자 재해 면책 규정에 의해 보험자는 면책되지만 피해자가 가해 운전자에게 손해배상을 청구하면 가해 운전자와 피해자는 사·피용관계가 성립되지 않아 보험자가 면책되지 않은 결과가 초래되어 노사관계에서 발생하는 재해 보상에 대해서는 원칙적으로 산업재해보상보험에 의하여 전보받도록 하려는 "피용자 재해 면책 조항"이 자칫 반감될 수 있는 처지에 놓이게 되었다. 이와 같은 "피용자 재해 면책 조항"의 취약성을 보완하기 위해 동 면책 조항을 두게 되었다.

(3) 면책 조건

동료근로자 재해 면책이 성립되기 위해서는 다음 각 호의 요건이 충족되어야 한다.

1. 피보험자동차가 피보험자의 사용자의 업무에 사용 중 자동차사고가 발생했어야 한다.
2. 가해자와 피해자는 사용자의 피용자로서 공히 사용자의 동일 업무에 종사 중 업무상 재해가 발생하였어야 한다.
3. 피해 피용자가 「산업재해보상보험법」에 의한 재해 보상을 받을 수 있어야 한다.

(4) 면책 예외

피용자인 기명피보험자가 피보험자동차를 사용자의 업무에 사용 중에 다른 피용자를 사상케 하였고 피해 피용자가 산재보험 처리를 받을 수 있는 경우, 피해 피용자와 사용자의 관계에서는 피용자 재해 면책이 되고, 피해 피용자와 가해 피용자의 관계에서 가해 피용자가 운전피보험자의 지위에서는 동료 재해 면책 조항이 적용되나, 기명피보험자의 지위에서는 피보험자 개별적용되어 면책되지 않는다.

보험자

피용자 재해 면책   동료 재해 면책   부책(피보험자 개별적용)

사용자(사용피보험자)   운전피보험자   가해 피용자(기명피보험자)

(청구)   (청구)   (청구)

피해 피용자

카. 산업재해 보상 면책 조항 공통사항

(1) 피보험자 개별적용

(가) 정 의

자동차보험에 있어서 동일 자동차사고로 인하여 피해자에 대하여 배상책임을 지는 피보험자가 복수로 존재하는 경우에는 그 피보험이익도 피보험자마다 개별로 독립하여 존재하는 것이니만큼 각각의 피보험자마다 손해배상책임의 발생 요건이나 면책 조항의 적용 여부 등을 개별적으로 가려서 보상책임의 유무를 결정하는 것이 원칙이다. 그러므로 자동차보험약관에 정한 보험자 면책 조항의 적용 여부를 판단함에 있어서는 특별한 사정이 없는 한 그 약관에 피보험자 개별적용 조항을 별도로 규정하고 있지 않더라도 각 피보험자별로 보험자 면책 조항의 적용 여부를 가려 그 면책 여부를 결정해야 하고 그 약관의 규정 형식만으로 복수의 피보험자 중 어느 한 사람이 면책 조항에 해당한다고 하여 보험자가 모든 피보험자에 대한 보상책임을 면하는 것이 아니다.

(나) 사 례

1) 사례 1

기명피보험자가 회사를 경영하는 친구에게 차를 빌려 주었다가 친구인 허락피보험자의 고용 운전자가 업무 중 동료인 다른 피용자를 사상케 하여 피해자는 산재보험의 보상을 받을 수 있다고 했을 때, 고용 운전자가 피해 피용자에게 지는 손해배상책임은 동료 재해 면책 규정에 의해 면책되고, 허락피보험자(사용자)가 피해 피용자에게 지는 배상책임의 손해는 피용자 재해 면책 규정에 의해 면책된다. 그러나 피해자는 기명피보험자에 대해서는 피용자도 아니고 동료도 아니므로 산재 면책약관의 적용을 받지 않는다. 따라서 기명피보험자의 손해는 보상된다.

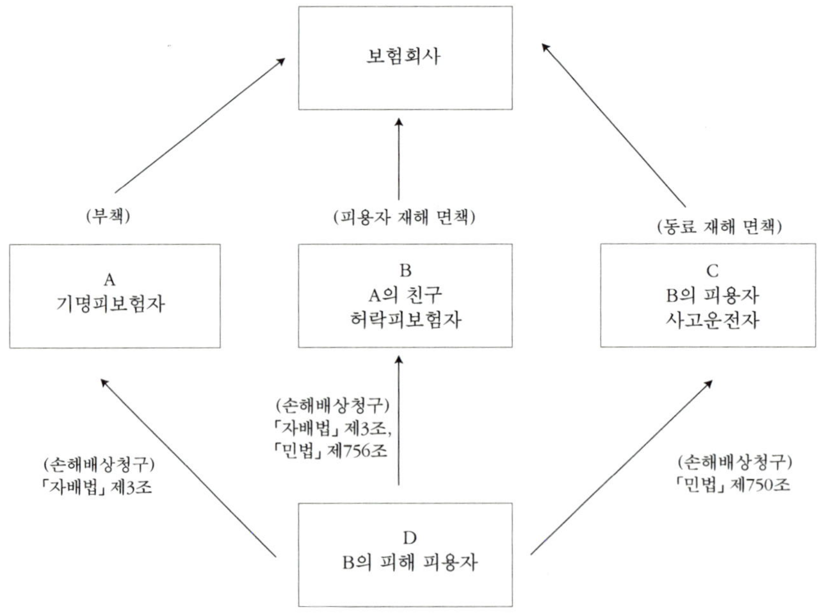

■ 대법원 1988.06.14. 선고 87다카2276 판결[보험금]

원심 판결 이유에 의하면, 원심은 그 증거에 의하여 원고가 판시 자동차의 소유자로서 기명피보험자인 사실과 그의 남편인 소외 박학조로 하여금 위 자동차를 사용하게 하여 같은 소외인이 소외 권영일이가 수급받아 시행하는 전선선로보강공사 현장감독으로 일하면서 위 권영일로부터 운행 경비를 보조받아 위 자동차를 현장작업에 투입하여 사용한 사실 및 이 사건 사고는 위 박학조가 고용한 운전수가 그 작업을 위하여 적재함에 철재전주를 실어 옮기던 중 전주가 고압전선에 닿아 전주의 흔들림을 방지하기 위하여 전주를 잡고 있던 피해자들을 감전으로 부상케 한 사실을 적법하게 확정하고 있는바, 사실이 위와 같다면 비록 위 자동차의 소유자인 원고가 위 사고 당시 직접 자기의 이익을 위하여 위 자동차를 사용한 것은 아니라 하더라도 그의 남편으로 하여금 위 자동차를 사용하게 함으로써 그를 통하여 외관상 위 자동차의 운행을 지배하고 운행이익을 향유하는 지위에 있었다고 보아야 하고, 또 위 사고는 위 자동차의 운전수가 그 용법에 따라 위 자동차를 운행하던 중에 발생된 것임이 분명하여 원고는 「자동차손해배상보장법」 제3조에 따라 위 사고로 인하여 피해자들이 입은 손해를 배상할 책임이 있다 할 것이므로 원심이 이와 같은 취지에서 원고가 위 사고에 대하여 법률상 배상책임을 지는 피보험자에 해당한다고 판단한 것은 정당하고 거기에 주장하는 바와 같은 「자동차손해배상보장법」 제3조에 관한 법리오해의 위법이 없다. 그리고 피고 회사의 「자동차종합보험보통약관」 제2조제2항제4호는 배상책임이 있는 피보험자의 피용자로서 「근로기준법」에 의한 재해 보상을 받을 수 있는 사람이 대인사고로 죽거나 다친 경우에는 보상을 하지 아니한다고 규정하고 있는데 이 약관 조항은 그 규정 내용으로 보아 배상책임 있는 피보험자와 피해자 사이의 인적관계와 보상 원인을 근거로 보험자의 면책을 규정한 것이라 할 것이므로 하나의 사고에 대하여 배상책임이 있는 피보험자가 복수인 경우에는 각 피보험자별로 위 면책 조항의 적용 요건인 인적관계의 유무를 가려 보험자의 면책 여부를 결정할 것이지 위 조항을 보험대상의 제외 사유를 규정한 것으로 보아 배상책임 있는 복수의 피보험자 중 어느 1인이라도 피해자와의 사이에 동조 소정의 인적관계가 있기만 하면 보험자가 모든 피보험자에 대한 보상책임을 면하는 것으로는 해석할 것이 아니므로 원심이 같은 취지에서 보험자인 피고는 피해자들과 위 조항 소정의 인적관계가 있는 승낙피보험자인 소외 권영일과의 관계에 있어서는 위 사고에 따른 보험금 지급 의무를 면하지만 그러한 인적관계가 없는 기명피보험자인 원고에 대하여는 위 조항에 의하여 보험금 지급 의무를 면하지 못한다고 판단한 것은 정당하고 거기에 주장하는 바와 같이 위 보험약관의 해석을 잘못하여 판결에 영향을 미친 이유불비의 위법이 있다고 할 수 없다.

2) 사례 2

갑은 기명피보험자로서 중기 대여업자인 을로부터 덤프트럭을 그 소속 운전기사 병과 함께 임차하여 갑의 지휘·감독 하에 병으로 하여금 이를 운전하게 하였는데, 병이 덤프트럭을 운전하다가 부주의하게 후진한 과실로 갑이 사용·관리하던 제3자 소유의 재물이 파손된 경우, 을은 기명피보험자, 갑은 을이 가입한 자동차보험약관 소정의 승낙피보험자, 병은 위 약관 소정의 운전피보험자이어서 피해자에게 배상책임을 지는 피보험자가 복수로 존재하는 경우라고 할 것이므로, 위에서 본 법리에 따르면 위 약관의 각 면책 조항에서 정한 "피보험자"란 면책 사유와 관련이 있는 "당해 피보험자"를 의미하는 것으로 해석하여야 할 것인바, 갑에 대한 관계에 있어서는 위 약관의 면책 조항인 소정의 "피보험자가 사용 또는 관리하는 재물"에 해당하고, 병에 대한 관계에 있어서는 위 약관의 면책 조항인 "피보험자가 사용자의 업무에 종사하고 있을 때 피보험자의 사용자가 사용 또는 관리하는 재물에 생긴 손해"에 해당하므로, 보험자에게 면책 사유가 존재한다고 할 것이나, 을에 대한 관계에 있어서는 을은 위 피해 재물을 소유, 사용 또는 관리하는 자가 아니고, 갑이 을의 사용자로 되거나 을이 갑의 업무를 수행한 일도 없으므로 위 약관 소정의 각 면책 사유에 해당되지 아니하므로, 보험자의 보험금 지급 책임이 면책되는 것은 아니다(대법원 1998.04.23. 선고 97다19403 전원합의체 판결[보험금]).

■ 대법원 2012.12.13. 선고 2012다1177 판결[구상금]

[1] 손해배상책임보험에서 동일한 사고로 피해자에 대하여 배상책임을 지는 피보험자가 복수로 존재하는 경우에는 피보험이익도 피보험자마다 개별로 독립하여 존재하는 것이므로 각각의 피보험자마다 손해배상책임의 발생 요건이나 면책 조항의 적용 여부 등을 개별적으로 가려서 보상책임의 유무를 결정하는 것이 원칙이다. 따라서 손해배상책임보험약관에 정한 보험사고 해당 여부나 보험자 면책 조항의 적용 여부를 판단하는 경우에 특별한 사정이 없는 한 약관에 피보험자 개별적용 조항을 별도로 규정하고 있지 않더라도 각 피보험자별로 손해배상책임의 발생 요건이나 보험자 면책 조항의 적용 여부를 가려 보험사고 해당 여부 또는 면책 여부를 결정하여야 하고, 약관의 규정 형식만으로 복수의 피보험자 중 어느 한 사람에 대하여 보험사고에 해당하지 아니하거나 면책 조항에 해당한다고 하여 보험자의 모든 피보험자에 대한 보상책임이 성립하지 아니하거나 모든 피보험자에 대한 보상책임을 면하는 것으로 해석할 것은 아니다. 그리고 이와 같은 법리는 특별한 사정이 없는 한 손해배상책임보험약관에서 보상하는 손해로 우연한 사고로 타인의 신체의 장해 또는 재물의 손해에 대한 법률상의 배상책임을 부담함으로써 입은 손해를 규정하고 있거나 보상하지 아니하는 손해로 피보험자의 고의를 원인으로 하여 생긴 손해를 규정하고 있는 경우에도 마찬가지로 적용된다.

[2] 갑 보험회사와 을이 피보험자를 을, 병, 정으로 하여 손해배상책임보험을 체결하였는데, 피보험자인 을과 병이 방화를 저지른 자녀 정에 대한 감독 의무를 소홀히 하였음을 이유로 「민법」 제750조의 책임을 부담하게 된 사안에서, 을, 병의 책임은 과실에 의한 불법행위책임이므로 갑 회사는 여전히 보험금 지급 의무가 있고 나아가 보험계약자 또는 피보험자의 고의를 원인으로 하여 생긴 손해는 보상하지 아니한다고 규정한 특별약관 면책 사유에도 해당하지 않는다.

3) 사례 3

갑은 굴삭기 소유자겸 기명피보험자이고, 을은 갑으로부터 굴삭기를 임차한 승낙피보험자이다. 갑이 을 소속의 공사과장의 작업 지시에 따라 굴삭기 운전 중 을의 피용인인 병을 사상케 한 사고를 발생시켰다. 이 사건 사고에 있어서 병은 을과의 관계에 있어서는 배상책임 있는 피보험자의 피용자로서 「산업재해보상보험법」에 의한 재해 보상을 받을 수 있는 사람에 해당되어 보험자는 면책되지만, 갑과의 관계에 있어서는 병은 갑의 피용자 내지는 동료 근로자가 아니므로 위 면책 조항을 적용할 수 없어 보험자는 면책되지 않는다. 결국 피보험자 개별적용에 의해 보험자는 피해자인 병의 손해배상책임을 면할 수 없다.

■ 대법원 1999.05.14. 선고 98다58283 판결[구상금]

자동차종합보험보통약관상의 「배상책임 의무가 있는 피보험자의 피용자로서 「근로기준법」에 의한 재해 보상을 받을 수 있는 사람이 대인사고로 죽거나 다친 경우에는 보상을 하지 아니한다」는 약관 조항은 배상책임 있는 피보험자와 피해자 사이의 인적관계와 보상관계를 근거로 보험자의 면책을 규정한 것이라 할 것이므로 하나의 보험사고로 인하여 배상책임을 지는 피보험자가 복수로 존재하는 경우에 위 면책 조항의 적용 여부를 판단함에 있어서는 특별한 사정이 없는 한 그 약관에 피보험자 개별적용 조항을 별도로 규정하고 있지 않더라도 각 피보험자별로 위 면책 조항의 적용 요건인 인적관계의 유무를 가려 보험자의 면책 여부를 결정할 것인바(대법원 1988.6.14. 선고 87다카2276 판결, 1998.4.23. 선고 97다19403 전원합의체 판결 등 참조), 이러한 면책 조항 개별적용의 법리는 그 보험사고가 복수의 피보험자들의 공동불법행위로 인하여 발생한 경우에 피보험자 중 1인(갑)의 출연에 의하여 다른 피보험자(을)를 면책시킨 다음 갑이 을의 부담부분에 대한 구상권 행사로서 직접 보험자에 대하여 구상금청구를 하는 경우에도 적용되는 것으로서, 이러한 경우에 면책 조항의 적용 요건인 인적관계의 유무는 보험금 청구의 원인이 된 구상금 지급 의무자를 기준으로 가려본 다음 그에 따라 보험자의 면책 여부를 판단하여야 할 것이므로, 보험자는 피보험자 갑에 대한 면책 조항을 들어 피보험자 을의 책임 부분에 관한 구상금청구에 대하여 그 면책을 주장할 수 없다고 할 것이다.

이 사건의 경우 사실관계가 제1심이 확정한 바와 같다면, 피해자 김진용은 승낙피보험자 한영종건과의 사이에는 위 약관 제10조제2항제4호 소정의 인적관계가 있으나 구상 의무자인 기명피보험자 신양중기와의 사이에는 그와 같은 인적관계가 없어 신양중기에 대하여는 피고에게 같은 호 소정의 면책 사유가 존재하지 아니하므로, 피고에게 신양중기의 부담부분에 관한 구상금의 지급을 구하는 데 대하여 김진용과 한영종건과의 사이에 존재하는 인적관계로 인한 위 면책 조항의 적용을 주장하는 것은 면책 조항의 개별적용 원칙에 어긋나는 것으로서 허용될 수 없다고 할 것이다.

그럼에도 불구하고 원심이 김진용과 한영종건 사이의 인적관계로 인한 면책 조항을 들어 피고에 대하여 신양중기의 부담부분에 관한 구상금의 지급을 구하는 원고의 청구를 기각한 제1심 판결을 유지한 조치에는 면책 조항의 개별적용에 관한 법리를 오해하여 판결 결과에 영향을 미친 위법이 있다고 할 것이다.

■ 대법원 2006.09.28. 선고 2004다48768 판결[구상금]

1. 원심은, 원심 공동피고가 유한회사 범송건설(이하 "범송건설"이라 한다)에게 그 소유의 (등록번호 생략) 굴삭기(이하 "이 사건 굴삭기"라 한다)를 1998.11.1.부터 같은 해 12.31.까지 매월 550만 원을 지급받는 조건으로 임대한 것이므로, 원심 공동피고가 범송건설 공사과장 송성원의 작업 지시에 따라 직접 이 사건 굴삭기를 운전하여 범송건설이 시공 중인 동해항 석회석 하역설비공사 현장에서 모래 및 철재 운반작업을 한 사실만으로는 범송건설로부터 임금을 받을 목적으로 근로를 제공한 자라고 할 수 없다는 이유로, 산업재해보상보험 가입자인 범송건설의 피용자의 지위에서 작업을 하다가 이 사건 재해가 발생한 것이어서 원심 공동피고는 「산업재해보상보험법」 제54조제1항 본문에 따라 원고에게 구상 의무를 지는 제3자에 해당하지 아니한다는 취지의 피고 주장을 배척하였는 바, 관련 법령 및 기록에 비추어 살펴보면, 이러한 원심의 판단은 옳고, 거기에 「산업재해보상

보험법」 제54조제1항 본문에 관한 법리를 오해한 위법이 있다고 할 수 없다.

원심 공동피고가 이 사건 굴삭기에 관하여 피고와 체결한 영업용 자동차종합보험계약에 적용되는 「보통약관」(이하 "이 사건 약관"이라 한다) 제11조제2항제5호의 사용자는 면책 조항의 적용과 관련하여 약관 제12조제4항에 따라 사용자로 의제되는 자를 의미하는 것으로서, 근로계약관계에 있는 근로자의 보호를 위하여 법이 정한 최저근로조건을 준수할 자의 범위를 명확하게 하기 위한 「근로기준법」 및 「산업재해보상보험법」상의 사용자 개념과 동일한 것이라고 할 수는 없으므로, 「산업재해보상보험법」의 적용과 관련하여 범송건설이 원심 공동피고의 사용자가 아니라고 한 원심의 판단에 이유모순의 위법이 있다고 할 수도 없다. 이 부분 상고이유 주장은 이유 없다.

2. 원심은 그 채용 증거들을 종합하여 판시와 같은 사실을 인정한 다음, ① 이 사건 약관 제12조제4항이 피보험자에 포함되는 기명피보험자의 사용자의 범위에 관하여 「도급계약, 위임계약 또는 이들과 유사한 계약에 기하여 기명피보험자의 사용자에 준하는 지위에 있는 자를 포함한다」라고 규정하고 있으므로, 「근로기준법」상의 사용자 또는 고용계약상 고용인 뿐만 아니라, 피보험자와 사실상 지휘·감독관계에 있는 자도 사용자에 포함된다고 할 것인데, 원심 공동피고가 범송건설에 이 사건 굴삭기를 임대하는 동시에 범송건설 공사과장 송성원의 작업 지시에 따라 자신이 직접 이 사건 굴삭기를 운전하여 모래 및 철재 운반작업을 하였으므로, 범송건설은 이 사건 약관상 원심 공동피고의 사용자라고 봄이 상당하고, 따라서 피고는 이 사건 약관 제11조제2항제5호 본문의 규정에 따라 면책된다고 할 것이나, 한편, 이 사건 약관 제11조제2항제5호 단서가 「다만, 피용자인 기명피보험자가 개인으로서 법률상 손해배상책임을 지는 경우에는 그 손해를 보상한다」라고 규정하고 있고, 이 사건 보험계약의 기명피보험자인 원심 공동피고는 피해자인 소외인을 대위하여 구상을 하는 원고에 대하여 개인으로서 손해배상책임을 지고 있으므로, 피고는 이 사건 약관 제11조제2항제5호 본문에 의한 면책을 주장할 수 없고, ② 한편, 범송건설은 이 사건 약관 제12조제3항이 규정하고 있는 이른바 승낙피보험자에 해당하므로, 범송건설의 피용자인 피해자 소외인이 재해를 입은 이 사건에서 보험자인 피고는 「배상책임 의무가 있는 피보험자의 피용자로서 「산업재해보상보험법」에 의한 재해 보상을 받을 수 있는 사람이 다친 경우에는 보상하지 아니한다」는 이 사건 약관 제11조제2항제4호의 규정에 의하여 면책된다고 하더라도, 이 사건 약관 제11조제2항제6호가 「제4호 및 제5호의 규정은 각각의 피보험자 모두에게 개별적으로 적용한다」라고 규정하고 있으므로, 피해자 소외인과 승낙피보험자인 범송건설 사이에는 이 사건 약관 제12조제2항제4호가 규정하고 있는 사용관계가 존재하나, 피해자 소외인과 기명피보험자인 원심 공동피고 사이에는 그와 같은 사용관계가 존재하지 않는 이 사건의 경우, 피고는 기명피보험자인 원심 공동피고와의 관계에서는 위 면책 조항을 원용하여 보험금의 지급을 면할 수 없다고 판단하였는 바, 관련 법령에 비추어 기록을 살펴보면, 이러한 원심의 사실 인정과 판단은 옳고, 거기에 채증법칙을 위배하여 사실을 오인하거나 이 사건 약관 제11조제2항제5호 단서의 적용 범위 및 면책 규정의 피보험자 개별적용에 관한 법리를 오해한 위법이 있다고 할 수 없다.

(라) 피보험자 개별적용과 보험자대위

피보험자의 개별적용을 할 경우에 기명피보험자 등의 손해에 대하여 보험자가 보상하고 면책 사유에 해당하는 피보험자에게 구상권을 행사할 수 있느냐가 문제인데 판례(대법원 1995.11.28. 선고 93다31195호 등)에서는 면책 사유가 있는 피보험자라 하더라도 피보험자의 지위를 상실한 것이 아니기 때문에 보험자는 면책 사유 해당 피보험자에게 구상할 수 없다고 판시하고 있으며, 실무에서도 대법원 판례의 경향에 따르는 방향으로 해석하고 있다. 부언하면, 피보험자의 면·부책 사유 여부를 가리지 않고 피보험자 이외의 제3자가 아닌 자에게는 보험자가 보험자대위권을 행사할 수 없다.

■ 대법원 2000.06.23. 선고 2000다9116 판결[구상금]

피보험자의 동거친족에 대하여 피보험자가 배상청구권을 취득한 경우, 통상은 피보험자는 그 청구권을 포기하거나 용서의 의사로 권리를 행사하지 않은 상태로 방치할 것으로 예상되는 바, 이러한 경우 피보험자에 의하여 행사되지 않는 권리를 보험자가 대위 취득하여 행사하는 것을 허용한다면 사실상 피보험자는 보험금을 지급받지 못한 것과 동일한 결과가 초래되어 보험제도의 효용이 현저히 해하여진다 할 것이고, 운전자 연령 한정운전 특별약관은 보험약관에 있어서의 담보 위험을 축소하고 보험료의 할인을 가능하게 하는 데 그 취지가 있는 것이므로 보험계약자의 의사는 보험료를 할인받는 대신 특약 위반 시 보험 혜택을 포기하는 것이라고 할 것이나, 그 경우에도 피보험자의 명시적이거나 묵시적인 의사에 기하지 아니한 채 연령 미달자가 피보험자동차를 운전한 경우에는 면책 조항의 예외로서 보험자가 책임을 지는 점에 미루어 연령 미달의 임의운전자가 동거가족인 경우에도 보험자의 대위권 행사의 대상이 되는 것으로 해석한다면, 임의운전자가 가족이라는 우연한 사정에 의하여 특약에 위배되지 않은 보험계약자에게 사실상 보험 혜택을 포기시키는 것이어서 균형이 맞지 않는 점 등에 비추어, 운전자 연령 한정운전 특별약관부 보험계약에서 연령 미달의 동거가족의 경우 특별한 사정이 없는 한 「상법」 제682조 소정의 제3자의 범위에 포함되지 않는다고 봄이 타당하다.

■ 대법원 2001.11.27. 선고 2001다44659 판결[구상금]

즉, 보험자대위의 법리에 의하여 보험자가 제3자에 대한 보험계약자 또는 피보험자의 권리를 행사하기 위해서는 손해가 제3자의 행위로 인하여 생긴 경우라야 하고, 이 경우, 제3자라고 함은 피보험자 이외의 자가 되어야 할 것이므로, 자동차책임보험약관이 기명피보험자 외에 기명피보험자의 승낙을 얻어 자동차를 사용 또는 관리 중인 자, 이러한 각 피보험자를 위하여 피보험자동차를 운전 중인 자(운전보조자 포함) 등도 피보험자로 정하고 있다면, 이러한 승낙피보험자 등의 행위로 인하여 보험사고가 발생한 경우 보험자가 보험자대위의 법리에 의하여 그 권리를 취득할 수 없다(대법원 2000.9.29. 선고 2000다33331 판결, 2001.6.1. 선고 2000다33089 판결 등 참조).

기록과 원심이 인정한 사실관계에 의하면, 원고의 자동차보험약관 중 강제책임보험에 관한 제4조는 기명피보험자의 승낙을 얻어 피보험자동차를 사용 또는 관리 중인 자(제3호) 및 같은 조 제1호 내지 제4호에서 정하는 피보험자를 위하여 피보험자동차를 운전 중인 자(제5호)도 그 피보험자에 포함하고 있는바, 피고 신택모는 그 피용자인 피고 신국환을 통하여 사고 승용차 소유자로부터 그 주차 관리를 위탁받아 관리 중에 있었고, 피고 신국환은 피고 신택모를 위하여 사고 승용차를 운전하다가 이 사건 사고를 일으킨 셈이고, 원고는 강제책임보험자로서 이 사건 손해배상금을 지급한 것이므로, 피고들은 보험약관에서 정하는 승낙피보험자 또는 그를 위하여 운전 중인 자일 뿐, 「상법」 제682조에서 말하는 "제3자"에 해당하는 자라고는 볼 수 없다.

(2) 면책 범위

(가) 「대인배상Ⅰ」을 초과한 산재보험금

자동차보험약관의 근로 재해 면책 조항에 의해 보험자가 면책되는 손해는 「대인배상Ⅰ」의 보상 한도액을 초과하는 손해이다. 즉, 동 면책 조항에 의해 면책되는 「대인배상Ⅱ」의 범위는 「대인배상Ⅰ」을 초과하는 손해액에서 피해자가 산업재해보상보험에서 지급받은 보험급여액에 한한다. 이는 손해보험의 이득 금지의 원칙을 적용하는 취지로 보아야 함과 동시에 피해자의 실제 손해액이 전보되도록 하는 손해배상의 기술적인 요소를 가미한 것이라고 해석된다.

(나) 자기신체사고보험

자기신체사고보험은 「대인배상」에서 제외된 자를 위하여 만들어진 인보험 성격의 한도가 있는 보험이다. 따라서 「대인배상Ⅱ」에서 산업 재해 면책된 피용자는 자기신체사고보험을 청구할 수 있다.

(다) 「무보험자동차에 의한 상해」 담보와 「자동차상해」

「자동차상해」나 「무보험자동차에 의한 상해」 담보에서 보험금을 청구하는 피보험자가 산재보험을 받을 수 있는 경우, 산재보험금을 공제한다.

제3절 배상책임에서 공통으로 적용할 사항

1. 피보험자 개별적용

가. 정 의

자동차보험에 있어서 동일 자동차사고로 인하여 피해자에 대하여 배상책임을 지는 피보험자가 복수로 존재하는 경우에는 그 피보험이익도 피보험자마다 개별로 독립하여 존재하는 것인 만큼 각각의 피보험자마다 손해배상책임의 발생 요건이나 면책 조항의 적용 여부 등을 개별적으로 가려서 보상책임의 유무를 결정하는 것이 원칙이므로, 자동차보험약관에 정한 보험자 면책 조항의 적용 여부를 판단함에 있어서는 특별한 사정이 없는 한 그 약관에 피보험자 개별적용 조항을 별도로 규정하고 있지 않더라도 각 피보험자별로 보험자 면책 조항의 적용 여부를 가려 그 면책 여부를 결정해야 한다.

나. 자동차보험보험약관 「대인배상Ⅱ」 규정

(1) 피보험자 개별적용

자동차보험보험약관 「대인배상Ⅱ」는 "피보험자 개별적용" 제1항에서 「이 장의 규정은 각각의 피보험자마다 개별적으로 적용합니다. 다만 "보상하지 않는 손해" 제1항제1호, 제6호, 제9호를 제외합니다」라고 규정하고 있다.

(2) 피보험자 개별적용 제한

위의 "보상하지 않는 손해" 제1항 단서 조항에는 「"보상하지 않는 손해" 제1항제1호, 제6호, 제9호를 제외합니다」라고 규정하고 있다. 위와 같이 보험약관에서 피보험자 개별적용을 배제시키고 있는 제1항 각 호는 다음과 같다.

제1호: 보험계약자 또는 기명피보험자의 고의로 인한 손해
제6호: 영리를 목적으로 요금이나 대가를 받고 피보험자동차를 반복적으로 사용하거나 빌려 준 때에 생긴 손해. 다만, 임대차계약(계약기간이 30일을 초과하는 경우에 한함)에 따라 임차인이 피보험자동차를 전속적으로 사용하는 경우에는 보상합니다. 그러나 임차인이 피보험자동차를 영리를 목적으로 요금이나 대가를 받고 반복적으로 사용하는 경우에는 보상하지 않습니다.
제9호: 피보험자동차를 시험용, 경기용 또는 경기를 위한 연습용으로 사용하던 중 생긴 손해. 다만, 운전면허시험을 위한 도로 주행 시 시험용으로 사용하던 중 생긴 손해는 보상합니다.

위 약관 조항에 의하면, 보험계약자 또는 기명피보험자의 고의 면책 조항, 유상운송 위험 면책 조항, 피보험자동차의 시험용·경기용·연습용으로 사용하던 중의 손해 면책 외에는 모두 피보험자 개별적용에 의해 면·부책 여부를 가려야 한다.

그러나 위 "보상하지 않는 손해"의 제1항제3호의 전쟁 등의 위험 면책, 제4호의 지진 등의 자연재해 면책, 제5호의 핵연료물질에 의한 손해 면책 조항 역시 손해 발생 원인이 피보험자의 개별행위와는 무관한 것으로써, 이들 면책 조항 역시 피보험자마다 개별적으로 적용할 여지는 없다고 본다.

다. 피보험자 개별적용 이유

복수의 피보험자가 존재할 경우 면책 사유가 있는 피보험자에게 보험금을 지급하는 것은 면책 취지에 반하지만, 면책 사유가 없는 피보험자의 손해를 보상하는 것은 도덕적 위험이나 보험의 단체성 확보와는 무관하므로 귀책 사유가 없는 피보험자의 피보험이익은 보호되어야 하는 것이다.

라. 피보험자 개별적용과 보험자대위

(1) 보험자대위의 정의

보험자대위의 법리에 의하여 보험자가 제3자에 대한 보험계약자 또는 피보험자의 청구권을 대위 행사한다. 보험자가 이와 같은 보험자대위를 행사하기 위해서는 손해가 제3자의 행위로 인하여 생긴 경우라야 하고, 이 경우, 제3자라고 함은 피보험자 이외의 자가 되어야 할 것이므로, 자동차책임보험약관이 기명피보험자 외에 기명피보험자의 승낙을 얻어 자동차를 사용 또는 관

리 중인 자, 이러한 각 피보험자를 위하여 피보험자동차를 운전 중인 자(운전보조자 포함) 등도 피보험자로 규정하고 있다면, 이러한 승낙피보험자 등의 행위로 인하여 보험사고가 발생한 경우 보험자가 보험자대위의 법리에 의하여 그 권리를 취득할 수 없다.

(2) 보험금청구권이 상실된 피보험자에 대한 보험자대위권 행사 여부

보험자 입장에서 피보험자 개별적용에 의해 복수의 피보험자 중 어느 하나의 피보험자에게만 부책되어 손해배상청구권자인 피해자에게 손해배상금을 지급한 경우, 그 나머지 면책된 피보험자 중 보험사고의 책임이 있는 피보험자에게 보험자대위에 의한 구상권을 행사할 수 있는지가 관건이다. 보험자가 보험계약자 또는 피보험자의 권리를 대위하기 위해서는 손해가 제3자의 행위에 의하여 발생한 경우에만 가능하다는 보험자대위의 법리에 의해 손해를 발생시킨 피보험자가 고의로 사고를 일으켜 피보험자의 지위를 박탈당하지 않는 이상 피보험자 개별적용에 의해 보험자에게 면책된 피보험자들을 상대로 보험자대위권을 행사할 수 없다. 대법원 판례의 입장 역시 이와 같은 태도를 견지하고 있다.

■ 대법원 2000.06.23. 선고 2000다9116 판결[구상금]
피보험자의 동거친족에 대하여 피보험자가 배상청구권을 취득한 경우, 통상은 피보험자는 그 청구권을 포기하거나 용서의 의사로 권리를 행사하지 않은 상태로 방치할 것으로 예상되는 바, 이러한 경우, 피보험자에 의하여 행사되지 않는 권리를 보험자가 대위 취득하여 행사하는 것을 허용한다면 사실상 피보험자는 보험금을 지급받지 못한 것과 동일한 결과가 초래되어 보험제도의 효용이 현저히 해하여진다 할 것이고, 운전자 연령 한정운전 특별약관은 보험약관에 있어서의 담보 위험을 축소하고 보험료의 할인을 가능하게 하는 데 그 취지가 있는 것이므로 보험계약자의 의사는 보험료를 할인받는 대신 특약 위반 시 보험 혜택을 포기하는 것이라고 할 것이나, 그 경우에도 피보험자의 명시적이거나 묵시적인 의사에 기하지 아니한 채 연령 미달자가 피보험자동차를 운전한 경우에는 면책 조항의 예외로서 보험자가 책임을 지는 점에 미루어 연령 미달의 임의운전자가 동거가족인 경우에도 보험자의 대위권 행사의 대상이 되는 것으로 해석한다면, 임의운전자가 가족이라는 우연한 사정에 의하여 특약에 위배되지 않은 보험계약자에게 사실상 보험 혜택을 포기시키는 것이어서 균형이 맞지 않는 점 등에 비추어, 운전자 연령 한정운전 특별약관부 보험계약에서 연령 미달의 동거가족의 경우 특별한 사정이 없는 한 「상법」 제682조 소정의 제3자의 범위에 포함되지 않는다고 봄이 타당하다.

■ 대법원 2001.11.27. 선고 2001다44659 판결[구상금]
이 사건 사고가 피고 신국환의 과실로 인하여 발생함으로써 피고들이 피해자에 대하여 손해배상 책임을 부담한다고 하더라도, 다음에서 보는 바와 같이 피고들은 사고 승용차의 보험자인 원고에 대하여는 「상법」 제682조에 의한 보험자대위의 상대방인 제3자에 해당한다고 볼 수 없으므로, 보험자대위의 법리에 기초한 원고의 청구는 결국 이유 없다.
즉, 보험자대위의 법리에 의하여 보험자가 제3자에 대한 보험계약자 또는 피보험자의 권리를 행사하기 위해서는 손해가 제3자의 행위로 인하여 생긴 경우라야 하고, 이 경우, 제3자라고 함은 피보험자 이외의 자가 되어야 할 것이므로, 자동차책임보험약관이 기명피보험자 외에 기명피보험자의 승낙을 얻어 자동차를 사용 또는 관리 중인 자, 이러한 각 피보험자를 위하여 피보험자동차를 운전 중인 자(운전보조자 포함) 등도 피보험자로 정하고 있다면, 이러한 승낙피보험자 등의 행위로 인하여 보험사고가 발생한 경우 보험자가 보험자대위의 법리에 의하여 그 권리를 취득할 수 없다(대법원 2000.9.29. 선고 2000다33331 판결, 2001.6.1. 선고 2000다33089 판결 등 참조). 기록과 원심이 인정한 사실관계에 의하면, 원고의 자동차보험약관 중 강제책임보험에 관한 제4조는 기명피보험자의 승낙을 얻어 피보험자동차를 사용 또는 관리 중인 자(제3호) 및 같은 조 제1호 내지 제4호에서 정하는 피보험자를 위하여 피보험자동차를 운전 중인 자(제5호)도 그 피보험자에 포함하고 있는바, 피고 신택모는 그 피용자인 피고 신국환을 통하여 사고 승용차 소유자로부터 그 주차 관리를 위탁받아 관리 중에 있었고, 피고 신국환은 피고 신택모를 위하여 사고 승용차를 운전하다가 이 사건 사고를 일으킨 셈이고, 원고는 강제책임보험자로서 이 사건 손해배상금을 지급한 것이므로, 피고들은 보험약관에서 정하는 승낙피보험자 또는 그를 위하여 운전 중인 자일 뿐, 「상법」 제682조에서 말하는 "제3자"에 해당하는 자라고는 볼 수 없다.

■ 대법원 2002.09.06. 선고 2002다32547 판결[구상금]
피보험자의 동거친족에 대하여 피보험자가 배상청구권을 취득한 경우, 통상은 피보험자는 그 청구권을 포기하거나 용서의 의사로 권리를 행사하지 않은 상태로 방치할 것으로 예상되는 바, 이러한 경우, 피보험자에 의하여 행사되지 않는 권리를 보험자가 대위 취득하여 행사하는 것을 허용한 효용이 현저히 해하여진다 할 것이고, 무면허면책약관은 보험약관에 있어서의 담보 위험을 축소하고 보험료의 할인을 가능하게 하는 데 그 취지가 있는 것이기는 하나, 그 경우에도 피보험자의 명시적이거나 묵시적인 의사에 기하지 아니한 채 무면허운전자가 피보험자동차를 운전한 경우에는 면책 조항의 예외로서 보험자가 책임을 지는 점에 미루어 무면허운전자가 동거가족인 경우에도 보험자의 대위권 행사의 대상이 되는 것으로 해석한다면, 무면허운전자가 가족이라는 우연한 사정에 의하여 면책약관에 위배되지 않은 보험계약자에게 사실상 보험 혜택을 포기시키는 것이어서 균형이 맞지 않는 점 등에 비추어, 무면허운전 면책약관부 보험계약에서 무면허운전자가 동거가족인 경우 특별한 사정이 없는 한 「상법」 제682조 소정의 제3자의 범위에 포함되지 않는다고 봄이 타당하다.
원심은, 피고 1은 이 사건 사고를 직접 일으킨 불법행위자이고, 피고 2는 피고 1의 아버지로서 미성년자인 피고 1이 무면허로 자동차를 운전하지 못하도록 그를 보호·감독할 의무가 있음에도 이를 게을리한 과실로 이 사건 사고를 야기한 것이므로, 피고들은 각자 이 사건 사고로 인하여 피해자들이 입은 모든 손해를 배상할 책임이 있다 할 것인데, 원고가 위와 같이 이 사건 사고로 인한 피해자들에게 보험금을 지급한 삼성화재에게 구상금을 지급하였으므로 「상법」 제682조에 의하여 피고들에 대한 구상권을 취득하였다고 주장하면서, 피고들에게 각자 원고가 삼성화재에게 구상금으로 지급한 돈과 이에 대한 지연손해금의 지급을 구하는 원고의 이 사건 청구에 대하여 위에서 인정한 사실에 의하면, 피고 최세헌의 무면허운전이 보험계약자나 피보험자의 명시적 또는 묵시적 승인 하에 이루어졌다고 볼 수 없고, 피고들은 이 사건 자동차보험계약의 피보험자인 소외 1과 동거하고 있는 아들과 배우자이므로, 피고들은 「상법」 제682조 소정의 제3자의 범위에 포함되지 않는다고 판단하여 이를 기각하였는바, 원심의 위 판단은 위에서 본 법리에 따른 것으로서 정당하고, 거기에 「상법」 제682조 소정의 보험자대위에 관한 법리를 오해한 위법이 있다고 할 수 없다. 상고

마. 피보험자 개별적용과 피해자 직접청구권

복수의 피보험자 중에서 한 사람이라도 손해배상책임을 지게 되는 자가 있는 경우에 그 피보험자의 손해를 보상해야 하는 것이 피보험자 개별적용이다. 이러한 법리는 「상법」 제724조제2항에 의하여 피보험자가 책임질 사고로 입은 손해에 대하여 피해자가 보험자에게 직접 보상을 청구하는 경우에도 마찬가지이다.

> ■ 대법원 1997.03.14. 선고 95다48728 판결[손해배상(자)]
>
> 1. 원심 판결 이유에 의하면, 원심은 먼저, 소외 1은 1994.6.2. 소외 권재열 소유의 화물자동차를 운전하고 가다가 소외 망 박대현이 운전하는 오토바이를 들이받아 박대현으로 하여금 같은 날 사망에 이르게 한 사실, 원고 정계란은 박대현의 처, 원고 박현주는 그의 딸인 사실, 피고는 위 화물자동차의 소유자인 권재열과 사이에 위 화물자동차에 관하여 권재열이 1993.10.6.부터 1994.10.6.까지 사이에 그 운행 중 발생한 사고로 인하여 남을 죽게 하거나 다치게 하여 법률상 손해배상책임을 짐으로써 입은 손해를 피고가 보상하기로 하는 내용의 업무용자동차종합보험계약을 체결한 사실 등에 터잡아 피고는 특별한 사정이 없는 한 위 보험계약의 보험자로서 피보험자인 권재열이 자기를 위하여 자동차를 운행하는 자로서 「자동차손해배상보장법」 제3조에 의하여 책임을 질 이 사건 사고로 인하여 위 망인 및 원고들이 입은 손해를 보상할 책임이 있다고 판단하였다.
>
> 나아가서 원심은, 이 사건 사고는 권재열의 운행지배가 상실된 상태에서 발생한 것이어서 보상책임이 없다는 피고의 항변에 대하여, 권재열은 1993.9.27. 소외 기아산업 주식회사로부터 위 화물자동차를 36개월 할부로 구입한 다음 같은 해 10.6. 그 명의로 자동차 등록을 마친 사실, 그후 권재열은 1994.3.10.경 사돈관계에 있는 소외 김기홍을 통하여 그 동생인 김기백과 사이에 권재열이 김기백으로부터 금 1,000,000원을 지급받고 소외 1에게 위 화물자동차를 인도하되, 김기백은 권재열의 위 소외 회사에 대한 나머지 할부금지급 채무와 피고에 대한 분납보험료 지급 채무를 인수하기로 하는 내용의 자동차매매계약을 체결한 사실, 이 사건 사고 당시까지 권재열이 위 할부계약상의 채무자 명의 및 자동차등록원부상의 소유자 명의 변경을 위한 관계서류를 김기백에게 교부하지 아니하여 위 각 명의가 모두 권재열 명의로 그대로 보유되어 있었던 사실, 김기백은 권재열로부터 위 화물자동차를 매수한 후 권재열 명의로 1994.5.11. 피고 회사에 분납보험료를 납부하고 그 무렵 위 소외 회사에 1994.5.분 할부금을 각 납입하고 위 화물자동차를 사용하여 오다가 간염 등으로 몸이 아파 요양을 하기 위하여 매형인 소외 문승욱에게 같은 해 6.분 할부금을 납입하는 조건으로 위 화물자동차를 사용·관리하도록 하였는데, 문승욱이 같은 해 6.2. 직장동료인 소외 1에게 위 화물자동차를 빌려 주었고, 소외 1이 위 화물자동차를 운전하다가 이 사건 사고를 일으킨 사실 등을 인정한 다음 위와 같은 사실관계 하에서는 권재열이 위 화물자동차에 대한 운행자의 지위를

상실하였다고 볼 수 없다고 하여 피고의 위 항변을 배척하였다.

다시 원심은, 위 화물자동차의 운전자인 소외 1이 이 사건 보험계약의 피보험자가 아니므로 보상책임이 없다는 피고의 주장에 대하여, 이 사건 보험계약의 내용이 된 업무용「자동차종합보험보통약관」제11조에는 피보험자는 보험증권에 피보험자로 기재된 자(기명피보험자)나 기명피보험자의 승낙을 얻어 피보험자동차를 사용 또는 관리 중인 자(승낙피보험자) 등에 한정한다고 규정되어 있는 사실을 인정한 다음, 앞서 본 사실관계에 의하면 소외 1은 기명피보험자인 권재열로부터 직접적인 승낙을 받은 승낙피보험자라고 볼 수 없으므로 소외 1은 위 약관 제11조 소정의 피보험자가 아니라 할 것이고, 따라서 피고로서는 소외 1이 일으킨 이 사건 교통사고에 대하여 보상책임이 있다고 할 수 없다고 판단하여 결국 원고들의 청구를 기각하였다.

2. 이 사건 보험계약의 내용이 된 업무용「자동차종합보험보통약관」제11조는 위 약관 소정의 배상책임에서 피보험자라 함은 보험증권에 기재된 피보험자, 즉, 기명피보험자 외에 기명피보험자의 승낙을 얻어 피보험자동차를 사용 또는 관리 중인 자 등을 피보험자로 명시하고 있는데 여기서 말하는 기명피보험자의 승낙이라 함은 반드시 명시적이거나 개별적일 필요는 없고 묵시적 또는 포괄적 승낙도 가능하지만 특별한 사정이 없는 한 피보험자의 직접적인 승낙임을 요하고, 승낙받은 자로부터 다시 승낙받은 자는 위 조항 소정의 피보험자에 해당하지 않는다고 할 것이다(대법원 1989.11.28. 선고 88다카26758 판결, 1993.2.23. 선고 92다24127 판결, 1995.4.28. 선고 94다43870 판결 등 참조).

따라서 원심이 권재열로부터 위 화물자동차를 매수한 김기백은 기명피보험자인 권재열의 승낙을 얻은 승낙피보험자에 해당하나 승낙피보험자인 김기백으로부터 다시 승낙을 받은 문승욱이나, 문승욱으로부터 또 다시 승낙을 받은 소외 1은 기명피보험자인 권재열로부터 직접적인 승낙을 받은 승낙피보험자라고 볼 수 없다고 판단한 데 승낙피보험자의 법리를 오해한 위법이 있다고 할 수는 없을 것이다.

그러나 위 업무용 자동차종합보험보통약관」제1조에 의하면 피보험자가 보험증권에 기재된 피보험자동차의 운행으로 인하여 남을 죽게 하거나 다치게 하여「자동차손해배상보장법」등에 의한 손해배상책임을 짐으로써 입은 손해는 피고가 보상하도록 되어 있고, 위 약관 제11조는 피보험자의 개념을 규정하면서 기명피보험자 뿐만 아니라 승낙피보험자 등 복수의 피보험자를 열거하고 있으므로, 보험자인 피고로서는 피보험자동차의 운전자가 누구이든지 간에 위 약관 제11조 소정의 복수의 피보험자 중에서 한 사람이라도「자동차손해배상보장법」등에 의한 자동차 운행자로서 손해배상책임을 지게 되는 자가 있는 경우에 그 피보험자의 손해를 보상하여야 하는 것이고, 피보험자동차의 운전자가 기명피보험자나 승낙피보험자가 아니라고 하여 바로 그 보상책임이 면제되는 것이 아니다. 이러한 법리는「상법」제724조제2항에 의하여 피보험자가 책임질 사고로 입은 손해에 대하여 피해자가 보험자에게 직접 보상을 청구하는 경우에도 마찬가지라고 할 것이다.

그런데 기록에 의하면, 원고들은 기명피보험자인 권재열이 책임질 이 사건 사고로 입은 손해에 대하여서도 피해자의 직접청구권을 행사하고 있음이 명백하므로, 원심으로서는 마땅히 기명피보험자인 권재열에게 이 사건 사고로 인한 손해배상책임이 있는지 여부를 가려(원심이 인정한 사실관계에 의하면 권재열이 위 화물자동차에 대하여 과연 운행지배와 운행이익을 보유하고 있는지는 더 검토되어야 할 것이다) 원고들의 이 사건 청구의 당부를 판단하였어야 할 것이다.

그럼에도 불구하고 원심이 위 화물자동차의 기명피보험자인 권재열이 위 화물자동차에 대한 운행자의 지위를 상실하지 아니하여「자동차손해배상보장법」제3조 소정의 자기를 위하여 자동차를 운행하는 자로서 이 사건 사고로 인하여 위 망인 및 원고들이 입은 손해를 배상할 책임이 있다고 판단하면서도, 위 화물자동차의 운전자인 소외 1이 승낙피보험자가 아니라는 이유를 들어 원고들의 이 사건 청구를 배척한 것은 업무용 자동차종합보험보통약관상의 피보험자에 대한 법리오해와 이유모순의 잘못을 범하여 판결 결과에 영향을 미친 위법을 저질렀다고 하지 않을 수 없다. 상고이유 중 이 점을 지적하는 부분은 이유 있다.

바. 피보험자 개별적용과 보험금의 한도

자동차보험약관 「대인배상Ⅱ」의 "피보험자 개별적용"의 제2항에는 「제1항에 따라 지급보험금의 계산에 정하는 보험금액의 한도가 증액되지는 않습니다」라고 규정하고 있다. 이는 복수의 피보험자 중 어느 피보험자의 손해배상책임을 부담하느냐와 관계없이 보험계약에서 정하는 보험가입금액은 변하지 않는다는 의미이다. 거기에 더하여 피보험자 개별적용에 의하여 보험자가 지급하는 보험금은 보험가입금액 한도 내에서 피보험자가 피보험자동차를 소유·사용·관리하는 동안에 생긴 피보험자동차의 사고로 인하여 다른 사람을 죽게 하거나 다치게 하여 법률상 손해배상책임을 짐으로써 입은 손해에서 「대인배상Ⅰ」을 초과하는 손해에 한정된다.

사. 각 면책 조항의 피보험자 개별적용 사례

자동차보험약관 「대인배상Ⅱ」의 "보상하지 않는 손해"의 각 항목별로 피보험자 개별적용에 대하여 기술하면 다음과 같다. 단, 자동차보험약관 「대인배상Ⅱ」의 "보상하지 않는 손해" 제2항과 제3항의 피용자 재해 면책 및 동료 근로자 재해 면책 조항에 대한 피보험자 개별적용 사례는 전기한 본 장, "제2절, 3, 파, (1)피보험자 개별적용"에서 상세히 기술하였으므로, 고의 면책 조항, 무면허운전 면책 조항, 피보험자 또는 그 부모, 배우자, 자녀 사상에 대한 면책 조항에 대해서만 일례를 들어보기로 한다.

(1) 기명피보험자 이외의 고의로 인한 손해 면책
(가) 의 의

동일 자동차사고로 인하여 피해자에게 배상책임을 지는 피보험자가 복수로 존재하는 경우, 그 피보험자 중 고의가 있는 피보험자에 대해서는 보험자는 면책되나 고의가 없는 피보험자에 대해서는 면책되지 않으므로, 피해자가 고의 없는 피보험자에게 손해배상을 청구해 오면 보험자는 보상책임을 지게 된다.

(나) 사 례

자동차사고는 아니지만, 고의사고에 대한 피보험자 개별적용을 한 일례를 들어보기로 한다. 대법원 2012.12.13. 선고 2012다1177호 판결은 갑 보험회사와 을이 피보험자를 을, 병, 정으로 하여 손해배상책임보험을 체결하였는데, 피보험자인 을과 병이 방화를 저지른 자녀 정에 대한 감독 의무를 소홀히 하였음을 이유로 「민법」 제750조(불법행위)의 책임을 부담하게 된 사안에서, 책임무능력자인 미성년자가 고의로 방화를 일으킨 사고에 대하여 책임무능력자의 감독 의무자인 부모에게는 고의가 있었던 것이 아니므로, 보험자는 보상책임을 면할 수 없다고 판시하였다.

■ 대법원 2012.12.13. 선고 2012다1177 판결[구상금]

손해배상책임보험에 있어서 동일한 사고로 인하여 피해자에 대하여 배상책임을 지는 피보험자가 복수로 존재하는 경우에는 그 피보험이익도 피보험자마다 개별로 독립하여 존재하는 것이므로 각각의 피보험자마다 손해배상책임의 발생 요건이나 면책 조항의 적용 여부 등을 개별적으로 가려서 보상책임의 유무를 결정하는 것이 원칙이다. 따라서 손해배상책임보험약관에 정한 보험사고 해당 여부나 보험자 면책 조항의 적용 여부를 판단함에 있어서는 특별한 사정이 없는 한 그 약관에 피보험자 개별적용 조항을 별도로 규정하고 있지 않더라도 각 피보험자별로 손해배상책임의 발생 요건이나 보험자 면책 조항의 적용 여부를 가려 보험사고 해당 여부 또는 면책 여부를 결정하여야 하고, 그 약관의 규정 형식만으로 복수의 피보험자 중 어느 한 사람에 대하여 보험사고에 해당하지 아니하거나 면책 조항에 해당한다고 하여 보험자의 모든 피보험자에 대한 보상책임이 성립하지 아니하거나 모든 피보험자에 대한 보상책임을 면하는 것으로 해석할 것은 아니다(대법원 1998.4.23. 선고 97다19403 전원합의체 판결 등 참조). 그리고 이와 같은 법리는 특별한 사정이 없는 한 손해배상책임보험약관에서 보상하는 손해로 우연한 사고로 타인의 신체의 장해 또는 재물의 손해에 대한 법률상의 배상책임을 부담함으로써 입은 손해를 규정하고 있거나 보상하지 아니하는 손해로 피보험자의 고의를 원인으로 하여 생긴 손해를 규정하고 있는 경우에도 마찬가지로 적용된다.

원심이 피보험자인 피고 1, 2가 방화를 저지른 자녀인 소외 1에 대한 감독 의무를 소홀히 하였음을 이유로 「민법」 제750조의 책임을 부담하게 되었는데, 이는 과실에 의한 불법행위책임이므로 피고 흥국화재해상보험 주식회사는 보험금 지급 의무가 있고, 나아가 보험계약자 또는 피보험자의 고의를 원인으로 하여 생긴 손해는 보상하지 아니한다고 규정한 「가족 일상생활 중 배상책임 특별약관」 제6조제1항제1호의 면책 사유에도 해당하지 아니한다고 판단한 것은 위 법리를 따른 것으로서 정당하고, 거기에 상고이유로 주장하는 바와 같은 「상법」 제659조 및 위 특별약관이 규정하고 있는 보험사고 및 면책 사유에 관한 법리오해의 위법이 없다.

(2) 무면허운전 면책 조항

(가) 면책 규정

자동차보험약관 「대인배상Ⅱ」의 "보상하지 않는 손해" 제1항제8호에서 「피보험자 본인이 무면허운전을 하였거나, 기명피보험자의 명시적·묵시적 승인 하에서 피보험자동차의 운전자가 무면허운전을 하였을 때에 생긴 사고로 인한 손해. 다만, 「자동차손해배상보장법」 제5조제2항의 규정에 따라 자동차 보유자가 의무적으로 가입하여야 하는 「대물배상」 보험가입금액 한도에서는 보상합니다」라고 규정하고 있다.

(나) 사 례

1) 보험자의 보상책임이 인정된 사례

기명피보험자의 아들인 친족피보험자의 무면허운전 중 사고에 대하여, 보험회사는 무면허운전 중이었던 친족피보험자에 대해서는 면책되지만, 그의 아들인 친족피보험자에게 무면허운전을 명시적·묵시적으로 승낙한 사실이 없는 기명피보험자에 대해서는 면책되지 않으므로 보험회사는 보상책임이 있다.

■ 대법원 1997.06.27. 선고 97다10512 판결[보험금]

(1) 위 개인용 「자동차종합보험보통약관」 제1조에 의하면 피보험자가 보험증권에 기재된 피보험자동차의 운행으로 인하여 남을 죽게 하거나 다치게 하여 「자동차손해배상보장법」 등에 의한 손해배상책임을 짐으로써 입은 손해는 피고가 보상하도록 되어 있고, 위 약관 제11조는 피보험자의 개념을 규정하면서 기명피보험자(제1항) 뿐만 아니라 친족피보험자("기명피보험자와 같이 살거나 살림을 같이 하는 친족으로서 피보험자동차를 사용 또는 관리 중인 자", 제2항), 승낙피보험자(제3항) 등 복수의 피보험자를 열거하고 있으므로, 보험자인 피고로서는 피보험자동차의 운전자가 누구이든지 간에 위 약관 제11조 소정의 복수의 피보험자 중에서 한 사람이라도 「자동차손해배상보장법」 등에 의한 자동차 운행자로서 손해배상책임을 지게 되는 자가 있는 경우에 그 피보험자의 손해를 보상하여야 하는 것이다(당원 1997.3.14. 선고 95다48728 판결 참조).

한편, 위 약관 제10조제6항은 「피보험자동차의 운전자가 무면허운전을 하였을 때에 생긴 사고로 인한 손해에 대하여는 보상하지 아니한다」고 규정하고 있는데, 위 규정은 무면허운전이 보험계약자나 피보험자의 지배 또는 관리 가능한 상황에서 이루어진 경우, 즉, 보험계약자나 피보험자의 명시적 또는 묵시적 승인 하에 이루어진 경우에 한하여 적용되는 조항이라고 해석되는 바(당원 1991.12.24. 선고 90다카23899 판결 등 참조), 하나의 사고에 대하여 배상책임이 있는 피보험자가 복수인 경우에는 각 피보험자별로 보험자의 손해보상책임 발생 여부를 결정하여야 하는 것과 마찬가지로 위와 같은 면책 조항의 적용 여부도 각 피보험자별로 결정하여야 할 것이니(당원 1988.6.14. 선고 87다카2276 판결, 1996.5.14. 선고 96다4305 판결 등 참조), 이 사건과 같이 기명피보험자인 원고가 그와 동거하는 아들인 소외 1의 무면허운전으로 인한 피해자들의 손해를 배상하고 그 배상액에 대하여 보험자인 피고에게 보험금의 지급을 구하는 사건에 있어서는 원고에 대하여 위 면책 조항이 적용되는지 여부를 결정하여야 할 것이고, 소외 1이 위 약관 제11조제2항 소정의 친족피보험자에 해당한다 하더라도 그 이유만으로 원고에 대하여 위 면책 조항이 적용된다고 할 수는 없고, 소외 1의 무면허운전이 기명피보험자인 원고의 명시적 또는 묵시적 승인 하에 이루어진 경우에 한하여 위 면책 조항이 적용된다 할 것이다. 원심이 같은 취지에서 피고가 소외 1이 아닌 기명피보험자인 원고에 대하여 위 무면허운전 면책 조항의 적용을 주장하기 위히여는 소외 1이 기명피보험자인 원고의 명시적이거나 묵시적인 승인 하에 운전한 경우에 해당하여야 한다고 판단한 것은 정당하고, 거기에 소론과 같은 무면허운전 면책 조항의 해석을 그르친 위법이 있다 할 수 없다.

(2) 또한 사실관계가 원심이 확정한 바와 같다면 기명피보험자인 원고가 소외 1의 무면허운전에 대하여 명시적이거나 묵시적인 승인을 하였다고 보기 어렵다 할 것이므로, 같은 취지로 원심이 피고의 무면허운전 면책 주장을 배척한 조치 역시 정당하고, 거기에 소론과 같은 법리오해의 위법이 있다 할 수 없다.

---

2) 보험자의 보상책임(「대인배상Ⅱ」)이 부정된 사례

갑은 기명피보험자겸 차주인 을로부터 3년 전부터 피보험자동차를 전속으로 사용하도록 허락을 받고서 위 차량에 자신의 자녀를 태우고 가다 사고를 일으켜 그 자녀가 사망하였다. 갑은 운전면허가 취소된 상태였고, 차주인 을은 위 사실을 알고서도 갑에게 피보험자동차를 사용하도록 하였고, 갑은 운전면허를 갱신하지 않는 무면허운전 중 이 사건 사고를 발생시켰다. 이 경우, 승낙피보험자인 갑은 본인의 무면허운전 중 사고이므로 보험자는 갑의 무면허운전에 대하여 면책되고, 기명피보험자인 을 역시 갑의 운전면허가 취소된 것을 알고서도 피보험자동차의 사용을 허락하였으므로 갑의 무면허운전을 묵시적으로 승낙한 것이라고 보여지므로 보험자는 을에 대해서도 면책된다. 따라서 이 사건에 있어서 보험자는 승낙피보험자인 갑과 기명피보험자인 을 중 누구를 기준으로 하더라도 면책된다.

■ 춘천지방법원 2005.09.16. 선고 2005가합138 판결:[채무부존재확인·보험금 청구]

피고 박원순은 2001년 운전면허가 취소된 후 면허를 취득하지 아니한 채, 2004.12.21.09:40경 소외 박기명 소유의 강원 27가5311호 프린스 승용차(이하 "이 사건 차량"이라고 한다)를 운전하여 춘천시 중앙로 1가 74 소재 디테일 의류점 앞 편도 1차로를 춘천시청 방면에서 제일은행 방면으로 좌회전하여 시속 약 40㎞로 진행함에 있어 전방 주시 의무를 게을리하고 승용차의 조향·제동장치를 제대로 조작하지 못한 과실로 진행방향 우측에 설치된 위 디테일 의류점 건물 기둥 등을 들이받고 위 승용차가 우측으로 전도되면서 도로 바닥을 10m 가량 미끄러져 그 충격으로 이 사건 차량조수석에 타고 있던 딸 최필성으로 하여금 다발성 두개골 뇌부종 등으로 사망케 하는 사고(이하 "이 사건 사고"라 한다)를 내었다.

살피건대, 갑2호증의 1, 2, 을6호증의 8, 9, 11 각 기재, 증인 박기명의 증언에 변론 전체의 취지를 종합하면, 박기명은 피고 박원순에게 이 사건 차량을 3년 전부터 전속적으로 사용하도록 허락하여 피고 박원순이 계속하여 이 사건 차량을 운전해 온 사실을 인정할 수 있어, 박기명은 위 약관 소정의 "기명피보험자"에 해당하고, 피고 박원순은 "기명피보험자의 승낙을 얻어 피보험자동차를 사용 또는 관리 중인 자"(이른바 승낙피보험자)에 해당한다고 할 것이다. 그런데 이 사건 약관은 피보험자의 범위에 관하여 앞서 본 바와 같이 규정하면서 승낙피보험자 등 보험계약상 피보험자로 취급되는 자를 포함하여 "피보험자"로, 보험증권에 기재된 피보험자는 "기명피보험자"로 각기 구별하여 적시하고 있으며, 여기에 자동차상해보험계약이 「대인배상Ⅱ」 계약에 의하여 보상을 받지 못하는 경우에 그 피보험자를 보호하기 위한 계약인 점(위 약관상 「대인배상Ⅱ」 계약에 의하여 보상을 받을 수 있는 경우에는 자동차상해보험계약의 "피보험자"로 보지 아니한다고 되어 있다)을 감안해 보면, 무면허 면책 특약 규정의 "피보험자 본인이 무면허운전을 한 경우"의 "피보험자"에는 기명피보험자뿐만 아니라 승낙피보험자 등도 포함되는 것으로 해석함이 상당하다 할 것이다.

따라서 피고 박원순은 무면허 면책약관의 "피보험자 본인이 무면허운전을 한 경우"의 피보험자에 해당되어 원고는 무면허 면책약관에 의하여 「대인배상Ⅱ」 계약에 의한 보험금 지급 의무는 지지 않게 된다고 할 것이다.

자동차보험에 있어서 동일 자동차사고로 인하여 피해자에 대하여 배상책임을 지는 피보험자가 복수로 존재하는 경우(이 사건에서는 운행자 책임을 지는 기명피보험자 박기명과 운전자로서 사고를 낸 승낙피보험자 피고 박원순이 모두 피보험자에 해당된다)에는 그 피보험이익도 피보험자마다 개별로 독립하여 존재하는 것이니만큼 각각의 피보험자마다 손해배상책임의 발생 요건이나 면책 조항의 적용 여부 등을 개별적으로 가려서 보상책임의 유무를 결정하는 것이 원칙이므로, 자동차보험 약관에 정한 보험자 면책 조항의 적용 여부를 판단함에 있어서는 특별한 사정이 없는 한 그 약관에 피보험자 개별적용 조항을 별도로 규정하고 있지 않더라도 각 피보험자별로 보험자 면책 조항의 적용 여부를 가려 그 면책 여부를 결정하여야 하므로(대법원 1997.6.27. 선고 97다10512 판결, 1998.4.23. 선고 97다19403 전원합의체 판결, 2000.5.26. 선고 99다69037 판결 등 참조), 피고 박원순이 자신의 무면허를 이유로 원고가 「대인배상II」 계약에 의한 책임을 지지 않게 됨을 주장하는 이 사건에 있어서는 피고 박원순을 기준으로 판단하여야 한다.

나아가 갑2호증의 1, 2의 각 기재, 증인 박기명의 증언에 변론 전체의 취지를 종합하여 인정되는 다음과 같은 점, 즉, 피고 박원순은 이미 2001년 면허가 취소되었는데, 박기명은 피고 박원순에게 이 사건 차량을 3년 넘게 박원순 본인의 차량인 것처럼 사용할 수 있도록 해 주었고, 피고 박원순의 무면허를 알았더라도 차를 회수하지는 않고 조심해서 운전하라고만 하였을 것이라고 진술하고 있는 점에 비추어, 기명피보험자인 박기명 역시 피고 박원순의 무면허운전을 묵시적으로 승인한 것이라고 보여지므로, 결국 원고는 누구를 기준으로 하여 보나 무면허 면책이 된다고 할 것이다.

(3) 피보험자 또는 그 부모, 배우자, 자녀 사상에 대한 면책 조항

(가) 면책 규정

자동차보험약관 「대인배상II」의 "보상하지 않는 손해" 제2항은 「다음 중 어느 하나에 해당하는 사람이 죽거나 다친 경우에는 「대인배상II」에서 보상하지 않습니다」라고, 같은 항 제1호에서는 「피보험자 또는 그 부모, 배우자 및 자녀」라고 규정하고 있다.

(나) 사 례

1) 보험자의 책임이 인정된 사례

기명피보험자인 자동차 대여업자에게 자동차를 임차한 승낙피보험자가 그 차량에 자신의 처와 아들을 태우고 운행 중 사고를 일으켜 처와 아들이 사망하였다. 이 사고에 대하여 보험자는 임차인인 승낙피보험자에 대해서는 사망한 처와 아들이 위 면책약관의 보상하지 않는 배우자 및 자녀에 해당되어 면책되지만, 자동차 대여업자인 기명피보험자와 관계에서는 위 면책약관 소정의 인적관계가 성립되지 않으므로 보상책임을 면할 수 없게 된다. 한편, 위 경우 임차인인 승낙피보험자는 기명피보험자인 자동차 대여업자를 위해서 차량을 운행한 것이 아니라 자기를 위하여 운행한 것에 해당되어 다른 피보험자를 위하여 운전 중인 자에 해당되지도 않는다.

■ 대법원 1998.02.27. 선고 96다41144 판결[보험금]
자동차종합보험에 있어서 동일 자동차사고로 인하여 피해자에게 배상책임을 지는 피보험자가 복수로 존재하는 경우, 그 피보험이익도 피보험자마다 개별로 독립하여 존재하므로 각각의 피보험자마다 손해배상책임의 발생 요건이나 면책 조항의 적용 여부 등을 개별적으로 가려서 보상책임의 유무를 결정하는 것이 원칙이므로, 특별한 사정이 없는 한 약관에 피보험자 개별적용 조항을 별도로 규정하고 있지 않더라도 각 피보험자별로 위 면책 조항의 적용 여부를 가려 보험자의 면책 여부를 결정하여야 하고, 그 약관의 규정 형식만으로 배상책임이 있는 복수의 피보험자 중 어느 한 사람이라도 피해자와의 사이에 면책 조항 소정의 인적관계가 있기만 하면 모든 피보험자에 대한 보상책임을 면하는 것으로 해석할 것은 아니라고 할 것이다(대법원 1988.6.14. 선고 87다카2276 판결, 1996.5.14. 선고 96다4305 판결 등 참조).

위 약관 제10조제2항제2호 소정의 피보험자동차를 운전 중인 자라 함은 기명피보험자나 승낙피보험자 등 약관 제11조제1호 내지 제4호 소정의 피보험자를 포함하여 현실적으로 피보험자동차를 운전하는 모든 사람을 의미하는 것이 아니라 기명피보험자나 승낙피보험자 등 약관 제11조제1호 내지 제4호 소정의 피보험자를 위하여 피보험자동차를 운전 중인 자를 의미한다고 해석함이 상당하다 할 것이다.

이 사건의 경우, 원심이 확정한 사실관계에 의하면 소외 1이 기명피보험자로서 자동차 대여업자인 원고로부터 이 사건 사고차량을 임차하여 그 차량에 자신의 처 소외 2와 자 소외 3을 태우고 가다가 교통사고를 내어 위 소외 2와 소외 3이 사망하였다는 것이므로, <u>위 소외 1은 위 약관 제11조제3호 소정의 이른바 승낙피보험자, 원고는 위 약관 제11조제1호 소정의 기명피보험자로서 각 배상책임 의무가 있는 피보험자라고 할 것인바, 위 망인들은 위 소외 1에 대한 관계에서는, 위 약관 제10조제2항제3호 소정의 배상책임 있는 피보험자의 배우자 및 자녀에 해당하므로 보험자인 피고에게 면책 사유가 존재한다고 할 것이나, 원고와의 관계에서는, 위 약관 제10조제2항제1호 소정의 인적관계가 없으므로 피고에게 같은 호 소정의 면책 사유가 존재하지 아니할 뿐만 아니라, 위 소외 1이 기명피보험자인 원고를 위하여 위 사고차량을 운전하였다고 볼 증거가 없고 오히려 위 소외 1이 자기를 위하여 위 사고차량을 운전한 자에 해당하는 이 사건에 있어서 위 소외 1이 위 약관 제10조제2항제2호 소정의 피보험자동차를 운전 중인 자에 해당하지 아니함이 분명하고 따라서 위 망인들은 위 약관 제10조제2항제2호가 적용될 여지가 없으므로 역시 보험자인 피고에게 면책 사유가 존재하지 아니한다고 할 것이므로, 피고의 이 사건 보험금 지급 책임이 면책되는 것은 아니라고 할 것이다.</u>

2) 보험자의 책임이 부정된 사례

자동차종합보험약관상 보험증권상의 기명피보험자인 병원과 함께 복수의 피보험자인 구급차 운전자가 출산을 위하여 그의 딸과 처를 태우고 가던 중 사고를 낸 경우, 피해자들은 그 운전자에 대한 관계에서는 그 약관의 면책 조항 소정의 배상책임 있는 피보험자의 배우자 및 자녀에 해당하고, 그 병원과의 관계에서는 같은 약관 소정의 피보험자동차를 운전 중인 자의 배우자 및 자녀에 해당하므로, 병원 및 운전자 모두와의 관계에서 보험자에게 면책 사유가 존재한다.

■ 대법원 1996.05.14. 선고 96다4305 판결[채무부존재확인]
자동차종합보험에 있어서 동일 자동차사고로 인하여 피해자에 대하여 보상책임을 지는 피보험자가 복수로 존재하는 경우에는 그 피보험이익도 피보험자마다 개별로 독립하여 존재하는 것이므로 각각의 피보험자마다 손해배상책임의 발생 요건이나 면책 조항의 적용 여부 등을 개별적으로 가려서 보상책임의 유무를 결정하는 것이 원칙이므로, 특별한 사정이 없는 한, 약관에 피보험자 개별 적용 조항을 별도로 규정하고 있지 않더라도 각 피보험자별로 위 면책 조항의 적용 여부를 가려 보험자의 면책 여부를 결정하여야 할 것이고, 위 약관의 규정 형식만으로 배상책임이 있는 복수의 피보험자 중 어느 한 사람이라도 피해자와의 사이에 위 조항 소정의 인적관계가 있기만 하면 모든 피보험자에 대한 보상책임을 면하는 것으로 해석할 것은 아니라 할 것이다(당원 1988.6.14. 선고 87다카2276 판결 참조). 따라서, 원심이 그 판시와 같은 이유로 위 면책약관을 절대적 면책 규정이라고 본 것은 잘못이라 할 것이다.

그러나 한편, 위 보험약관 제11조에 의하면 제1항의 보험증권에 기재된 피보험자(기명피보험자) 외에도 제5항에서 기명피보험자를 위하여 피보험자동차를 운전 중인 자도 피보험자로 규정하고 있고, 제10조제2항에 의하면 대인배상의 경우 보상하지 아니하는 손해로서 피보험자동차를 운전 중인 자 또는 그 부모, 배우자 및 그 자녀(제2호) 외에, 배상책임 의무가 있는 피보험자 또는 그 부모, 배우자 및 자녀(제3호)에 대한 각 사고의 경우를 들고 있는바, 이 사건 사고를 일으킨 운전자인 위 최정현은 위 보험약관 제11조제5항 소정의 기명피보험자인 소외 홍성의료원을 위하여 피보험자동차를 운전 중인 자, 위 홍성의료원은 위 보험약관 제11조제1항 소정의 기명피보험자로서, 각 배상책임 의무가 있는 피보험자인데, 피고들은 위 최정현에 대한 관계에서는 같은 약관 제10조제2항제3호 소정의 배상책임 있는 피보험자의 배우자 및 자녀에 해당하고, 위 홍성의료원과의 관계에서는 같은 약관 제10조제2항제2호 소정의 피보험자동차를 운전 중인 자의 배우자 및 자녀에 해당하여 위 최정현 및 위 홍성의료원 모두와의 관계에서 보험자인 원고에게 면책 사유가 존재한다고 할 것이므로, 원고의 피고들에 대한 이 사건 대인배상 지급 채무는 없다고 할 것이고, 따라서 원심의 위에서 본 잘못은 판결의 결론에는 아무런 영향이 없다고 할 것이다.

2. 지급보험금의 계산

가. 지급보험금

「대인배상Ⅰ」, 「대인배상Ⅱ」에서 보험회사는 이 약관의 "보험금 지급 기준에 의해 산출한 금액"과 "비용"을 합한 금액에서 "공제액"을 공제한 후 보험금으로 지급하되 다음의 금액을 한도로 한다.

나. 「대인배상Ⅰ」: 「자동차손해배상보장시행령」에서 정한 기준에 따라 산출한 금액

「자동차손해배상보장시행령」에서 정한 기준에 따라 산출한 금액이란 사망보험금은 1억 5천만 원 범위에서 피해자에게 발생한 금액이며 피해자에게 발생한 금액이 2천만 원 미만일 때에는 2천만 원으로 한다. 부상한 경우에는 위 영의 별표 1에서 정하는 상해급별 금액의 범위에서 피해자에게 발생한 손해액인데 상해 1급 한도금액은 2천만 원이고, 상해 14급 한도금액은 80만 원이다. 장애의 경우는 위 영 별표 2에서 정하는 장애급별 금액의 범위에서 피해자에게 발생한 손해액을 말하며 장애 1급 한도금액은 1억 원이고 장애 14급 한도금액은 630만 원이다. 사망, 부상, 장애가 중복되었을 경우의 보험금액의 합산 방법은 아래와 같다.

(1) 부상한 자가 치료 중 그 부상이 원인이 되어 사망한 경우

사망한도금액과 부상한도금액의 합산액 범위에서 피해자에게 발생한 손해액

(2) 부상한 자에게 후유장애가 생긴 경우

부상한도금액과 장애한도금액의 합산액 범위에서 피해자에게 발생한 손해액

(3) 장애에 따른 금액을 지급한 후 그 부상이 원인이 되어 사망한 경우

실제 지급할 사망한도액에서 장해한도금액 중 사망한 날 이후에 해당하는 손해액을 뺀 금액

■ 「자동차손해배상법시행령」[대통령령 제25940호, 시행 2014.12.30.]
제3조(책임보험금 등)
① 법 제5조제1항에 따라 자동차 보유자가 가입하여야 하는 책임보험 또는 책임공제(이하 "책임보험
등"이라 한다)의 보험금 또는 공제금(이하 "책임보험금"이라 한다)은 피해자 1명당 다음 각 호의 금액과
같다. 〈개정 2014.2.5., 2014.12.30.〉
　　1. 사망한 경우에는 1억 원의 범위에서 피해자에게 발생한 손해액. 다만, 그 손해액이 2천만 원 미
　　　만인 경우에는 2천만 원으로 한다.
　　2. 부상한 경우에는 별표 1에서 정하는 금액의 범위에서 피해자에게 발생한 손해액. 다만, 그 손
　　　해액이 법 제15조제1항에 따른 자동차보험진료수가(진료수가)에 관한 기준(이하 "자동차보험진
　　　료수가 기준"이라 한다)에 따라 산출한 진료비 해당액에 미달하는 경우에는 별표 1에서 정하는금
　　　액의 범위에서 그 진료비 해당액으로 한다.
　　3. 부상에 대한 치료를 마친 후 더 이상의 치료효과를 기대할 수 없고 그 증상이 고정된 상태에서
　　　그 부상이 원인이 되어 신체의 장애(이하 "후유장애"라 한다)가 생긴 경우에는 별표 2에서 정하
　　　는 금액의 범위에서 피해자에게 발생한 손해액
② 동일한 사고로 제1항 각 호의 금액을 지급할 둘 이상의 사유가 생긴 경우에는 다음 각 호의 방법
에 따라 책임보험금을 지급한다. 〈개정 2012.8.22.〉
　　1. 부상한 자가 치료 중 그 부상이 원인이 되어 사망한 경우에는 제1항제1호와 같은 항 제2호에 따
　　　른 한도금액의 합산액 범위에서 피해자에게 발생한 손해액
　　2. 부상한 자에게 후유장애가 생긴 경우에는 제1항제2호와 같은 항 제3호에 따른 금액의 합산액
　　3. 제1항제3호에 따른 금액을 지급한 후 그 부상이 원인이 되어 사망한 경우에는 제1항제1호에 따
　　　른 금액에서 같은 항 제3호에 따른 금액 중 사망한 날 이후에 해당하는 손해액을 뺀 금액

다. 「대인배상Ⅱ」: 보험증권에 기재된 보험가입금액

　「대인배상Ⅱ」의 지급보험금은 보험증권에 기재된 보험가입금액을 한도로 이 약관에 정한 보
험금 지급 기준에 의해 산정된 금액을 말하고, 소송이 제기되었을 경우에는 "법원의 확정 판결
등"에 의한 금액이다.

(1) 보험금 지급 기준에 의해 산출된 금액

지급 보험금	=	"보험금 지급 기준에 의해 산출한 금액" 또는 "법원의 확정 판결 등"에 따라 피보험자가 배상해야 할 금액	+	비용	-	공제액

(2) 법원의 확정 판결 등

소송(민사조정, 중재를 포함)이 제기되었을 경우에는 대한민국 법원의 확정 판결 등에 따라 피보험자가 손해배상청구권자에게 배상해야 할 금액(지연배상금 포함)을 제1항의 "보험금 지급 기준에 의해 산출한 금액"으로 본다. "법원의 확정 판결 등"이라 함은 법원의 확정 판결과 동일한 효력을 갖는 조정 결정, 중재 판정 등을 말한다.

(3) 비 용

"비용"이라 함은 다음 중 어느 하나에 해당하는 금액을 말한다. 이 금액은 보험가입금액과 관계없이 보상한다.

1. 손해의 방지와 경감을 위하여 지출한 비용(긴급조치 비용을 포함)
2. 다른 사람으로부터 손해배상을 받을 수 있는 권리의 보전과 행사를 위하여 지출한 필요비용 또는 유익한 비용
3. 그 밖에 보험회사의 동의를 얻어 지출한 비용

(4) 공제액

"공제액"이란 「대인배상 I」에서 지급되는 금액 또는 피보험자동차가 「대인배상 I」에 가입되지 않은 경우에는 「대인배상 I」에서 지급될 수 있는 금액을 말한다.

3. 음주운전 또는 무면허운전 관련 사고부담금

가. 취 지

「자배법」 제29조제1항은 「「도로교통법」 제44조제1항에 따른 술에 취한 상태에서 운전금지 위반 등 대통령령으로 정하는 사유로 다른 사람이 사망 또는 부상하거나 다른 사람의 재물이 멸실되거나 훼손되어 보험회사 등이 피해자에게 보험금 등을 지급한 경우에는 보험회사 등은 법률상 손해배상책임이 있는 자에게 국토해양부령으로 정하는 금액을 구상할 수 있다」고 규정하고 있다. 이는 음주운전 예방효과 등을 감안하여 보험회사가 음주운전 등 일정한 교통사고의 경우 법률상 손해배상책임이 있는 자에게 일정한 금액을 구상할 수 있도록 하는 자기부담금제도를 도입한 것이다. 이에 따라 보험회사 등은 자동차보험보통약관을 통해 음주운전 또는 무면허운전 관련 자기부담금 조항을 마련하여 피보험자가 음주운전 또는 무면허운전을 하는 동안의 사고로 인하여 보험회사가 보험금을 지급하게 되는 경우, 피보험자가 일정한 금액의 사고부담금을 부담

할 의무가 있고, 보험회사가 피해자에게 위 사고부담금을 포함하여 손해배상액을 지급할 때에는 피보험자에게 사고부담금의 지급을 청구할 수 있다는 내용의 약관을 마련해 두고 있다.

■ 「자동차손해배상보장법」
제29조(보험금 등의 지급 등)
① 「도로교통법」 제44조제1항에 따른 술에 취한 상태에서 운전금지 위반 등 대통령령으로 정하는 사유로 다른 사람이 사망 또는 부상하거나 다른 사람의 재물이 멸실되거나 훼손되어 보험회사 등이 피해자에게 보험금 등을 지급한 경우에는 보험회사 등은 법률상 손해배상책임이 있는 자에게 국토교통부령으로 정하는 금액을 구상할 수 있다. 〈개정 2013.3.23.〉

■ 「자동차손해배상보장법」 시행 규칙 제10조
법 제29조제1항에서 "국토교통부령으로 정하는 금액"이란 보험회사 등이 피해자에게 실제로 지급한 보험금 또는 공제금의 총액을 말한다. 다만, 보험회사 등이 실제로 지급한 보험금 또는 공제금의 총액이 다음 각 호의 어느 하나에 해당하는 금액을 초과하는 경우에는 다음 각 호의 어느 하나에 해당하는 금액을 말한다. 〈개정 2013.3.23.〉
　　1. 사망 또는 부상의 경우: 사고 1건당 300만 원
　　2. 재물의 멸실(멸실) 또는 훼손의 경우: 사고 1건당 100만 원

나. 사고부담금

피보험자 본인이 음주운전이나 무면허운전을 하는 동안에 생긴 사고 또는 기명피보험자의 명시적·묵시적 승인 하에서 피보험자동차의 운전자가 음주운전이나 무면허운전을 하는 동안에 생긴 사고로 인하여 보험회사가 「대인배상Ⅰ」, 「대인배상Ⅱ」 또는 「대물배상」에서 보험금을 지급하는 경우, 피보험자는 다음에서 정하는 사고부담금을 보험회사에 납입해야 한다.

1. 음주운전 사고부담금: 1사고당 「대인배상Ⅰ」, 「대인배상Ⅱ」 300만 원, 「대물배상」 100만 원
2. 무면허운전 사고부담금: 1사고당 「대인배상Ⅰ」 300만 원, 「대물배상」 100만 원

다. 사고부담금 납입

음주운전 및 무면허운전 중 사고를 야기한 피보험자는 지체 없이 음주운전 또는 무면허운전 사고부담금을 보험회사에 납입해야 한다. 다만, 피보험자가 경제적인 사유 등으로 이 사고부담금을 미납하였을 때 보험회사는 피해자에게 이 사고부담금을 포함하여 손해배상금을 우선 지급하고 피보험자에게 이 사고부담금의 지급을 청구한다.

라. 사고부담금 납입의 주체

자동차보험약관에서 사고부담금 납입의 주체는 피보험자 본인이 피보험자동차를 음주운전이

나 무면허운전을 하는 동안에 생긴 사고와 기명피보험자의 명시적·묵시적 승인 하에서 음주운전이나 무면허운전을 하는 동안 생긴 사고로 보험금을 지급하는 경우 피보험자는 사고부담금을 지급하는 것으로 규정하고 있다. 따라서 사고부담금 납입의 주체는 기명피보험자에 국한되는 것이 아니고 음주운전 및 무면허운전과 관련하여 법률상 손해배상책임이 있는 모든 피보험자로 보아야 한다. 한편, 기명피보험자의 명시적·묵시적 승인을 받지 않은 채로 행해진 음주운전이나 무면허운전 중 사고는 기명피보험자의 「자배법」상 손해배상책임이 발생하지 않는 관계로 법률상 손해배상책임이 없으므로 사고부담금을 부담하지 않는다.

■ 대법원 2013.03.14. 선고 2012다90603 판결[구상금]

보험약관의 해석에 있어서 약관 조항의 의미가 그 문언상으로나 작성 취지로 보아 명백하지 못하거나 의심스러운 때에는 보충적 해석 기준과 불명료의 원칙에 따라 이를 제한 해석할 수 있으나, 이와 달리 약관 조항의 의미가 명확하게 일의적으로 표현되어 있어 다의적인 해석의 여지가 없는 때에는 위와 같은 방법으로 제한 해석을 할 수 없다.

이러한 법리와 앞서 본 법 제29조제1항의 입법 취지 등에 비추어 볼 때, 원심 판시 이 사건 약관에 있는 "음주운전 또는 무면허운전 관련 자기부담금" 조항의 피보험자는 아래와 같은 이유로 이를 기명피보험자로 한정하여 해석할 것은 아니라고 할 것이다.

우선 앞서 본 것처럼 법 제29조제1항은 음주운전이나 무면허운전 등으로 보험회사 등이 피해자에게 보험금 등을 지급한 경우에는 "법률상 손해배상책임이 있는 자"에게 자기부담금을 구상할 수 있다고 규정하고 있고, 이 사건 약관에서는 "피보험자"가 음주운전 또는 무면허운전을 하는 동안의 사고로 인하여 보험회사가 보험금을 지급하게 되는 경우 피보험자는 거기에 정한 금액을 자기부담금으로 부담하여야 한다고 정하고 있어서 그 규정의 취지가 사실상 동일하다. 따라서 다른 특별한 사정이 없는 한 이 사건 약관의 "피보험자"는 법 제29조제1항에서 정한 "법률상 손해배상책임이 있는 자"와 동일한 의미라고 보아야 한다. 한편, 보험회사는 약관에 따라 보험증권에 기재된 피보험자인 "기명피보험자" 뿐만 아니라 그로부터 피보험차량의 사용 승낙을 받은 친족피보험자 등의 음주운전 등 사고에 대하여도 보험금을 지급하게 되는데, 그러한 경우에는 "법률상 손해배상책임이 있는 자"는 음주운전 등 사고를 일으킨 바로 그 친족피보험자 등이다. 따라서 법 제29조제1항의 "법률상 손해배상의 책임이 있는 자"에는 보험증권에 기재된 피보험자인 "기명피보험자" 뿐 아니라 그로부터 사용 승낙을 받은 친족피보험자 등도 모두 포함된다.

그리고 이 사건 약관에서는 피보험자를 "보험회사에 보상을 청구할 수 있는 사람"이라고 규정한 다음, 그 범위에 보험증권에 기재된 피보험자인 "기명피보험자" 외에 이른바 친족피보험자, 승낙피보험자, 사용피보험자, 운전피보험자 등이 모두 포함된다고 명시하고 있고, 그 약관에서 피보험자 중 특별히 "기명피보험자"를 한정하여 지칭할 경우에는 "기명피보험자"라고 한다는 규정을 따로 두기까지 하였다. 그런데 이 사건 약관의 자기부담금 조항에서는 그냥 피보험자라고만 하고 있을 뿐 기명피보험자로 제한하여 규정하고 있지 않다.

또한 이 사건 약관의 자기부담금 조항 중 "나.피보험자의 명시적·묵시적 승인 하에서 피보험자동차의 운전자가 음주운전 또는 무면허운전을 하였을 때에 생긴 사고로 손해를 입은 경우"란 피보험자동차를 운전한 피보험자가 음주운전 등으로 사고를 내어 보험회사가 보험금을 지급하게 되는 경우 그 운전자의 음주운전 등이 다른 피보험자의 명시적·묵시적 승인 하에 이루어짐으로써 다른 피보험자도 피해자에 대해 법률상 손해배상책임을 질 때에는 다른 피보험자 역시 자기 책임의 원칙에 따라 운전자와 함께 사고부담금을 부담할 의무가 있다는 취지이다. 이 역시 법 제29조제1항을 보다 구체화한 데 지나지 않는다(다만 피보험자가 음주를 한 제3자에게 피보험자를 위한 것이 아닌 목적으로 피보험자동차를 운전하게 한 경우 등 보험회사가 보험금 지급 책임을 지지 아니하는 경우에는 피보험자 역시 자기부담금 지급 책임을 지지 아니할 것이다).

결국 기명피보험자 아닌 피보험자라도 피보험자동차의 사고로 인한 손해배상책임을 지는 경우에는 이 사건 약관에 따라 자기부담금을 부담할 의무가 있고 그 부담책임을 지는 피보험자가 여러 명이면 상호 부진정연대의 관계에서 그 책임을 진다고 할 것이다.

그런데도 원심은 그 판시와 같은 사정만을 들어 이 사건 약관의 자기부담금 조항에서 말하는 피보험자는 기명피보험자에 한정된다고 해석하여 원고의 이 사건 청구를 배척하고 말았으니, 이러한 원심 판결에는 법 제29조제1항 및 이에 따른 이 사건 약관의 자기부담금 조항에 대한 해석을 잘못하여 판결에 영향을 미친 위법이 있다.

제2장 배상책임 이외의 보험종목

제1절 「자기신체사고」

1. 보상책임

가. 자동차보험약관 규정

「자기신체사고」에서 보험회사는 피보험자가 피보험자동차를 소유·사용·관리하는 동안에 생긴 다음 중 어느 하나의 사고로 인하여 죽거나 상해를 입은 때 그로 인한 손해를 보상한다. 여기에서 "상해"는 피보험자의 신체에 이상이 있는 점을 뒷받침할 수 있는 의학적 소견이 있는 경우에 한한다.

1. 피보험자동차의 운행으로 인한 사고
2. 피보험자동차의 운행 중 발생한 다음의 사고. 다만, 피보험자가 피보험자동차에 탑승 중일 때에 한한다.
   가. 날아오거나 떨어지는 물체와 충돌
   나. 화재 또는 폭발
   다. 피보험자동차의 낙하

나. 「자기신체사고」 보장 취지

「자기신체사고」의 피보험자는 「대인배상Ⅱ」에서 보상하지 않는 피보험자 또는 그 부모, 배우자 및 자녀와 일치한다. 이는 자기신체사고보험이 「대인배상Ⅱ」 보상 대상에서 제외한 피보험자에게 보험 보호를 받을 수 있도록 한 것이라고 볼 수 있다. 즉, 기명피보험자의 부모 등이 죽거나 다친 경우를 「대인배상Ⅱ」의 보상 대상에서 제외한 취지가 일정 범위의 친족 간 사고에서 기명피보험자의 부모 등이 사고로 손해를 입은 경우에는 그 가정 내에서 처리함이 보통이고 손해배상을 청구하지 않는 것이 사회통념에 속하며 이러한 경우의 보호는 별도의 보험인 자기신체사고보험에 의하도록 하고 있다.

다. 피보험자동차를 소유·사용·관리하는 동안에서 "소유·사용·관리"의 정의

「자기신체사고」로 정의하고 있는 "소유·사용·관리"의 개념은 「자배법」상 "운행"의 개념과 동일한 것으로 보아야 한다. 이는 「자배법」 제2조제2호에서 「"운행"이란 사람 또는 물건의 운송 여부와 관계없이 자동차를 그 용법에 따라 사용하거나 관리하는 것을 말한다」고 정의하고 있는 데에서와 같이 다툼이 없다고 하겠다.

라. 피보험자동차를 소유·사용·관리하는 동안에 생긴 "피보험자동차의 사고"의 정의

「자기신체사고」의 피보험자가 피보험자동차를 소유·사용·관리하는 동안에 생긴 피보험자동차의 사고로 인하여 다른 피보험자가 죽거나 다친 때는 위와 같은 약관에서 정한 「자기신체사고」에 해당한다고 보아야 하고, 반드시 죽거나 다친 피보험자가 직접 피보험자동차를 소유·사용·관리하는 동안에 생긴 사고만으로 한정된 것은 아니다. 즉, 「자기신체사고」에서 피보험자로 규정하고 있는 기명피보험자, 친족피보험자, 승낙피보험자, 사용피보험자, 운전피보험자와 이들 피보험자의 부모, 배우자 및 자녀 중 어느 하나가 피보험자동차를 소유·사용·관리하는 동안에 사고를 발생시켰을 때, 그 사고를 발생시킨 피보험자가 사상을 입은 경우는 물론 사고를 발생시키지 않은 피보험자가 사상을 입은 경우에도 「자기신체사고」에 해당된다.

> ■ 대법원 2014.06.26. 선고 2013다211223 판결[채무부존재확인]
> 자동차종합보험약관에서 「대인배상Ⅱ」에 관하여 기명피보험자의 부모, 배우자 및 자녀(이하 "기명피보험자의 부모 등"이라고 한다)가 죽거나 다친 경우를 보험회사의 면책 사항으로 정하는 한편, 「자기신체사고」에 관하여 피보험자가 피보험자동차를 소유, 사용, 관리하는 동안에 생긴 피보험자동차의 사고로 인하여 죽거나 다친 때 그로 인한 손해를 보험회사가 보상한다고 하면서, 기명피보험자의 부모 등을 피보험자에 포함시키고 실제손해액에서 「대인배상Ⅰ, Ⅱ」에 의해 보상받을 수 있는 금액 등을 공제한 잔액을 자기신체사고보험금으로 지급한다고 정하고 있다면, 이러한 약관의 내용 및 체계와 아울러 기명피보험자의 부모 등이 죽거나 다친 경우를 「대인배상Ⅱ」의 보상 대상에서 제외한 취지가 일정 범위의 친족 간 사고에서 기명피보험자의 부모 등이 사고로 손해를 입은

입은 경우에는 그 가정 내에서 처리함이 보통이고 손해배상을 청구하지 않는 것이 사회통념에 속하며 이러한경우의 보호는 별도의 보험인 자기신체사고보험에 의하도록 하는 데 있는 점(대법원 1993.9.14. 선 고 93다10774 판결, 대법원 2004.11.25. 선고 2004다28245 판결 등 참조) 등을 종합해 볼 때, 「자기신체사고」의 피보험자인 기명피보험자의 부모 등이 피보험자동차를 소유·사용·관리하는 동안에 생긴 피보험자동차의 사고로 인하여 다른 피보험자인 기명피보험자의 부모 등이 죽거나 다친 때에는 위와 같은 약관에서 정한 「자기신체사고」에 해당한다고 보아야 하고, 죽거나 다친 다른 피보험자인 기명피보험자의 부모 등이 직접 피보험자동차를 소유, 사용, 관리한 경우로 한정하여 해석할 것은 아니다.

원심 판결 이유 및 기록에 의하면, ① 원고가 소외 1과 사이에 소외 2를 피보험자로 하여 이 사건 차량에 관한 보험계약을 체결하였는데, 그 보험계약의 약관에는「자기신체사고」에 관하여 피보험자가 피보험자동차를 소유, 사용, 관리하는 동안에 생긴 피보험자동차의 사고로 인하여 죽거나 다친때 그로 인한 손해를 원고가 보상하고 기명피보험자의 부모 등이 피보험자에 포함된다고 하면서 실제손해액에서 「대인배상Ⅰ, Ⅱ」에 의해 보상받을 수 있는 금액 등을 공제한 잔액이 자기신체사고보험금으로 지급된다고 규정되어 있고, 한편, 「대인배상Ⅱ」의 보상에 관하여 기명피보험자의 부모 등이 죽거나 다친 경우가 원고의 면책 사항으로 규정되어 있는 사실, ② 기명피보험자인 소외 2의 처인 소외 3이 2012.6.16. 삼척시 원당동 소재 경로당 앞마당에 주차되어 있던 이 사건 차량을 운전하여 출발하려다가 위 차량이 급발진되는 바람에 그곳 전방에서 위 차량에 탑승하기 위해 기다리고 서 있던 위 소외 2의 딸인 망인을 충격하였고, 그로 인하여 망인이 사망에 이른 사실 등을 알 수 있다.

이러한 사실관계를 앞서 본 법리에 비추어 살펴보면, 원고 약관의 「자기신체사고」에서 정한 기명피보험자의 배우자로서 피보험자에 해당하는 소외 3이 피보험자동차를 운전하던 중 기명피보험자의 자녀로서 피보험자에 해당하는 망인을 충격하여 사망에 이르게 한 이상 망인의 사망은 원고의 약관에서 정한 「자기신체사고」에 해당한다고 할 것이다.

마. 「자기신체사고」에 대한 판결례

(1) 「자기신체사고」(운행 혹은 소유·사용·관리 중 사고)에 해당된다고 한 사례

■ 대법원 1997.08.26. 선고 97다5183 판결[손해배상(자)]

원심 판결 이유에 의하면, 원심은 그 내세운 증거들을 종합하여 소외 망 강정규는 1995.3.1. 15:15경 그 소유의 엑셀승용차에 소외 망 백순아를 태우고 서울 강동구 풍납동 179 한강시민공원 용성레저타운 부근의 강변 선착장 주차장에 도착하여 위 자동차를 한강 쪽을 향하여 주차함에 있어서 기어를 후진 위치에 놓고, 주차 브레이크를 끝까지 당기어 놓고, 바퀴에 받침돌을 괴거나 앞바퀴의 방향을 옆으로 돌려 놓아 승용차가 미끄러지더라도 한강 물 속으로 굴러 내려가지 않도록 필요한 조치를 취하여야 함에도 그와 같이 하지 아니하고 주차 브레이크만 살짝 당기어 놓고 주차한 채 위 승용차 밖으로 나감으로써 위 승용차가 비탈진 주차장에서 서서히 굴러 경

사 30W의 선착장으로 미끄러지면서 한강 물속으로 빠지게 하여 그 안에 탑승한 백순아로 하여
금 익사에 이르게 한 사실, 이 사건 사고 장소는 한강변 둔치에 강을 따라 나란히 설치된 차도의
중간에 설치된 주차장인 사실 등을 인정하고, 그 사실에 터잡아 위와 같이 이 사건 자동차를 교
통의 장(소)인 주차장까지 운행하여 와서 그곳에 주차시키는 것은 이 사건 자동차를 당해 장치의
용법에 따라 사용하는 것으로써 운행에 해당하고, 따라서 이 사건 사고는 위 승용차의 운행 중의
사고라는 취지로 판단하였는 바, 기록과 대조하여 검토하여 보면 원심의 위와 같은 사실 인정과
판단은 정당하고 여기에 채증법칙 위반, 입증 책임에 관한 법리오해 또는 「자동차손해배상보장
법」 제3조에서 말하는 운행에 관한 법리오해 등의 위법이 있다고 할 수 없다. 이 점에 관한 논지
는 모두 이유가 없다.

■ 대법원 1998.09.04. 선고 98다22604 판결[채무부존재확인 등·손해배상(자)]

원심이 확정한 사실과 기록에 의하면, 소외 김지호는 1996.10.28.19:30경 피고(반소원고, 이
하 "피고"라고만 한다) 최달식을 이 사건 승용차의 조수석에 동승하게 하고 위 차량을 운전하여 목
적지에 도착한 다음, 그곳에는 도로 우측단에 나지막하게 설치된 턱의 아래로 높이 4.3m의 터널
이 관통하고 있었는데, 김지호는 그 사실을 모른 채 차량 우측 앞바퀴가 도로 우측의 턱에 닿도
록 바짝 붙여 주차하였고, 피고 최달식도 위와 같은 사실을 모른 채 조수석 문을 열고 차량의 밖
으로 나오다가 우측 아래의 위 터널 바닥으로 떨어져 원심 판시와 같은 부상을 입게 되었음을 알
수 있는바, 사실관계가 위와 같다면, 김지호가 이 사건 차량을 사고 지점에 주차시키고 동승자로
하여금 하차하도록 한 것은 자동차를 당해 장치의 용법에 따라 사용하는 것으로써 차량의 운행
에 해당하고, 이 사건 사고는 위 차량의 운행과 상당인과관계가 있다고 보아야 할 것이다.

이와 같은 취지에서 이 사건 사고는 「자동차손해배상보장법」 제3조에 정한 "자동차의 운행으
로 말미암아" 발생한 것이라고 본 원심의 판단은 정당하고, 거기에 이에 관한 법리오해의 위법이
있다고 할 수 없으며, 상고이유에서 지적한 대법원 판결들은 모두 이 사건과는 사안을 달리하여 이
사건에서 원용하기에 적절한 것이 아니므로, 원심이 대법원 판례와 상반되는 법률 해석을 한 것이
라고 할 수 없다.

기록에 나타난 이 사건 사고의 발생 경위를 비롯한 여러 사정에 비추어 보면, 원심이 이 사건
손해배상의 액을 정함에 있어 피고 최달식의 과실 비율을 전체의 30% 정도로 봄이 상당하다고
하여 이를 참작한 조치도 옳게 여겨지고, 거기에 지적하는 바와 같은 위법 사유가 있다고 할 수
없다.

■ 대법원 2000.09.08. 선고 2000다89 판결[보험금]

[1] 교통사고만의 담보특약부 상해보험계약에 적용되는 약관상 "운행"이라 함은 「자동차손해
배상보장법」 제2조에서 규정하고 있는 바와 같이 자동차를 당해 장치의 용법에 따라 사용하고

있는 것을 말하고, 여기서 "당해 장치"라 함은 자동차에 계속적으로 고정되어 있는 장치로써 자동차의 구조상 설비되어 있는 자동차의 고유의 장치를 뜻하는 것인데, 위와 같은 각종 장치의 전부 또는 일부를 각각의 사용 목적에 따라 사용하는 경우에는 운행 중에 있다고 할 것이나 자동차에 타고 있다가 사망하였다 하더라도 그 사고가 자동차의 운송수단으로써의 본질이나 위험과는 전혀 무관하게 사용되었을 경우까지 자동차의 운행 중의 사고라고 보기는 어렵다.

[2] 심야에 엘피지 승용차를 운전하여 목적지로 향하여 운행하던 중 눈이 내려 도로가 결빙되어 있어 도로상태가 좋아질 때까지 휴식을 취할 목적으로 도로변에 승용차를 주차한 후 시동을 켠 채 승용차 안에서 잠을 자다가 차내에 누출된 엘피지 가스의 폭발로 화재가 발생하여 운전자가 소사한 경우, 자동차의 운행 중의 사고에 해당한다고 한 사례

■ 대법원 2005.03.25. 선고 2004다71232 판결[보험금]

[1] 자동차를 안전하게 주·정차하기 어려운 곳에 주·정차하거나 자동차를 주·정차함에 있어 지형과 도로상태에 맞추어 변속기나 브레이크 등을 조작하지 아니함으로 인하여 사람이 사망하거나 부상한 경우, 이는 원칙적으로 운행 중의 사고로 보아야 한다.

[2] 자동차의 당해 장치의 용법에 따른 사용 이외에 그 사고의 다른 직접적인 원인이 존재하거나, 그 용법에 따른 사용의 도중에 일시적으로 본래의 용법 이외의 용도로 사용한 경우에도 전체적으로 위 용법에 따른 사용이 사고 발생의 원인이 된 것으로 평가될 수 있다면 역시 운행 중의 사고라고 보아야 한다.

[3] 활선자동차의 버킷을 수리할 목적으로 화물자동차를 운전하여 회사의 자재창고에 도착하여 창고 정문 안쪽의 내리막 경사지에 주차한 후 하차하여 수리하다가 날이 어두워지자 화물자동차에 시동을 걸고 전조등을 켜서 그 불빛을 이용하여 작업을 계속하던 중 화물자동차가 경사지에서 굴러 내려와 충격하는 바람에 운전자가 사망한 경우, 자동차의 운행 중의 사고에 해당한다고 한 사례

■ 대법원 2009.02.26. 선고 2008다59834 판결[채무부존재확인·보험금]

[1] 자동차보험계약상 「자기신체사고」로 규정된 "피보험자가 피보험자동차를 소유, 사용, 관리하는 동안에 생긴 피보험자동차의 사고로 인하여 상해를 입었을 때"라고 함은, 피보험자가 피보험자동차를 그 용법에 따라 소유, 사용, 관리하던 중 그 자동차에 기인하여 피보험자가 상해를 입은 경우를 의미하고, 이때 자동차를 그 용법에 따라 사용한다는 것은 자동차의 용도에 따라 그 구조상 설비되어 있는 각종의 장치를 각각의 장치 목적에 따라 사용하는 것을 말하는 것으로서 자동차가 반드시 주행상태에 있지 않더라도 주행의 전후단계인 주·정차상태에서 문을 여닫는 등 각종 부수적인 장치를 사용하는 것도 포함한다. 그러므로 자동차를 주·정차한 상태에서 하차할 때 주·정차하는 곳에 내재된 위험요인이 하차에 따른 사고 발생의 한 원인으로 경합되어 사람이

부상한 경우에는 자동차의 운행으로 인하여 발생한 사고에 해당한다고 볼 수 있을 뿐만 아니라, 이는 피보험자가 피보험자동차를 소유, 사용, 관리하는 중에 그로 인하여 생긴 사고로써 자동차보험계약이 정하는 보험사고에 해당한다고 볼 수도 있다.

[2] 피보험자인 운전자가 차량을 정차한 후 시동과 전조등이 켜진 상태에서 운전석 문을 열고 내리던 중 무언가에 걸려 균형을 잃고 빙판길 노면에 넘어지면서 머리를 강하게 부딪쳐 상해를 입은 사안에서, 자동차를 소유, 사용, 관리하는 동안에 그로 인하여 발생한, 자동차보험계약이 정한 보험사고에 해당한다고 본 사례

(2) 「자기신체사고」(운행 혹은 소유·사용·관리 중 사고)에 해당되지 않는다고 한 사례

■ 대법원 1993.04.27. 선고 92다8101 판결[채무부존재확인]

가. 「자동차손해배상보장법」 제2조제2호에 의하면 "운행"이라 함은 사람 또는 물건의 운송 여부에 관계없이 자동차를 당해 장치의 용법에 따라 사용하는 것을 말한다고 규정되어 있는바, 당해 장치란 운전자나 동승자 및 화물과는 구별되는 당해 자동차에 계속적으로 고정되어 있는 장치로써 자동차의 구조상 설비되어 있는 당해 자동차 고유의 장치를 말하는 것이고 이와 같은 각종 장치의 전부 또는 일부를 각각의 사용 목적에 따라 사용하는 경우에는 운행 중에 있다고 할 수 있다.

나. 인부가 통나무를 화물차량에 내려놓는 충격으로 지면과 적재함 후미 사이에 걸쳐 설치된 발판이 떨어지는 바람에 발판을 딛고 적재함으로 올라가던 다른 인부가 땅에 떨어져 입은 상해가 자동차의 운행으로 말미암아 일어난 사고가 아니라고 한 사례

■ 대법원 1994.04.29. 선고 93다55180 판결[보험금]

교통사고만의 담보특약부 상해보험계약에 적용되는 약관상 "운행"이라 함은 「자동차손해배상보장법」 제2조에서 규정하고 있는 바와 같이 자동차를 당해 장치의 용법에 따라 사용하고 있는 것을 말하고, 자동차를 교통의 장인 도로에서 끌어 내어 길 옆의 잔디밭에 주차시키고 잠을 자다가 자동차가 미끄러져 내려가 물에 빠져 발생한 사고는 피보험자가 "운행" 중의 자동차에 탑승하고 있을 때의 사고라고 볼 수 없어 위 보험약관에서 말하는 보험사고에 해당하지 않는다.

■ 대법원 1994.08.23. 선고 93다59595 판결[손해배상(자)]

가. 「자동차손해배상보장법」 제2조제2호는 "운행"이라 함은 사람 또는 물건의 운송 여부에 관계없이 자동차를 당해 장치의 용법에 따라 사용하는 것이라고 정의하고 있는바, 자동차를 당해 장치의 용법에 따라 사용한다는 것은 자동차의 용도에 따라 그 구조상 설비되어 있는 각종의 장치를 각각의 장치 목적에 따라 사용하는 것을 말하는 것으로써 자동차가 반드시 주행상태에

있지 않더라도 주행의 전후단계로서 주·정차상태에서 문을 열고 닫는 등 각종 부수적인 장치를 사용하는 것도 포함한다.

나. 자동차를 운행하는 자는 운행 중에 일어난 모든 사고에 대하여 책임을 지는 것이 아니라 그중에서 운행으로 말미암아 일어난 사고에 대하여만 책임을 지는 것이므로, 버스가 정류소에 완전히 정차한 상태에서 구「심신장애자복지법」소정의 장애 2급 해당자인 승객이 열린 출입문을 통하여 하차하다가 몸의 중심을 잃고 넘어져 부상한 경우 이는 자동차 운행 중의 사고이기는 하나 운행으로 말미암아 일어난 것이라고는 볼 수 없다는 이유로 자동차손해배상책임을 부인한 사례

■ 대법원 2000.12.08. 선고 2000다46375 판결[보험금지급채무부존재확인]

자동차보험약관 중「자기신체사고」에 관하여「피보험자가 피보험자동차를 소유, 사용, 관리하는 동안에 생긴 피보험자동차의 사고로 인하여 상해를 입었을 때 약관이 정하는 바에 따라 보험금을 지급한다」고 규정된 자동차종합보험의 계약자겸 피보험자가 주차된 피보험자동차에 들어가 시동을 켜고 잠을 자다가 담배불로 인하여 발화된 것으로 추정되는 화재로 사망한 경우, 위 약관에서 말하는 "피보험자가 피보험자동차를 소유, 사용, 관리하는 동안에 생긴 피보험자동차의 사고로 인하여 상해를 입었을 때"라고 함은 피보험자가 피보험자동차를 그 용법에 따라 소유, 사용, 관리하던 중 그 자동차에 기인하여 피보험자가 상해를 입거나 이로 인하여 사망한 경우를 의미하고, 자동차에 타고 있다가 사망하였다고 하더라도 그 사고가 자동차의 운송수단으로서의 본질이나 위험과는 전혀 무관하게 사용되었을 경우까지 여기에 해당된다고 하기는 어렵다고 할 것인데, 위 사고는 자동차의 운송수단으로서의 본질이나 위험과 관련되어 망인이 자동차의 고유 장치의 일부를 그 사용 목적에 따라 사용, 관리하던 중 그 자동차에 기인하여 발생한 사고에 해당한다고 보기 어려워 위 보험약관에서 정한 보험사고에 해당하지 않는다고 본 원심의 판단을 수긍한 사례

2. 피보험자

「자기신체사고」에서 피보험자는 보험회사에 보험금을 청구할 수 있는 사람으로 그 범위는 다음과 같다.「자기신체사고」의 피보험자는「대인배상II」에서 보상 대상으로 제외한 피보험자와 정확하게 일치하고 있다.

가. 「대인배상II」에 해당하는 피보험자

(1) 기명피보험자
(2) 친족피보험자

(3) 승낙피보험자. 다만, 자동차 취급업자가 업무상 위탁받은 피보험자동차를 사용하거나 관리하는 경우에는 피보험자로 보지 않는다.

(4) 사용피보험자

(5) 운전피보험자. 다만, 자동차 취급업자가 업무상 위탁받은 피보험자동차를 사용하거나 관리하는 경우에는 피보험자로 보지 않는다.

나. 위 '가'의 피보험자의 부모, 배우자 및 자녀

위에서 "피보험자의 부모"란 피보험자의 부모와 양부모를 말한다. "피보험자의 배우자"란 법률상의 배우자 또는 사실혼 관계에 있는 배우자를 말한다. "피보험자의 자녀"란 법률상의 혼인관계에서 출생한 자녀, 사실혼관계에서 출생한 자녀, 양자 또는 양녀를 말한다.

3. 보상하지 않는 손해

가. 보험약관 규정

자동차보험약관 「자기신체사고」의 "보상하지 않는 손해"에서는 「다음 중 어느 하나에 해당하는 손해는 「자기신체사고」에서 보상하지 않습니다」라고 규정하고 있다.

1. 피보험자의 고의로 그 본인이 상해를 입은 때. 이 경우 그 피보험자에 대한 보험금만 지급하지 않습니다.
2. 상해가 보험금을 받을 자의 고의로 생긴 때에는 그 사람이 받을 수 있는 금액
3. 피보험자동차 또는 피보험자동차 이외의 자동차를 시험용, 경기용 또는 경기를 위해 연습용으로 사용하던 중 생긴 손해. 다만, 운전면허시험을 위한 도로주행 시험용으로 사용하던 중 생긴 손해는 보상합니다.
4. 전쟁, 혁명, 내란, 사변, 폭동, 소요 및 이와 유사한 사태로 인한 손해
5. 지진, 분화 등 천재지변으로 인한 손해
6. 핵연료물질의 직접 또는 간접적인 영향으로 인한 손해
7. 영리를 목적으로 요금이나 대가를 받고 피보험자동차를 반복적으로 사용하거나 빌려 준 때에 생긴 손해. 다만, 임대차계약(계약기간이 30일을 초과하는 경우에 한함)에 따라 임차인이 피보험자동차를 전속적으로 사용하는 경우는 보상합니다. 그러나 임차인이 피보험자동차를 영리를 목적으로 요금이나 대가를 받고 반복적으로 사용하는 경우는 보상하지 않습니다.

나. 「대인배상Ⅱ」의 면책 규정과 비교

(1) 보험계약자 및 기명피보험자의 고의 면책 조항

「대인배상Ⅱ」에서는 보험계약자 및 기명피보험자의 고의 면책 조항이 있으나 「자기신체사고」에는 동 면책 조항이 없다.

(2) 무면허운전 면책 조항

「대인배상Ⅱ」의 "보상하지 않는 손해"에는 무면허운전 면책 조항을 규정하고 있으나, 「자기신체사고」의 "보상하지 않는 손해"에는 동 무면허운전의 면책 규정을 두고 있지 않다. 「자기신체사고」에서 무면허운전을 면책 사항으로 규정하고 있지 않은 이유는 자기신체사고보험이 인보험 성격을 띠고 있어 중과실 사유에 해당되는 무면허운전을 면책으로 하면 사망을 보험사고로 한 보험계약에서는 사고가 보험계약자 또는 피보험자나 보험수익자의 중대한 과실로 인하여 발생한 경우에도 보험자는 보험금을 지급할 책임을 면하지 못한다는 「상법」 제732조의2 조항에 위배되기 때문이다. 음주운전 면책 규정 또한 이와 같은 취지로 자기신체사고보험의 면책 조항에서 제외하고 있다.

■ 「상 법」
제732조의2(중과실로 인한 보험사고 등)
① 사망을 보험사고로 한 보험계약에서는 사고가 보험계약자 또는 피보험자나 보험수익자의 중대한 과실로 인하여 발생한 경우에도 보험자는 보험금을 지급할 책임을 면하지 못한다.
② 둘 이상의 보험수익자 중 일부가 고의로 피보험자를 사망하게 한 경우 보험자는 다른 보험수익자에 대한 보험금 지급 책임을 면하지 못한다.

(3) 제3자 계약 면책 조항

「대인배상Ⅱ」에서는 피보험자가 제3자와 손해배상에 관한 계약을 맺고 있을 때 그 계약으로 인화여 늘어난 손해에 대한 면책 규정을 두고 있으나 자기신체사고보험에는 동 면책 규정이 없다.

4. 보험금의 종류와 한도

보험회사가 자기신체사고보험에서 지급하는 보험금의 종류와 한도는 다음 각 호와 같다.

가. 사 망

피보험자가 상해를 입은 직접적인 결과로 사망하였을 때에는, 보험증권에 기재된 사망보험가입금액을 한도로 지급한다.

나. 부상

피보험자가 상해를 입은 직접적인 결과로 의사의 치료를 요하는 경우에는, "별표 5. 「자기신체사고」 지급 기준"의 "가. 상해 구분 및 급별 보험가입금액표"상의 보험가입금액을 한도로 한다.

다. 후유장해

피보험자가 상해를 입은 직접적인 결과로 치료를 받은 후에도 신체에 장애가 남은 때에는 "별표 5. 「자기신체사고」 지급 기준"의 "나. 후유장애 구분 및 보험가입금액표"상의, 보험증권에 기재된 후유장애 보험가입금액에 해당하는 각 장애등급별 보험금액을 한도로 한다.

5. 지급보험금의 계산 및 안전벨트 미착용 감액

「자기신체사고」 보험금은 다음과 같이 계산한다.

가. 사망, 부상, 후유장해 보험금 계산 방법

사망, 부상, 후유장해 보험금은 다음과 같은 방법으로 계산한다.

지급보험금	=	실제손해액	-	공제액

(1) 실제 손해액

실제 손해액은 「대인배상」, 「무보험자동차에 의한 상해」 지급 기준에 따라 산출한 금액 및 소송이 제기된 경우 확정 판결 금액으로써 과실상계 및 보상 한도를 적용하기 전의 금액을 말한다.

(2) 공제액

공제액은 다음의 금액을 말한다.

(가) 자동차보험(공제계약 포함) 「대인배상 I」(정부보장사업 포함) 및 「대인배상 II」에 의해 보상받을 수 있는 금액

(나) 배상 의무자 이외의 제3자로부터 보상받은 금액

(다) 「무보험자동차에 의한 상해」에 따라 지급받을 수 있는 금액

(라) 「대인배상 II」와 「무보험자동차에 의한 상해」에서는 비용을 지급보험금에 포함하고 있으나 「자기신체사고」에는 비용을 포함하고 있지 않다.

(3) 공제액이 발생하지 않는 경우

공제액이 발생하지 않는 경우에는 사망의 경우 보험증권에 기재된 사망보험가입금액, 부상의

경우, 실제 소요된 치료비(성형수술비 포함), 후유장해의 경우 보험증권에 기재된 후유장해보험
가입금액에 해당하는 각 장해 등급별 보험금액을 각각 지급한다.

나. 보험금 병급

(1) 치료 중 사망한 경우

피보험자가 상해를 입은 직접적인 결과로 치료를 받던 중 사망하였을 때에는 상해 1급에 해당
하는 보험가입금액 한도 내에서 사망에 이르기까지의 실제 치료비와 사망보험금을 합산한 금액
을 지급한다.

(2) 부상과 후유장해가 중복된 경우

치료가 종결된 후에도 신체에 장해가 남게 된 때에는 상해급별 보험가입금액 한도 내에서 장
해에 이르기까지의 실제 치료비와 후유장해보험금의 합산액을 지급한다.

(3) 사망과 후유장해가 중복된 경우

후유장해가 있던 자가 사망하여 사망보험금을 지급할 경우에 이미 지급한 후유장해보험금이
있을 때에는 사망보험금에서 이를 공제한 나머지 금액을 지급한다.

다. 안전벨트 미착용 감액 조항

(1) 보험약관 규정

피보험자가 사고 낭시 탑승 중 안전벨트를 착용하지 아니한 경우에는 위 '가'에 의하여 계산된
자기신체사고 보험금에서 운전석 또는 그 옆 좌석은 20%, 뒷좌석은 10%에 상당하는 금액을 공
제하고 지급한다.

(2) 안전벨트 미착용 감액 조항의 무효

대법원 2014.9.4. 선고 2012다20480 판결은 안전벨트 미착용으로 인한 「자기신체사고」 보험
금액 감액을 무효라고 판결하였다. 따라서 법령 및 약관 해석의 통일을 본질적 기능으로 하고 있
는 위 대법원 판결에 의해, 안전벨트 미착용으로 인한 동 감액조항은 더 이상 보험약관의 내용으
로 할 수 없게 되었고, 따라서 동조항은 삭제되어야 한다.

6. 사망보험금의 수익자 지정, 변경

보험회사가 사망보험금을 지급할 경우에 이미 후유장해로 지급한 보험금이 있을 때에는 사망
보험금에서 이를 공제한 금액을 지급한다. 다만, 보험계약자인 기명피보험자가 본인의 사망보험
금 수익자를 지정하거나 변경하고 그 사실을 보험회사에 서면으로 통지한 경우에는 그 수익자에

게 보험금을 지급한다. 위 약관 규정에 의하면 사망보험금의 수익자를 지정, 변경할 수 있는 사람은 기명피보험자에 한하고 친족피보험자 등 다른 피보험자는 사망보험금의 수익자를 지정, 변경할 수 있는 권한이 없다.

제2절 「무보험자동차에 의한 상해」

1. 보상하는 손해

가. 가입 대상

「무보험자동차에 의한 상해」는 「대인배상 I」, 「대인배상 II」, 「대물배상」, 「자기신체사고」에 모두 가입하는 경우에 한하여 가입할 수 있다.

나. 보험약관 규정

「「무보험자동차에 의한 상해」 보험약관에서 보험회사는 피보험자가 무보험자동차로 인하여 생긴 사고로 죽거나 다친 때에는 그로 인한 손해에 대하여 배상 의무자가 있는 경우에는 이 약관에서 정한 바에 따라 보상하여 드립니다」라고 규정하고 있다.

(1) 무보험자동차

"무보험자동차"란 피보험자동차 이외의 자동차로서 피보험자를 죽게 하거나 다치게 한 다음의 자동차를 말한다. 이 경우, 자동차란 「자동차관리법」에 의한 자동차, 「건설기계관리법」에 의한 건설기계, 「군수품관리법」에 의한 차량, 「도로교통법」에 의한 원동기장치자전거 및 「농업기계화촉진법」에 의한 농업기계를 말한다. 이는 「자배법」상 자동차로서 동법에 의한 의무보험 가입 대상 자동차인 동법 제2조제1호의 「자동차관리법」에 의한 자동차, 「건설기계관리법」의 적용을 받는 건설기계 중 대통령령으로 정한 건설기계의 범위보다 적용 대상 범위가 광범위하다. 무보험자동차란 위의 자동차 중 피보험자가 소유하는 자동차를 제외한 다음 각 호의 자동차를 말한다. 한편, 정부보장사업에서는 「군수품관리법」에 의한 차량, 원동기장치 자전거는 제외된다.
  1. 자동차보험 「대인배상 II」나 공제계약이 없는 자동차
  2. 자동차보험 「대인배상 II」나 공제계약에서 보상하지 아니하는 경우에 해당하는 자동차
  3. 이 약관에서 보상될 수 있는 금액보다 보상 한도가 낮은 자동차보험의 「대인배상 II」나 공제계약이 적용되는 자동차. 다만, 피보험자를 죽게 하거나 다치게 한 자동차가 2대 이상인 경우에는 각각의 사동차에 직용되는 자동차보험의 「대인배상 II」 또는 공제계약에서 보상되는 금액의 합계액이 이 약관에서 보상할 수 있는 금액보다 낮은 경우에 한하여 그 각각의 자동차
  4. 피보험자를 죽게 하거나 다치게 한 자동차가 명확히 밝혀지지 않는 경우에 그 자동차

(2) 배상 의무자

"배상 의무자"라 함은 무보험자동차로 인하여 생긴 사고로 피보험자를 죽게 하거나 다치게 함으로써 피보험자에게 입힌 손해에 대하여 법률상 손해배상책임을 지는 사람으로 다음과 같다.

    (가) 무보험자동차의 소유자 및 운전자

    (나) 무보험자동차의 소유자의 사용자(사용자의 업무 수행 중에 한함)

    (다) 배상 의무자가 미성년자일 경우 그 감독자

    (라) 무보험자동차와 공동불법행위가 성립되어 연대배상책임을 지는 자

    (마) 위에서 규정한 자의 상속인

다. 「무보험자동차에 의한 상해」의 보상 조건

「무보험자동차에 의한 상해」의 "보상하는 손해"에 대한 위 보험약관 규정에 의한 보험회사의 보상 요건은 다음과 같다. 즉, 보험회사의 보상책임이 발생하기 위해서는 다음 각 호의 요건을 충족시켜야 한다.

1. 무보험자동차로 인하여 사고가 발생하였어야 한다.
2. 무보험자동차사고로 피보험자가 죽거나 다쳤어야 한다.
3. 피보험자가 죽거나 다친 손해에 대하여 법률상 손해배상책임을 지는 배상 의무자가 있어야 한다.
4. 무보험자동차의 사고로 피보험자가 죽거나 다친 손해에 대한 배상 의무자가 피보험자의 부모, 배우자, 자녀 또는 사용자의 업무 중 사고 시 사용자 및 동료 피용자가 아니어야 한다.

2. 피보험자

「무보험자동차에 의한 상해」에서 피보험자는 보험회사에 보상을 청구할 수 있는 사람으로 그 범위는 다음 각 호와 같다.

1. 기명피보험자 및 기명피보험자의 배우자(피보험자동차에 탑승 중이었는지 여부를 불문함)
2. 기명피보험자 또는 그 배우자의 부모 및 자녀(피보험자동차에 탑승 중이었는지 여부를 불문함)
3. 피보험자동차에 탑승 중인 승낙피보험자. 다만, 자동차 취급업자가 업무로써 위탁받은 피보험자동차를 사용 또는 관리하는 경우에는 피보험자로 보지 않는다.
4. 제1호, 제2호 및 제3호에서 규정하는 피보험자를 위하여 피보험자동차를 운전 중인 자. 다만, 자동차 취급업자가 업무로써 위탁받은 피보험자동차를 사용 또는 관리하는 경우에는 피보험자로 보지 않는다.

여기에서 주의할 사항은, 기명피보험자, 기명피보험자의 배우자, 기명피보험자 또는 그 배우자의 부모 및 자녀는 피보험자동차에 탑승 여부를 가리지 않으나, 승낙피보험자와 운전피보험자는 피보험자동자에 탑승 중이거나 운전 중인 경우에만 피보험자 지위가 부여된다. 또한 자동차 취급업자가 업무로써 위탁받은 피보험자동차를 사용 또는 관리하는 자가 피보험자동차를 사용 또는 관리 중이었거나 운전 중이었을 때는 피보험자에서 제외하고 있으며, 자동차 취급업자의 피용인은 물론 자동차 취급업자가 법인일 경우에 그들의 피용인 및 이사와 감사도 피보험자로 보지 않는다.

3. 보상하지 않는 손해

가. 보험약관 규정

자동차보험약관 「무보험자동차에 의한 상해」의 "보상하지 않는 손해"에서는 「다음 중 어느 하나에 해당하는 손해는 「무보험자동차에 의한 상해」에서 보상하지 않습니다」라고 규정하고 있다.

1. 보험계약자의 고의로 인한 손해
2. 피보험자의 고의로 그 본인이 상해를 입은 때. 이 경우, 당해 피보험자에 대한 보험금만 지급하지 않는다.
3. 상해가 보험금을 받을 자의 고의로 생긴 때는 그 사람이 받을 수 있는 금액
4. 전쟁, 혁명, 내란, 사변, 폭동, 소요 및 이와 유사한 사태로 인한 손해
5. 지진, 분화, 태풍, 홍수, 해일 등 천재지변으로 인한 손해
6. 핵연료물질의 직접 또는 간접적인 영향으로 인한 손해
7. 영리를 목적으로 요금이나 대가를 받고 피보험자동차를 반복적으로 사용하거나 빌려 준 때에 생긴 손해. 다만, 임대차계약(계약기간이 30일을 초과하는 경우에 한함)에 따라 임차인이 피보험자동차를 전속적으로 사용하는 경우는 보상한다. 그러나 임차인이 피보험자동차를 영리를 목적으로 요금이나 대가를 받고 반복적으로 사용하는 경우는 보상하지 않는다.
8. 피보험자동차 또는 피보험자동차 이외의 자동차를 시험용, 경기용, 또는 경기를 위해 연습용으로 사용하던 중 생긴 손해. 다만, 운전면허시험을 위한 도로주행 시험용으로 사용하던 중 생긴 손해는 보상한다.
9. 피보험자가 피보험자동차가 아닌 자동차를 영리를 목적으로 요금이나 대가를 받고 운전하던 중 생긴 사고로 인한 손해
10. 다음 중 어느 하나에 해당하는 사람이 배상 의무자일 경우에는 보상하지 않는다. 다만, 이들이 무보험자동차를 운전하지 않은 경우로, 이들 이외에 다른 배상 의무자가 있는 경우에는 보상한다.
    가. 상해를 입은 피보험자의 부모, 배우자, 자녀

　　나. 피보험자가 사용자의 업무에 종사하고 있을 때 피보험자의 사용자 또는 피보험자의
　　　　사용자의 업무에 종사 중인 다른 피용자

나. 보상하지 않는 손해 항목

(1) 피보험자동차의 운전자에 따라 보상하지 않는 손해

보험계약상 아래와 같이 운전 가능자로 제외된 자가 피보험자동차를 운전하던 중 생긴 손해는 보상하지 않는다.

(가) 기명피보험자나 보험증권에 기재된 범위 내의 운전자가 아닌 사람이 피보험자동차를 운전하였을 때 생긴 사고로 인한 손해

(나) 연령 한정운전 특별약관, 가족운전자 한정운전 특별약관 등과 같이 운전 가능자에 대한 제한을 둔 각종 특별약관에서 약정한 운전자 이외의 자가 피보험자동차를 운전 중 생긴 사고로 인한 손해

(2) 손해의 발생 원인에 따라 보상하지 않는 손해

위 "3.보상하지 않는 손해, 가.보험약관 규정" 제1호에서 제9호까지 해당하는 손해이다.

(3) 배상 의무자에 따라 보상하지 않는 손해

위 "3.보상하지 않는 손해, 가.보험약관 규정" 제10호가목 및 나목에서 규정하고 있는 사항으로써 다음과 같다.

(가) 다음의 자가 배상 의무자인 손해

　1) 상해를 입은 피보힘자의 부모, 배우자, 자녀

　2) 피보험자가 사용자의 업무에 종사 중 재해사고 시 사용자, 또는 동료 피용인

(나) 피보험자의 부모, 배우자, 자녀가 운전하는 무보험자동차에 의해 피보험자 자신이 죽거나 다치게 됨으로 인해 입은 손해

(4) 피보험자의 의무 불이행에 따라 보상하지 않는 손해

피보험자는 무보험자동차에 의한 사고 발생 시 배상 의무자에 대하여 지체없이 서면으로 손해배상청구를 하고, 다음 사항을 보험자에게 서면으로 알릴 의무가 있으며 정당한 사유 없이 이를 행하지 않는 경우에는 보상하지 아니한다.

(가) 사고 발생의 일시, 장소 및 사고 발생 사실이 신고된 관할 경찰서

(나) 배상 의무자의 주소, 성명 또는 명칭

(다) 배상 의무자의 손해를 보상할 자동차보험계약 또는 공제계약의 유무 및 그 내용

(라) 배상 의무자에게 서면으로 행한 손해배상청구의 금액과 내용

(마) 피보험자가 입은 손해에 대하여 자동차보험 대인배상 또는 공제계약이나 배상 의무자 또는 제3자로부터 이미 지급받은 손해배상금이 있을 때는 그 금액

다. 「자기신체사고」와 비교

(1) 공통 면책 조항

자동차보험약관 「무보험자동차에 의한 상해」의 "보상하지 않는 손해"의 위 '가'의 각 호 중에서 제2호 피보험자의 고의 면책 조항, 제3호 상해가 보험금을 받을 자의 고의로 생긴 때 면책 조항, 제4호 전쟁 등 면책 조항, 제5호 지진 등 자연재해 면책 조항, 제6호 핵연료물질 면책 조항, 제7호 유상운송 위험 면책 조항, 제8호 피보험자동차 또는 피보험자동차 이외의 자동차를 시험용, 경기용, 연습용으로 사용 중 생긴 손해 면책 조항은 「자기신체사고」 면책 조항과 동일하다.

(2) 고유 면책 조항

자동차보험약관 「무보험자동차에 의한 상해」의 "보상하지 않는 손해"의 위 '가'의 각 호 중에서 제1호 보험계약자의 고의 면책 조항, 제9호 피보험자가 피보험자동차가 아닌 자동차를 영리를 목적으로 요금이나 대가를 받고 운전하던 중 생긴 사고로 인한 손해 면책 조항, 제10호 '가'목의 상해를 입은 피보험자의 부모, 배우자, 자녀, 같은 호 '나'목의 사용자 또는 동료 피용자가 배상 의무자일 때 면책 조항은 「무보험자동차에 의한 상해」의 고유 면책 조항이다.

4. 지급보험금의 계산

「무보험자동차에 의한 상해」의 지급보험금은 "보험금 지급 기준에 의해 산출한 금액"과 "비용"을 합한 액수에서 "공제액"을 공제한 후 보험금으로 지급한다.

가. 지급보험금 계산 방법

무보험자동차 상해에 의한 지급보험금은 사망, 부상, 후유장해보험금은 다음과 같은 방법으로 계산한다. 위 "지급보험금"은 피보험자 1인당 보험증권에 기재된 보험가입금액을 한도로 한다.

지급보험금	=	보험금 지급 기준에 의해 산출한 금액	+	비용	-	공제액

나. 비 용

위 "비용"은 다음 각 호의 금액을 말한다. 이 비용은 보험가입금액에 관계없이 보상한다.

1. 손해의 방지와 경감을 위하여 지출한 비용
2. 남으로부터 손해배상을 받을 수 있는 권리의 보전과 행사를 위하여 지출한 비용

다. 공제액

(1) 자동차보험약관 규정

자동차보험약관에서 규정하고 있는 공제액은 다음 각 호의 금액을 말한다.

 1. 「대인배상 I」(책임공제 및 정부보장사업을 포함함)에 의하여 지급될 수 있는 금액
 2. 「자기신체사고」에 의하여 지급될 수 있는 금액. 다만, 자기신체사고보험금의 청구를 포기한 경우에는 공제하지 아니한다.
 3. 배상 의무자가 가입한 「대인배상 II」 또는 공제계약에 의하여 지급될 수 있는 금액
 4. 피보험자가 탑승 중이었던 자동차가 가입한 「대인배상 II」 또는 공제계약에 의하여 지급될 수 있는 금액
 5. 피보험자가 배상 의무자로부터 이미 지급받은 손해배상액
 6. 배상 의무자가 아닌 제3자가 부담할 금액으로 피보험자가 이미 지급받은 금액

(2) 제3자가 부담해야 할 금액

(가) 손익상계

위 약관에 "제3자가 부담하여야 할 금액"은 무보험자동차사고로 인하여 피해 피보험자가 이익을 받은 금액으로 위 이익금액을 지급보험금에서 공제해야 한다. 즉, 피보험자가 무보험자동차사고로 손해를 입었으나, 「근로기준법」 또는 「공무원연금법」에 따라 피보험자의 사용자 또는 국가가 사고를 일으킨 무보험자동차의 보유자나 운전자에게 대위권을 갖게 되는 금액이 위 약관에서 규정하고 있는 "제3자가 부담하여야 할 금액"으로 아래 각 호와 같다.

 1) 「근로기준법」 제78조, 제79조, 제82조, 제83조에 따라 지급받은 요양비용, 휴업 보상, 장해보상, 유족 보상, 장례비 등
 2) 「공무원연금법」에 따라 지급받은 손해전보성을 지닌 급여

(나) 공동불법행위 사고

피보험자가 공동불법행위사고로 손해를 입은 경우 이 약관에서 정한 배상 의무자 외의 다른 연대배상 의무자로부터 지급받은 손해배상금

5. 과실상계

「무보험자동차에 의한 상해」 사고에 대한 피보험자의 지급보험금 산정 시에는 피보험자동차의 자동차보험 「대인배상 II」 지급 기준금액에서 피보험자동차의 과실비율에 해당하는 손해액을 공제하고 지급보험금을 산정한다. 과실비율은 "과실비율 인정 기준" 및 보험약관의 규정에 따라서 다음과 같이 산정한다.

가. 차 대 차 사고 시 피보험자의 과실은 피보험자동차의 과실비율에 따라 상계한다.

나. 피보험자가 안전벨트 미착용으로 손해가 확대된 경우에는 안전벨트 미착용으로 인한 과실상계를 적용한다.

다. 기명피보험자가 다른 자동차에 탑승 중 단독사고로 사상을 입은 경우를 제외하고는 호의동승감액은 적용하지 않는다.

6. 보험자대위권 행사

손해가 제3자의 행위로 인하여 생긴 경우에 손해보험계약에 따라 보험금을 지급한 보험자는 지급한 금액의 한도에서 당연히 제3자에 대한 보험계약자 또는 피보험자의 권리를 취득하지만 (「상법」 제682조제1항), 피보험자가 무보험자동차에 의한 교통사고로 인하여 상해를 입었을 때에 그 손해에 대하여 배상할 의무자가 있는 경우, 보험자가 약관에 정한 바에 따라 피보험자에게 손해를 보상하는 것을 내용으로 하는 「무보험자동차에 의한 상해」 담보특약에 따라 보험금을 지급한 보험자는 「상법」 제729조 단서에 따라 당사자 사이에 보험자대위에 관한 약정이 있는 때에 한하여 피보험자의 권리를 해하지 아니하는 범위 안에서 피보험자의 배상 의무자에 대한 손해배상청구권을 대위 행사 할 수 있다(대법원 2014.10.27. 선고 2013다27343 판결). 따라서 피보험자가 손해배상을 청구할 수 있는 배상 의무자에게 지급한 보험금 한도 내에서 보험자가 손해배상청구권을 대위 취득하므로 구상 처리 절차에 따라 철저히 행하여야 한다.

■ 대법원 2003.12.26. 선고 2002다61958 판결[구상금]

[1] 피보험자가 무보험자동차에 의한 교통사고로 인하여 상해를 입었을 때에 그 손해에 대하여 배상할 의무자가 있는 경우 보험자가 약관에 정한 바에 따라 피보험자에게 그 손해를 보상하는 것을 내용으로 하는 「무보험자동차에 의한 상해」 담보특약은 손해보험으로서의 성질과 함께 상해보험으로서의 성질도 갖고 있는 손해보험형 상해보험으로서, 「상법」 제729조 단서의 규정에 의하여 당사자 사이에 다른 약정이 있는 때에는 보험자는 피보험자의 권리를 해하지 아니하는 범위 안에서 피보험자의 배상 의무자에 대한 손해배상청구권을 대위 행사 할 수 있다.

[2] 자동차보험약관의 용어 풀이상 무보험자동차라고 함은 자동차보험 「대인배상Ⅱ」나 공제계약이 없는 자동차, 자동차보험 「대인배상Ⅱ」나 공제계약에서 보상하지 아니하는 경우에 해당하는 자동차, 피보험자를 죽게 하거나 다치게 한 자동차가 명확히 밝혀지지 않은 경우에 그 자동차 등을 의미한다고 할 것인데, 교통사고를 일으킨 가해 차량을 피보험자동차로 하여 자동차보험 「대인배상Ⅱ」 계약을 체결한 보험회사가 피해자에 대하여 예컨대, 그 사고가 무면허운전 중에 일어난 사고라는 이유 등으로 면책약관을 내세워 보험금의 지급을 거절한 관계로 당해 교통사고에 대한 가해 차량 보험회사의 면책 여부가 문제로 되어 결과적으로 가해 차량 보험회사의 보상책임 유무가 객관적으로 명확히 밝혀지지 않은 경우에 있어서의 가해 차량 역시 위 약관에서 말하는 무보험차에 해당한다고 보아 피해자가 자신의 보험회사에 대하여 위 특약에 따른 보험금의 지급을 청구할

제3편 보험금 또는 손해배상의 청구

제1장 피보험자의 보험금 청구

1. 보험금을 청구할 수 있는 경우

피보험자는 다음에서 정하는 바에 따라 보험금을 청구할 수 있다.

가. 「대인배상 I」, 「대인배상 II」

대한민국의 법원에 의한 판결의 확정, 재판상의 화해, 중재 또는 서면에 의한 합의로 손해배상액이 확정된 때

나. 「자기신체사고」

피보험자가 피보험자동차를 소유, 사용, 관리하는 동안에 생긴 자동차의 사고로 인하여 죽거나 다친 때

다. 「무보험자동차에 의한 상해」

피보험자가 무보험자동차에 의해 생긴 사고로 죽거나 다친 때

2. 청구 절차 및 유의사항

가. 지급기한

보험회사는 보험금 청구에 관한 서류를 받았을 때에는 지체 없이 지급할 보험금액을 정하고 그 정해진 날부터 7일 이내에 지급한다.

나. 지연손해금

보험회사가 정당한 사유 없이 보험금액을 정하는 것을 지연했거나 제1항에서 정한 지급기일 내에 보험금을 지급하지 않았을 때, 지급할 보험금이 있는 경우에는 그 다음날부터 지급일까지

의 기간에 대하여 보험개발원이 공시한 보험계약대출이율에 따라 연 단위 복리로 계산한 금액을 보험금에 더하여 준다. 다만, 피보험자의 책임 있는 사유로 지급이 지연될 때에는 그 해당기간에 대한 이자를 지급하지 않는다.

다. 지급 거절·연기 사유 통보 의무

보험회사가 보험금청구에 관한 서류를 받은 때부터 30일 이내에 피보험자에게 보험금을 지급하는 것을 거절하는 이유 또는 그 지급을 연기하는 이유(추가 조사가 필요한 때에는 확인이 필요한 사항과 확인이 종료되는 시기를 포함)를 서면(전자우편 등 서면에 갈음할 수 있는 통신수단을 포함)으로 통지하지 않는 경우, 정당한 사유 없이 보험금액을 정하는 것을 지연한 것으로 본다.

라. 지급 제한 및 범위

보험회사는 손해배상청구권자가 손해배상을 받기 전에는 보험금의 전부 또는 일부를 피보험자에게 지급하지 않으며(「상법」 제724조제1항), 피보험자가 손해배상청구권자에게 지급한 손해배상액을 초과하여 피보험자에게 지급하지 않는다.

마. 손해배상청구권자의 직접청구권 우선

피보험자의 보험금청구가 손해배상청구권자의 직접청구와 경합할 때에는 보험회사가 손해배상청구권자에게 우선하여 보험금을 지급한다. 이는 「상법」 제724조제1항의 「보험자는 피보험자가 책임을 질 사고로 인하여 생긴 손해에 대하여 제3자가 그 배상을 받기 전에는 보험금액의 전부 또는 일부를 피보험자에게 지급하지 못한다」는 규정에 근거한 것이다.

바. 자동차보험진료수가의 지급 의사 및 지급 한도 통보

「대인배상 I」, 「대인배상 II」, 「자기신체사고」, 「무보험자동차에 의한 상해」에서 보험회사는 피보험자 또는 손해배상청구권자의 청구가 있거나 그 밖의 원인으로 보험사고가 발생한 사실을 알았을 때에는 피해자 또는 손해배상청구권자를 진료하는 의료기관에 그 진료에 따른 자동차보험진료수가의 지급 의사 유무 및 지급 한도 등을 통지한다.

3. 제출서류

피보험자는 보험종목별로 다음 각 호의 서류 등을 구비하여 보험금을 청구해야 한다.

가. 「대인배상 I」, 「대인배상 II」

보험금 청구서, 손해액을 증명하는 서류(진단서 등), 손해배상의 이행 사실을 증명하는 서류,

그 밖에 보험회사가 꼭 필요하여 요청하는 서류 등(수리 개시 전 자동차 점검·정비 견적서, 사진 등)

나. 「자기신체사고」, 「자동차 상해」
보험금 청구서, 손해액을 증명하는 서류(진단서 등), 교통사고 발생 사실을 확인할 수 있는 서류(교통사고사실확인원 등), 그 밖에 보험회사가 꼭 필요하여 요청하는 서류 등(수리 개시 전 자동차 점검·정비 견적서, 사진 등)

다. 「무보험자동차에 의한 상해」
보험금 청구서, 손해액을 증명하는 서류(진단서 등), 사고가 발생한 때와 장소 및 사고 사실이 신고된 관할 경찰서, 배상 의무자의 주소·성명 또는 명칭·차량번호, 배상 의무자의 「대인배상 II」 또는 공제계약의 유무 및 내용, 피보험자가 입은 손해를 보상할 「대인배상 II」 또는 공제계약, 배상 의무자 또는 제3자로부터 이미 지급받은 손해배상금이 있을 때에는 그 금액, 그 밖에 보험회사가 꼭 필요하여 요청하는 서류 등(수리 개시 전 자동차 점검·정비 견적서, 사진 등)

4. 가지급금의 지급(청구권자: 피보험자)

자동차보험약관에서 피보험자의 청구에 의한 가지급금 지급에 관한 규정은 다음 각 항과 같다.

가. 지급금액
피보험자가 가지급금을 청구한 경우, 보험회사는 이 약관에 따라 지급할 금액의 한도에서 가지급금(자동차보험진료수가는 전액, 진료수가 이외의 보험금은 이 약관에 따라 지급할 금액의 50%)을 지급한다.

나. 지급 시기
보험회사는 가지급금 청구에 관한 서류를 받았을 때에는 지체 없이 지급할 가지급금액을 정하고 그 정해진 날부터 7일 이내에 지급한다.

다. 지연손해금 지급
보험회사가 정당한 사유 없이 가지급금액을 정하는 것을 지연하거나 제2항에서 정하는 지급 기일 내에 가지급금을 지급하지 않았을 때, 지급할 가지급금이 있는 경우에는 그 다음날부터 지급일까지의 기간에 대하여 보험개발원이 공시한 보험계약대출이율을 연 단위 복리로 계산한 금액을 가지급금에 더하여 지급한다.

라. 지급 거절 또는 지연 이유 통보

보험회사가 가지급금 청구에 관한 서류를 받은 때부터 10일 이내에 피보험자에게 가지급금액을 지급하는 것을 거절하는 이유 또는 그 지급을 연기하는 이유(추가 조사가 필요한 때에는 확인이 필요한 사항과 확인이 종료되는 시기를 포함)를 서면(전자우편 등 서면에 갈음할 수 있는 통신수단을 포함)으로 통지하지 않는 경우, 정당한 사유 없이 가지급액을 정하는 것을 지연한 것으로 본다.

마. 부지급 사유

보험회사는 이 약관상 보험회사의 보험금 지급 책임이 발생하지 않는 것이 객관적으로 명백할 경우에 가지급금을 지급하지 않을 수 있다.

바. 가지급금 공제

피보험자에게 지급한 가지급금은 장래 지급될 보험금에서 공제되나, 최종적인 보험금의 결정에는 영향을 미치지 않는다.

사. 제출서류

피보험자가 가지급금을 청구할 때는 보험금을 청구하는 경우와 동일하게 동 약관 규정 "제출서류"에서 정하는 서류 등을 보험회사에 제출하여야 한다.

제2장 손해배상청구권자의 직접청구

1. 손해배상을 청구할 수 있는 경우(직접청구권 행사)

가. 자동차보험약관 규정

자동차보험약관은 「피보험자가 법률상의 손해배상책임을 지는 사고가 생긴 경우, 손해배상청구권자는 보험회사에 직접 손해배상금을 청구할 수 있습니다. 다만 보험회사는 피보험자가 그 사고에 관하여 가지는 항변으로 손해배상청구권자에게 대항할 수 있습니다」라고 규정하고 있다.

나. 법령 근거

(1) 「자동차손해배상보장법」

「자배법」 제10조제1항에서 「보험가입자 등에게 제3조에 따른 손해배상책임이 발생하면 그 피해자는 대통령령으로 정하는 바에 따라 보험회사 등에게 「상법」 제724조제2항에 따라 보험금 등을 자기에게 직접 지급할 것을 청구할 수 있다. 이 경우 피해자는 자동차보험진료수가에 해당하는 금액은 진료한 의료기관에 직접 지급하여 줄 것을 청구할 수 있다」라고 규정하고 있다.

(2) 「상 법」

「상법」 제724조제2항에서 「제3자는 피보험자가 책임을 질 사고로 입은 손해에 대하여 보험금액의 한도 내에서 보험자에게 직접 보상을 청구할 수 있다. 그러나 보험자는 피보험자가 그 사고에 관하여 가지는 항변으로써 제3자에게 대항할 수 있다」라고 규정하고 있다.

다. 직접청구권의 법적 성질

(1) 독립성

「상법」 제724조제2항에 의하여 피해자에게 인정되는 직접청구권의 법적 성질은 보험자가 피보험자의 피해자에 대한 손해배상 채무를 병존적으로 인수한 것으로써 피해자가 보험자에 대하여 갖는 손해배상청구이고 피보험자의 보험자에 대한 보험금청구권의 변형 내지는 이에 준하는 권리가 아니다(대법원 1999.02.12. 선고 98다44956 판결). 이와 같은 직접청구권의 법적 성질에 비추어 볼 때 피해자의 직접청구권은 피보험자의 권리가 피해자에게 이전되는 것이 아니다. 그러므로 피해자의 직접청구권은 보험금청구권과는 별개의 독립성을 지닌다.

(2) 강행성

「자배법」 제10조제1항, 제11조제1항, 제30조제1항에서 규정하고 있는 피해자 직접청구권은 자동차사고로 인한 피해자를 보호하려는 데에 그 목적이 있으므로 보험가입자(피보험자) 등이 피해자에게 손해배상금을 지급하기 전에는 보험자에 대한 보험금청구권을 처분할 수 없다. 동법상 이와 같은 피해자 직접청구권에 관한 규정은 강행 규정으로 이에 반하는 보험약관의 내용은 무효이다.

(3) 배타성

피해자 직접청구권은 오로지 피해자만이 행사할 수 있는 배타적 권리이다. 또한 「자배법」 제40조에서는 동법 제10조제1항, 제11조제1항, 제30조제1항에 따른 피해자 직접청구권은 압류하거나 양도할 수 없다고 규정하여 피해자 직접청구권의 배타적 권리를 확고히 하고 있다.

■ 대법원 1995.09.26. 선고 94다28093 판결[보험금]
「상법」 제724조제1항은 피보험자가 「상법」 제723조제1, 2항의 규정에 의하여 보험자에 대하여 갖는 보험금청구권과 제3자가 「상법」 제724조제2항의 규정에 의하여 보험자에 대하여 갖는 직접청구권의 관계에 관하여, 제3자의 직접청구권이 피보험자의 보험금청구권에 우선한다는 것을 선언하는 규정이라고 할 것이므로, 보험자로서는 제3자가 피보험자로부터 배상을 받기 전에는 피보험자에 대한 보험금 지급으로 직접청구권을 갖는 피해자에게 대항할 수 없고, 따라서 보험자는 제3자가 피보험자로부터 배상을 받기 전에는 「상법」 제724조제1항의 규정을 들어 피보험자의 보험

금 지급 청구를 거절할 권리를 갖게 된다.

■ 대법원 2004.05.28. 선고 2004다6542 판결[전부금]
구 「자동차손해배상보장법」(2003.8.21. 법률 제6969호로 개정되기 전의 것) 제32조는 같은 법 제9조 제1항의 규정에 의한 교통사고 피해자의 보험가입자 등에 대한 직접청구권을 압류 또는 양도할 수 없도록 규정하고 있는바, 이는 자동차의 운행으로 사람이 사망하거나 부상한 경우에 있어서 인적 피해에 대한 손해배상을 보장하는 제도를 확립함으로써 피해자를 보호하려는 데에 그 목적이 있으므로, 교통사고 피해자를 치료한 의료기관이 피해자에 대한 진료비청구권에 기하여 피해자의 보험사업자 등에 대한 직접청구권을 압류하는 것까지 금지하는 취지로 볼 것은 아니다.

■ 대법원 2006.04.20.자 2005마1141 결정[채권가압류]
「자동차손해배상보장법」제9조제1항은 "보험가입자 등"에게 같은 법 제3조의 규정에 의한 손해배상책임이 발생한 경우에 피해자는 보험사업자 등에게 보험금 등을 자기에게 직접 지급할 것을 청구할 수 있도록 규정하고 있고, 같은 법 제8조는 강제(의무)보험에 가입한 자와 당해 강제(의무)보험계약의 피보험자를 "보험가입자 등"으로 정의하고 있으므로, 피해자가 같은 법 제9조제1항에 의하여 보험사업자 등에게 행사하는 직접청구권은 강제(의무)보험의 피보험자에게 손해배상책임이 발생한 경우에 같은 법 제5조제1항에 의하여 강제되는 강제(의무)보험금의 범위에 한한다고 할 것이고, 따라서 같은 법 제9조제1항의 규정에 의한 청구로서 압류금지를 정한 같은 법 제32조의 규정도 위 범위에서 적용된다고 할 것이다.

■ 대법원 2007.04.26. 선고 2006다54781 판결[양수금]
「자동차손해배상보장법」제32조는 같은 법 제9조제1항의 규정에 의한 교통사고 피해자의 보험사업자 등에 대한 직접청구권을 압류 또는 양도할 수 없도록 규정하고 있는바, 같은 법 제9조제1항은 "보험가입자 등"에게 같은 법 제3조의 규정에 의한 손해배상책임이 발생한 경우에 피해자는 보험사업자 등에게 보험금 등을 자기에게 직접 지급할 것을 청구할 수 있도록 규정하고 있고, 같은 법 제8조는 강제(의무)보험에 가입한 자와 당해 강제(의무)보험계약의 피보험자를 "보험가입자 등"으로 정의하고 있으므로, 피해자가 같은 법 제9조제1항에 의하여 보험사업자 등에게 행사하는 직접청구권은 강제(의무)보험의 피보험자에게 손해배상책임이 발생한 경우에 같은 법 제5조제1항에 의하여 강제되는 강제(의무)보험금의 범위에 한하고, 따라서 같은 법 제9조제1항의 규정에 의한 직접청구권의 양도 금지를 정한 같은 법 제32조의 규정도 위 범위에서 적용된다.

라. 직접청구권에 대한 보험자의 항변권

(1) 관련 규정
자동차보험약관의 피해자 직접청구권의 단서 조항에는 「보험회사는 피보험자가 그 사고에 관하여 가지는 항변으로 손해배상청구권자에게 대항할 수 있다」고 규정하고 있으며, 「상법」 제724조제2항의 단서 조항 역시 「보험자는 피보험자가 그 사고에 관하여 가지는 항변으로써 제3자에게 대항할 수 있다」고 규정하고 있다.

(2) 보험자의 항변 사유

보험자가 피해자의 직접청구권에 대항할 수 있는 항변 사유로는 보험자가 보험계약자나 피보험자에게 갖는 항변 사유와 피보험자가 피해자에게 갖는 항변 사유를 들 수가 있다.

(가) 보험계약자 등에 대한 항변 사유

피해자의 직접청구권이 법령에 의해 부여된 독립된 별개의 권리이지만 그 취득은 보험자와 보험계약자 간의 책임보험계약에서 비롯된 것이다. 이러한 책임보험계약은 보험자가 피보험자의 제3자에 대한 법률상 손해배상책임을 담보하는 것이므로, 피해자가 보험자에게 갖는 권리는 보험계약상 피보험자인 가해자가 보험자에게 갖는 권리에 한정된다. 따라서 보험자는 보험계약상 보험계약자나 피보험자에 대한 항변 사유인 보험계약의 불성립, 무효, 해제, 해지, 실효 등으로 인한 면책 사유로 피해자에게 대항할 수 있다.

(나) 피보험자가 피해자에게 갖는 항변 사유

피해자의 보험자에 대한 직접청구권은 피보험자인 가해자에게 갖는 손해배상청구권에서 기인한다. 즉, 피해자는 가해자에 대한 손해배상청구권 발생 시 보험자가 가해자인 피보험자에게 부담하는 보험계약상의 책임에 한하여 보험자에게 직접청구권을 행사하는 것이다. 따라서 보험자는 피보험자가 피해자에게 갖는 손해배상책임의 발생 원인과 범위에 대하여 가지는 항변권으로써 피해자에게 대항할 수 있다. 예를 들면, 손해배상책임 유무와 범위를 다투는 면·부책에 관한 것이나 과실상계, 손익상계, 호의 동승 감액 등에 관하여 피보험자의 피해자에 대한 항변으로써 보험자는 피해자에게 대항할 수 있다. 한편, 채권 만족 사유인 상계는 강제의무보험(「대인배상Ⅰ」)은 「자배법」 제40조에서 직접청구권의 압류나 양도를 금지하고 있으므로 「대인배상Ⅰ」에 대해서는 보험자가 가해자인 피보험자의 상계권을 이유로 피해자에게 대항할 수 없으나, 가해자가 피해자에게 상계 의사를 표시하고 그 사실을 보험자에게 통지하면 상계 범위 내에서 「대인배상Ⅰ」을 초과한 금액에 대해서는 보험자는 피해자의 직접청구권에 대항할 수 있다. 또 다른 채권 만족 사유인 면제나 혼동에 있어서는 피해자가 가해자에게 손해배상 채무를 전부 혹은 일부를 면제해 주었다고 하더라도 별개의 독립된 권리인 보험자에 대한 직접청구권을 포기한 것으로는 볼 수 없으므로 면제를 근거로 보험자는 피해자의 직접청구권에 대항할 수 없고, 혼동 역시 가해자가 피해자의 상속인이 되는 특별한 경우를 제외하고는 보험자는 혼동을 이유로 피해자의 직접청구권에 대항할 수 없다.

마. 보험금청구권과 직접청구권의 경합

보험자는 피보험자가 책임을 질 사고로 인하여 생긴 손해에 대하여 제3자가 그 배상을 받기 전에는 보험금액의 전부 또는 일부를 피보험자에게 지급하지 못한다는 「상법」 제724조제1항은 피보험자가 「상법」 제723조제1, 2항의 규정에 의하여 보험자에 대하여 갖는 보험금청구권과 「상법」 제724조제2항의 규정에 의하여 보험자에 대하여 갖는 직접청구권의 관계에 관하여, 피해자의 직접청구권이 보험금청구권에 우선한다는 것을 선언한 규정이라고 볼 수 있다. 따라서 보험자로서는 제3자인 피해자가 피보험자로부터 손해배상을 받기 전에는 피보험자에 대한 보험금 지급으로 직접청구권을 갖는 피해자에게 대항할 수 없다. 즉, 피보험자의 보험금청구권과 피해자의 직접청구권이 경합할 때 피해자의 직접청구권이 우선한다.

■ 대법원 2014.09.25. 선고 2014다207672 판결[보험금]

「상법」 제724조제1항은, 피보험자가 「상법」 제723조제1, 2항의 규정에 의하여 보험자에 대하여 갖는 보험금청구권과 제3자가 「상법」 제724조제2항의 규정에 의하여 보험자에 대하여 갖는 직접청구권의 관계에 관하여, 제3자의 직접청구권이 피보험자의 보험금청구권에 우선한다는 것을 선언하는 규정이라고 할 것이므로, 보험자로서는 제3자가 피보험자로부터 배상을 받기 전에는 피보험자에 대한 보험금 지급으로 직접청구권을 갖는 피해자에게 대항할 수 없다 할 것이다(대법원 1995.9.26. 선고 94다28093 판결 참조). 그런데 피보험자가 보험계약에 따라 보험자에 대하여 가지는 보험금청구권에 관한 가압류 등의 경합을 이유로 한 집행공탁은 피보험자에 대한 변제공탁의 성질을 가질 뿐이므로, 이러한 집행공탁에 의하여 「상법」 제724조제2항에 따른 제3자의 보험자에 대한 직접청구권이 소멸된다고 볼 수는 없으며, 따라서 그 집행공탁으로써 「상법」 제724조제1항에 의하여 직접청구권을 가지는 제3자에게 대항할 수 없다.

위 법리 및 기록에 비추어 살펴보면 원심이, 피고가 소외인과의 보험계약에 따라 부담하여야 할 보험금 중 남아 있는 금액은 329,760,874원인데 원고와 롯데손해보험 주식회사가 소외인에 대한 손해배상채권과 구상금채권을 피보전채권으로 하여 각 소외인의 피고에 대한 보험금청구권을 가압류함에 따라 피고가 2013.7.8. 「민사집행법」 제291조, 제248조제1항에 의해 가압류된 보험금채권액 전액인 329,760,874원을 공탁하였으므로 「상법」 제724조제2항에 따른 피고의 원고에 대한 보험금 직접 지급 의무가 소멸하였다는 취지의 피고 주장을 배척한 조치는 정당하고, 거기에 상고이유 주장과 같이 집행공탁에 관한 법리를 오해한 잘못이 없다.

2. 청구 절차 및 유의사항

가. 보험자의 통지 의무 및 피보험자의 협력 의무

보험회사가 손해배상청구권자의 청구를 받았을 때에는 지체 없이 피보험자에게 통지한다. 이 경우, 피보험자는 보험회사의 요청에 따라 증거 확보, 권리 보전 등에 협력해야 하며, 만일 피보험자가 정당한 이유 없이 협력하지 않은 경우, 그로 인하여 늘어난 손해에 대하여는 보상하지 않는다.

나. 보험자의 책임 한도

보험회사가 손해배상청구권자에게 지급하는 손해배상금은 이 약관에 의하여 보험회사가 피보험자에게 지급 책임을 지는 금액을 한도로 한다.

다. 보험청구권의 상쇄

보험회사가 손해배상청구권자에게 손해배상금을 직접 지급할 때에는 그 금액의 한도에서 피보험자에게 보험금을 지급하는 것으로 한다.

라. 지급기한

보험회사는 손해배상청구에 관한 서류 등을 받았을 때에는 지체 없이 지급할 손해배상액을 정하고 그 정해진 날부터 7일 이내에 지급한다.

마. 지연손해금

보험회사가 정당한 사유 없이 손해배상액을 정하는 것을 지연했거나 위 '라'항에서 정하는 지급기일 내에 손해배상금을 지급하지 않았을 때, 지급할 손해배상금이 있는 경우에는 그 다음날부터 지급일까지의 기간에 대하여 보험개발원이 공시한 보험계약대출이율에 따라 연 단위 복리로 계산한 금액을 손해배상금에 더하여 지급한다.

그러나 손해배상청구권자의 책임 있는 사유로 지급이 지연될 때에는 그 해당기간에 대한 이자를 더하여 지급하지 않는다.

바. 지급 거절·연기 사유 통보

보험회사가 손해배상청구에 관한 서류를 받은 때부터 30일 이내에 손해배상청구권자에게 손해배상금을 지급하는 것을 거절하는 이유 또는 그 지급을 연기하는 이유(추가 조사가 필요한 때에는 확인이 필요한 사항과 확인이 종료되는 시기를 포함)를 서면(전자우편 등 서면에 갈음할 수 있는 통신수단을 포함)으로 통지하지 않는 경우, 정당한 사유 없이 손해배상액을 정하는 것을 지연한 것으로 본다.

사. 정기금 지급

보험회사는 손해배상청구권자의 요청이 있을 때는 손해배상액을 일정기간으로 정하여 정기금으로 지급할 수 있다. 이 경우, 각 정기금의 지급기일의 다음날부터 다 지급하는 날까지의 기간에 대하여 보험개발원이 공시한 보험계약대출이율에 따라 연 단위 복리로 계산한 금액을 손해배상금에 더하여 지급한다.

3. 제출서류

손해배상청구권자가 피해자 직접청구권을 행사할 경우 보험자에게 제출해야 할 서류는 다음과 같다. "교통사고 발생 사실을 확인할 수 있는 서류", "손해보상청구서", "손해액을 증명하는 서류", "그 밖에 보험회사가 꼭 필요하여 요청하는 서류 또는 증거(수리 개시 전 자동차 점검·정비 견적서, 사진 등)"

4. 가지급금의 지급(청구권자: 손해배상청구권자)

자동차보험약관에서 손해배상청구권자의 청구에 의한 가지급금 지급에 관한 규정은 다음 각 항과 같다.

가. 지급금액

손해배상청구권자가 가지급금을 청구한 경우 보험회사는 「자동차손해배상보장법」 또는 「교통사고처리특례법」 등에 의해 이 약관에 따라 지급할 금액의 한도에서 가지급금(자동차보험진료수가는 전액, 진료수가 이외의 손해배상금은 이 약관에 따라 지급할 금액의 50%)을 지급한다.

나. 지급 시기

보험회사는 가지급금 청구에 관한 서류를 받았을 때에는 지체 없이 지급할 가지급금액을 정하고 그 정해진 날부터 7일 이내에 지급한다.

다. 지연손해금 지급

보험회사가 정당한 사유 없이 가지급금액을 정하는 것을 지연하거나 제2항에서 정하는 지급기일 내에 가지급금을 지급하지 않았을 때, 지급할 가지급금이 있는 경우에는 그 다음날부터 지급일까지의 기간에 대하여 보험개발원이 공시한 정기예금이율에 따라 연단위 복리로 계산한 금액을 가지급금에 더하여 지급한다.

라. 지급 거절 또는 지연 이유 통보

보험회사가 가지급금 청구에 관한 서류를 받은 때부터 10일 이내에 피보험자에게 가지급금을 지급하는 것을 거절하는 이유 또는 그 지급을 연기하는 이유(추가 조사가 필요한 때에는 확인이 필요한 사항과 확인이 종료되는 시기를 포함)를 서면(전자우편 등 서면에 갈음할 수 있는 통신수단을 포함)으로 통지하지 않는 경우, 정당한 사유 없이 가지급금액을 정하는 것을 지연한 것으로 본다.

마. 부지급 사유

보험회사는 「자동차손해배상보장법」 등 관련 법령상 피보험자의 손해배상책임이 발생하지 않거나 이 약관상 보험회사의 보험금 지급 책임이 발생하지 않는 것이 객관적으로 명백할 경우에는 가지급금을 지급하지 아니할 수 있다.

바. 가지급금 공제

손해배상청구권자에게 지급한 가지급금은 장래 지급될 손해배상액에서 공제되나, 최종적인 손해배상액의 결정에는 영향을 미치지 않는다.

사. 제출서류

손해배상청구권자가 가지급금을 청구할 때는 손해배상을 청구하는 경우와 동일하게 "2, 3.제출서류"에 정한 서류 등을 보험회사에 제출해야 한다.

제3장 보험금의 분담 등

1. 보험금의 분담

「대인배상 Ⅰ · Ⅱ」, 「대물배상」, 「무보험자동차에 의한 상해」, 「자기신체사고」, 「자기차량손해」에서는 다음 각 호와 같이 보험금을 분담한다.

1. 이 보험계약과 보상책임의 전부 또는 일부가 중복되는 다른 보험계약(공제계약을 포함)이 있는 경우: 다른 보험계약이 없는 것으로 가정하여 각각의 보험회사에 가입된 자동차보험계약에 의해 산출한 보상책임액의 합계액이 손해액보다 많을 때에는 다음의 산식에 따라 산출한 보험금을 지급한다.

산식	손해액 × $\dfrac{\text{이 보험계약에 의해 산출한 보상책임액}}{\text{다른 보험계약이 없는 것으로 하여 각 보험계약에 의해 산출한 보상책임액의 합계액}}$

2. 이 보험계약의 「대인배상 Ⅰ」, 「대인배상 Ⅱ」, 「대물배상」에서 동일한 사고로 인하여 이 보험계약에서 배상책임이 있는 피보험자가 둘 이상 있는 경우에는 자동차보험약관 「지급보험금의 계산」條에 의한 보상 한도와 범위에 따른 보험금을 각 피보험자의 배상책임의 비율에 따라 분담하여 지급한다.
3. 제1호 또는 제2호의 규정에도 불구하고 대리운전업자(대리운전자를 포함)가 가입한 보험계약에서 보험금이 지급될 수 있는 경우에는 그 보험금을 초과하는 손해를 보상한다.

2. 보험회사의 대위

가. 손해보험이론상 보험자대위

(1) 보험자대위

보험금을 지급한 보험자가 보험의 목적 또는 제3자에 대하여 보험계약자 또는 피보험자가 가지는 권리를 법률상 당연히 취득하는 것으로 보험의 목적에 대한 대위(「상법」 제681조)와 제3자에 대한 대위(「상법」 제682조)로 나눌 수 있다. 이는 손해보험에서만 인정되고 인보험에서는 금지하고 있으나 상해보험의 경우 특약으로 이를 인정하고 있다(「상법」 제729조의 단서).

(2) 법적 근거

(가) 손해보험계약성설(통설)

이득금지원칙에 따라 피보험자의 이득을 방지한다는 설이다.

(나) 보험정책설(소수설)

피보험자의 보험사고 유발이나 도박 등 부정행위를 방지한다는 설이다.

(3) 보험의 목적에 관한 보험자대위(목적물, 잔존물대위)

(가) 의 의

보험의 목적의 전부가 멸실한 경우에 보험금액의 전부를 지급한 보험자가 그 목적에 대한 피보험자의 권리를 취득하는 것을 말한다(「상법」 제681조).

(나) 인정 이유

피보험자가 잔존물을 회수할 경우 시간과 비용상의 비경제성으로 피보험자를 보호하고 이중이득을 방지하기 위함이다.

(다) 요 건

1) 보험목적의 전부 멸실

경제적 가치가 전부 멸실(절대전손, 추정전손)되어야 한다.

2) 보험금액의 전부 지급

일부 지급 시는 권리 이전이 안 된다는 점에서 청구권대위와 다르다.

(라) 효 과

1) 권리 이전의 내용

피보험자가 보험목적에 대하여 갖는 소유권 뿐만 아니라 저당권 등 모든 권리이다.

2) 일부보험의 경우

보험금액의 보험가액에 대한 비율로 정하므로 목적물에 대하여 피보험자와 공유관계에 서는 일이 있다. 이는 보험자대위 취지에 반하는 조항으로 피보험자의 이득이 생기지 않는 범위 내에서 피보험자의 권리가 우선해야 한다는 해석이 타당하다고 사료된다.

(마) 대위권의 포기

대위에 의한 권리 취득은 공법상 잔존물 제거 의무를 지는 일이 있어 보험자가 불이익을 받는 경우가 있으므로 이를 포기할 수 있다.

(바) 권리이전의 시기

보험사고 발생 시가 아니라 보험금액을 전부 지급한 때로부터 보험의 목적에 대한 피보험자의 권리를 취득한다. 따라서 피보험자가 이를 임의로 처분한 경우, 보험금 지급 전이면 지급할 보험금에서 공제하고, 보험금 지급 후면 피보험자에게 손해배상을 청구 또는 부당이득금 반환청구를 할 수 있다.

(4) 제3자에 대한 보험자대위(청구권대위)

(가) 의 의

손해가 제3자의 행위로 인하여 생긴 경우에 보험금액을 지급한 보험자는 그 지급한 금액의 한도에서 제3자에 대한 보험계약자 또는 피보험자의 권리를 취득하는 것이다(「상법」 제682조).

(나) 인정 이유

피보험자가 제3자에 대한 청구권을 행사할 경우 소송의 졸렬 또는 제3자의 무자력으로 인해 소기의 결과를 얻을 수 없는 위험이 있기 때문에 피보험자를 보호하고, 또한 이중 이득을 방지하기 위해 인정한다.

(다) 요 건

1) 제3자의 행위로 인한 손해 발생

제3자의 행위는 불법행위 뿐 아니라 적법행위도 포함하고, 채무 불이행으로 인한 손해배상 의무를 부담하는 경우를 포함한다.

2) 보험금액 지급

반드시 전부를 지급해야 하는 것은 아니고 일부를 지급해도 지급한 범위 내에서 권리를 행사할 수 있는 것이 목적물대위와 다르다.

(라) 효 과

1) 권리 취득의 내용

제3자에 대한 보험계약자 또는 피보험자의 권리. 즉, 불법행위와 적법행위 또는 채무 불이행으로 인한 손해배상청구권이다.

2) 권리 취득의 범위

보험자가 지급한 보험금액 한도로 제한된다. 그러나 일부보험의 경우 목적물대위와 같이 비례 취득한다는 단서 조항이 없으므로 이전하는 권리가 지급액 상당액이라는 절대설과 비례안분의 법칙에 따른다는 상대설, 피보험자의 손해액을 충당한 나머지 손해배상이라는 차액원칙설이 있으나 피보험자의 이익을 우선 시켜야 한다는 점에서 차액원칙설이 타당하다고 사료된다.

3) 권리 취득의 시기

보험사고 발생 시가 아니라 보험자가 보험금을 지급한 때로부터 제3자에 대한 보험계약자 또는 피보험자의 권리를 취득한다. 그러므로 피보험자 등은 임으로 이를 행사 처분할 수 없다. 만약 이 권리를 타인에게 양도 또는 포기한 경우에는 그것이 보험금 지급 전이면 지급할 보험금에서 공제할 수 있고, 지급 후면 피보험자 등에게 손해배상을 청구할 수 있다.

4) 권리 취득의 제한

보험자가 보상할 보험금액의 일부를 지급한 때에는 보험자는 피보험자의 권리를 해하지 않는 범위 내에서 행사할 수 있다(「상법」 제682조 단서).

(마) 인보험자의 보험자대위

「상법」상 인보험계약의 보험자는 보험사고로 인해 생긴 보험계약자 또는 보험 수익자의 제3자에 대한 권리를 대위하여 행사하지 못한다고 규정(「상법」 제729조)하고 있으나, 상해보험의 경우 당사자 간의 다른 약정이 있을 때에는 보험자는 피보험자의 권리를 해하지 않는 범위 내에서 그 권리를 대위하여 행사할 수 있다고 규정하고 있다(「상법」 제729조 단서).

나. 자동차보험약관상 보험자대위(청구권대위)

(1) 의 의

보험자가 피보험자 또는 손해배상청구권자에게 보험금을 지급한 경우에는, 그 보험금의 한도 내에서 제3자에 대한 피보험자의 권리를 취득하는 것을 말한다.

(2) 보험약관 규정

(가) 보험회사가 피보험자 또는 손해배상청구권자에게 보험금 또는 손해배상금을 지급한 경우에는 지급한 보험금 또는 손해배상금의 범위에서 제3자에 대한 피보험자의 권리를 취득한다. 다만, 보험회사가 보상한 금액이 피보험자의 손해의 일부를 보상한 경우에는 피보험자의 권리를 침해하지 않는 범위에서 그 권리를 취득한다.

(나) 보험회사는 다음의 권리는 취득하지 않는다.

1. 「자기신체사고」의 경우, 제3자에 대한 피보험자의 권리. 다만, 보험금을 "별표1.대인 배상, 「무보험자동차에 의한 상해」 지급 기준"에 의해 지급할 때는 피보험자의 권리를 취득한다.
2. 「자기차량손해」의 경우, 피보험자동차를 정당한 권리에 따라 사용하거나 관리하던 자에 대한 피보험자의 권리. 다만, 다음의 경우에는 피보험자의 권리를 취득한다.
    가. 고의로 사고를 낸 경우, 무면허운전이나 음주운전을 하던 중에 사고를 낸 경우, 또는 마약 또는 약물 등의 영향으로 정상적인 운전을 하지 못할 우려가 있는 상내에서 운진을 하던 중에 사고를 낸 경우
    나. 자동차 취급업자가 업무로 위탁받은 피보험자동차를 사용하거나 관리하는 동안에 사

고를 낸 경우

(다) 피보험자는 보험회사가 제1항 또는 제2항에 따라 취득한 권리의 행사 및 보전에 관하여 필요한 조치를 취해야 하며, 또한 보험회사가 요구하는 자료를 제출해야 한다.

■ 대법원 2000.06.23. 선고 2000다9116 판결[구상금]

가. 원심 판결 이유에 의하면 원심은, 피고가 지게 되는 구상 의무는 결국 피고를 부양할 의무가 있는 피보험자인 위 소외인에게 그 부담이 돌아가 보험금을 지급받지 아니한 것과 동일한 결과가 초래되어 보험제도의 효용이 없어질 것이므로 동거가족인 피고는 「상법」 제682조 소정의 제3자에 포함되지 아니한다는 피고의 주장에 대하여 <u>위 제3자는 보험자와 보험계약자 또는 피보험자 외의 자를 말하는 것이 규정의 문언상 명백하고 위 보험자대위 규정은 보험계약자 또는 피보험자 외에 보험사고의 발생에 책임이 있는 자는 누구도 책임을 면할 수 없도록 하는 데에도 입법 취지가 있으므로,</u> 소외인의 명시적이거나 묵시적인 승낙 없이 무단운전을 감행함으로써 소외인을 비롯한 가족과의 공동생활관계의 평온을 먼저 침해한 피고가 소외인으로부터 부양을 받는다는 사정을 내세워 보험자대위권의 행사 대상인 제3자에서 제외된다고 할 수 없으며 가사, 보험계약자인 소외인이 사실상 보험금을 지급받지 못한 결과에 이른다고 하더라도 이는 소외인이 가족운전자 한정운전 특별약관부 보험계약을 체결하면서 한편으로는 그의 선택에 따라 운전자 연령 만 26세 이상 한정운전 특별약관에도 가입하여 피고를 피보험자의 범위에서 제외하고 보험료도 이에 따라 할인된 금액으로 납부한 데에 따른 것이므로, 보험제도의 효용을 해하는 것이라고 할 수도 없다고 판단하여 피고의 위 주장을 배척하였다.

나. 그러나 피보험자의 동거친족에 대하여 피보험자가 배상청구권을 취득한 경우라면, 통상은 피보험자는 그 청구권을 포기하거나 용서의 의사로 권리를 행사하지 않은 상태로 방치할 것으로 예상되는바, 이러한 경우 피보험자에 의하여 행사되지 않는 권리를 보험자가 대위 취득하여 행사하는 것을 허용한다면 피고가 지적하는 바와 같이 사실상 피보험자는 보험금을 지급받지 못한 것과 동일한 결과가 초래되어 보험제도의 효용이 현저히 해하여진다 할 것이고, 운전자 연령 한정운전 특별약관은 보험약관에 있어서의 담보 위험을 축소하고 보험료의 할인을 가능하게 하는 데 그 취지가 있는 것이므로 보험계약자의 의사는 보험료를 할인받는 대신 특약 위반 시 보험 혜택을 포기하는 것이라고 할 것이나, 그 경우에도 피보험자의 명시적이거나 묵시적인 의사에 기하지 아니한 채 연령 미달자가 피보험자동차를 운전한 경우에는 면책 조항의 예외로서 보험자가 책임을 지는 점(대법원 1998.7.10. 선고 98다1072 판결, 2000.2.25. 선고 99다40548 판결 등 참조)에 미루어 연령 미달의 임의운전자가 동거가족인 경우에도 보험자의 대위권 행사의 대상이 되는 것으로 해석한다면, 임의운전자가 가족이라는 우연한 사정에 의하여 특약에 위배되지 않은 보험계약자에게 사실상 보험 혜택을 포기시키는 것이어서 균형이 맞지 않는 점 등에 비추어, 운전자 연령 한정운전 특별약관부 보험계약에서 연령 미달의 동거가족의 경우 특별한 사정이 없는 한 「상법」 제682조 소정의 제3자의 범위에 포함되지 않는다고 봄이 타당하다.

다. 그럼에도 불구하고, 원심은 원고가 피고에 대하여 보험자대위권을 행사할 수 없다는 피고의 주장을 배척하였으니, 원심 판결에는 「상법」 제682조 소정의 보험자대위에 관한 법리를 오해한 위법이 있고 이는 판결 결과에 영향을 미쳤다고 할 것이므로, 이 점을 지적하는 피고의 상고이유의 주장은 이유 있다.

3. 보험회사의 불성실 행위로 인한 손해배상책임

가. 보험계약 관련 책임
보험회사는 이 보험계약과 관련하여 임직원, 보험설계사, 보험대리점의 책임 있는 사유로 인하여 보험계약자 및 피보험자에게 발생된 손해에 대하여 관계 법률 등에서 정한 바에 따라 손해배상책임을 진다.

나. 불공정 합의
보험회사가 보험금의 지급 여부나 지급금액에 관하여 보험계약자 또는 피보험자의 곤궁, 경솔 또는 무경험을 이용하여 현저하게 공정을 잃은 합의를 한 경우에도 손해를 배상할 책임을 진다.

4. 합의 등의 협조·대행

가. 보험회사는 피보험자의 협조 요청이 있는 경우 피보험자의 법률상 손해배상책임을 확정하기 위하여 피보험자가 손해배상청구권자와 행하는 합의·절충·중재 또는 소송(확인의 소를 포함)에 대하여 협조하거나, 피보험자를 위하여 이러한 절차를 대행한다.

나. 보험회사는 피보험자에 대하여 보상책임을 지는 한도(동일한 사고로 이미 지급한 보험금이나 가지급금이 있는 경우에는 그 금액을 공제한 금액. 이하 같음.) 내에서 위 '가'항의 절차에 협조하거나 대행한다.

다. 보험회사가 위 '가'항의 절차에 협조하거나 대행하는 경우에는 피보험자는 보험회사의 요청에 따라 협력해야 한다. 피보험자가 정당한 이유 없이 협력하지 않는 경우, 그로 인하여 늘어난 손해에 대하여는 보상하지 않는다.

라. 보험회사는 다음의 경우에는 제1항의 절차를 대행하지 않는다.

　1. 피보험자가 손해배상청구권자에 대하여 부담하는 법률상의 손해배상책임액이 보험증권에 기재된 보험가입금액을 명백하게 초과하는 때

　2. 피보험자가 정당한 이유 없이 협력하지 않는 때

5. 공탁금의 대출

보험회사가 「자동차보험약관 「합의 등의 협조·대행」 條 제1항의 절차를 대행하는 경우에는, 피보험자에 대하여 보상책임을 지는 한도에서 가압류나 가집행을 면하기 위한 공탁금을 피보험자에게 대출할 수 있으며 이에 소요되는 비용을 보상한다. 이 경우, 대출금의 이자는 공탁금에 붙여지는 것과 같은 이율로 정하며, 피보험자는 공탁금(이자를 포함)의 회수청구권을 보험회사에

양도하여야 한다」라고 규정하고 있다.

제4편 일반사항

제1장 보험계약의 성립

1. 보험계약의 성립

가. 의 의

보험계약은 당사자 일방이 약정한 보험료를 지급하고 재산 또는 생명이나 신체에 불확정한 사고가 발생할 경우에 상대방이 일정한 보험금이나 그 밖의 급여를 지급할 것을 약정함으로써 효력이 생긴다(「상법」 제638조).

나. 보험계약의 법적 성질

보험계약은 당사자 사이의 의사 합치에 의하여 성립되고, 별도의 서면을 요하지 아니하는 불요식 낙성계약이다. 그러므로 보험계약을 체결할 때 작성·교부되는 보험증권은 하나의 증거증권에 불과한 것이어서 보험계약의 내용은 반드시 위의 증거증권에 의하여 결정되는 것이 아니지만 계약이 성립하기 위해서는 당사자의 서로 대립하는 수개의 의사 표시의 객관적 합치가 필요하다. 객관적 합치가 있다고 하기 위해서는 당사자의 의사 표시에 나타나 있는 사항에 관하여는 모두 일치하고 있어야 하는 한편, 계약 내용의 "중요한 점" 및 계약의 객관적 요소는 아니더라도 특히 당사자가 그것에 중대한 의의를 두고 계약 성립의 요건으로 할 의사를 표시한 때에는 이에 관하여 합치가 있어야 한다. 그리고 계약이 성립하기 위한 법률 요건인 청약은 그에 응하는 승낙만 있으면 곧 계약이 성립하는 구체적·확정적 의사 표시여야 하므로, 청약은 계약의 내용을 결정할 수 있을 정도의 사항을 포함시키는 것이 필요하다 할 것이다.

■ 대법원 1992.10.27. 선고 92다32852 판결[구상금]

보험계약은 당사자 사이의 의사 합치에 의하여 성립되는 낙성계약이고, 보험계약을 체결할 때 작성·교부되는 보험증권은 하나의 증거증권에 불과한 것이어서 보험계약의 내용은 반드시 위의 증거증권만에 의하여 결정되는 것이 아니라, 보험계약 체결에 있어서의 당사자의 의사와 계약 체결의 전후 경위 등을 종합하여 그 내용을 인정할 수도 있는 것인바(당원 1988.2.9. 선고 86다카2933, 2934, 2935 판결 참조), 기록에 비추어 보면 원심이 그 채택 증거와 보험계약 체결의 전후 경위를 종합하여 지산무역주식회사가 원고와 체결한 이 사건 리스보증보험계약의 보험목적물이 보험증권에 기재된 청정실 설비 뿐만 아니라 스크루콤프레셔, 에어드라이어, 수전설비 및 내선설비도 포함되어

있다고 판단한 것은 정당하고, 그 사실 인정 과정에 소론과 같은 채증법칙 위배의 위법이 있다 할
수 없다.

■ 대법원 1996.07.30. 선고 95다1019 판결[부당이득금]
보험계약은 당사자 사이의 의사 합치에 의하여 성립되는 낙성계약으로서 별도의 서면을 요하지
아니하므로 보험계약을 체결할 때 작성·교부되는 보험증권이나 보험계약의 내용을 변경하는 경우
에 작성·교부되는 배서증권은 하나의 증거증권에 불과한 것이어서 보험계약의 성립 여부라든가 보험계
약의 당사자, 보험계약의 내용 따위는 위의 증거증권만이 아니라 계약 체결의 전후 경위, 보험료의
부담자 등에 관한 약정, 위 증권을 교부받은 당사자 등을 종합하여 인정할 수 있다 할 것이다(대법
원 1988.2.9. 선고 86다카2933, 2934, 2935 판결 참조).

■ 대법원 2012.04.26. 선고 2010다10689 판결[채무부존재확인·보험금]
보험계약은 당사자 사이의 의사 합치에 의하여 성립되는 낙성계약으로서 별도의 서면을 요하지
아니하므로 보험계약을 체결할 때 작성·교부되는 보험증권이나 보험계약의 내용을 변경하는 경
우에 작성·교부되는 배서증권은 하나의 증거증권에 불과한 것이어서 보험계약의 성립 여부라든
가 보험계약의 당사자, 보험계약의 내용 등은 그 증거증권만이 아니라 계약 체결의 전후 경위, 보
험료의 부담자 등에 관한 약정, 그 증권을 교부받은 당사자 등을 종합하여 인정할 수 있다(대법원
1996.7.30. 선고 95다1019 판결 등 참조). 하지만 계약이 성립하기 위하여는 당사자의 서로 대립하는
수개의 의사 표시의 객관적 합치가 필요하고 객관적 합치가 있다고 하기 위하여는 당사자의 의사
표시에 나타나 있는 사항에 관하여는 모두 일치하고 있어야 하는 한편, 계약 내용의 "중요한 점" 및
계약의 객관적 요소는 아니더라도 특히 당사자가 그것에 중대한 의의를 두고 계약 성립의 요건으
로 할 의사를 표시한 때에는 이에 관하여 합치가 있어야 한다. 그리고 계약이 성립하기 위한 법률
요건인 청약은 그에 응하는 승낙만 있으면 곧 계약이 성립하는 구체적·확정적 의사 표시여야 하므
로, 청약은 계약의 내용을 결정할 수 있을 정도의 사항을 포함시키는 것이 필요하다 할 것이다(대
법원 2003.4.11. 선고 2001다53059 판결 등 참조).

다. 보험계약의 성립

(1) 자동차보험약관 규정

(가) 이 보험계약은 보험계약자가 청약을 하고 보험회사가 승낙을 하면 성립한다.

(나) 보험계약자가 청약을 할 때 "제1회 보험료(보험료를 분납하기로 약정한 경우)" 또는 "보험
료 전액(보험료를 일시에 지급하기로 약정한 경우)"(이하 "제1회 보험료 등"이라 함)을 지급하였을
때, 보험회사가 이를 받은 날부터 15일 이내에 승낙 또는 거절의 통지를 발송하지 않으면 승낙한
것으로 본다.

(다) 보험회사가 청약을 승낙했을 때에는 지체 없이 보험증권을 보험계약자에게 드린다. 그러
나 보험계약자가 제1회 보험료 등을 지급하지 않은 경우에는 그러하지 않는다.

(라) 보험계약이 성립되면 보험회사는 이 약관 보험기간의 규정에 따라 보험기간의 첫날부터 보상책임을 진다. 다만, 보험계약자로부터 제1회 보험료 등을 받은 경우에는, 그 이후 승낙 전에 발생한 사고에 대해서도 청약을 거절할 사유가 없는 한 보상한다.

(2)「상법」규정

「상법」제638조의2 보험계약의 성립에 관한 규정은 다음과 같다.

(가) 보험자가 보험계약자로부터 보험계약의 청약과 함께 보험료 상당액의 전부 또는 일부의 지급을 받은 때에는 다른 약정이 없으면 30일 내에 그 상대방에 대하여 낙부의 통지를 발송하여야 한다. 그러나 인보험계약의 피보험자가 신체검사를 받아야 하는 경우에는 그 기간은 신체검사를 받은 날부터 기산한다.

(나) 보험자가 위 '(가)'항의 규정에 의한 기간 내에 낙부의 통지를 해태한 때에는 승낙한 것으로 본다.

(다) 보험자가 보험계약자로부터 보험계약의 청약과 함께 보험료 상당액의 전부 또는 일부를 받은 경우에 그 청약을 승낙하기 전에 보험계약에서 정한 보험사고가 생긴 때에는 그 청약을 거절할 사유가 없는 한 보험자는 보험계약상의 책임을 진다. 그러나 인보험계약의 피보험자가 신체검사를 받아야 하는 경우에 그 검사를 받지 아니한 때에는 그러하지 아니하다.

(3)「상법」과 비교

자동차보험약관은 인보험 조항을 제외한 보험자의 낙부통지 해태 시 승낙의제, 보험료 납입 시 승낙 전 사고에 대한 보험자의 책임에 관한 사항은 「상법」규정을 따르고 있다. 또한 보험계약자의 청약에 대한 보험자의 낙부 통지 기간을 15일 이내로 하여「상법」규정인 30일 이내보다 그 기간을 단축하여 보험계약자에게 유리하게 하였다.

2. 약관 교부 및 설명의무 등

가. 관계 규정

(1)「상 법」

「상법」제638조의3(보험약관의 교부·설명의무)에서는 다음과 같이 규정하고 있다.

(가) 보험자는 보험계약을 체결할 때에 보험계약자에게 보험약관을 교부하고 그 약관의 중요한 내용을 설명해야 한다.

(나) 보험자가 제1항을 위반한 경우「보험계약자는 보험계약이 성립한 날부터 3개월 이내에 그 계약을 취소할 수 있다」고 규정하고 있다.

(2)「보험업법」

「보험업법」제95조의2(설명의무 등)에서는 다음과 같이 규정하고 있다.

(가) 보험회사 또는 보험의 모집에 종사하는 자는 일반보험계약자에게 보험계약 체결을 권유하는 경우에는 보험료, 보장 범위, 보험금 지급 제한 사유 등 대통령령으로 정하는 보험계약의 중요 사항을 일반보험계약자가 이해할 수 있도록 설명하여야 한다.

(나) 보험회사 또는 보험의 모집에 종사하는 자는 제1항에 따라 설명한 내용을 일반보험계약자가 이해하였음을 서명, 기명날인, 녹취, 그 밖에 대통령령으로 정하는 방법으로 확인을 받아야 한다.

(다) 보험회사는 보험계약의 체결 시부터 보험금 지급 시까지의 주요 과정을 대통령령으로 정하는 바에 따라 일반보험계약자에게 설명해야 한다. 다만, 일반보험계약자가 설명을 거부하는 경우에는 그러하지 아니하다.

(라) 보험회사는 일반보험계약자가 보험금 지급을 요청한 경우에는 대통령령으로 정하는 바에 따라 보험금의 지급 절차 및 지급 내역 등을 설명해야 하며, 보험금을 감액하여 지급하거나 지급하지 아니하는 경우에는 그 사유를 설명해야 한다.

(3) 자동차보험약관

자동차보험약관에서는 다음과 같이 약관 교부 및 설명의무 등에 대하여 규정하고 있다.

(가) 보험회사는 보험계약자가 청약을 한 경우 보험계약자에게 약관 및 보험계약자 보관용 청약서(청약서 부본)를 드리고 약관의 중요한 내용을 설명하여 드린다.

(나) 통신판매 보험계약에서 보험회사는 보험계약자의 동의를 얻어 다음 중 어느 하나의 방법으로 약관을 교부하고 중요한 내용을 설명하여 드린다.

1. 사이버몰(컴퓨터를 이용하여 보험거래를 할 수 있도록 설정된 가상의 영업장)을 이용하여 모집하는 경우: 사이버몰에서 약관 및 그 설명문(약관의 중요한 내용을 알 수 있도록 설명한 문서)을 읽거나 내려 받게 하는 방법. 이 경우, 보험계약자가 이를 읽거나 내려 받은 것을 확인한 때에는 약관을 드리고 중요한 내용을 설명한 것으로 본다.

2. 전화를 이용하여 모집하는 경우: 전화를 이용하여 청약 내용, 보험료 납입, 보험기간, 계약 전 알릴 의무, 약관의 중요한 내용 등 계약 체결을 위하여 필요한 사항을 질문하거나 설명하는 방법. 이 경우, 보험계약자의 답변과 확인 내용을 음성 녹음함으로써 약관의 중요한 내용을 설명한 것으로 본다.

(다) 위 '(가)'항에도 불구하고 보험회사는 보험계약자가 동의하는 경우 약관이나 보험계약자 보관용 청약시(청약서 부본)를 광기록매체 또는 전자우편 등의 전자적 방법으로 전해 드릴 수 있으며, 전화를 이용하는 통신판매 보험계약에서는 확인서를 제공하여 청약서 부본을 드리는 것을 갈음할 수 있다.

(라) 다음 중 어느 하나에 해당하는 경우 보험계약자는 계약 체결일부터 1개월 이내에 계약을 취소할 수 있다. 다만, 의무보험은 제외한다.

1. 보험계약자가 청약을 했을 때 보험회사가 보험계약자에게 약관 및 보험계약자 보관용 청

약서(청약서 부본)를 드리지 않은 경우

　2. 보험계약자가 청약을 했을 때 보험회사가 청약 시 보험계약자에게 약관의 중요한 내
　　용을 설명하지 않은 경우

　3. 보험계약자가 보험계약을 체결할 때 청약서에 자필 서명을 하지 않은 경우

(마) 제4항에 따라 계약이 취소된 경우 보험회사는 이미 받은 보험료를 보험계약자에게 돌려 드리며, 보험료를 받은 기간에 대하여 보험개발원이 공시한 보험계약대출이율에 따라 연 단위 복리로 계산한 금액을 더하여 지급한다.

나. 설명의무 당사자 및 시기

(1) 설명 의무자

보험약관의 교부 및 설명의무를 지는 자에 대하여 위 「상법」 규정과 자동차보험약관 규정 모두 보험자(보험회사)로 명시하고 있다. 그러나 「보험업법」에서는 설명의무 등의 주체를 "보험회사 또는 보험의 모집에 종사하는 자"라고 규정하고 있다. 따라서 자동차보험약관상의 "약관 교부 및 설명의무" 주체는 보험회사와 보험설계사, 보험대리점, 보험중개사 등 보험 모집에 종사하는 자이다.

(2) 설명의무 대상

약관 교부 및 설명의무는 보험계약 체결 시 이루어져야 하는 것으로써, 보험회사 등의 보험약관 교부 및 설명의무 대상자는 보험계약자 및 피보험자 등이다.

(3) 약관 교부 및 설명의무 시기

보험계약은 보험계약자의 청약과 보험자의 승낙에 의해 체결된다. 따라서 보험회사 등의 보험계약자 등에 대한 약관 교부 및 설명의무의 시기는 보험계약자의 청약 시점부터 보험회사가 보험계약 체결을 승낙하는 시점까지로 보아야 한다. 즉, 보험회사 등의 약관 교부 및 설명의무는 보험계약자의 청약에 대한 보험회사의 승낙이 이루어지는 보험계약 체결 과정에서 행하여져야 한다. 한편, 갱신계약의 경우에는 보험계약의 목적의 변동사항 등에 관한 보험계약자 측의 고지의무는 발생할 수 있으나 보험회사 등의 약관 교부 및 설명의무는 새로이 발생하지 않는다.

다. 설명 내용 및 정도

(1) 설명 내용

보험회사 등이 보험계약자에게 약관을 교부하고 설명해야 할 사항은 "보험약관의 중요한 내용" 또는 "보험계약의 중요사항"이다. 즉, 보험자 및 보험계약의 체결 또는 모집에 종사하는 자는 보험계약의 체결에 있어서 보험계약자 또는 피보험자에게 보험약관에 기재되어 있는 보험상품의 내용, 보험료율의 체계 및 보험청약서상 기재사항의 변동 등 보험계약의 중요한 내용에 대하

여 구체적이고 상세한 명시·설명의무를 지고 있다. 그러나 보험자에게 이러한 약관의 명시·설명의무가 인정되는 것은 어디까지나 보험계약자가 알지 못하는 가운데 약관에 정해진 중요한 사항이 계약 내용으로 되어 보험계약자가 예측하지 못한 불이익을 받게 되는 것을 피하고자 하는 데 그 근거가 있다고 할 것이므로, 보험약관에 정해진 사항이라고 하더라도 거래상 일반적이고 공통된 것이어서 보험계약자가 별도의 설명 없이도 충분히 예상할 수 있었던 사항이거나 이미 법령에 의하여 정해진 것을 되풀이하거나 부연하는 정도에 불과한 사항이라면 그러한 사항에 대해서까지 보험자에게 명시·설명의무가 인정된다고 할 수 없다(대법원 1998.11.27. 선고 98다32564 판결).

(2) 설명 정도

보험회사 또는 보험 모집 종사자가 고객에게 보험계약의 중요사항에 관하여 어느 정도의 설명을 해야 하는지는 보험상품의 특성 및 위험도 수준, 고객의 보험 가입 경험 및 이해능력 등을 종합하여 판단해야 한다. 그리고 보험계약의 중요사항은 반드시 보험약관에 규정된 것에 한정된다고 할 수 없으므로, 보험약관만으로 보험계약의 중요사항을 설명하기 어려운 경우에는 보험회사 또는 보험 모집 종사자는 상품설명서 등 적절한 추가 자료를 활용하는 등의 방법을 통하여 개별 보험상품의 특성과 위험성에 관한 보험계약의 중요사항을 고객이 이해할 수 있도록 설명해야 한다. 한편, 대법원 판결은 구「보험업법」제97조제1항, 제95조제1항, 구「보험업법시행령」(2008.2.29. 대통령령 제20653호로 개정되기 전의 것) 제42조 등에서 규정하는 보험회사와 보험 모집 종사자의 의무 내용이 유력한 판단 기준이 된다(대법원 2013.06.13. 선고 2010다34159 판결)고 판시하여 보험회사 등의 보험약관 교부 및 설명의무의 정도에 대한 기준을 제시하고 있다. 위 판결에서 설시한 개정 전 각 법령에 해당하는 현행 법령은 다음과 같다.

■ 「보험업법」 제95조의2(설명의무 등)
① 보험회사 또는 보험의 모집에 종사하는 자는 일반보험계약자에게 보험계약 체결을 권유하는 경우에는 보험료, 보장 범위, 보험금 지급 제한 사유 등 대통령령으로 정하는 보험계약의 중요 사항을 일반보험계약자가 이해할 수 있도록 설명하여야 한다.
② 보험회사 또는 보험의 모집에 종사하는 자는 제1항에 따라 설명한 내용을 일반보험계약자가 이해하였음을 서명, 기명날인, 녹취, 그 밖에 대통령령으로 정하는 방법으로 확인을 받아야 한다.
③ 보험회사는 보험계약의 체결 시부터 보험금 지급 시까지의 주요 과정을 대통령령으로 정하는 바에 따라 일반보험계약자에게 설명하여야 한다. 다만, 일반보험계약자가 설명을 거부하는 경우에는 그러하지 아니하다.
④ 보험회사는 일반보험계약자가 보험금 지급을 요청한 경우에는 대통령령으로 정하는 바에 따라 보험금의 지급 절차 및 지급 내역 등을 설명하여야 하며, 보험금을 감액하여 지급하거나 지급하지 아니하는 경우에는 그 사유를 설명하여야 한다.

■ 「보험업법」 제97조(보험계약의 체결 또는 모집에 관한 금지행위)

① 보험계약의 체결 또는 모집에 종사하는 자는 그 체결 또는 모집에 관하여 다음 각 호의 어느 하나에 해당하는 행위를 하여서는 아니 된다. 〈개정 2014.1.14.〉

  1. 보험계약자나 피보험자에게 보험상품의 내용을 사실과 다르게 알리거나 그 내용의 중요한 사항을 알리지 아니하는 행위

  2. 보험계약자나 피보험자에게 보험상품의 내용의 일부에 대하여 비교의 대상 및 기준을 분명하게 밝히지 아니하거나 객관적인 근거 없이 다른 보험상품과 비교하여 그 보험상품이 우수하거나 유리하다고 알리는 행위

  3. 보험계약자나 피보험자가 보험상품의 중요한 사항을 보험회사에 알리는 것을 방해하거나 알리지 아니할 것을 권유하는 행위

  4. 보험계약자나 피보험자가 보험상품의 중요한 사항에 대하여 부실한 사항을 보험회사에 알릴 것을 권유하는 행위

  5. 보험계약자 또는 피보험자로 하여금 이미 성립된 보험계약(이하 이 조에서 "기존보험계약"이라 한다)을 부당하게 소멸시킴으로써 새로운 보험계약(대통령령으로 정하는 바에 따라 기존 보험계약과 보장 내용 등이 비슷한 경우만 해당한다. 이하 이 조에서 같다)을 청약하게 하거나 새로운 보험계약을 청약하게 함으로써 기존 보험계약을 부당하게 소멸시키거나 그 밖에 부당하게 보험계약을 청약하게 하거나 이러한 것을 권유하는 행위

  6. 실제 명의인이 아닌 자의 보험계약을 모집하거나 실제 명의인의 동의가 없는 보험계약을 모집하는 행위

  7. 보험계약자 또는 피보험자의 자필서명이 필요한 경우에 보험계약자 또는 피보험자로부터 자필서명을 받지 아니하고 서명을 대신하거나 다른 사람으로 하여금 서명하게 하는 행위

  8. 다른 모집 종사자의 명의를 이용하여 보험계약을 모집하는 행위

  9. 보험계약자 또는 피보험자와의 금전대차의 관계를 이용하여 보험계약자 또는 피보험자로 하여금 보험계약을 청약하게 하거나 이러한 것을 요구하는 행위

  10. 정당한 이유 없이 「장애인 차별 금지 및 권리 구제 등에 관한 법률」 제2조에 따른 장애인의 보험 가입을 거부하는 행위

  11. 보험계약의 청약철회 또는 계약 해지를 방해하는 행위

■ 「보험업법시행령」 제42조의2(설명의무의 중요 사항 등)

① 법 제95조의2제1항에서 "보험료, 보장 범위, 보험금 지급 제한 사유 등 대통령령으로 정하는 보험계약의 중요 사항"이란 다음 각 호의 사항을 말한다.

  1. 주계약 및 특약별 보험료

  2. 주계약 및 특약별로 보장하는 사망, 질병, 상해 등 주요 위험 및 보험금

  3. 보험료 납입기간 및 보험기간

  4. 보험회사의 명칭, 보험상품의 종목 및 명칭

  5. 청약의 철회에 관한 사항

  6. 지급 한도, 면책 사항, 감액 지급 사항 등 보험금 지급 제한 조건

  7. 고지 의무 위반의 효과

  8. 계약의 취소 및 무효에 관한 사항

9. 해약환급금에 관한 사항

10. 분쟁 조정 절차에 관한 사항

11. 그 밖에 보험계약자 보호를 위하여 금융위원회가 정하여 고시하는 사항

② 법 제95조의2제2항에서 "대통령령으로 정하는 방법"이란 「전자서명법」 제2조제2호에 따른 전자서명을 말한다.〈신설 2011.12.31.〉

③ 보험회사는 법 제95조의2제3항에 따라 다음 각 호의 단계에서 중요 사항을 항목별로 일반보험계약자에게 설명하여야 한다. 다만, 제2호에 따른 보험금 청구 단계의 경우 일반보험계약자가 계약 체결 전에 또는 보험금청구권자가 보험금 청구 단계에서 동의한 경우에 한정하여 서면, 문자메시지, 전자우편 또는 모사 전송 등으로 중요 사항을 통보하는 것으로 이를 대신할 수 있다.

〈개정 2011.12.31.〉

라. 설명의무 이행에 대한 입증 책임의 소재 및 방법

(1) 입증 책임의 소재

이 경우, 보험계약자나 그 대리인이 그 약관의 내용을 충분히 잘 알고 있다는 점은 이를 주장하는 보험자 측에서 입증해야 한다. 「약관의 규제에 관한 법률」 제3조의 규정에 의하여 보험자는 보험계약을 체결할 때에 보험계약자에게 보험약관에 기재되어 있는 보험상품의 내용, 보험료율의 체계, 보험청약서상 기재사항의 변동 및 보험자의 면책 사유 등 보험계약의 중요한 내용에 대하여 구체적이고 상세한 명시·설명의무를 지고 있으므로, 만일 보험자가 이러한 보험약관의 명시·설명의무에 위반하여 보험계약을 체결한 때에는 그 약관의 내용을 보험계약의 내용으로 주장할 수 없지만, 보험약관의 중요한 내용에 해당하는 사항이라 하더라도 보험계약자나 그 대리인이 그 내용을 충분히 잘 알고 있는 경우에는 당해 약관이 바로 계약 내용이 되어 당사자에 대하여 구속력을 가지므로 보험자로서는 보험계약자 또는 그 대리인에게 약관의 내용을 따로 설명할 필요가 없다고 볼 것인바, 이 경우, 보험계약자나 그 대리인이 그 약관의 내용을 충분히 잘 알고 있다는 점은 이를 주장하는 보험자 측에서 입증해야 할 것이다.

> ■ 대법원 2001.07.27. 선고 99다55533 판결[채무부존재확인]
> 「약관의 규제에 관한 법률」 제3조의 규정에 의하여 보험자는 보험계약을 체결할 때에 보험계약자에게 보험약관에 기재되어 있는 보험상품의 내용, 보험료율의 체계, 보험청약서상 기재사항의 변동 및 보험자의 면책 사유 등 보험계약의 중요한 내용에 대하여 구체적이고 상세한 명시·설명의무를 지고 있으므로, 만일 보험자가 이러한 보험약관의 명시·설명의무에 위반하여 보험계약을 체결한 때에는 그 약관의 내용을 보험계약의 내용으로 주장할 수 없지만, 보험약관의 중요한 내용에 해당하는 사항이라 하더라도 보험계약자나 그 대리인이 그 내용을 충분히 잘 알고 있는 경우에는 당해 약관이 바로 계약 내용이 되어 당사자에 대하여 구속력을 가지므로 보험자로서는 보험계약자 또는 그 대리인에게 약관의 내용을 따로 설명할 필요가 없다고 볼 것인바, 이 경우 보험계약자나 그 대리인이 그 약관의 내용을 충분히 잘 알고 있다는 점은 이를 주장하는 보험자 측에서 입증하여야 할 것이다.

(2) 입증 방법

보험회사 또는 보험의 모집에 종사하는 자는 보험약관의 중요한 내용을 보험계약자가 이해하였음을 서명, 기명날인, 녹취 등의 방법으로 확인을 받아야 하므로 이에 대한 증거자료로 설명의무를 이행하였음을 입증할 수 있다. 또한 서면, 문자메시지, 전자우편 또는 모사 전송 등으로 중요 사항을 통보하는 것으로 약관 교부 및 설명의무를 대신할 수 있으므로 서면, 문자메시지, 전자우편이나 모사 전송 등을 발송한 증거자료 역시 보험회사 등이 동 의무를 이행하였음을 입증할 수 있다고 본다.

마. 약관 교부 및 설명의무 위반의 효과

(1) 보험계약 취소

「상법」 제638조의3제2항에는 보험자가 보험약관의 교부·설명의무를 위반한 경우에는 보험계약자는 보험계약이 성립한 날부터 3개월 이내에 그 계약을 취소할 수 있다고 규정하고 있다. 한편, 자동차보험약관에서는 「약관 교부 및 설명의무 등」을 규정한 조의 제4항제1, 2, 3호에 해당하는 경우, 보험계약자는 계약 체결일부터 1개월 이내에 계약을 취소할 수 있다고 규정하였다. 그러나 위 자동차보험약관의 1개월 이내에 취소할 수 있다고 규정한 조항은 위 「상법」 규정의 3개월 이내보다 보험계약자 등에게 불이익한 것으로 볼 수 있어 무효이다. 따라서 자동차보험약관도 동 기간을 3개월 이내로 개정하여야 한다.

(2) 제척기간 이후의 효과

보험계약자가 보험회사 등의 약관 교부 및 설명의무 위반 시 보험계약이 성립한 날로부터 3개월 이내에 보험계약을 취소할 수 있다고 규정한 그 기간은 제척기간으로 보아야 한다. 그러나 「상법」 제638조의3제2항에 의하여 보험자가 약관의 명시·설명의무를 위반한 때에는 보험계약자가 보험계약 성립일로부터 3월 내에 행사할 수 있는 취소권은 보험계약자에게 주어진 권리일 뿐 의무가 아님이 그 법문상 명백하고, 「상법」 제638조의3제2항은 「약관의 규제에 관한 법률」 제3조제3항과의 관계에서는 그 적용을 배제하는 특별 규정이라고 할 수 없으므로, 보험계약자가 보험계약을 취소하지 않았다고 하더라도 보험자의 설명의무 위반의 법률 효과가 소멸되어 이로써 보험계약자가 보험자의 설명의무 위반의 법률 효과를 주장할 수 없다거나 보험자의 설명의무 위반의 하자가 치유되는 것이 아니다(대법원 1999.03.09. 선고 98다43342 판결). 따라서 보험회사의 약관 교부 및 설명의무 위반이 있는 상태에서 보험계약자가 위 제척기간 동안 보험계약을 취소하지 않은 상태에서 보험사고가 발생했다 하더라도 보험회사는 약관 교부 및 설명의무를 위반한 사항에 대하여 보험계약의 내용으로 주장할 수 없다.

■ 대법원 1996.04.12. 선고 96다4893 판결[채무부존재확인]

「상법」 제638조의3제2항에 의하여 보험자가 약관의 교부 및 설명의무를 위반한 때에 보험계약자가 보험계약 성립일로부터 1월 내에 행사할 수 있는 취소권은 보험계약자에게 주어진 권리일 뿐 의무가 아님이 그 법문상 명백하므로, 보험계약자가 보험계약을 취소하지 않았다고 하더라도 보험자의 설명의무 위반의 법률 효과가 소멸되어 이로써 보험계약자가 보험자의 설명의무 위반의 법률 효과를 주장할 수 없다거나 보험자의 설명의무 위반의 하자가 치유되는 것은 아니다.

■ 대법원 1998.11.27. 선고 98다32564 판결[채무부존재확인]

일반적으로 특별법이 일반법에 우선한다는 원칙은 동일한 형식의 성문 법규인 법률이 상호 모순·저촉되는 경우에 적용되는 것이고 법률이 상호 모순·저촉되는지 여부는 법률의 입법 목적, 적용 범위 및 규정 사항 등을 종합적으로 검토하여 판단하여야 하는데(대법원 1989.9.12. 선고 88누6856 판결, 1997.7.22. 선고 96다38995 판결 등 참조), 「약관규제법」 제30조제3항에서 다른 법률에 특별한 규정이 있는 경우에 그 규정이 우선 적용되는 것으로 규정하고 있는 것도 위와 같은 법률의 상호 모순·저촉 시의 특별법 우선 적용의 원칙이 약관에 관하여도 적용됨을 밝히고 있는 것이라고 할 것이다. 그런데 「상법」 제638조의3제2항은 보험자의 설명의무 위반의 효과를 보험계약의 효력과 관련하여 보험계약자에게 계약의 취소권을 부여하는 것으로 규정하고 있으나, 나아가 보험계약자가 그 취소권을 행사하지 아니한 경우에 설명의무를 다하지 아니한 약관이 계약의 내용으로 되는지 여부에 관하여는 아무런 규정도 하지 않고 있을 뿐만 아니라 일반적으로 계약의 취소권을 행사하지 아니하였다고 바로 계약의 내용으로 되지 아니한 약관 내지 약관 조항의 적용을 추인 또는 승인하였다고 볼 근거는 없다고 할 것이므로, 결국 「상법」 제638조의3제2항은 「약관규제법」 제16조에서 약관의 설명의무를 다하지 아니한 경우에도 원칙적으로 계약의 효력이 유지되는 것으로 하되 소정의 사유가 있는 경우에는 예외적으로 계약 전체가 무효가 되는 것으로 규정하고 있는 것과 모순·저촉이 있다고 할 수 있음은 별론으로 하고, 약관에 대한 설명의무를 위반한 경우에 그 약관을 계약의 내용으로 주장할 수 없는 것으로 규정하고 있는 「약관규제법」 제3조제3항과의 사이에는 아무런 모순·저촉이 없다고 할 것이다.

따라서 「상법」 제638조의3제2항은 「약관규제법」 제3조제3항과의 관계에서는 그 적용을 배제하는 특별규정이라고 할 수가 없으므로 보험약관이 「상법」 제638조의3제2항의 적용 대상이라 하더라도 「약관규제법」 제3조제3항 역시 적용이 된다고 할 것이므로, 같은 취지에서 이 사건 보험약관이 「약관규제법」 제3조제3항의 적용 대상이 될 수 있다고 본 원심의 조치는 정당하고, 거기에 「상법」 제638조의3제2항의 해석을 그르쳐 원고 회사의 보험금 지급 채무의 성립 여부를 잘못 판단한 위법이 있다고 할 수 없다. 이 부분 상고이유는 받아들일 수 없다.

바. 자동차보험약관의 설명의무 사항 여부에 대한 판결의 태도

(1) 자동차 양도·양수에 관한 사항

(가) 설명의무 사항이라고 한 사례

보험계약의 승계 절차에 관하여 보험회사의 자동차종합보험약관에 보험계약자가 서면에 의하여 양도 통지를 하고 이에 대하여 보험회사가 보험증권에 승인의 배서를 하도록 규정되어 있다고 하더라도, 보험회사가 그와 같은 약관 내용을 보험계약을 승계하고자 하는 자에게 구체적으로 명시하여 상세하게 설명하지 아니한 때에는 이를 보험계약의 내용으로 주장할 수 없다고 한 사례

> ■ 대법원 1994.10.14. 선고 94다17970 판결[보험금]
> 사실관계가 원심이 확정한 바와 같다면 보험계약의 승계 절차에 관하여 피고의 「자동차종합보험약관」 제42조에 보험계약자가 서면에 의하여 양도 통지를 하고 이에 대하여 보험회사가 보험증권에 승인의 배서를 하도록 규정되어 있다고 하더라도 보험회사가 그와 같은 약관 내용을 보험계약을 승계하고자 하는 자에게 구체적으로 명시하여 상세하게 설명하지 아니한 때에는 이를 보험계약의 내용으로 주장할 수 없다고 할 것이므로(당원 1992.3.10. 선고 91다31883 판결 참조), 같은 취지에서 위 차량 양도인인 소외 고병일과 피고 사이에 체결된 원심 판시 보험계약이 양수인인 소외 이경구에게 승계되어 위 보험계약상의 실질적인 보험계약자겸 피보험자가 위 이경구로 변경되었다고 한 원심의 판단도 옳고 거기에 소론과 같이 보험계약의 승계에 관한 법리오해나 이유모순의 위법이 있다고 할 수 없다.

(나) 설명의무 사항이 아니라고 한 사례

피보험자동차의 양도에 관한 통지 의무를 규정한 보험약관은 거래상 일반인들이 보험자의 개별적인 설명 없이도 충분히 예상할 수 있었던 사항인 점 등에 비추어 보험자의 개별적인 명시·설명의무의 대상이 되지 않는다고 본 사례

> ■ 대법원 2007.04.27. 선고 2006다87453 판결[채무부존재확인]
> 피보험자동차의 양도에 관한 통지 의무를 규정한 보험약관은 거래상 일반인들이 보험자의 개별적인 설명 없이도 충분히 예상할 수 있었던 사항인 점 등에 비추어 보험자의 개별적인 명시·설명의무의 대상이 되지 않는다고 본 사례
> 보험자에게 보험계약자 등에 대한 약관의 중요 내용에 관한 구체적이고 개별적인 명시·설명의무가 부과되는 이유는 보험계약자가 알지 못하는 가운데 약관의 중요한 사항이 계약 내용으로 됨으로써 보험계약자가 예측하지 못한 불이익을 입는 것을 방지하고자 함에 그 목적이 있는바, 1991.12.31. 법률 제4470호로 개정되어 1993.1.1.부터 시행된 「상법」 제726조의4는 「피보험자가 보험기간 중에 자동차를 양도한 때에는 양수인은 보험자의 승낙을 얻은 경우에 한하여 보험계약으로 인하여 생긴 권리와 의무를 승계한다(제1항). 보험자가 양수인으로부터 양수 사실을 통지받은 때에는 지체 없이 낙부를 통지하여야 하고 통지 받은 날부터 10일 내에 낙부의 통지가 없을 때에는 승낙한 것으로 본다(제2항)」라고 규정하고 있고, 이 사건 약관은 위 「상법」 규정을 풀어서 규정한 것에 지나지 아니하는 것으로서 거래상 일반인들이 보험자의 개별적인 설명 없이도 충분히 예상할 수 있었던 사항이라고 볼 수 있는 점, 자동차보험계약에 있어서 "주운전자"는 보험료율의 체계 등을 좌우하는 중요한 내용이라는 점(대법원 1997.9.9. 선고 95다45873 판결 등 참조), 피보험자동차의 양도는 해당 자동차보험계약에 운전자를 한정하는 특별약관이 붙어 있는지 여부와 관계 없이 그 보험료의 산정 기준에 직접적인 영향을 미치는 점 등에 비추어 보면, 이 사건 약관은 보험자인 원고가 보험계약자에게 개별적으로 명시·설명해야 하는 사항에 해당하지 아니하는 것으로 보아

야 할 것이다.

그럼에도 불구하고, 이와 다른 견해에서 이 사건 약관이 보험자의 개별적인 명시·설명의무의 대상이 됨을 전제로 하여 판단한 원심 판결에는 보험약관의 설명의무 등에 관한 법리를 오해하여 판결에 영향을 미친 위법이 있다고 할 것이다.

(2) 주운전자에 관한 사항

자동차보험계약의 주운전자제도가 보험약관의 명시·설명의무의 대상이 된다고 한 사례

■ 대법원 1996.04.12. 선고 96다4893 판결[채무부존재확인]

원심은 그 판시 사실을 인정한 다음, 이 사건 보험계약자인 피고가 이 사건 보험계약을 체결할 당시 실제로는 자신의 아들인 소외 서승원이 이 사건 차량의 주운전자인데도 자신의 처인 소외 홍순동을 주운전자로 허위 고지함으로써 보험계약의 중요 사항에 대하여 고지 의무를 위반하였으므로 특별한 사정이 없는 한 원고는 약관에 따라 이 사건 보험계약을 해지할 수 있다고 하면서도, 한편, 원고가 이 사건 보험계약을 체결함에 있어 피고에게 주운전자제도와 관련된 보험약관의 내용, 특히 그 부실 고지의 경우에 입게 되는 계약 해지의 불이익 등에 관하여 구체적이고도 상세한 설명을 하여 주었다는 점에 부합하는 그 판시증거를 믿지 아니하고 달리 이를 인정할 만한 증거가 없어 원고가 주운전자에 관한 보험약관의 명시·설명의무를 이행하였음을 인정할 수 없는 이상, 피고의 주운전자에 관한 고지 의무 위반을 이유로 한 원고의 이 사건 보험계약 해지는 부적법한 것으로서 그 해지의 효력이 없다고 판단하였는 바, 기록에 비추어 살펴보면 원심의 위와 같은 사실인정과 판단은 옳고 거기에 소론과 같은 보험계약자의 고지 의무 위반과 보험자의 설명의무 위반의 효과, 설명의무 위반의 입증 책임 및 그 증명 정도 등에 관한 법리오해의 위법이 있다고 할 수 없다.

■ 대법원 1997.09.26. 선고 97다4494 판결[보험금지급채무부존재]

원고는 이 사건 보험계약 체결 후 피고에게 보험약관을 우송하면서 주운전자를 허위로 기재하면 보험금을 지급받지 못하는 경우가 있으므로 기존의 계약 내용 중 잘못된 부분이 있으면 이를 즉시 수정 신고하여야 한다는 취지의 안내문을 동봉하여 우송한 사실을 인정할 수 있으나, 이러한 사정만 가지고서 바로 피고가 주운전자제도와 관련된 보험약관의 구체적인 내용을 알고 있었다거나, 원고가 피고에게 주운전자제도를 부실 신고한 경우에 입게 되는 계약 해지의 불이익에 관하여 구체적이고도 상세한 설명을 하였음을 추인하기에는 부족하고, 그 밖에 달리 이를 인정할 만한 증거가 없으며, 이처럼 원고가 주운전자에 관한 보험약관의 명시·설명의무를 이행하였음을 인정할 수 없는 이상, 피고의 주운전자에 관한 고지 의무 위반을 이유로 한 원고의 이 사건 보험계약 해지는 부적법한 것으로서 그 해지의 효력이 없다고 판단하였다.

(3) 가족운전자 및 부부운전 한정운전 특약에 관한 사항

자동차종합보험계약상 가족운전자 한정운전 특약은 보험자의 면책과 관련되는 중요한 내용에 해당하는 사항으로서 일반적으로 보험자의 구체적이고 상세한 명시·설명의무의 대상이 되는 약관이라고 한 사례

■ 대법원 2003.08.22. 선고 2003다27054 판결[가족운전자한정특약부존재확인]

「약관의 규제에 관한 법률」 제3조의 규정에 의하여 보험자는 보험계약을 체결할 때에 보험계약자에게 보험약관에 기재되어 있는 보험상품의 내용, 보험료율의 체계, 보험청약서상 기재사항의 변동 및 보험자의 면책 사유 등 보험계약의 중요한 내용에 대하여 구체적이고 상세한 명시·설명의무를 지고 있으므로, 만일 보험자가 이러한 보험약관의 명시·설명의무에 위반하여 보험계약을 체결한 때에는 그 약관의 내용을 보험계약의 내용으로 주장할 수 없지만, 보험약관의 중요한 내용에 해당하는 사항이라 하더라도 보험계약자나 그 대리인이 그 내용을 충분히 잘 알고 있는 경우에는 당해 약관이 바로 계약 내용이 되어 당사자에 대하여 구속력을 가지므로 보험자로서는 보험계약자 또는 그 대리인에게 약관의 내용을 따로 설명할 필요가 없다고 볼 것인바(대법원 1998.4.14. 선고 97다39308 판결, 1998.11.27. 선고 98다32564 판결, 1999.3.9. 선고 98다43342, 43359 판결 등 참조), 이 경우, 보험계약자나 그 대리인이 그 약관의 내용을 충분히 잘 알고 있다는 점은 이를 주장하는 보험자 측에서 입증하여야 할 것이다(대법원 2001.7.27. 선고 99다55533 판결 참조). 이 사건 가족운전자 한정운전 특약은 보험자의 면책과 관련되는 중요한 내용에 해당하는 사항으로서 일반적으로 보험자의 구체적이고 상세한 명시·설명의무의 대상이 되는 약관임은 분명하고, 한편, 피고 측의 강연모 등이 원고 본인, 그 대리인인 윤종남 등에게 이 사건 가족운전자 한정운전 특약의 의미와 존재, 이에 가입하였을 경우의 법률 효과 등에 관하여 구체적으로 설명을 해 주지 아니한 사실은 원심도 이를 인정하고 있는 바인데, 원고 윤종남이나 안송림이 그와 같은 특별약관 가입을 부탁한 사실도 없었고, 또한 그러한 특별약관에 가입된 사실을 미리 알지도 못하였을 뿐만 아니라 위 특별약관으로 인하여 보상의 범위에 포함되는 가족의 개념에 대하여도 전혀 알지 못하였다고 다투고 있는 이 사건에 있어서, 그렇다면 피고로서는 위 특별약관에 관한 설명을 할 필요가 없을 정도로 원고나 그 대리인인 윤종남 등이 위 특별약관의 내용을 충분히 잘 알고 있었다는 점을 입증할 책임이 있다고 할 것이다.

■ 대법원 2010.03.25. 선고 2009다84141 판결[채무부존재확인]

자동차종합보험의 부부운전자 한정운전 특별약관은 보험자의 면책과 관련되는 중요한 내용에 해당하는 사항으로서 일반적으로 보험자의 구체적이고 상세한 명시·설명의무의 대상이 되는 약관이라고 할 것이나, 법률상 혼인을 한 부부가 별거하고 있는 상태에서 그 다른 한쪽이 제3자와 혼인의 의사로 실질적인 부부생활을 하는 경우를 상정하여 "사실혼 관계에 있는 배우자"에 해당하는지 여부까지 명시·설명의무의 대상이 된다고 볼 수는 없다.

■ 대법원 2014.09.04. 선고 2013다66966 판결[가족운전자한정특약부존재확인]

자동차종합보험의 가족운전자 한정운전 특별약관은 보험자의 면책과 관련되는 중요한 내용에 해당하는 사항으로서 일반적으로 보험자의 구체적이고 상세한 명시·설명의무의 대상이 된다(대법원 2003.8.22. 선고 2003다27054 판결 등 참조).

그러나 보험계약자가 기명피보험자의 사위나 며느리가 될 자가 자동차를 운전하다가 발생하는 사고에 대하여도 종합보험을 적용받기 원하는 의사를 표시하는 등의 특별한 사정이 없는 한, 보험자가 기명피보험자의 자녀가 사실혼관계에 있을 경우를 상정하여 그 자녀와 사실혼관계에 있는 사람은 기명피보험자의 사위나 며느리로서 가족의 범위에 포함되지 않는다고까지 위 약관을 명시·설명할 의무가 있다고 볼 수는 없다.

(4) 자동차 구조 변경에 관한 사항

자동차종합보험계약에 적용되는 보험약관에서 보험계약을 체결한 후 피보험자동차의 구조 변경 등의 중요한 사항에 변동이 있을 때 또는 위험이 뚜렷이 증가하거나 적용할 보험료에 차액이 생기는 사실이 발생한 때에는 보험계약자 또는 피보험자는 지체 없이 이를 보험자에게 알릴 의무를 규정하고 있다고 하더라도 이는 「상법」 제652조에서 이미 정하여 놓은 통지 의무를 자동차보험에서 구체적으로 부연한 정도의 규정에 해당하여 그에 대하여는 보험자에게 별도의 설명 의무가 인정된다고 볼 수가 없다고 한 사례

> ■ 대법원 1998.11.27. 선고 98다32564 판결[채무부존재확인]
> 이 사건 보험계약에 적용되는 보험약관에서 보험계약을 체결한 후 피보험자동차의 구조 변경 등의 중요한 사항에 변동이 있을 때 또는 위험이 뚜렷이 증가하거나 적용할 보험료에 차액이 생기는 사실이 발생한 때에는 보험계약자 또는 피보험자는 지체 없이 이를 원고 회사에 알릴 의무를 규정하고 있다고 하더라도 이는 「상법」 제652조에서 이미 정하여 놓은 통지 의무를 자동차보험에서 구체적으로 부연한 정도의 규정에 해당하여 그에 대하여는 보험자인 원고 회사 측에 별도의 설명 의무가 인정된다고 볼 수가 없다.

(5) 연령 한정운전 특별약관에 관한 사항

운전자연령 26세 이상 한정운전 특별약관은 보험자가 구체적이고 상세한 명시·설명의무를 지고 있지만 보험자는 이에 대해 설명의무를 이행한 것으로 보아 보험자의 책임이 없다고 한 사례

> ■ 대법원 1998.06.23. 선고 98다14191 판결[채무부존재확인]
> 원심은 피고 경영의 "백산유통"의 경리과장인 소외 강신각은 1995.11.18. 피고를 대리하여 원고 산하 대원대리점의 담당직원인 소외 황현희와 전화로 이 사건 차량에 관한 보험계약을 신규로 체결하면서, 위 황현희로부터 새로운 보험료산출기준에 따라 운전자의 연령을 전 연령, 21세 이상, 26세 이상으로 하는 각 경우의 보상 범위와 보험료의 액수, 특히 운전자 연령 26세 이상 한정운전만을 담보하는 특별약관에 의하여 보험계약을 체결한 때에는 사고일 현재 만 26세 미만의 자가 운전하는 경우에 보험 처리가 되지 아니한다는 등의 내용에 관한 설명을 들은 다음 특별약관에 의한 보험계약을 선택하여 계약 체결을 의뢰하였고, 그에 따라 황현희는 피고가 같은 날 원고 회사와의 사이에 피보험자를 피고, 피보험자동차를 이 사건 차량, 보험기간을 1995.11.18.부터 1996.11.18.까지, 가입 내용(담보종목)을 「대인배상Ⅱ」, 「대물배상」, 「자기신체사고」, 「무보험차상해」, 「자기차량손해」로 하되, 운전자 연령을 26세 이상으로 한정하는 특별약관에 따른 업무용 자동차보험계약을 체결한 것으로 하여 그에 따른 보험료를 대납하였으며, 같은 달 21. 피고 경영의 위 백산유통 사무실에 가서 위 강신각으로부터 특별약관에 따른 보험료를 수령하면서 26세 이상만 운전이 가능하다는 취지가 명확히 기재되어 있는 보험료 영수증, 연령스티커, 책임보험스티커 등을 강신각에게 교부하였는데, 강신각은 이에 대하여 아무런 이의를 하지 않았고, 한편, 이 사건 보험계약 체결 당시 피고의 서명날인을 받은 보험계약서는 작성되지 아니하였으며, 보험증권 및 약관은 1995.

12.3. 피고에게 우편으로 발송한 사실, 한편, 특별약관 시행 이후로서 이 사건 보험계약 체결 이전인 1995.8.26.부터 1995.10.12.까지 사이에 피고는 대원대리점을 통하여 원고와의 사이에 3건의 자동차보험계약을 체결하였는데, 이들은 이 사건 보험계약과 마찬가지로 모두 운전자의 연령을 26세 이상으로 한정하는 특별약관을 기초로 하여 체결되었고, 그 이후에 체결된 자동차보험계약도 모두 26세 이상 한정운전 특별약관을 기초로 하여 체결된 사실(다만, 그중 1건은 위 사고 이후 21세 이상 한정운전 특별약관으로 변경되었다가 다시 전 연령운전으로 변경되었다)을 인정한 다음, 사정이 이와 같다면, 원고는 보험계약을 체결 또는 모집에 종사하는 자로서 일반적으로 요구되는 정도의 보험계약 내용에 관한 명시·설명의무를 이행하였다고 할 것이고, 따라서 이 사건 차량을 운전하다가 사고를 낸 소외 김종식이 26세 미만인 자에 해당하므로 위 특별약관에 의하여 원고는 피고에게 이 사건 사고에 대한 보험금 지급 의무가 없다고 판단하였던 바(원심은 책임보험인 「대인배상Ⅰ」에 대한 보험금에 대하여도 원고에게 지급 의무가 없다고 판단한 취지는 아니라고 보여진다), 기록에 비추어 살펴보면 원심의 위와 같은 사실 인정과 판단은 정당한 것으로 수긍이 가고, 거기에 상고이유로 주장하는 바와 같은 심리미진 내지 채증법칙을 위배하여 사실을 오인하였다거나 입증 책임 내지 설명의무에 관한 법리를 오해한 위법 등이 있다고 할 수 없다.

(6) 운전면허종별에 관한 사항

무면허운전 해당 여부를 가르는 면허종별은 보험자가 설명해야 할 중요한 사항이라고 한 사례

■ 대법원 1997.11.14. 선고 97다26425 판결[손해배상(자)]
보험계약을 체결함에 있어 제2종 보통운전면허로 4.5톤 화물트럭을 운전하다가 사고를 일으키는 경우 무면허운전에 해당하지 않아 그 손해에 대하여 보험자가 보험금 지급 책임을 지는 것인지 여부가 계약의 체결 여부를 결정함에 있어 가장 중요한 사항이 된 것인데, 보험대리점의 사용인이 이 점을 잘못 설명함으로써 보험계약자가 위와 같은 경우 보험자가 보험금 지급 책임을 지는 것으로 잘못 알고 보험계약을 체결하고, 자신과 동일한 운전면허를 소지하고 있는 피용인으로 하여금 4.5톤 화물트럭을 운전하게 하다가 사고가 발생하였으나 자동차종합보험보통약관상의 무면허면책 조항이 적용되어 보험금을 지급받지 못하게 된 경우, 그 보험대리점의 사용인의 위 잘못과 보험계약자가 위 보험금을 지급받지 못하게 된 손해 사이에는 상당인과관계가 있다고 한 사례

(7) 유상운송 면책에 관한 사항

업무용 자동차보험계약 체결 시 보험자가 유상운송면책약관에 관한 명시·설명의무를 위반한 경우, 피보험자의 유상운송 중 발생한 사고에 대하여 면책을 주장할 수 없다고 본 사례

■ 대법원 1999.05.11. 선고 98다59842 판결[채무부존재확인]
이 사건에서 보면, 피고는 피보험차량을 새로 구입하고 보험에 가입하기 위하여 그 전 차량에 대하여 보험계약을 체결하였던 원고 회사에 연락하자 원고 회사의 보험모집인인 손대진이 차량등록사업소로 나와 차량등록을 대행해 주면서 피고에게 차량의 용도 등을 묻고 직접 보험종목을 선택해 주어 피고는 보험에 가입하게 된 것인바, 당시 피고는 몇 사람이 타고 다니며 장사를 하는 데 피보

험차량을 이용할 것이라고 하면서 모든 혜택을 다 받을 수 있는 보험종목을 선택해 달라고 하였고, 보험료율을 낮게 해 달라는 등의 부탁을 한 일은 없는데, 손대진은 피고가 차량을 이용하여 직접 장사할 것으로 알고 더 이상 차량의 용도 등에 관하여 구체적으로 물어보지 아니한 채 「대인배상」, 「대물배상」, 「자기신체사고」, 「무보험차량상해」 및 「자기차량손해」 모두를 담보하는 업무용 자동차보험을 선택하여 이에 가입하도록 하였을 뿐, 업무용 자동차보험약관에 따로 유상운송 특약이 있고, 이에 가입할 경우의 보험료율이나 거기에 가입하지 아니하고 피보험차량을 유상운송에 제공할 경우에는 보험자가 면책될 수 있다는 등의 약관 조항에 대하여는 아무런 설명도 하지 아니하였음을 알 수 있고, 피고가 위와 같은 면책약관 등의 내용에 대하여 알고 있었다거나 위 약관 조항이 거래상 일반적이고 공통된 것이어서 별도의 설명이 없더라도 충분히 예상할 수 있었던 사항이거나 이미 법령에 의하여 정하여진 것을 되풀이하거나 부연하는 정도에 불과한 사항이라고 볼 수도 없으므로, 원고가 위 면책약관에 대하여 피고에게 구체적이고 상세하게 명시·설명하지 아니한 이상 원고는 위 약관을 근거로 면책을 주장할 수 없다고 보아야 한다.

(8) 「무보험자동차에 의한 상해」 보상 특약의 보험자가 인수한 위험에 관한 사항

「무보험자동차에 의한 상해」 보상 특약에 있어서 보험금액의 산정 기준이나 방법은 보험약관의 중요한 내용이 아니어서 명시·설명의무의 대상에 해당하지 아니한다고 한 사례

■ 대법원 2004.04.27. 선고 2003다7302 판결[보험금]

가. 일반적으로 보험자 및 보험계약의 체결 또는 모집에 종사하는 자는 보험계약의 체결에 있어서 보험계약자 또는 피보험자에게 보험약관에 기재되어 있는 보험상품의 내용, 보험료율의 체계 및 보험청약서상 기재사항의 변동사항 등 보험계약의 중요한 내용에 대하여 구체적이고 상세한 명시·설명의무를 지고 있으므로 보험자가 이러한 보험약관의 명시·설명의무에 위반하여 보험계약을 체결한 때에는 그 약관의 내용을 보험계약의 내용으로 주장할 수 없다고 할 것이나, 이러한 명시·설명의무가 인정되는 것은 어디까지나 보험계약자가 알지 못하는 가운데 약관의 중요한 사항이 계약 내용으로 되어 보험계약자가 예측하지 못한 불이익을 받게 되는 것을 피하고자 하는 데 그 근거가 있으므로, 약관에 정하여진 사항이라고 하더라도 거래상 일반적이고 공통된 것이어서 보험계약자가 별도의 설명 없이도 충분히 예상할 수 있었던 사항이거나 이미 법령에 의하여 정하여진 것을 되풀이하거나 부연하는 정도에 불과한 사항이라면, 그러한 사항에 대하여까지 보험자에게 명시·설명의무가 있다고는 할 수 없다(대법원 2003.5.30. 선고 2003다15556 판결 등 참조).

나. 그런데 「무보험자동차에 의한 상해」 보상 특약의 보험자는 피보험자의 실제 손해액을 기준으로 위험을 인수한 것이 아니라 보통약관에서 정한 보험금 지급 기준에 따라 산정된 금액만을 제한적으로 인수하였을 뿐이어서(대법원 2001.12.27. 선고 2001다55284 판결 참조) 그 특약에 따른 보험료도 「대인배상Ⅱ」에 비하여 현저히 저액으로 책정되어 있고, 이 사건 보험금 산정 기준이 급부의 변경, 계약의 해제 사유, 피고의 면책, 원고 측의 책임 가중, 보험사고의 내용 등에 해당한다고 보기 어려울 뿐만 아니라 보험자에게 허용된 재량을 일탈하여 사회통념상 용인할 수 있는 한도를 넘어섰다고 보기도 어려우며, 만약 원고 김달식이 이 사건 보험계약 체결 당시 그 구체적인 산정 기준이나 방법에 관한 명시·설명을 받아서 알았다고 하더라도 이 사건 특약을 체결하지 않았을 것으로는 보이지 않고, 나아가 이러한 산정 기준이 모든 자동차보험회사에서 일률적으로 적용되는 것이어

서 거래상 일반인들이 보험자의 설명 없이도 충분히 예상할 수 있었던 사항이라고도 볼 수 있는 점 등에 비추어 보면, 위의 「무보험자동차에 의한 상해」 보상 특약에 있어서 그 보험금액의 산정 기준이나 방법은 약관의 중요한 내용이 아니어서 명시·설명의무의 대상이 아니라고 보는 것이 옳다.

(9) 다른 자동차에 관한 사항

개인용 자동차종합보험계약의 「다른 자동차 운전담보 특별약관」에서 말하는 "다른 자동차"의 의미에 대하여 보험회사의 설명의무가 인정된다고 한 사례

■ 제주지방법원 2008.04.29. 선고 2007가단11162 판결: 항소기각 확정[채무부존재확인]
이 사건에 관하여 보건대, ① 이 사건 다른 자동차 정의 규정은 실제에 있어서는 보험자의 면책 사유로 기능하는 것으로, 보험자의 보험금 지급 의무의 존부와 직결되는 보험계약의 중요한 사항이라는 점, ② 이 사건 다른 자동차 정의 규정을 보면, "동일한 차종"의 의미에 관하여 승용자동차, 경승합자동차 및 경·4종 화물자동차 간에, 다목적 1종·2종 승용자동차 및 3종 승합자동차 간에는 동일한 차종으로 본다고 규정하고 있어, 일정 종류의 승용자동차, 승합자동차, 화물차에 대하여 동일한 차종으로 보는 한편, 7인승 승용자동차부터 16인승 승합자동차까지 동일한 차종으로 분류하고 주있는바, 그 내용이 규칙성이 없고 복잡하여 동일한 차종인지 여부를 상식적으로 판단하기 어려운 점, ③ 피고와 같이 1종 대형 면허가 있는 운전자의 경우 피보험차량 이외에 1종 대형면허로 운전할 수 있는 차량의 범위가 넓으므로, 이 사건 다른 자동차 정의 규정을 정확히 설명해야 할 필요성이 절실한 점 등에 비추어, 「다른 자동차 운전담보 특별약관」에 의한 보장이 「무보험자동차에 의한 상해」에 가입하는 경우에 자동적으로 가입되는 은혜적 특별약관이라고 보더라도, 이 사건 다른 자동차 정의 규정은 설명의무의 대상이 된다고 할 것이다.

(10) 대리운전에 관한 사항

대리운전업체가 가입한 자동차 취급업자 보험계약 체결 당시, 보험 모집인이 대리운전 대상 차량 소유자의 부상으로 인한 손해는 보험금 지급 대상이 아니라는 면책약관의 내용에 관한 명시·설명의무를 위반하였음을 이유로 위 손해에 대하여도 보험회사에 보험금 지급 의무가 있다고 한 사례

■ 제주지법 2008.9.9. 선고 2008가단4727 판결[채무부존재확인] 확정
대리운전업체가 가입한 "자동차 취급업자 보험계약"의 체결 당시 보험 모집인이 대리운전 대상 차량 소유자가 대리운전 도중 부상을 입은 경우 그로 인하여 발생하는 대리운전기사 등 피보험자의 손해배상책임은 보험금 지급 대상이 아니라는 면책약관의 내용에 관하여 보험계약자에게 구체적이고 상세한 설명을 하지 않아 그 명시·설명의무를 다하지 못하였으므로 보험회사는 위 면책약관의 내용을 보험계약의 내용으로 주장할 수 없고, 보험계약의 체결 당시 보험계약자가 위 면책약관의 내용을 이미 충분히 잘 알고 있었다거나 위 면책약관의 내용이 법령에 의하여 정하여진 것을 되풀이하거나 부연하는 정도에 불과하다고도 볼 수 없어, 보험회사는 대리운전 차량 소유자의 부상으로 인한 손해에 대하여도 보험금을 지급할 의무가 있다고 한 사례

(11) 「자기신체사고」 공제액에 관한 사항

보험자가 보험계약 체결 당시 「약관에 정한 보험금에서 상대방 차량이 가입한 자동차보험 등의 「대인배상」으로 보상받을 수 있는 금액을 공제한 액수만을 「자기신체사고」 보험금으로 지급한다」는 약관 조항을 설명하지 않은 경우, 상대방 차량이 가입한 자동차보험 등의 대인배상으로 보상을 받고도 피보험자의 실제 손해액이 잔존하고 있다면 보험자가 위 약관 조항에 의한 보험금의 공제를 주장할 수 없다고 한 사례

■ 대법원 2004.11.25. 선고 2004다28245 판결[보험금]
「보험약관에 정한 보험금에서 상대방 차량이 가입한 자동차보험 등의 「대인배상」으로 보상받을 수 있는 금액을 공제한 액수만을 「자기신체사고」 보험금으로 지급한다」는 약관 조항은 자기신체 사고보험에 있어서 구체적인 보험금 산정방식에 관한 사항이 아니라 다른 차량과의 보험사고에 있어서 보험금의 지급 여부 및 지급 내용에 관한 사항으로서, 그 다른 차량의 「대인배상」에서 지급받을 수 있는 보상금이 약정 보험금액을 초과하는 경우에는 피보험자의 실제 손해액이 잔존하고 있는 경우에도 보험금을 지급받지 못하는 것을 내용으로 하고 있으므로 이러한 사항은 보험계약의 체결 여부에 영향을 미칠 수 있는 보험계약의 중요한 내용이 되는 사항이고, 보험계약자가 별도의 설명이 없더라도 충분히 예상할 수 있었던 사항이라고는 볼 수 없으므로 보험자가 보험계약 체결 시에 위 약관 조항에 관하여 설명하지 않았다면 보험자로서는 위 약관 조항에 의한 보험금의 공제를 주장할 수 없다.

(12) 직무(직업) 변경에 관한 사항

「보험계약을 체결한 후 피보험자가 직업 또는 직무를 변경하게 된 때에는 보험계약자 또는 피보험자는 지체 없이 병 회사에 알려야 한다」는 사항은 보험회사의 명시·설명의무에 해당한다고 한 사례

■ 대법원 2014.07.24. 선고 2013다217108 판결[보험금]
[1] 일반적으로 보험자 및 보험계약의 체결 또는 모집에 종사하는 자는 보험계약의 체결에 있어서 보험계약자 또는 피보험자에게 보험약관에 기재되어 있는 보험상품의 내용, 보험료율의 체계 및 보험청약서상 기재사항의 변동사항 등 보험계약의 중요한 내용에 대하여 구체적이고 상세한 명시·설명의무를 진다. 다만, 이러한 명시·설명의무가 인정되는 것은 어디까지나 보험계약자가 알지 못하는 가운데 약관의 중요한 사항이 계약내용으로 되어 보험계약자가 예측하지 못한 불이익을 받게 되는 것을 피하고자 하는 데 근거가 있으므로, 약관에 정하여진 사항이라고 하더라도 거래상 일반적이고 공통된 것이어서 보험계약자가 이미 잘 알고 있는 내용이거나 별도의 설명 없이도 충분히 예상할 수 있었던 사항이거나 이미 법령에 의하여 정하여진 것을 되풀이하거나 부연하는 정도에 불과한 사항이라면, 그러한 사항에 대하여까지 보험자에게 명시·설명의무가 인정되는 것은 아니지만, 이와 같이 보험자에게 명시·설명의무가 면제되는 경우가 아니라면 보험자가 이러한 보험약관의 명시·설명의무에 위반하여 보험계약을 체결한 때에는 약관의 내용을 보험계약의

내용으로 주장할 수 없다.

[2] 갑이 자신을 주피보험자, 을을 종피보험자로 하여 병 보험회사와 보험계약을 체결할 당시 병 회사가 "보험계약을 체결한 후 피보험자가 직업 또는 직무를 변경하게 된 때에는 보험계약자 또는 피보험자는 지체 없이 병 회사에 알려야 한다"는 내용의 약관 조항에 관하여 명시·설명의무를 지는지 문제 된 사안에서, 보험자가 명시·설명하여야 하는 보험계약의 중요한 내용에 해당하는 것으로 보이는 위 약관 조항은 「상법」 제652조제1항 및 제653조가 규정하는 "사고 발생의 위험이 현저하게 변경 또는 증가된" 경우에 해당하는 사유들을 개별적으로 규정하고 있는 것이어서 「상법」 제652조 제1항이나 제653조의 규정을 단순히 되풀이하거나 부연한 정도의 조항이라고 할 수 없는데도, 이와 달리 보아 병 회사에 명시·설명의무가 인정되지 않는다고 본 원심 판결에 보험약관의 명시·설명의무 등에 관한 법리오해의 위법이 있다고 한 사례

[3] 갑이 자신을 주피보험자, 직업급수 1급의 대학생이던 을을 종피보험자로 하여 병 보험회사와 보험계약을 체결하였는데, 그후 을이 직업급수 2급의 방송장비대여 등 업종에 종사하면서 업무 수행을 위하여 화물자동차를 운전하다가 보험사고를 일으키자, 병 회사가 통지 의무 위반을 이유로 보험계약을 해지한 사안에서, 병 회사가 보험계약 체결 당시 갑 또는 을에게 직업 변경이 통지 의무의 대상임을 알렸다거나, 방송장비대여 등 업종이 사회통념상 일반적인 대학생이 졸업 후 취업하는 것을 예상하기 어려운 직업이라거나, 방송장비 대여 등 업종이 고도의 위험을 수반하는 직업이라는 등의 사정을 알 수 있는 자료가 없고, 나아가 갑 또는 을이 직업 변경으로 사고 발생의 위험이 현저하게 변경 또는 증가된다는 것을 알았다고 볼 자료가 없는데도, 병 회사가 통지 의무 위반을 이유로 보험계약을 해지할 수 있다고 본 원심 판결에 「상법」 제652조제1항의 통지 의무에 관한 법리오해 등 위법이 있다고 한 사례

3. 보험 안내자료의 효력

가. 자동차보험약관 규정

자동차보험약관의 「보험 안내자료의 효력」 조항에는 「보험회사가 보험 모집 과정에서 제작·사용한 보험 안내자료(서류·사진·도화 등 모든 안내자료를 포함)의 내용이 보험약관의 내용과 다른 경우에는 보험계약자에게 유리한 내용으로 보험계약이 성립된 것으로 봅니다」라고 규정하고 있다.

나. 「보험업법」 규정

「보험업법」 제95조(안내자료)는 다음과 같이 규정하고 있다.

① 모집을 위하여 사용하는 보험 안내자료(이하 "보험 안내자료"라 한다)에는 다음 각 호의 사항을 명백하고 알기 쉽게 적어야 한다.

  1. 보험회사의 상호나 명칭 또는 보험설계사·보험대리점 또는 보험중개사의 이름·상호나 명칭

  2. 보험 가입에 따른 권리·의무에 관한 주요 사항

  3. 보험약관으로 정하는 보장에 관한 사항

3의 2. 보험금 지급 제한 조건에 관한 사항

4. 해약환급금에 관한 사항

5. 「예금자보호법」에 따른 예금자 보호와 관련된 사항

6. 그 밖에 보험계약자를 보호하기 위하여 대통령령으로 정하는 사항

② 보험 안내자료에 보험회사의 자산과 부채에 관한 사항을 적는 경우에는 제118조에 따라 금융위원회에 제출한 서류에 적힌 사항과 다른 내용의 것을 적지 못한다.

③ 보험 안내자료에는 보험회사의 장래의 이익 배당 또는 잉여금 분배에 대한 예상에 관한 사항을 적지 못한다. 다만, 보험계약자의 이해를 돕기 위하여 금융위원회가 필요하다고 인정하여 정하는 경우에는 그러하지 아니하다.

④ 방송·인터넷 홈페이지 등 그 밖의 방법으로 모집을 위하여 보험회사의 자산 및 부채에 관한 사항과 장래의 이익 배당 또는 잉여금 분배에 대한 예상에 관한 사항을 불특정 다수인에게 알리는 경우에는 제2항 및 제3항을 준용한다.

다. 효 력

자동차보험 안내자료와 자동차보험약관의 내용이 상이하여 보험계약의 내용을 가지고서 다툼이 있을 경우, 보험 안내자료의 내용이 보험약관의 내용에 우선하여 적용된다. 즉, 보험 안내자료의 효력은 보험계약자에게 불리한 것을 제외하고서는 보험계약자에게 유리하게 보험계약이 성립된 것으로 본다.

4. 청약 철회

가. 철회기한

보험계약자는 보험증권을 받은 날부터 15일 이내에 보험계약의 청약을 철회할 수 있다.

나. 입증 소재

보험계약의 청약을 철회할 수 있는 기한과 관련, 보험회사가 보험계약자에게 보험증권을 드린 것에 관해 다툼이 있으면 보험회사가 이를 증명한다.

다. 철회 제한 사유

위의 보험계약 철회 조항에도 불구하고 다음 중 어느 하나에 해당하는 경우에는 보험계약의 청약을 철회할 수 없다.

1. 전문보험계약자(*1)가 보험계약의 청약을 한 경우

2. 청약한 날로부터 30일이 지난 경우

3. 의무보험에 해당하는 보험계약

4. 보험기간이 1년 미만인 보험계약

위 제1호에서 말하는 전문보험계약자라 함은 보험계약에 관한 전문성과 자산 규모 등에 비추어 보험계약의 내용을 이해하고 이행할 능력이 있는 자로서 국가, 한국은행, 금융기관, 주권상장법인 등을 말하며, 구체적인 범위는 「보험업법」 제2조제19호에서 정하는 바에 따른다.

라. 보험료 반환

보험회사는 보험계약자의 청약 철회를 접수한 날부터 3일 이내에 받은 보험료를 보험계약자에게 돌려 준다.

마. 청약 철회 효력

청약을 철회할 당시에 이미 보험사고가 발생하였으나 보험계약자가 보험사고가 발생한 사실을 알지 못한 경우에는 청약 철회의 효력은 발생하지 않는다.

바. 지연손해

보험회사가 제4항의 보험료 반환기일을 지키지 못하는 경우, 반환기일의 다음날부터 반환하는 날까지의 기간은 보험개발원이 공시한 보험계약대출이율에 따라 연 단위 복리로 계산한 금액을 더하여 돌려 준다.

5. 보험기간

보험회사가 피보험자에 대해 보상책임을 지는 보험기간은 다음과 같다.

가. 원 칙

보험증권에 기재된 보험기간의 첫날 24시부터 마지막날 24시까지이다. 다만, 의무보험(책임공제를 포함)의 경우 전(前) 계약의 보험기간과 중복되는 경우에는 전(前) 계약의 보험기간이 끝나는 시점부터 시작한다.

나. 자동차보험에 처음 가입하는 자동차 및 의무보험

보험료를 받은 때부터 마지막날 24시까지이다. 다만, 보험증권에 기재된 보험기간 이전에 보험료를 받았을 경우에는 그 보험기간의 첫날 0시부터 시작한다.

다. "자동차보험에 처음 가입하는 자동차"의 의미

"자동차보험에 처음 가입하는 자동차"라 함은 자동차 판매업자 또는 그 밖의 양도인 등으로부터 매수인 또는 양수인에게 인도된 날부터 10일 이내에 처음으로 그 매수인 또는 양수인을 기명피보험자로 하는 자동차보험에 가입하는 신차 또는 중고차를 말한다. 다만, 피보험자동차의 양도인이 맺은 보험계약을 양수인이 승계한 후 그 보험기간이 종료되어 이 보험계약을 맺은 경우는 제외한다.

6. 사고 발생 지역

보험회사는 대한민국(북한 지역을 포함) 안에서 생긴 사고에 대하여 보험계약자가 가입한 보장 종목에 따라 보상한다.

제2장 보험계약자 등의 의무

1. 계약 전 알릴 의무(고지 의무)

가. 고지 의무 위반으로 인한 계약 해지

보험계약 당시에 보험계약자 또는 피보험자가 고의 또는 중대한 과실로 인하여 중요한 사항을 고지하지 아니하거나 부실의 고지를 한 때에는 보험자는 그 사실을 안 날로부터 1월 내에, 계약을 체결한 날로부터 3년 내에 한하여 계약을 해지할 수 있다. 그러나 보험자가 계약 당시에 그 사실을 알았거나 중대한 과실로 인하여 알지 못한 때에는 그러하지 아니하다(「상법」 제651조).

나. 자동차보험약관 규정

자동차보험약관 「계약 전 알릴 의무」에 관한 규정은 다음과 같다.

① 보험계약자는 청약을 할 때 다음의 사항에 관해서 알고 있는 사실을 보험회사에 알려야 하며, 제3호의 경우에는 기명피보험자의 동의가 필요하다.

    1. 피보험자동차의 검사에 관한 사항

    2. 피보험자동차의 용도, 차종, 등록번호(이에 준하는 번호도 포함하며 이하 같음), 차명, 연식, 적재정량, 구조 등 피보험자동차에 관한 사항

    3. 기명피보험자의 성명, 연령 등에 관한 사항

    4. 그 밖에 보험청약서에 기재된 사항 중에서 보험료의 계산에 영향을 미치는 사항

② 보험회사는 이 보험계약을 맺은 후 보험계약자가 계약 전 알릴 의무를 위반한 사실이 확인되었을 때에는 추가보험료를 더 받고 승인하거나, 이 약관의 「보험회사의 보험계약 해지」에 관한 條 제1항제1호, 제4호에 따라 해지할 수 있다.

다. 고지 의무 위반 성립 요건

(1) 불고지 또는 부실고지
보험계약자 및 피보험자가 보험계약의 중요한 사항에 대하여 불고지 또는 부실고지가 있어야 한다.

(2) 고의 또는 중대한 과실
불고지, 부실고지에 대하여 보험계약 당시(보험계약 체결 이전)에 보험계약자 또는 피보험의 고의 또는 중대한 과실이 있어야 한다. 고의 또는 중대한 과실이라는 면책 사항에 대한 입증 책임은 보험자에게 있다.

■ 대법원 1996.12.23. 선고 96다27971 판결[손해배상(자)]

보험계약에 있어 고지 의무 위반이 성립하기 위하여는 고지 의무자에게 고의 또는 중대한 과실이 있어야 하고, 여기서 말하는 중대한 과실이란 고지하여야 할 사실은 알고 있었지만 현저한 부주의로 인하여 그 사실의 중요성의 판단을 잘못하거나 그 사실이 고지하여야 할 중요한 사실이라는 것을 알지 못하는 것을 말한다.

지입차주가 승합차를 렌터카 회사에 지입만 하여 두고 온양영업소장이라는 직함을 부여받아 실제로는 렌터카회사의 아무런 지시·감독 없이 독자적으로 운행하며 온양 지역을 거점으로 온양에서 천안으로 통학하는 학생들을 등·하교시켜 주는 여객 유상운송에 제공한 경우, 그 운행 형태는 대여자동차 본래의 운행 형태에 비하여 사고위험률이 현저히 높다고 볼 수 없어 영업용 자동차보험계약에 있어 고지 의무의 대상이 되는 중요한 사항에 해당하지 않을 뿐 아니라, 그렇지 않다 하더라도 보험자가 고지 의무의 대상이 되는 사항에 관하여 스스로 제정한 보험청약서 양식을 사용하여 질문하고 있는 경우에 보험청약서에 기재되지 않은 사항에 관하여는 원칙적으로 고지 의무 위반이 문제될 여지가 없다 할 것이므로, 보험자가 제공한 보험청약서에 당해 차량이 지입차량으로서 지입차주에 의하여 유상운송에 제공되고 있는지 여부에 관한 사항이 없었다면 그 사실을 특별히 부기하지 않았다고 하여 보험계약자인 렌터카 회사에게 중대한 과실이 있다고 볼 수 없다고 한 사례

■ 대법원 2004.06.11. 선고 2003다18494 판결[보험금]

(가) 기록에 의하면, 원심이 인정한 바와 같이 피고들의 보험청약서에는 다른 보험계약의 존재를 기재하도록 하는 별도의 질문표를 마련해 두고 있는데, 망인이 피고들에게 제출한 이 사건 보험계약들에 관한 보험청약서들에는 다른 보험계약의 존재 사실이 기재되어 있지 아니한 사실을 알 수 있다.

(나) 그러나 보험자가 다른 보험계약의 존재 여부에 관한 고지 의무 위반을 이유로 보험계약을 해지하려면 보험계약자 또는 피보험자가 다른 보험계약의 존재를 알고 있는 외에 그것이 고지

를 요하는 중요한 사항에 해당한다는 사실을 알고도, 또는 중대한 과실로 알지 못하여 고지 의무를 다하지 아니한 사실을 입증하여야 하므로(대법원 2001.11.27. 선고 99다33311 판결 참조), 피고들이 이 사건 보험계약들을 해지하려면 망인이 이 사건 보험계약의 체결에 있어서 다른 보험계약의 존재 여부가 보험사고의 발생과 그로 인한 책임부담의 개연율을 측정하여 보험계약의 체결 여부 또는 보험료나 특별한 면책 조항의 부가와 같은 보험계약의 내용을 결정하기 위한 표준가 또는 적어도 동일한 조건으로는 계약을 체결하지 아니하리라고 생각되는 사항에 해당한다는 사실 또는 이 사건 보험계약들의 보험청약서에서 다른 보험계약의 존재 여부에 대하여 질문하고 있다는 사실을 알거나 중대한 과실로 알지 못하였다는 사실을 입증하여야 할 것이다.

(다) 먼저, 기록상 망인이 부정한 보험금 취득을 목적으로 다수의 보험계약을 체결하였다고 단정하기 어렵고, 망인이 체결한 판시 보험목록 기재 보험계약들 중 이 사건 보험계약들 외에는 보험청약서에서 다른 보험계약의 존재 여부를 묻고 있지 아니할 뿐만 아니라, 기록상 일반적으로 상해보험계약의 체결에 있어서 다른 보험계약들이 존재하는 경우에는 보험계약의 체결이 거절되거나 보험료에 차이가 있다는 사실을 인정할 별다른 자료도 없는 점 등에 비추어 원심이 들고 있는 바와 같이 망인이 단기간에 다수의 보험계약을 체결하였다거나, 일반적인 고지 의무의 내용과 그 위반 효과 등에 대하여 알고 있었다는 사유만으로는 망인이, 피고들이 망인의 다른 보험계약 사실을 알았다면 이 사건 보험계약들을 체결하지 아니하였거나 또는 적어도 동일한 조건으로는 계약을 체결하지 아니할 것으로 알았거나 중대한 과실로 이를 알지 못한 것으로 인정하기도 어렵다.

■ 대법원 2009.12.10. 선고 2009다56603 판결[채무부존재확인·보험금]
「보험계약자나 피보험자의 고의 또는 중대한 과실로 발생한 손해에 대하여는 보상하지 아니한다」고 규정하고 있는 경우에 보험자가 보험금 지급 책임을 면하기 위해서는 위 면책 사유에 해당하는 사실을 증명할 책임이 있다고 할 것인바, 여기에서의 증명은 법관의 심증이 확신의 정도에 달하게 하는 것을 가리키고, 그 확신이란 자연과학이나 수학의 증명과 같이 반대의 가능성이 없는 절대적 정확성을 말하는 것은 아니지만, 통상인의 일상생활에 있어 진실하다고 믿고 의심치 않는 정도의 고도의 개연성을 말하는 것이고, 막연한 의심이나 추측을 하는 정도에 이르는 것만으로는 부족하다고 할 것이다(대법원 2009.3.26. 선고 2008다72578, 72585 판결 참조).

라. 중요한 사항

(1) 의 의

　　보험계약자나 피보험자가 보험계약 당시에 보험자에게 고지할 의무를 지는 「상법」 제651조에서 정한 "중요한 사항"이란 보험자가 보험사고의 발생과 그로 인한 책임부담의 개연율을 측정하여 보험계약의 체결 여부 또는 보험료나 특별한 면책 조항의 부가와 같은 보험계약의 내용을 결정하기 위한 표준이 되는 사항으로서 객관적으로 보험자가 그 사실을 안다면 그 계약을 체결하지 아니하든가 또는 적어도 동일한 조건으로는 계약을 체결하지 아니하리라고 생각되는 사항을 말한다. 어떠한 사실이 이에 해당하는가는 보험의 종류에 따라 달라질 수밖에 없는 사실 인정의 문제로서 보험의 기술에 비추어 객관적으로 관찰하여 판단되어야 하는 것이나, 보험자가 서면으로 질문한 사항은 보험계약에 있어서 중요한 사항에 해당하는 것으로 추정되고(「상법」 제651조의2), 여기의 서면에는 보험청약서도 포함될 수 있으므로, 보험청약서에 일정한 사항에 관하여 답변을 구하는 취지가 포함되어 있다면 그 사항은 「상법」 제651조에서 말하는 "중요한 사항"으로 추정된다. 이와 같은 취지에서 보험계약자가 알려야 할 사실이 보험자가 그 사실을 알았다 하더라도 그 사실과 관계 없이 동일한 조건으로 보험계약을 체결하였을 것으로 생각되는 사항은 중요한 사항에 해당되지 않는다.

> ■ 대법원 2003.11.13. 선고 2001다49623 판결[보험금](청약서 질의사항 없음)
> 「상법」 제672조제2항에서 손해보험에 있어서 동일한 보험계약의 목적과 동일한 사고에 관하여 수개의 보험계약을 체결하는 경우에는 보험계약자는 각 보험자에 대하여 각 보험계약의 내용을 통지하도록 규정하고 있으므로, 이미 보험계약을 체결한 보험계약자가 동일한 보험 목적 및 보험사고에 관하여 다른 보험계약을 체결하는 경우 기존의 보험계약에 관하여 고지할 의무가 있다고 할 것이나, 손해보험에 있어서 위와 같이 보험계약자에게 다수의 보험계약의 체결 사실에 관하여 고지 및 통지하도록 규정하는 취지는, 손해보험에서 중복보험의 경우에 연대비례보상주의를 규정하고 있는 「상법」 제672조제1항과 사기로 인한 중복보험을 무효로 규정하고 있는 「상법」 제672조제3항, 제669조제4항의 규정에 비추어 볼 때, 부당한 이득을 얻기 위한 사기에 의한 보험계약의 체결을 사전에 방지하고 보험자로 하여금 보험사고 발생 시 손해의 조사 또는 책임의 범위의 결정을 다른 보험자와 공동으로 할 수 있도록 하기 위한 것일 뿐, 보험사고 발생의 위험을 측정하여 계약을 체결할 것인지 또는 어떤 조건으로 체결할 것인지 판단할 수 있는 자료를 제공하기 위한 것이라고 볼 수는 없으므로 중복보험을 체결한 사실은 「상법」 제651조의 고지 의무의 대상이 되는 중요한 사항에 해당되지 아니한다.
>
> ■ 대법원 2004.06.11. 선고 2003다18494 판결[보험금](청약서 질의사항 기재)
> 보험계약자나 피보험자가 보험계약 당시에 보험자에게 고지할 의무를 지는 「상법」 제651조에서 정한 "중요한 사항"이란 보험자가 보험사고의 발생과 그로 인한 책임부담의 개연율을 측정하여 보험계약의 체결 여부 또는 보험료나 특별한 면책 조항의 부가와 같은 보험계약의 내용을 결정하기 위한 표준이 되는 사항으로서 객관적으로 보험자가 그 사실을 안다면 그 계약을 체결하지 아니하든가 또는 적어도 동일한 조건으로는 계약을 체결하지 아니하리라고 생각되는 사항을 말하고, 어떠한 사실이 이에 해당하는가는 보험의 종류에 따라 달라질 수밖에 없는 사실인정의 문제로서 보험의 기술에 비추어 객관적으로 관찰하여 판단되어야 하는 것이나(대법원 2001.11.27. 선고 99다33311 판결 등 참조), 보험자가 서면으로 질문한 사항은 보험계약에 있어서 중요한 사항에 해당하는 것으로 추정되고(「상법」 제651조의2), 여기의 서면에는 보험청약서도 포함될 수 있으므로, 보험청약서에 일정한 사항에 관하여 답변을 구하는 취지가 포함되어 있다면 그 사항은 「상법」 제651조에서 말하는 "중요한 사항"으로 추정된다(대법원 2001.1.5. 선고 2000다31847 판결 참조).

(2) 자동차보험계약의 중요한 사항

자동차보험계약 관련, 중요한 사항으로는 위 '나'의 "자동차보험약관 규정"에 열거되어 있는 다음과 같은 사항들이라고 할 수 있다.

1. 피보험자동차의 검사에 관한 사항

2. 피보험자동차의 용도, 차종, 등록번호(이에 준하는 번호도 포함하며 이하 같음), 차명, 연식, 적재정량, 구조 등 피보험자동차에 관한 사항

3. 기명피보험자의 성명, 연령 등에 관한 사항

4. 그 밖에 보험청약서에 기재된 사항 중에서 보험료의 계산에 영향을 미치는 사항

위와 같이 중요한 사항들이라고 명시되어 있는 사실들이 위험이 뚜렷이 증가하거나 또는 적용할 보험료에 차액이 생기는 사실이 아닐 경우에는 중요한 사항으로 볼 수 없다.

■ 대법원 1997.09.05. 선고 95다25268 판결[손해배상(자)]

보험계약자나 피보험자가 보험계약 당시에 보험자에게 고지할 의무를 지는 「상법」 제651조에서 정한 "중요한 사항"이란, 보험자가 보험사고의 발생과 그로 인한 책임부담의 개연율을 측정하여 보험계약의 체결 여부 또는 보험료나 특별한 면책 조항의 부가와 같은 보험계약의 내용을 결정하기 위한 표준이 되는 사항으로서, 객관적으로 보험자가 그 사실을 안다면 그 계약을 체결하지 않든가 적어도 동일한 조건으로는 계약을 체결하지 않으리라고 생각되는 사항을 말하고, 어떠한 사실이 이에 해당하는가는 보험의 종류에 따라 달라질 수밖에 없는 사실 인정의 문제로서 보험의 기술에 비추어 객관적으로 관찰하여 판단되어야 할 것이다(대법원 1996.12.23. 선고 96다27971 판결 참조). 한편, 보험계약자나 피보험자가 보험기간 중에 통지 의무를 지는 「상법」 제652조 및 보험계약자, 피보험자 또는 보험수익자가 보험기간 중에 위험 유지 의무를 지는 「상법」 제653조에 정한 "사고 발생의 위험이 현저하게 변경 또는 증가된 사실"이라 함은, 그 변경 또는 증가된 위험이 보험계약의 체결 당시에 존재하고 있었다면 보험자가 보험계약을 체결하지 않았거나 적어도 그 보험료로는 보험을 인수하지 않았을 것으로 인정되는 정도의 것을 말한다고 할 것이다. 돌이켜 이 사건에 관하여 보건대, 이 사건과 같이 렌터카회사인 소외 회사가 이 사건 피보험차량을 지입차주인 위 김동구로 하여금 소외 회사의 감독을 받지 아니하고 독자적으로 렌터카 영업을 하는 것을 허용하는 형태로 차량임대사업을 영위한 때에는, 그 운행 형태는 대여자동차의 본래의 운행 형태와 거의 같은 것이어서 사고위험률이 현저히 높다고 볼 수 없는 점 등에 비추어 볼 때, 영업용 자동차보험계약에 있어 <u>고지 의무의 대상이 되는 중요한 사항, 또는 통지 의무나 위험 유지 의무의 대상이 되는 "위험의 현저한 변경이나 증가된 사실"에 해당된다고 인정하기 어렵고,</u> 달리 이를 인정할 자료도 없다. 그리고 소론과 같은 「자동차운수사업법」 제55조의8의 규정이나 「자동차 대여 표준약관」 제18조, 제21조 제1항제3호의 규정이 있다고 하여 위 인정에 장애가 되는 것은 아니라고 할 것이다.

■ 대법원 2005.07.14. 선고 2004다36215 판결[보험금채권존재확인]

원심은, 채용 증거를 종합하여 판시 사실들을 인정한 다음, 보험약관상 보험계약자 등의 고지 의무 위반이 성립되기 위하여는 보험계약자 등이 보험약관에 정해져 있는 "회사가 서면으로 질문한 사항 또는 보험청약서의 기재사항 중 중요한 사항"에 대하여 알고 있는 사실을 알리지 아니하거나 사실과 다르게 알렸어야 할 것인데, 이 사건 차량의 소유자가 누구인지에 관하여 피고가 서면으로 질문하였다고 볼 아무런 증거가 없고, <u>또 보험청약서에 차량 소유자에 관한 기재가 있다고</u>

볼 증거도 없으며, 보험청약서에 피보험자에 관한 기재가 있다고 하더라도 피보험자의 보험 가입 차량 소유 여부가 피보험자에 관한 기재사항이라고 할 수 없으므로 이 사건 차량이 기명피보험자의 소유인지 여부는 보험약관상 고지 의무의 대상이 될 수 없다고 판단하고, 나아가 「상법」상의 고지 의무 위반 여부에 관하여, 보험료율의 산정은 차량 소유 여부에 따라 달라지는 것이 아니라 기명피보험자의 보험료 산정 평가대상기간 중 사고 경력에 따라 달라지는 것이므로 보험 가입 차량이 기명피보험자의 소유인지 여부가 보험계약 체결에 있어 「상법」 제651조가 정하는 중요한 사항이라고 단정할 수 없고, 설령 중요한 사항에 해당한다고 하더라도, 원고가 사실혼 배우자인 김관희를 통해 이 사건 보험계약을 체결함에 있어 차량 소유자가 원고라는 점을 피고의 보험 모집인 김풍곤에게 알려 주고 그로부터 김관희 명의로 보험계약을 체결할 수도 있다는 말을 듣고 이 사건 보험계약을 체결한 점, 피고와 같은 보험회사가 자동차 보험계약을 체결할 때에는 보험 가입 차량의 소유관계를 확인하는 것이 업무 관행이므로 피고도 이 사건 보험계약을 체결할 당시 차량 소유자가 원고인 사실을 충분히 확인할 수 있었던 점, 김풍곤과 전화로 이 사건 보험계약을 체결한 원고나 김관희로서는 김풍곤에게 차량 소유관계를 알리는 외에 현실적으로 피고에게 차량 소유관계를 적극적으로 알릴 방법을 찾기 어려운 점 등에 비추어 볼 때, 원고 또는 김관희가 이 사건 보험계약을 체결함에 있어 기명피보험자의 차량 소유 여부에 관한 사항을 허위 고지하였다고 볼 수 없다고 판단하였다. 앞서 본 법리와 기록에 비추어 살펴보면, 이러한 원심의 사실 인정과 판단은 옳은 것으로 수긍이 가고, 거기에 상고이유의 주장과 같은 채증법칙 위배로 인한 사실오인이나 법리오해 등의 위법이 있다고 할 수 없다. 또한, 원심의 판단에는 이 사건 보험약관 제52조제1항제4호가 규정하고 있는 "위험이 뚜렷이 증가하거나 또는 적용할 보험료에 차액이 생기는 사실의 발생을 안 때"의 고지 의무에 관한 피고의 주장도 배척하고 있는 취지가 포함되어 있다고 할 것이므로 원심 판결에 상고이유의 주장과 같은 석명권 행사를 게을리 한 위법이 있다고 할 수 없다.

■ 부산지방법원 2007.03.23. 선고 2006가단113723 판결: 확정[손해배상(자)등]

이 사건에서 보건대, 갑 제3호 증의 1 내지 3, 을나 제1호 중, 을나 제2호중의 1, 2, 을나 제3호 중의 1 내지 3, 을나 제4 내지 6호중의 각 기재에 변론 전체의 취지를 종합하면, 망인은 2006. 1.경 친구인 소외 3으로부터 이 사건 제1차량을 9,000,000원에 매수한 다음 이를 개인적인 용도로 사용하면서 관리하여 온 사실, 망인은 위 제1차량에 관한 자동차보험계약을 체결함에 있어 아래와 같이 원고 3을 피보험자로 할 경우보다 자신을 피보험자로 할 경우 납부할 보험료가 더 많다는 사정을 알고서 이를 회피할 목적으로 이모부인 원고 3에게 위 제1차량에 관하여 원고 3을 피보험자로 하여 자동차보험에 가입할 수 있도록 부탁한 사실, 망인은 2006.1.5.경 소외 3을 통하여 삼성화재해상보험 주식회사의 총괄대리점 대표인 소외 4에게 위 제1차량에 관하여 원고 3을 피보험자로 할 경우의 보험료를 산출해 달라고 부탁하였고, 그후 소외 4의 추천으로 2006.1.6. 피고 그린화재와 이 사건 보험계약을 체결한 다음 그에 따른 보험료 705,300원을 납부한 사실, 한편, 원고 3은 제주도에 거주하면서 부산에 거주하던 망인의 부탁으로 망인에게 자신을 피보험자로 하여 자동차보험에 가입하는 것을 허락하긴 하였으나 그동안 위 제1차량을 사용·관리하거나 본 사실이 전혀 없고, 그 차량대금을 지급하거나 보험료를 납부한 적도 없는 사실, 그러던 중 망인이 2006.4.16.경 위 제1차량을 운전하다가 이 사건 사고를 야기하였고, 피고 그린화재는 이 사건 사고 발생 후인 2006.5.23. 경 피보험자인 원고 3을 만나 사고의 경위를 조사하다가 위 제1차량의 실제 소유·사용·관리자가 망인임에도 망인이 원고 3을 피보험자로 하여 위 제1차량에 관한 개인용 자동차종합보험계약을 체결함으로써 보험료를 적게 납부하고 있었음을 알게 된 사실, 이에 피고 그린화재는 2006.6.12.경 망인과 그 유가족들에게 위 제1차량에 관한 피보험자를 허위로 고지하여 개인용 자동차종합보험계약을 체결하였음을 이유로 이 사건 보험계약을 해지한다는 취지의 내용증명우편을 발송하였고, 그 내용증명우편은 그 무렵 망인과 그 유가족들에게 도달된 사실, 한편, 이 사건 사고 당시 위 제1차량에 관하여 피보험자를 망인으로 할 경우 연간 보험료가 약 1,879,120원인데 반하여 피보험자를 원고 3으로 할 경우 연간 보험료가 약 705,300원으로서 위 제1차량의 피보험자가 원고 3일 경우 연간 보험료는 망인일 경우, 연간 보험료의 약 38%(705,300/1,879,120원)에 불과할 정도로 저렴한 사실을 인정할 수 있고, <u>위 인정 사실에 의하면 망인은 피고 그린화재와 이 사건 보험계약을 체결하면서 보험료를 적게 낼 목적으로 이모부인 원고 3을 피보험자로 하여 이 사건 보험계약을 체결하였다고 봄이 상당하다.</u> 따라서 망인은 이 사건 보험계약을 체결함에 있어 보험자인 피고 그린화재에 대하여 피보험자를 허위로 고지하였다 할 것이고, 피고 그린화재가 위와 같은 망인의 피보험자에 대한 허위 고지를 이유로 그 허위 고지 사실을 안 날로부터 1월 이내에 망인과 그 유가족들에게 이 사건 보험계약을 해지한다는 통지를 한 이상, 이 사건 보험계약은 피고 그린화재의 위와 같은 계약 해지 통지에 따라 적법하게 해지되었다고 할 것이다.

■ 대법원 2011.11.10. 선고 2009다80309 판결[채무부존재확인]
원심은 소외 1이 이 사건 보험계약을 체결할 당시 이 사건 차량의 소유 명의자 또는 실제 소유자가 누구인지는 고지 대상에 해당하지 아니하였던 것으로 보면서 소외 1이 이 사건 차량의 실제 소유자가 소외 2임에도 불구하고 자신을 소유자로 허위 고지하였다고 인정할 증거가 없다고 판단하고, 나아가 원심 판시의 여러 사정에 비추어 보면, 소외 1에게 이 사건 차량에 대한 운행지배나 운행이익이 없어 이 사건 보험계약의 기명피보험자가 될 수 없다고 인정할 만한 증거가 없는 이상, 소외 1이 스스로를 기명피보험자로 하여 이 사건 보험계약을 체결한 것이 피보험자에 관한 허위 고지에 해당한다고 보기 어렵다고 판단하였다.
기록에 의하여 알 수 있는 바와 같이, 이 사건 보험계약에서 기명피보험자의 자격을 피보험차량의 소유자로 제한하지 아니하였고, 아울러 기명피보험자 이외에 기명피보험자와 같이 살거나 살림을 같이 하는 친족으로서 피보험자동차를 사용 또는 관리 중인 사람 및 기명피보험자의 승낙을 얻어 피보험자동차를 사용하거나 관리 중인 사람 등도 피보험자에 포함시킴으로써 피보험자를 폭넓게 규정하고 있는 점 등에 비추어 보면, 이 사건 보험계약에서 보험료율의 산정은 피보험차량의 소유 여부에 따라 달라지는 것이 아니라 기명피보험자의 연령·성향·운전 및 사고 경력 등에 따라 달라진다고 볼 수 있으므로, <u>기명피보험자인 소외 1이 피보험차량인 이 사건 차량을 실제 소유하고 있는지 여부는 「상법」 제651조에서 정한 "중요한 사항"에 해당한다고 볼 수 없다.</u>
나아가 위에서 본 바와 같이 소외 1에게 피보험차량인 이 사건 차량에 대한 운행지배나 운행이익이 없다고 단정할 수 없다는 원심의 판단을 수긍하는 이상, 소외 1이 자신을 기명피보험자로 하여 이 사건 보험계약을 체결한 것이 피보험자에 관한 허위고지에 해당한다고 할 수 없다.
따라서 소외 1이 자신을 기명피보험자로 하여 이 사건 보험계약을 체결하면서 피보험차량인 이 사건 차량의 실제 소유자에 관하여 고지하지 아니하였다 하더라도 중요한 사항에 관한 고지 의무를 위반한 것으로 볼 수 없으므로, 원심의 위와 같은 판단은 정당하고, 거기에 상고이유로 주장하는 바와 같이 보험계약상 고지 의무에 관한 법리를 오해한 위법이 있다고 할 수 없다.

마. 고지 의무 위반 효과

위 '나'의 자동차보험약관 규정 제2항에서와 같이 보험회사는 보험계약자가 계약 전 알릴 의무를 위반한 사실이 확인되었을 때에는 추가보험료를 더 받고 승인하거나, 이 약관의 「보험회사의 보험계약 해지」에 관한 條 제1항제1호, 제4호에 따라 해지할 수 있다.

보험사고가 발생한 후라도 보험자는 보험계약자 또는 피보험자의 고지 의무 위반을 사유로 보험계약을 해지하였을 때에는 보험금을 지급할 책임이 없고 이미 지급한 보험금의 반환을 청구할 수 있다. 다만, 고지 의무를 위반한 사실이 보험사고 발생에 영향을 미치지 아니하였음이 증명된 경우에는 보험금을 지급할 책임이 있다(「상법」 제655조). 한편, 고지 의무 위반 사실과 보험사고 발생과의 사이에 인과관계가 부존재한다는 점에 관한 주장·입증 책임은 보험계약자 측에 있다.

> ■ 대법원 1997.09.05. 선고 95다25268 판결[손해배상(자)]
> 보험계약을 체결함에 있어서 중요한 사항의 고지 의무에 위반한 경우나, 보험기간 중에 사고 발생의 위험이 현저하게 변경 또는 증가된 사실에 관한 통지 의무를 위반한 경우, 또는 보험기간 중에 보험계약자, 피보험자 또는 보험수익자의 고의 또는 중대한 과실로 인하여 사고 발생의 위험이 현저하게 변경 또는 증가된 경우에는, 고지 의무에 위반한 사실 또는 위험의 현저한 변경이나 증가된 사실이 보험사고의 발생에 영향을 미치지 아니하였다는 점이 증명된 때에는 「상법」 제655조 단서에 의하여 보험자는 위 각 의무 위반을 이유로 보험계약을 해지할 수 없으나, 위와 같은 고지 의무에 위반한 사실 또는 위험의 현저한 변경이나 증가된 사실과 보험사고 발생과의 사이에 인과관계가 부존재한다는 점에 관한 주장·입증 책임은 보험계약자 측에 있다.

바. 보험계약 해지 요건과 제한 사유

(1) 해지 요건

보험계약자 등의 고지 의무 위반으로 인한 보험자의 보험계약 해지 요건은 "보험계약자 또는 피보험자가 고의 또는 중대한 과실로 인하여 중요한 사항을 고지하지 아니하거나 부실의 고지를 한 때"에 보험자는 언제든지 보험계약을 해지할 수 있다. 따라서 위와 같은 해지 요건이 충족되면 보험사고 발생과는 무관하게 보험자의 해지권이 인정된다. 「상법」 제655조(계약 해지와 보험금청구권)는 보험사고 발생 후에 보험계약을 해지할 경우 해지의 효력과 관련하여 보험금 지급 의무의 존부만을 규정하고 있다고 볼 것이므로 고지 의무 위반 사항과 보험사고 간에 인과관계가 존재하지 아니하는 경우에도 해지권은 발생하고, 다만, 보험금 지급 의무만을 부담한다고 해석함이 타당하다.

(2) 해지권 제한 사유

자동차보험약관 「보험회사의 보험계약 해지」를 규정한 條 제1항에는 보험계약자의 고지 의무 위반에도 불구하고 보험회사가 보험계약을 해지할 수 없는 사항을 다음과 같이 열거하고 있다.

가. 보험계약을 맺은 때에 보험회사가 보험계약자가 알려야 할 사실을 알고 있었거나 과실로 알지 못하였을 때

나. 보험계약자가 보험금을 지급할 사고가 발생하기 전에 보험청약서의 기재사항에 대하여 서면으로 변경을 신청하여 보험회사가 이를 승인하였을 때

다. 보험회사가 보험계약을 맺은 날부터 보험계약을 해지하지 않고 6개월이 경과한 때

라. 보험을 모집한 자(이하 "보험설계사 등"이라 한다)가 보험계약자 또는 피보험자에게 계약 전 알릴 의무를 이행할 기회를 부여하지 아니하였거나 보험계약자 또는 피보험자가 사실대로 알리는 것을 방해한 경우, 또는 보험계약자 또는 피보험자에 대해 사실대로 알리지 않게 하였거나 부실하게 알리도록 권유했을 때. 다만, 보험설계사 등의 행위가 없었다 하더라도 보험계약자 또는 피보험자가 사실대로 알리지 않거나 부실하게 알린 것으로 인정되는 경우에는 그러하지 아니한다.

마. 보험계약자가 알려야 할 사항이 보험회사가 위험을 측정하는 데 관련이 없을 때 또는 적용할 보험료에 차액이 생기지 않은 때

위 사항 이외에 부언할 것은 고지 의무 위반으로 인한 해지 제한 사유인 제척기간이 「상법」 제651조에는 고지 의무 위반 사실을 안 날로부터 1월 내에, 계약을 체결한 날로부터 3년 내로 규정하고 있으나, 자동차보험약관은 고지 의무 위반 사실을 안 날로부터 1월 내에는 위 「상법」 규정과 동일하나 계약을 체결한 날로부터 3년 내에는 "보험계약을 맺은 날로부터 보험계약을 해지하지 않고 6개월이 경과한 때"로 규정하고 있다. 이는 위 「상법」상 규정보다 보험계약자 등에게 불이익하게 변경된 것이 아닐 뿐만 아니라 통상 자동차보험계약이 1년 단위로 체결되어지고 있는 거래상의 관행을 반영한 것이라고 보여진다.

■ 대법원 2004.06.11. 선고 2003다18494 판결[보험금]
보험자가 다른 보험계약의 존재 여부에 관한 고지 의무 위반을 이유로 보험계약을 해지하려면 보험계약자 또는 피보험자가 다른 보험계약의 존재를 알고 있는 외에 그것이 고지를 요하는 중요한 사항에 해당한다는 사실을 알고도, 또는 중대한 과실로 알지 못하여 고지 의무를 다하지 아니한 사실을 입증하여야 한다.

■ 서울중앙지방법원 2004.10.28. 선고 2004나21069 판결: 확정[보험금](보험계약 해지 요건)
「상법」 제651조는 고지 의무 위반을 이유로 한 보험계약 해지권을 규정하고 있고, 「상법」 제655조 본문은 보험사고 발생 후 고지 의무 위반으로 계약을 해지한 경우에 이미 발생한 보험금 지급 책임을 소급적으로 면책되는 것으로 규정하여 해지의 장래적 효력이라는 「민법」의 일반원칙의 예외를 설정하고 있고, 같은 조 단서는 인과관계가 없는 경우 그러하지 아니하다고 규정하여 소급적 면책을 인정하지 않는 것으로 하고 있다. 한편, 「상법」 제651조는 해지권의 발생과 더불어 제척기간의 도과 및 보험자의 고의·중과실이라는 사유만을 해지권의 제한 사유로 규정하고 있을 뿐 별도로 해지권 발생의 요건이나 제한 사유를 추가적으로 규정하고 있지 아니한다. 따라서 「상법」 제651

조는 고지 의무 위반으로 인한 해지권 발생을 보험사고 발생과는 무관하게 인정하고 있다고 할 것이고, 「상법」 제655조는 보험사고 발생 후에 보험계약을 해지할 경우 해지의 효력과 관련하여 보험금 지급 의무의 존부만을 규정하고 있다고 볼 것이므로 인과관계가 존재하지 아니하는 경우에도 해지권은 발생하고 다만 보험금 지급 의무만을 부담한다고 해석함이 타당하다.

만일 위와 같이 해석하지 아니하고 인과관계가 존재하지 아니하는 경우를 해지권의 제한 사유로 보아 해지권 자체가 발생하지 아니한다고 본다면, 이 사건 보험계약과 같이 보험사고 발생으로 보험금을 지급한 후에도 보험계약관계가 존속하는 보험인 경우에 후에 고지 의무 위반 사실과 인과관계가 인정되는 보험사고가 발생하여도 고지 의무 위반 사실을 안 날로부터 1월, 계약 체결일로부터 3년이라는 「상법」 제651조의 제척기간의 도과로 인하여 해지권을 행사할 수 없게 되어 인과관계가 존재함에도 불구하고 보험금을 지급하여야 하는 불합리한 결과를 가져올 뿐만 아니라, 고지 의무제도가 보험자로 하여금 위험에 대한 정확한 평가를 내리고 불량위험을 배제시키기 위한 것이라는 점에서 보험사고 발생의 원인을 사후적으로 문제삼는 것은 제도의 성격과도 맞지 않고, 보험계약 체결 전 고지 의무가 이행된 경우에는 계약이 체결되지 아니하거나 적어도 동일한 조건으로 계약이 체결되지는 않았을 것이고, 보험사고 발생 전 고지 의무 위반 사실을 안 경우에는 계약 해제가 가능하다는 점에 비추어 형평의 이념에도 반한다고 할 것이다.

■ 부산지방법원 2007.03.23. 선고 2006가단113723 판결: 확정[손해배상(자)등](해지권 행사기간의 기산일)
원고 1과 원고 3은, 그 밖에도 ① 피고 그린화재는 이 사건 보험계약을 체결할 당시 보험계약자와 기명피보험자가 다르다는 사실을 알고 있었으므로 망인의 고지 의무 위반을 이유로 이 사건 보험계약을 해지할 수 없고, ② 더구나 피고 그린화재의 이 사건 보험계약 해지 통지는 이 사건 사고 발생일인 2006.4.16.로부터 1월이 훨씬 지난 2006.6.12.경에야 이루어졌으므로 이미 제척기간을 도과한 것으로서 부적법하다고 주장하므로 살피건대, ① 피고 그린화재가 이 사건 보험계약을 체결할 당시 보험계약자와 기명피보험자가 다르다는 사실을 알고 있었다는 사정만으로 망인의 피보험자에 대한 허위 고지 사실까지 알았다거나 중대한 과실로 이를 알지 못하였다고 보기는 어렵고, 달리 이를 인정할 증거가 없으며, ② 피고 그린화재가 이 사건 사고 발생일인 2006.4.16.경 망인의 피보험자에 대한 허위 고지 사실을 알았다고 볼 아무런 증거가 없을 뿐만 아니라 오히려 앞서 본 바와 같이 피고 그린화재는 이 사건 사고 발생 후인 2006.5.23.경 피보험자인 원고 3을 만나 사고의 경위를 조사하다가 망인의 피보험자에 대한 허위 고지 사실을 알았고, 그로부터 1월 이내인 2006.6.12.경 망인과 그 유가족들에게 망인의 피보험자에 대한 허위 고지를 이유로 이 사건 보험계약을 해지한다는 취지의 내용증명우편을 발송하여 그 내용증명우편이 그 무렵 망인과 그 유가족들에게 도달된 사실을 인정할 수 있으므로 결국 위 원고들의 위 주장도 모두 이유 없다.

2. 계약 후 알릴 의무

가. 위험 변경 증가의 통지와 계약 해지

보험기간 중에 보험계약자 또는 피보험자가 사고 발생의 위험이 현저하게 변경 또는 증가된 사실을 안 때에는 지체 없이 보험자에게 통지해야 한다. 이를 해태한 때에는 보험자는 그 사실을 안 날로부터 1월 내에 한하여 계약을 해지할 수 있다(「상법」 제652조제1항).

또한 보험자가 제1항의 위험 변경 증가의 통지를 받은 때에는 1월 내에 보험료의 증액을 청구하거나 계약을 해지할 수 있다(「상법」 제652조제2항).

나. 자동차보험약관

자동차보험약관 「계약 후 알릴 의무」에 관한 규정은 다음과 같다.

① 보험계약자는 보험계약을 맺은 후 다음의 사실이 생긴 것을 알았을 때에는 지체 없이 보험회사에 그 사실을 알리고 승인을 받아야 한다. 이 경우, 그 사실에 따라 보험료가 변경되는 경우 보험회사는 보험료를 더 받거나 돌려 주고 계약을 승인하거나, 이 약관의 「보험회사의 보험계약 해지」에 관한 條 제1항제1호, 제4호에 따라 해지할 수 있다.

  1. 용도, 차종, 등록번호, 적재정량, 구조 등 피보험자동차에 관한 사항이 변경된 사실

  2. 피보험자동차에 화약류, 고압가스, 폭발물, 인화물 등 위험물을 싣게 된 사실

  3. 그 밖에 위험이 뚜렷이 증가하는 사실이나 적용할 보험료에 차이가 발생한 사실

② 보험계약자는 보험증권에 기재된 주소 또는 연락처가 변경된 때에는 지체 없이 보험회사에 알려야 한다. 보험계약자가 이를 알리지 않으면 보험회사가 알고 있는 최근의 주소로 알리게 되므로 불이익을 당할 수 있다.

다. 통지 의무 위반 성립 요건

(1) 사고 발생 위험의 현저한 변경, 증가 사실 존재

보험계약 체결 이후 보험기간 중에 사고 발생의 위험이 현저하게 변경되거나 증가된 사실이 존재하여야 한다(「상법」 제655조).

■ 「상법」 제655조(계약 해지와 보험금청구권)
보험사고가 발생한 후라도 보험자가 제650조, 제651조, 제652조 및 제653조에 따라 계약을 해지하였을 때에는 보험금을 지급할 책임이 없고 이미 지급한 보험금의 반환을 청구할 수 있다. 다만, 고지의무를 위반한 사실 또는 위험이 현저하게 변경되거나 증가된 사실이 보험사고 발생에 영향을 미치지 아니하였음이 증명된 경우에는 보험금을 지급할 책임이 있다.

(2) 고의 또는 중대한 과실

보험계약자, 피보험자의 고의 또는 중대한 과실로 인하여 사고 발생의 위험이 현저하게 변경 또는 증가되어야 한다. 고의 또는 중대한 과실로 인하여 위험이 현저하게 변경 내지는 증가되었다는 사실에 대한 면책 사항은 보험자가 입증하여야 한다. 이와 같은 요건은 「상법」 제653조에 근거한다.

■ 「상법」 제653조(보험계약자 등의 고의나 중과실로 인한 위험 증가와 계약 해지)
보험기간 중에 보험계약자, 피보험자 또는 보험수익자의 고의 또는 중대한 과실로 인하여 사고 발생의 위험이 현저하게 변경 또는 증가된 때에는 보험자는 그 사실을 안 날부터 1월 내에 보험료의 증액을 청구하거나 계약을 해지할 수 있다.

(3) 불통지

보험자가 통지 의무 위반을 이유로 보험계약을 해지하기 위해서는 보험계약자나 피보험자가 보험기간 중에 사고 발생 위험이 현저하게 변경되거나 증가한 사실을 알고서도 이를 보험자에게 통지하지 않았다는 사실이 존재해야 한다.

라. 사고 발생 위험이 현저하게 변경 또는 증가된 사실(통지사항)

(1) 의 의

"사고 발생의 위험이 현저하게 변경 또는 증가된 사실"이란 변경 또는 증가된 위험이 보험계약의 체결 당시에 존재하고 있었다면 보험자가 계약을 체결하지 않았거나 적어도 그 보험료로는 보험을 인수하지 않았을 것으로 인정되는 사실을 말하고, "사고 발생의 위험이 현저하게 변경 또는 증가된 사실을 안 때"란 특정한 상태의 변경이나 증가가 있음을 아는 것만으로는 부족하고 그 상태의 변경이나 증가가 사고 발생 위험의 현저한 변경·증가에 해당된다는 것까지 안 때를 의미한다.

(2) 자동차보험계약의 사고 발생 위험이 현저하게 변경 또는 증가된 사실

자동차보험계약 관련, 자동차보험계약의 사고 발생 위험이 현저하게 변경 또는 증가된 사실로는 위 "나"의 「자동차보험약관 규정」 제1항에 열거되어 있는 다음과 같은 사항들이라고 할 수 있다.

1. 용도, 차종, 등록번호, 적재정량, 구조 등 피보험자동차에 관한 사항이 변경된 사실
2. 피보험자동차에 화약류, 고압가스, 폭발물, 인화물 등 위험물을 싣게 된 사실
3. 그 밖에 위험이 뚜렷이 증가하는 사실이나 적용할 보험료에 차이가 발생한 사실

위와 같이 사고 발생 위험이 현저하게 변경 또는 증가된 사항들이라고 명시되어 있는 사실들이 위험이 뚜렷이 증가하거나 또는 적용할 보험료에 차액이 생기는 사실이 아닐 경우에는 통지사항으로 볼 수 없다. 사고 발생 위험이 현저하게 변경 또는 증가된 사실이라고 하는 것에 관한 입증 책임은 그 존재 사실을 들어 보험계약의 해지를 주장하는 보험자가 부담한다.

「상법」상 제652조의 통지 의무 내지 이 사건 약관의 계약 후 알릴 의무에 대한 판단에 관한 판결례

■ 대법원 1996.07.26. 선고 95다52505 판결[구상금]
화재보험보통약관상 위험이라고 함은 보험사고 발생의 가능성을 가리키는 것이고, "위험의 현저한 변경 또는 증가"라 함은 그 정도의 위험이 계약 체결 당시에 존재하였다고 한다면 보험자가 계약을 체결하지 아니하였거나 또는 적어도 동일한 조건으로는 그 계약을 체결하지 아니하였으리라고 생각되는 정도의 위험의 변경 또는 증가를 말하므로, 화재보험의 목적물의 양도로 인하여 이러한 정도의 위험의 변경 또는 증가가 있었는지 여부는 보험목적물의 사용·수익 방법의 변경 등 양도 전후의 구체적인 여러 사정을 종합하여 인정·판단하여야 할 것이지(이에 관한 입증 책임은 그 존재 사실을 들어 보험계약의 해지를 주장하는 자가 부담한다), 화재보험의 목적물의 양도로 인하여 소유자가 바뀌었다고 하여 당연히 위험의 현저한 변경 또는 증가가 있었다고 볼 수는 없다.

■ 대법원 1997.09.05. 선고 95다25268 판결[손해배상(자)]
보험계약자나 피보험자가 보험기간 중에 통지 의무를 지는 「상법」 제652조 및 보험계약자, 피보험자 또는 보험수익자가 보험기간 중에 위험 유지 의무를 지는 「상법」 제653조에 정한 "사고 발생의 위험이 현저하게 변경 또는 증가된 사실"이라 함은, 그 변경 또는 증가된 위험이 보험계약의 체결 당시에 존재하고 있었다면 보험자가 보험계약을 체결하지 않았거나 적어도 그 보험료로는 보험을 인수하지 않았을 것으로 인정되는 정도의 것을 말한다.

■ 대법원 1998.11.27. 선고 98다32564 판결[채무부존재확인]
자동차보험에 있어서는 피보험자동차의 용도와 차종 뿐만 아니라 그 구조에 따라서도 보험의 인수 여부와 보험료율이 달리 정하여지는 것이므로 보험계약 체결 후에 피보험자동차의 구조가 현저히 변경된 경우에는 그러한 사항이 계약 체결 당시에 존재하고 있었다면 보험자가 보험계약을 체결하지 않았거나 적어도 그 보험료로는 보험을 인수하지 않았을 것으로 인정되는 사실에 해당하여 「상법」 제652조 소정의 통지 의무의 대상이 되고, 따라서 보험계약자나 피보험자가 이를 해태할 경우 보험자는 바로 「상법」 규정에 의하여 자동차보험계약을 해지할 수 있다.

■ 대법원 1999.01.26. 선고 98다48682 판결[손해배상(자)]
비사업용으로 보험에 가입된 자동차를 계속적·반복적으로 유상운송에 제공하다가 발생된 사고에 관하여 약관으로 보험자의 면책을 규정한 것은 주된 이유가 사업용 자동차와 비사업용 자동차는 보험사고 위험률에 큰 차이가 있어 보험료의 액수가 다르기 때문이고, 보험계약자나 피보험자가 보험계약을 체결한 후 위험이 뚜렷이 증가하거나 적용할 보험료에 차액이 생기는 사실을 안 때에 보험자에게 그 사실을 통지하도록 약관으로 규정한 것은 「상법」 제652조의 규정과 같은 취지에서 보험기간 중에 위험이 현저하게 변경 또는 증가된 경우 보험자에게 그 사실을 알려 보험계약을 해지하거나 변경할 수 있는 기회를 주기 위한 것이므로, 위 각 약관 조항에서 규정한 면책 사유나 통지 의무의 대상이 되는 사실은 그로 인하여 변경 또는 증가된 위험이 보험계약 체결 당시에 존재하고 있었다면 보험자가 보험계약을 체결하지 아니하였거나 적어도 같은 보험료로는 보험을 인수하지 않았을 것으로 인정되는 사실만을 의미하는 것이고, 따라서 이 사건에서와 같이 소외 1이 서적도매상에서 일당을 받고 서적의 상·하차, 분류 및 배달업무에 종사하면서 다른 차량과 함께 가끔 자

신 소유의 승합차를 이용하여 서적을 배달한 일이 있다는 정도의 사실만으로는 차량의 운송 경위
나 목적, 빈도 등에 비추어 볼 때 이에 해당한다고 보기 어렵다.

■ 대법원 2004.06.11. 선고 2003다18494 판결[보험금]
「상법」 제652조제1항 소정의 통지 의무의 대상으로 규정된 "사고 발생의 위험이 현저하게 변경 또
는 증가된 사실"이라 함은 그 변경 또는 증가된 위험이 보험계약의 체결 당시에 존재하고 있었다
면 보험자가 보험계약을 체결하지 아니하였거나 적어도 그 보험료로는 보험을 인수하지 아니하였
을 것으로 인정되는 사실을 말하는 것으로써, 상해보험계약 체결 후 다른 상해보험에 다수 가입하
였다는 사정만으로 사고 발생의 위험이 현저하게 변경 또는 증가된 경우에 해당한다고 할 수 없다.

■ 대법원 2010.03.25. 선고 2009다91316 판결[채무부존재확인·보험금]
원심은, 「상법」 제652조제1항은 보험기간 중에 보험계약자 또는 피보험자가 사고 발생의 위험이
현저하게 변경 또는 증가된 사실을 안 때에는 지체 없이 보험자에게 통지하여야 하고, 만일 이를
해태한 때에는 보험자는 그 사실을 안 날부터 1월 내에 보험계약을 해지할 수 있는 것으로 규정하
고 있으며, 여기서 "사고 발생의 위험이 현저하게 변경 또는 증가된 사실"이란 그 변경 또는 증가된
위험이 보험계약의 체결 당시에 존재하고 있었다면 보험자가 보험계약을 체결하지 않았거나 적어
도 그 보험료로는 보험을 인수하지 않았을 것으로 인정되는 사실을 말하는 것인데, 이 사건 약관
조항에서 규정하고 있는 "이륜자동차를 직접 사용하게 된 경우"는 보험거래상 그러한 사항이 보
험계약의 체결 당시에 존재하고 있었다면 보험자가 보험계약을 체결하지 않았거나 적어도 그 보
험료로는 보험을 인수하지 않았을 것으로 인정되는 사실에 해당하여 「상법」 제652조에 정한 통
지 의무의 대상이 된다 할 것이고, 보험계약자나 피보험자가 이를 해태할 경우, 보험자는 바로 「상
법」 규정에 의하여 보험계약을 해지할 수 있다고 할 것이므로, 이 사건 약관 조항에서 보험계약 체
결 후 이륜자동차를 사용하게 된 경우에 보험계약자 또는 피보험자는 지체 없이 이를 원고에게 알
릴 의무를 규정하고 있다고 하더라도 이는 「상법」 제652조에서 이미 정하여 놓은 통지 의무를 구
체적으로 부연한 정도의 규정에 해당하여 이 사건 약관 조항에 대하여는 보험자인 원고(반소피고,
이하 "원고"라고 한다)에게 별도의 명시·설명의무가 인정된다고 볼 수 없고, 따라서 이 사건 약관 조
항은 원고가 그에 관한 명시·설명을 하였는지 여부와 무관하게 이 사건 보험계약의 내용으로 편입
되었다 할 것이므로, 망 이성재가 이륜자동차를 구입하여 운전하게 된 사실을 망인 또는 피고(반
소원고, 이하 "피고"라고 한다)가 원고에게 통지하였음을 인정할 아무런 증거도 없는 이 사건에 있어
서, 원고가 통지 의무 위반을 이유로 이 사건 보험계약을 해지함에 따라 이 사건 보험계약은 이 사
건 약관 조항 또는 「상법」 제652조제1항에 기하여 적법하게 해지되었다고 판단하였다.

■ 대구지방법원 2013.11.13. 선고 2013나300589 판결[보험금]
원고에게 「상법」 제652조에 의한 통지 의무 내지 이 사건 약관의 계약 후 알릴 의무의 발생 여부 및
그 의무 위반 여부에 관하여 보건대, 「상법」 제652조 제1항은 보험기간 중에 보험계약자 또는 피보
험자가 사고 발생의 위험이 현저하게 변경 또는 증가된 사실을 안 때에는 지체 없이 보험자에게 통
지하여야 하고, 만일 이를 해태한 때에는 보험자는 그 사실을 안 날로부터 1월 내에 보험계약을 해
지할 수 있는 것으로 규정하고 있고, 여기서 통지 의무의 대상으로 규정된 "사고 발생의 위험이 현
저하게 변경 또는 증가된 사실"이란 그 변경 또는 증가된 위험이 보험계약의 체결 당시에 존재하고

있었다면 보험자가 보험계약을 체결하지 않았거나 적어도 그 보험료로는 보험을 인수하지 않았을 것으로 인정되는 사실을 말한다고 할 것인데(대법원 1997.9.5. 선고 95다25268 판결 참조), 손해보험에 있어 피보험자가 특별한 업무에 종사하지 아니하는 학생(대학생)의 신분에서 방송장비 렌탈, 방송(촬영)장비 서비스업 종사자로 그 직업 및 직무가 변경된 이 사건과 같은 경우에는 피보험자의 직업 변경에 따라 보험의 인수 여부와 보험료율이 달리 정하여지는 것이어서 그 직업 변경 사실은 그러한 사항이 계약 체결 당시에 존재하고 있었다면 보험자가 보험계약을 체결하지 않았거나 적어도 그 보험료로는 보험을 인수하지 않았을 것으로 인정되는 사실이라고 할 것이어서 이는「상법」제652조의 "보험기간 중 피보험자가 사고 발생의 위험이 현저하게 변경 또는 증가된 사실을 안 때"에 해당하고, 이 사건 약관 제25조제1항이 명시적으로 "피보험자가 그 직업 또는 직무를 변경한 경우"에 그 사실을 피고에게 통지할 의무를 부담한다고 규정하고 있으므로, 결국 이 사건 보험계약 체결 후 망 소외 1의 직업이 변경된 사실은「상법」제652조 및 이 사건 약관 제25조제1항에 규정된 통지 의무의 대상이 된다.

그런데, 이 사건 보험계약 체결 후 망 소외 1의 직업이 변경됨에 따라 원고 또는 망 소외 1은 이를 지체 없이 피고에게 통지하여야 할 의무를 부담하게 되었음에도 불구하고 이를 피고에게 알리지 아니하였음은 앞서 본 바와 같으므로, 원고 또는 망인은「상법」제652조에서 정한 통지 의무 내지 이 사건 약관에서 정한 계약 후 알릴 의무를 위반하였다.

■ 서울고등법원 2014.06.11. 선고 2013나2010831 판결 : 상고[보험금·보험금]

피보험자 갑이 을 보험회사와 교통사고 등 상해로 인한 손해를 보상하는 보험계약을 체결할 당시 낮은 보험료율을 적용받는 "사무원"이었다가 그후 높은 보험료율을 적용받는 "건설 일용직 근로자"로 직업을 변경하였는데도 을 회사에 통지하지 않고 있다가 지방 건설 현장에서 서울로 귀가하던 중 발생한 교통사고로 사망한 사안에서, "사무원"과 "일용직 근로자"는 업무의 성격상 위험도에서 큰 차이가 있고 이는 누구나 쉽게 알 수 있는 사항이어서 위 직업 변경은 보험약관 및「상법」에서 정한 위험 증가 통지의 대상에 해당하는데도 갑이 이를 통지하지 않았으므로, 을 회사가 보험약관 및「상법」규정에 따라 보험계약을 해지한 것은 적법하고, 을 회사가 갑에게「갑이 직업 또는 직무를 변경할 때에는 을 회사에 고지하여야 하고, 그 경우, 보험료가 증액되거나 보험계약이 해지될 수 있으며 비례적으로 삭감된 보험금만이 지급된다」는 보험약관의 내용을 구체적으로 설명하고 약관을 교부한 것으로 보일 뿐만 아니라, 설령 위 약관 내용을 구체적으로 명시·설명하지 않았다 하더라도 이는「상법」제652조와 제653조에 따라 정해진 것을 되풀이하거나 부연하는 정도에 불과한 것이므로, 을 회사가 보험약관의 명시·설명의무를 위반하였다고 볼 수도 없다고 한 사례

■ 대법원 2014.07.24. 선고 2012다62318 판결[보험금]

보험기간 중에 보험계약자 또는 피보험자가 사고 발생의 위험이 현저하게 변경 또는 증가된 사실을 안 때에는 지체 없이 보험자에게 통지하여야 하는데(「상법」제652조제1항), 여기서 "사고 발생의 위험이 현저하게 변경 또는 증가된 사실"이란 변경 또는 증가된 위험이 보험계약의 체결 당시에 존재하고 있었다면 보험자가 계약을 체결하지 않았거나 적어도 그 보험료로는 보험을 인수하지 않았을 것으로 인정되는 사실을 말하고, "사고 발생의 위험이 현저하게 변경 또는 증가된 사실을 안때"란 특정한 상태의 변경이 있음을 아는 것만으로는 부족하고 그 상태의 변경이 사고 발생 위험의 현저한 변경·증가에 해당된다는 것까지 안 때를 의미한다.

마. 통지 의무 위반 효과

위 '나'의 「자동차보험약관」 규정 제1항에서와 같이 보험계약자는 보험계약을 맺은 후 사고 발생 위험이 현저하게 변경되거나 증가된 사실이 생겼음을 알았음에도 불구하고 보험회사에 지체 없이 알리지 않거나 사실과 다르게 알린 경우 보험회사는 이 약관의 「보험회사의 보험계약 해지」에 관한 條 제1항제2호, 제4호에 따라 해지할 수 있다.

보험회사는 위와 같은 보험계약자의 "계약 후 알릴 의무" 위반을 이유로 보험계약을 해지한 때에는 해지 이전에 생긴 사고에 대해서도 보상하지 않으며 지급한 보험금이 있을 경우에는 반환을 청구할 수 있다. 다만, 계약 후 알릴 의무를 위반한 사실이 사고의 발생에 영향을 미치지 않았음을 보험계약자 및 피보험자가 증명하였을 경우에는 보험금 지급 책임을 면할 수 없다. 이는 「상법」 제655조(계약 해지와 보험금청구권) 후단에서 「다만, 고지 의무를 위반한 사실 또는 위험이 현저하게 변경되거나 증가된 사실이 보험사고 발생에 영향을 미치지 아니하였음이 증명된 경우에는 보험금을 지급할 책임이 있다」고 규정하고 있기 때문이다. 위 사실에 더하여 통지 의무 위반 사실과 보험사고 발생과의 사이에 인과관계가 부존재한다는 점에 관한 주장·입증 책임은 보험계약자 측에 있다.

한편, 자동차보험약관 「계약 후 알릴 의무」 條 제2항에서 규정하고 있는 보험계약자는 보험증권에 기재된 주소 또는 연락처가 변경된 때에는 보험회사에 알리도록 한 의무를 이행하지 않았을 시, 이로 인한 불이익은 보험계약자가 부담하여야 한다.

바. 보험계약 해지 요건과 제한 사유

(1) 해지 요건

보험계약자가 "보험계약을 맺은 후에 계약 후 알릴 의무에 해당하는 사실이 생긴 것을 알았음에도 불구하고 지체 없이 알리지 않거나 사실과 다르게 알렸을 때"에 보험자는 언제든지 보험계약을 해지할 수 있다.

(2) 해지권 제한 사유

(가) 뚜렷한 위험 증가

보험계약자가 알려야 할 사실이 뚜렷하게 위험을 증가시킨 것이 아닌 때에는 보험회사가 보험계약을 해지하지 못한다.

(나) 제척기간

「상법」 제652조(위험 변경 증가의 통지와 계약 해지)는 「상법」 제651조(고지 의무 위반으로 인한 계약 해지)와 같이 해지 조건을 명문화하고 있지만 위의 제651조가 해지 제한 사유로 보험자가 보험계약자 및 피보험자가 고지 의무를 위반한 사실을 안 날로부터 1월 내에, 계약 체결한 날로부터 3년 내로 하고 있는 반면, 위 제652조에는 보험계약자 및 피보험자가 통지 의무를 해태한 사실을 안 날로부터 1월 내에만 규정하고 있으며, 계약 체결일로부터 3년 내라는 제척기간에 관한 규정은 두고 있지 않다. 자동차보험약관 역시 고지 의무 위반의 해지 제한 사유로 보험계약을 맺은 날로부터 6개월이 경과한 때에는 보험계약을 해지할 수 없다고 규정하고 있는 반면에 통지 의무 위반으로 인한 계약 해지에 관한 제척기간은 두고 있지 않다. 따라서 통지 의무 위반으로 보험자가 보험계약을 해지할 수 있는 제척기간은 보험계약자 등이 통지 의무를 위반한 사실을 안 날로부터 1월 내에만 저촉된다고 할 수 있다.

한편, 해지권 행사기간의 기산점은 보험자가 보험기간 중 통지 의무 위반 사실을 안 때가 아니라 보험계약자가 위와 같은 통지 의무를 이행하지 아니한 사실을 보험자가 알게 된 날이라고 보아야 한다는 것 또한 고지 의무 위반에 적용되어지는 것과 마찬가지로 볼 수 있다.

■ 대구지방법원 2013.11.13. 선고 2013나300589 판결[보험금]
손해보험보통약관에서 보험계약자가 계약 후 위험의 현저한 증가가 있음에도 보험자에게 그 사실을 지체 없이 통지할 의무를 이행하지 않았을 때를 보험계약의 해지 사유로 규정하는 한편, 보험자가 그러한 사실을 안 날부터 1개월이 지났을 때에는 계약을 해지할 수 없도록 규정한 경우, 이는 보험자가 보험계약의 해지 원인이 존재하고 해지하고자 하면 언제든지 해지할 수 있는 상태에 있음에도, 해지 여부를 결정하지 않은 상태를 지속시킴으로써 보험계약자를 불안정한 지위에 처하게 하는 것을 방지하려는 취지로서, 해지권 행사기간의 기산점은 보험자가 계약 후 위험의 현저한 증가가 있는 사실을 안 때가 아니라 보험계약자가 위와 같은 통지 의무를 이행하지 아니한 사실을 보험자가 알게 된 날이라고 보아야 하는 바(대법원 2011.7.28. 선고 2011다23743, 23750 판결 취지 참조), 갑 제2호증의 2, 제7, 8호증의 각 기재에 의하면, 2012.5.20.자 교통사고 보고(실황조사서)에 망인의 직업으로 "기타전문직"이 기재되어 있는 사실, 원고가 2012.6.4. 피고에게 보험금을 청구하면서 그 보험금 청구서에 망인의 "직장명" 란에 "회사원"을, "하시는 일" 란에 "영화기획사"를 기재한 사실은 인정되나, 이러한 사실만으로 피고가 위 보험금 청구서를 접수할 당시 위와 같은 계약 후 알릴 의무 위반 사실을 알게 되었다고 인정하기에 부족하다고 할 것이고, 적어도 피고가 손해사정사로부터 중간보고서를 제출받은 2012.8.1.에 이르러서야 원고의 위와 같은 의무 위반 사실을 알게 되었다고 봄이 상당하고, 피고가 그로부터 1개월이 경과하기 전인 2012.8.13. 원고에게 이 사건 보험계약을 해지한다는 의사를 표시하여 그 무렵 그 의사 표시가 도달한 사실은 앞서 인정한 바와 같으므로, 이 사건 보험계약은 적법하게 해지되었다.

(다) 보험자의 귀책 사유

고지 의무 위반 관련 위 「상법」 제651조, 후단의 「그러나 보험자가 계약 당시에 그 사실을 알았거나 중대한 과실로 인하여 알지 못한 때에는 그러하지 아니하다」라는 단서 조항이 위 「상법」 제652조에는 없으므로, 고지 의무 위반으로 인한 해지 요건과는 달리 통지 의무 위반으로 인한 계약 해지에 있어서는 보험계약자 및 피보험자가 통지 의무를 위반한 사실을 보험사가 보험기간 중에 그 사실을 알았거나 중대한 과실로 인하여 알지 못하였다는 사실을 가지고서 보험자의 계약 해지가 제한된다고 할 수 없다.

3. 사고 발생 시 의무

가. 「상법」 규정

「상법」은 보험사고 발생 시 보험계약자 또는 피보험자는 보험사고의 발생을 안 때에는 지체 없이 보험자에게 그 통지를 발송해야 하고, 이와 같은 통지 의무를 해태함으로 인하여 손해가 증가된 때에는 보험자는 그 증가된 손해를 보상할 책임이 없다고 규정하고 있다.

■ 「상법」 제657조(보험사고 발생의 통지 의무)
① 보험계약자 또는 피보험자나 보험수익자는 보험사고의 발생을 안 때에는 지체 없이 보험자에게 그 통지를 발송하여야 한다.
② 보험계약자 또는 피보험자나 보험수익자가 제1항의 통지 의무를 해태함으로 인하여 손해가 증가된 때에는 보험자는 그 증가된 손해를 보상할 책임이 없다.

나. 자동차보험약관 규정

자동차보험약관 「사고 발생 시 의무」 조항에서 보험계약자 또는 피보험자는 사고가 생긴 것을 알았을 때에는 다음의 사항을 이행해야 한다고 규정하고 있다.

(1) 손해 방지 및 권리보전 의무

지체 없이 손해의 방지와 경감에 힘쓰고, 다른 사람으로부터 손해배상을 받을 수 있는 권리가 있는 경우에는 그 권리(공동불법행위에서 연대채무자 상호간의 구상권을 포함하며 이하 같음)의 보전과 행사에 필요한 절차를 밟아야 한다.

(2) 통지사항

(가) 사고가 발생한 때, 곳, 상황 및 손해의 정도

(나) 피해자 및 가해자의 성명, 주소, 전화번호

(다) 사고에 대한 증인이 있을 때에는 그의 성명, 주소, 전화번호

(라) 손해배상의 청구를 받은 때에는 그 내용

(3) 합의에 관한 사항

손해배상의 청구를 받은 경우에는 미리 보험회사의 동의 없이 그 전부 또는 일부를 합의해서는 안 된다. 그러나 피해자의 응급치료, 호송, 그 밖의 긴급조치는 보험회사의 동의가 필요하지 않다.

(4) 소송 통지 의무

손해배상청구의 소송을 제기하려고 할 때 또는 제기당한 때에는 지체 없이 보험회사에 알려야 한다.

(5) 도난 사실 통지 의무

피보험자동차를 도난당하였을 때에는 지체 없이 그 사실을 경찰관서에 신고해야 한다.

(6) 협력 의무

보험회사가 사고를 증명하는 서류 등 꼭 필요하다고 인정하는 자료를 요구한 경우에는 지체 없이 이를 제출해야 하며, 또한 보험회사가 사고에 관해 조사하는 데 협력해야 한다.

다. 의무 위반의 결과

보험회사는 보험계약자 또는 피보험자가 정당한 이유 없이 제1항에서 정한 사항을 이행하지 않은 경우 그로 인하여 늘어난 손해액이나 회복할 수 있었을 금액을 보험금에서 공제하거나 지급하지 않는다.

제3장 보험계약의 변동 및 보험료의 환급

1. 보험계약 내용의 변경

자동차보험약관은 보험계약 내용의 변경에 대하여 다음과 같이 규정하고 있다.

가. 보험계약 사항

보험계약자는 의무보험을 제외하고는 보험회사의 승낙을 얻어 다음에 정한 사항을 변경할 수 있다. 이 경우, 승낙을 서면 등으로 알리거나 보험증권의 뒷면에 기재한다.

1. 보험계약자. 다만, 보험계약자가 이 보험계약의 권리·의무를 피보험자동차의 양수인에게 이전함에 따라 보험계약자가 변경되는 경우에는 이 약관「피보험자동차의 양도」조항에 따른다.
2. 보험가입금액, 특별약관 등 그 밖의 계약의 내용

나. 보험료 반환 및 추가청구

보험회사는 위 '가'항에 따라 계약 내용의 변경으로 보험료가 변경된 경우, 보험계약자에게 보험료를 반환하거나 추가보험료를 청구할 수 있다.

다. 권리·의무의 상속

보험계약 체결 후 보험계약자가 사망한 경우, 이 보험계약에 의한 보험계약자의 권리·의무는 사망 시점에서의 법정상속인에게 이전한다.

2. 피보험자동차의 양도

가. 정 의

「상법」 제726조의4제1항은, 피보험자가 보험기간 중에 자동차를 양도한 때에는 양수인은 보험자의 승낙을 얻은 경우에 한하여 보험계약으로 인하여 생긴 권리와 의무를 승계한다고 규정하고 있고, 자동차종합보험약관 역시 보험계약자 또는 기명피보험자가 보험기간 중에 피보험자동차를 양도한 경우에는 보험계약자 등의 서면에 의한 승인 청구 통지에 보험회사가 응하지 아니하는 한 보험계약으로 인하여 생긴 보험계약자 등의 권리와 의무는 피보험자동차의 양수인에게 승계되지 아니하고, 또 위 피보험자동차의 양도에는 소유권을 유보한 매매계약에 따라 자동차를 "산 사람" 또는 대차계약에 따라 자동차를 "빌린 사람"이 그 자동차를 피보험자동차로 하고, 자신을 보험계약자 등으로 하는 보험계약이 존속하는 중에 그 자동차를 "판 사람" 또는 "빌려 준 사람"에게 반환하는 경우도 포함한다고 규정하고 있는바, 위 「상법」 규정 및 이 사건 자동차종합보험약관에서 규정한 "자동차의 양도"는 당해 자동차의 운행지배 상태 및 유체동산인 자동차의 양도를 의미하는 것으로써 양도인이 그 자동차에 대한 운행지배를 상실하고 양수인이 사실상의 운행지배를 취득하는 경우를 말한다.

■ 대법원 2010.04.15. 선고 2009다100616 판결[채무부존재확인]

위와 같은 법리 등에 비추어 기록을 살펴보면, 원심이 비록 이 사건 자동차 소유권의 이전등록은 되지 않았더라도 구 「여신전문금융업법」(2009.2.6. 법률 제9459호로 개정되기 전의 것) 제35조 규정의 취지에 비추어 시설 대여업자를 자동차의 운행자로 볼 수는 없고, 그 대신 대여시설 이용자로 기명피보험자인 피고 회사가 이 사건 자동차의 운행지배와 운행이익을 얻고 있다 할 것인데, 그 후 덕산건설 주식회사가 이 사건 자동차의 리스계약을 승계함에 따라 피고 회사는 이 사건 자동차의 운행이익과 운행지배를 상실하고, 그 대신 덕산건설 주식회사가 새로이 운행이익과 운행지배를 취득하였다고 할 것이므로, 이는 피보험자가 실질적으로 교체되어 예측 위험률의 변화 등 보험계약의 기초에 변경을 초래할 가능성이 있는 경우에 해당하여 피보험자동차가 양도된 경우에 해당하고, 또 이는 이 사건 자동차종합보험약관 중 대차계약에 따라 자동차를 "빌린 사람"이 그 자동차를 "빌려 준 사람"에게 반환한 경우에도 해당되며, 피고 1이 이미 운행이익과 운행지배를 상실한 피고 회사로부터 이 사건 자동차의 사용을 허락받은 사정만으로 피고 1을 이 사건 사고와 관련하여 승낙 피보험자의 지위에 있다고 볼 수 없다고 본 것은 정당하고, 거기에 상고이유에서 주장하는 바와 같은 판결 결과에 영향이 있는 심리미진 내지 사실오인으로 인한 채증법칙 위반, 신의칙, 형평의 원칙, 보험제도에 관한 법리오해 등의 위법이 없다.

나. 일반 보험 목적의 양도와 자동차 양도의 비교

(1) 보험 목적의 양도

「상법」 제679조제1항은 피보험자가 보험의 목적을 양도한 때에는 양수인은 보험계약상의 권리와 의무를 승계한 것으로 추정한다고 규정하고 있다. 이는 보험 목적의 양도가 이루어지기만 하면 보험자의 승낙 여부에 관계치 않고 자동적으로 "보험계약의 목적"인 피보험자의 피보험이익이 양수인에게 이전된 것으로 추정한다.

■ 「상법」 제679조(보험 목적의 양도)
① 피보험자가 보험의 목적을 양도한 때에는 양수인은 보험계약상의 권리와 의무를 승계한 것으로 추정한다. 〈개정 1991.12.31.〉
② 제1항의 경우에 보험의 목적의 양도인 또는 양수인은 보험자에 대하여 지체 없이 그 사실을 통지하여야 한다. 〈신설 1991.12.31.〉

(2) 자동차의 양도
(가) 「상법」 규정

「상법」 제726조의4제1항에 의하면, 피보험자가 보험기간 중에 자동차를 양도한 때에는 양수인은 보험자의 승낙을 얻은 경우에 한하여 보험계약으로 인하여 생긴 권리와 의무를 승계한다고 규정하고 있다. 일반 손해보험에 있어서 보험 목적의 양도와는 달리 자동차보험에 있어서 자동차의 양도 시에는 양수인이 보험자의 승낙을 얻은 경우에 한하여 비로소 보험계약상의 권리와 의무가 양수인에게 승계된다. 이는 「상법」 제676조제1항이 일반 보험의 목적 양도 시에 보험자의 승낙 여부에 관계 없이 모든 보험계약상의 권리와 의무가 양수인에게 승계된 것으로 추정하고 있는 추정주의를 채택하고 있는 데 반하여 자동차의 양도에 관한 「상법」 제726조의4는 승낙주의를 채택하고 있다.

■ 「상법」 제726조의4(자동차의 양도)
① 피보험자가 보험기간 중에 자동차를 양도한 때에는 양수인은 보험자의 승낙을 얻은 경우에 한하여 보험계약으로 인하여 생긴 권리와 의무를 승계한다.
② 보험자가 양수인으로부터 양수 사실을 통지받은 때에는 지체 없이 낙부를 통지하여야 하고 통지받은 날부터 10일 내에 낙부의 통지가 없을 때에는 승낙한 것으로 본다.

(나) 자동차보험약관 규정

자동차보험약관 「피보험자동차의 양도」에 관한 규정을 보면, 동 약관 규정 역시 「상법」 제726조의4 규정과 마찬가지로 피보험자동차의 양도 시 보험자의 승인에 의해서만 보험계약상의 권리와 의무가 양수인에게 이전된다고 명확하게 규정하고 있다. 자동차보험약관상 「피보험자동차의 양도」에 관한 규정은 다음과 같다.

① 보험계약자 또는 기명피보험자가 보험기간 중에 피보험자동차를 양도한 경우에는 이 보험계약으로 인하여 생긴 보험계약자 및 피보험자의 권리와 의무는 피보험자동차의 양수인에게

승계되지 않습니다. 그러나 보험계약자가 이 권리와 의무를 양수인에게 이전하고자 한다는 뜻을 서면 등으로 보험회사에 통지하여 보험회사가 승인한 경우에는 그 승인한 때부터 양수인에 대하여 이 보험계약을 적용합니다.

② 보험회사가 제1항에 의한 보험계약자의 통지를 받은 날부터 10일 이내에 승인 여부를 보험계약자에게 통지하지 않으면, 그 10일이 되는 날의 다음날 0시에 승인한 것으로 봅니다.

③ 제1항에서 규정하는 피보험자동차의 양도에는 소유권을 유보한 매매계약에 따라 자동차를 "산 사람" 또는 대차계약에 따라 자동차를 "빌린 사람"이 그 자동차를 피보험자동차로 하고, 자신을 보험계약자 또는 기명피보험자로 하는 보험계약이 존속하는 동안에 그 자동차를 "판 사람" 또는 "빌려 준 사람"에게 반환하는 경우도 포함합니다. 이 경우, "판 사람" 또는 "빌려 준 사람"은 양수인으로 봅니다.

④ 보험회사가 제1항의 승인을 하는 경우에는 피보험자동차의 양수인에게 적용되는 보험료율에 따라 보험료의 차이가 나는 경우 피보험자동차가 양도되기 전의 보험계약자에게 남는 보험료를 돌려드리거나, 피보험자동차의 양도 후의 보험계약자에게 추가보험료를 청구합니다.

⑤ 보험회사가 제1항의 승인을 거절한 경우 피보험자동차가 양도된 후에 발생한 사고에 대하여는 보험금을 지급하지 않습니다.

⑥ 보험계약자 또는 기명피보험자가 보험기간 중에 사망하여 법정상속인이 피보험자동차를 상속하는 경우 이 보험계약도 승계된 것으로 봅니다. 다만, 보험기간이 종료되거나 자동차의 명의를 변경하는 경우에는 법정상속인을 보험계약자 또는 기명피보험자로 하는 새로운 보험계약을 맺어야 합니다.

(다) 자동차 양도 시 승낙주의를 채택하고 있는 이유

일반 손해보험에 있어서 보험 목적의 양도 시 보험계약상의 권리를 동시에 양도한 것으로 추정한다고 「상법」 제679조제1항에서 규정하고 있는 데 반하여, 자동차보험약관은 피보험자동차의 양도 시에는 위 규정을 배제하고 「상법」 제726조의4 규정의 승낙주의를 채택하고 있음은 전기한 바와 같다. 피보험자동차의 양도 시 양도인과 양수인의 위험률 차이로 인한 보험료에 차액이 발생함은 물론 보험의 목적인 자동차가 유체동산인 까닭에 일상에서 자동차를 교체하는 일이 빈번하다는 점, 보험계약자는 무사고 등을 이유로 보험료 할인을 받기 위해 자동차의 교체하는 형태로 보험계약을 유용할 필요성이 있다는 점, 한편, 보험자로서도 예측위험률의 변화 등 보험계약의 기초에 중대한 변경을 초래할 가능성이 있는 피보험자의 교체에 대하여 중요한 이해관계가 있어 보험계약관계의 유지나 변경 등의 결정에 관한 기회를 부여받아야 할 필요성도 있다는 점 등이 자동차보험약관에서 위와 같은 승낙주의를 채택하고 있는 이유이다.

■ 「상법」 제726조의4(자동차의 양도)
① 피보험자가 보험기간 중에 자동차를 양도한 때에는 양수인은 보험자의 승낙을 얻은 경우에 한하여 보험계약으로 인하여 생긴 권리와 의무를 승계한다.

② 보험자가 양수인으로부터 양수 사실을 통지받은 때에는 지체 없이 낙부를 통지하여야 하고 통지받은 날부터 10일 내에 낙부의 통지가 없을 때에는 승낙한 것으로 본다.

다. 자동차보험약관의 양도의 의미

(1) 문제 제기

자동차보험약관의 「피보험자동차의 양도」에 관한 조항에 의하면, 보험자가 보험계약자겸 기명피보험자가 피보험자동차를 양도한 후 보험계약상의 권리와 의무도 양수인에게 이전하고자 한다는 뜻을 서면 등으로 보험회사에 통지하여 보험회사가 승인한 경우에만 승인한 때부터 양수인에게 보험계약을 적용하고 승인을 거절한 경우에는 피보험자동차가 양도된 후에 발생한 사고에 대해서는 보험금을 지급하지 않는다고 하였다. 그렇다면 피보험자동차가 양도되고 보험자가 승인을 거절한 상태에서 자동차사고가 발생하였고, 보험계약자겸 기명피보험자인 양도인이 여전히 피보험자동차에 대한 운행지배와 운행이익을 상실하지 않아 「자배법」상 운행자의 지위를 갖고 있음에도 불구하고 보험자는 위 승인 거절을 이유로 보상책임을 면할 수 있는지에 대해 의문을 제기하지 않을 수 없다.

만약, 양도인이 운행자로서 지위를 상실하지 않았음에도 불구하고, 보험자가 위의 승인 거절 사실을 근거로 보상책임이 없다고 한다면, 자동차사고에 있어 손해배상책임 주체를 운행자로 규정하고 있는 「자배법」제3조와 정면으로 충돌하여 위 약관 조항이 무효로 되는 것을 피할 수 없게 된다. 따라서 「피보험자동차의 양도」를 규정한 자동차보험약관상의 "양도"에 대한 의미 내지 정의 역시, 위와 같은 「자배법」에 충돌되거나 저촉되지 않는 범위 내에서 판단하는 기준과 논거를 제시하는 것이 합당하다.

(2) 양도에 대한 대법원 판결의 태도

자동차보험약관상의 「피보험자동차의 양도」에 관한 조항은 자동차사고 발생 시 보험자의 면·부책 여부를 가르는 사항으로써 그 적용에 신중을 기해야 한다는 측면에서 법령 및 약관 해석의 통일성을 기하고 있는 대법원 판결이 양도를 어떻게 정의하고 있는지를 살펴볼 필요가 있고, 동 약관의 "양도"에 대한 판단 역시 대법원 판결과 그 궤를 같이 하여야 한다고 본다.

우리나라 대법원은 위 자동차보험약관상의 양도를 자동차의 양도는 당해 자동차의 운행지배 상태 및 유체동산인 자동차의 양도를 의미하는 것으로써 양도인이 그 자동차에 대한 운행지배를 상실하고 양수인이 사실상의 운행지배를 취득하는 경우를 의미한다고 하면서 기명피보험자가 그 등록 명의만을 변경하고 실제로는 그 자동차를 보유하며 운행지배를 하는 경우에는 위 규정은 적용 되지 아니한다고 판시하고 있다.

■ 대법원 1993.06.29. 선고 93다1480 판결[보험금]

그리고 사실관계가 원심이 인정한 바와 같다면, 위 약관 제1조에서 종합보험은 당해 피보험자가그 자동차의 운행으로 인하여 타인을 사상케 한 데 따르는 손해를 보상하여 주는 것을 목적으로 하고 있음에 비추어, 위 약관 제42조의 규정에서 자동차의 양도로 보험자인 피고 회사가 책임을 면하는 경우란 당해 자동차의 운행지배상태 및 유체동산인 자동차의 양도를 의미하는 것으로서 양도인이 그 자동차에 대한 운행지배를 상실하고 양수인이 사실상의 운행지배를 취득하는 경우를 의미하고, 따라서 당해 기명피보험자가 그 등록 명의만을 변경하고 실제로는 그 자동차를 보유하며 운행지배를 하면서 직접 그 자동차를 운행하다가 사상사고를 일으켜 손해를 발생시킨 경우에는 위 규정은 적용되지 아니하는 것으로 해석함이 상당하다는 원심의 설시이유나 원고가 그 소유의 이 사건 자동차를 소외 회사의 골판지 등 물품을 전속적으로 운송하기 위하여 소유 명의를 형식상 소외 회사로 변경 등록하고 그에 맞추기 위하여 원고를 소외 회사의 운전사인 것처럼 형식적으로 갖추어 놓은 것에 불과한 것이므로 보험자인 피고는 보험계약자겸 기명피보험자인 원고에게 원고와의 보험계약에 따라 보험 유효기간 내에 발생한 이 사건 사고로 인한 보험금을 지급할 의무가 있다는 원심의 판단은 수긍이 간다.

■ 대법원 1996.05.31. 선고 96다10454 판결[종합보험에 대한 피보험자의 확인]

위 「자동차종합보험약관」 제42조의 규정에서 자동차의 양도로 보험자인 피고가 책임을 면하는 경우란 당해 자동차의 운행지배상태 및 유체동산인 자동차의 양도를 의미하는 것으로서 양도인이 그 자동차에 대한 운행지배를 상실하고 양수인이 사실상의 운행지배를 취득하는 경우를 의미하고, 따라서 당해 기명피보험자가 그 등록 명의만을 변경하고 실제로는 그 자동차를 보유하며 운행지배를 하면서 직접 그 자동차를 운행하다가 사실상 사고를 일으켜 손해를 발생시킨 경우에는 위 규정은 적용되지 아니하는 것으로 해석함이 상당함은 소론과 같다(당원 1993.6.29. 선고 93다1480 판결 참조).

그런데, 상고 논지와 같이 소외 김영근이 지입차주로서 이 사건 차량을 소외 회사에 지입하여 소외 회사를 기명피보험자로 하여 피고와 사이에 보험계약을 체결하였다가 다시 지입회사를 원고로 교체하면서 원고 명의로 차량소유권 이전등록을 마쳤다면, 설령 김영근이 위 이전등록 이후에도 여전히 지입차주로서 위 차량을 실질적으로 운행관리하여 오다가 이 사건 사고를 일으켰다고 하더라도, 기명피보험자인 소외 회사로서는 이 사건 차량에 대한 운행이익이나 운행지배권을 이미 상실하고 원고가 새로이 운행지배를 취득한다 할 것이고 이는 피보험자가 실질적으로 교체되어 예측 위험률의 변화 등 보험계약의 기초에 변경을 초래할 가능성이 있는 경우라 할 것이므로, 위 차량의 양도에 따른 위 보험약관 제42조제1항 단서 소정의 보험승계 절차가 이루어지지 않았다면 보험자인 피고로서는 위 차량의 양도 후에 발생한 사고에 대하여 면책된다고 보아야 할 것이다.

■ 대법원 2007.02.23. 선고 2005다65463 판결[구상금 등]

피고의 「자동차종합보험약관」 제59조제2항은 「회사는 피보험자동차가 양도된 후에 발생한 사고에 대하여는 보험금을 지급하지 아니합니다」 라고 규정하고 있는데, 위 규정에서 말하는 자동차의 양도는 당해 자동차의 운행지배상태 및 유체동산인 자동차의 양도를 의미하는 것으로서 양도인이 그 자동차에 대한 운행지배를 상실하고 양수인이 사실상의 운행지배를 취득하는 경우를 의미하고, 따라서 기명피보험자가 그 등록 명의만을 변경하고 실제로는 그 자동차를 보유하며 운행지배를 하는 경우에는 위 규정은 적용되지 아니한다고 할 것이다(대법원 1993.6.29. 선고 93다1480 판결 등 참조).

그런데 원심이 인정한 사실에 의하더라도, 소외 1은 2000.9.경 공동피고 2로부터 금 300만 원을 차용하면서 그 담보를 위하여 이 사건 사고차량의 소유권 이전에 필요한 서류를 공동피고 2에게 교부하였는데, 소외 1이 위 차용금을 변제하지 아니하자 공동피고 2는 2001.1.5.경 미리 소지하고 있던 매매계약서를 이용하여 자동차등록원부상 소유자 명의를 변경하였으나 소외 1은 공동피고 2의 계속적인 차량 인도 요구를 거부하였다는 것이고, 기록에 의하면 소외 1은 그와 같이 공동피고 2에게의 차량 인도를 거부하다가 소외 2에게 이 사건 사고차량을 빌려 주었고, 소외 2의 승낙을 받은 소외 3이 이 사건 사고차량을 운전하다가 이 사건 사고를 일으킨 사실을 인정할 수 있는바, 사정이 이러하다면 앞서 본 법리에 비추어 볼 때, 소외 1이 이 사건 사고 당시 이 사건 사고차량에 대한 운행을 지배하고 있었다고 할 것이고, 단순히 자동차등록원부상 소유자 명의가 공동피고 2에게 이전되었다는 것만으로는 위 소외 1이 이 사건 사고차량에 대한 운행지배와 운행이익을 상실하였다고 볼 수 없고, 따라서 위 보험약관 소정의 피보험자동차의 양도가 있었다고 볼 수는 없다고 하겠다.

■ 대법원 2012.04.26. 선고 2010다60769 판결[구상금 반환]
위 「상법」 규정 및 이 사건 양도약관에서 규정한 "자동차의 양도"의 의미에 덧붙여 위 구 「자동차손해배상보장법」 제22조제1항에서 규정한 "자동차의 양도"의 의미와 내용, 이 사건 특별약관의 목적과 취지 등을 고려하여 보면, 이 사건 특별약관에서의 "자동차의 양도"에는 특별한 사정이 없는 한 자동차를 양수하고 현실적으로 그 자동차의 점유를 이전받아 양도인 대신 그 자동차에 대한 사실상의 운행지배를 취득한 양수인이 「자동차관리법」 제12조의 규정에 의한 자동차 소유권의 이전등록을 하지 아니한 채 다시 제3자에게 이를 양도하고 현실적으로 그 자동차의 점유를 이전함으로써 그 운행지배를 상실한 경우도 포함된다고 봄이 상당하다.

(3) 양도 판단 기준

자동차보험약관상의 양도 내지는 양도 시점을 판단하는 기준을 두고서, 동 약관상 양도 내지는 양도 시점을 "피보험자동차의 인도 시점"이라고 하는 설, "자동차등록원부상의 소유권 이전 시점"이라는 설, "양도인의 피보험이익이 상실되는 시점"이라고 하는 설 등이 분분하다. 이 중에서 자동차보험계약상 피보험자가 갖는 피보험이익이 자동차사고로 피보험자가 갖는 경제적 이익인 손해배상청구권(「대인배상Ⅰ·Ⅱ」) 내지는 보험금청구권(「무보험자동차에 의한 상해」, 「자기신체사고」)이라는 점에서 "양도인의 피보험이익상실설"만 어느 정도 위 대법원 판결의 태도에 부합하는 측면이 있기는 하지만, 그 밖의 나머지 설이나 주장은 운행자 책임을 근간으로 하고 있는 「자배법」 제3조 및 피보험자가 피보험자동차를 소유·사용·관리하는 동안에 생긴 피보험자동차의 사고에 대한 손해배상책임을 담보하고 있는 자동차보험약관의 규정과도 배치되어 양도를 판단하는 기준으로써 적합하지 않다.

위와 같이 자동차보험약관상 양도에 관한 설이 다양하게 제기되고 있지만, 결국에는 자동차인

도설 및 소유권 이전설은 「자배법」 제3조와 정면으로 충돌하여 양도인이 운행지배와 운행이익을 상실하지 않았을 경우에 보험자의 보상책임 여부를 설명할 길이 없을 뿐만 아니라, 특히 동 약관에서는 소유권유보계약이나 대차계약에 따라 피보험자동차를 반환하는 것도 양도로 규정하고 있는 이상 소유권 이전설은 설득력이 없다고 하겠다.

한편, 피보험이익상실설은 자동차보험이 「대인배상 Ⅰ·Ⅱ」와 같은 배상책임 외에 「자기신체사고」나 「무보험자동차 상해」에 의한 상해보험 성격의 보험 등 다양한 보장종목으로 구성되어 있어 각 보장종목별로 피보험이익을 달리하고 있다는 점에서 각 보험종목마다 일의적으로 양도를 판단하는 기준을 제시하기 어렵다는 사실에 문제가 있다.

따라서, 위 자동차보험약관상 양도의 판단 기준은 대법원 판결과 같이, 피보험자동차의 운행지배상태 및 유체동산인 자동차의 양도를 의미하는 것으로써 양도인이 그 자동차에 대한 운행지배를 상실하고 양수인이 사실상의 운행지배를 취득하는 경우라고 할 수 있으며, 양도 시점은 양도인이 운행지배를 상실하고 양수인인 운행지배를 취득한 때를 기준으로 해야 한다.

라. 양도의 유형

자동차보험약관에서 규정하고 있는 양도의 유형은 다음과 같다.

(1) 자동차매매계약에 의한 양도

보험계약자겸 피보험자가 자동차매매계약을 체결하고 피보험자동차를 매도하였을 때 매수인에게 양도가 이루어진다. 즉, 피보험자동차의 소유자인 양도인에게서 매수인인 양수인에게 자동치의 소유권이 이전되면 양도·양수가 성립되는 것이다.

(2) 피보험자동차의 반환

소유권을 유보한 매매계약에 따라 자동차를 "산 사람" 또는 대차계약에 따라 자동차를 "빌린 사람"이 그 자동차를 피보험자동차로 하고, 자신을 보험계약자 또는 기명피보험자로 하는 보험계약이 존속하는 동안에 그 자동차를 "판 사람" 또는 "빌려 준 사람"에게 반환하는 경우도 피보험자동차의 양도로 본다. 이 경우, "판 사람" 또는 "빌려 준 사람"은 양수인으로 본다.

(3) 상 속

보험계약자 또는 기명피보험자가 보험기간 중에 사망하여 법정상속인이 피보험자동차를 상속하는 경우 이 보험계약도 승계된 것으로 본다. 다만, 보험기간이 종료되거나 자동차의 명의를 변경하는 경우에는 법정상속인을 보험계약자 또는 기명피보험자로 하는 새로운 보험계약을 맺어야 한다.

마. 양도의 효과

(1) 보험자가 승인한 경우

(가) 보험료 정산

보험자가 피보험자동차의 보험계약상의 권리와 의무를 양수인에게 승계하는 것을 승인하는 경우에는 피보험자동차의 양수인에게 적용되는 보험료율에 보험료를 정산한 다음, 보험료가 남으면 종전 보험계약자인 양도인에게 돌려 주고, 보험료가 모자라면 양도 후 보험계약자인 양수인에게 추가보험료를 청구한다.

(나) 보험자의 보상책임

피보험자동차의 양도·양수가 이루어지고, 보험자의 승인에 의해 피보험자동차의 보험계약상 권리·의무가 양수인에게 이전된 경우에는 보험자가 양도 후 피보험자동차의 사고로 인한 보상책임을 진다.

(다) 피보험자의 지위

피보험자동차의 양도·양수를 보험자가 승인한 경우에 양수인이 기명피보험자의 지위를 득하게 된다.

(2) 보험자가 승인을 거절한 경우

(가) 승인의제

「상법」제726조의4제2항은 보험자가 양수인으로부터 양수 사실을 통지받은 때에는 지체 없이 낙부를 통지하여야 하고 통지받은 날부터 10일 내에 낙부의 통지가 없을 때에는 승낙한 것으로 본다고 규정하고 있으며, 자동차보험약관 역시 보험회사가 보험계약자의 통지를 받은 날부터 10일 이내에 승인 여부를 보험계약자에게 통지하지 않으면, 그 10일이 되는 날의 다음날 0시에 승인한 것으로 본다고 규정하고 있다.

(나) 보험자의 보상책임

피보험자동차의 양도·양수가 이루어지고, 보험계약자(양도인)가 그 사실과 더불어 보험계약상의 권리·의무를 양수인에게 이전하고자 한다는 뜻을 보험회사에 통지하였으나 보험자가 승인을 거절한 상태에서 자동차사고가 발생한 경우 보험회사는 보상책임을 지지 않는다.

(다) 피보험자의 지위

보험자가 피보험자동차의 양도·양수에 의한 위 승인을 거절하였으나 여전히 보험계약자인 양도인이 피보험자동차에 대한 운행지배와 운행이익을 향유하고 있어 운행자의 지위를 상실하지 않은 상태에서 자동차사고가 발생했다면 보험자는 보상책임을 면할 수 없다. 이 경우, 양수인이 사고를 발생시켰다면 양수인은 승낙피보험자의 지위를 갖는다고 보아야 한다.

3. 피보험자동차의 교체

가. 정 의
"피보험자동차의 교체"란 보험계약자 또는 피보험자가 보험기간 중에 기존의 피보험자동차를
폐차 또는 양도한 다음 그 자동차와 동일한 차종의 다른 자동차로 대체하는 것을 말한다.

나. 자동차보험약관 규정
개인용 자동차보험을 예로 들어 자동차보험약관상 「피보험자동차의 교체」에 관한 조항을 보
면 다음과 같다.

① 보험계약자 또는 기명피보험자가 보험기간 중에 기존의 피보험자동차를 폐차 또는 양도한
다음 그 자동차와 동일한 차종의 다른 자동차로 교체한 경우에는, 보험계약자가 이 보험계약을
교체된 자동차에 승계시키고자 한다는 뜻을 서면 등으로 보험회사에 통지하여 보험회사가 승인
한 때부터 이 보험계약이 교체된 자동차에 적용됩니다. 이 경우, 기존의 피보험자동차에 대한 보
험계약의 효력은 보험회사가 승인한 때에 상실됩니다.

② 보험회사가 서면 등의 방법으로 통지를 받은 날부터 10일 이내에 제1항에 의한 승인 여부
를 보험계약자에게 통지하지 않으면, 그 10일이 되는 날의 다음날 0시에 승인한 것으로 봅니다.

③ 제1항에서 규정하는 "동일한 차종의 다른 자동차로 교체한 경우"라 함은 개인 소유 자가용
승용자동차 간에 교체한 경우를 말합니다.

④ 보험회사가 제1항의 승인을 하는 경우에는 교체된 자동차에 적용하는 보험료율에 따라
보험료의 차이가 나는 경우 보험계약자에게 남는 보험료를 돌려드리거나 추가보험료를 청구할
수 있습니다. 이 경우, 기존의 피보험자동차를 말소등록한 날 또는 소유권을 이전 등록한 날부터
승계를 승인한 날의 전날까지의 기간에 해당하는 보험료를 일할로 계산하여 보험계약자에게 반
환하여 드립니다.

⑤ 보험회사가 제1항의 승인을 거절한 경우 교체된 자동차를 사용하다가 발생한 사고에 대해
서는 보험금을 지급하지 않습니다.

다. 보험계약상의 권리·의무 승계
보험계약자가 피보험자동차를 교체한 경우, 기존 피보험자동차의 보험계약상의 권리·의무를
교체된 자동차에 승계시키겠다는 뜻을 서면 등으로 보험회사에 통지하여 보험회사가 승인한 때
부터 승계되고 기존 피보험자동차에 대한 보험계약의 효력은 상실된다. 영업용 자동차보험의 경
우에는 피보험자동차를 대체폐차 한 때에는 보험자의 승인 없이 대체된 자동차를 등록한 날로부
터 대체된 자동차에 자동적으로 보험계약이 승계된다. 대체폐차란 「자동차운수사업법」 제25조

및 제55조의7의 규정에 의해 행정 지시에 따라 신자동차로 대체등록을 하기 위하여 노후자동차를 말소등록하거나 사업용 자동차의 소유자가 자진하여 신자동차로 대체등록하기 위해 노후자동차를 말소등록하는 것으로써 차종 및 등록번호가 동일하게 대체되는 것이어서 항상 사고 발생의 매개체가 특정되어 있기 때문이다.

라. 승인의제

보험계약자가 피보험자동차의 교체 사실을 보험회사에 통지하고 기존 피보험자동차의 보험계약상의 권리·의무의 승계를 요청하는 통지를 받은 날부터 10일 이내에 보험회사가 승인 여부를 보험계약자에게 통지하지 않으면 10일이 되는 다음 날의 0시에 승인한 것으로 본다.

마. 자동차 교체의 유형

자동차보험약관 「피보험자동차의 교체」에 관한 조항에서 "동일한 차종의 다른 자동차"로 교체한 경우라 함은 다음과 같다.

(1) 개인용 자동차보험

개인 소유 자가용승용자동차 간에 교체한 경우를 말한다.

(2) 업무용 자동차보험

자가용자동차로서 승용자동차 간, 2종·3종화물자동차 간, 경·4종 화물자동차 간, 또는 경·3종 승합자동차 간, 개인 소유 1종·2종·3종·화물자동차 간 또는 개인 소유 1종·2종·3종 승합자동차 간에 교체한 경우를 말한다.

(3) 영업용 자동차보험

영업용자동차의 경우에는 2종·3종화물자동차 간 또는 개인택시·개인 소유 1종·2종·3종·4종 화물자동차 간에 교체한 경우를 말한다.

바. 자동차 교체에 대한 승인의 효과

(1) 보험료 정산

보험계약자가 피보험자동차의 교체와 동시에 기존 피보험자동차의 보험계약을 승계하겠다는 뜻을 보험회사에 통지하고 이를 보험회사가 승인한 교체된 자동차에 적용하는 보험료율에 따라 보험료의 차이가 나는 경우 보험계약자에게 남는 보험료를 돌려 주거나 추가보험료를 청구한다. 이 경우, 기존의 피보험자동차를 말소등록한 날 또는 소유권을 이전 등록한 날부터 승계를 승인한 날의 전날까지의 기간에 해당하는 보험료를 일할로 계산하여 보험계약자에게 반환한다.

(2) 보험자의 보상책임

피보험자동차의 교체가 이루어지고, 보험자의 승인에 의해 기존 피보험자동차의 보험계약이 교체된 피보험자동차에 승계된 경우 발생한 자동차사고에 대해서는 보험자가 보상책임을 진다. 그러나 보험자가 위 승인을 거절한 경우에는 교체된 자동차를 사용하다가 발생한 사고에 대해서는 보상책임을 지지 않는다.

4. 보험계약의 취소

가. 정 의

"취소"라 함은 법률행위 당사자의 무능력, 의사 표시의 착오, 사기나 강박을 이유로 하여 그 법률행위의 효력을 소급하여 무효로 하는 것이며, 「민법」 제140조 내지 제146조에서 일반적으로 규정한 취소는 이러한 의미이다.

나. 자동차보험약관 규정

보험회사가 보험계약자 또는 피보험자의 사기에 의해 보험계약을 체결한 점을 증명한 경우, 보험회사는 보험기간이 시작된 날부터 6개월 이내(사기 사실을 안 날부터는 1개월 이내)에 계약을 취소할 수 있다.

다. 법률행위의 취소권자 및 상대방

(1) 취소권자

취소할 수 있는 법률행위는 제한능력자, 착오로 인하거나 사기·강박에 의하여 의사 표시를 한 자, 그의 대리인 또는 승계인만이 취소할 수 있다. 보험계약에 있어서 취소권자는 보험계약 당사자로서 보험계약자 및 보험자이다.

(2) 상대방

취소할 수 있는 법률행위의 상대방이 확정한 경우에는 그 취소는 그 상대방에 대한 의사 표시로 해야 한다. 보험계약에 있어 취소할 수 있는 상대방 역시 보험계약 당사자인 보험계약자와 보험자가 각각 그 상대방이다.

(가) 보험계약자의 취소권 행사

자동차보험약관의 「약관 교부 및 설명의무」의 제4항에서 보험자가 동 의무를 위반하였을 때, 보험계약자는 1개월 이내에 계약을 취소할 수 있다고 규정하고 있다. 「상법」 제638조의3(보험약관의 교부·설명의무) 역시 보험자의 의무 위반 시 3개월 내에 계약을 취소할 수 있다고 규정하고 있다.

(나) 보험자의 취소권 행사

자동차보험약관의 「보험계약의 취소」에 관한 條에서 보험계약자 또는 피보험자의 사기에 의해 보험계약을 체결한 점을 증명한 경우, 보험회사는 보험기간이 시작된 날부터 6개월 이내(사기 사실을 안 날로부터는 1개월 이내)에 계약을 취소할 수 있다고 규정하고 있다. 위 규정에 의한 취소 요건을 보험자가 행한 경우에 보험계약자 또한 계약을 취소할 수 있는 것임은 재론의 여지가 없다.

라. 추 인

(1) 의 의

"추인"이란 취소할 수 있는 행위에 의하여 발생한 불확정한 효력을 취소할 수 없는 것으로 확정하는 단독행위이다. 이론상으로는 취소권을 포기하는 것을 의미한다. 따라서 취소할 수 있는 불안정한 상태의 행위는 이후에 취소할 수 없게 되고 법률관계는 유효한 것으로 확정된다(「민법」 제143조제1항). 추인을 할 수 있는 자는 취소권자이다(「민법」 제140조). 추인의 방법은 취소와 같으며 소급효가 있다.

(2) 추인의 요건

추인은 취소의 원인이 소멸된 후에 해야만 효력이 있다(「민법」 제144조제1항). 또한 취소의 추인은 법정대리인 또는 후견인이 추인하는 경우에는 적용하지 아니한다(「민법」 제144조제2항).

(3) 법정 추인

취소할 수 있는 법률행위에 관하여 취소의 원인이 소멸하면 추인할 수 있으며, 다음 각 호의 사유가 있으면 추인한 것으로 본다. 그러나 이의를 보류한 때에는 그러하지 아니하다(「민법」 제145조).

　1. 전부나 일부의 이행
　2. 이행의 청구
　3. 경개
　4. 담보의 제공
　5. 취소할 수 있는 행위로 취득한 권리의 전부나 일부의 양도
　6. 강제집행

마. 취소의 효과

취소된 법률행위는 처음부터 무효인 것으로 본다. 다만, 제한능력자는 그 행위로 인하여 받은 이익이 현존하는 한도에서 상환할 책임이 있다(「민법」 제141조).

바. 취소권의 소멸

취소권은 추인할 수 있는 날로부터 3년 내에 법률행위를 한 날로부터 10년 내에 행사하여야
한다(「민법」 제146조).

5. 보험계약의 효력 상실

보험회사가 파산선고를 받은 날부터 보험계약자가 보험계약을 해지하지 않고 3월이 경과하는
경우에는 보험계약이 효력을 상실한다.

6. 보험계약자의 보험계약 해지·해제

가. 정 의

(1) 해 지

계속적 계약관계를 당사자의 일방적 의사 표시에 의하여 장래에 대하여 소멸시키는 것이다.
소급효를 가지지 않고 장래에 대해서만 효력을 가진다는 점에서 해제와 다르다. 해지권의 발생
원인은 계약과 법률의 규정이 있다.

(2) 해 제

일단 유효하게 성립한 계약을 소급적으로 소멸시키는 일방적인 의사 표시이다. 계속적 계약
관계의 효력을 장래에 대하여 소멸시키는 해지, 일정한 사실의 발생에 의하여 계약이 당연히 소
멸한다고 하는 실권계약, 당사자의 합의에 의한 합의해제와는 차이가 있다.

나. 관련 규정

(1) 「상법」 규정

「상법」상 보험계약 해지에 관한 규정은 다음과 같다.

■ 「상법」 제649조(사고 발생 전의 임의 해지)
① 보험사고가 발생하기 전에는 보험계약자는 언제든지 계약의 전부 또는 일부를 해지할 수 있다.
그러나 제639조(타인을 위한 보험)의 보험계약의 경우에는 보험계약자는 그 타인의 동의를 얻지 아
니하거나 보험증권을 소지하지 아니하면 그 계약을 해지하지 못한다.
② 보험사고의 발생으로 보험자가 보험금액을 지급한 때에도 보험금액이 감액되지 아니하는 보험
의 경우에는 보험계약자는 그 사고 발생 후에도 보험계약을 해지할 수 있다.
③ 제1항의 경우에는 보험계약자는 당사자 간에 다른 약정이 없으면 미경과보험료의 반환을 청구할
수 있다.

(2) 자동차보험약관 규정

자동차보험약관 「보험계약자의 보험계약 해지·해제」에 관한 조항은 다음과 같다.

① 보험계약자는 언제든지 임의로 보험계약의 일부 또는 전부를 해지할 수 있다. 다만, 의무보험은 다음 중 어느 하나에 해당하는 경우에만 해지할 수 있다.

  1. 피보험자동차가 「자동차손해배상보장법」 제5조제4항에 정한 자동차(의무보험 가입 대상에서 제외되거나 도로가 아닌 장소에 한하여 운행하는 자동차)로 변경된 경우

  2. 피보험자동차를 양도한 경우. 다만, 제48조(피보험자동차의 양도) 또는 제49조(피보험자동차의 교체)에 따라 보험계약이 양수인 또는 교체된 자동차에 승계된 경우에는 의무보험에 대한 보험계약을 해지할 수 없다.

  3. 피보험자동차의 말소등록으로 운행을 중지한 경우. 다만, 제49조(피보험자동차의 교체)에 따라 보험계약이 교체된 자동차에 승계된 경우에는 의무보험에 대한 보험계약을 해지할 수 없다.

  4. 천재지변, 교통사고, 화재, 도난 등의 사유로 인하여 피보험자동차를 더 이상 운행할 수 없게 된 경우. 다만, 제49조(피보험자동차의 교체)에 따라 보험계약이 교체된 자동차에 승계된 경우에는 의무보험에 대한 보험계약을 해지할 수 없다.

  5. 이 보험계약을 맺은 후에 피보험자동차에 대하여 이 보험계약과 보험기간의 일부 또는 전부가 중복되는 의무보험이 포함된 다른 보험계약(공제계약을 포함)을 맺은 경우

  6. 보험회사가 파산선고를 받은 경우

  7. 「자동차손해배상보장법」 제5조의2에서 정하는 "보험 등의 가입 의무 면제" 사유에 해당하는 경우

② 이 보험계약이 의무보험만 체결된 경우로써, 이 보험계약을 맺기 전에 피보험자동차에 대하여 의무보험이 포함된 다른 보험계약(공제계약을 포함하며 이하 같음)이 유효하게 맺어져 있는 경우에는, 보험계약자는 그 다른 보험계약이 종료하기 전에 이 보험계약을 해제할 수 있다. 만일, 그 다른 보험계약이 종료된 후에는 그 종료일 다음날부터 보험기간이 개시되는 의무보험이 포함된 새로운 보험계약을 맺은 경우에 한하여 이 보험계약을 해제할 수 있다.

③ 타인을 위한 보험계약에서 보험계약자는 기명피보험자의 동의를 얻거나 보험증권을 소지한 경우에 한하여 제1항 또는 제2항의 규정에 따라 보험계약을 해지하거나 또는 해제할 수 있다.

다. 보험계약자의 해지·해제권 행사

(1) 해지권 행사

위 「상법」 규정 및 자동차보험약관 규정상 보험사고 발생 전에는 보험계약자는 언제든지 임의로 보험계약에 대한 해지권을 행사할 수 있다. 하지만 보험사고의 발생으로 보험자가 보험금

액을 지급한 때에도 보험금액이 감액되지 아니하는 보험의 경우에는 보험계약자는 그 사고 발생 후에도 보험계약을 해지할 수 있다.

(2) 해제권 행사

보험계약이 의무보험만 체결된 경우로써, 이 보험계약을 맺기 전에 피보험자동차에 대하여 의무보험이 포함된 다른 보험계약(공제계약을 포함하며 이하 같음)이 유효하게 맺어져 있는 경우에는, 보험계약자는 그 다른 보험계약이 종료하기 전에 이 보험계약을 해제할 수 있다. 만일, 그 다른 보험계약이 종료된 후에는 그 종료일 다음날부터 보험기간이 개시되는 의무보험이 포함된 새로운 보험계약을 맺은 경우에 한하여 이 보험계약을 해제할 수 있다.

(3) 해지권 및 해제권 행사 제한

타인을 위한 보험계약에서 보험계약자는 기명피보험자의 동의를 얻거나 보험증권을 소지한 경우에 한하여 보험계약을 해지하거나 또는 해제할 수 있다.

라. 해지권 및 해제권 행사의 효과

(1) 보험계약의 소멸

보험계약자가 해지권을 행사하면 소급효를 가지지 않고 장래에 대해서만 보험계약이 소멸되고, 해제권을 행사하면 보험계약 체결 시점으로 소급하여 계약이 소멸한다.

(2) 보험료반환 청구

보험계약자가 해지권을 행사하여 보험계약이 소멸하면 보험계약자는 당사자 간에 다른 약정이 없으면 미경과보험료의 반환을 청구할 수 있고, 해제권을 행사하여 보험계약이 소멸된 경우에는 납입한 보험료의 전액의 반환을 청구할 수 있다.

7. 보험회사의 보험계약 해지

가. 자동차보험약관상 해지 사유

자동차보험약관 「보험회사의 보험계약 해지」에 관한 조항에는 다음 중 어느 하나에 해당하는 경우가 발생하였을 때, 보험회사는 그 사실을 안 날부터 1월 이내에 보험계약을 해지할 수 있다고 명시하고 있다.

(1) 계약 전 알릴 의무 위반

보험계약자가 보험계약을 맺을 때 고의 또는 중대한 과실로 자동차보험약관 「계약 전 알릴 의무」條 제1항의 사항에 관하여 알고 있는 사실을 알리지 않거나 사실과 다르게 알린 경우. 다만, 다음 중 어느 하나에 해당하는 경우 보험회사는 보험계약을 해지하지 못한다고 명시하고 있는

바, 보험계약을 해지하지 못한다고 명시한 사항에 대해서는 본서 "4편, 제2장, 1.계약 전 알릴 의무, 바.보험계약의 해지 요건과 제한 사유, (1)해지 요건과 제한 사유, (나)제한 사유"에 기재한 사항과 동일하므로 생략하기로 한다.

(2) 계약 후 알릴 의무 위반

보험계약자가 보험계약을 맺은 후에 자동차보험약관 「계약 후 알릴 의무」條 제1항에 정한 사실이 생긴 것을 알았음에도 불구하고 지체 없이 알리지 않거나 사실과 다르게 알린 경우. 다만, 보험계약자가 알려야 할 사실이 뚜렷하게 위험을 증가시킨 것이 아닌 때에는 보험회사가 보험계약을 해지하지 못한다.

(3) 자동차 검사 사항

보험계약자가 정당한 이유 없이 법령에 정한 자동차 검사를 받지 않은 경우

(4) 추가보험료 미납

보험회사가 제44조(계약 전 알릴 의무)제2항, 제45조(계약 후 알릴 의무)제1항, 제48조(피보험자동차의 양도)제4항, 제49조(피보험자동차의 교체)제4항에 따라 추가보험료를 청구한 날부터 14일 이내에 보험계약자가 그 보험료를 내지 않은 경우. 다만, 의무보험에는 적용하지 않는다.

(5) 보험계약자 등의 사기

보험금의 청구에 관하여 보험계약자, 피보험자, 보험금을 수령하는 자 또는 이들의 법정대리인의 사기행위가 발생한 경우. 다만, 의무보험에는 적용하지 않는다.

나. 보험자의 보상책임

보험회사는 보험계약자가 계약 전 알릴 의무 또는 계약 후 알릴 의무를 이행하지 아니하여 보험계약을 해지한 때에는 해지 이전에 생긴 사고에 대해서도 보상하지 않으며, 이 경우, 보험회사는 지급한 보험금의 반환을 청구할 수 있다. 다만, 계약 전 알릴 의무 또는 계약 후 알릴 의무를 위반한 사실이 사고의 발생에 영향을 미치지 않았음이 증명된 때에는 보험회사는 보상한다.

다. 다른 보험계약

보험회사는 보험계약자가 다른 보험의 가입내역을 알리지 않거나 사실과 다르게 알렸다는 이유로 계약을 해지하거나 보험금 지급을 거절하지 아니한다.

8. 보험료의 환급 등

자동차보험약관상 「보험료의 환급」을 규정하고 있는 條에는 보험회사가 보험계약자에게 보험료를 환급해 주어야 할 경우에 대하여 다음과 같이 명시하고 있다.

가. 보험료 변경

보험기간이 시작되기 전에 보험료가 변경된 때에는 변경 전 보험료와 변경 후 보험료의 차액을 더 받거나 돌려 준다.

나. 보험회사의 고의·과실

보험회사의 고의·과실로 보험료가 적정하지 않게 산정되어 보험계약자가 적정보험료를 초과하여 납입한 경우, 보험회사는 이를 안 날 또는 보험계약자가 반환을 청구한 날부터 3일 이내에 적정보험료를 초과하는 금액 및 이에 대한 이자(납입한 날부터 반환하는 날까지의 기간에 대해 보험개발원이 공시한 보험계약대출이율에 따라 연 단위 복리로 계산한 금액)를 돌려 준다. 다만, 보험회사에게 고의·과실이 없을 경우에는 적정보험료를 초과한 금액만 돌려 준다.

다. 보험계약의 취소, 해지, 효력 상실

보험회사는 보험계약이 취소되거나 해지된 때, 또는 그 효력이 상실된 때에는 다음과 같이 보험료를 돌려준다.

1. 보험계약자 또는 피보험자의 책임 없는 사유에 의하는 경우: 제39조(약관 교부 및 설명의무) 제4항에 의해 계약이 취소된 때에는 보험회사에 납입한 보험료의 전액, 효력 상실되거나 해지된 경우에는 경과하지 않은 기간에 대하여 일단위로 계산한 보험료
2. 보험계약자 또는 피보험자의 책임 있는 사유에 의하는 경우: 이미 경과한 기간에 대하여 단기요율로 계산한 보험료를 뺀 잔액
3. 보험계약이 해지된 경우, 계약을 해지하기 전에 보험회사가 보상하여야 하는 사고가 발생한 때에는 보험료를 환급하지 않는다.

라. 보험계약자 또는 피보험자에게 책임 있는 사유

위 '다'항에서 "보험계약자 또는 피보험자에게 책임이 있는 사유"라 함은 다음의 경우를 말한다.

1. 보험계약자 또는 피보험자가 임의 해지하는 경우(의무보험의 해지는 제외)
2. 보험회사가 제50조(보험계약의 취소) 또는 제53조(보험회사의 보험계약 해지)에 따라 보험계약을 취소하거나 해지하는 경우
3. 보험료 미납으로 인한 보험계약의 효력 상실

마. 보험계약 해제

보험계약이 해제된 경우에는 보험료 전액을 보험계약자에게 환급해 준다.

제4장 그 밖의 사항

1. 약관의 해석

가. 의 의

보험약관은 신의성실의 원칙에 따라 당해 약관의 목적과 취지를 고려하여 공정하고 합리적으로 해석하되, 개개의 계약 당사자가 기도한 목적이나 의사가 아니라 평균적 고객의 이해 가능성을 기준으로 보험단체 전체의 이해관계를 고려하여 객관적·획일적으로 해석해야 하며, 위와 같은 해석을 거친 후에도 약관 조항이 다의적으로 해석될 수 있고, 그 각각의 해석에 합리성이 있는 등 당해 약관의 뜻이 명확하지 않은 경우에는 고객에게 유리하게 해석해야 한다.

나. 약관 해석에 대한 관련 규정

(1) 약관의 규제에 관한 법률

동법 제5조(약관의 해석)에는 다음과 같이 규정하고 있다.

① 약관은 신의성실의 원칙에 따라 공정하게 해석되어야 하며 고객에 따라 다르게 해석되어서는 아니 된다.

② 약관의 뜻이 명백하지 아니한 경우에는 고객에게 유리하게 해석되어야 한다.

(2) 자동차보험약관 규정

자동차보험약관상의 "약관의 해석"에는 다음과 같이 명시하고 있다.

(가) 신의성실의 원칙

보험회사는 신의성실의 원칙에 따라 공정하게 약관을 해석해야 하며 보험계약자에 따라 다르게 해석하지 않는다.

(나) 불명료성의 원칙

보험회사는 약관의 뜻이 명백하지 않은 경우에는 보험계약자에게 유리하게 해석한다.

(다) 제한해석의 원칙

보험회사는 보상하지 않는 손해 등 보험계약자나 피보험자에게 불리하거나 부담을 주는 내용은 확대하여 해석하지 않는다.

> ■ 대법원 2013.03.14. 선고 2012다90603 판결[구상금]
> 보험약관의 해석에 있어서 약관 조항의 의미가 그 문언상으로나 작성 취지로 보아 명백하지 못하거나 의심스러운 때에는 보충적 해석 기준과 불명료의 원칙에 따라 이를 제한 해석할 수 있으나, 이와 달리 약관 조항의 의미가 명확하게 일의적으로 표현되어 있어 다의적인 해석의 여지가 없는 때에는 위와 같은 방법으로 제한 해석을 할 수 없다.

이러한 법리와 앞서 본 법 제29조제1항의 입법 취지 등에 비추어 볼 때, 원심 판시 이 사건 약관에 있는 "음주운전 또는 무면허운전 관련 자기부담금" 조항의 피보험자는 아래와 같은 이유로 이를 기명피보험자로 한정하여 해석할 것은 아니라고 할 것이다.

■ 대법원 2013.07.26. 선고 2011다70794 판결[채무부존재확인]
보험계약의 주요한 부분인 보험사고 내지 보험금 지급 사유는 일반적으로 보험증권이나 약관에 기재된 내용에 의해 결정된다. 그리고 보험약관은 신의성실의 원칙에 따라 당해 약관의 목적과 취지를 고려하여 공정하고 합리적으로 해석하되, 개개의 계약 당사자가 기도한 목적이나 의사가 아니라 평균적 고객의 이해가능성을 기준으로 보험단체 전체의 이해관계를 고려하여 객관적·획일적으로 해석하여야 하며, 위와 같은 해석을 거친 후에도 약관 조항이 다의적으로 해석될 수 있고 그 각각의 해석에 합리성이 있는 등 당해 약관의 뜻이 명확하지 않은 경우에는 고객에게 유리하게 해석하여야 한다(대법원 2009.5.28. 선고 2008다81633 판결 등 참조).

다. 법원의 약관통제

법원이 「약관의 규제에 관한 법률」에 근거하여 사업자가 마련한 약관의 구체적인 내용 통제는 개별 계약관계에서 당사자의 권리·의무를 확정하기 위한 선결문제로서 약관 조항의 효력 의무를 심사하는 것이다. 따라서 법원의 약관에 대한 통제 과정을 살펴보면 다음과 같다.

(1) 편입통제

약관이 사업자와 고객 사이에 체결한 계약에 편입되었는지 여부를 심사하는 것이 편입통제이다.

(2) 해석통제

편입된 약관의 객관적 의미를 확정하는 것이 해석통제이다.

(3) 불공정성통제

약관의 내용이 고객에게 부당하게 불이익을 주는 불공정한 것인지를 살펴보는 것이 불공정성통제이다.

법원은 위와 같은 통제 과정을 통하여 개별사안에 따른 당사자들의 구체적인 사정을 고려하여 약관을 객관적이고 합리적으로 해석한다.

■ 대법원 1991.12.24. 선고 90다카23899 전원합의체 판결[보험금]
[다수의견에 대한 보충의견]
(1) 보통거래약관 및 보험제도의 특성에 비추어 볼 때, 보험약관의 해석은 일반 법률행위와는 달리 개개 계약 당사자가 기도한 목적이나 의사를 기준으로 하지 않고 평균적 고객의 이해 가능성을 기준으로 하되 보험단체 전체의 이해관계를 고려하여 객관적, 획일적으로 해석하여야 하며, 다만 약관을 계약내용으로 편입하는 개별약정에 약관과 다른 내용이 있을 때에 한하여 개별약정이 우선할 뿐이다. 또 약관이 작성자인 기업에 의하여 일방적으로 유리하게 작성되고 고객에게 그 약관 내용에 관한 교섭이나 검토의 기회가 제대로 주어지지 않는 형성의 과정에 비추어 고객 보호의 측면에

서 약관 내용이 명백하지 못하거나 의심스러운 때에는 약관 작성자에게 불리하게 제한 해석하여야 한다는 불명료의 원칙이 적용된다.

2) 그러나 이와 달리 약관 조항의 의미가 명확하게 일의적으로 표현되어 있어 다의적인 해석의 여지가 없는 때에는 위와 같은 방법으로 제한 해석을 할 수 없고, 다만 그 내용이 불공정하거나 불합리한 경우에 강행 법규나 공서량속 또는 신의성실의 원칙에 위반됨을 이유로 그 효력의 전부 또는 일부를 부인할 수밖에 없으며 이는 직접적 내용 통제로서의 약관의 수정 해석에 해당하는 것이다.

(3) 책임보험 조항의 위 무면허운전 면책 조항이 문언상 다의적으로 해석할 여지가 없을 만큼 명백한 것이라면, 약관의 간접적 내용 통제의 방법으로 제한 해석을 할 수는 없고, 다만 불공정성 또는 불합리성을 이유로 한 직접적인 내용 통제로서 약관의 수정 해석을 시도할 수 있을 뿐이라고 할 것이므로 다수의견이 「약관규제법」의 규정을 근거로 위 무면허 면책 조항을 수정 해석한 것은 정당하다고 할 것이다.

(4) 「상법」 제659조제1항, 제663조에 의하여 손해 발생이 보험계약자 등에 의하여 유발된 경우보다 보험계약자 등에게 불리하게 면책 사유를 정할 수 없는 불이익변경금지의 제한은 손해 발생 원인에 의한 면책 사유에 한하여 적용되고 손해 발생 시에 상황이나 조건에 의한 면책 사유에는 적용될 여지가 없는 것이다.

(5) 책임보험에 있어서의 보험사고 원인인 자동차사고의 발생은 운전자의 고의 또는 과실에 의한 행위의 결과이지 교통 법규에 의한 면허 취득 여부와는 직접 관련이 없는 것이므로, 위 무면허운전 면책 조항은 사고 발생의 원인이 무면허운전에 있음을 이유로 한 것이 아니라 사고 발생 시에 무면허운전 중이었다는 법규 위반 상황을 중시하여 보험자의 보상 대상에서 제외하도록 한 것이다.

[별개의견]

(1) 「상법」 제651조와 제653조는 단순히 보험계약의 해지 사유만을 규정한 것이 아니라, 보험사고가 발생한 후에도 보험자가 그와 같은 사유를 들어 보험계약을 해지함으로써 보험금액을 지급할 책임을 면할 수 있다는 점에서 넓은 의미에 있어서의 보험자의 면책 사유까지 규정한 것이라고 볼 수 있다.

(2) 원래 보험자는 보험계약을 체결함에 있어서 피보험이익에 대한 위험사정을 파악하여 이를 기초로 보험사고가 발생할 개연율을 측정하고 그 결과에 따라 위험을 인수할 것인지의 여부와 보험료 및 그 조건 등을 결정하는 것인바, 이와 같은 과정을 거쳐 보험자가 인수한 위험은 보험기간 중에 그대로 유지되어야 하는 것이므로, 피보험이익에 대한 위험사정을 가장 잘 알 수 있는 위치에 있는 보험계약자와 피보험자에게 보험계약 당시에 그 위험사정을 고지할 의무를 지게 하고, 보험기간 중에도 보험자가 인수한 위험을 보험자의 동의 없이 변경하거나 증가시키지 아니할 위험 유지 의무를 보험계약자, 피보험자와 보험수익자에게 지우려는 것이 「상법」 제651조와 제653조의 규정 취지이다.

(3) 자동차사고로 인하여 피보험자가 제3자에게 손해배상책임을 짐으로써 입게 되는 손해의 보상을 목적으로 하는 보험계약을 체결함에 있어서, 보험계약자나 피보험자가 자동차를 운전할 피보험자 등이 운전면허를 받지 아니한 사실을 고지하지 아니하였다면, 이것은 바로 위험사정에 관한 중요한 사항을 보험자에게 고지하지 아니한 경우에 해당할 것이고, 또 보험기간 중에 피보험자 등이 받은 운전면허가 취소되거나 그 운전면허의 효력이 정지되었는데도 그대로 자동차를 운전하거나, 운전면허를 받지 아니한 자에게 자동차의 운전을 허용하였다면, 이것은 피보험자 등이 고의 또

는 중대한 과실로 인하여 보험사고 발생의 위험을 증가시킨 경우에 해당한다고 보는 것이 상당하다.

(4) 무면허라는 점에 관한 보험계약자 등의 고지 의무 위반 사실이나 피보험자 등의 고의 또는 중대한 과실로 인한 무면허운전 사실을 알게 된 보험자는 그와 같은 사유만으로 보험계약을 해지할 수 있고, 이 경우에는 이미 보험사고가 발생한 후에 보험계약을 해지하였다고 하더라도 보험자는 일응 보험금액을 지급할 책임을 면하게 되지만, 보험계약자나 피보험자가 무면허운전이 교통사고의 발생에 영향을 미치지 아니하였음을 증명한 때에는 보험계약에 따라 보험금액을 지급받을 수 있도록 하려는 것이 상법이 규정하고 있는 해결방법이라고 볼 수 있다.

(5) 자동차종합보험 중 책임보험에 있어서도 피보험자 등의 무면허운전으로 인한 보험자의 면책 사유에 관하여 위에서 본 「상법」의 규정보다 보험계약자 등에게 불이익하게 규정한 면책약관은 효력이 없는 것이라고 보아야 할 것이므로 보험계약자 등이 고지 의무에 위반한 사실이 있는지의 여부나 피보험자 등의 고의 또는 중대한 과실로 인한 무면허운전으로 인하여 교통사고가 발생한 것인지의 여부를 가리지 아니하고, 무면허운전이라는 사실만을 기준으로 그 사실만 있으면 절취운전이나 무단운전의 경우까지 포함하여 보험자가 보험금액을 지급할 책임을 면하도록 정한 면책약관은 보험계약자와 피보험자를 상법 제4편 제1장의 규정보다 더 불이익한 지위에 빠뜨리게 하는 것이어서 「상법」 제663조에 위반되어 무효라고 볼 수밖에 없다.

■ 대법원 2013.02.15. 선고 2011다69053 판결[마일리지제공]

법원이 구 「약관의 규제에 관한 법률」(2010.3.22. 법률 제10169호로 개정되기 전의 것, 이하 「약관규제법」이라 한다)에 근거하여 사업자가 미리 마련한 약관에 대하여 행하는 구체적 내용 통제는 개별 계약관계에서 당사자의 권리·의무를 확정하기 위한 선결문제로서 약관 조항의 효력 유무를 심사하는 것이다. 따라서 법원은 약관에 대한 단계적 통제 과정, 즉, 약관이 사업자와 고객 사이에 체결한 계약에 편입되었는지 여부를 심사하는 편입 통제와 편입된 약관의 객관적 의미를 확정하는 해석 통제 및 이러한 약관의 내용이 고객에게 부당하게 불이익을 주는 불공정한 것인지를 살펴보는 불공정성 통제의 과정에서, 개별사안에 따른 당사자들의 구체적인 사정을 고려해야 한다. 사업자는 약관을 사용하여 고객과 계약을 체결하는 경우에, 고객에게 약관의 내용을 계약의 종류에 따라 일반적으로 예상되는 방법으로 명시함으로써 그 약관 내용을 알 수 있는 기회를 제공하여야 하고(「약관규제법」 제3조제2항), 약관에 정하여져 있는 중요한 내용을 고객이 이해할 수 있도록 설명하여야 한다(같은 조 제3항). 여기서 설명의무의 대상이 되는 "중요한 내용"은 사회통념에 비추어 고객이 계약 체결의 여부나 대가를 결정하는 데 직접적인 영향을 미칠 수 있는 사항을 말하고, 약관 조항 중에서 무엇이 중요한 내용에 해당하는지에 관하여는 일률적으로 말할 수 없으며, 구체적인 사건에서 개별적 사정을 고려하여 판단하여야 한다(대법원 2008.12.16.자 2007마1328 결정 등 참조)

2. 보험회사의 개인정보 이용 및 보험계약 정보의 제공

가. 정보 이용의 범위

자동차보험약관상의 「보험회사의 개인정보 이용 및 보험계약 정보의 제공」條 제1항에는 「보험회사는 제27조(제출서류)제5호, 제6호의 배상 의무자의 개인정보와 제46조(사고 발생 시 의무) 제2호 나목, 다목의 피해자, 가해자 및 증인의 개인정보를 보험사고의 처리를 위한 목적으로만 이용할 수 있습니다」라고 규정하여 보험회사의 개인정보 이용 및 보험계약 정보의 제공에 대한 범위를 명확히 하고 있다.

나. 정보 제공

위 약관 같은 조 제2항에서 「보험회사는 보험계약에 의한 의무의 이행 및 관리를 위한 판단자료로 활용하기 위하여 「개인정보보호법」 제15조, 제17조, 제22조 내지 제24조, 「신용정보의 이용 및 보호에 관한 법률」 제32조, 같은 법 시행령 제28조에서 정하는 절차에 따라 보험계약자와 피보험자의 동의를 받아 다음의 사항을 다른 보험회사 및 보험관계단체에 제공할 수 있습니다」라고 명시하고 있는데 위 "다음의 사항"은 다음과 같다.

1. 기명피보험자의 성명, 주민등록번호 및 주소와 피보험자동차의 차량번호, 형식, 연식
2. 계약 일시, 보험종목, 보장종목, 보험가입금액, 자기부담금 및 보험료 할인 할증에 관한 사항, 특별약관의 가입사항, 계약 해지 시 그 내용 및 사유
3. 사고 일시 또는 일자, 사고 내용 및 각종 보험금의 지급 내용 및 사유

3. 피보험자동차 등에 대한 조사

자동차보험약관상 「피보험자동차 등에 대한 조사」에 관한 條에서는 「보험회사는 피보험자동차 등에 관하여 필요한 조사를 하거나 보험계약자 또는 피보험자에게 필요한 설명 또는 증명을 요구할 수 있습니다. 이 경우, 보험계약자, 피보험자 또는 이들의 대리인은 이러한 조사 또는 요구에 협력하여야 합니다」라고 규정하고 있다. 이는 피보험자동차가 자동차보험의 보험 목적으로써 보험자 입장에서는 위험률 측정 등 보험계약심사 자료로서 중요하기 때문이다.

4. 예금보험기금에 의한 보험금 등의 지급 보장

자동차보험약관에는 보험회사가 파산 등으로 인하여 보험금 등을 지급하지 못할 경우에는 「예금자보호법」에서 정하는 바에 따라 그 지급을 보장한다고 규정하고 있다.

5. 보험사기 행위 금지

자동차보험약관은 보험계약자, 피보험자, 피해자 등이 보험사기 행위를 행한 경우 관련 법령에 따라 형사 처벌 등을 받을 수 있다고 규정하고 있다. 이 경우, 보험계약자 등의 사기에 의한 계약은 계약의 취소 사유에 해당되어 무효이고, 보험금 수령은 반환 사유에 해당된다.

6. 분쟁의 조정

자동차보험약관 「분쟁의 조정」에 관한 條에는 「이 보험계약의 내용 또는 보험금의 지급 등에 관하여 보험회사와 보험계약자, 피보험자, 손해배상청구권자, 그 밖에 이해관계에 있는 자 사이에 분쟁이 있을 경우에는 금융감독원에 설치된 금융분쟁조정위원회의 조정을 받을 수 있습니다」라고 명시되어 있다. 이와 같은 규정은 보험사고 발생 시 피해자의 권리 구제를 신속하게 하기 위한 것이라고 볼 수 있다.

7. 관할법원

자동차보험약관 「관할법원」에 관한 條는 「이 보험계약에 관한 소송 및 민사조정은 보험회사의 본점 또는 지점 소재지 중 보험계약자 또는 피보험자가 선택하는 대한민국 내의 법원을 합의에 따른 관할법원으로 합니다」라고 규정하고 있다.

8. 준용 규정

자동차보험약관 「준용 규정」에 관한 條는 「이 약관에서 정하지 않은 사항은 대한민국 법령에 따른다」고 규정하고 있다. 따라서 보험계약 당사자 간 약관의 내용에 대한 해석 내지는 적용에 다툼이 있을 시, 이 약관 규정에 없는 사항은 「민법」 등 기타 다른 법령을 적용하여야 한다.

5편 특별약관

특별약관은 자동차보험 가입 시 선택해서 가입함으로써 보통약관에서 보장하는 내용에 추가로 보상 또는 비용, 서비스를 제공받을 수 있도록 구성되어 있다.

제1장 운전가능자에 대한 제한

피보험자동차를 운전할 수 있는 사람에 대하여 제한하는 특약으로 운전자의 연령을 기준으로 하는 "연령한정 특약"과 기명피보험자와의 관계(가족 또는 부부 등의 관계)를 기준으로 하는 "운전자한정 특약"으로 구성되어 있다. 이 특약에 가입할 경우 일부 보험료를 절감하는 효과는 있으나 운전가능자 이외의 자가 운전 중 발생한 사고는 「대인배상Ⅰ」(책임보험)을 초과한 손해에 대하여 보험자의 보상책임이 발생하지 않는다.

1. 운전자 연령한정 특별약관

가. 보상 내용

보험회사는 피보험자가 피보험자동차에 대하여 운전할 자를 만 21세/24세/26세/30세/35세/43세/48세 이상으로 한정하는 경우에는 이 특별약관이 정하는 바에 따라 보상한다.

나. 보상하지 않는 손해

(1) 운전 가능 연령 미만의 자가 운전 중 사고 면책

회사는 이 특별약관에 의하여 운전 가능 연령 미만의 자가 피보험자동차를 운전하던 중에 발생된 사고에 대하여는 보험금을 지급하지 아니한다.

(2) 면책 제외

(가) 약관 설명의무 위반

이 특별약관에서 운전 가능 연령 미만의 자가 운전 중에 발생시킨 사고라 하더라도 회사는 보험계약자 또는 피보험자에게 이 특별약관의 내용을 알려 주었다는 사실을 회사가 입증하지 못하는 경우에는 보통약관 「배상책임」(「대인배상Ⅰ」 제외), 「자기신체사고」 또는 「자동차상해특별약관」, 「무보험자동차에 의한 상해」 및 「자기차량손해」에서의 손해에 대하여 보험금 지급 책임을 면할 수 없다.

> ■ 대법원 1998.06.23. 선고 98다14191 판결[채무부존재확인]
> 보험자 및 보험계약의 체결 또는 모집에 종사하는 자는 보험계약의 체결에 있어서 보험계약자 또는 피보험자에게 보험약관에 기재되어 있는 보험상품의 내용, 보험료율의 체계 및 보험청약서상 기재사항의 변동사항 등 보험계약의 중요한 내용에 대하여 구체적이고 상세한 명시·설명의무를 지고 있다고 할 것이어서 보험자가 이러한 보험약관의 명시·설명의무에 위반하여 보험계약을 체결한 때에는 그 약관의 내용을 보험계약의 내용으로 주장할 수 없는 것임은 상고이유에서 지적하고 있는 바와 같다(대법원 1992.3.10. 선고 91다31883 판결, 1998.5.22. 선고 98다10816 판결 등 참조). 원심 판결 이유에 의하면, 원심은 피고 경영의 "백산유통"의 경리과장인 소외 강신각은 1995.11.18. 피고를 대리하여 원고 산하 대원대리점의 담당직원인 소외 황현희와 전화로 이 사건 차량에 관한 보험계약을 신규로 체결하면서, 위 황현희로부터 새로운 보험료산출기준에 따라 운전자의 연령을 전 연령, 21세 이상, 26세 이상으로 하는 각 경우의 보상 범위와 보험료의 액수, 특히 운전자 연령 26세 이상 한정운전만을 담보하는 특별약관에 의하여 보험계약을 체결한 때에는 사고일 현재 만 26세 미만의 자가 운전하는 경우에 보험 처리가 되지 아니한다는 등의 내용에 관한 설명을 들은 다음 특별약관에 의한 보험계약을 선택하여 계약 체결을 의뢰하였고, 그에 따라 황현희는 피고가 같은 날 원고 회사와의 사이에 피보험자를 피고, 피보험자동차를 이 사건 차량, 보험

기간을 1995.11.18.부터 1996.11.18.까지, 가입 내용(담보종목)을 「대인배상Ⅱ」, 「대물배상」, 「자기신체사고」, 「무보험차상해」, 「자기차량손해」로 하되, 운전자 연령을 26세 이상으로 한정하는 특별약관에 따른 업무용 자동차보험계약을 체결한 것으로 하여 그에 따른 보험료를 대납하였으며, 같은 달 21. 피고 경영의 위 백산유통 사무실에 가서 위 강신각으로부터 특별약관에 따른 보험료를 수령하면서 26세 이상만 운전이 가능하다는 취지가 명확히 기재되어 있는 보험료 영수증, 연령스티커, 책임보험스티커 등을 강신각에게 교부하였는데, 강신각은 이에 대하여 아무런 이의를 하지 않았고, 한편, 이 사건 보험계약 체결 당시 피고의 서명날인을 받은 보험계약서는 작성되지 아니하였으며, 보험증권 및 약관은 1995.12.3. 피고에게 우편으로 발송한 사실, 한편, 특별약관 시행 이후로서 이 사건 보험계약 체결 이전인 1995.8.26.부터 1995.10.12.까지 사이에 피고는 대원대리점을 통하여 원고와의 사이에 3건의 자동차보험계약을 체결하였는데, 이들은 이 사건 보험계약과 마찬가지로 모두 운전자의 연령을 26세 이상으로 한정하는 특별약관을 기초로 하여 체결되었고, 그 이후에 체결된 자동차보험계약도 모두 26세 이상 한정운전 특별약관을 기초로 하여 체결된 사실(다만 그중 1건은 위 사고 이후 21세 이상 한정운전 특별약관으로 변경되었다가 다시 전 연령운전으로 변경되었다)을 인정한 다음, 사정이 이와 같다면, 원고는 보험계약을 체결 또는 모집에 종사하는 자로서 일반적으로 요구되는 정도의 보험계약 내용에 관한 명시·설명의무를 이행하였다고 할 것이고, 따라서 이 사건 차량을 운전하다가 사고를 낸 소외 김종식이 26세 미만인 자에 해당하므로 위 특별약관에 의하여 원고는 피고에게 이 사건 사고에 대한 보험금 지급 의무가 없다고 판단하였던 바(원심은 책임보험인 「대인배상Ⅰ」에 대한 보험금에 대하여도 원고에게 지급 의무가 없다고 판단한 취지는 아니라고 보여진다), 기록에 비추어 살펴보면 원심의 위와 같은 사실인정과 판단은 정당한 것으로 수긍이 가고, 거기에 상고이유로 주장하는 바와 같은 심리미진 내지 채증법칙을 위배하여 사실을 오인하였다거나 입증 책임 내지 설명의무에 관한 법리를 오해한 위법 등이 있다고 할 수 없다. 또 상고이유로 이 사건 운전자 연령 26세 이상 한정운전 특별약관이 「약관의 규제에 관한 법률」 제7조제2호의 규정에 위반되어 무효라고 주장하고 있으나 이는 원심에 이르기까지 주장하지 아니하고 상고심에 이르러 비로소 주장한 것이어서 적법한 상고이유가 되지 못할 뿐만 아니라, 위와 같은 특별약관으로 인하여 그 담보 범위가 축소되어 보험계약자에게 불리한 것은 분명하나 보험계약자에게도 위 특별약관을 보험계약에 편입시킴으로써 보험료가 할인되어 그 할인된 만큼의 보험료를 납부하지 아니함으로써 얻는 이익이 있고, 위 특별약관을 보험계약에 편입시킬 것인지 여부는 전적으로 보험계약자의 의사에 달려 있는 것이므로, 위와 같은 특별약관이 상고이유의 주장과 같이 「약관규제법」 제7조제2호에 위반하여 무효라고 볼 수도 없다고 할 것이다. 논지는 모두 받아들일 수 없다.

(나) 도난 중 사고

1) 자동차보험약관 규정

피보험자동차를 도난당하였을 경우 그 도난당하였을 때로부터 발견될 때까지의 사이에 발생된 피보험자동차의 사고로 인한 보통약관 「배상책임」, 「자기신체사고」, 「자동차상해특별약관」, 「자기차량손해」의 손해에 대하여는 보험금을 지급한다.

2) 피보험자동차를 도난당하였을 경우

"피보험자동차를 도난당하였을 경우"라 함은 피보험자의 명시적이거나 묵시적인 의사에 기하지 아니한 채 제3자가 피보험자동차를 운전한 경우를 말하고, 여기서 "묵시적인 의사"라 함은 명시적인 의사와 동일하게 위 약관의 적용으로 이어진다는 점에서 피보험자의 도난운전에 대한 승인 의도가 명시적으로 표현되어 있는 경우와 동일시할 수 있을 정도로 그의 승인 의도를 추단할 만한 사정이 있는 경우에 한정되어야 하고, 따라서 묵시적인 의사의 존부에 관하여는 피보험자와 도난운전자와의 관계 뿐만 아니라, 평소 사고차량의 운전 및 관리 상황, 당해 도난운전이 가능하게 된 경위와 그 운행 목적, 평소 도난운전자에 대한 피보험자가 취해 온 태도 등의 제반 사정을 함께 참작하여 인정해야 한다.

■ 대법원 2003.06.27. 선고 2001다67751 판결[보험금]
자동차종합보험의 26세 이상 한정운전 특별약관 소정의 "피보험자동차를 도난당하였을 경우"라 함은 피보험자의 명시적이거나 묵시적인 의사에 기하지 아니한 채 제3자가 피보험자동차를 운전한 경우를 말하고, 여기서 "묵시적인 의사"라 함은 명시적인 의사와 동일하게 위 약관의 적용으로 이어진다는 점에서 피보험자의 연령 미달자의 운전에 대한 승인 의도가 명시적으로 표현되어 있는 경우와 동일시할 수 있을 정도로 그의 승인 의도를 추단할 만한 사정이 있는 경우에 한정되어야 하되, 묵시적인 의사의 존부에 관하여는 피보험자와 연령 미달 운전자와의 관계 뿐만 아니라, 평소 사고차량의 운전 및 관리 상황, 당해 연령 미달자의 운전이 가능하게 된 경위와 그 운행 목적, 평소 연령 미달 운전자에 대한 피보험자가 취해 온 태도 등의 제반 사정을 함께 참작하여 인정하여야 할 것이다(대법원 2000.2.25. 선고 99다40548 판결 참조).
원심은, 그 채용 증거들을 종합하여, 원고가 이창섭으로부터 이 사건 차량을 매수하여 계약금만 지급한 상태에서 차량을 인도받고 26세가 되지 아니한 차명철을 운전자로 고용하여 이 사건 차량을 운행하여 오던 중에 이 사건 사고가 발생한 사실과 이 사건 차량의 매도인인 이창섭은 원고에게 이 사건 차량을 인도하면서 차량 관리, 운행방식, 운전자의 고용 및 급여의 지급 등에 관한 모든 권한을 아울러 양도하였고 원고에게 이 사건 차량을 인도한 이후에는 원고가 직접 이 사건 차량을 운전하든지 아니면 어느 누구를 운전사로 고용하여 운전하게 하든지에 관하여는 아무런 관심도 없었던 사실을 인정한 다음, 그 인정 사실에 터잡아 이 사건 차량의 기명피보험자인 이창섭은 승낙피보험자인 원고가 이 사건 차량의 운전사로 고용한 자인 차명철의 운전행위에 관하여서도, 이를 승인하는 의도가 명시적으로 표현되어 있는 경우와 동일시할 수 있을 정도로 묵시적인 승인을 하였다고 봄이 상당하다고 판단하여 이 사건 사고는 도난 중의 사고로서 26세 이상 한정운전 면책약관이 적용되지 아니한다는 취지의 원고의 주장을 배척하였는 바, 관계 증거들을 기록에 비추어 살펴보면, 원심의 위와 같은 사실 인정과 판단은 정당하고, 거기에 채증법칙 위배로 인한 사실오인이나 운전자연령 한정운전 특별약관의 해석에 관한 법리오해, 판례 위반 등의 위법이 있다고 할 수 없다.

■ 대법원 2006.01.13. 선고 2005다46431 판결[채무부존재확인]
[1] 자동차보험의 만 26세 이상 한정운전 특별약관 제2조제2항에 규정된 "피보험자동차를 도난당하였을 경우"라 함은 피보험자의 명시적 혹은 묵시적인 의사에 기하지 아니한 채 제3자가 피보험

자동차를 운전한 경우를 말하고, 기명피보험자의 승낙을 받아 자동차를 사용하거나 운전하는 자로서 보험계약상 피보험자로 취급되는 승낙피보험자의 승인만이 있는 경우에는 원칙적으로 피보험자의 묵시적인 승인이 없는 것으로 보아야 하나, 보험약관상 피보험자동차를 운행할 자격이 없는 운전가능연령 미달자에게 자동차를 빌려 준 경우에는 그 대여 당시 다른 운전가능연령 미달자가 승낙피보험자의 지시 또는 승낙을 받아 그 자동차를 운전하는 것을 승인할 의도가 있었음을 추단할 수 있는 직접적 또는 간접적 표현이 있는 때에 해당한다고 보아야 한다.

[2] 자동차보험계약에서 만 26세 이상 한정운전 특별약관에 가입된 기명피보험자는 자신의 선택에 따라 적은 보험료를 내는 특혜를 받는 만큼 타인에게 피보험자동차의 운전을 허락하는 경우에는 운전자의 연령이 운전가능연령에 해당한다고 믿을 만한 특별한 사정이 없는 한 운전자의 연령을 확인할 의무가 있고, 그 확인을 게을리함으로써 운전가능연령 미달자에게 자동차를 빌려 준 경우에도 그 승낙피보험자의 운전은 물론 그의 지시 또는 승낙 하의 다른 운전가능연령 미달자의 운전 역시 달리 특별한 사정이 없는 한 당초의 한정운전 특별약관 위반상태의 연장에 불과하여 이를 예견할 수 있었던 것으로 봄이 상당하다 할 것이니, 위 운전가능연령 미달자의 운전은 승낙피보험자의 승인 뿐만 아니라 기명보험자의 묵시적인 승인의 의도도 있었던 때에 해당한다고 보아야 한다.

(다) 「대인배상 I」

자동차보험약관에서 이 특별약관은 「대인배상 I」에 대해서는 적용하지 않는다고 규정하고 있다.

다. 준용 규정

이 특별약관에서 정하지 아니한 사항은 보통약관에 따른다.

2. 기명피보험자와의 관계를 기준으로 하는 운전자 한정 특별약관

가. 기명피보험자 및 지정 1인 운전자 한정운전 특별약관

(1) 보상 내용

(가) 자동차보험약관 규정

보험회사는 피보험자가 피보험자동차에 대하여 운전할 자를 보험증권에 기재된 기명피보험자와 기명피보험자가 지정한 지정 1인 운전자로 한정하는 경우에는 이 특별약관이 정하는 바에 따라 보상한다.

(나) 지정 1인 운전자

"지정 1인 운전자"란 보험계약을 체결할 때에 기명피보험자가 지정한 1인으로서 보험증권에 기명된 운전자를 말한다.

(2) 보상하지 아니하는 손해

(가) 기명피보험자 및 지정 1인 운전자 이외의 자 운전 중 사고 면책

회사는 이 특별약관에 의하여 기명피보험자와 추가 지정된 지정 1인 운전자 이외의 자가 피보험자동차를 운전하던 중에 발생된 사고에 대하여는 보험금을 지급하지 아니한다.

(나) 면책 제외

1) 설명의무 위반

자동차보험약관의 "운전가능자에 대한 제한 특별약관" 중, "운전자 연령한정 특별약관"과는 달리 "기명피보험자와의 관계를 기준으로 하는 운전자한정 특별약관"의 "보상하지 아니하는 손해"의 후단 단서 조항에 특별약관 내용의 설명의무 위반 시 회사가 보험금을 지급한다는 규정이 누락되어 있고, 도난 중 사고에 대해서만 보험금을 지급한다고 규정되어 있다. 그러나 대법원 판결은 동 특별약관의 내용도 연령한정 특별약관의 내용과 마찬가지로 보험자의 설명의무 대상이라는 입장을 분명하게 견지하고 있으므로 보험자가 보험계약자 또는 피보험자에게 이 특별약관의 내용을 알려 주었다는 사실을 회사가 입증하지 못하는 경우에는 보험금 지급 책임을 면할 수 없다.

2) 도난 중 사고

피보험자동차를 도난당하였을 경우, 그 도난당하였을 때로부터 발견될 때까지의 사이에 발생된 피보험자동차의 사고로 인한 보통약관 「배상책임」, 「자기신체사고」 또는 「자동차상해특별약관」, 「무보험자동차에 의한 상해」 및 「자기차량손해」의 손해에 대하여는 보험금을 지급한다. 이 특별약관의 "피보험자동차를 도난당하였을 경우"란 전기한 "1.운전자 연령한정 특별약관, 나.보상하지 않는 손해, (2)면책 제외, (나)도난 중 사고"와 같다.

3) 「대인배상 I 」

자동차보험약관에는 이 특별약관은 「대인배상 I 」에 대해서는 적용하지 않는다고 규정하고 있다.

(3) 준용 규정

이 특별약관에 정하지 아니한 사항은 보통약관에 따른다.

나. 부부운전자 한정운전 특별약관

(1) 보상 내용

(가) 자동차보험약관 규정

보험회사는 피보험자가 피보험자동차에 대하여 운전할 자를 기명피보험자와 그 배우자로 한정하는 경우에는 이 특별약관이 정하는 바에 따라 보상한다.

(나) 배우자

"배우자"란 기명피보험자의 법률상의 배우자 또는 사실혼관계에 있는 배우자를 말한다.

(2) 보상하지 아니하는 손해

(가) 기명피보험자와 그 배우자 이외의 자 운전 중 사고 면책

회사는 이 특별약관에 의하여 기명피보험자와 그 배우자 이외의 자가 피보험자동차를 운전하던 중에 발생된 사고에 대하여는 보험금을 지급하지 아니한다.

(나) 면책 제외

면책 제외 사항에 대해서는 전기한 "1.운전자 연령한정 특별약관, 나.보상하지 않는 손해, (2) 면책 제외, (나)도난 중 사고"와 같다.

(3) 준용 규정

자동차보험약관에는 이 특별약관에서 정하지 아니한 사항은 보통약관에 따른다고 규정하고 있다.

다. 부부 및 지정 1인 운전자 한정운전 특별약관

(1) 보상 내용

(가) 자동차보험약관 규정

보험회사는 피보험자가 피보험자동차에 대하여 운전할 자를 기명피보험자와 그 배우자, 그리고 기명피보험자가 지정한 지정 1인 운전자로 한정하는 경우에는 이 특별약관이 정하는 바에 따라 보상한다.

(나) 배우자 및 지정 1인 운전자

배우사는 기명피보험자의 법률상의 배우자 또는 사실혼관계에 있는 배우자를 말하고, 지정 1인 운전자는 보험계약을 체결할 때 기명피보험자가 지정한 1인으로서 보험증권에 기명된 운전자를 말한다.

(2) 보상하지 아니하는 손해

(가) 기명피보험자와 배우자, 지정 1인 운전자 이외의 자 운전 중 사고 면책

회사는 이 특별약관에 의하여 기명피보험자와 그 배우자 그리고 추가 지정된 지정 1인 운전자 이외의 자가 피보험자동차를 운전하던 중에 발생된 사고에 대하여는 보험금을 지급하지 아니한다.

(나) 면책 제외

면책 제외 사항에 대해서는 전기한 "1.운전자 연령한정 특별약관, 나.보상하지 않는 손해, (2) 면책 제외, (나)도난 중 사고"와 같다.

(3) 준용 규정

자동차보험약관에는 이 특별약관에서 정하지 아니한 사항은 보통약관에 따른다고 규정하고 있다.

라. 가족운전자 한정운전 특별약관

(1) 보상 내용

(가) 자동차보험약관 규정

보험회사는 피보험자가 피보험자동차에 대하여 운전할 자를 기명피보험자와 그 가족으로 한정하는 경우에는 이 특별약관이 정하는 바에 따라 보상한다.

(나) 가족

이 특별약관에서 "가족"이란 다음 각 호의 자를 말한다.

1. 기명피보험자의 부모와 양부모, 계부모
2. 기명피보험자의 배우자의 부모 또는 양부모, 계부모
3. 법률상의 배우자 또는 사실혼 관계에 있는 배우자
4. 법률상의 혼인관계에서 출생한 자녀, 사실혼 관계에서 출생한 자녀, 양자 또는 양녀, 계자녀
5. 기명피보험자의 며느리 또는 사위(계자녀의 배우자 포함하며, 기명피보험자의 자녀와 법률상 혼인관계에 있는 자를 말한다(대법원 2014.9.4. 선고 2013다66966 판결)).

(2) 보상하지 아니하는 손해

(가) 기명피보험자와 가족 이외의 자 운전 중 사고 면책

회사는 이 특별약관에 의하여 기명피보험자와 그 가족 이외의 자가 피보험자동차를 운전하던 중에 발생된 사고에 대하여는 보험금을 지급하지 아니한다.

(나) 면책 제외

면책 제외 사항에 대해서는 전기한 "1.운전자 연령한정 특별약관, 나.보상하지 않는 손해, (2) 면책 제외, (나)도난 중 사고"와 같다.

(3) 준용 규정

자동차보험약관에는 이 특별약관에서 정하지 아니한 사항은 보통약관에 따른다고 규정하고 있다.

> ■ 부산고등법원 2006.06.15. 선고 2006나555 판결[보험금청구권확인]
> 위 가족운전자 한정운전 특별약관은 보험자의 면책과 관련되는 중요한 내용에 해당하는 사항으로서 이를 보험계약의 내용으로 편입하기 위해서는 보험자가 그 내용에 관하여 구체적이고 상세한 명시·설명의무를 다해야 할 것인바(대법원 2003.8.22. 선고 2003다27054 판결 참고. 따라서 가족운전자 한정운전 특별약관에 있어 가족의 의미는 거래상 일반적이고 공통된 것이어서 보험자의 명시·설명의무의 대상이 되지 않는다는 피고 회사의 주장은 받아들이지 아니한다), 피고 회사나 소외 1이 이 사건 보험계약의 체결 당시 안기준이나 원고 인경덕에게 위 약관의 내용에 관하여 구체적이고 상세한 명시·설명을 다하였다는 점에 부합하는 을 제1호증의 일부 기재와 제1심 증인 소외 1의 일부 증언은, 갑제2, 4, 5, 9, 10, 11, 16호 중, 을 제3호 중의 1, 2, 3의 각 기재와 제1심 증인 안기준, 이명옥의

각 증언에 의하여 인정되는 다음과 같은 점, 즉, ① 안기준은 이 사건 보험계약을 체결하면서 전연령 운전가능 특별약관에도 가입하였는데, 이 사건 보험계약의 체결 당시 원고 안경학의 나이가 19세 5개월인 반면 원고 안경덕의 나이는 21세 7개월이었으므로 안기준이 원고 안경덕이 운전하는 것만을 예상하여 이 사건 보험계약을 체결하였다면 굳이 운전자연령 만 21세 이상 한정운전 특별약관보다 보험료가 30만 원이나 비싼 전 연령 운전가능 특별약관에 가입할 필요가 없었고, 이 사건 보험계약의 체결 당시 이 사건 승용차를 운전할 필요성은 공익근무요원으로 근무하는 원고 안경덕보다 군속요원으로서 부산 기장군 정관면에 있는 유일고무주식회사에 출퇴근을 해야 하는 원고 안경학에게 더 있었으며, 더욱이 원고 안경덕이 이 사건 보험계약의 체결 직후인 2002.5.21. 피고 회사를 대리한 소외 1과 사이에 자신의 또 다른 승용차인 (차량번호 생략)호 쏘나타승용차에 관하여 자동차종합보험계약을 체결하면서 운전자연령 만 21세 이상 한정운전 특별약관에 가입한 사실 등에 비추어 안기준으로서는 원고 안경덕보다 오히려 원고 안경학을 위해서 이 사건 보험계약을 체결한 것으로 보이고, 따라서 소외 1이 이 사건 보험계약을 체결하면서 안기준에게 가족운전자 한정운전 특별약관의 내용을 구체적이고 상세하게 명시·설명하였다면 안기준으로서는 원고 안경학이 보험대상에서 제외되는 가족운전자 한정운전 특별약관에 가입하지 아니하였을 것으로 보이는 점, ② 이 사건 사고 발생 직후인 2005.8.1. 소외 1이 안기준으로부터 이 사건 사고로 인한 보험금에 관하여 문의전화를 받은 후 안기준의 요청이 없었음에도 임의로 위 가족운전자 한정운전 특별약관을 해제하고 자신의 비용으로 추가보험료를 납부하여 원고들로 하여금 이 사건 보험금을 지급받을 수 있도록 시도한 사실 등에 비추어 소외 1 역시 가족운전자 한정운전 특별약관의 내용을 제대로 알지 못하였거나 이 사건 보험계약의 체결 당시 안기준에게 그 내용을 제대로 설명하지 않았던 것으로 보이는 점 등에 비추어 이를 믿기 어렵고, 달리 이를 인정할 증거가 없으므로, 이를 지적하는 원고들의 재항변은 이유 있고 결국 피고의 위 항변은 이유 없다.

미. 가족 및 지정 1인 운전자 한정운전 특별약관

(1) 보상 내용

(가) 자동차보험약관 규정

보험회사는 피보험자가 피보험자동차에 대하여 운전할 자를 기명피보험자와 그 가족 그리고 기명피보험자가 지정한 지정 1인 운전자로 한정하는 경우에는 이 특별약관이 정하는 바에 따라 보상한다.

(나) 가족 및 지정1인 운전자

이 특별약관에서 가족이란 "2.기명피보험자와의 관계를 기준으로 하는 운전자한정 특별약관, 라.가족운전자 한정운전 특별약관, (1)보상 내용, (나)가족」과 같고, 지정 1인 운전자란 "2.기명피보험자와의 관계를 기준으로 하는 운전자 한정 특별약관, 가.기명피보험자 및 지정 1인 운전자 한정운전 특별약관, (1)보상 내용, (나)지정 1인 운전자"와 같다.

(2) 보상하지 아니하는 손해

(가) 기명피보험자와 가족 및 지정 1인 운전자 이외의 자 운전 중 사고 면책

보험회사는 피보험자가 피보험자동차에 대하여 운전할 자를 기명피보험자와 그 가족, 그리고 기명피보험자가 지정한 지정 1인 운전자로 한정하는 경우에는 이 특별약관이 정하는 바에 따라 보상한다.

(나) 면책 제외

면책 제외 사항에 대해서는 전기한 "1.운전자 연령한정 특별약관, 나.보상하지 않는 손해, (2) 면책 제외, (나)도난 중 사고"와 같다.

(3) 준용 규정

자동차보험약관에는 이 특별약관에서 정하지 아니한 사항은 보통약관에 따른다고 규정하고 있다.

바. 가족 및 형제자매 한정운전 특별약관

(1) 보상 내용

(가) 자동차보험약관 규정

보험회사는 피보험자가 피보험자동차에 대하여 운전할 자를 기명피보험자와 그 가족 및 형제자매로 한정하는 경우에는 이 특별약관이 정하는 바에 따라 보상한다.

(나) 가족 및 형제자매

이 특별약관에서 가족이란 "2.기명피보험자와의 관계를 기준으로 하는 운전자한정 특별약관, 라.가족운전자 한정운전 특별약관, (1)보상 내용, (나)가족"과 같고, "형제자매"란 기명피보험자와 부모가 동일한 기명피보험자의 형제자매 및 그 양자, 양녀, 계자녀로 인한 형제자매를 말한다.

(2) 보상하지 아니하는 손해

(가) 기명피보험자와 가족 및 형제자매 이외의 자 운전 중 사고 면책

회사는 이 특별약관에 의하여 기명피보험자와 그 가족 및 형제자매 이외의 자가 피보험자동차를 운전하던 중에 발생된 사고에 대하여는 보험금을 지급하지 아니한다.

(나) 면책 제외

면책 제외 사항에 대해서는 전기한 "1.운전자 연령한정 특별약관, 나.보상하지 않는 손해, (2) 면책 제외, (나)도난 중 사고"와 같다.

(3) 준용 규정

자동차보험약관에는 이 특별약관에서 정하지 아니한 사항은 보통약관에 따른다고 규정하고 있다.

사. 지정 1인 운전자 한정운전 특별약관

(1) 보상 내용

(가) 자동차보험약관 규정

보험회사는 피보험자동차에 대하여 운전할 자를 보험증권에 기재된 운전자 1인(이하 "지정 1인 운전자"라 하며, 기명피보험자는 제외한다.)으로 한정하는 경우에는 이 특별약관이 정하는 바에 따라 보상한다.

(나) 지정 1인 운전자

지정 1인 운전자란 "2.기명피보험자와의 관계를 기준으로 하는 운전자한정 특별약관, 가.기명피보험자 및 지정 1인 운전자 한정운전 특별약관, (1)보상 내용, (나)지정 1인 운전자"와 같다.

(2) 보상하지 아니하는 손해

(가) 지정 1인 운전자 이외의 자 운전 중 사고 면책

회사는 이 특별약관에 의하여 지정 1인 운전자 이외의 자가 피보험자동차를 운전하던 중에 발생된 사고에 대하여는 보험금을 지급하지 아니한다.

(나) 면책 제외

면책 제외 사항에 대해서는 전기한 "1.운전자 연령한정 특별약관, 나.보상하지 않는 손해, (2) 면책 제외, (나)도난 중 사고"와 같다.

(3) 준용 규정

자동차보험약관에는 이 특별약관에서 정하지 아니한 사항은 보통약관에 따른다고 규정하고 있다.

아. 임시운전자 특별약관

(1) 보상 내용

(가) 자동차보험약관 규정

보험회사는 이 특별약관에 의하여 기명피보험자의 승낙을 얻은 운전자가 피보험자동차를 운전하던 중 발생된 사고에 대하여 "운전자연령 한정운전 특별약관" 또는 "운전자(범위) 한정운전 특별약관" 가입 여부에 관계없이 이 특약에서 선택한 기간에는 해당 운전자를 피보험자동차가 가입한 보통약관의 피보험자로 간주하여 이 특별약관이 정하는 바에 따라 보상한다.

(나) 선택한 기간

이 특별약관에서 "선택한 기간"이란 1~30일 중 선택한 기간을 말한다.

(2) 보상하지 아니하는 손해

이 특별약관에서 "보상하지 아니하는 손해"에 대한 별도의 규정은 없으나, 이 특별약관에 의하여 기명피보험자의 승낙을 얻은 운전자가 선택한 기간 이외 운전 중 사고와 기명피보험자의 승낙을 얻은 운전자 이외의 자가 운전 중 사고에 대하여 보험자는 보상하지 않는다.

(3) 준용 규정

자동차보험약관에는 이 특별약관에서 정하지 아니한 사항은 보통약관에 따른다고 규정하고 있다.

자. 대리운전 중 사고 보상 특별약관

(1) 보상 내용
(가) 보장 범위

보험회사는 이 특별약관의 피보험자가 당해 자동차의 피보험자의 요청에 의하여 당해 자동차를 운전 중(주차 또는 정차 중을 제외한다.) 발생한 사고에 대하여 보통약관 배상책임의 피보험자로 간주하며, 보통약관 「자기신체사고」, 「무보험자동차에 의한 상해」 및 「자기차량손해」에 대해서도 보통약관이 정하는 바에 따라 보상하여 준다. 또한 이 경우에는 "운전자연령 한정운전 특별약관" 및 "운전자 한정운전 특별약관"을 적용하지 않는다.

위의 사고로 발생한 손해에 대해 자동차 취급업자 종합보험 또는 대리운전업자보험 등의 다른 보험계약에 의하여 보험금이 지급될 수 있는 경우에는, 회사는 발생한 손해가 위 다른 보험계약에 의하여 지급될 수 있는 금액을 초과하는 때에 한하여 그 초과액만을 이 특별약관에 따라 보상한다.

(나) 운전 중 사고 보상

위 특별약관에서 특히 주의해야 할 것은 보험자가 보상하는 손해는 "운행 중 사고"가 아닌 '운전 중 사고"에 대해서만 제한된다는 것이다.

(2) 보상하지 아니하는 손해

회사는 보통약관 제5조(「대인배상Ⅰ」, 보상하지 않는 손해), 제8조(「대인배상Ⅱ」와 「대물배상」, 보상하지 않는 손해), 제14조(「자기신체사고」, 보상하지 않는 손해), 제19조(「무보험자동차에 의한 상해」, 보상하지 않는 손해), 제23조(「자기차량손해」, 보상하지 않는 손해)에서 정하는 사항 이외에 다음의 손해에 대해서도 보상하지 아니한다.

1. 기명피보험자가 요청한 목적에 반하여 통상적인 경로를 현저히 벗어나서 피보험자동차를 운전하던 중 발생한 사고로 인한 손해
2. 피보험자동차를 취급하는 자 외의 사람이 피보험자동차를 운전 중에 생긴 사고로 인한 손해
3. 자동차를 취급하는 자가 피보험자동차를 소유, 사용, 관리하는 동안에 생긴 피보험자동차의 사고로 인하여 죽거나 다친 손해
4. 자동차를 취급하는 자가 무보험자동차에 의하여 생긴 사고로 죽거나 다친 손해
5. 피보험자동차의 기명피보험자가 자동차를 취급하는 자인 경우 그 피용자가 운전하던

중 발생한 사고로 인한 손해

(3) 피보험자 및 자동차를 취급하는 자

(가) 피보험자

이 특별약관에서 "피보험자"란 "자동차를 취급하는 자"를 말한다.

(나) 자동차를 취급하는 자

이 특별약관에서 "자동차를 취급하는 자"란 다음 각 호의 자를 말한다.

 1. 자동차 정비업 등 자동차를 취급하는 것을 업으로 하는 사람
 2. 피보험자동차의 등록, 정비 등을 대행하도록 요청받아 그 목적을 수행하기 위해 피보험자
    동차를 운전하는 보험설계사 및 보험대리점을 말한다.

(4) 준용 규정

이 특별약관에서 정하지 아니한 사항은 보통약관에 따른다.

차. 대리운전 위험담보 특별약관

(1) 자동차보험약관 규정

자동차보험약관에는 보험회사는 이 특별약관에 따라 피보험자동차의 대리운전 시 대리운전
자에 대하여는 "운전자연령 한정운전 특별약관" 및 "운전자 한정운전 특별약관"을 적용하지 않는
다고 규정하고 있다.

(2) 대리운전

이 특별약관에서 "대리운전"이라 함은 대리운전을 의뢰하는 자가 정상적으로 사업자등록을
하고 대리운전업을 영위하는 사업자(대리운전업체)에 대리운전을 요청하고, 대리운전업체는 이
들이 고용하고 있는 피용자로 하여금 의뢰받은 차량을 수탁받아 운전케 한 후, 의뢰인이 요청하
는 장소까지 인도해 주고 그에 상응하는 일정의 금액을 수수하는 일련의 과정을 말한다. 단, 탁
송 및 대리주차는 포함하지 않는다.

(3) 면책 사유

대리운전을 대행하는 자가 정상적으로 사업자등록을 하고 대리운전업을 영위하는 대리운전
업체가 아닌 비정상적인 대리운전업체나 비사업자인 일반 개인인 경우에는 이 특별약관에 의해
보험자는 보상책임이 없다.

제2장 「자기신체사고」(자동차상해)의 보상 확대

1. 「자동차상해」 특별약관

가. 의 의

이 특약을 가입함으로써 「자기신체사고」와 관련된 사고 발생 시 보통약관에서 보장되는 내용 이외에 해당 특별약관에서 보장하는 내용을 추가적으로 보상받을 수 있다. 「자동차상해」 특별 약관은 보통약관의 「자기신체사고」와 동시에 가입할 수 없다. 보험회사는 이 특별약관에 의하여 보통약관 「자기신체사고」를 이 특별약관으로 대체하여 적용한다.

나. 자동차상해보험의 법적 성질

자동차상해보험은 피보험자가 피보험자동차를 소유·사용·관리하는 동안에 생긴 피보험자 동차의 사고로 인하여 상해를 입었을 때에 보험자가 보험약관에 정한 사망보험금이나 부상보 험금 또는 후유장해보험금 등을 지급할 책임을 지는 것으로 인보험의 일종이기는 하나, 피보험 자가 급격하고도 우연한 외부로부터 생긴 사고로 인하여 신체에 상해를 입은 경우에 그 결과 에 따라 보험약관에 정한 보상금을 지급하는 보험이어서 그 성질상 상해보험에 속한다(대법원 2004.07.09. 선고 2003다29463 판결).

다. 보상 내용

(1) 보험사고(책임 발생 원인)

자동차보험약관에서 이 특별약관의 보상하는 사고에 대하여, 보험회사는 피보험자가 피보험 자동차를 소유, 사용, 관리하는 동안에 생긴 다음 중 어느 하나의 사고로 인하여 상해를 입은 때 그로 인한 손해를 보상하여 준다고 규정하고 있다. 여기에서 "상해"는 피보험자의 신체에 이상이 있는 점을 뒷받침할 수 있는 의학적 소견이 있는 경우에만 한한다.

1. 피보험자동차의 운행으로 인한 사고
2. 피보험자동차의 운행 중 발생한 다음의 사고. 다만, 피보험자가 피보험자동차에 탑승 중일 때에 한한다.
    가. 날아오거나 떨어지는 물체와 충돌
    나. 화재 또는 폭발
    다. 피보험자동차의 낙하

한편, 이 특별약관의 보험사고에 대한 규정은 보통약관 「자기신체사고」의 "보상하는 손해"의 규정과 문구 하나 차이 없이 일치하고 있음을 알 수 있다.

(2) 보험가입금액

회사가 이 약관에 따라 지급하는 보험금은 보험증권에 기재된 보험가입금액을 한도로 한다.

(3) 지급보험금

(가) 지급보험금 산정방식

회사가 지급하는 보험금은 보통약관의 「대인배상」, 「무보험자동차에 의한 상해」의 "지급 기준에 의해 산출한 금액"과 "비용"을 합한 액수에서 "공제액"을 공제한 액수로 한다.

지급보험금	=	보험금 지급 기준에 의해 산출한 금액	+	비용	-	공제액

(나) 비 용

위 "비용"은 다음의 금액을 말하고, 이 비용은 보험가입금액과 관계없이 보상한다.

가. 손해의 방지와 경감을 위하여 지출한 비용(긴급조치비용을 포함한다.)

나. 남에게서 손해배상을 받을 수 있는 권리의 보전과 행사를 위하여 지출한 필요 또는 유익 비용

(다) 공제액

위 "공제액"은 다음의 금액을 말한다.

가. 자동차보험(공제계약을 포함한다) 「대인배상Ⅰ」(정부보장사업을 포함한다) 및 「대인배상Ⅱ」에 의하여 보상받을 수 있는 금액과 자동차상해 특별약관에서 지급될 수 있는 금액을 합한 액수가 실제 손해액을 초과하는 경우에는 그 초과액. 다만, 공제액이 음(-)의 수치인 경우 "0"으로 산정한다. 위의 "실제 손해액"이란 이 약관의 보험금 지급 기준에 따라 산정한 손해액 및 소송이 제기된 경우 확정 판결금액(과실상계 및 보상 한도 미적용 기준)을 말한다.

공제액	=	「대인배상Ⅰ」 및 「대인배상Ⅱ」에 의하여 보상받을 수 있는 금액	+	자동차 상해보상액	-	실제 손해액

나. 「무보험자동차에 의한 상해」에 따라서 지급될 수 있는 금액. 다만, 무보험자동차에 의한 상해 보험금의 청구를 포기한 경우에는 공제하지 아니한다.

다. 피보험자가 배상 의무자에게서 이미 받은 손해배상액

라. 배상 의무자가 아닌 제3자가 부담할 금액으로 피보험자가 이미 받은 금액

마. 피보험자가 「산업재해보상보험법」에 의해 보상받을 수 있는 금액

(4) 다른 보험과의 관계

배상 의무자가 가입한 자동차보험(공제계약을 포함)의 「대인배상Ⅰ」과 「대인배상Ⅱ」에 의한 손해배상을 받을 수 있는 금액을 포함하여 피보험자가 회사에 청구하는 경우, 이 약관에 따라 지급하는 보험금은 보험증권에 기재된 보험가입금액을 한도로 이 약관에 의하여 산출한 금액과 배

상 의무자가 가입한 자동차보험(공제계약을 포함)의 「대인배상 I」 및 「대인배상 II」의 보험금 지급 기준에 의하여 보상받을 수 있는 금액을 합한 액수로 한다.

(5) 사망보험금과 후유장해보험금의 병합

회사가 사망보험금을 지급할 경우에 이미 후유장애로 지급한 보험금이 있을 때에는 사망보험금에서 이를 공제한 금액을 지급한다.

(6) 보험수익자의 지정 및 변경

보험계약자인 기명피보험자가 본인의 사망보험금 수익자를 지정하거나 변경하고 그 사실을 회사에 문서로 통지한 경우에는 그 수익자에게 보험금을 지급한다.

라. 보상하지 않는 손해

회사는 보통약관 「자기신체사고」의 "보상하지 않는 손해" 외에 보험증권에 기재된 운전 가능 범위 외의 사람이 피보험자동차를 운전하던 중 생긴 사고로 인한 손해는 보상하지 않는다.

마. 피보험자의 범위

"피보험자"는 보험회사에 보상을 청구할 수 있는 사람으로 그 범위는 보통약관의 「자기신체사고」의 피보험자의 범위와 같다. 즉, 보통약관 "배상책임"의 「대인배상 II」에 해당하는 피보험자와 위 피보험자의 부모, 배우자 및 자녀이다.

바. 보험자대위

보험회사는 이 특별약관에 의하여 보통약관 「자기신체사고」를 이 특별약관으로 대체하여 적용한 것이다. 따라서 보험자대위에 관한 규정 역시 보통약관의 「자기신체사고」에 관한 규정을 적용해야 한다. 보통약관 「보험자대위」條에서는 「자기신체사고」는 상해보험의 성격을 지니고 있으므로 보험자대위를 인정하지 않는다고 규정하고 있으므로 「자기신체사고」의 성격을 지니고 있는 「자동차상해」도 보험자대위를 인정하지 않는다.

> ■ 대법원 2005.06.10. 선고 2004다32077 판결[구상금]
> 원심은, 이 사건 보험계약에 적용되는 약관에 의하면 「자동차상해」 담보는 피보험자가 피보험자동차를 소유, 사용, 관리하는 동안에 생긴 피보험자동차의 사고로 인하여 사망하거나 상해를 입었을 때 100,000,000원을 한도로 보험금이 지급되는 항목으로서, 사망 시 보험금은 장례비와 위자료가 정액으로, 일실수입은 보험사망자의 월평균 현실소득액에서 생활비를 공제한 금액에 취업 가능 월수에 해당하는 라이프닛쯔 계수를 곱하는 방법으로 산정되어 지급되는 항목인 사실, 위 약관 제70조 제1항에서 「회사가 보험금을 지급한 때에는 「자기신체사고」를 제외하고는 지급한 보험금 한도 내에서 피보험자가 제3자에 대하여 가지는 손해배상청구권을 취득합니다」라고 규정하고 있는 사실을 포함한 판시 사실을 인정한 다음에, 위 약관에 「자기신체사고」 담보의 특약이 없는데도 명

시적으로 「자기신체사고」를 보험자대위에서 제외한다고 규정하고 있고, 위 제외 부분을 무의미한 규정이라고 볼 만한 다른 객관적인 사정을 찾아볼 수 없으므로, 위 약관 제70조제1항을 약관 전체의 체계에 맞추어 조화롭게 해석하면 위 조항에서의 「자기신체사고」는 "피보험자가 피보험자동차를 소유, 사용, 관리하는 동안에 생긴 피보험자동차의 사고로 인하여 사망하거나 상해를 입은 경우"를 포괄하여 의미하는 것으로 해석하여야 할 것이고, 따라서 성질상 「자기신체사고」에 관한 손해를 보상하는 것을 그 내용으로 하는(다만, 보험금 산정방식과 한도액 및 보험료 액수 등에서 차이가 있을 뿐이다) 위 「자동차상해」 담보의 경우가 「자기신체사고」에 포함되므로, 결국 (1) 원고는 위 약관 제70조제1항에서 위 「자동차상해」 담보의 경우에 보험금을 지급하더라도 피보험자가 제3자에 대하여 가지는 손해배상청구권을 대위 행사하지 아니하기로 사전에 보험자대위권을 포기하였다고 해석하는 것이 상당하고, 또한 (2) 사후에 피보험자로부터 제3자(이 사건에서는 배상 의무자라는 피고)에 대한 권리를 양수하였는지에 관계없이 원고로서는 제3자에 대하여 보험자대위를 주장할 수 없으며, (3) 원고가 위 약관 제70조제1항에서 보험자대위권을 포기한 이상에는 원고로서는 「상법」 제682조에 의한 보험자대위권의 취득을 주장할 수 없다고 판단하였다. 약관의 뜻이 명백하지 아니한 경우에는 고객에게 유리하게 해석되어야 한다는 「약관의 규제에 관한 법률」 제5조제2항의 법리에다가 기록에 의하여 살펴보면, 원심의 위와 같은 사실 인정과 판단은 모두 수긍이 가고, 거기에 상고이유의 주장과 같은 채증법칙 위배, 약관의 해석 등에 관한 법리오해의 위법이 없으며, 상고이유로 들고 있는 판례는 사안이 다른 이 사건에서 원용할 수도 없다.

사. 준용 규정

이 특별약관에 정하지 않은 사항은 보통약관에 따른다.

2. 상해 간병비 지원 특별약관

가. 가입 조건

이 특별약관은 이 보험계약의 보통약관 「자기신체사고」 또는 「자동차상해」 특별약관에 가입한 경우에 한하여 가입할 수 있다.

나. 보상 내용

보험회사는 피보험자가 피보험자동차를 소유, 사용, 관리하는 동안에 생긴 다음 중 어느 하나의 사고로 인하여 상해를 입었을 때 「자배법시행령」 [별표1]에서 정한 상해 구분에 따라 아래와 같이 간병비용을 지급하여 준다.

1. 피보험자동차의 운행으로 인한 사고
2. 피보험자동차의 운행 중 발생한 다음의 사고. 다만, 피보험자가 피보험자동차에 탑승 중일 때에 한한다.

가. 날아오거나 떨어지는 물체와 충돌

나. 화재 또는 폭발

다. 피보험자동차의 낙하

구분	1급 - 3급	4급 - 6급	7급 - 11급
고급형	500만 원	200만 원	10만 원
기본형	100만 원		10만 원
실속형	100만 원		미지급

다. 보험금을 지급하지 아니하는 경우

보험회사는 보통약관 「자기신체사고」 "보상하지 않는 손해"에서 정하는 사항과 보험증권에 기재된 운전 가능한 범위 외의 자가 운전 중 생긴 사고로 인한 손해 등 「자기신체사고」 또는 「자동차상해」 특별약관에서 보험금이 지급되지 않을 경우에는 이 특별약관의 보험금을 지급하지 않는다.

라. 피보험자

이 특별약관에서 "피보험자"란 기명피보험자와 그 가족을 말한다. 이 특별약관에서 가족이란 다음 각 호의 자를 말한다.

1. 기명피보험자의 부모와 양부모, 계부모
2. 기명피보험자의 배우자의 부모 또는 양부모, 계부모
3. 법률상의 배우자 또는 사실혼관계에 있는 배우자
4. 법률상의 혼인관계에서 출생한 자녀, 사실혼관계에서 출생한 자녀, 양자 또는 양녀, 계자녀
5. 기명피보험자의 며느리 또는 사위(계자녀의 배우자 포함하며, 기명피보험자 자녀의 법률상 배우자를 말한다.)

마. 준용 규정

이 특별약관에서 정하지 아니한 사항은 보통약관에 따른다.

3. 주말 휴일 확대 보산 특별약관

가. 가입 조건

이 특별약관은 이 보험계약의 「자동차상해」 특별약관에 가입한 경우에 한하여 가입할 수 있다.

나. 보상 내용

보험회사는 피보험자가 주말 및 휴일에 피보험자동차를 소유, 사용, 관리하는 동안에 생긴 다음 중 어느 하나의 사고로 인하여 사망 또는 후유장애의 피해를 입었을 때 보험증권에 기재된 사망 또는 후유장애보험가입금액을 2배로 확대하여 확대된 가입금액을 한도로 보상하여 준다. 여기에서 주말이란 금요일 18:00시부터 월요일 06:00시까지를 말하고, 휴일이란 법정공휴일(국가에서 정한 임시 공휴일 포함) 및 근로자의 날 전일(前日) 18:00시부터 법정공휴일과 근로자의 날 다음날의 06:00시까지를 말한다.

   1. 피보험자동차의 운행으로 인한 사고
   2. 피보험자동차의 운행 중 발생한 다음의 사고. 다만, 피보험자가 피보험자동차에 탑승 중일 때에 한한다.
      가. 날아오거나 떨어지는 물체와 충돌
      나. 화재 또는 폭발
      다. 피보험자동차의 낙하

다. 보험금을 지급하지 아니하는 경우

회사는 「자동차상해」 특별약관의 "보상하지 않는 손해"에서 정해진 사항은 보험금을 지급하지 않는다.

라. 피보험자

이 특별약관에서 "피보험자"란 기명피보험자와 그 가족을 말하고, "가족"이란 전기한 "상해 간병비 지원 특별약관"에서의 가족과 같다.

마. 준용 규정

이 특별약관에서 정하지 아니한 사항은 보통약관에 따른다.

4. 상급 병실료 지원 특별약관

가. 가입 조건

이 특별약관은 이 보험계약의 보통약관 「자기신체사고」 또는 「자동차상해」 특별약관에 가입한 경우에 한하여 가입할 수 있다.

나. 보상 내용

보험회사는 피보험자가 피보험자동차를 소유, 사용, 관리하는 동안에 생긴 다음 중 어느 하나의 사고로 인하여 상해를 입어 이 보험계약의 보통약관 「자기신체사고」 또는 「자동차상해」 특별약관보험금이 지급되는 경우, 상급 병실을 이용함으로써 추가로 발생되는 병실료 차액을 30일간 한도로 500만 원 한도 내에서 지급해 준다.

 1. 피보험자동차의 운행으로 인한 사고
 2. 피보험자동차의 운행 중 발생한 다음 각 목의 사고. 다만, 피보험자가 피보험자동차에 탑승 중일 때에 한한다.
 　가. 날아오거나 떨어지는 물체와 충돌
 　나. 화재 또는 폭발
 　다. 피보험자동차의 낙하

위 경우 다른 보험계약에 의하여 병실료 차액이 지급될 수 있는 경우에는 그 병실료 차액이 다른 보험계약에서 지급될 수 있는 금액을 초과하는 경우에 한하여 그 초과 금액만을 지급한다.

다. 피보험자

이 특별약관에서 "피보험자"란 기명피보험자와 그 가족을 말하고, "가족"이란 전기한 "상해 간병비 지원 특별약관"에서의 가족과 같다.

라. 준용 규정

이 특별약관에서 정하지 아니한 사항은 보통약관에 따른다.

5. 성형·치아보철비용 지원 특별약관

가. 가입 조건

이 특별약관은 이 보험계약의 보통약관 「자기신체사고」 또는 「자동차상해」 특별약관에 가입한 경우에 한하여 가입할 수 있다.

나. 보상 내용

보험회사는 피보험자가 피보험자동차를 소유, 사용, 관리하는 동안에 생긴 다음 중 어느 하나의 사고로 인하여 상해를 입어 이 보험계약의 보통약관 「자기신체사고」 또는 「자동차상해」 특별약관보험금이 지급되는 경우, 이 특별약관에 의하여 다음과 같이 성형비용 및 치아보철비용을 추가로 지급하여 준다.

1. 피보험자동차의 운행으로 인한 사고
2. 피보험자동차의 운행 중 발생한 다음의 사고. 다만, 피보험자가 피보험자동차에 탑승 중일 때에 한한다.
   가. 날아오거나 떨어지는 물체와 충돌
   나. 화재 또는 폭발
   다. 피보험자동차의 낙하

구분	보상 내용
성형 비용	피보험자가 상해를 입은 직접적인 결과로 의사의 진단에 의해 안면부, 상지, 하지 부분에 성형수술이 필요한 경우에는 성형 부위 1cm당 10만 원을 1회에 한하여 1천만 원을 한도로 지급한다.
치아보철 비용	피보험자가 상해를 입은 직접적인 결과로 의사의 진단에 의해 치아보철을 하는 경우에는 1대당 20만 원의 치아보철비용을 지급한다. 다만, 피보험자가 상해를 입기 전에 이미 보철을 하고 있었던 경우(틀니를 포함한다)에는 보험금을 지급하지 않는다.

위에서 "안면부"란 이마를 포함하여 목까지의 얼굴 부분을, 상지란 견관절(어깨관절) 이하의 팔 부분을 가가 말하고, 하지란 고관절(엉덩관절) 이하 대퇴부, 하퇴부, 족부를 의미하며, 둔부, 서혜부, 복부 등은 제외한다.

다. 피보험자

이 특별약관에서 "피보험자"란 기명피보험자와 그 가족을 말하고, "가족"이란 전기한 "상해 간병비 지원 특별약관"에서의 가족과 같다.

라. 준용 규정

이 특별약관에서 정하지 아니한 사항은 보통약관에 따른다.

6. 쾌유 기원 및 안심 용품 지원 특별약관

가. 가입 조건

이 특별약관은 이 보험계약의 보통약관 「자기신체사고」 또는 「자동차상해」 특별약관에 가입한 경우에 한하여 가입할 수 있다.

나. 보상 내용

(1) 쾌유 기원 물품 지원

보험회사는 피보험자가 피보험자동차를 소유, 사용, 관리하는 동안에 생긴 다음 중 어느 하나의 사고로 인하여 상해를 입어 보통약관의 「자기신체사고」 "보상하는 손해" 및 「자동차상해」 특별약관에 따라서 지급할 보험금이 정해진 경우 1사고당 회사가 정한 1개의 쾌유 기원 물품을 지급해 준다.

 1. 피보험자동차의 운행으로 인한 사고
 2. 피보험자동차의 운행 중 발생한 다음의 사고. 다만, 피보험자가 피보험자동차에 탑승 중일 때에 한한다.
    가. 날아오거나 떨어지는 물체와 충돌
    나. 화재 또는 폭발
    다. 피보험자동차의 낙하

(2) 안심 용품 지원

회사는 피보험자가 피보험자동차를 소유, 사용, 관리하는 동안에 생긴 다음 중 어느 하나의 사고로 인하여 상해를 입어 이 보험계약의 보통약관 「자기신체사고」 및 「자동차상해」 특별약관에 따라서 보험금이 지급되는 경우 1사고당 회사가 정한 1개의 안심용품 등을 지급해 준다.

 1. 피보험자동차의 운행으로 인한 사고
 2. 피보험자동차의 운행 중 발생한 다음의 사고. 다만, 피보험자가 피보험자동차에 탑승 중일 때에 한한다.
    가. 날아오거나 떨어지는 물체와 충돌
    나. 화재 또는 폭발
    다. 피보험자동차의 낙하

제공 물품 중에서 생산 중단 등으로 공급할 수 없는 경우에는 해당하는 용품 상당액에 해당하는 유사 용품으로 대체하여 지급해 준다. 다만, 피보험자가 원하는 경우 보통약관의 「자기신체사고」 또는 「자동차상해」 특별약관의 보험금이 지급되는 경우에 한하여 쾌유 기원 물품 및 안심용품 상당액에 해당하는 현금을 지급해 준다.

다. 피보험자

이 특별약관에서 "피보험자"란 기명피보험자와 그 가족을 말하고, "가족"이란 전기한 "상해 간병비 지원 특별약관"에서의 가족과 같다.

라. 보상하지 아니하는 손해

회사는 피보험자가 사망한 경우에는 쾌유 기원 물품과 안심 용품을 지급하지 아니한다.

마. 준용 규정

이 특별약관에서 정하지 아니한 사항은 보통약관에 따른다.

제3장 사고 처리 시 소요되는 비용

이 특약에 선택 가입함으로써 자동차보험의 보통약관에서 보장하는 비용 이외에 교통사고와 관련하여 추가로 발생되는 비용을 보상받을 수 있다.

1. 법률비용 지원 특별약관

가. 가입 대상

이 특별약관은 보통약관 「대인배상Ⅰ」, 「대인배상Ⅱ」, 「대물배상」을 가입한 경우에 한하여 가입할 수 있다.

나. 보상 내용

(1) 보상하는 손해

자동차보험약관에서 이 특별약관의 보상하는 사고에 대하여, 보험회사는 피보험자가 피보험 자동차를 소유, 사용, 관리하는 동안에 생긴 피보험자동차의 사고로 인하여 형사상 책임을 지거나, 「형법」 제258조제1항 또는 제2항, 「교통사고처리특례법」 제4조제1항제2호의 중상해를 입혀 발생된 손해에 대해 이 특별약관이 정하는 바에 따라 보상한다고 규정하고 있다. 「형법」 제258조제1항 또는 제2항의 "중상해"란 사람의 신체를 상해하여 생명에 대한 위험을 발생하게 한 경우, 신체의 상해로 인하여 불구 또는 불치나 난치의 질병에 이르게 한 경우를 말한다.

■ 「형법」 제258조(중상해, 존속중상해)
① 사람의 신체를 상해하여 생명에 대한 위험을 발생하게 한 자는 1년 이상 10년 이하의 징역에 처한다.
② 신체의 상해로 인하여 불구 또는 불치나 난치의 질병에 이르게 한 자도 전항의 형과 같다.

■ 「교통사고처리특례법」 제4조(보험 등에 가입된 경우의 특례)

① 교통사고를 일으킨 차가 「보험업법」 제4조, 제126조, 제127조 및 제128조, 「여객자동차 운수사업법」 제60조, 제61조 또는 「화물자동차 운수사업법」 제51조에 따른 보험 또는 공제에 가입된 경우에는 제3조제2항 본문에 규정된 죄를 범한 차의 운전자에 대하여 공소를 제기할 수 없다. 다만, 다음 각 호의 어느 하나에 해당하는 경우에는 그러하지 아니하다.

    1. 제3조제2항 단서에 해당하는 경우

    2. 피해자가 신체의 상해로 인하여 생명에 대한 위험이 발생하거나 불구(부구)가 되거나 불치(부치) 또는 난치의 질병이 생긴 경우

    3. 보험계약 또는 공제계약이 무효로 되거나 해지되거나 계약상의 면책 규정 등으로 인하여 보험회사, 공제조합 또는 공제사업자의 보험금 또는 공제금 지급 의무가 없어진 경우

(2) 보험금의 종류

이 특별약관에서 정한 보험금의 종류와 한도는 사고마다 다음과 같다. 다만, 이 특별약관은 실속형, 기본형, 고급형의 상품으로 구분되며, 가입하신 상품의 지급 기준에 따라 보상하여 준다.

(가) 방어비용

피보험자가 타인(피보험자의 부모, 배우자 및 자녀는 제외한다.)을 죽게 하거나 다치게 하여 구속영장에 의해 구속되거나 검사에 의해 공소가 제기된 경우에는 보상 한도액 내에서 실제 발생한 변호사비용 등 방어비용을 지급해 준다. 단, 약식기소는 제외한다. 다만, 검사가 약식기소를 하였으나 「형사소송법」 제450조에 따라서 법원에서 공판 절차로 재판이 진행되는 경우, 또는 동법 제453조에 따라서 정식 재판이 청구되는 경우는 보상 한도액 내에서 방어비용을 지급해 준다.

[방어비용 보상 한도액]

구분	실속형	기본형	고급형
보상 한도	200만 원	300만 원	500만 원

(나) 형사합의금

다음 각 호에 해당하여 피보험자가 형사합의를 한 경우에는 피해자 1인당 아래 표 "형사합의금 보상 한도액"의 상해급수별 보상 한도액 내에서 피보험자가 형사합의금으로 지급한 금액을 보상한다(단, 1) 내지 3)에 중복 해당되는 경우에는 보험금을 중복하여 지급하지 아니한다). 법원에 공탁한 경우에는 실제 공탁금액을 보상 한도액 내에서 지급하고, 향후 피보험자가 공탁금을 회수하는 경우에는 지급받은 보험금(형사합의금)을 반환해야 한다.

    1) 피보험자가 타인(피보험자의 부모, 배우자 및 자녀는 제외한다. 이하 같다.)을 사망케 한 경우

    2) 피보험자가 「교통사고처리특례법」 제3조제2항 단서에 해당하는 사고를 일으켜 타인을 다치게 한 경우

    3) 피보험자가 타인에게 「형법」 제258조제1항 또는 제2항, 「교통사고처리특례법」 제4조제1

항제2호의 중상해를 입힌 경우

　한편, 「교통사고처리특례법」 제3조제2항 단서에 해당하는 사고는 다음 각 호와 같다.

　1. 신호·지시 위반 사고

　2. 중앙선 침범 사고

　3. 속도 위반 사고

　4. 추월방법 위반 사고

　5. 건널목통과방법 위반 사고

　6. 횡단보도 사고

　7. 인도 침범 사고

　8. 개문 발차 사고

　9. 어린이보호구역 안전운전 의무 위반 사고가 해당되며,

　10. 무면허 사고

　11. 주취/약물 복용 사고는 제외한다.

[형사합의금 보상 한도액]

구분	실속형	기본형	고급형
사망의 경우	2,000만 원	2,000만 원	3,000만 원
상해 1-3급의 경우	500만 원	1,000만 원	3,000만 원
상해 4-7급의 경우	300만 원	400만 원	500만 원

　위 상해급수는 「자동차손해배상보장법시행령」 제3조에서 정한 상해 구분에 따른다.

■ 「교통사고처리특례법」 제3조(처벌의 특례)

① 차의 운전자가 교통사고로 인하여 「형법」 제268조의 죄를 범한 경우에는 5년 이하의 금고 또는 2천만 원 이하의 벌금에 처한다.

② 차의 교통으로 제1항의 죄 중 업무상과실치상죄 또는 중과실치상죄와 「도로교통법」 제151조의 죄를 범한 운전자에 대하여는 피해자의 명시적인 의사에 반하여 공소를 제기할 수 없다. 다만, 차의 운전자가 제1항의 죄 중 업무상 과실치상죄 또는 중과실치상죄를 범하고도 피해자를 구호하는 등 「도로교통법」 제54조제1항에 따른 조치를 하지 아니하고 도주하거나 피해자를 사고 장소로부터 옮겨 유기하고 도주한 경우, 같은 죄를 범하고 「도로교통법」 제44조제2항을 위반하여 음주 측정 요구에 따르지 아니한 경우(운전자가 채혈 측정을 요청하거나 동의한 경우는 제외한다)와 다음 각 호의 어느 하나에 해당하는 행위로 인하여 같은 죄를 범한 경우에는 그러하지 아니하다.

　1. 「도로교통법」 제5조에 따른 신호기가 표시하는 신호 또는 교통정리를 하는 경찰공무원 등의 신호를 위반하거나 통행금지 또는 일시정지를 내용으로 하는 안전표지가 표시하는 지시를 위반

하여 운전한 경우
   2. 「도로교통법」 제13조제3항을 위반하여 중앙선을 침범하거나 같은 법 제62조를 위반하여 횡단, 유턴 또는 후진한 경우
   3. 「도로교통법」 제17조제1항 또는 제2항에 따른 제한속도를 시속 20킬로미터 초과하여 운전한 경우
   4. 「도로교통법」 제21조제1항, 제22조, 제23조에 따른 앞지르기의 방법·금지시기·금지장소 또는 끼어들기의 금지를 위반하거나 같은 법 제60조제2항에 따른 고속도로에서의 앞지르기 방법을 위반하여 운전한 경우
   5. 「도로교통법」 제24조에 따른 철길 건널목 통과 방법을 위반하여 운전한 경우
   6. 「도로교통법」 제27조제1항에 따른 횡단보도에서의 보행자 보호 의무를 위반하여 운전한 경우
   7. 「도로교통법」 제43조, 「건설기계관리법」 제26조 또는 「도로교통법」 제96조를 위반하여 운전면허 또는 건설기계조종사면허를 받지 아니하거나 국제운전면허증을 소지하지 아니하고 운전한 경우. 이 경우, 운전면허 또는 건설기계조종사면허의 효력이 정지 중이거나 운전의 금지 중인 때에는 운전면허 또는 건설기계조종사면허를 받지 아니하거나 국제운전면허증을 소지하지 아니한 것으로 본다.
   8. 「도로교통법」 제44조제1항을 위반하여 술에 취한 상태에서 운전을 하거나 같은 법 제45조를 위반하여 약물의 영향으로 정상적으로 운전하지 못할 우려가 있는 상태에서 운전한 경우
   9. 「도로교통법」 제13조제1항을 위반하여 보도가 설치된 도로의 보도를 침범하거나 같은 법 재13조제2항에 따른 보도 횡단방법을 위반하여 운전한 경우
   10. 「도로교통법」 제39조제2항에 따른 승객의 추락 방지 의무를 위반하여 운전한 경우
   11. 「도로교통법」 제12조제3항에 따른 어린이 보호구역에서 같은 조 제1항에 따른 조치를 준수하고 어린이의 안전에 유의하면서 운전하여야 할 의무를 위반하여 어린이의 신체를 상해에 이르게 한 경우

(다) 벌 금

대한민국 법원의 확정 판결에 의하여 피보험자가 부담하는 벌금을 2천만 원 한도로 지급한다.

구분	실속형	기본형	고급형
벌 금	2,000만 원		

다. 보상하지 않는 손해

(1) 운전자 범위

회사는 보험증권에 기재된 범위 내의 운전자가 아닌 사람이 피보험자동차를 운전했을 때 생긴 사고에 대하여는 보험금을 지급하지 않는다.

(2) 면책 사고

회사는 다음 중 어느 하나에 해당하는 손해는 보상하지 않는다.

① 보험계약자 또는 피보험자의 고의로 인한 손해

② 전쟁, 혁명, 내란, 사변, 폭동, 소요 및 이와 유사한 사태로 인한 손해

③ 지진, 분화, 태풍, 홍수, 해일 등의 천재지변에 의한 손해

④ 핵연료물질의 직접 또는 간접적인 영향으로 인한 손해

⑤ 영리를 목적으로 요금이나 대가를 받고 피보험자동차를 반복적으로 사용하거나 대여한 때에 생긴 손해(다만, 1개월 이상의 기간을 정한 임대차계약에 의하여 임차인이 피보험자동차를 전속적으로 사용하는 경우는 보상한다. 그러나 임차인이 피보험자동차를 요금이나 대가를 목적으로 반복적으로 사용하는 경우는 보상하지 않는다.)

⑥ 피보험자가 제3자와 손해배상에 관한 계약을 맺고 있을 때 그 계약으로 인하여 늘어난 손해

⑦ 피보험자 본인이 무면허운전, 음주운전 또는 마약·약물 운전을 하였을 때 생긴 손해

⑧ 피보험자동차를 시험용, 경기용 또는 경기를 위해 연습용으로 사용하던 중 생긴 손해. 다만, 운전면허시험을 위한 도로주행 시험용으로 사용하던 중 생긴 손해는 보상한다.

⑨ 피보험자가 사고를 일으키고 도주한 때에 생긴 손해

⑩ 피보험자가 피보험자동차를 범죄의 목적으로 운전하던 중 생긴 사고로 인한 손해

(3) 도난 중 사고

회사는 피보험자동차를 도난당하였을 경우, 도난당하였을 때부터 발견될 때까지의 사이에 발생한 사고에 대하여는 보험금을 지급하지 않는다.

(4) 담보배제

회사는 다음 중 어느 하나에 해당하는 사람이 죽거나 다친 경우에는 보상하지 않는다.

① 기명피보험자 또는 그 부모, 배우자 및 자녀

② 운전피보험자 또는 그 부모, 배우자 및 자녀

③ 승낙피보험자 또는 그 부모, 배우자 및 자녀

위 약관 조항에 의거, 친족피보험자와 사용피보험자 또는 이들 피보험자의 부모, 배우자 및 자녀가 죽거나 다친 경우에는 보상한다.

라. 피보험자

이 특별약관에서 "피보험자"라 함은 보통약관 「대인배상Ⅱ」에서의 피보험자 중 당해 사고 발생 당시 피보험자동차를 운전 중인 사람으로 보험증권에 기재된 운전자 한정 범위에 속하는 자를 말한다. 단, 대리운전업자(대리운전자를 포함)가 업무로서 위탁받은 피보험자동차를 운전 중인 경우에는 피보험자로 보지 않는다.

마. 보험금 분담(실손 보상)

이 보험계약과 보상책임의 전부 또는 일부가 중복되는 다른 보험계약(공제계약 포함)이 있는

경우에, 다른 보험계약이 없는 것으로 하여 각 보험계약에 의해 산출한 보상책임액의 합계액이
손해액보다 많게 되는 경우에는 다음의 산식에 따라 보험금을 지급한다.

산식	손해액 × $\dfrac{\text{이 보험계약에 의해 산출한 보상책임액}}{\text{다른 보험계약이 없는 것으로 하여 각 보험계약에 의해 산출한 보상책임액의 합계액}}$

바. 제출서류

보험금을 청구하고자 하는 피보험자는 다음의 서류를 제출해야 한다.

① 경찰서에서 발행한 교통사고사실확인원
② 경찰서 혹은 검찰청에 제출된 자동차 교통사고 합의서(단, 합의금액이 명시되어 있어야 함)
③ 검찰에 의해 기소된 경우 검찰청에서 발행한 공소장
④ 공탁확인서(단, 공탁금액이 명시되어 있어야 함) 및 공탁금회수제한 신고서
⑤ 변호사가 발행한 세금계산서 등 방어비용 지불 증빙 서류
⑥ 그 밖에 보험회사가 필요하다고 인정하는 서류

사. 피해자 개별 합산

형사합의지원금은 한 번의 사고로 피해자가 다수인 경우에는 각각의 피해자에 대해 개별적으로 적용하여 지급해 준다. 즉, 한 사고로 보험금을 두 가지 이상 지급할 사유가 발생한 때에는 이를 합산한 금액을 지급한다.

아. 보험금 지급

각 피보험자의 보험금 청구가 경합하는 때에는 회사는 기명피보험자에게 우선하여 보험금을 지급한다.

자. 준용 규정

이 특별약관에 정하지 아니한 사항은 보통약관에 따른다.

2. 벌금 제외 추가 특별약관

회사는 이 특별약관에 의하여 "법률비용 지원 특별약관"의 보상 내용의 "나.보상 내용, (2)보험금 종류, (다)벌금"에 대하여 보상하지 않는다.

3. 방어비용 한정 추가 특별약관

회사는 이 특별약관에 의하여 "법률비용 지원 특별약관"의 보상 내용의 "나.보상 내용, (2)보험금종류, (가)방어비용"에 대하여 보상하지 않는다.

제4장 기타 특별약관

이 특약을 선택 가입함으로써 특수한 상황에서 사고가 발생할 경우 보장받을 수 있다.

1. 다른 자동차 운전담보 특별약관

가. 가입 대상

(1) 개인용 자동차보험
이 특별약관은 자가용자동차로서 보통약관 「무보험자동차에 의한 상해」에 가입한 경우에 한하여 가입할 수 있다.

(2) 업무용 자동차보험
이 특별약관은 보통약관 「무보험자동차에 의한 상해」 담보 가입자로 기명피보험자가 개인이면서 피보험자동차가 경·3종 승합자동차, 경·4종 화물자동차인 경우에 한하여 가입할 수 있다.

나. 취 지

이 특약은 피보험자동차를 운전하는 피보험자가 임시로 다른 자동차를 운전하는 경우, 그 사용을 피보험자동차의 사용과 동일시할 수 있어 사고 발생의 위험성이 피보험자동차에 관하여 상정할 수 있는 위험의 범위 내에 있다고 평가될 때에는 피보험자동차에 관한 보험료에 소정의 보험료를 증액하여 다른 자동차에 관한 사고 발생의 위험도 담보할 합리성이 인정되므로, 그 한도에서는 다른 자동차의 사용에 의한 위험도 담보하려는 것이다. 이와 같은 취지를 특별약관의 형태로 편입시켜, 피보험자가 피보험자동차 이외의 자동차를 임시로 운전하는 때에도 대인, 대물배상보험, 자손사고보험을 확장하여 적용함으로써 피보험자의 편의를 꾀하고 동시에 자동차사고의 피해자를 구제하고자 하는 것을 그 목적으로 하여 피보험자가 운전 중인 다른 자동차는 원래 피보험자동차가 아니지만 이를 피보험자동차로 보고, 피보험자동차에 관하여 발생하는 배상책임의 경우와 동일한 보험으로 보호하려고 하는 것이다(대법원 2002.01.08. 선고 2001다62251 판결).

다. 보상하는 손해

(1) 피보험자가 입은 손해

보험회사는 기명피보험자 또는 기명피보험자의 배우자가 다른 자동차를 운전 중(주차 또는 정차 중을 제외한다.) 생긴 사고로 손해를 입은 때에는, 다른 자동차를 보통약관 「대인배상 II」, 「대물배상」, 「자기신체사고」, 「자동차상해」 특별약관 및 해당 특별약관 규정의 피보험자동차로 간주하여 보통약관 및 해당 특별약관에서 규정하는 바에 따라 보상한다. 즉, 대인사고나 대물사고로 인하여 법률상 손해배상책임을 짐으로써 손해를 입은 때 또는 피보험자가 상해를 입었을 때에는 피보험자가 운전한 다른 자동차를 보통약관 "「대인배상 II」, 보상하는 손해", "「대물배상」, 보상하는 손해", "「자기신체사고」, 보상하는 손해", "「자동차상해」 특별약관, 보상하는 손해"의 피보험자동차로 간주하여 보통약관 및 특별약관에서 규정하는 바에 따라 보상해 준다. 「대인배상 II」 및 「대물배상」의 손해는 의무보험 가입 대상 금액을 초과하는 손해에 한하여 보상한다. 이 특별약관에 따른 보험자의 손해배상책임액은 「무보험자동차에 의한 상해」에서 정한 지급 기준에 의한 금액이 아니라 피해자에게 발생한 실제손해액이다. 한편, 위의 "주차"란 운전자가 승객을 기다리거나 화물을 싣거나 고장이나 그 밖의 사유로 인하여 차를 계속하여 정지상태에 두는 것 또는 운전자가 차로부터 떠나서 즉시 그 차를 운전할 수 없는 상태에 두는 것을 말하고 "정차"란 운전자가 5분을 초과하지 아니하고 차를 정지시키는 것으로써 주차 외의 정지상태를 말한다.

■ 대구지방법원 2007.01.23. 선고 2005가단109544 판결: 확정[손해배상(자)]

[1] 무보험자동차에 의한 상해보험에 가입한 피보험자에게 자동적으로 적용되는 "다른 자동차 운전담보 특별약관"에 따른 보험자의 손해배상책임은 「무보험자동차에 의한 상해」 부분의 약관에서 정한 보험금 지급 기준에 의한 금액이 아니라 피해자에게 발생한 실제 손해액(「대인배상 I」 제외)이라고 본 사례

(가) 「무보험자동차에 의한 상해」 가입자에 대하여 자동적으로 적용되는 「다른 자동차 운전담보 특별약관」에는 「피보험자인 소외 1이 다른 자동차를 운전 중 생긴 대인사고나 대물사고로 인하여 법률상 손해배상책임을 짐으로써 손해를 입은 때에는 피보험자가 운전한 다른 자동차를 보통약관(「대인배상 I」 제외) 규정의 피보험자동차로 간주하여 보통약관에서 규정하는 바에 따라 보상한다」고 규정되어 있고,

(나) 보통약관에는 「보험회사가 이 약관의 "보험금 지급 기준에 의해 산출한 금액"과 "비용"을 합한 액수에서 "공제액"을 공제한 후 보험금을 지급하되, 소송이 제기되었을 경우에는 대한민국 법원의 확정 판결에 의하여 피보험자가 손해배상청구권자에게 배상하여야 할 금액을 "보험금 지급 기준에 의해 산출한 금액"으로 본다」고 규정되어 있다.

위 인정 사실에 의하면, 피고는 대구 80고 (번호 생략)호 화물차량의 보험자로서 「다른 자동차 운전담보 특별약관」에 따라 이 사건 사고로 인하여 원고가 입은 손해 중 책임보험(「대인배상 I」)을 제외한 부분을 배상할 책임이 있다(피고는, 「무보험자동차에 의한 상해」 부분의 약관에서 정한 바에 따

라 보상되어야 한다고 주장하나, 「다른 자동차 운전담보 특별약관」에 「무보험자동차에 의한 상해」 부분의 약관이 적용되어야 함을 인정할 아무런 증거가 없으므로, 피고의 위 주장은 이유 없다).

(2) 다른 자동차의 소유자가 입은 손해

회사는 기명피보험자 또는 기명피보험자의 배우자가 다른 자동차를 운전 중 생긴 사고로 다른 자동차의 소유자가 상해를 입은 때에는 보통약관 「자기신체사고」, 「자동차상해」 특별약관 규정의 피보험자로 간주하여 보통약관에서 규정하는 바에 따라 보상한다.

(3) 다른 자동차 보험계약과의 관계

회사가 보상할 위 (1), (2)의 손해에 대하여 다른 자동차에 적용되는 보험계약에 따라 보험금이 지급될 수 있는 경우에는 보험회사가 보상할 금액이 다른 자동차의 보험계약에 의하여 지급될 수 있는 금액을 초과하는 때에 한하여 그 초과액만을 보상한다.

라. 보상하지 않는 손해

회사는 보통약관 "「대인배상Ⅰ」, 보상하지 않는 손해", "「대인배상Ⅱ」와 「대물배상」, 보상하지 않는 손해", "「자기신체사고」, 보상하지 않는 손해", "「무보험자동차에 의한 상해」, 보상하지 않는 손해", "「자기차량손해」, 보상하지 않는 손해"에서 정하는 사항 이외에 다음과 같은 각 호의 손해에 대하여도 보상하지 아니한다.

① 피보험자가 사용자의 업무에 종사하고 있을 때 그 사용자가 소유하는 자동차를 운전하던 중에 생긴 사고로 인한 손해

② 피보험자가 소속한 법인이 소유하는 자동차를 운전하던 중에 생긴 사고로 인한 손해

③ 피보험자가 자동차 정비업, 주차장업, 급유업, 세차업, 자동차 판매업, 대리운전업(대리운전자를 포함한다) 등 자동차 취급 업무상 수탁한 자동차를 운전하던 중에 생긴 사고로 인한 손해

④ 피보험자가 요금 또는 대가를 지불하거나 받고 다른 자동차를 운전하던 중에 생긴 사고로 인한 손해

⑤ 피보험자가 다른 자동차의 사용에 대하여 정당한 권리를 가지고 있는 자의 승낙을 받지 아니하고 다른 자동차를 운전하던 중에 생긴 사고로 인한 손해

⑥ 피보험자가 다른 자동차의 소유자에 대하여 법률상의 손해배상책임을 짐으로써 입은 손해

⑦ 피보험자가 다른 자동차를 시험용 또는 경기용이나 경기를 위한 연습용으로 사용하던 중에 생긴 사고로 인한 손해. 다만, 운전면허시험을 위한 도로주행 시험용으로 사용하던 중에 생긴 손해는 보상한다.

⑧ 보험증권에 기재된 운전 가능 연령 범위 또는 운전 가능 범위 외의 자가 다른 자동차를 운전 중 생긴 사고로 인한 손해

마. 다른 자동차

(1) 자동차보험약관 규정

이 특별약관에서 "다른 자동차"란 자가용자동차로서 피보험자동차와 동일한 차종[승용자동차 (일반승용 및 다목적 승용을 포함한다.), 경·3종 승합자동차 및 경·4종 화물자동차 간에는 동일한 차종 으로 본다]으로서 다음 각 호의 하나에 해당하는 자동차를 말한다.

    1. 기명피보험자와 그 부모, 배우자 또는 자녀가 소유하거나 통상적으로 사용하는 자동차가 아닌 것
    2. 기명피보험자가 자동차를 교체(대체)한 경우, 그 사실이 생긴 때부터 보험회사가 보통약관 "피보험자동차의 교체"에서 피보험자동차를 다른 자동차로 교체(대체)하는 경우의 승인을 한 때까지의 교체(대체)자동차

(2) 통상적으로 사용하는 자동차

이 특약에서 "통상적으로 사용하는 자동차"라 함은, 이 사건 약관이 「무보험자동차에 의한 상해」 담보 특약 가입자에 대하여 자동적으로 적용되도록 규정되어 있어 그 위험률을 같이 하고 있는 점 및 그 문구 내용 등에 비추어 볼 때, 피보험자가 상당한 기간 동안 자유로이 사용하는 자동차를 의미하는 것으로 보아야 한다.

"다른 자동차 운전담보 특약"의 취지를 고려하여 보면, 특약에 의하여 부보 대상이 되는 "다른 자동차"에서 제외되는 "통상적으로 사용하는 자동차"는 피보험자동차와는 별개로 부보되어야 할 대상이기 때문에 위 특약에 의한 담보 범위에서 제외한 것으로써, 여기에 해당하는지 여부는 당 해 자동차의 사용기간 이외에도 피보험자가 당해 자동차를 상시 자유로이 사용할 수 있는 상태 에 있는지 여부(사용재량권의 유무), 피보험자가 간헐적으로 사용하는 이상으로 당해 자동차를 자주 사용하는지 여부(사용 빈도), 피보험자가 사용할 때마다 당해 자동차 소유자의 허가를 받을 필요가 있는지 아니면 포괄적 사용 허가를 받고 있는지 여부(사용 허가의 포괄성 유무), 당해 자동 차의 사용 목적이 특정되어 있는지 여부(사용 목적의 제한 유무) 등을 종합적으로 고려하여, 당해 자동차의 사용이 피보험자동차의 사용에 관하여 예측될 수 있는 위험의 범위를 일탈한 것이라고 평가될 수 있는지에 의하여 판단해야 한다.

■ 대구고등법원 2000.09.22. 선고 2000나2123 판결: 상고기각[채무부존재확인]
1. 보험계약 및 사고 발생
가. 원고는 1998.9.경 피고와 사이에 피고 소유의 경북 34노1132호 레간자 승용차(이하 "이 사건 피 보험차량"이라 한다)에 관하여 보험기간을 1998.9.19.부터 1999.9.19.까지, 가입담보 범위를 「대인 배상 1」, 「대인배상 2」, 「대물배상」, 「자손배상」 및 「무보험자동차에 의한 상해」 담보 등으로 하 는 개인용 자동차보험계약(이하 "이 사건 보험계약"이라 한다)을 체결하였다.

나. 이 사건 보험계약의 가입담보 중 「무보험자동차에 의한 상해」 담보 특약은 그 가입자에 대하여 다른 자동차 운전 담보 특별약관(이하 "이 사건 약관"이라 한다)이 자동적으로 적용되도록 규정되어 있고, 이 사건 약관은 피보험자가 "다른 자동차"를 운전하던 중 발생한 대인사고나 대물사고에 의하여 법률상 손해배상책임을 짐으로써 손해를 입은 때에는, 피보험자가 운전한 "다른 자동차"를 보통약관의 「대인배상 2」와 「대물배상」 규정의 피보험자동차로 간주하여 보상하도록 규정하고 있는데, 여기에서 "다른 자동차"라 함은 기명피보험자와 그 부모, 배우자 또는 자녀가 소유하거나, 통상적으로 사용하는 자동차가 아닌 자가용 승용차를 의미한다.

다. 피고는 1999.1.20.18:30경 소외 2 소유의 대구 27구(번호 생략)호 티코 승용차(이하 "이 사건 사고차량"이라 한다)를 운전하여, 구미시 해평면 소재 해평면사무소 앞 편도 1차선의 도로상을 구미 방면에서 상주 방면으로 진행하던 중, 무단횡단하던 소외 1을 충격하여 뇌경막하출혈 등의 상해를 입게 하였다(이하 "이 사건 교통사고"라 한다).

2. 당사자의 주장

원고는, 피고가 이 사건 사고차량을 통상적으로 사용하던 중 이 사건 교통사고를 내었으므로, 그로 인한 보험금 지급 의무가 없다라고 주장함에 대하여, 피고는 이 사건 사고차량을 빌려 일시 사용하였을 뿐이므로 원고는 피고에게 보험금을 지급할 의무가 있다라고 주장한다.

3. 판단

가. 이 사건 약관상의 "다른 자동차"에서 제외되는 "통상적으로 사용하는 자동차"라 함은, 이 사건 약관이 무보험자동차에 의한상해 담보 특약 가입자에 대하여 자동적으로 적용되도록 규정되어 있어 그 위험률을 같이 하고 있는 점 및 그 문구 내용 등에 비추어 볼 때, 피보험자가 상당한 기간 동안 자유로이 사용하는 자동차를 의미하는 것이라고 봄이 상당하다.

나. 그런데 갑 제2, 3호증, 갑 제4호증의 1 내지 3의 각 기재와 원심증인 김종진의 증언에 변론의 전취지를 종합하면, 피고와 소외 2는 결혼을 전제로 약 3년간 사귀어 온 사이인데, 1998.12. 초순경 향후 약 3개월간 피고의 출장이 많아 유류비를 절감하려고 음력 설날인 1999.2.16.경까지 중형차인 이 사건 피보험차량과 소형차인 이 사건 사고차량을 바꾸어 운행하기로 한 사실, 이에 피고는 이 사건 피보험차량에 대한 보험의 피보험자 범위가 소외 2에게 미치도록 일부 내용을 변경 또는 추가하는 조치를 취한 후 이 사건 피보험차량을 소외 2에게 인도하고, 소외 2로부터 이 사건 사고차량을 인도받아 사용하던 중, 사고 당일 구미시 해평면 소재 해평농공단지에 있는 거래처로 가다가 이 사건 교통사고를 일으킨 사실을 인정할 수 있고, 이에 반하는 원심증인 소외 2의 일부 증언은 믿을 수 없으며, 을 제2호증의 1, 2, 을 제3, 4호증, 을 제5호증의 1 내지 4의 각 기재는 위 인정에 아무런 방해가 되지 아니하고, 달리 위 인정을 뒤집을 증거가 없다.

다. 위 인정 사실에 나타난 피고와 소외 2와의 관계, 차량의 교환 경위, 교환기간, 교환기간 동안 이 사건 사고차량에 대한 지배관계 등에 비추어 볼 때, 이 사건 사고차량은 피고가 "통상적으로 사용하는 자동차"에 해당함이 분명하다.

■ 대법원 2008.10.09. 선고 2007다55491 판결[채무부존재확인]

「다른 자동차 운전담보 특약」에서 특약에 의하여 부보되는 "다른 자동차" 중의 하나로, "기명피보험자가 자동차를 대체한 경우 그 사실이 생긴 때로부터 회사가 승인을 한 때까지의 대체자동차"를 규정하면서 관련 보험약관에서 기명피보험자가 보험기간 중에 피보험자동차를 폐차하고 그 자동차와 동일한 차종의 다른 자동차로 교체(대체)한 때에 그 다른 자동차를 대체자동차 중의 하나로 규정하고 있는 경우, 그 취지는 위와 같은 대체자동차는 일반적으로 위 특약의 부보 대상에서 제외되는 "통상적으로 사용하는 자동차"에 해당할 것이지만 피보험자동차의 대체에 의하여 그 피보험자동차에 관한 보험사고의 발생 위험이 소멸한 이상 새로 취득한 동종의 자동차에 관하여 기존의 보험으로 부보한다고 하더라도 다른 자동차 운전담보 특약의 취지를 벗어난다고 볼 수 없기 때문에 이를 부보 대상에 포함하려는 것이다. 따라서 위 특약에서 말하는 "피보험자동차의 폐차"의 의미를 해석함에 있어서도 위와 같은 취지를 고려하여야 할 것인바, 피보험자동차를 해체하여 자동차의 차대번호가 표기된 차대 또는 차체, 조향장치 중 조향기어기구, 제동장치 중 마스터실린더와 배력장치를 그 성능을 유지할 수 없도록 압축·파쇄 또는 절단하거나 피보험자동차를 해체하지 아니하고 바로 압축·파쇄하는 것(「자동차관리법」 제2조제5호, 「자동차관리법」 시행 규칙 제138조제1항)이 여기서 말하는 "폐차"에 해당함은 물론이고, 나아가 피보험자동차가 그에 준하는 상태에 달하는 등의 사유가 있어 피보험자가 피보험자동차에 관한 운행지배 및 운행이익을 완전히 상실하고 그로 인하여 피보험자동차에 관한 보험사고의 발생 위험이 소멸하기에 이른 경우에도 "폐차"에 해당한다. 그렇지만 단순히 피보험자동차가 사고로 운행이 불가능하다는 이유로 피보험자동차를 노상에 방치해 둔 경우에는 그 피보험자동차에 관한 운행지배 및 운행이익이 완전히 상실되고 그로 인한 보험사고 발생 위험이 소멸하였다고 단정할 수 없음에 비추어 볼 때 그러한 사정만으로 그 피보험자동차에 관하여 위 특약에서 말하는 "폐차" 하였다고 볼 수는 없다. 교통사고를 당한 피보험자동차를 수리하지 않은 채 길가 공터에 방치해 두고 다른 자동차를 구입하여 운행하던 중 교통사고가 발생한 사안에서, 기존 차량이 폐차에 준하는 상태에 이르러 그에 대한 운행지배와 운행이익을 상실함으로써 기존 차량에 의한 보험사고 발생의 위험이 완전히 소멸하였다고 볼 수 없으므로 새로 구입하여 운행한 다른 자동차가 다른 자동차 운전담보 특약상의 "대체자동차"에 해당한다고 볼 수 없고, 새로운 자동차의 소유권을 사실상 취득하여 이를 상시 아무런 제한 없이 자유로이 사용할 수 있는 상태에 있었으므로 부보 대상에서 제외되는 "통상적으로 사용하는 자동차"에 해당한다고 한 사례

■ 대법원 2010.04.15. 선고 2009다90269 판결[보험금]

이 사건 특별약관은 기명피보험자가 보험기간 중에 피보험자동차를 양도하고 대체자동차를 취득한 경우 반드시 이 사건 보통약관의 보험승계 규정에 따라 보험승계 절차를 거쳐야 함을 전제로 임시적으로 대체자동차에 의한 보험사고를 담보하려는 것이 아니라, 그와 같은 보험승계 절차와 관계없이 별도로 피보험자동차의 대체자동차가 이 사건 특별약관에서 규정하는 "다른 자동차"에 해당하는 경우, 이 사건 특별약관 자체의 효력에 의하여 그 대체자동차에 의한 보험사고를 담보하려는 취지에서 마련된 것이고, 따라서 기명피보험자가 보험기간 중에 피보험자동차를 양도함으로써 그에 대한 운행지배와 운행이익을 상실하고 대체자동차를 취득한 경우, 이 사건 보통약관상의 보험계약 승계 규정에 따른 요건과 절차를 구비하여 보험회사의 승인을 얻었는지 여부와 관계없이 대체자동차는 이 사건 특별약관의 요건을 구비하는 한 이 사건 특별약관의 효력에 의하여 그 운행에 따른 위험이 그대로 담보된다(대법원 1998.12.23. 선고 98다34904 판결, 대법원 1999.5.25. 선고 99다13676 판결 등 참조).

위와 같이 이 사건 특별약관은 이 사건 보통약관상의 보험승계 규정이 정한 요건과 절차 하에서 보험회사의 승인을 받아 대체자동차에 보험계약을 승계시킴으로써 대체자동차 자체를 피보험자동차로 보려는 보험승계 제도와는 그 목적과 취지를 달리하므로, 대체자동차가 이 사건 특별약관에서 규정하는 다른 자동차에 해당하기 위해서 이 사건 보통약관상 보험승계 규정의 요건을 갖추어

야 한다고 볼 합리적인 근거는 없다. 이 사건 특별약관에서 다른 자동차 중의 하나로 "기명피보험 자가 자동차를 대체한 경우 그 사실이 생긴 때로부터 보험회사가 보통약관의 '보험계약의 승계 - 피보험자동차를 다른 자동차로 교체(대체)하는 경우'의 승인을 한 때까지의 대체자동차"를 규정하고 있는 취지는, 피보험자동차의 대체에 의하여 <u>그 피보험자동차에 관한 보험사고의 발생 위험이 소멸한 이상 이 사건 특별약관이 규정한 동일 차종의 대체자동차에 관하여 기존의 보험으로 담보 한다 하더라도 이 사건 특약의 취지를 벗어난다고 볼 수 없기 때문에 이를 부보 대상에 포함하려 는 것으로서</u>(대법원 2008.10.9. 선고 2007다55491 판결 참조), 이 사건 특별약관이 자체적인 보험사고 의 발생 위험률을 예상하여 이 사건 보통약관상의 보험승계 규정과 다르게 다른 자동차에 해당할 수 있는 동일 차종 요건에 관하여 명확히 규정하고 있는 이상, 대체자동차가 피보험자동차와 동일한 차종에 해당되는지 여부는 이 사건 특별약관 자체의 규정에 의하여야 할 것이다. 이 사건 특별약 관이 대체자동차에 관하여 규정하면서 보험승계에 관하여 언급하고 있기는 하지만, 이는 보험회 사가 보험승계를 승인한 경우 종전의 보험계약이 대체자동차에 승계됨으로써 그 대체자동차는 더 이상 "다른 자동차"가 아니고 "피보험자동차"에 해당하게 되므로 이 사건 특별약관이 더 이상 적용 될 수 없다는 취지일 뿐, 위와 같은 언급을 근거로 <u>이 사건 특별약관이 대체자동차에 관하여 이 사 건 보통약관의 보험승계 규정상의 동일 차종 요건을 구비할 것을 요구하고 있지 아니하는데도 이 를 구비할 것을 요구하는 것으로 해석할 수는 없다고 할 것이다. 따라서 대체자동차가 이 사건 특 별약관이 적용되는 다른 자동차에 해당하기 위해서는 이 사건 특별약관이 정하는 동일 차종 요건 을 구비하면 충분하고, 더 나아가 이 사건 보통약관의 보험승계 규정에서 요구하는 동일 차종 요건 을 갖출 필요는 없다고 할 것이다.</u>
그렇다면, 이 사건 <u>피보험자동차는 4종 화물자동차이고, 이 사건 사고차량은 승용자동차로서 이 두 차량은 이 사건 특별약관에서 규정한 동일 차종 중의 하나인 "승용자동차, 경승합자동차 및 경·4 종 화물자동차 간"에 해당하므로, 이 사건 사고차량은 이 사건 특별약관에서 규정하는 "다른 자동 차"에 해당한다고 할 것이다.</u>

바. 피보험자

다른 자동차 운전담보에서 "피보험자"란 다음에 열거하는 사람을 말한다. 다만, 운전자를 한 정하는 다른 특별약관에 의하여 기명피보험자 및 기명피보험자의 배우자가 운전 가능 범위에 포 함되지 않는 경우에는 피보험자로 보지 아니하며, 지정운전자는 "지정 1인 운전자 한정운전 특 별약관"에 가입하는 경우에만 피보험자로 본다.

① 기명피보험자
② 기명피보험자의 배우자
③ 지정운전자

사. 「교통사고처리특례법」상 보험 또는 공제가입차량 제외

이 특별약관의 "다른 자동차"는 「교통사고처리특례법」 제4조제1항에 정한 형사 처벌 등 특례의 적용 대상이 되는 보험 또는 공제에 가입한 차량에서 제외된다. 대법원 판결은 무보험차량을 운전하다가 업무상 과실로 사고를 내자 별도의 차량을 피보험차량으로 한 자동차보험에 들면서 가입해 두었던 "다른 자동차 운전담보 특별약관"에 따라 피해자에게 피해액을 배상한 사안에서, 위 특별약관 형태의 보험은 피보험자의 교통사고로 인한 손해배상금의 전액 보상을 요건으로 하는「교통사고처리특례법」제4조제1항에서 의미하는 보험 등에 해당하지 않는다고 하였다.

■ 대법원 2008.06.12. 선고 2008도2092 판결[교통사고처리특례법 위반]
원심의 인정 사실에 의하더라도 피고인이 가입한 "다른 자동차 운전담보 특별약관"에서는「자동차손해배상보장법」제5조제1항에서 정한 강제책임보험인「대인배상Ⅰ」에 해당하는 손해의 배상은 보장하지 아니한다는 것이고, 피고인이 원심에 제출한 위 자동차보험 보통약관의 규정을 보더라도 위 특별약관에서 보장하는「대인배상Ⅱ」의 경우「대인배상Ⅰ」으로 지급되는 금액 또는 피보험차가「대인배상Ⅰ」에 가입되어 있지 아니한 때에는「대인배상Ⅰ」으로 지급될 수 있는 금액을 공제한 금액만을 보험금으로 지급하도록 되어 있음을 알 수 있으므로(공판기록 52쪽 이하), 이러한 형태의 보험은 피보험자의 교통사고로 인한 손해배상금의 전액 보상을 요건으로 하는「특례법」제4조제1항에서 의미하는 보험 등에 해당한다고 볼 수 없다. 그럼에도 원심이, 피고인이 별도로 가입하였다고 하는 위 특별약관이 보장하는 손해배상의 구체적 내역에 관하여 살피지 아니한 채 피고인과 피해자 사이의 합의금 등 손해액을 위 특별약관에 기하여 지급하였다는 이유만으로 특례법 제4조제1항의 적용이 있다고 보고 말았으니, 이러한 원심 판결에는「특례법」제4조제1항의 '보험' 등에 관한 법리를 오해하여 판결에 영향을 미친 위법이 있다.

아. 준용 규정

이 특별약관에서 정하지 아니한 사항은 보통약관에 따른다.

2. 의무보험 일시담보 특별약관

가. 적용 대상

이 특별약관은 의무보험에 가입된 피보험자동차의 양도가 이루어진 후, 그 보험계약의 권리와 의무가 양수인에게 승계되는 것에 대한 보험자의 승인 여부에 관계없이, 보통약관 배상책임 중 의무보험인「대인배상Ⅰ」및「대물배상」에 대하여 자동적으로 적용된다. 이는「자동차손해배상보장법」제26조(의무보험계약의 승계)의 규정을 특별약관으로 편입시킨 것이다.

■「자동차손해배상보장법」제26조(의무보험계약의 승계)
① 의무보험에 가입된 자동차가 양도된 경우에 그 자동차의 양도일(양수인이 매매대금을 지급하고 현실적으로 자동차의 점유를 이전받은 날을 말한다)부터「자동차관리법」제12조에 따른 자동차소유권 이전등록 신청기간이 끝나는 날(자동차소유권 이전등록 신청기간이 끝나기 전에 양수인이 새로운 책임보험 등의 계약을 체결한 경우에는 그 계약 체결일)까지의 기간은「상법」제726조의4에도 불구하고 자동차

의 양수인이 의무보험의 계약에 관한 양도인의 권리 의무를 승계한다.

② 제1항의 경우 양도인은 양수인에게 그 승계기간에 해당하는 의무보험의 보험료(공제계약의 경우에는 공제분담금을 말한다. 이하 같다)의 반환을 청구할 수 있다.

③ 제2항에 따라 양수인이 의무보험의 승계기간에 해당하는 보험료를 양도인에게 반환한 경우에는 그 금액의 범위에서 양수인은 보험회사 등에게 보험료의 지급 의무를 지지 아니한다.

나. 보험계약자 및 기명피보험자

보험회사는 보통약관 「피보험자동차의 양도」 조항의 "피보험자동차를 양도하는 경우"의 규정에 불구하고(단서의 승인이 있는 경우는 제외한다.) 보험증권에 기재된 피보험자동차가 양도된 날부터 15일째 되는 날의 24시까지의 기간 동안은 그 자동차를 보통약관 배상책임 중 의무보험인 「대인배상 I」 및 「대물배상」의 피보험자동차로 간주하고 양수인을 보험계약자 및 기명피보험자로 본다.

■ 대법원 2012.04.26. 선고 2010다60769 판결[구상금 반환]

구 「자동차손해배상보장법」(2008.3.28. 법률 제9065호로 전부 개정되기 전의 것, 이하 같다) 제22조제1항은, 의무보험에 가입된 자동차가 양도된 경우 당해 자동차의 양도일(양수인이 매매대금을 지급하고 현실적으로 자동차의 점유를 이전받은 날을 말한다)부터 「자동차관리법」 제12조의 규정에 의한 자동차소유권 이전등록신청기간이 만료되는 날(자동차소유권 이전등록신청기간 만료 전에 양수인이 새로운 책임보험 등의 계약을 체결한 경우에는 그 계약 체결일)까지의 기간 동안은 「상법」 제726조의4의 규정에도 불구하고 자동차의 양수인이 의무보험의 계약에 관한 양도인의 권리 의무를 승계한다고 규정하고 있고, 원심이 적법하게 채택한 증거에 의하면 이 사건 개인용 자동차보험 특별약관은 보험회사는 이 사건 양도약관의 규정에도 불구하고(단서의 승인이 있는 경우는 제외) <u>보험증권에 기재된 피보험자동차가 양도된 날로부터 15일째 되는 날의 24시까지의 기간 동안은 그 자동차를 위 보통약관 「대인배상 I」의 피보험자동차로 간주하고 양수인을 보험계약자 및 기명피보험자로 본다고 규정하고 있는 사실을 알 수 있다(이하 "이 사건 특별약관"이라 한다).</u> 이러한 구 「자동차손해배상보장법」 제22조의 규정 및 이 사건 특별약관은 위 「상법」 규정 및 이 사건 양도약관에 의하는 경우 피보험자가 보험기간 중에 피보험자동차를 양도하더라도 보험자의 승낙을 얻지 아니하는 한 양수인에게 자동차보험계약으로 인하여 생긴 권리와 의무가 승계되지 아니함으로써 발생할 수 있는 위 자동차의 무보험상태를 방지하여 피해자 및 양수인을 보호하기 위하여, 피보험자동차가 양도된 날로부터 일정한 기간 동안에는 위 자동차의 양수인이 의무보험의 계약에 관한 양도인의 권리 의무를 승계하거나, 위 자동차를 보통약관상 「대인배상 I」의 피보험자동차로 간주하고 양수인을 보험계약자 및 기명피보험자로 보는 것으로 규정하고 있는 것인바, 위 상법 규정 및 이 사건 양도약관에서 규정한 "자동차의 양도"의 의미에 덧붙여 위 구 「자동차손해배상보장법」 제22조제1항에서 규정한 "자동차의 양도"의 의미와 내용, 이 사건 특별약관의 목적과 취지 등을 고려하여 보면, 이 사건 특별약관에서의 "자동차의 양도"에는 특별한 사정이 없는 한 자동차를 양수하고 현실적으로 그 자동차의 점유를 이전받아 양도인 대신 그 자동차에 대한 사실상의 운행지배를 취득한 양수인이 「자동차관리법」 제12조의 규정에 의한 자동차소유권의 이전등록을 하지 아니한 채 다시 제3자에게 이를 양

도하고 현실적으로 그 자동차의 점유를 이전함으로써 그 운행지배를 상실한 경우도 포함된다고 봄
이 상당하다.
원심은 같은 취지에서, 소외 1이 이 사건 차량의 소유자로 자동차등록원부에 기재되지는 않았다
하더라도, 중고자동차 매매업자를 통하여 이 사건 차량을 구매하여 운행하다가 이후 다시 매각한
행위 역시 이 사건 특별약관에서의 "자동차의 양도"에 해당한다고 보고, 이 사건 차량의 양수인인
소외 2가 일으킨 이 사건 사고가 이 사건 차량의 양도일인 2005.5.17.로부터 15일이 경과하지 아
니한 2005.5.29. 발생하였으므로 피고는 이 사건 특별약관에 따라 기명피보험자로 간주되는 소외 2
의 보험자로서 이 사건 사고의 피해자들에게 「대인배상Ⅰ」에 의한 보험금을 지급할 의무가 있다
고 판단하였는바, 이러한 원심의 판단은 앞서 본 법리와 기록에 비추어 정당하고, 거기에 상고이유
에서 주장하는 바와 같이 약관의 해석 등에 관한 법리를 오해하고 심리를 다하지 아니하거나 판단
을 누락한 위법이 없다.

다. 의무보험

의무보험이란 「자동차손해배상보장법시행령」 제3조제1항 및 제2항의 규정에 의한 책임보험
금을 담보하는 「대인배상Ⅰ」 및 위 시행령 제3조제3항의 규정에 의한 금액(1사고당 1천만 원의
보상 한도 금액을 말하며, 이하 "대물의무보험금액"이라 한다.)을 담보하는 「대물배상」을 말한다. 다
만, 대물의무보험금액 이상을 담보하는 「대물배상」의 경우 대물의무보험금액 한도만을 말한다.

라. 보상하는 손해

회사는 피보험자가 피보험자동차를 소유, 사용, 관리하는 동안에 생긴 피보험자동차의 사고로
인하여 남을 죽게 하거나 다치게 한 경우와 남의 재물을 없애거나 훼손하여 법률상 손해배상책
임을 짐으로써 입은 손해를 보통약관 배상책임(「대인배상Ⅰ」 및 「대물배상」)에서 규정하는 바에
따라 보상한다. 다만, 「대물배상」의 경우 회사가 매 사고에 대하여 지급하는 보험금은 1사고당
1천만 원을 한도로 한다.

마. 보상하지 않는 손해

이 특별약관에서 다음 각 호의 손해는 보상하지 아니한다.

1. 양도된 피보험자동차가 양수인 명의로 이전 등록된 이후에 발생한 손해
2. 양도된 피보험자동차에 대하여 양수인 명의로 유효한 보통약관 배상책임(「대인배상Ⅰ」 및
   「대물배상」)에 가입한 이후에 발생한 손해
3. 보통약관 "보험기간"의 "「대인배상Ⅰ」 및 「대물배상」" 계약 성립 시 설정된 보험 기간의 마
   지막날 24시 이후에 발생한 손해
4. 「대물배상」에서 양도인의 보험증권에 기재된 운전 가능 범위 또는 운전 가능 연령 범위 외

의 자가 피보험자동차를 운전 중 생긴 사고로 인한 손해

바. 보험료율 적용

이 특별약관에 의하여 회사가 보상한 경우에는 자동차보험 요율서에서 정한 불량할증을 양수인에게 적용한다.

사. 보험료의 청구 및 납입

회사는 이 특별약관에 의해 회사가 보상 책임을 지는 기간에 대하여는 단기요율로 계산한 해당 보험료를 양수인에게 청구할 수 있고, 양수인은 위 보험료의 납입을 청구 받은 때에는 지체 없이 이를 보험회사에 납입해야 한다.

아. 준용 규정

이 특별약관에서 정하지 아니한 사항은 보통약관의 규정에 따른다.

3. 유상운송 위험담보 특별약관

가. 보상 내용

보험회사는 보험증권에 기재된 피보험자동차가 유상으로 운송용에 제공하는 경우에는 이 특별약관에 따라 보상한다. 그러나 「대인배상 I」에 대하여는 그러하지 아니한다.

나. 적용 대상

(1) 개인용 자동차보험

이 특별약관의 가입 대상 차종은 다목적 1종·2종 승용자동차 또는 구급자동차 중 승용자동차이다.

(2) 업무용 자동차보험

이 특별약관의 가입 대상 차종은 개인용 자동차보험 가입 대상 차종인 다목적 1종·2종 승용자동차 또는 구급자동차 중 승용자동차에 승합자동차(버스)가 추가 되었다.

다. 보상하는 손해

보통약관 보험회사가 보상하지 않는 사항(면책 사항)의 「대인배상 II」와 「대물배상」, 「자기신체사고」, 「무보험자동차에 의한 상해」, 「자기차량 손해」의 유상운송 위험담보 면책 규정에도 불구하고 요금이나 대가를 목적으로 피보험자동차를 사용 또는 대여한 때에 생긴 사고로 인한

손해에 대하여도 보상한다.

라. 준용 규정
이 특별약관에서 정하지 아니한 사항은 보통약관에 따른다.

제3권

손해사정실무

제1장 보상 처리 절차

1. 자동차사고 발생 통지 및 접수

가. 자동차사고 발생

자동차보험에서 보험자가 손해배상 의무 및 보험금 지급 의무를 지는 자동차사고는 피보험자가 피보험자동차를 소유·사용·관리하는 동안에 생긴 피보험자동차의 사고를 말한다. 즉, 피보험자동차의 운행으로 다른 사람을 죽게 하거나 다치게 하여 피보험자가 법률상 손해배상책임을 지거나 피보험자가 죽거나 상해를 입은 손해가 발생한 사고와 피보험자가 무보험자동차로 인하여 죽거나 다치는 손해가 발생한 사고이다.

나. 피보험자·피해자의 사고 발생 통지 및 사고 접수

자동차사고가 발생하면 보험계약자 및 피보험자와 피해자는 보험회사에 사고 발생 사실을 통지하고 보험회사는 이와 같은 사고 발생 통지를 접수하여 손해사정업무(보상업무)를 개시한다. 사고 발생 직후 사고 발생 통지사항은 보험자 및 손해사정사로 하여금 신속한 사고조사와 보상업무를 개시하게 하는 중요한 사항이다. 한편, 사고 통지를 접수하는 손해사정사는 초기 사고 발생 시 통지하는 사항들은 시간이 경과한 후에 2차적으로 통보하는 내용들보다 진실한 것들로써 보상업무 및 손해사정업무에 매우 소중한 정보들이므로 사고 접수를 소홀이 하는 일이 없도록 해야 한다.

(1) 보험계약자 및 피보험자의 통지

위와 같은 자동차사고가 발생했을 경우 피보험자는 보험회사에 사고 발생 통지 의무를 부담함은 물론 사고조사 및 손해액조사에 협력 의무가 있다. 따라서 피보험자는 자동차사고가 발생되면 지체 없이 보험회사에 통보해야 한다. 만일 특별한 이유 없이 사고 통보가 지연되는 경우 그로 인하여 늘어난 손해는 보험회사에서 책임을 지지 않을 뿐만 아니라 위장사고 등의 의심을 받는 등 신속한 보험사고 처리가 지연될 수도 있다.

(2) 피해자(손해배상청구권자)의 통지

자동차사고 발생 시 보험계약자 및 피보험자가 사고 발생 통지를 이행하지 않거나 지연시키는 경우, 손해배상청구권자인 피해자가 관련 법령 및 약관상 규정에 의해 보장되어 있는 직접청구권을 행사하여 직접 보험회사에 사고 발생 통지를 한다.

(3) 사고 발생 통지사항

자동차사고가 발생하면 보험계약자 및 피보험자 혹은 피해자는 다음 각 호와 같은 사항을 상세하게 통지하여야 한다.

(가) 사고 발생 일시 및 장소

(나) 사고상황 및 피해 정도

(다) 가·피해 사고차량 번호

(라) 피보험자 및 운전자의 인적사항

(마) 피해자의 인적사항

(바) 피해자의 부상 정도 및 치료병원

(사) 증인 및 목격자의 성명, 주소, 연락처

(아) 손해배상청구를 받은 때에는 그 내용

(자) 구조비용, 응급처치비용, 호송비 등 긴급하게 지출한 비용 및 액수

다. 사고 발생 시 의무 위반 여부 확인 및 조사

보험계약자 또는 피보험자는 사고가 생긴 것을 알았을 때에는 다음의 사항을 이행해야 한다. 보험계약자나 피보험자가 다음과 같은 의무를 정당한 이유 없이 이행하지 않는 경우, 그로 인하여 늘어난 손해액이나 회복할 수 있었을 금액은 보상하지 않으므로 다음과 같은 의무 위반 사실에 대하여 조사해야 한다.

(1) 손해 방지 의무

지체 없이 손해의 방지와 경감에 힘쓰고, 권리 보전과 행사에 필요한 절차를 밟아야 한다.

(2) 사고 발생 통지 의무

위 '나'의 (1), (2), (3)과 같다.

(3) 임의 합의 금지

손해배상의 청구를 받은 경우에는 보험회사 동의 없이 합의를 하거나 손해배상금을 지급하여서는 안 된다. 그러나 피해자의 응급치료, 호송 그 밖의 긴급조치에 소요되는 비용은 보험회사의 동의가 필요하지 않다.

(4) 소송 통지 의무

손해배상청구 소송을 제기하려고 할 때에는 지체 없이 보험회사에 알려야 한다.

(5) 도난차량 신고 의무

피보험자동차를 도난당하였을 때에는 지체 없이 그 사실을 경찰서에 신고해야 한다.

(6) 협력 의무

보험회사가 사고를 증명하는 서류 등 꼭 필요하다고 인정하는 자료를 요구한 경우에는 지체없이 제출해야 하고, 보험회사의 사고조사에 협력해야 한다.

2. 보험계약 사항 확인 및 사고 처리 안내

가. 보험계약 사항 확인

(1) 기명피보험자 및 피보험자동차 확인

기명피보험자와 피보험자동차의 소유자가 일치하는지에 대한 확인이 필요하다. 그 이유는 피보험자동차의 양도가 이루어진 후 양수인에게 보험계약이 승계되지 않은 상태에서 보험계약에 대하여 아무런 권한이 없는 양수인이 일으킨 사고는 보험자가 면책으로 하기 때문이다. 이의 확인을 위해서는 자동차등록증과 사고차량 운전자로부터 사고차량 운행경위서를 확보해야 한다.

(2) 보험기간 확인

자동차사고가 보험기간 내에 발생한 것인지 확인하여 책임기간 외의 사고는 보험사고 접수를 철회한다. 특히 보험계약 체결일 이후 3일 이내에 접수된 사고에 대해서는 보험계약 체결일 이전에 발생된 사고일 가능성을 염두에 두고 철저한 조사가 필요하다. 이와 동일한 개념으로 보험기간 만료일 경과 후 수일 이내에 접수되는 사고 역시 보험기간 만료일 이후에 발생된 사고일자를 보험기간으로 소급하여 통지할 가능성에 무게를 두고 보다 신중한 조사 및 확인 절차가 요구된다. 이와 같은 보험기간과 관련된 도덕적 위험에 대해 보상실무에서는 통상적으로 당일 사고라고 하여 조사에 만전을 기하고 있다.

(3) 고지 의무 위반 사실 확인

보험계약을 체결할 때에 보험계약자, 피보험자 또는 이들의 대리인이 고의 또는 중대한 과실로 인하여 회사가 서면으로 질문한 사항 중 중요한 사항에 대하여 알고 있는 사실을 알리지 아니하거나 사실과 다르게 알린 사실이 있는지를 청약서상의 질문지와 대조하여 정확하게 조사하여야 한다. 만약 고지 의무 위반 사실이 확인되면 이는 해지 사유가 되고 해지 이전의 사고도 그 의무 위반 사실과 사고 발생에 인과관계가 있으면 보험자의 면책 사유에 해당되기 때문이다. 또한 의무 위반 사실과 사고 발생 간에 인과관계를 입증할 수 없는 경우에도 보험료가 증액될 수 있는 사유가 발생하여 추가보험료를 청구할 수 있다.

(4) 계약 후 알릴 의무 위반 확인

보험계약을 맺은 후 피보험자동차의 용도 및 구조 변경 또는 서면으로 질문한 기재사항 중 중요한 사항에 변동이 있음에도 불구하고 불통지 기간 중 사고가 발생하였고 현저한 위험의 증가와 자동차사고 간에 인과관계가 있다면 보험계약을 해지하고 면책 처리한다. 이외에도 자동차사고 당시 보험기간 중 위험 변경 및 증가 사유에 해당하는 화약류, 고압가스, 기타 폭발물, 인화성

있는 위험물질이 피보험자동차에 실려 있었음에도 불구하고 사실대로 알리지 않았는지 여부도
잘 살펴보아야 한다.

(5) 특별약관 확인

보험계약사항 관련, 특히 주의를 요하는 것은 "운전자 연령 제한" 및 "운전자 범위 제한" 관련
된 특약이 체결되었을 경우, 운전자 바꿔치기에 대해 철저한 조사가 요구된다. 따라서 보험계약
의 특약사항을 면밀히 검토하여 사고차량 운전자와 보험계약상 지정된 운전자 및 운전 가능자
여부에 대하여 확인을 해야 한다.

나. 사고 처리 안내

피보험자동차사고가 접수되고 보험계약 사항을 검토하여 계약상 면·부책 문제가 발생되지 않
은 사고로 판명되면 즉시 보험계약자 및 피보험자나 피해자에게 사고 처리를 안내한다. 사고 처
리 안내 과정에서는 향후 사고 처리 절차와 조사 과정에서 필요한 서류 등을 안내하여 사고조사
및 손해액 산정에 필요한 자료에 대하여 협조를 구해야 한다.

3. 치료비 지급보증 및 사고조사

가. 치료비 지급보증

자동차사고 접수 이후, 보험계약 사항을 확인한 후 계약의 하자가 없는 경우, 즉시 피해자의
치료병원에 치료비 지불보증을 하여 피해자가 치료를 받을 수 있도록 조치해야 한다. 이와 같은
조치를 하지 않거나 게을리하여 피해자가 치료를 적기에 받을 수 있는 것을 실기하면 부상이 악
화되어 손해가 확대되거나 자칫 민원을 유발할 수 있다. 한편, 사고조사 과정에서 후술하는 면
책사고에 해당되면 지불보증을 철회하고 지급된 치료비는 피보험자 및 피해자에게 반환청구해
야 한다.

나. 사고조사

보험자의 보상책임은 전기한 보험계약상의 의무 불이행 및 조건 성취 여부에 따른 책임 면제
사유는 물론 사고 발생원인과 관련하여 법률상 배상책임 또는 약관상 보상책임 발생 등에 의해
결정되므로 사고조사를 통하여 이를 확정해야 한다.

(1) 면·부책 조사
(가) 법률상 손해배상책임 발생 여부

자동차사고로 인한 보험자의 보상책임이 발생하려면 피보험자의 법률상 손해배상책임이 발
생해야 한다. 따라서 접수된 사고가 피보험자의 법률상 손해배상책임 발생 요건에 해당하는지에

대한 조사가 선행되어야 한다. 「자배법」 제3조에 의한 자동차손해배상책임, 「민법」상 불법행위책임과 사용자배상책임, 「국가배상법」 제2조에 의한 배상책임, 「상법」 제726조의2의 자동차보험자의 책임 등에 의해 법률상 손해배상책임이 발생하는지 여부와 자동차사고 발생이 정당방위및 긴급피난으로 인한 것에 해당하는지 여부를 조사해야 한다.

(나) 자동차보험 약관상 보상책임 발생 여부

자동차사고로 인한 손해배상책임의 주체가 「자배법」상 운행자, 「민법」상 불법행위자 내지는사용자라고 한다면, 자동차보험약관상 손해배상책임 주체로서 보상금청구권자는 피보험자이다.따라서 자동차사고 조사 시 사고를 발생시킨 자가 적격 피보험자 지위를 가지고 있는지에 대한조사 및 확인 절차가 반드시 필요하다. 여기에 더하여 자동차보험약관상 면·부책 관련 사고조사사항은 다음과 같다.

1) 책임 면제 사유

자동차보험약관상 보상하지 않는 손해로 규정한 사항은 전기한 보험계약상의 책임 면제 사유외에 보험계약자 및 피보험자의 고의손해 면책, 전쟁위험 면책, 자연재해손해 면책, 핵연료물질로 인한 손해 면책, 유상운송 위험 면책, 제3자와 계약으로 늘어난 손해 면책, 무면허운전 면책,피보험자동차의 시험용·경기용·연습용 사용 면책은 물론, 자동차 취급업자가 업무상 위탁받아사용 중 사고 면책 조항에 해당되는지 여부를 각 담보종목별로 상세하게 조사하여 면·부책 여부를 가려야 한다.

2) 담보배제 사유

자동차보험 「대인배상Ⅱ」에서는 피보험자와 피보험자의 부모, 배우자 및 자녀, 배상책임 있는 피보험지의 피용자로서 산업재해 보상을 받을 수 있는 사람, 피보험자동차가 피보험자의 사용자의 업무에 사용되는 경우 그 사용자의 업무에 종사 중인 자로 산업재해 보상을 받을 수 있는다른 피용자가 죽거나 다친 경우에는 보상하지 않는다고 규정하고 있다. 그러므로 접수된 피해자들의 인적사항 및 자동차사고가 산업재해에 해당하는지 여부를 철저히 조사하여 보상책임 존부를 가려야 한다.

(2) 당해 사고 피해자 확인

차 내 차 사고, 차량 연쇄충돌 사고, 버스나 승합차에 의한 대량 인원 수송 중 사고 등으로 피해자가 다수 발생한 사고의 경우, 사고차량에 탑승하지 않아 접수된 자동차사고로 부상을 입지않았거나 사고와는 무관한 다른 원인으로 부상을 입은 사람이 당해 사고의 피해자인 것처럼 허위로 접수된 경우가 발생할 수 있다. 이와 같은 다수 피해자가 발생한 사고에 대해서는 이러한피해자 끼워 넣기 식의 사고 통보를 염두에 두고서 치료병원 응급실 내원 사실, 관할 경찰서의수사기록 및 소방서의 구급일지, 사고 주변 탐문조사 등을 통하여 사고 피해자로 통보된 자가 당해 사고의 피해자인지를 확인해야 한다.

4. 손해액 및 보험금 산정을 위한 절차

가. 과실비율 확정

피해자의 최종 손해액 및 보상금액은 과실책임주의를 적용하여 과실상계를 한 금액이 된다. 따라서 사고조사 과정에서 수집된 정보나 자료를 종합하여 피해자 과실 유무 및 비율을 확정해야 한다. 통상 보상실무에서는 법원 판례를 집적하여 예시한 과실도표를 준용하여 과실 유무 및 과실비율을 산정하고 있으나, 과실도표에 적용할 수 없는 사고의 경우에는 판례를 참조하여 과실 유무 및 비율을 산정한다.

나. 피해자 부상 정도 및 장해 발생 유무

(1) 치료기간 확인

배상책임보험의 경우에는 피해자의 치료기간에 따라 휴업손해액이 결정되므로 치료기간을 확인함과 더불어 불필요한 치료기간이 연장되는 것에 대해 치료병원과 공조 등으로 적극 대처해야 한다.

(2) 상해급수 및 노동능력상실률 확정

「자기신체사고」의 부상보험금 한도 및 배상책임보험의 위자료 액수는 「자배법시행령」 [별표 1]의 상해급수에 따라 보험금 및 보상금액이 결정되므로 상해등급을 정확하게 적용해야 한다. 한편, 장해상실수익액은 치유 시점에서 "맥브라이드식 장해평가표"에 의한 노동능력상실률을 확정하여 산정해야 한다. 노동능력상실률은 치료병원 담당의사의 후유장해진단서 발급이라는 절차에 의해 대부분 확정된다. 이 과정에서 노동능력상실률이 사실에 위배되는 일이 없도록 손해사정 과정에서 적정한 노동능력상실률이 발급될 수 있도록 최선을 다해야 한다. 그 일환으로써 치료 중에 있는 피해자의 관리에 많은 노력을 기울여 수시로 피해자의 후유장해 증상을 피해자관리카드 등에 기록하거나 담당의사의 치료 소견 및 후유 증상의 고정 및 지속기간 등에 대한 소견서를 받아 두어야 한다.

(3) 피해자의 직업 및 소득 조사

자동차보험약관상 피해자의 휴업손해액 및 상실수익액(사망, 장해)은 월평균 현실소득금액을 기초로 하여 한정하고 있다. 세법상 관계증빙자료에 의해 객관적으로 소득금액의 확정이 어려운 때에는 직종별 통계소득을 적용한다. 특히 기술직 종사자는 「통계법」 제3조에 의한 통계작성승인기관인 대한건설협회 및 중소기업협동조합중앙회 등에서 조사·공표하는 해당 직종의 기능을 보유하고, 사고 당시 해당 직종에 종사 중인 사람을 의미하므로, 피해자의 해당 직종 기능 보유 여부 및 해당 직종 종사 여부에 대한 철저한 조사가 요구된다. 농촌 일용근로자의 경우에는 도시 일용근로자보다 가동연한이 5년 더 연장되어 피해자에게 유리한 관계로 도농복합지역에 거주하는 피해자의 경우 실제 농업에 종사했는지에 대한 정확한 조사 내지는 확인을 통한 검증이 필요하다. 또한 현실소득액으로 인정되려면 근로의 대가이어야 하고, 위법한 소득이 아니어야 하며, 향후 수령 여부가 불투명하지 않은 계속성이 있어야 하므로, 위와 같은 소득 인정 요건에 관한 조사에도 만전을 기해야 한다.

(4) 보험자대위권 행사에 대한 권리 보전

공동불법행위 사고에서 연대채무자 상호간의 구상권에 대비한 과실비율 확정 및 피구상자와 「무보험자동차에 의한 상해」 사고 건에 대한 배상 의무자의 소재 파악, 재산 조사 및 가압류 등 채권확보에 필요한 절차를 밟아야 한다.

5. 손해액 및 보상금액 산정

보험계약사항 확인 및 사고조사 과정을 통하여 보험자의 보상책임 여부가 확정되고 손해액 및 보험금 산정을 위한 절차가 마무리되면 손해액 및 보험금액을 산정하여 피해자에게 통보한다. 그러나 위 손해액 및 보상금액 산정 시 다음 각 호에 해당하는 사유로 인하여 확대되거나 늘어난 손해는 보험자의 보상책임이 없으므로 손해액 및 보상금액에서 공제한다.

가. 사고 발생 후에 피보험자, 피해자, 치료병원 등의 진단서, 후유장해진단서, 진료기록, 치료비청구서 등 청구서류를 위조하거나 부풀려서 늘어난 손해
나. 피보험자의 사고 발생 시 의무 불이행 및 태만으로 늘어난 손해
다. 피해자의 부주의로 인한 재골절 등과 같이 확대된 손해액, 직업 및 소득 관련 입증자료 위조로 인하여 과다 계산된 금액

위와 같은 손해는 주로 사고 발생 후에 손해액 및 보험금청구권자의 보상성에 기인하는 것으로 사고 발생 후 손해(After loss)라고 한다.

6. 합 의

손해액 및 보험금을 산정 후 손해배상청구권자인 피해자나 보험금청구권자인 피보험자에게 통보한 다음 위 청구권자가 그 금액에 이의를 제기하지 않고 동의하면 배상책임보험의 경우에는 피해자와 합의서를 작성하고 손해액을 지급한다. 한편, 보험금청구권자와는 손해배상금이 아닌 보험약관에 의해 지급하기로 되어 있는 보험금액이므로 별도의 합의가 필요치 않으나, 자기신체 사고보험, 자동차상해보험, 무보험자동차에 의한 상해보험 역시 보험금 산정 방식이 배상책임보험의 실제 손해액 산정 기준을 채택하고 있는 관계로 후일의 분쟁에 대비하여 보상실무에서는

보통 합의서를 작성하고 있다. 이와 같은 합의 후 손해배상액에 준하는 합의금과 보험금액을 지급한 후 사건을 종결한다.

7. 보험자대위권 행사

공동불법행위 사고 및 무보험자동차에 의한 사고 등과 같이 제3자에 대한 피보험자의 손해배상청구권이나 구상권이 발생한 사고에 대해서는 합의 종결 후 보험자대위권을 행사한다.

제2장 「대인배상」·「무보험자동차에 의한 상해」 지급 기준

1. 사망 보험금

가. 장례비: 금 3,000,000원
사망 이후 시체의 이송으로부터 매(화)장할 때까지의 장례에 소요된 일체의 비용으로 지급액은 금 3,000,000원이다.

나. 위자료

(1) 사망자 본인 및 유족의 위자료
(가) 사망자 연령이 19세 이상 60세 미만인 경우: 45,000,000원
(나) 사망자 연령이 19세 미만 60세 이상인 경우: 40,000,000원
(2) 지급 기준
(가) 청구권자의 범위
피해자의 부모, 배우자, 자녀, 형제자매, 시부모, 장인장모
(나) 청구권자별 지급 기준

청구권자 신분	배우자	부모	자녀	형제 자매	시부모· 장인장모
1인당	500만 원	300만 원	200만 원	100만 원	100만 원

(다) 사망자 본인의 위자료는 위 '(1)'의 위자료 총액에서 위 (나)의 청구권자별 실지급 위자료의 합산액을 차감한 금액으로 하며, 위 '(1)'의 위자료 총액을 초과할 경우에는 실지급 청구권자

별로 각각 균등 차감한다.

다. 상실수익액

(1) 산정 방법

사망 본인의 월평균 현실소득액(제세액 공제)에서 본인의 생활비(월평균현실소득액에 생활비율을 곱한 금액)를 공제한 금액에 취업 가능월수에 해당하는 라이프닛쯔 계수를 곱하여 산정한다.

산식 =	(월평균현실소득액 - 생활비) × (사망일로부터 보험금 지급일까지의 월수 + 보험금 지급일부터 취업가능연한까지 월수에 해당하는 라이프닛쯔 계수)

(2) 현실소득액의 산정 방법

(가) 유직자

1) 산정대상기간

가) 급여소득자: 사고 발생 직전 또는 사망 직전 과거 3개월로 하되, 계절적 요인 등에 따라 급여의 차등이 있는 경우와 상여금, 체력단련비, 연월차휴가 보상금 등 매월 수령하는 금액이 아닌 것은 과거 1년간으로 한다.

나) 급여소득자 이외의 자: 사고 발생 직전 과거 1년간으로 하며, 기간이 1년 미만인 경우에는 계절적인 요인 등을 감안하여 타당한 기간으로 한다.

2) 산정 방법

가) 현실소득액을 증명할 수 있는 자

세법에 따른 관계증빙서에 의하여 소득을 산정할 수 있는 자에 한하여 다음과 같이 산정한 금액으로 한다.

① 급여소득자

피해자가 근로의 대가로서 받은 보수액에서 제세액을 공제한 금액이다. 그러나 피해자가 사망 직전에 보수액의 인상이 확정된 경우에는 인상된 금액에서 제세액을 공제한 금액으로 한다.

〈용어 풀이〉
① 이 보험에서 급여소득자라 함은 「소득세법」 제20조에서 규정한 근로소득을 얻고 있는 자로서 일용근로자 이외의 자를 말함.
② 근로의 대가로서 받은 보수라 함은 본봉, 수당, 성과급, 상여금, 체력단련비, 연월차휴가보상금 등을 말하며, 실비변상적인 성격을 가진 대가는 제외함.
③ 이 보험에서 세법에 따른 관계증빙서라 함은 사고 발생 전에 신고 또는 납부하여 발행된 관계증빙서를 말함. 다만, 신규 취업자, 신규 사업 개시자 또는 사망 직전에 보수액의 인상이 확정된 경우

에 한하여 세법 규정에 따라 정상적으로 신고 또는 납부(신고 또는 납부가 지체된 경우는 제외함)하여 발행된 관계증빙서를 포함함.
※ 위 ②의 "실비변상적인 성격을 가진 대가"란 「소득세법시행령」 제12조에서 규정한 식대, 피복비, 여비, 일직료, 숙직료, 위험수당, 20만 원 이내의 연구보조비, 근무환경개선비, 벽지수당, 이전지원금 등을 말한다.

■ 「소득세법」 제20조(근로소득)
① 근로소득은 해당 과세기간에 발생한 다음 각 호의 소득으로 한다.
    1. 근로를 제공함으로써 받는 봉급·급료·보수·세비·임금·상여·수당과 이와 유사한 성질의 급여
    2. 법인의 주주총회·사원총회 또는 이에 준하는 의결기관의 결의에 따라 상여로 받는 소득
    3. 「법인세법」에 따라 상여로 처분된 금액
    4. 퇴직함으로써 받는 소득으로서 퇴직소득에 속하지 아니하는 소득
② 근로소득금액은 제1항 각 호의 소득의 금액의 합계액(비과세소득의 금액은 제외하며, 이하 "총급여액"이라 한다)에서 제47조에 따른 근로소득공제를 적용한 금액으로 한다.
③ 근로소득의 범위에 관하여 필요한 사항은 대통령령으로 정한다.

■ 「소득세법시행령」 제38조(근로소득의 범위)
① 법 제20조에 따른 근로소득에는 다음 각 호의 소득이 포함되는 것으로 한다.〈개정 1995.12.30., 1996.12.31., 1997.12.31., 1998.4.1., 1998.12.31., 1999.12.31., 2000.12.29., 2001.1.29., 2001.12.31., 2002.12.30., 2003.12.30., 2005.2.19., 2005.8.19., 2006.2.9., 2007.2.28., 2008.2.22., 2008.2.29., 2009.2.4., 2010.2.18., 2012.7.24., 2013.2.15., 2014.2.21.〉
    1. 기밀비(판공비를 포함한다. 이하 같다)·교제비 기타 이와 유사한 명목으로 받는 것으로써 업무를 위하여 사용된 것이 분명하지 아니한 급여
    2. 종업원이 받는 공로금·위로금·개업축하금·학자금·장학금(종업원의 수학 중인 자녀가 사용자로부터 받는 학자금·장학금을 포함한다) 기타 이와 유사한 성질의 급여
    3. 근로수당·가족수당·전시수당·물가수당·출납수당·직무수당 기타 이와 유사한 성질의 급여
    4. 보험회사, 「자본시장과 금융투자업에 관한 법률」에 따른 투자매매업자 또는 투자중개업자 등의 종업원이 받는 집금수당과 보험가입자의 모집, 증권매매의 권유 또는 저축을 권장하여 받는 대가, 그 밖에 이와 유사한 성질의 급여
    5. 급식수당·주택수당·피복수당 기타 이와 유사한 성질의 급여
    6. 주택을 제공받음으로써 얻는 이익. 다만, 주주 또는 출자자가 아닌 임원(주권상장법인의 주주 중 소액주주인 임원을 포함한다)과 임원이 아닌 종업원(비영리법인 또는 개인의 종업원을 포함한다) 및 국가·지방자치단체로부터 근로소득을 지급받는 사람이 기획재정부령으로 정하는 사택을 제공받는 경우를 제외한다.
    7. 종업원이 주택(주택에 부수된 토지를 포함한다)의 구입·임차에 소요되는 자금을 저리 또는 무상으로 대여받음으로써 얻는 이익
    8. 기술수당·보건수당 및 연구수당, 그 밖에 이와 유사한 성질의 급여
    9. 시간 외 근무수당·통근수당·개근수당·특별공로금 기타 이와 유사한 성질의 급여
    10. 여비의 명목으로 받는 연액 또는 월액의 급여

11. 벽지수당·해외근무수당 기타 이와 유사한 성질의 급여

12. 종업원이 계약자이거나 종업원 또는 그 배우자 기타의 가족을 수익자로 하는 보험·신탁 또는 공제와 관련하여 사용자가 부담하는 보험료·신탁부금 또는 공제부금(이하 이 호에서 "보험료 등"이라 한다). 다만, 다음 각 목의 보험료 등을 제외한다.

　　가. 삭제〈2000.12.29.〉

　　나. 종업원의 사망·상해 또는 질병을 보험금의 지급 사유로 하고 종업원을 피보험자와 수익자로 하는 보험으로서 만기에 납입보험료를 환급하지 아니하는 보험(이하 "단체순수보장성보험"이라 한다)과 만기에 납입보험료를 초과하지 아니하는 범위 안에서 환급하는 보험(이하 "단체환급부보장성보험"이라 한다)의 보험료 중 연 70만 원 이하의 금액

　　다. 삭제〈2013.2.15.〉

　　라. 삭제〈2013.2.15.〉

　　마. 임직원의 고의(중과실을 포함한다) 외의 업무상 행위로 인한 손해의 배상청구를 보험금의 지급 사유로 하고 임직원을 피보험자로 하는 보험의 보험료

　　바. 삭제〈2009.2.4.〉

13. 「법인세법시행령」 제44조제4항에 따라 손금에 산입되지 아니하고 지급받는 퇴직급여

14. 휴가비 기타 이와 유사한 성질의 급여

15. 삭제〈2013.2.15.〉

16. 계약기간 만료 전 또는 만기에 종업원에게 귀속되는 단체환급부보장성보험의 환급금

17. 법인의 임원 또는 종업원이 당해 법인 또는 당해 법인과 「법인세법시행령」 제87조의 규정에 의한 특수관계에 있는 법인(이하 이 호에서 "당해 법인 등"이라 한다)으로부터 부여받은 주식매수선택권을 당해 법인 등에서 근무하는 기간 중 행사함으로써 얻은 이익(주식매수선택권 행사 당시의 시가와 실제 매수가액과의 차액을 말하며, 주식에는 신주인수권을 포함한다)

18. 삭제〈2008.2.22.〉

19. 「공무원 수당 등에 관한 규정」, 「지방공무원 수당 등에 관한 규정」, 「검사의 보수에 관한 법률 시행령」, 대법원 규칙, 헌법재판소 규칙 등에 따라 공무원에게 지급되는 직급보조비

② 제1항을 적용할 때 퇴직급여로 지급되기 위하여 적립되는 급여는 근로소득에 포함하지 아니한다.〈개정 2013.2.15.〉

③ 제1항제6호 단서에 따른 소액주주는 다음 각 호의 어느 하나에 해당하는 주주를 제외한 주주로서 해당 법인의 발행주식총액 또는 출자총액(이하 이 조에서 "발행주식총액 등"이라 한다)의 100분의 1에 해당하는 금액과 3억 원(액면가액의 합계액을 말한다) 중 적은 금액 미만의 주식을 소유하는 주주를 말한다. 다만, 「은행법」에 따른 은행의 경우에는 발행주식총액 등의 100분의 1에 해당하는 금액 미만의 주식을 소유하는 주주를 말한다.〈신설 2010.2.18.〉

　1. 해당 법인의 발행주식총액 등의 100분의 1 이상의 주식을 소유한 주주(국가 또는 지방자치단체인 주주는 제외한다)로서 그와 제98조제1항에 따른 특수관계에 있는 주주와의 소유 주식의 합계가 해당 법인의 주주 중 가장 많은 경우의 해당 주주

　2. 제98조제1항에 따른 특수관계에 있는 주주

④ 제3항에 따른 소액주주에 해당하던 사람이 법인의 자본증가로 소유 주식의 액면가액의 합계액이 3억 원 이상이 되는 경우 그 증자일부터 증자일이 속하는 과세기간의 다음 연도 종료일까지는 소액주주로 본다. 다만, 그 사람의 소유 주식의 액면가액의 합계액이 증자 후의 해당 법인의 발행주식총액등의 100분의 1 이상이 되는 경우에는 그러하지 아니하다.〈신설 2010.2.18.〉

■ 「소득세법시행령」 제12조(실비변상적 급여의 범위)

법 제12조제3호자목에서 "대통령령으로 정하는 실비변상적 성질의 급여"란 다음 각 호의 것을 말한다. 〈개정 1995.6.30., 1996.12.31., 1998.4.1., 1998.12.31., 2000.12.29., 2003.12.30., 2005.2.19., 2007.2.28., 2008.2.22., 2008.2.29., 2008.12.3., 2009.2.4., 2010.1.27., 2010.2.18., 2010.12.30., 2011.6.24., 2012.2.2., 2013.2.15., 2014.3.11.〉

1. 법령·조례에 의한 위원회등의 보수를 받지 아니하는 위원(학술원 및 예술원의 회원을 포함한다) 등이 받는 수당

2. 「선원법」에 의하여 받는 식료

3. 일직료·숙직료 또는 여비로서 실비변상 정도의 금액(종업원의 소유차량을 종업원이 직접 운전하여 사용자의 업무 수행에 이용하고 시내출장 등에 소요된 실제여비를 받는 대신에 그 소요경비를 당해 사업체의 규칙 등에 의하여 정하여진 지급 기준에 따라 받는 금액 중 월 20만 원 이내의 금액을 포함한다)

4. 법령·조례에 의하여 제복을 착용하여야 하는 자가 받는 제복·제모 및·제화

5. 삭제〈2000.12.29.〉

6. 삭제〈2000.12.29.〉

7. 삭제〈2000.12.29.〉

8. 병원·시험실·금융회사 등·공장·광산에서 근무하는 사람 또는 특수한 작업이나 역무에 종사하는 사람이 받는 작업복이나 그 직장에서만 착용하는 피복

9. 특수분야에 종사하는 군인이 받는 낙하산강하위험수당·수중파괴작업위험수당·잠수부위험수당·고전압위험수당·폭발물위험수당·항공수당·비무장지대근무수당·전방초소근무수당·함정근무수당 및 수륙양용궤도차량승무수당, 특수분야에 종사하는 경찰공무원이 받는 경찰특수전술업무수당과 경호공무원이 받는 경호수당

10. 「선원법」의 규정에 의한 선원으로서 기획재정부령이 정하는 자(제16조 및 제17조의 규정을 적용받는 자를 제외한다)가 받는 월 20만 원 이내의 승선수당, 경찰공무원이 받는 함정근무수당·항공수당 및 소방공무원이 받는 함정근무수당·항공수당·화재진화수당

11. 광산근로자가 받는 입갱수당 및 발파수당

12. 다음 각 목의 어느 하나에 해당하는 자가 받는 연구보조비 또는 연구활동비 중 월 20만 원 이내의 금액

　가. 「유아교육법」, 「초·중등교육법」 및 「고등교육법」에 따른 학교 및 이에 준하는 학교(특별법에 따른 교육기관을 포함한다)의 교원

　나. 「특정연구기관육성법」의 적용을 받는 연구기관, 특별법에 따라 설립된 정부출연연구기관, 「지방자치단체출연 연구원의 설립 및 운영에 관한 법률」에 따라 설립된 지방자치단체출연 연구원에서 연구활동에 직접 종사하는 자(대학교원에 준하는 자격을 가진 자에 한한다) 및 직접적으로 연구활동을 지원하는 자로서 기획재정부령으로 정하는 자

　다. 「기초연구진흥 및 기술개발지원에 관한 법률 시행령」 제16조제1항제1호 또는 제3호에 따른 중소기업 또는 벤처기업의 기업부설연구소와 같은 조 제2항에 따라 설치하는 연구개발전담부서(중소기업 또는 벤처기업에 설치하는 것으로 한정한다)에서 연구활동에 직접 종사하는 자

13. 국가 또는 지방자치단체가 지급하는 다음 각 목의 어느 하나에 해당하는 것

　가. 「영유아보육법시행령」 제24조제1항제7호에 따른 비용 중 보육교사의 처우 개선을 위하여

지급하는 근무환경개선비

나. 「유아교육법시행령」 제32조제1항제2호에 따른 사립유치원·수석교사·교사의 인건비

다. 전문과목별 전문의의 수급 균형을 유도하기 위하여 전공의에게 지급하는 수련보조수당

14. 「방송법」에 따른 방송, 「뉴스통신진흥에 관한 법률」에 따른 뉴스통신, 「신문 등의 진흥에 관한 법률」에 따른 신문(일반일간신문, 특수일간신문 및 인터넷신문을 말하며, 해당 신문을 경영하는 기업이 직접 발행하는 「잡지 등 정기간행물의 진흥에 관한 법률」에 따른 정기간행물을 포함한다)을 경영하는 언론기업 및 「방송법」에 따른 방송채널사용사업에 종사하는 기자(해당 언론기업 및 「방송법」에 따른 방송채널사용사업에 상시 고용되어 취재활동을 하는 논설위원 및 만화가를 포함한다)가 취재활동과 관련하여 받는 취재수당 중 월 20만 원 이내의 금액. 이 경우 취재수당을 급여에 포함하여 받는 경우에는 월 20만 원에 상당하는 금액을 취재수당으로 본다.

15. 근로자가 기획재정부령이 정하는 벽지에 근무함으로 인하여 받는 월 20만 원 이내의 벽지수당

16. 근로자가 천재·지변 기타 재해로 인하여 받는 급여

17. 「수도권정비계획법」 제2조제1호에 따른 수도권 외의 지역으로 이전하는 「국가균형발전 특별법」 제2조제9호에 따른 공공기관의 소속 공무원이나 직원에게 한시적으로 지급하는 월 20만 원 이내의 이전지원금

② 사업소득자

㉮ 세법에 따른 관계증빙서에 의하여 입증된 수입액에서 그 수입을 위하여 필요한 제경비 및 제세액을 공제하고 본인의 기여율을 감안하여 산정한 금액이다.

산식 =	{연간수입액 - 주요경비 - (연간수입액 × 기준경비율) - 제세공과금 } × 노무기여율 × 투자비율}

(주) 1. 제 경비가 세법에 따른 관계증빙서에 의하여 입증되는 경우에는 위 기준경비율 또는 단순경비율을 적용하지 아니하고 그 입증된 경비를 공제함.
  2. 소득세법 등에 의해 단순경비율 적용 대상자는 기준 경비율 대신 동비율 적용
  3. 투자비율은 사업소득자(피해자)가 그 사업에 투자한 자기지분율(증빙서에 의함)을 말하며, 투자비율의 입증이 불가능할 때에는 1/동업자수로 한다.
  4. 노무기여율은 85/100를 한도로 타당한 율을 적용하되, 판례나 국가, 기타 정부의 공신력 있는 통계가 있는 경우에는 그에 따른다. 또한 대체고용임금을 적용할 수 있는 때에는 고용노동부의 고용형태별근로실태조사보고서(구 직종별임금실태조사보고서)를 참고한다.

㉯ 본인이 없더라도 사업의 계속성이 유지될 수 있는 경우에는 위 ㉮의 산식에 의하지 아니하고 일용근로자 임금을 인정한다.

㉰ 위 ㉮에 따라 산정한 금액이 일용근로자 임금에 미달한 경우에는 일용근로자 임금을 인정한다.

<용어 풀이>

① 이 보험에서 사업소득자라 함은 「소득세법」 제19조에서 규정한 소득을 얻고 있는 자를 말함.

② 이 보험에서 일용근로자 임금이라 함은 「통계법」 제3조에 의한 통계작성 승인기관(공사부문: 대한건설협회, 제조부문: 중소기업중앙회)이 조사, 공표한 노임 중 보통 인부의 임금을 적용하여 아래와 같이 산정한다.

> (공사부문 보통인부임금 + 제조부문 보통인부임금) / 2
> ※ 월 임금 산정 시 25일을 기준으로 산정

※ 일용근로자: 일용근로자라 함은 고용주에게 3개월 이상 계속하여 고용되어 있지 아니한 자로서 근로를 제공한 날 또는 시간에 따라 급여를 계산하거나 근로를 제공한 날 또는 시간의 근무성과에 따라 급여를 계산하여 지급받는 자를 말한다(일급 또는 시간급을 받는 자). 그러나 위 기간에도 불구하고 「소득세법시행령」 제20조제1호, 제2호, 제3호에서 규정한 자에 대하여는 일용근로자에 포함하지 아니한다.

■ 소득세법 제19조(사업소득)

① 사업소득은 해당 과세기간에 발생한 다음 각 호의 소득으로 한다. 〈개정 2014.1.1.〉

  1. 농업(작물재배업 중 곡물 및 기타 식량작물 재배업은 제외한다. 이하 같다)·임업 및 어업에서 발생하는 소득

  2. 광업에서 발생하는 소득

  3. 제조업에서 발생하는 소득

  4. 전기, 가스, 증기 및 수도사업에서 발생하는 소득

  5. 하수·폐기물 처리, 원료재생 및 환경복원업에서 발생하는 소득

  6. 건설업에서 발생하는 소득

  7. 도매 및 소매업에서 발생하는 소득

  8. 운수업에서 발생하는 소득

  9. 숙박 및 음식점업에서 발생하는 소득

  10. 출판, 영상, 방송통신 및 정보서비스업에서 발생하는 소득

  11. 금융 및 보험업에서 발생하는 소득

  12. 부동산업 및 임대업에서 발생하는 소득. 다만, 지역권 등 대통령령으로 정하는 권리를 대여함으로써 발생하는 소득은 제외한다.

  13. 전문, 과학 및 기술서비스업(대통령령으로 정하는 연구개발업은 제외한다. 이하 같다)에서 발생하는 소득

  14. 사업시설관리 및 사업지원서비스업에서 발생하는 소득

  15. 교육서비스업(대통령령으로 정하는 교육기관은 제외한다. 이하 같다)에서 발생하는 소득

  16. 보건업 및 사회복지시비스업(대통령령으로 정하는 사회복지사업은 제외한다. 이하 같다)에서 발생하는 소득

  17. 예술, 스포츠 및 여가 관련 서비스업에서 발생하는 소득

  18. 협회 및 단체(대통령령으로 정하는 협회 및 단체는 제외한다. 이하 같다), 수리 및 기타 개인서비스

업에서 발생하는 소득

19. 가구 내 고용활동에서 발생하는 소득

20. 제1호부터 제19호까지의 규정에 따른 소득과 유사한 소득으로서 영리를 목적으로 자기의 계산
과 책임 하에 계속적·반복적으로 행하는 활동을 통하여 얻는 소득

② 사업소득금액은 해당 과세기간의 총수입금액에서 이에 사용된 필요경비를 공제한 금액으로 하
며, 필요경비가 총수입금액을 초과하는 경우 그 초과하는 금액을 "결손금"이라 한다.

③ 제1항 각 호에 따른 사업의 범위에 관하여는 이 법에 특별한 규정이 있는 경우 외에는 「통계법」
제22조에 따라 통계청장이 고시하는 한국표준산업분류에 따르고, 그 밖의 사업소득의 범위에 관하
여 필요한 사항은 대통령령으로 정한다.[전문개정 2009.12.31.]

■ 「소득세법시행령」 제20조(일용근로자의 범위)

법 제14조제3항제2호에서 "대통령령으로 정하는 일용근로자"란 근로를 제공한 날 또는 시간에 따라
근로대가를 계산하거나 근로를 제공한 날 또는 시간의 근로성과에 따라 급여를 계산하여 받는 사람
으로서 다음 각 호에 규정된 사람을 말한다. 〈개정 2010.2.18.〉

1. 건설공사에 종사하는 자로서 다음 각 목의 자를 제외한 자

　가. 동일한 고용주에게 계속하여 1년 이상 고용된 자

　나. 다음의 업무에 종사하기 위하여 통상 동일한 고용주에게 계속하여 고용되는 자

　　(1) 작업준비를 하고 노무에 종사하는 자를 직접 지휘·감독하는 업무

　　(2) 작업현장에서 필요한 기술적인 업무, 사무·타자·취사·경비 등의 업무

　　(3) 건설기계의 운전 또는 정비업무

2. 하역작업에 종사하는 자(항만근로자를 포함한다)로서 다음 각 목의 자를 제외한 자

　가. 통상 근로를 제공한 날에 근로대가를 받지 아니하고 정기적으로 근로대가를 받는 자

　나. 다음의 업무에 종사하기 위하여 통상 동일한 고용주에게 계속하여 고용되는 자

　　(1) 작업준비를 하고 노무에 종사하는 자를 직접 지휘·감독하는 업무

　　(2) 주된 기계의 운전 또는 정비업무

3. 제1호 또는 제2호 외의 업무에 종사하는 자로서 근로계약에 따라 동일한 고용주에게 3월 이상 계
속하여 고용되어 있지 아니한 자

③ 기타 유직자(이자소득자, 배당소득자 제외)

세법상의 관계증빙서에 따라 입증된 소득액에서 제세액을 공제한 금액. 다만, 부동산임대소득
자의 경우에는 일용근로자 임금을 인정하며, 이 기준에서 정한 여타의 입증되는 소득이 있는 경
우에는 그 소득과 일용근로자 임금 중 많은 금액을 인정한다.

④ 위 ①, ②, ③에 해당하는 자로서 기술직 종사자는 「통계법」 제3조에 의한 통계작성승인기
관(공사부문: 대한건설협회, 제조부문: 중소기업중앙회)이 조사, 공표한 노임에 의한 해당직종 임금
이 많은 경우에는 그 금액을 인정한다.

나) 현실소득액의 입증이 곤란한 자

세법에 따른 관계증빙서에 의하여 소득을 산정할 수 없는 자는 다음과 같이 산정한 금액으로

한다.

① 급여소득자: 일용근로자 임금

② 사업소득자: 일용근로자 임금

③ 그 밖의 유직자: 일용근로자 임금

④ 기술직 종사자: 위 ①, ②, ③에 해당하는 자로서 기술직 종사자는 「통계법」 제3조에 의한 통계작성 승인기관(공사 부문: 대한건설협회, 제조 부문: 중소기업중앙회)이 조사, 공표한 노임에 의한 해당직종 임금이 많은 경우에는 그 금액을 인정한다. 또한 해외 취업이 확정되어 항공표를 소지한 자가 출국 이전에 자동차사고를 당한 경우에는 계약기간 동안에는 계약된 금액을 그후에는 일용근로자 임금을 한도로 위 계약된 금액을 인정한다.

다) 미성년자로서 현실소득액이 일용근로자 임금에 미달한 자: 19세에 이르기까지는 현실소득액, 19세 이후는 일용근로자 임금을 인정한다.

(나) 가사종사자: 일용근로자 임금을 인정한다.

(다) 무직자(학생 포함): 무직자란 유아, 연소자, 학생 등과 같이 소득이 없는 자와 이자소득, 배당소득, 연금만으로 생활하거나 사고 발생 당시 일정한 직업이 없는 자로서 일용근로자 임금을 인정한다.

(라) 소득이 두 가지 이상인 자

1) 세법에 따른 관계증빙서에 의하여 입증된 소득이 두 가지 이상 있는 경우에는 그 합산액을 인정한다.

2) 세법에 따른 관계증빙서에 의하여 입증된 소득과 입증 곤란한 소득이 있는 때 혹은 입증이 곤란한 소득이 두 가지 이상 있는 경우에 이 기준에 의하여 인정하는 소득 중 많은 금액을 인정한다.

(마) 외국인

1) 유직자

가) 국내에서 소득을 얻고 있는 자로서 그 입증이 가능한 자: 위 '가) 현실소득액을 증명할 수 있는 자'의 현실소득액 산정 방법으로 산정한 금액

나) 위 '가)' 이외의 자: 일용근로자 임금

2) 무직자(학생 및 미성년자 포함): 일용근로자 임금

(바) 절대적 노동능력상실자

사고 발생 당시 무직자로서 불치 및 취업 불가능한 상태인 정신병자, 지체부자유자, 생명 구제가 불가능한 것으로 인정된 악성종양(암) 등 이와 유사한 질병자를 말하며, 이들에 대하여는 최저 보험금액을 지급한다.

(3) 생활비율: 1/3

(4) 취업 가능월수

(가) 취업 가능 연한을 60세로 하여 취업 가능 월수를 산정함. 다만, 법령, 단체협약 또는 그 밖의 별도의 정년에 관한 규정이 있으면 이에 의하여 취업 가능 월수를 산정하며 피해자가 「농어업·농어촌 및 식품산업기본법」 제3조제2호에서 규정하는 농어업인일 경우(피해자가 객관적 자료를 통해 입증한 경우에 한함)에는 취업 가능 연한을 65세로 하여 취업 가능 월수를 산정한다.

(나) 피해자가 사망 당시(후유장애를 입은 경우에는 노동능력상실일) 56세 이상인 경우에는 다음의 "56세 이상 피해자의 취업가능월수"에 의하되, 사망일 또는 노동능력상실일부터 정년에 이르기까지는 월현실소득액을, 그 이후부터 취업가능월수까지는 일용근로자 임금을 인정한다.

〈56세 이상 피해자의 취업가능월수〉

피해자의 나이	취업가능월수
56세부터 59세 미만	48개월
59세부터 67세 미만	36개월
67세부터 76세 미만	24개월
76세 이상	12개월

(다) 정년이 60세 미만인 급여소득자의 경우에는 정년 이후 60세에 이르기까지의 현실소득액은 피해자의 사망 또는 장애 확정 당시의 일용근로자 임금을 인정한다.

(라) 취업가능연한이 사회통념상 60세 미만인 직종에 종사하는 자인 경우 해당 직종에 타당한 취업가능연한 이후 60세에 이르기까지의 현실소득액은 사망 또는 장애 확정 당시의 일용근로자 임금을 인정한다.

(마) 취업시기는 19세로 하되, 군복무 해당자는 그 기간을 감안하여 취업가능월수를 산정한다(군복무 중인 경우에는 잔여 복무기간을 감안하여 적용함).

(사) 외국인

1) 적법한 일시 체류자(*1)인 경우 생활 본거지인 본국의 소득 기준을 적용함. 다만, 적법한 일시 체류자가 국내에서 취업활동을 한 경우 아래 '3)'을 적용한다.

2) 적법한 취업활동자(*2)인 경우 외국인 근로자의 적법한 체류기간 동안은 국내의 소득 기준을 적용하고, 적법한 체류기간 종료 후에는 본국의 소득 기준을 적용함. 다만, 사고 당시 남은 적법한 체류기간이 3년 미만인 경우 사고일부터 3년간 국내의 소득 기준을 적용한다.

3) 그 밖의 경우 사고일부터 3년은 국내의 소득 기준을, 그후부터는 본국의 소득 기준을 적용한다.

(*1) "적법한 일시 체류자"라 함은 국내 입국 허가를 득하였으나 취업활동의 허가를 얻지 못한 자를 말한다.

(*2) "적법한 취업활동자"라 함은 국내 취업활동 허가를 얻은 자를 말한다.

(아) 군복무 의무에 관련된 취업가능시기와 현실소득액 인정

1) 취업가능 시기

가) 현역군인: 군복무가 끝날 것으로 예상되는 시점의 익일부터 취업가능시기로 한다.

나) 공익 근무 중인 자: 관할 병무청장 발행의 병적확인서(공익요원소집근무개시일, 근무실적, 군의무기간 등 명기) 또는 소속장이 발행한 근무확인서를 징구하고 군의무기간이 끝나는 날의 익일부터 취업가능시기로 한다.

다) 공익 근무 중이 아닌 보충역: 관할 병무청장 발행 병적확인서에 공익 근무 소집 대상자로 확인되어 있는 자는 그 기간을 공제한 날의 익일부터 취업가능시기로 한다.

2) 현실소득액 인정(직장 근무 중 입영한 자의 경우)

가) 입영으로 인하여 휴직되어 있는 경우

1. 입영 직전 과거 3개월의 입증된 월평균현실소득액을 인정한다.

2. 입영 직전에 기술직에 종사하였던 경우에는 당해 연도 해당 직종 시중노임단가를 인정한다.

나) 입영으로 인하여 해직되어 있는 경우

입영 직전에 기술직 종사자였던 경우에 한하여 당해 연도 해당 직종 시중 노임단가를 인정하고 그 외에는 일용근로자 임금을 인정한다.

(자) 유형별 취업가능기간 및 현실소득액 인정 방법

1) 직업군인의 경우

「군인사법」 제8조제1항에서 규정한 연령정년, 근속정년, 계급정년(준장 이상)을 각각 계산하여 가장 빨리 도래하는 정년일자를 기준으로 하되 그 기간까지는 사망 당시의 현실소득액을 인정하고 그후 60세에 이르기까지는 일용근로자임금(기술직: 시중노임단가)을 인정한다.

■ 「군인사법」 제8조(현역정년)

① 현역에서 복무할 정년은 다음 각 호와 같다. 다만, 전시·사변 등의 국가 비상 시에는 예외로 한다.

    1. **연령정년 원수:** 종신 대장: 63세 중장: 61세 소장: 59세 준장: 58세 대령: 56세 중령: 53세 소령: 45세 대위, 중위, 소위: 43세 준위: 55세 원사: 55세 상사: 53세 중사: 45세 하사: 40세

    2. **근속정년 대령:** 35년 중령: 32년 소령: 24년 대위, 중위, 소위: 15년 준위: 32년

    3. **계급정년 중장:** 4년 소장: 6년 준장: 6년

② 제1항제1호에도 불구하고 사관학교 교수요원으로 근무 중인 장교와 국방대학교의 교수로서 「고등교육법」 제16조에 따른 자격이 있는 장교 및 군의과·치의과 장교의 연령정년은 60세로 하며, 제1항제2호 및 제3호에 따른 근속정년 및 계급정년은 적용하지 아니한다. 다만, 대령은 54세에서 55세 사이에, 중령은 51세에서 52세 사이에 각각 교수 재임용 심사 또는 군의과·치의과 장교 재임용 심사를 거쳐야 하고, 재임용에서 탈락된 장교에 대하여는 제1항을 적용한다. 〈개정 2012.3.21.〉

③ 제1항제1호 및 제2호에도 불구하고 국방부장관은 군의 구조 개편, 직제 개편, 인력 조정 및 적체 인력의 해소 등 육군, 해군 및 공군(이하 "각군"이라 한다)의 인력을 관리하기 위하여 필요할 때에는 각 군 참모총장(이하 "참모총장"이라 한다)의 제청을 받아 영관급 장교의 정년을 2년 이내의 범위에서

각 군별로 단축할 수 있다.

④ 제1항제3호에도 불구하고 대통령은 국방을 위하여 필요할 때에는 국방부장관의 제청으로 장관급 장교의 계급정년을 1년 이내의 범위에서 각 군별로 단축하거나 연장할 수 있다.

⑤ 제1항부터 제4항까지에서 규정한 사항 외에 현역정년의 계산 등에 필요한 사항과 제2항 단서의 교수 재임용 심사 및 군의과·치의과 장교 재임용 심사를 위하여 필요한 사항은 대통령령으로 정한다.

2) 국가공무원의 경우

「국가공무원법」 제784조에서 정한 연령정년을 기준으로 한다. 다만, 그 정년일이 달하는 날이 1월에서 6월 사이에 있는 경우에는 6월 30일, 7월에서 12월 사이에 있는 경우에는 12월 31일을 정년일로 한다.

■ 「국가공무원법」 제74조(정년)

① 공무원의 정년은 다른 법률에 특별한 규정이 있는 경우를 제외하고는 60세로 한다.

〈개정 2008.6.13.〉

② 삭제〈2008.6.13.〉

③ 삭제〈1998.2.24.〉

④ 공무원은 그 정년에 이른 날이 1월부터 6월 사이에 있으면 6월 30일에, 7월부터 12월 사이에 있으면 12월 31일에 각각 당연히 퇴직된다.〈개정 2008.3.28.〉

3) 경찰공무원의 경우

「경찰공무원법」 제24조에 정한 연령정년을 기준으로 한다.

■ 「경찰공무원법」 제24조(정년)

① 경찰공무원의 정년은 다음과 같다.

  1. **연령정년**: 60세

  2. **계급정년**: 치안감: 4년 경무관: 6년 총경: 11년 경정: 14년

② 징계로 인하여 강등(경감으로 강등된 경우를 포함한다)된 경찰공무원의 계급정년은 제1항제2호에도 불구하고 다음 각 호에 따른다.

  1. 강등된 계급의 계급정년은 강등되기 전 계급 중 가장 높은 계급의 계급정년으로 한다.

  2. 계급정년을 산정할 때에는 강등되기 전 계급의 근무연수와 강등 이후의 근무연수를 합산한다.

③ 수사, 정보, 외사, 보안 등 특수 부문에 근무하는 경찰공무원으로서 대통령령으로 정하는 바에 따라 지정을 받은 사람은 총경 및 경정의 경우에는 3년의 범위에서 대통령령으로 정하는 바에 따라 제1항제2호에 따른 계급정년을 연장할 수 있다.

④ 경찰청장은 전시·사변이나 그 밖에 이에 준하는 비상사태에서는 2년의 범위에서 제1항제2호에 따른 계급정년을 연장할 수 있다. 이 경우, 경무관 이상의 경찰공무원에 대하여는 행정자치부장관(경찰청 소속 경찰공무원에 대한 경우로 한정한다)과 국무총리를 거쳐 대통령의 승인을 받아야 하고, 총경·경정의 경찰공무원에 대하여는 국무총리를 거쳐 대통령의 승인을 받아야 한다.

〈개정 2013.3.23., 2014.11.19.〉

⑤ 경찰공무원은 그 정년이 된 날이 1월에서 6월 사이에 있으면 6월 30일에 당연 퇴직하고, 7월에서 12월 사이에 있으면 12월 31일에 당연 퇴직한다.

⑥ 제1항제2호에 따른 계급정년을 산정할 때 자치경찰공무원으로 근무한 경력이 있는 경찰공무원의 경우에는 그 계급에 상응하는 자치경찰공무원으로 근무한 연수(년수)를 산입한다.

4) 교육공무원의 경우

「교육공무원법」 제47조에 규정한 연령을 정년으로 한다. 다만, 교원의 경우에는 그 정년이 달하는 날이 속하는 학기의 말일을 정년일로 한다.

■ 「교육공무원법」 제47조(정년)

① 교육공무원의 정년은 62세로 한다. 다만, 「고등교육법」 제14조에 따른 교원인 교육공무원의 정년은 65세로 한다.

② 교육공무원(임기가 있는 교육공무원을 포함한다)은 그 정년에 이른 날이 3월에서 8월 사이에 있는 경우에는 8월 31일에, 9월에서 다음 해 2월 사이에 있는 경우에는 다음 해 2월 말일에 각각 당연히 퇴직한다.

■ 「고등교육법」 제14조(교직원의 구분)

① 학교(각종 학교는 제외한다. 이하 이 조에서 같다)에는 학교의 장으로서 총장 또는 학장을 둔다.

② 학교에 두는 교원은 제1항에 따른 총장이나 학장 외에 교수·부교수·조교수 및 강사로 구분한다.

③ 학교에는 학교 운영에 필요한 행정직원 등 직원과 조교를 둔다.

④ 각종 학교에는 제1항부터 제3항까지의 규정에 준하여 필요한 교원, 직원 및 조교(이하 "교직원"이라 한다)를 둔다.

5) 방범대원의 경우

40세에 이르기까지는 그 현실소득액을 기준으로 상실수익액을 인정하고 그후 60세까지는 일용근로자임금을 한도로 현실소득액을 인정한다. 그러나 지역별로 방범대원에 대한 운영지침에 정년 규정이 필요로 정해진 때에는 그에 의한다.

(5) 라이프닛쯔 계수: 법정이율 월 5/12%, 복리에 의하여 중간이자를 공제하고 계산하는 방법을 말한다.

산 식	$\dfrac{1}{(1+i)} + \dfrac{1}{(1+i)^2} + \ldots + \dfrac{1}{(1+i)^n}$
	$I = (5/12)\%, \ n = $ 취업 가능월수

2. 부상보험금

각 보장종목별 보험가입금액 한도 내에서 다음의 금액을 지급하되,「대인배상 I」은「자동차손해배상보장법시행령」[별표 1]에서 정한 상해급별 보상 한도 내에서 지급한다.

가. 적극적 손해

(1) **구조수색비**: 사회통념상으로 보아 필요 타당한 실비, 피해자가 혼수상태이어서 신원을 확인할 수 없는 경우, 그 연고자를 찾기 위해 신문지상 등에 공고한 심인광고비는 비용으로 인정한다.

(2) **치료관계비**: 의사의 진단 기간 내에서 치료에 소요되는 다음의 비용(외국에서 치료를 받은 경우에는 국내 의료기관에서의 치료에 소요되는 비용 상당액. 다만, 국내 의료기관에서 치료가 불가능하여 외국에서 치료를 받는 경우에는 그에 소요되는 타당한 비용)으로 하되, 관련 법규에서 환자의 진료비로 인정하는 선택진료비를 포함한다.

(가) 입원료

1) 입원료는 대중적인 일반병실(이하 "기준병실"이라 함)의 입원료를 지급함. 다만, 의사가 치료상 부득이 기준병실보다 입원료가 비싼 병실(이하 "상급 병실"이라 함)에 입원해야 한다고 판단하여 상급 병실에 입원했을 때에는 그 병실의 입원료를 지급한다.

2) 병실의 사정으로 부득이 상급 병실에 입원했을 때에는 7일의 범위 내에서는 그 병실의 입원료를 지급함. 만약, 입원일수가 7일을 넘을 때에는 그 넘는 기간에 대하여는 기준병실의 입원료와 상급 병실의 입원료와의 차액은 지급하지 아니한다.

3) 피보험자나 피해자의 희망으로 상급 병실에 입원했을 때는 기준병실의 입원료와 상급 병실의 입원료와의 차액은 지급하지 아니한다.

(나) 응급치료, 호송, 진찰, 전원, 퇴원, 투약, 수술(성형 수술 포함), 처치, 의지, 의치, 안경, 보청기 등에 소요되는 필요 타당한 실비

(다) 치아보철비: 금주조관보철(백금관보철 포함)에 소요되는 비용. 다만, 치아보철물이 외상으로 인하여 손상 또는 파괴되어 사용할 수 없게 된 경우에는 원상 회복에 소요되는 비용

(라) 향후 치료비 및 향후 소요 비용

1) 피해자의 상병상태가 계속 치료를 요하는 것으로 주치의가 판단, 자동차보험진료수가 기준에 의한 주치의의 향후 치료비추정서에 의한 향후 치료비를 인정하거나, 자체 향후 치료비용추정서에 의한 향후 소요비용을 인정할 수 있다(이 경우, 기타손해배상금 및 휴업손해액을 별도로 인정할 수 있다.).

2) 합의금에 포함하여 인정하는 정기적으로 소요되는 향후 치료비는 중간이자(라이프닛쯔식 계산)를 공제한다. 다만, 인정기간이 1년 이내이거나 향후 두개골 성형수술비, 금속제거 수술비

등 의사의 향후치료 소견 상 향후치료비가 소요될 시점이 불확실한 경우에는 중간이자를 공제하지 아니하고 인정할 수 있다.

나. 위자료

(1) 청구권자의 범위: 피해자 본인

(2) 지급 기준: 책임보험 상해 구분에 따라 다음과 같이 급별로 인정한다.

급별	인정액	급별	인정액
1급	200만 원	8급	30만 원
2급	176만 원	9급	25만 원
3급	152만 원	10급	20만 원
4급	128만 원	11급	20만 원
5급	75만 원	12급	15만 원
6급	50만 원	13급	15만 원
7급	40만 원	14급	15만 원

다. 휴업 손해

(1) 산정 방법: 부상으로 인하여 휴업함으로써 수입의 감소가 있는 경우에 한하여 휴업기간 중 피해자의 실제 수입감소액의 80% 해당액을 지급한다.

산식 =	1일 수입 감소액 × 휴업일수 × 80%

(2) 휴업일수의 인정: 피해자의 상해 정도를 감안, 치료기간의 범위 내에서 인정한다.

(3) 수입 감소액의 산정

(가) 유직자

1) 사망의 경우, 현실소득액의 산정 방법에 따라 산정한 금액을 기준으로 하여 수입 감소액을 산정한다.

2) 실제의 수입 감소액이 위 '1)'의 기준으로 산정한 금액에 미달하는 경우에는 실제의 수입 감소액으로 한다.

(나) 가사종사자

1) 일용근로자 임금에 휴업일수를 곱한 금액으로 한다.

2) 가사에 종사하지 못하는 기간 동안 타인으로 하여금 종사케 한 경우에 일용근로자 임금을

수입 감소액으로 한다.

(다) 무직자

1) 무직자는 수입의 감소가 없는 것으로 한다.

2) 유아, 연소자, 학생, 연금생활자, 그 밖의 금리나 임대료에 의한 생활자는 수입의 감소가 없는 것으로 한다.

(라) 소득이 두 가지 이상의 자

사망의 경우, 현실소득액의 산정 방법과 동일하다.

(마) 외국인

사망의 경우, 현실소득액의 산정 방법과 동일하다.

라. 그 밖의 손해배상금

위 '가. 나. 다.' 외에 그 밖의 손해배상금으로 다음의 금액을 지급한다.

(1) 입원하는 경우

입원기간 중 한 끼당 4,030원(병원에서 환자의 식사를 제공하지 않거나 환자의 요청에 따라 병원에서 제공하는 식사를 이용하지 않는 경우에 한함)을 지급한다.

(2) 통원하는 경우

실제 통원한 일수에 대하여 1일 8,000원을 지급한다.

3. 후유장해 보험금

각 보장종목별 보험가입금액 한도 내에서 다음의 금액을 지급하되, 「대인배상 I」은 「자동차손해배상보장법시행령」 [별표 2]에서 정한 후유장애급별 보상 한도 내에서 지급한다.

가. 위자료

(1) 청구권자의 범위: 피해자 본인

(2) 지급 기준: 노동능력상실률에 따라 아래 '(가)'항 또는 '(나)'항에 의해 산정한 금액을 피해자 본인에게 지급한다.

(가) 노동능력상실률이 50% 이상인 경우

1) 장애자 연령이 19세 이상 60세 미만: 45,000,000원 × 노동능력상실률 × 70%

2) 장애자 연령이 19세 미만 60세 이상: 40,000,000원 × 노동능력상실률 × 70%

(나) 노동능력상실률이 50% 미만인 경우

노농능력상실율이 50% 미만인 경우의 위자료 금액은 아래 표와 같다.

노동능력상실률	인정금액
50% 미만 - 45% 이상	400만 원
45% 미만 - 35% 이상	240만 원
35% 미만 - 27% 이상	200만 원
27% 미만 - 20% 이상	160만 원
20% 미만 - 14% 이상	120만 원
14% 미만 - 9% 이상	100만 원
9% 미만 - 5% 이상	80만 원
0% 초과 - 5% 미만	50만 원

(3) 부상 위자료와 후유장애 위자료가 중복될 때에는 양자 중 많은 금액을 지급한다.

나. 상실수익액

(1) 산정 방법: 노동능력의 상실이 있는 경우에 피해자의 월평균 현실소득액에 노동능력상실률과 노동능력상실기간에 해당하는 라이프닛쯔 계수를 곱하여 산정한다. 다만, 소득의 상실이 없는 경우에는 치아보철로 인한 장애에 대해서는 지급하지 아니한다.

(2) 현실소득액의 산정 방법

(가) 유직자

1) 산정대상기간

가) 급여소득자: 사고 발생 직전 또는 장애 발생 직전 과거 3개월로 하되, 계절적 요인 등에 따라 급여의 변동이 있는 경우와 상여금, 체력단련비, 연월차휴가보상금 등 매월 수령하는 금액이 아닌 것은 과거 1년간으로 한다.

나) 급여소득자 이외의 자: 사고 발생 직전 과거 1년간으로 하며, 그 기간이 1년 미만인 경우에는 계절적인 요인 등을 감안하여 타당한 기간으로 한다.

2) 산정 방법

사망의 경우, 현실소득액의 산정 방법과 동일하다.

(나) 가사종사자

사망의 경우, 현실소득액의 산정 방법과 동일하다.

(다) 무직자(학생 포함)

사망의 경우, 현실소득액의 산정 방법과 동일하다.

(라) 소득이 두 가지 이상의 자

사망의 경우, 현실소득액의 산정 방법과 동일하다.

(마) 외국인

사망의 경우, 현실소득액의 산정 방법과 동일하다.

(3) 노동능력상실률

맥브라이드식 장애 평가 방법에 따라 일반의 옥내 또는 옥외근로자를 기준으로 실질적으로 부상 치료 진단을 실시한 의사 또는 해당과목 전문의가 진단, 판정한 타당한 노동능력상실률을 적용하며, 동 판정과 관련하여 다툼이 있을 경우 보험금청구권자와 보험회사가 협의하여 정한 제3의 전문 의료기관의 전문의에게 판정을 의뢰할 수 있다.

(4) 노동능력상실 기간

사망의 경우, 취업 가능월수와 동일하다.

(5) 라이프닛쯔 계수

사망의 경우와 동일하다.

다. 가정간호비

(1) 인정 대상

치료가 종결되어 더 이상의 치료 효과를 기대할 수 없게 된 때에 1인 이상의 해당 전문의로부터 노동능력상실률 100%의 후유장애 판정을 받은 자로서 다음 요건에 해당하는 "식물인간 상태의 환자 또는 척수 손상으로 인한 사지 완전마비 환자"로 생명 유지에 필요한 일상생활의 처리 동작에 있어 항상 다른 사람의 개호를 요하는 자가 인정 대상이다.

(가) 식물인간 상태의 환자

뇌손상으로 다음 항목에 모두 해당되는 상태에 있는 자

1) 스스로는 이동이 불가능하다.

2) 자력으로는 식사가 불가능하다.

3) 대소변을 가릴 수 없는 상태이다.

4) 안구는 겨우 물건을 쫓아가는 수가 있으나, 알아보지는 못한다.

5) 소리를 내도 뜻이 있는 말은 못한다.

6) "눈을 떠라", "손으로 물건을 쥐어라" 하는 정도의 간단한 명령에는 가까스로 응할 수 있어

도 그 이상의 의사소통은 불가능하다.

(나) 척수 손상으로 인한 사지 완전마비 환자

척수 손상으로 인해 양 팔과 양 다리가 모두 마비된 환자로서 다음 항목에 모두 해당되는 자

1) 생존에 필요한 일상생활의 동작(식사, 배설, 보행 등)을 자력으로 할 수 없다.

2) 침대에서 몸을 일으켜 의자로 옮기거나 집안에서 걷기 등의 자력이동이 불가능하다.

3) 욕창 방지를 위해 수시로 체위를 변경시켜야 하는 등의 타인의 상시 개호를 필요로 한다.

(2) 지급 기준

가정간호 인원은 1일 1인 이내에 한하며, 가정간호비는 일용근로자 임금을 기준으로 보험금수령권자의 선택에 따라 일시금 또는 퇴원일부터 향후 생존 기간에 한하여 매월 정기금으로 지급한다.

제3장 과실상계 등

1. 과실상계

가. 과 실

"과실"은 통상적인 주의 의무를 해태하였거나 법상 금지된 행위를 행하여 사고 발생 원인 및 손해 확대를 초래하는 일체의 행위를 말한다. 가해자의 과실은 법적 의무 위반의 강한 의미의 주의 의무 위반을 말하고, 피해자의 과실은 사회통념상, 신의칙상, 공동생활상 요구되는 약한 의미의 부주의를 말한다.

나. 과실인정 기준의 필요성

불법행위로 인한 손해배상에서 피해자의 과실이 손해의 발생 또는 확대에 기여한 경우, 손해의 공평한 부담을 위하여 피해자의 손해배상액을 산정할 때 피해자의 과실만큼 상계 내지 참작하는 것이 원칙이다. 따라서 과실인정 기준은 자동차사고의 공평한 손해배상을 위하여 절대적으로 필요한 것이다.

다. 과실상계의 조건

(1) 피해자(측)에게 과실이 존재해야 한다.

(2) 피해자(측)에게 사고 발생을 회피하는 데 필요한 주의 의무를 할 수 있는 사리변식능력이 있어야 하고, 자신의 행위로 책임이 발생한다는 것을 인식하는 책임능력은 요하지 않는다.

(3) 피해자(측)의 과실과 손해 발생 또는 확대 사이에 상당인과관계가 있어야 한다.

라. 과실비율의 적용 기준

(1) 과실비율 인정 기준표 적용

별도로 정한 자동차사고 과실비율의 인정 기준을 참고하여 산정하고, 사고 유형이 그 기준에 없거나 그 기준에 의한 과실비율의 적용이 곤란할 때에는 판결례를 참작하여 적용한다. 그러나 소송이 제기되었을 경우에는 확정 판결에 의한 과실비율을 적용한다.

(2) 기본 과실의 설정

(가) 각 사고 유형별로 도표에 기본과실을 먼저 정한다.

(나) 자동차와 보행자의 사고의 경우에는 보행자 과실만을 표시하고 이에 수정요소를 가감산한다.

(다) 자동차와 자동차사고, 자동차와 이륜자동차사고, 자동차와 자전거사고 및 고속도로사고의 기본과실은 원칙적으로 양 차량 모두에게 정하고 양 차량을 도표에서 A, B로, 과실비율은 숫자로 표시한다(예: A30, B70)

(라) 수정요소의 비율은 도표상 해당차량에 표시하되, '-' 표시는 감산을, 표시가 없는 경우에는 가산을 말한다.

(3) 과실상계를 위한 과실비율의 수정방법

(가) 먼지 괴실비율 인정 기준표에서 당해 사고와 일치하거나 유사한 유형 및 도표를 찾는다. 여기에 해당되는 수정요소가 있을 경우 해당 차량에는 가산 내지 감산을, 상대 차량에는 반대로 감산 내지 가산한다. 단, 현저한 과실과 중과실이 경합하는 경우는 중과실의 수정요소만을 적용한다. 만일 도표에서 현저한 과실·중과실이 같이 표시된 경우 앞의 값은 현저한 과실비율을 나타내고 뒤의 값은 중과실비율을 나타낸다(예: 현저한 과실·중과실이 +10 ~ 20인 경우 현저한 과실은 10, 중과실은 20).

(나) 도표에서 수정요소의 구분이 점선으로 되어 있는 경우는 하나를 선택해서 중한 쪽의 과실만을 적용한다.

(다) 수정요소의 수치는 기본과실에 가감산한다. 어느 한쪽에 가산을 하는 경우 상대방에게 감산을 하고 반대로 어느 한쪽에 감산을 하는 경우 상대방에게 가산을 해 준다. 결국에는 양자의 최종 과실비율의 합계는 항상 100%가 되어야 한다.

(4) 유형별 과실상계율 적용 기준

(가) 최고 및 최저비율의 중간수치를 기본과실로 한다.

(나) 과실비율 인정 기준표에 가감산 요소를 적용한다.

(다) 운전자에게 사고 발생의 원인이 되는 중대한 과실, 예를 들면, 음주운전, 졸음운전, 횡단

보도상의 사고, 중앙선 침범 사고, 신호 위반, 앞지르기 방법 위반, 과속, 건널목 통과 방법 위반, 개문 발차, 인도 침범 등이 있는 경우에는 최하위의 비율을 적용한다. 단, 철책 설치 지역 횡단 및 자동차전용도로상 횡단 중의 사고는 운전자의 중대한 과실을 적용하지 않는다.

(라) 기타 도로사정 및 교통상황 등을 참작하여 조정할 수 있다.

(마) 과실 없는 차량(일방적인 피해 차량)의 피해자에 대하여도 이 기준을 적용한다.

(5) 자동차사고 과실비율 인정 기준의 적용순위

(가) 유형별 과실상계율 적용기준 및 동승자 유형별 감액비율표

(나) 과실인정 기준표상의 해당도표, 해당도표가 없을 때에는 그와 유사한 도표

(다) 판결례 참작

(라) 소송이 제기되었을 때에는 확정 판결

마. 유형별 과실요소의 해설

(1) 과실상계 우선적용 사고

(가) 의 의

본 기준은 교통사고의 각종 유형에 우선하여 적용할 기준으로 유사 판결례를 참고로 하였다.

(나) 적용방법

이 기준은 아래의 "(2)기준 내지 (6)기준"보다 우선 적용해야 한다. 만일 이 기준과 동일한 도표가 있거나 유사한 도표가 있더라도 이 기준을 우선 적용한다.

(다) 유형별 과실상계 적용기준표

1) 기 준

번호	세부유형	과실상계율(%)
1	보호자의 자녀(6세 미만) 감호태만 가. 간선도로 나. 일반도로	 20~40 10~30
2	차량 밑에서 놀다가 잠자는 행위	20~40
3	차도에서 택시를 잡는 행위 가. 음주상태 나. 기타	 30~50 10~30
4	좌석 안전띠 미착용	10~20
5	이륜차 탑승자 안전모 미착용	10~20

6	정원초과(승용차, 승합차, 화물차, 이륜차 포함)	10~20
7	적재함에 탑승행위 가. 화물차 나. 경운기	 20~40 10~20
8	차 내에 서 있다가 넘어진 사고	10~20
9	출발 후 갑자기 뛰어 내리거나 뛰어 오름	60~80
10	달리는 차에 매달려 가다가 추락 가. 화물차 나. 버스	 40~60 20~30

2) 기준 적용의 원칙

가) 최저 및 최고비율의 중간수치를 기본과실로 하되, 기본과실로써 중간수치라 함은 다음 〈예〉와 같다.

〈예〉 과실상계율이 10%~30%인 경우 중간수치는 20%를 적용하며, 10%~20%인 경우 중간수치는 15%를 적용한다.

나) 가·감산 요소를 수정하여 적용하되, 가·감산 후의 최종 과실비율은 최저치 미만으로 적용할 수 없으며, 또한 최고치를 초과하여 적용할 수 없다.

(2) 자동차와 보행자의 사고

(가) 적용 범위

이 도표는 자동차와 보행자의 사고에 적용한다. 여기서 자동차와 보행자의 범위는 「도로교통법」의 용어 정의를 일부 수정하여 아래의 용어 정의에 따르기로 한다. 따라서 원동기장치자전거를 포함하는 이륜자동차와 보행자의 사고에도 이 기준을 적용한다.

(나) 용어 정의

1) 자동차: 「자동차관리법」 제3조에 규정된 승용·승합·화물·이륜자동차, 「건설기계관리법」 제26조제1항 단서의 규정(동법 시행령 별표1)에 의한 건설기계를 말하며 이 도표에서는 「자동차관리법」이 제외한 원동기장치자전거 및 군용차량을 포함하여 적용한다.

가) 이륜자동차: 「자동차관리법」 시행 규칙 제2조제1항제5호의 규정에 의거 배기량 50cc 미만인 것을 제외한 모든 이륜차자동차

나) 원동기장치자전거: 「자동차관리법」 제3조의 규정에 의한 이륜자동차 가운데 배기량 125cc 이하의 이륜자동차와 50cc 미만(전기를 동력으로 하는 경우에는 정격출력 0.59킬로와트 미만)의 원동기를 단 차를 말한다(여기서 "차"란 「도로교통법」상의 차를 말한다).

다) 군용차량: 「자동차관리법」 및 「군수품관리법」에 따르면 군용차량은 「도로교통법」상의 자동차에 해당하지 않으나 실무에서는 "자동차"의 정의를 군용차량이 포함된 개념으로 사용한다.

2) **보행자:** 도로를 통행하는 자로서 유모차 및 신체장애자용 의자차를 사용하는 자, 도로 위에 우두커니 서 있는 자, 도로 위에 앉아 있거나 누워 있는 자를 포함하며 이륜자동차 및 자전거를 끌고 가는 자, 횡단보도에서 손수레·우마차를 끌고 가는 자를 포함한다.

(다) 수정요소

1) **가산요소:** 해당도표의 기본과실율에 보행자의 과실을 가중시키는 요소로써 아래의 적용 기준에 의하여 가중한다.

가) 야간 및 기타 시야장애: 여기서 "야간"은 일몰 후부터 일출 전까지를 말한다. 야간에는 보행자가 차량의 전조등을 켠 차의 발견이 용이하지만 운전자는 보행자의 발견이 쉽지 않으므로 가산요소로 적용한다. 다만, 가로등 등의 조명으로 인하여 자동차의 운전자가 전조등에 의하지 않더라도 보행자의 발견이 용이한 장소에서의 사고는 가산하지 않는다. "기타 시야장애"는 야간 개념을 제외하고 운전자가 보행자의 존재를 쉽게 인식할 수 없는 경우를 말한다. 예컨대, 차량의 앞뒤 또는 심한 오르막이나 커브길·골목길 등에서 보행자가 갑자기 튀어 나옴으로써 운전자가 사고 이전에 보행자의 유무를 알 수 없었던 경우를 말한다. 한편, 「도로교통법」 제37조에 규정하고 있는 차량의 전조등·차폭등·미등 등의 등화 의무를 게을리한 경우에는 보행자 과실의 감산요소 중 차량의 현저한 과실로 적용한다.

나) 간선도로: 여기에서 "간선도로"라 함은 차도 폭이 20m 이상이거나 또는 왕복 6차로 이상의 도로로써 교통량이 많은 도로를 말한다. 간선도로인 경우 차량의 통행이 많고 차량이 고속주행을 하는 반면, 보행자의 도로횡단 등을 도와주는 시설물이 설치된 경우가 많으므로 보행자의 과실을 가산한다.

다) 정지·후퇴·사행: 보행자가 횡단 중 갑자기 멈추어 서는 경우(정지), 다시 돌아서서 출발점으로 돌아가거나 뒷걸음질 하는 경우(후퇴), 차도를 갈 지(之) 자로 걸어가거나 또는 어슬렁거리는 경우(사행)에 사산요소로 적용한다.

라) 횡단규제표지: 횡단금지표시 등의 안전표지 또는 가드레일, 펜스, 차단봉 등에 의하여 차도횡단이 금지된 장소를 횡단하는 경우에는 보행자의 과실을 가산한다.

마) 교차로대각선 횡단: 횡단보도가 설치되지 않은 교차로에서 「도로교통법」 제10조제3항에 위반하여 보행자가 차도를 최단거리로 횡단하지 않고 교차로 내부를 대각선 방향으로 또는 비스듬히 횡단하는 경우에는 가산요소로 적용한다.

2) **감산요소:** 해당 도표의 기본과실율에 보행자의 과실을 감산시키는 요소로써 아래의 적용기준에 의하여 감산한다.

가) 주택·상점가·학교: 주택·상점가·학교는 보행자의 통행과 횡단이 빈번한 장소이므로 운전자는 보다 많은 주의가 요구되기 때문에 보행자 과실비율의 감산요소로 적용한다. 다만, 어린이보호구역으로써 감산하는 초등학교의 경우에는 이 감산요소를 적용하지 않는다. 공장이나 관청가 또는 대규모 체육시설 등의 지역에서도 보행자가 많은 출퇴근시간, 종료시간 등에는 감산 적

용한다.

나) 어린이·노인: 여기에서 "어린이"는 사고일 현재 만 6세 이상 만 12세 이하를 기준으로 하고, "노인"은 「노인복지법」 규정에 따라 만 65세를 기준으로 한다. 어린이나 노인은 일상생활에서 자신의 안전을 확보할 행위능력이 통상인보다 낮으므로 감산요소로 적용하고 6세 미만자는 유형별 과실 세부 기준을 적용한다.

다) 집단횡단: 여기에서 보·차도 구분은 「도로교통법」의 규정에 따른다. 보도와 차도가 구분되지 않은 도로에서는 운전자가 통상의 경우보다 보행자의 동태에 더 주의를 기울여야 하므로 감산요소로 적용한다.

라) 차의 현저한 과실: 자동차의 과실이 통상의 주의 의무 위반이나 사고 회피 의무 등의 의무보다 그 정도가 무거운 경우에 한하여 보행자의 과실을 감산한다. 자동차의 현저한 과실로 적용할 사항으로는, ① 한눈팔기 등 전방 주시 의무 위반이 현저한 경우, ② 「도로교통법」상 주취한계 미달 음주운전, ③ 시속 10km 이상 20km 미만의 제한속도 위반, ④ 핸들 또는 브레이크 조작의 현저한 부적절, ⑤ 「도로교통법」 제49조제1항제2호(시각장애인·지체장애인이 횡단시 일시정지 의무), 제3호(차량 유리의 암도가 높은 경우), 제10호(휴대전화 사용)에 정해진 의무 위반의 경우, ⑥ 「도로교통법」 제37조에 위반하여 야간에 전조등 등화를 켜지 않은 경우 등이다. 다만, 「도로교통법」 제49조제1항제2호가목에 정한 어린이 횡단 시 일시정지 의무 위반 시에는 "어린이"를 별도의 감산요소로 고려하고 있으므로 이 경우의 감산요소로는 적용하지 않는다.

마) 차의 중과실: 위와 같은 현저한 과실에 비하여 그 정도가 중한 법규 위반이 있는 경우에는 중과실로 보고 보행자의 과실을 감산한다. 중과실 유형으로는 졸음운전, 「도로교통법」 제43조(무면허운전 등의 금지), 제44조(음주운전 금지), 제45조(과로운전 금지), 제46조(공동위험행위의 금지) 위반의 경우, 시속 20km 이상의 제한속도 위반, 마약 등 약물운전 등 운전자의 과실이 중대한 법규 위반인 경우 등이다.

바) 어린이보호구역 및 노인보호구역: 「도로교통법」 제12조 및 제12조의2에 정해진 어린이보호구역 내의 어린이 사고 또는 노인보호구역 내의 노인사고는 감산한다. 이 감산요소와 별도의 감산요소인 "어린이·노인"의 감산요소가 경합할 경우 이 감산요소를 적용한다.

사) 정지선 안쪽: 자동차가 횡단보도를 통과하기 전 무단횡단하는 보행자를 충격했을 경우, 사고지점이 횡단보도 정지선 안쪽이라면 운전자도 정지 의무를 위반한 것이므로 감산요소로 적용한다.

(3) 자동차와 자동차의 사고

(가) 적용 범위

쌍방이 이륜자동차(원동기장치자전거 포함)인 경우에도 이 기준을 적용하며, 한쪽이 이륜자동차인 경우는 "자동차와 이륜자동차의 사고"의 기준에 의한다.

(나) 수정요소

1) 야간 기타 시야 장해, 간선도로, 주택·상점가·학교, 현저한 과실, 중과실 등 여기에서 정의하지 않는 수정요소는 특별한 사정이 없는 한 "자동차와 보행자사고" 및 다른 사고 유형에서 정의한 내용을 적용 또는 준용한다.

2) 대형차

가) 대형차는 파괴력이 커서 운전상 많은 주의 의무가 요구되므로 결과 발생에 대해 많은 책임을 부담해야 하며(우자 위험 부담의 원칙), 교차로 등을 통과할 때 차지하는 면적이 넓고 많은 시간을 필요로 하는 등 다른 자동차에 대한 진로 방해의 정도가 크고, 위험 회피 가능성이 적기 때문에 과실을 가산한다.

나) 여기에서 "대형차"란 상대 차량에 비해 상대적으로 대형인 차량을 의미하는 것이 아니라, 해당 차량 자체가 대형인 경우를 말한다.

다) 대형차의 범위는 승차정원이 36인승 이상이거나 길이·너비·높이 모두가 소형을 초과하여 길이가 9미터 이상인 승합자동차, 최대 적재량이 5톤 이상이거나 총중량이 10톤 이상인 화물자동차, 총중량이 10톤 이상인 특수자동차, 건설기계, 기타 이와 유사한 자동차를 말한다.

3) 명확한 선진입

가) 교차로에 진입할 때(일시정지선이 있는 교차로의 경우에는 그 정지선을 통과하는 시각) 우선 진입한 차량이 타차량보다 통행의 우선권이 있다.

나) 명확한 선진입의 여부는 교차로(또는 일시정지선)에서부터 충돌지점까지 거리와 양 차의 속도를 고려하여 결정해야 하며, 선진입의 정도가 명확한 경우에만 적용한다.

다) 동시에 교차로 진입 시에는, 좌회전 차와 직진 및 우회전 차와의 사이에는 직진 및 우회전 차가 좌회전 차보다 우선한다. 또한 긴급자동차, 대로차, 우측 차에 통행의 우선권이 있다.

4) 서행 또는 감속 불이행

가) "서행"은 운전자가 차를 즉시 정지시킬 수 있는 정도의 느린 속도로 진행하는 것을 말한다.

나) "감속"은 통상의 속도보다 명확하게 속도를 줄이는 것을 말하며, 대략 제한속도의 1/2 전후를 의미한다.

다) 서행할 장소는 교통정리가 행해지고 있지 않은 교차로 등으로써 「도로교통법」이 정하고 있으며, 교차로에 일단 진입한 이후에는 서행 의무가 없으므로 진입 당시의 서행 여부에 따라 이를 수정요소로 적용한다.

5) 급좌(우)회전, 기좌회전 및 좌회전 금지 위반

가) "좌회전"은 직행 차의 지근거리에서 좌회전하는 경우를 말한다. 예컨대, 직행 차가 통상이 속도로 일시정지선을 넘어 교차로 부근까지 와 있는 때에 좌회전 차가 좌회전을 개시한 경우이다.

나) "기좌회전"은 직행 차가 교차로에 진입하는 시점에서 좌회전 차가 좌회전을 완료하였거나 또는 그에 가까운 상태를 말한다. 다만, 이때에도 양 차량의 속도를 감안하여 기좌회전 여부를

판단한다.

다) 좌회전금지 위반은 노면 또는 교통표지 등에 의해 좌회전을 금지하는 장소에서 좌회전하는 경우이다.

6) 소좌회전과 대좌회전

가) "소좌회전"은 교차로의 중심 내측에 다가서지 아니하는 좌회전으로서 중앙선을 물고 운전하는 경우 등을 말한다.

나) "대좌회전"은 소좌회전의 반대 경우로 미리 진로 중앙으로 다가서지 아니하는 좌회전을 말한다.

7) 진로 변경 금지장소

차마는 안전표지 등에 의해 특별히 진로 변경이 금지된 곳에서는 진로를 변경해서는 안 된다. 따라서 진로 변경이 안전표지로써 금지된 교차로, 터널 안, 다리 위, 도로의 구부러진 곳 등에서의 진로 변경(차로 변경) 중 사고 시에는 진로를 변경한 차마에게 과실을 가산한다. 다만, 버스전용차로 방향으로 진로 변경 중 사고는 전용차로 위반과 중복되므로 중복 가산하지 않는다. 도로 구간에 진로 변경 금지 표지는 백색실선으로 표시한다.

8) 전용차로 위반

차종별 전용차로(버스전용차로와 다인승전용차로로 구분함)을 위반하여 차로 변경 중 발생한 사고의 경우, 전용차로를 위반한 각각 자동차(이륜자동차 및 원동기장치자전거 포함)에게 가산한다. 노선버스 등 전용차로 운행 차량이 전용차로를 이탈하여 타차로로 차로 변경 중 일어난 사고에도 동일하게 적용한다.

9) 진로 변경, 신호불이행 또는 지연

교차로에서 좌·우회전 시 또는 차로를 변경할 때 진로 변경 신호를 이행하지 않거나 또는 「도로교통법」 소정의 진로 변경 신호의 시기와 방법을 위반한 경우 이를 가산요소로 수정한다.

10) 차체를 내밀고 대기

차가 노외에서 차도로 진입하는 경우, 노외차가 차체를 차도에 일부 노출시키고 대기를 하다가 발진 중에 사고가 발생한 경우이다. 따라서 노외차가 차체를 내밀고 정차 중인 상태에서 타차와의 충돌사고는 노외차에게 과실비율을 수정요소로써 가산할 수 없으며, 별도의 유사과실도표를 적용해야 한다.

11) 교차로 정체 중 진입(꼬리물기 등)

신호기에 의해 교통정리가 행해지는 교차로에 들어가려는 모든 차는 진로의 앞쪽에 있는 차의 상황에 따라 교차로 내에 정지하게 되어 있어 다른 차의 통행에 방해가 될 우려가 있는 경우에는 그 교차로에 진입해서는 아니되며 이를 위반 시 가산요소로 수정한다.

12) 신호기에 의해 교통정리가 행해지고 있는 교차로

정상적으로 작동하는 신호기나 교통경찰 등에 의해 교통정리가 행해지고 있는 교차로를 말한다. 신호기가 설치되었으나 정상 작동이 되지 않거나, 신호 위반 여부가 불분명한 사고의 경우에 는 신호기에 의해 교통정리가 이루어지지 않는 경우의 도표를 준용한다.

13) 회전위험장소, 회전금지장소

"회전위험장소"란 시야가 불량한 굴곡도로, 고개마루 부근, 교차로, 도로의 모퉁이 부근, 차량 의 속도가 높고 교통량이 특히 빈번한 도로, 눈이나 비로 인해 미끄러지기 쉬운 장소를 말한다. "회전금지장소"란 중앙선이나 기타 교통표지에 의해 회전이 금지된 장소를 말한다.

(4) 자동차와 이륜자동차의 사고

(가) 적용 범위

한쪽이 이륜차인 사고의 경우에 적용하며, 이륜차를 끌고 가는 경우에는 보행자이므로 여기서 제외한다. 「자동차관리법」 시행 규칙 제2조제1항제5호의 규정에 의거 50cc 미만은 이륜차의 범 위에서 제외되나, 50cc 미만의 차량의 운행 속도·운행 형태 등을 고려할 때 단순히 배기량만으로 달리 취급할 이유가 없어 50cc 미만의 차량과 사륜차와의 사고도 본 도표를 적용한다.

(나) 수정요소

상기 "(3) 자동차와 자동차의 사고"의 수정요소와 동일하게 적용한다.

(5) 자동차와 자전거(농기계 포함)의 사고

(가) 적용 범위

이 도표는 자동차와 자전거의 사고에 적용한다. 이 경우, 자동차는 이륜자동차(원동기장치자전 거 포함)가 포함되고, 자전거에는 농기계 등이 포함되는 바, 그 구체적인 범위는 하기 용어 정의 와 같다.

(나) 용어 정의

1) **자전거**: 이 도표의 적용을 받는 "자전거"는 「도로교통법」상 "차마" 또는 "차"에는 포함되나, "자동차" 또는 "자동차 등"에는 포함되지 아니한다. 특히 "원동기장치자전거"는 "이륜자동차"에 포함되어 본 항목의 적용을 받는 "자전거"의 범위에서는 제외되며, 한편, 본 항목의 적용을 받는 "자전거"의 경우에도 이를 끌고 가는 경우에는 "보행자"에 포함되는 것으로 해석한다. 이 도표에 서는 자전거가 피해자가 된 경우에 자동차나 이륜차에 비교하여 자전거에 더 유리하게 과실상계 비율을 수정하고 있지만, 보행자와 동일시하는 정도까지는 수정하지 않는 것을 기본으로 하여 과실상계의 기준을 설정하고 있다. 이와 같이 과실상계의 기준을 정한 이유는, 자전거의 속도가 자동차나 이륜차의 속도와 보행자의 속도와의 중간이 되고 있고, 따라서 자전거가 비교적 낮은 속도(시속 15km)로 진행하고 있음을 전제로 하고 있다.

2) **농기계 등**: 이 도표에서는 "자전거" 이외에 "농기계"의 경우에도 "자전거"의 사고와 유사한 것으로 보아 이를 적용시키고 있는바, 이러한 "농기계"는 「농촌기계화촉진법」 제2조에서 규정하 고 있는 농업기계 중 경운기, 농업용 트랙터 등을 의미하나 이에 한정되지는 아니하고, 「도로교 통법」 제2조제16호에서 규정하고 있는 "우마"의 경우 및 이와 유사한 "차"의 경우에도 포함되는

것으로 해석한다. 이하 "자전거"라 함은 다른 특별한 사정이 없는 한 위와 같은 범주의 "농기계"를 포함하는 개념으로 해석한다.

3) 수정요소: 본 항목에서의 수정요소는 "자동차와 이륜차와의 사고"의 경우와 거의 동일하지만, 자전거의 경우에 다음과 같은 요소는 특별히 수정요소로써 고려하고 있다.

가) 간선도로: 사고가 발생한 도로가 간선도로의 경우에는 자동차의 통행이 빈번하고, 고속주행하므로 자전거는 통상의 도로에 비하여 보다 세심한 주의를 요하는 것으로 보이므로 과실비율의 가산요소로 적용된다. 이 경우, "간선도로"라 함은 전술한 바와 같다.

나) 야간: 야간의 경우 자전거는 전조등을 켠 자동차를 발견하기 쉬운 것에 비하여, 자동차는 자전거의 발견이 반드시 용이하지 않기 때문에 가산요소로 적용하고 있다. 자동차가 전조등 등의 등화를 켜지 않는 경우에는 감산요소로 적용한다.

다) 자전거의 좌측통행: 차마의 운전자는 도로의 중앙으로부터 우측부분으로 통행해야 하고(「도로교통법」 제13조제3항), 자전거는 자전거도로가 설치되지 아니한 도로의 경우 우측 가장자리 부분으로 통행해야 하는바(「자전거 이용 활성화에 관한 법률」 제15조제2항), 따라서 자전거가 좌측으로 통행하는 경우에는 수정요소로 작용하게 된다. 특히, 자전거가 좌측통행을 하고, 차량에서 보아 우측에서 교차로에 진입하는 경우에는, 자동차로서는 사고를 회피하는 것이 어렵게 되는 측면이 있기 때문에 그에 상응하는 수정을 해야 하는 것이다. 그러나 차량에서 보아 자전거가 좌측에서 진입하는 경우에는, 우측 통행하고 있는 경우보다도 자전거를 시인할 수 있는 시간이 더욱 길게 되므로 같은 수준으로 취급할 수 없게 된다. 따라서 기본적으로 자전거가 좌측 통행을 하고, 차량 기준으로 우측에서 진입한 경우에만 자전거의 가산요소로 적용한다. 다만, 신호기에 의한 교통정리가 행해지고 있는 교차로에 있어서의 기본비율은 자전거가 좌측을 통행한 것도 고려가 끝난 상태가 되므로 특별히 수정요소로 고려할 필요가 없다.

라) 자전거의 현저한 과실: 자전거 운전자에게 통상의 사고 회피 의무 위반의 정도가 중한 과실이 있는 경우로써, ① 「도로교통법」상 주취한계 미달 음주운전(혈중알콜농도 0.05% 미만)의 경우, ② 2인 이상이 탑승한 경우, ③ 야간에 전조등 등화를 켜지 않은 경우, ④ 우산을 쓰는 등의 원인으로 한손 운전을 한 경우, ⑤ 한눈팔기 운전 등 전방 주시 의무를 현저히 결여한 경우, ⑥ 휴대전화, DMB 폰 등의 통화장치를 통한 통화 또는 화상을 주시하면서 운전한 경우, ⑦ 자전거가 지그재그로 사행운전하는 경우 등을 말한다.

마) 자전거의 중과실: 자전거 운전자의 과실이 현저한 과실보다 그 정도가 중한 경우로써, ① 주취한계 이상의 음주운전, ② 제동장치 불량이 확실한 경우, ③ 확실하게 높은 속도로 진입한 경우 등을 말한다. 다만, 자전거의 속도에 대해서는 기준이 모호한 관계로, 비탈길을 브레이크 없이 내려온 경우 등 속도가 매우 높은 것을 쉽게 추인할 수 있는 경우만을 수정요소로 하는 것이 합당하다.

바) 어린이·노인: 어린이와 노인은 「도로교통법」 제11조, 제12조의 제반 규정에 의하여 특별

한 보호를 받으며, 사회생활상 자신의 안전을 확보할 행위능력이 통상인보다 낮으므로 감산한다. 이 경우, "어린이"란 만 6세 이상 만 12세 미만의 자를, "노인"이란 일률적으로 규정할 수 없으나 사고일 현재 만 65세 이상의 자를 상정하고 있다. 특히 6세 미만의 유아는 3, 4발 자전거 등 유아용의 차를 운전하는 경우가 대부분이기 때문에 보행자로서 취급되는 경우가 많다.

사) 인근에 자전거 도로가 있는 경우: 「자전거 이용 활성화에 관한 법률」 제15조제2항에서는 자전거 운전자는 자전거 도로를 통행해야 한다고 의무화하고 있으므로 이를 위반한 경우, 그 과실을 가산한다. 한편, 자전거도로는 자전거의 운행방향과 동일방향으로 존재해야 하고, 이 경우, "인근"이라 함은 대략 20m 이내의 거리를 의미한다.

아) 자전거횡단도 이용: "자전거횡단도"라 함은 자전거가 일반 도로를 횡단할 수 있도록 「도로교통법」 제4조 및 동법 시행 규칙 제8조의 규정에 의한 안전표지에 의하여 지정된 도로의 부분을 말하며(「자전거 이용 활성화에 관한 법률」 제2조제3호), 「자전거 이용 활성화에 관한 법률」 제15조제3항에 의할 때 자전거 운전자가 자전거에 탑승한 채로 도로를 횡단하고자 할 때에는 자전거횡단도를 이용하도록 규정되어 있는바, 자전거가 이러한 횡단도를 이용하고 있던 중 사고가 발생한 경우에는 보행자에 있어서의 횡단보도와 동일한 관점에서 감산요소로 작용하게 된다. 이 경우, 자전거횡단도를 이용했을 경우의 판단 시에는 엄밀하게 자전거횡단도가 아니더라도, 그곳으로부터 1~2m 정도 떨어진 장소는 자전거횡단도와 동일하게 취급한다.

자) 자동차의 현저한 과실: 자동차 운전자의 과실이 통상의 전방 주시 의무 위반이나 사고 회피의무 위반의 정도보다 중한 경우로써, ① 한눈팔기 운전 등의 현저한 전방 주시 의무 위반의 경우, ② 「도로교통법」상 주취한계 미만 운전의 경우, ③ 핸들·브레이크 조작이 현저하게 부적절한 경우, ④ 10km 이상 20km 미만의 제한속도 위반의 경우 등을 말한다.

차) 자동차의 중과실: 자동차 운전자의 과실이 현저한 과실보다 그 정도가 중한 법규 위반 내용의 경우로써, ① 졸음운전의 경우, ② 「도로교통법」상 주취한계 이상의 음주운전의 경우, ③ 무면허운전의 경우, ④ 20km 이상의 제한속도 위반의 경우, ⑤ 마약 등 약물운전의 경우 등을 말한다.

카) 자전거의 교차로 대각선 횡단: 자전거가 교차로에서 차도를 최단거리로 횡단하지 아니하고, 교차로 내부를 비스듬히(사각) 대각선으로 횡단하는 경우를 말한다.

(5) 고속도로(자동차전용도로 포함)의 사고

(가) 적용 범위

1) 이 기준은 고속도로와 자동차전용도로에서 일어난 사고에만 적용한다. 따라서 고속도로 휴게소나 정류장 내에서의 사고, 고속도로 진·출입로 직전에서의 사고, 자동차전용구간 이외의 이륜차나 보행자 등과의 혼용구간의 사고 등에는 이 기준을 적용하지 않는다.

2) 고속도로 등에서 기사고차량을 충돌하는 경우나 선행사고에 대한 과실비율은 고속도로 등에서의 추돌사고에 관한 도표를 적용하거나 준용하여 판단한다.

3) 긴급자동차인 이륜자동차를 제외한 일반 이륜자동차는 통상 고속도로 등을 통행할 수 없으므로(「도로교통법」 제63조) 일반 이륜자동차가 고속도로 등을 통행하다가 사고를 당하거나 야기시킨 경우에는 중과실을 준용하여 고속도로 등을 통행할 수 있는 자동차의 사고보다 과실비율을 20% 가산한다.

(나) 수정요소

이하에서 설명되지 않는 수정요소는 "자동차와 자동차의 사고"에서의 수정요소를 준용한다.

1) 분기점 출입로 부근: 고속도로 합류 지점이나 진·출입로 부근에서는 고속도로 진·출입하는 차량의 출현이 예상되므로 직행차량의 주의 의무가 요구된다. 여기서 "분기점 출입로 부근"이라 함은 합류 또는 진·출입 지점을 말하며, 통상 노상에 점선 표시로 구분해 놓고 있다. 따라서 이 지점을 벗어나서 갓길로 운행 후 고속도로 차로로 재진입하던 중 일어난 사고는 여기서 제외한다. 다만, 휴게소, 정류장, 기타 주·정차할 수 있는 경계를 나타낸 곳으로 빠져 나가려는 차량이나 이를 위해 상기 지점 이전에서 적법하게 차로를 변경하는 차량과의 사고에는 이 수정요소를 가감해서 적용한다.

2) 진로 변경 금지장소: 차마는 안전표지로써 특별히 진로 변경이 금지된 곳에서 진로 변경을 해서는 아니된다. 따라서 진로 변경이 안전표지로써 금지된 교량, 터널, 교차로, 굴곡도로 등에서의 진로 변경(차로 변경) 중 일어난 사고에 대해, 진로를 변경한 차마에게 과실을 적용한다. 도로구간에 진로 변경 금지 표시는 백색 실선으로 한다.

3) 전용차로 위반: 차종별 전용차로(버스전용차로와 다인승전용차로로 구분함)를 위반하여 차로 변경 중 발생한 사고의 경우, 전용차로를 위반한 각각 자동차(이륜차 및 원동기장치자전거 포함)에게 가산요소로 수정한다. 노선버스 등 전용차로 운행 차량이 전용차로를 이탈하여 타차의 차로로 차로 변경 중 일어난 사고에도 동일하게 적용한다.

※ 버스전용차로:「도로교통법」 제15조에 의거 노선버스 및 36인승 이상의 대형승합자동차, 36인승 미만의 사업용승합자동차, 어린이 통학버스 등 이외의 차마는 버스전용차로의 통행이 금지된다. 다만, 동법 시행령 제9조제1항의 별표1에 의거 택시의 승하차 시 일시 통행하는 경우, 도로공사나 파손, 기타 부득이한 장애로 인해 버스전용차로가 아니면 통행할 수 없는 경우는 제외한다.

※ 다인승 차로:「도로교통법」 제15조에 의거, 3인승 이상 승차한 승용자동차 및 승합자동차만이 통행할 수 있다.

4) 신호불이행 및 지연: 차로를 변경할 때 진로 변경 신호를 불이행하거나 또는 「도로교통법」 소정의 진로 변경 신호의 시기와 방법을 위반한 경우 이를 수정한다.

※ 진로 변경 신호의 시기 및 방법: 고속도로에서 동일방향으로 진행하면서 진로를 변경하고자 할 때 그 행위를 하고자 하는 지점에 이르기 전 100m(일반도로에서는 30m) 이상의 지점에 이르렀을 때 왼팔을 수평으로 펴서 좌측 밖으로 내밀거나 오른팔을 우측 밖으로 내어 팔꿈치를 굽

혀 수직으로 올리거나 방향지시기 등을 조작하여 진로 변경 신호를 해야 한다(「도로교통법시행령」 제21조 별표2).

바. 과실상계의 방법

(1) 이 기준의 「대인배상Ⅰ」, 「대인배상Ⅱ」, 「대물배상」에 의하여 산출한 금액에 대하여 피해자 측의 과실비율에 따라 상계하며, 「무보험자동차에 의한 상해」의 경우에는 피보험자의 과실비율에 따라 상계한다.

(2) 「대인배상Ⅰ」에서 사망보험금은 위 (1)에 의하여 상계한 후의 금액이 2,000만 원에 미달하면 2,000만 원을 보상하며, 부상보험금의 경우 위 (1)에 의하여 상계한 후의 금액이 치료관계비 해당액에 미달하면 치료관계비 해당액(입원 환자 식대를 포함)을 보상한다.

(3) 「대인배상Ⅱ」 또는 「무보험자동차에 의한 상해」에서 사망보험금, 부상보험금 및 후유장애보험금을 합산한 금액을 기준으로 위 (1)에 의하여 상계한 후의 금액이 치료관계비 해당액에 미달하면 치료관계비 해당액(입원 환자 식대를 포함하며, 「대인배상Ⅰ」에서 지급될 수 있는 금액을 공제)을 보상한다.

2. 손익상계

가. 의 의

자동차사고로 인하여 다른 이익을 받을 경우, 이를 상계하여 손해배상금 내지 보험금을 지급한다. 불법행위에 의하여 피해자가 불이익을 받음과 동시에 이익을 받는 경우가 있다. 이런 경우에는 형평의 원칙상 불이익에서 이익을 공제한 잔액만을 배상해야 한다. 이와 같은 조작을 "손익상계", 또는 보다 정확한 의미에서 "손익공제"라 한다.

나. 손익상계 사례

(1) 「근로기준법」 관계 조항

「근로기준법」상 다음의 금액을 수령하였을 때에는 최종 손해액에서 공제 후 지급한다. 휴업보상(제79조), 장해보상(제80조), 유족 보상(제82조) 등은 휴업손해액, 장해상실수익액, 사망상실수익액에서 각각 공제하고, 요양비용(제78조)은 치료비에서, 장의비(제83조)는 장례비에서 각각 공제한다. 산업재해보상보험에 의한 각종 보험급여 역시 「근로기준법」과 같이 준용한다.

(2) 「공무원연금법」 관계 조항

「공무원연금법」에 의하여 국가로부터 지급되는 급여는 같은 법 제33조(다른 법령에 의한 급여와의 조정)에 의하여 손해전보성을 지닌 것이므로 손익상계의 대상이 된다. 그러나 다음 각 호의 경우에는 손익상계 적용에서 제외한다.

1. 「전물군경 유자녀보호법」에 의한 학비 제공, 기숙사 제공은 사회보장제도이므로 이를 공제하지 않는다.
2. 정부기관으로부터 의연금조로 받은 금액은 그것이 위자료나 손해배상금 명목으로 받은 것이 아니면 공제하지 않는다.
3. 생명보험금도 마찬가지로 손해전보를 목적으로 한 것이 아니기 때문에 이를 공제하지 않는다.

(3) 공동불법행위사고 관련 조항

공동불법행위사고로 손해를 입은 경우, 피해자가 다른 연대배상 의무자로부터 지급받은 손해배상금은 공제한다. 예를 들면, 자동차사고를 발생시킨 운행자와 도로시설 관리 하자 또는 공작물 점유자의 공동불법행위가 성립될 때, 피해자가 도로시설 관리자 혹은 공작물 점유자나 소유자로부터 지급받은 손해배상금 등을 말한다.

3. 동승자에 대한 감액

가. 의 의

자동차 소유자 또는 운전자가 대가를 받지 않고 호의로 타인을 탑승케 한 경우는 대가를 받고 타인을 탑승케 한 경우와는 달리 호의 동승자도 운행이익의 전부 또는 일부를 향유하거나 자동차 운행에 대한 지배권을 가진다고 인정할 수 있는 경우가 있다. 이러한 경우에는 손해배상의 공평한 분담을 지도원리로 하는 손해배상원리 및 형평의 원리에 비추어 가해자의 손해배상책임을 경감 내지는 면제하는 것이 타당하다.

나. 동승자에 대한 감액비율

가해 사고차량 내지는 피보험자동차에 동승한 자에 대한 동승자 감액은 운행 경위, 동승 경위, 동승자의 사고차량 운행에 대한 관여 내지는 지배 정도 등에 따라서 결정되므로 다음 각 호의 사항에 대해 중점적으로 조사해야 한다.

1. 동 차량의 운행 목적, 운행 경위, 운행 경로, 운행 일시
2. 동승하게 된 경위 내지는 탑승 경위
3. 동승자와 운전자 및 운행자와의 관계, 평상시의 동승 여부
4. 동승 후의 운행 경로 및 동승 중의 행위
5. 동승 이전의 예비행위(동승 과정의 과실 유·무)

6. 무단운전, 도난운전 행위의 경우 동승자가 그러한 사실을 알고 있었는지에 관한 사항

7. 운행 경비의 부담 여부

다. 적용 대상 차량

동승자감액이 적용 가능한 사고는 비사업용 차량의 운행 중 모든 사고에 해당한다. 또한 사업용 자동차가 영업 목적 이외의 운행 중(예: 개인택시의 비번일 경우 유희 목적 운행 등) 사고도 예외일 수 없다. 따라서 비사업용 자동차나 사업용 자동차가 영업시간 이외의 운행 중 사고를 발생시켜 사고차량의 동승자가 사상한 경우에는 위 '나'의 중점조사 사항을 포함한 탑승경위서 내지는 동경위서, 운행경위서를 징구하고 아래의 "라.기준요소"의 "동승자 유형별 감액비율표"에 의해 처리한다.

라. 기준요소

피보험자동차에 동승한 자에 대하여는 아래의 "동승자 유형별 감액비율표"에 따라 감액한다.

		운행 목적	감액비율
운전자(운행자)의 승낙이 없는 경우	강요동승 무단 동승		100%
운전자의 승낙이 있는 경우	동승자의 요청	거의 전부 동승자에게	50%
		동승자가 주, 운전자는 종	40%
		동승자와 운전자에게 공존, 평등	30%
		운전자가 주, 동승자는 종	20@
	상호 의논, 합의	동승자가 주, 운전자는 종	30%
		동승자와 운전자에게 공존, 평등	20%
		운전자가 주, 동승자는 종	10%
	운전자의 권유	동승자가 주, 운전자는 종	20%
		동승자와 운전자에게 공존, 평등	10%
		운전자가 주, 동승자는 종	5%
		거의 전부 운전자에게	0%

다만, 교통소통 대책의 일환으로 출·퇴근(자택과 직장 사이를 순로에 따라 진행한 경우로서 관례에 따름) 시 "승용차 함께 타기" 실시 차량의 운행 중 사고의 경우에는 위 동승자 감액비율을 적용

하지 않는다.

마. 수정요소

동승자의 동승 과정에 과실이 있는 경우에는 아래 표와 같이 수정요소를 반영하여 그 비율을 가산하여 수정한다.

수정요소	수정비율
동승자의 동승 과정에 과실이 있는 경우	+ 10 ~ 20%

4. 기왕증

이 약관의 〈별표 1〉에서 정하는 보험금 지급 기준에 의해 「대인배상 I」, 「대인배상 II」, 「자기신체사고」 및 「무보험자동차에 의한 상해」에 대한 보험금을 산출하는 경우, 당해 자동차사고가 있기 전에 이미 가지고 있던 증상은 보상하지 아니한다. 다만, 이미 가지고 있던 증상이라도 당해 사고로 인해 추가된 부분은 보상한다.

제4장 「자기신체사고」 지급 기준

「자기신체사고」 보험금의 상해 및 후유장해 급별 보험가입금액은 아래의 표와 같다. 상해등급은 「자동차손해배상보장법시행령」 [별표1], 장해등급은 [별표2]에서 정한 구분에 따른다.

1. 상해 구분 및 급별 보험가입금액표

상해등급	보험가입금액		상해등급	보험가입금액	
	1,500만 원	3,000만 원		1,500만 원	3,000만 원
1급	1,500만 원	3,000만 원	8급	180만 원	200만 원
2급	800만 원	1,600만 원	9급	140만 원	200만 원
3급	750만 원	1,500만 원	10급	120만 원	130만 원
4급	700만 원	1,400만 원	11급	100만 원	140만 원
5급	500만 원	1,000만 원	12급	60만 원	80만 원
6급	400만 원	800만 원	13급	40만 원	80만 원
7급	250만 원	500만 원	14급	20만 원	80만 원

2. 후유장해 구분 및 급별 보험가입금액표

장해등급	보험가입금액			
	1,500만 원	3,000만 원	5,000만 원	1억 원
1급	1,500만 원	3,000만 원	5,000만 원	1억 원
2급	1,350만 원	2,700만 원	4,500만 원	9,000만 원
3급	1,200만 원	2,400만 원	4,000만 원	8,000만 원
4급	1,050만 원	2,100만 원	3,500만 원	7,000만 원
5급	900만 원	1,800만 원	3,000만 원	6,000만 원
6급	750만 원	1,500만 원	2,500만 원	5,000만 원
7급	600만 원	1,200만 원	2,000만 원	4,000만 원
8급	450만 원	900만 원	1,500만 원	3,000만 원
9급	360만 원	720만 원	1,200만 원	2,400만 원
10급	270만 원	540만 원	900만 원	1,800만 원
11급	210만 원	420만 원	700만 원	1,400만 원
12급	150만 원	300만 원	500만 원	1,000만 원
13급	90만 원	180만 원	300만 원	600만 원
14급	60만 원	120만 원	200만 원	400만 원

제5장 지급보상금의 계산

지급보험금 산정에 대해서는 「대인배상Ⅱ」를 제외한 나머지 담보종목, 즉, 「대인배상Ⅰ」, 「자기신체사고」, 「무보험자동차에 의한 상해」, 「자동차상해」 지급보험금 산정방식 역시 공제 항목 및 보험자대위에 있어서 미세한 차이를 보일 뿐, 나머지는 「대인배상Ⅱ」와 동일하므로 여 기에서는 「대인배상Ⅱ」에 대한 지급보상금의 산정 과정만 기술하기로 한다.

1. 지급보험금의 산정

법률상 손해배상액과 보험계약자, 피보험자가 지출한 비용의 합계액에서 「대인배상Ⅰ」으로 지급되는 금액(「대인배상Ⅰ」에 가입되지 아니한 경우에는 「대인배상Ⅰ」으로 지급될 수 있는 금액)을 공제한 나머지 금액을 보상금으로 지급한다.

산식	지급 보상금 =	(법률상 손해배상액 + 보험계약자나 피보험자가 지출한 비용) - 「대인배상Ⅰ」에 의하여 지급될 수 있는 금액

가. 법률상 손해배상액

(1) 약관에서 정한 "자동차보험금 지급 기준 중 「대인배상Ⅱ」 보험금 지급 기준"에 의하여 산출 한 금액을 말한다.

(2) 전항의 배상액에 관하여 소송이 제기되었을 경우에는 확정 판결에 의하여 피보험자가 피해자에게 배상해야 할 금액을 법률상 손해배상액으로 한다.

나. 보험계약자 및 피보험자가 지출한 비용

(1) 손해 방지 및 권리보전비용

약관 규정에 의한 손해 방지와 경감 및 남으로부터 손해배상을 받을 수 있는 경우, 권리의 보전과 행사를 위하여 지출한 필요 또는 유익한 비용

(2) 응급, 호송비용 등

보험사고 원인이 될 수 있는 사고 발생 이후, 유익하다고 인정되는 수단을 강구한 후 배상책임이 없는 것으로 판명된 때에 그 수단을 강구하기 위하여 소요된 비용 중 응급치료, 호송 그 밖의 긴급조치에 소요된 비용과 미리 회사의 서면에 의한 동의를 얻어 지출한 비용

(3) 합의절충비용

피보험자가 회사의 동의를 얻어 대인사고에 관한 절충이나 합의를 위하여 지출한 다음의 비용, 피보험자 측의 위임에 의하여 회사가 합의를 대행하는 경우에도 포함된다.

(가) 교통비: 버스와 철도요금 등의 실비를 인정하는 것을 원칙으로 하되 긴급을 요할 시에는 택시비 등의 실비를 인정할 수 있다.

(나) 통신비: 전화료, 우편료, 모사 전송비 등의 실비를 인정한다.

(다) 숙박료: 실비를 인정한다.

(라) 식대, 음료대: 식대, 주류대(소주, 탁주 등 일반적인 주류로 한함), 다대, 기타 음료대의 실비를 인정한다.

(마) 조화대, 위문품대: 조화대, 과자류, 과실류 등의 실비를 인정한다.

위의 제비용은 반드시 표준영수증을 징구해야 하며, 합의 결렬 또는 피해자가 회사에 직접 청구하는 경우에도 이미 지급한 합의절충비용은 환수하지 않는다.

(4) 소송비용

대인사고로 인한 손해배상청구 소송이 제기된 경우, 회사의 서면에 의한 동의를 얻어 지출한 소송비용, 변호사보수, 화해 또는 중재에 든 비용

다. 「대인배상 I 」에 의하여 지급될 수 있는 금액

「대인배상 I 」에 가입하지 않은 차량이 사고를 야기한 때, 그 사고가 「대인배상 I 」에서 보상받을 수 있는 경우(부책사고)에 한하여 전 손해액에서 「대인배상 I 」에 의하여 지급될 금액에 상당한 금액을 공제한다.

2. 지급보험금의 분담

이 보험에 의하여 보상되는 피보험자의 손해를 보상할 다른 보험계약 등이 있는 경우에는 다른 보험계약 등이 없는 것으로 하여 각각 산출한 보상책임액의 합계액이 손해액을 넘을 때에는 이 보험에 의한 보상책임액의 전기 합계액에 대한 비율에 따라 손해를 보상한다.

산식 =	손해액 × $\dfrac{\text{「대인배상 II」에 의해 산정된 보상책임액}}{\text{각 보상책임액의 합계액}}$

위 산식에서 손해액은 확정 판결금액, 가·피해자 간 합의금액, 치료비 등과 같이 손해액이 객관적으로 입증된 금액을 말한다. 한편, 다른 보험계약 등은 보상책임의 전부 또는 일부가 이 보험계약과 같은 다른 보험계약 또는 공제계약을 말한다.

3. 사고 내용에 따른 산정 방법

가. 일방과실(불법행위)의 경우

피보험자동차의 일방적인 과실의 경우에는 전 '1'항과 같은 산식에 의하여 처리한다.

나. 쌍방과실의 경우

(1) 피해자에 대한 공동불법행위의 경우에는 전 '1'항과 같은 계산 방법에 의하여 산출한 금액의 범위 내에서 공동불법행위자의 과실책임 비율에 따라 손해배상액을 확정하고 그 범위 내에서 연대채무자에게 과실비율에 따른 손해배상금을 공동변제하도록 해야 한다. 공동변제에 응하지 않을 경우, 피해자에게 손해배상금을 지급하고 그 지급액을 한도로 과실책임 비율에 따라 연대채무자에게 구상해야 한다.

(2) 「대인배상 II」 부보차량과 미부보차량(이륜자동차 포함)이 쌍방과실로 충돌하여 미부보차량 운전자 외 탑승자(「대인배상 II」 부보차량 탑승자 포함)가 사상한 경우 「대인배상 II」 피해자인 미부보차량 운전자에 대한 보험금 지급 방법

(가) 탑승자의 보상금에서 미부보차량 과실비율에 상당하는 금액을 미부보차량 운전자에게 지급할 예정인 보상금액에서 공동변제할 것을 사전 절충하여 처리할 것을 원칙으로 한다.

(나) 그러나 그 절충이 원만히 해결되지 아니하고 탑승자가 회사에 보상금액 전액을 청구했을 경우, 피보험자로부터 구상에 관계되는 서류 일체를 징구 후 탑승자에게 보상금 전액을 지급하고 미부보차량 운전자와 그 소유자에게 구상해야 한다.

(다) 이 경우, 미부보차량 운전자가 부상했을 경우에는 「대인배상 I」 보험금 부분만은 피해자 보호를 위하여 지급하고 「대인배상 I」을 초과하는 금액은 지급을 보류하고 구상금을 변제받을 때에 상계처리하거나 지급하도록 해야 한다.

(라) 미부보차량 운전자가 사망하였을 경우에는 「대인배상 I」 보험금만 우선 지급하고 나머지는 부상당했을 때와 같은 방법으로 처리한다.

제6장 보험금의 병급

1. 사망자에 대한 보험금 병급

치료 중 그 외상이 원인이 되어 사망한 경우에는 사망에 이르기까지의 상해1급 보상 한도액 범위 내의 부상보험금과 사망보험금의 합산금액을 지급한다.

2. 부상자에 대한 보험금 병급

가. 일반외상과 치아보철을 요하는 상해가 중복된 경우
1급 보상 한도액 범위 내에서 일반외상에 해당하는 부상보험금과 치아보철을 요하는 상해에 해당되는 보험금의 합산금액을 지급한다.

나. 일반외상과 성형수술을 요하는 상해가 중복된 경우
일반외상 해당 상해등급의 보험금액 범위 내에서 인정한다(병급하지 않음).

3. 후유장해에 대한 보험금 병급

치유 후 신체에 장해를 남긴 때에는 장해가 발생하기 전까지의 부상보험금과 후유장해보험금의 합산금액을 지급한다. 다만, 후유장해보험금을 지급한 후 사망한 경우에는 사망보험금에서 이미 지급한 후유장해보험금을 공제한 금액을 지급한다.

4. 각종 손해가 중복되었을 경우의 보험금 지급 방법

가. 위자료

부상과 사망 또는 후유장해와 사망이 중복되었을 때에는 사망에 대한 위자료만 지급하고 부상과 후유장해 위자료가 중복된 경우에는 그중 높은 금액에 해당하는 하나만 지급한다.

나. 상실수익액(후유장해와 사망이 중복되었을 경우)

후유장해가 발생한 후 보험금을 지급하기 전에 피해자가 사망하였을 경우에는 사망 시까지 장해발생기간에 해당하는 장해상실수익액과 사망 이후 사망에 해당하는 상실수익액을 지급한다. 한편, 부상으로 인한 휴업 손해가 발생하였을 경우에 후유장해 상실수익액 인정기간에는 휴업손해액을 인정해서는 아니 된다.

다. 휴업손해액

치료 중 사망의 경우에는 부상일로부터 사망 전까지의 휴업기간에 해당하는 휴업손해액을 지급한다.

제7장 기타사항

1. 태아의 보험금(손해배상금)청구권 인정 범위

태아가 교통사고로 출생 이전에 사망하거나 또는 사산한 경우에 있어서 권리 주체가 없는 태아에 대하여는 비록 자동차사고로 인하여 사망했다고 하더라도 손해배상을 청구할 수 없다는 판례와 「민법」 제762조(손해배상청구권에 있어서 태아의 지위)의 입법 취지 등으로 보아 태아가 살아서 출산하였을 때에 한하여 그 청구권을 인정한다. 따라서 자동차사고로 태아가 사산한 경우 태아의 사망으로 인한 재산적 손해배상청구권은 인정되지 않고 그 부모에게 위자료청구권이 인정될 뿐이다.

■ 「민법」 제762조(손해배상청구권에 있어서의 태아의 지위)
태아는 손해배상의 청구권에 관하여는 이미 출생한 것으로 본다.

■ 대법원 1976.09.14. 선고 76다1365 판결[손해배상]

특정한 권리에 있어서 태아가 이미 태어난 것으로 본다는 것은 무엇을 말하나 설사 태아가 권리를 취득한다 하더라도 현행 법상 이를 대행할 기관이 없으니 태아로 있는 동안은 권리능력을 취득할 수 없으니 살아서 출생한 때에 출생시기가 문제의 사건의 시기까지 소급하여 그때에 태아가 출생한 것과 같이 법률상 보아 준다고 해석하여야 상당하므로(1949.4.9. 선고 4281민상197당원 판결 참조, 법정정지조건설, 인격소급설) 원심이 이와 같은 취지에서 원고의 처(이름 생략)가 사고로 사망할 당시에 임신 8개월 된 태아가 있었음과 그가 모체와 같이 사망하여 출생의 기회를 못 가진 사실을 인정하고 살아서 태어나지 않은 이상 배상청구권을 논할 여지 없다는 취의로 판단하여 이 청구를 배척한 조치는 정당하다.

■ 서울고등법원 2007.03.15. 선고 2006나56833 판결: 확정[손해배상(의)]

(1) 태아의 손해

먼저, 사람의 시기에 관하여 보건대, 「민법」 제3조는 「사람은 생존한 동안 권리와 의무의 주체가 된다」라고 규정하고 있으므로 사람으로서 생존하기 시작하는 출생 시를 권리능력의 취득 시점을 보아야 할 것인데, 출생이 어느 한순간 일시에 이루어지는 것이 아니라 출산이라는 일련의 생리적 과정을 거쳐 이루어진 것이므로 어느 단계를 출생으로 볼 것인가는 중요하고도 어려운 문제라고 할 것이지만, 적어도 「민법」에서 사람의 시기를 정하는 것인 이상, 생리적인 현상을 의학적으로 규명하는 것이 아니라 「민법」의 권리능력에 관한 입법 취지에 따라 법적 관점에서 결정할 문제라고 할 것이다.

우리 「민법」은 모든 개인에게 재산 및 가족관계 등의 모든 사법관계에서 자유롭게 소유권을 누리고계약관계를 맺을 수 있으며 친족관계를 형성할 수 있는 추상적이고 일반적인 자격, 즉, 권리능력을 평등하게 인정하고 있다. 이와 같이 사법관계의 초석이 되는 사람의 권리능력은 그 취득 시기가 무엇보다도 명확할 필요가 있고 동일한 법적 이념을 추구하는 세계 각국과도 보조를 맞추어야 할 것이다. 이렇게 볼 때, 독일이나 스위스에서는 "출생의 완료"로서 사람의 권리능력이 시작됨을 명문으로 규정하고 있는 점, 그 밖에 태아가 사산한 경우에 그 망아에게 손해배상청구권을 인정하고 있있는 입법례나 실무례를 찾아보기 어려운 점, 전부노출설이 비교적 명확하게 그 시기를 확정할 수 있는 점 등을 감안하면, 태아의 법적 보호를 위하여 불법행위에 기한 손해배상청구(「민법」 제762조), 재산상속(「민법」 제1000조제3항) 등과 같이 개별적으로 특별규정을 두어 이미 출생한 것으로 보는 경우를 제외하고는, 우리 「민법」의 해석상으로도 사람의 출생 시기를 태아가 모체로부터 전부 노출한 때를 기준으로 삼는 것이 타당하다고 할 것이다(대법원 1976.9.14. 선고 76다1365 판결 참조). 아울러 태아가 모체로부터 전부 노출되었다고 할지라도 이미 그 이전에 사망하였다면 비록 그 태아가 외관상 구조적인 이상이 없다고 할지라도 이미 생존하지 않는 사체에 불과하여 사람으로 평가될 수는 없으므로, 이와 다른 전제 위에 선 원고들의 위 주장은 받아들이기 어렵다.

다만, 전부노출설을 취할 경우 원고들이 적절히 지적한 바와 같이 이미 분만이 개시된 태아가 위험한 상황에 빠지는 것을 방치하거나 의료과오를 은폐하는 수단을 조장할 우려가 있는 점, 태아의 수정·성장 및 출산이라는 일련의 과정에서 보면 정상적으로 성장하여 분만이 개시된 단계에 이른 태아는 그 생명적 가치나 보호의 필요성이라는 측면에서 이미 출산을 마친 신생아 못지 아니한 점 등을 감안할 때, 그 태아의 부모에 대한 의료 과오로 인한 위자료를 산정함에 있어서 출산을 마친 직후 사망한 신생아의 손해에 대한 법적 평가액을 아울러 참작함이 상당하다고 할 것이다.

(2) 원고들의 재산상 손해

원고 1은 이 사건 회음부 4도 열상에 대한 치료비를 지출하였고, 위 상해로 인하여 피부과 전공의로서 노동능력이 상실되었으므로 재산상 손해로 금 20,000,000원을, 태아의 장례비로 지출한 금 3,000,000원을 청구하나, 원고 1의 상해로 인한 재산상 손해에 관한 위 주장 사실을 인정할 증거가 없고, 이 사건 태아가 사산한 이상 장례비를 인정할 수 없으므로 위 각 청구는 이유 없다.

(3) 원고들의 위자료

(가) 당심에서 추가된 예비적 청구의 내용

원고들은 당초 위자료로 원고 1에게 금 30,000,000원, 원고 2에게 금 20,000,000원의 각 지급을 구하다가, 당심에서 이 사건 태아가 이미 사람으로서 권리능력을 취득한 후에 사망한 것으로 인정할 수 없다면 이 사건 청구액 전액을 원고들 자신의 위자료로 그 지급을 구하는 것으로 예비적 청구를 추가하였다.

(나) 참작 사유

이 사건 분만 후에 원고 1은 2년 만에 다시 임신하게 되었으나 임신 후 지속적인 유산 및 조산의 위험성과 치골 및 골반 통증으로 시달렸던 점, 원고들이 친구인 다른 의사로부터 특별히 소개받아 피고 1에게 특진을 의뢰한 점, 이 사건 태아는 임신 40주를 모두 채우고, 3.10kg의 정상체중을 가진 여아로 분만 직전 산모와 태아 모두 정상 소견으로 정상 분만이 기대되고 있었던 점, 원고들은 그 직업이 모두 의사로서 결혼 후 3년 동안 아기를 기다려 온 점, 원고 1이 회음부 4도 열상을 입음으로써 치료기간 동안 상당한 신체적 고통을 입었던 점 등 이 사건 사고의 경위 및 결과, 원고들의 사회적 지위 및 연령, 그 밖에 이 사건 변론에 나타난 여러 사정들을 참작하여, 원고 1과 남편인 원고2가 피고 측의 이 사건 의료과오로 인하여 입은 정신적 고통에 대한 위자료액을 산정하기로 한다.

(다) 결정금액

원고 1: 금 45,000,000원(주위적 청구에 따라 30,000,000원 + 예비적 청구에 따라 15,000,000원)

원고 2: 금 30,000,000원(주위적 청구에 따라 20,000,000원 + 예비적 청구에 따라 10,000,000원)

2. 시체 미발견 사고의 처리

시체를 발견할 수 없는 경우에는 사체검안서나 사망진단서를 발급할 수 없으므로 공공기관에 의한 인정사망의 증명이 있어야 한다. 즉, 사망사실이 가족관계부 등 공부상에 기재되어 있어야만 사망에 대한 손해배상청구권을 인정할 수 있다.

3. 운전자의 친족사상에 대한 보상책임

「자배법」 제2조제4호의 운전자의 직계비속과 배우자 및 친형제 등 친족이 그 운전자가 운행하는 피보험자동차에 사상된 경우에는 「대인배상 I」에 한하여 타인으로 인정하여 부책 처리한다. 그러나 운전자가 자기 또는 가족들의 전속적인 이익을 위하여 운행한 것이라면 그 가족들 역시 진정한 공동운행자의 지위를 취득한 것으로 보아 타인으로 볼 수 없으므로 면책 처리한다.

4. 영업용 차량의 지입차주와 그의 친족사상에 대한 보상책임

영업용 차량의 지입차주와 그의 친족이 당해 자동차에 사상된 경우에는 지입차주는 「자동차관리법」 제5조 규정에 따라 자동차등록원부에 자기 명의로 등록되어 있지 않은 이상, 동 자동차의 소유자로 볼 수 없기 때문에 법적으로 자동차의 소유·사용·관리의 권리가 있는 자라고 볼 수 없어 자동차등록원부에 등록된 명의대여자인 지입회사만이 「자배법」상 동 자동차의 보유자로 인정한다는 학설 및 판례 경향에 비추어 「자배법」상 타인으로 인정, 부책 처리한다. 그러나 지입차주가 자기 또는 가족들의 전속적인 이익을 위하여 운행한 것이라고 볼 수 있는 경우에는 타인으로 볼 수 없으므로 면책 처리한다.

5. 자동차전용도로 및 기타 유사한 도로상 사고의 처리

고속도로는 자동차 전용의 고속교통에 공하는 도로(「고속국도법」 제2조)로써 누구든지 고속국도에 자동차를 사용하는 이외의 방법으로 통행하거나 출입하지 못하도록 규정(「고속국도법」 제9조)되어 있으므로 운전자의 과실이 인정되어 사용자인 피보험자의 손해배상책임이 인정되는 경우 등과 같이 피보험자의 법률상 손해배상책임이 있는 경우를 제외하고는 면책 처리한다.

6. 공탁자에 대한 보상 처리(대인사고 공통)

피보험자들이 형사 및 민사사건에 있어서 유리한 판결을 받기 위한 방법으로 일정한 금액을 변제공탁 또는 담보공탁을 한 후 보험금 지급 청구가 있을 경우 다음과 같이 처리한다.

가. 공탁에 직접 관계되는 법률규정인 「민법」 제489조(공탁물의 회수), 「공탁법」 제8조 등에 비추어 볼 때 법적으로는 공탁자가 당해 공탁금을 회수할 수 있기 때문에 보험금을 수령한 후 공탁금을 회수하여 불법적으로 부당이득을 취하는 사례가 있을 수 있다. 또한 이미 보험금을 지급한 경우에는 보험금의 환수가 불가능하게 되는 사례가 빈번하게 발생될 가능성이 있다.

나. 따라서 피보험자들이 공탁을 하고 보험금을 청구했을 때에는 다음의 경우에 한하여 그 사실을 거증하는 관계기관의 증명서류를 제출받고 보험금을 지급한다.

(1) 피공탁자가 공탁금을 수령하였을 때

(2) 피공탁자가 공탁소에 대하여 공탁금의 수령을 통고하였을 때

(3) 공탁유효 판결이 확정되었을 때

■ 「민법」 제489조(공탁물의 회수)
① 채권자가 공탁을 승인하거나 공탁소에 대하여 공탁물을 받기를 통고하거나 공탁유효의 판결이
확정되기까지는 변제자는 공탁물을 회수할 수 있다. 이 경우에는 공탁하지 아니한 것으로 본다.
② 전항의 규정은 질권 또는 저당권이 공탁으로 인하여 소멸한 때에는 적용하지 아니한다.

■ 「공탁법」 제9조(공탁물의 수령·회수)
① 공탁물을 수령하려는 자는 대법원 규칙으로 정하는 바에 따라 그 권리를 증명하여야 한다.
② 공탁자는 다음 각 호의 어느 하나에 해당하면 그 사실을 증명하여 공탁물을 회수할 수 있다.
   1. 「민법」 제489조에 따르는 경우
   2. 착오로 공탁을 한 경우
   3. 공탁의 원인이 소멸한 경우
③ 제1항 및 제2항의 공탁물이 금전인 경우(제7조에 따른 유가증권상환금, 배당금과 제11조에 따른 물품
을 매각하여 그 대금을 공탁한 경우를 포함한다) 그 원금 또는 이자의 수령, 회수에 대한 권리는 그 권리
를 행사할 수 있는 때부터 10년간 행사하지 아니할 때에는 시효로 인하여 소멸한다.

〈신설 2009.12.29〉

[전문개정 2008.3.21.]

7. 공동불법행위로 인한 보상금 지급

가. 보상금 분담 지급

  회사가 보상해야 할 손해의 범위와 책임의 한도는 자동차보험약관에 규정되어 있어 공동불법행
위로 인한 보상금액 지급은 위 약관에 정한 금액을 각 피보험자의 배상책임액 비율에 따라 분담하
여 지급해야 한다. 그러나 피보험자 일방이 타방으로부터 보상금청구권 및 영수권을 위임받은 경
우에는 위임받은 자에게 피해자 1인당 지급해야 할 보상금액을 한도로 보상금액을 지급한다.

나. 공동불법행위자 간의 구상관계

  (1) 각 피보험자의 공동과실로 인하여 제3자에게 손해를 가한 경우에는 각 피보험자는 공동불
법행위자로서 제3자에게 연대배상책임이 있고, 만약 한 피보험자가 손해의 전부를 배상한 경우
에는 다른 피보험자에 대하여 본래 부담했을 과실비율에 따라 구상권을 행사할 수 있다.

  (2) 甲차량과 乙차량이 교차로에서 충돌하여 甲차량의 승객 丙이 부상한 경우 甲과 乙은 丙이
입은 손해 전액을 배상할 책임(연대배상책임)이 있고, 丙의 손해액 전체를 甲이 배상한 때에는 甲
은 乙에 대하여 양 차량의 과실비율에 따라 정하여진 乙차량의 부담부분에 대하여 구상권을 행
사할 수 있다.

신체손해사정사

2차 기출문제

자동차보험(대인)의 손해액 및 보험금사정실무(2005년 제28회)

1. 甲회사의 운전 관련 업무에 종사하는 직원 乙은 면허정지처분을 받은 사실을 숨긴 채 甲회사 소유의 업무용 차량을 제품 배달을 위해 운전하던 중 사고를 야기하여, 동 차량에 동승하고 있던 동료직원 丙이 중증뇌좌상으로 인한 사지마비상태의 중상을 입었다. 동 차량이 甲 명의로 업무용 자동차보험(전담보)에 가입되어 있을 경우, 이 건 사고에 대한 보험자의 보상책임을 논하시오.(35점)

2. 부상자에게 기왕증 등의 소인(素因)이 있는 경우, 지급보험금의 범위 등에 대하여 담보종목별(「대인배상」 및 「자기신체사고」)로 살펴보시오.(15점)

3. 자동차보험계약의 소멸, 승계 및 계약 내용 등의 변경에 따른 보험기간의 변동에 대해 서술하시오.(15점)

4. 자동차손해배상 보장사업에 관하여 설명하시오.(15점)

5. 신선골절과 오래된 골절의 감별진난 방법을 기술하시오.(10점)

6. 골절 후 발생되는 합병증인 심부정맥혈전증의 증상 및 진단 방법을 기술하시오.(10점)

자동차보험(대인)의 손해액 및 보험금사정실무(2006년 제29회)

1. 다음 사례에서 D에 대한 甲보험회사의 보상책임에 대하여 논하고, 乙보험회사의 손해사정사가 E에 대한 보상처리 과정에서 확인 및 조치하여야 할 주요 사항에 대하여 쓰시오. (40점)

〈사례〉

A : 가해 자동차 소유자   B : 자동차 수리업자
C : 가해 자동차 운전자(B의 피용자, 적격운전면허 소지)
D : 가해 자동차 동승자(C의 친구)   E : 피해 자동차 소유자겸 운전자

※ A는 甲보험회사에, E는 乙보험회사에 각 소유의 자동차에 대하여 A와 E를 기명피보험자로 하는 개인용 자동차보험 전 담보에 가입하였음(운전자 한정운전 특별약관에는 가입하지 않았음).

A로부터 정비 의뢰를 받아 B가 정비 중인 A 소유 자동차를 C가 B의 승낙없이 D를 태우고 주행하다가, 신호대기 중인 자동차(E가 운전)의 후미를 과실로 추돌하여 D와 E가 부상하는 사고가 발생하였다. 한편, E는 척추연부조직 손상 진단을 받고 입원치료 중인 바, 甲보험회사로부터 「대인배상II」 보상책임에 대하여 면책 통보를 받자 乙보험회사에 「대인배상Ⅰ」 대행 처리 및 「무보험자동차에 의한 상해」 보험금 지급을 청구하였다.

2. 자동차보험에서 발생하는 구상권의 유형 및 피구상자(보험회사 제외) 소유의 재산에 대한 채권 보전조치에 대하여 설명하시오. (20점)

3. 개인용 자동차보험 보통약관상 사상자에 대한 지급보험금 산정 시 공제되는 금액(공제액)에 대하여 담보종목별(「대인보상Ⅰ·II」, 「자기신체사고」, 「무보험자동차에 의한 상해」)로 기술하시오. (10점)

4. 최근 매스컴에 자주 보도되는 자동차보험 관련 범죄의 특징 및 주요 유형 등에 관하여 쓰시오. (10점)

5. 골절의 치유 과정 3단계를 기술하고, 간략히 설명하시오. (10점)

6. 척수신경의 다섯 가지 종류를 기술하고, 각각의 개수를 쓰시오. (10점)

자동차보험(대인)의 손해액 및 보험금사정실무(2007년 제30회)

1. 다음 사례에서 각 부상자들에 대한 각 보험회사 등의 보상책임에 대하여 논하시오.(40점)

〈사례〉

A : OO주식회사의 이사   B : A의 배우자

C : A와 B의 아들   D : B의 어머니

N : B의 친구

甲 : A가 재임 중인 주식회사 소유의 자동차에 대하여 업무용 자동차보험 전담보계약을 인수한 보험회사

乙 : N의 승용차에 대하여 개인용 자동차보험 전담보계약(가족운전자 한정운전 특약 가입)을 인수한 보험회사

※ 위 A는 회사 소유 자동차를 운전하여 편도 1차로인 도로를 운행 중이었으며(D가 동승), 위 B가 N으로부터 빌린 승용차를 운전하여 그 뒤를 따랐는데(C가 동승), 맞은편에서 오던 불상의 자동차가 중앙선을 침범하면서 A가 운전하던 자동차를 충격하고 그대로 도주하였다.
그 순간 B가 이를 미처 피하지 못하고 A가 운전하던 자동차를 추돌하는 사고가 발생함으로써, A와 D 및 B와 C가 모두 부상하였다.

2. 현행 자동차보험 제도상 과실상계, 손익상계, 동승자 감액 및 기왕중의 보상 처리 등을 비교·설명하시오.(20점)

3. 국내에 불법체류 중인 외국인 근로자가 자동차사고로 사망한 경우의 상실수익액 산정 방법을 쓰고, 그 보험금을 지급함에 있어서 유의할 사항에 대하여 설명하시오.(10점)

4. 「자동차손해배상보장법」상의 자동차보험진료수가제도에 관하여, 보험사업자 등의 심사청구 절차를 중심으로 설명하시오.(10점)

5. 골절과 탈구로 인하여 전신적으로 또는 국소적으로 발생할 수 있는 합병증을 10가지 열거하시오.(10점)

6. 골절로 인하여 불유합이 발생할 수 있는 원인을 5가지 쓰시오.(10점)

자동차보험(대인)의 손해액 및 보험금사정실무(2008년 제31회)

1. 다음 사례에서 A, B, C, D, E에 대한 "갑" 보험회사의 보상책임과 권리에 대하여 논하시오.

(40점)

〈사례〉

A : 본인 명의의 승용자동차 소유, 보통1종 자동차운전면허 소지

B : A의 법률상 배우자, 본인 명의의 승용자동차 소유, 가끔 A 소유 승용차 운전

C : A의 어머니, 본인 소유 자동차 및 자동차운전면허 없음.

D : B의 어머니, 본인 소유 자동차 및 자동차운전면허 없음.

E : 「대인배상 I」에도 가입하지 않은 무보험 자동차의 소유자겸 운전자

"갑" 보험사 : A를 기명피보험자로 하여 「무보험자동차에 의한 상해」를 포함한 전담보의 개인용 자동차보험을 인수.

"을" 보험사 : B를 기명피보험자로 하여 「무보험자동차에 의한 상해」를 포함한 전담보의 개인용 자동차보험을 인수.

※ 사고 당시 위 각 자동차보험계약은 유효한 상태였음.

※ 사고 당시 A 및 E 모두 음주 또는 약물 등에 의한 비정상적인 운전이 아니었음.

※ 사고 당시 A는 안전벨트를 착용하였으나 B, C, D 및 E는 안전벨트를 착용하지 않았음.

※ 사고 당시 B는 조수석에 탑승하였으며, C와 D는 뒷좌석에 탑승 중이었음.

위 A가 본인 소유 승용자동차에 B, C, D를 태우고 여행하던 중 신호기가 고장난 교차로에서 직진하다가 맞은편에서 좌회전하여 오던 무보험차량(E기 운전)과 충돌하는 쌍방과실사고가 발생하였다. 이 사고로 A, B, C는 현장에서 사망하고 D, E는 부상하였다.

2. 자동차보험에서 운전자를 한정하는 특약에 가입된 피보험차량을, 그 한정된 운전자 이외의 자가 운전하다가 일으킨 사고에 대하여도 보험회사가 보상책임을 지는 경우를 설명하시오.(15점)

3. 2007년 5월 17일자로 일부 개정된 「자동차손해배상보장법」에 따라 신설된 입원 환자 관리 제도(동법 제11조의2 및 동 시행령 제10조의3 관련)에 관하여 설명하시오.(15점)

4. 자동차보험 약관상 대인배상 위자료 지급 기준에 대하여 기술하시오.(10점)

5. 골절과 탈구로 인해 신경손상이 일어날 수 있다. 사지에서 어떤 골절 또는 탈구가 어떤 신경의 손상을 가져올 수 있는지 5가지 열거하시오.(10점)

6. 신체 부위의 움직임(Movement)에 관한 해부학적 용어를 10가지 열거하시오.(10점)

자동차보험(대인)의 손해액 및 보험금사정실무(2009년 제32회)

1. 다음 사례에서 A, B, C, D, E에 대하여 "갑" 및 "을" 보험회사의 보상책임과 구상권 행사에 대하여 논하시오.(40점)

A는 렌트차량에 B, C를 태우고 여행 중 계속 운전하다 한적한 도로에서 C에게 잠시 운전을 시켰으나, 신호등 없는 교차로에서 D가 E를 태우고 운전하던 F 소유 차량과 충돌하여 A는 사망하고 B, C, D, E는 중상을 입음(이 사고의 과실비율은 C 운전 차량은 60%, D 운전 차량은 40%로 확정됨, A, B, C, D, E 모두 안전벨트를 착용함).

"갑" 보험회사 : 렌트차량을 전담보 유효한 보험계약을 인수한 회사임(운전자 한정운전 특별약관에는 가입하지 않음).

"을" 보험회사 : F를 기명피보험자로 한 기명피보험자 1인 한정운전 특별약관 전담보 유효한 보험계약을 인수한 회사임.

A : 차량 대여 및 여행비용을 전액 부담하기로 하고 친구 B, C와 여행함. 운전면허를 취득한 지 1년 미만임.

B : 렌트카회사와 차량 임대차 계약서를 본인 명의로 작성함. 여행 중 운행에 전혀 관여하지 않음. 렌트카회사는 운전면허 취득 1년 미만자에게는 차량을 대여할 수 없다는 규정이 있음.

C : 이 건 사고 당시 렌트차량을 운전하고 있었음. 렌트차량을 운전할 수 있는 정상적인 운전면허 소지자임.

D : 차량 소유자 F의 아들로 무면허운전자임. 평소 사고차량을 운전한 적이 없고, 부모의 허락 없이 차량키를 갖고 나와 운전함.

E : D의 여자친구임.

F : D의 아버지이며 D 운전 차량의 소유자임. D가 운전면허가 없으므로 평소 운전을 허락한 바가 없음.

2. 개인용 자동차보험약관상 「무보험자동차에 의한 상해」 담보 및 다른 자동차 운전 담보 특별약관의 피보험자의 범위에 대하여 쓰고, 각각의 지급보험금 산정 방법에 대하여 설명하시오.(20점)

3. 자동차와 자전거의 교통사고 발생 시 자동차 보험약관의 과실비율 적용 기준상 자전거 운전자의 과실 적용 수정요소에 대하여 열거하시오.(10점)

4. 가불금, 우선 지급금, 가지급보험금에 대하여 설명하시오.(10점)

5. 발을 구성하는 뼈들의 명칭을 열거하시오.(10점)

6. 다음 골절을 설명하시오.(10점)

1) 병적 골절

2) 스트레스 골절

3) 개방성 골절

2010년(제33회) 손해사정사 자동차대인실무 기출문제

1. 다음 사례를 보고 갑, 을 보험회사의 A, B, C, D, E에 대한 보상책임과 권리에 대하여 논하시오.(40점)

　A는 음주를 한 후 본인 소유 차량에 직장 동료 B를 태우고 대리운전자 C에게 운전을 시켜 집으로 가던 중 신호기 없는 4거리에서 D가 운전하는 차량과 충돌하였다. D는 자동차 정비업을 운영하는 자로 사고 당시 업무로 위탁받은 F소유 차량에 친구 E를 태우고 운전 중이었다. 이 사고로 A, B, C, D, E가 부상을 당하였다.

“갑” 보험회사 : A를 기명피보험자로 개인용 자동차종합보험「무보험자동차에 의한 상해」를 포함한 전담보의 기본계약을 인수한 회사임.
“을” 보험회사 : F를 기명피보험자로 개인용 자동차종합보험「무보험자동차에 의한 상해」를 포함한 전담보의 기본계약을 인수한 회사임.

※ 기본계약은 누구나 운전하여도 보상이 되는 보험계약을 말함.
※ C가 소속한 대리운전 회사는 대리운전자보험에 가입되어 있지 않음. 또한 C는 개인적으로도 아무런 보험도 가입되어 있지 않음.
※ C 및 D는 차량을 운전할 수 있는 적격 면허를 소지하고 있음.
※ 이 사고의 양 차량 과실비율은 50% 대 50%로 판명되었음.

2. 자동차보험 약관상 보험기간 중 피보험자동차의 양도 및 대체 후 발생한 양도인의 사고(대체자동차의 사고)와 양수인의 사고(피보험자동차의 사고)에 대한 보험회사의 보상책임에 대하여 설명하시오.(20점)

3.「대인배상II」보상하지 아니하는 사항 중에서 각각의 피보험자를 개별적으로 적용하여 보험회사의 보상책임 여부를 판단하여야 하는 경우를 모두 기술하시오.(10점)

4. 보험회사가 피보험자의 법률상 손해배상액을 확정하기 위하여 협조·대행하는 이유와 그 내용에 대하여 기술하시오.(10점)

5. 골절의 치유에는 다양한 인자들이 영향을 미친다. 이러한 인자들은 크게 손상인자(Injury variables), 환자요인(Patient variables), 조직인자(Tissue variables), 치료인자(Treatment variables)로 나눌 수 있는데, 이 중 손상인자에 해당되는 것들을 기술하고 각각 골절의 치유에 어떤 영향을 주는지 설명하시오.(10점)

6. 골절과 탈구는 다양한 전신적 또는 국소적 합병증을 발생시킬 수 있는데, 이 중 구획증후군(Compartment syndrome)에 대하여 설명하고 대표적인 증상을 기술하시오.(10점)

제34회 손해사정사 제2차 시험 기출문제(2011년도 시행)

【 자동차보험(대인) 손해액 및 보험금 사정실무 】

1. 다음 사례에 있어서 보험회사의 담보별·피해자별 보상책임, 각 보험금의 법정상속인, 합의 및 보험금의 수령권자 등에 관하여 설명하시오.(30점)

〈사고 발생경위〉
업무용 자동차보험 기명피보험자인 "갑"은 휴가차 그의 소유 피보험화물자동차에 동생인 "을"(미성년자)을 태우고 고향을 향하여 운전하고 가다가 인도를 침범하여 때마침 인도를 보행하고 있던 "병"과 "정"(병의 처)을 충격한 다음 강으로 추락하였다.

〈피해상황〉
"갑"과 "을" : 피보험화물자동차 운전석 및 조수석에서 익사한 상태로 발견.
"병"과 "정" : 중상을 입고 치료 중 "병", "정"의 순서로 사망.

〈유족〉
A : "갑"의 처
B : "갑"과 "A"의 아들(성년자)
C : "갑"과 "A"의 딸(미성년자)
D : "갑"과 "을"의 형제(성년자)
E : "병"과 "정"의 딸(미성년자)
F : "병"의 아버지이자 "정"의 시아버지(60세)
G : "병"의 장모이자 "정"의 친정어머니(70세)

〈담보〉
유효한 대인배상 및 자기신체사고(사망보험금 수익자 미지정)

2. 「자동차손해배상보장법」상 "자기를 위하여 자동차를 운행하는 자"와 "자동차 보유자" 그리고 자동차보험약관 「대인배상 I , II」에서의 "피보험자"를 비교하여 설명하시오.(15점)

3. 「대인배상」의 후유장해 보상에 있어 노동능력상실기간 인정 시 이른바 "한시장해"의 인정에 관하여 기술하시오.(15점)

4. 자동차보험 「대인배상」에서 과실비율 적용 기준으로 사용하고 있는 「자동차사고 과실비율의 인정 기준」과 관련하여 "신뢰의 원칙"을 설명하시오. (10점)

5. 보험회사가 피해자 직접 청구건(件)을 처리함에 있어 사고 접수 시부터 보험금 지급에 이르기까지 취해야 할 각종 조치에 관하여 설명하시오. (10점)

6. 골절을 시사하는 대표적인 증상이나 징후에 대하여 기술하시오. (10점)

7. 골절부의 응급처치 중 가장 중요하고 먼저 시행하여야 할 것은 골절부의 부목(splint) 고정이다. 부목고정이 필요한 이유에 대하여 기술하시오. (10점)

제35회 보험계리사 및 손해사정사 제2차 시험문제(2012년도 시행)

【 자동차보험(대인)의 손해액 및 보험금사정실무 】

1. 다음 사례에 있어서 부상자 A, B, C, D, E에 대한 "갑", "을", "병" 보험회사의 보상책임(정부보장사업 포함)에 대하여 논하시오.(30점)

제조업회사에서 부장으로 근무하는 A는 자신 소유의 승용차를 이용하여 부하직원 B, C와 함께 업무차 출장을 가면서 B에게 운전하도록 하고 가던 중 교차로에서 신호를 위반한 D 운전의 이륜차(동 이륜차에 E가 동승 중이었음)와 충돌하는 교통사고가 발생하여 A, B, C, D, E가 부상을 당하였다.

※ 이 건 사고는 D의 일방과실사고이고, 그 당시 D는 동승자 E와 공모하여 49cc 이륜차를 무단 절취하여 운전 중이었으며, 동 이륜차는 보험에 가입되어 있지 않음.

> "갑" 보험사 : A 소유 승용차에 대하여 A를 기명피보험자로 하여 개인용 자동차보험 무보험차상해를 포함한 전(全) 담보 계약, 기명피보험자 1인 한정운전 특약을 인수한 보험회사임.
> "을" 보험사 : B 소유의 승용차에 대하여 B를 기명피보험자로 하여 개인용 자동차보험 무보험차상해를 포함한 전(全) 담보 계약을 인수한 보험회사임.
> "병" 보험사 : E의 아버지 소유의 승용차에 대하여 E의 아버지를 기명피보험자로 하여 개인용 자동차보험 무보험차상해를 포함한 전(全) 담보 계약을 인수한 보험회사임.

2. 자동차보험 「대인배상」에 있어서 보험회사에 대하여 보험금청구권을 행사할 수 있는 사람의 범위 및 동 보험금청구권의 성립 요건에 대하여 기술하시오.(20점)

3. 「대인배상」에서 합의 후 피해자에게 발생한 "후발적 손해"에 대한 보상 처리에 관하여 기술하시오.(20점)

4. "손익상계"의 개념과 「대인배상」에서 발생하는 유형에 대하여 약술하시오.(10점)

5. 골절의 치료에서 일부는 수술적 치료가 필요하며 골절 후 수술적 치료의 시기에 따라 응급수술(emergency operation), 위급수술(urgent operation) 및 선택수술(elective operation)로 나누어 볼 수 있다. 대개 24시간 이내의 응급수술을 요하는 손상에 대해 서술하시오.(10점)

6. 경부 고속도로에서 차량 전복사고를 당한 38세 남자가 골반골 골절, 우측 대퇴부 골절 등으로 진단되어 ○○병원에 입원하게 되었다. 입원 후 2일째에 갑작스런 호흡곤란, 고열, 두통을 호소하다가 점차로 의식이 불명확해지고 있다. 소변의 양도 감소하였으나 혈압은 비교적 잘 유지되고 있으며, 환자의 흉부와 액와부(겨드랑이)에 점상출혈(petechia)이 보이고 있다.(10점)

1) 상기 환자에서 가장 의심되는 골절의 전신적인 합병증은 무엇인가?(2점)

2) 상기 합병증의 발생 원인에 대해 설명하시오.(4점)

3) 상기 합병증의 예방을 위해 골절 환자의 발견 시 시행해야 할 조치에 대해 설명하시오.(4점)

제36회 보험계리사 및 손해사정사 제2차 시험문제(2013년도 시행)

【 자동차보험(대인)의 손해액 및 보험금 사정실무 】

1. 다음 사례에 있어 甲, 乙 보험회사의 책임과 권리를 설명하고, C의 사망에 따른 상속 관계를 약술하시오.(35점)

[사실 관계]

> ＊A는 본인 소유의 승용차에 B를 탑승시켜 운전 중 사고 지점 교차로에서 C가 운전하던 승용차(동승자 없음)와 충돌하여 A, B가 부상하고, C는 현장에서 사망하였다(양 차량의 과실비율은 각 50%로 판명됨).
>
> A : 직업은 주차관리원으로서, 수시로 본인의 승용차로 돈을 받고 손님을 목적지까지 태워 주곤 하였음. 유효한 운전면허를 보유하고 있는 등 동 차량 운전에 다른 결격 사유는 없음.
> B : A가 택시요금 수준으로 목적지까지 태워 주겠다고 하자 이를 승낙하고 A가 운전하는 사고차량에 탑승함.
> C : 개인적인 용무로 무면허상태에서 본인 소유의 승용차를 운전 중이었고, 동 차량 운전에 다른 결격 사유는 없음(유족으로는 D와 E가 있음).
> D : C의 어머니
> E : C와 사실혼관계에서 임신 중인 배우자(본 사고 후 태아를 정상 출산함)
>
> 甲 보험회사 : A를 기명피보험자로 하여 개인용 자동차보험 전담보(「대인배상 I · II」, 「자기신체사고」, 「무보험자동차상해」) 계약을 인수함.
> 乙 보험회사 : C를 기명피보험자로 하여 개인용 자동치보험 전담보(「대인배상 I · II」, 「자기신체사고」, 「무보험자동차상해」) 계약을 인수함.

2. 불법행위 성립 요건으로서의 가해자 과실과 손해배상금 산정 시의 피해자 과실을 비교 설명하시오.(15점)

3. 외국인이 국내에서 자동차사고로 사망한 경우, 상실수익액 산정 시 취업가능월수의 계산 방법을 자동차보험 표준약관(2013년 4월 1일 개정)에서 정한 바에 따라 기술하시오.(10점)

4. 현행 자동차보험 「대인배상」 후유장해 보상에 있어서, 「대인배상 I」과 「대인배상 II」의 보험금 산정과 관련한 후유장해 평가 방법을 설명하시오.(10점)

5. 현행 자동차보험 「자기신체사고」에 있어서 피보험자의 범위 및 지급보험금 계산에 관하여 설명하시오. (10점)

6. 30세의 남자 환자로서, 자동차사고로 우측 경골의 간부에 개방성 골절이 생겨 수술적 가료를 받았으나 6개월이 지나도록 골절 부위가 유합되지 않았다. (10점)

가. 생각할 수 있는 원인은?(5점)

나. 기대되는 방사선 소견은?(3점)

다. 상기 환자의 치료법을 기술하시오. (2점)

7. 25세의 남자 환자로서, 6개월 전에 자동차사고로 넘어진 뒤 우측 수근골에 골절이 있어 치료를 받았으나 합병증으로 불유합 및 무혈성 괴사가 발생하였다. (10점)

가. 상기 환자에서 골절이 의심되는 뼈는?(2점)

나. 수근골을 형성하는 뼈의 명칭을 적으시오. (6점)

다. 하지에서 불유합 및 무혈성 괴사가 빈발할 수 있는 뼈의 명칭을 적으시오. (2점)

제37회 보험계리사 및 손해사정사 제2차 시험문제(2014년도 시행)

【 자동차보험의 이론과 실무(「대인배상」 및 「자기신체손해」) 】

1. 다음 사례에서 현행 자동차보험 약관에 따른 "갑", "을" 보험회사의 A 및 B에 대한 담보별 보상책임의 존부(存否)를 가려 그 내용을 약술하고, 각 담보별로 지급보험금을 산출하시오.

(40점)

〈사고내용 및 과실〉
- A는 자신의 소유 자동차에 친구 B를 동승시키고 운전 중, 교차로에서 C가 운전하는 자동차와 충돌하여 A가 부상하고, B가 현장에서 사망하였다.
- A와 C의 과실분담비율은 50% : 50%이며, 공동불법행위자 A와 C 전원에 대한 B의 피해자과실비율은 20%이다.

〈보험가입사항〉
- A는 자신을 기명피보험자로 하여 "갑" 보험회사에 개인용 자동차보험(「대인배상 I·II」, 「자기신체사고」, 「무보험자동차에 의한 상해」)을 가입하였다.
- C는 자신을 기명피보험자로 하여 "을" 보험회사에 「대인배상 I」만 가입하였다.

〈A, B의 과실상계 전 실제손해액 및 보상 한도액〉
- A의 과실상계 전 실제손해액 : 1억 원
(치료비 3,000만 원, 치료비 외 부상 손해액 2,000만 원, 후유장애 손해액 5,000만원)

◆ A의 상해·후유장애 급수 및 보상 한도액 ◆

구분	상해 1급	후유장애 8급
「대인배상 I」	2,000만 원	3,000만 원
「자기신체사고」	3,000만 원	1,500만 원

- B의 과실상계 전 실제손해액(사망) : 3억 원

---

2. 자동차보험약관상 보험회사의 보상책임을 「대인배상 I」과 「대인배상 II」로 구분하여 비교·설명하시오. (20점)

3. 음주·무면허 운전사고에 대한 현행 자동차보험약관 규정에 관하여 설명하시오. (10점)

4. 자동차보험약관상 현실소득액을 증명할 수 있는 급여소득자 및 사업소득자의 현실소득액 산정 방법에 관하여 기술하시오. (10점)

5. 「대인배상 I」의 보험금 지급과 관련하여, 「자동차손해배상보장법」령에서 정한 "책임보험금"의 사망·부상·후유장애별 보험금 산정기준에 대하여 설명하시오. (10점)

6. 개인용 및 업무용 자동차보험에서 보험기간 중 피보험자동차의 매도·증여·상속·교체 시 보험계약의 효력에 대하여 설명하시오. (10점)

「자동차손해배상보장법시행령」

일부개정 2014.12.30.[대통령령 제25940호, 시행 2014.12.30.] 국토교통부

본문

제1조(목적)
이 영은 「자동차손해배상보장법」에서 위임된 사항과 그 시행에 필요한 사항을 규정함을 목적으로
한다.

제2조(건설기계의 범위)
「자동차손해배상보장법」(이하 "법"이라 한다) 제2조제1호에서 "「건설기계관리법」의 적용을 받는 건
설기계 중 대통령령으로 정하는 것"이란 다음 각 호의 것을 말한다. 〈개정 2014.2.5.〉
　　1. 덤프트럭
　　2. 타이어식 기중기
　　3. 콘크리트믹서트럭
　　4. 트럭적재식 콘크리트펌프
　　5. 트럭적재식 아스팔트살포기
　　6. 타이어식 굴삭기
　　7. 「건설기계관리법시행령」 별표 1 제26호에 따른 특수건설기계 중 다음 각 목의 특수건설기계
　　　가. 트럭지게차
　　　나. 도로보수트럭
　　　다. 노면측정장비(노면측정장치를 가진 자주식인 것을 말한다)

제3조(책임보험금 등)
① 법 제5조제1항에 따라 자동차 보유자가 가입하여야 하는 책임보험 또는 책임공제(이하 "책임보험
등"이라 한다)의 보험금 또는 공제금(이하 "책임보험금"이라 한다)은 피해자 1명당 다음 각 호의 금액과
같다. 〈개정 2014.2.5., 2014.12.30.〉
　　1. 사망한 경우에는 1억5천만 원의 범위에서 피해자에게 발생한 손해액. 다만, 그 손해액이 2천만
　　　원 미만인 경우에는 2천만 원으로 한다.
　　2. 부상한 경우에는 별표 1에서 정하는 금액의 범위에서 피해자에게 발생한 손해액. 다만, 그 손
　　　해액이 법 제15조제1항에 따른 자동차보험진료수가(진료수가)에 관한 기준(이하 "자동차보험진
　　　료수가기준"이라 한다)에 따라 산출한 진료비 해당액에 미달하는 경우에는 별표 1에서 정하는 금
　　　액의 범위에서 그 진료비 해당액으로 한다.
　　3. 부상에 대한 치료를 마친 후 더 이상의 치료효과를 기대할 수 없고 그 증상이 고정된 상태에서
　　　그 부상이 원인이 되어 신체의 장애(이하 "후유장애"라 한다)가 생긴 경우에는 별표 2에서 정하는
　　　금액의 범위에서 피해자에게 발생한 손해액
② 동일한 사고로 제1항 각 호의 금액을 지급할 둘 이상의 사유가 생긴 경우에는 다음 각 호의 방법
에 따라 책임보험금을 지급한다. 〈개정 2012.8.22.〉
　　1. 부상한 자가 치료 중 그 부상이 원인이 되어 사망한 경우에는 제1항제1호와 같은 항 제2호에 따

른 한도금액의 합산액 범위에서 피해자에게 발생한 손해액

2. 부상한 자에게 후유장애가 생긴 경우에는 제1항제2호와 같은 항 제3호에 따른 금액의 합산액

3. 제1항제3호에 따른 금액을 지급한 후 그 부상이 원인이 되어 사망한 경우에는 제1항제1호에 따른 금액에서 같은 항 제3호에 따른 금액 중 사망한 날 이후에 해당하는 손해액을 뺀 금액

③ 법 제5조제2항에서 "대통령령으로 정하는 금액"이란 사고 1건당 2천만 원의 범위에서 사고로 인하여 피해자에게 발생한 손해액을 말한다. 〈개정 2014.12.30.〉

제4조(사업용 자동차 등이 가입하여야 하는 보험 등의 금액)
법 제5조제3항 각 호 외의 부분 본문에서 "대통령령으로 정하는 금액"이란 피해자 1명당 1억 원 이상의 금액 또는 피해자에게 발생한 모든 손해액을 말한다.

제5조(보험 등에의 가입 의무가 없는 자동차)
법 제5조제4항에서 "대통령령으로 정하는 자동차"란 다음 각 호의 어느 하나에 해당하는 자동차를 말한다. 〈개정 2013.3.23.〉

1. 대한민국에 주둔하는 국제연합군대가 보유하는 자동차
2. 대한민국에 주둔하는 미합중국군대가 보유하는 자동차
3. 제1호와 제2호에 해당하지 아니하는 외국인으로서 국토교통부장관이 지정하는 자가 보유하는 자동차
4. 견인되어 육지를 이동할 수 있도록 제작된 피견인자동차

제5조의2(보험 등의 가입 의무 면제 사유)
법 제5조의2제1항 전단에서 "대통령령으로 정하는 경우"란 다음 각 호의 어느 하나에 해당하는 경우를 말한다.

1. 해외 근무 또는 해외 유학 등의 사유로 국외에 체류하게 되는 경우
2. 질병이나 부상 등의 사유로 자동차 운전이 불가능하다고 의사가 인정하는 경우
3. 현역(상근예비역은 제외한다)으로 입영하거나 교도소 또는 구치소에 수감되는 경우

[본조신설 2012.8.22.]

제6조(의무보험 가입관리전산망의 구성·운영 등)
① 법 제7조제1항에 따라 의무보험 가입관리전산망(이하 "가입관리전산망"이라 한다)의 구성·운영을 위하여 국토교통부장관이 수행하여야 하는 업무는 다음 각 호와 같다. 〈개정 2009.12.31., 2013.3.23.〉

1. 가입관리전산망의 구성·관리 및 개선
2. 의무보험 관련 정보에 관한 데이터베이스의 구축·보급 및 운영
3. 가입관리전산망의 운영을 위한 컴퓨터·통신설비 등의 설치 및 관리
4. 그 밖에 가입관리전산망의 구성·운영에 필요한 업무

② 국토교통부장관은 제1항 각 호에 따른 업무를 적절하게 수행하기 위하여 가입관리전산망 운영지침을 정할 수 있다. 〈개정 2013.3.23.〉

③ 법 제7조제2항 전단에서 "대통령령으로 정하는 정보"란 다음 각 호의 어느 하나에 해당하는 정보를 말한다. 〈개정 2009.12.31., 2012.8.22., 2013.3.23., 2014.12.30.〉

1. 「자동차관리법」 제7조제1항에 따른 자동차등록원부(이륜자동차의 경우에는 같은 법 제48조에 따

른 신고정보를 말한다)
   1의 2. 「건설기계관리법」 제7조제1항에 따른 건설기계등록원부
   1의 3. 「자동차관리법」 제27조제1항에 따른 임시운행허가 정보
  2. 법 제5조제1항부터 제3항까지의 규정에 따른 보험 또는 공제에의 가입 현황 및 변동 내용
  3. 법 제6조제3항에 따른 서류 제출 명령의 현황
  4. 「자동차관리법」 제13조제6항 및 제37조제3항, 「지방세법」 제131조 또는 법 제5조의2제1항 및
     제6조제4항에 따른 자동차 등록번호판 영치 또는 보관 관련 정보
  5. 법 제30조제1항에 따른 보상청구의 현황 및 보상금 지급 현황
  6. 법 제45조제1항제3호에 따라 자동차손해배상 보장사업 분담금(이하 "분담금"이라 한다)의 수납·관
     리·운용에 관한 업무를 위탁받은 자의 분담금의 수납·관리·운용 내용
  7. 법 제45조제3항에 따라 가입관리전산망의 구성·운영에 관한 업무를 위탁받은 자의 가입관리전
     산망의 구성·운영 내용
  8. 법 제48조제3항제1호에 따른 과태료 처분의 현황
  9. 그 밖에 국토교통부장관이 가입관리전산망의 구성·운영에 필요하다고 인정하여 요청하는 정보

제7조(보험금 등의 지급청구 절차)
① 법 제10조제1항에 따라 보험금 또는 공제금(이하 "보험금 등"이라 한다)의 지급을 청구하거나 법
제11조제1항에 따라 가불금의 지급을 청구하려는 자는 보험회사 또는 공제사업자(이하 "보험회사
등"이라 한다)에 다음 각 호의 사항을 적은 청구서를 제출하여야 한다.
  1. 청구인의 성명 및 주소
  2. 청구인과 사망자의 관계(피해자가 사망한 경우만 해당한다)
  3. 피해자 및 가해자의 성명 및 주소
  4. 사고 발생의 일시·장소 및 개요
  5. 해당 자동차의 종류 및 등록번호
  6. 보험가입자(공제가입자를 포함한다. 이하 같다)의 성명 및 주소
  7. 청구금액과 그 산출 기초. 다만, 법 제11조제1항에 따라 가불금의 지급을 청구하는 경우에는 산
     출 기초를 적지 아니한다.
② 제1항에 따른 청구서에는 다음 각 호의 서류를 첨부하여야 한다. 〈개정 2013.3.23.〉
  1. 진단서 또는 검안서
  2. 제1항제2호부터 제4호까지의 사항을 증명할 수 있는 서류
  3. 제1항제7호에 따른 산출 기초에 관하여 국토교통부령으로 정하는 증명서류
③ 제1항에 따라 보험금 등과 가불금의 지급을 함께 신청하는 자는 그 지급청구서를 각각 제출하되,
그중 하나의 청구서에는 제2항제1호 및 제2호에 따른 서류를 첨부하지 아니할 수 있다.
④ 보험회사 등은 보험금 등 또는 가불금을 적절하게 지급하기 위하여 필요하다고 인정하면 제2항
제1호에 따른 진단서를 제출하는 자에게 보험회사 등이 지정하는 자가 작성한 진단서를 제출하게
할 수 있다. 이 경우 진단서 작성에 필요한 비용은 보험회사 등이 부담한다.

제8조(보험금 등의 청구에 대한 안내 등)
① 보험회사 등은 피해자에게 법 제10조에 따른 보험금 등의 청구와 법 제11조에 따른 가불금의 청
구에 필요한 사항을 안내하여야 한다.

② 보험회사 등은 보험금 등 또는 가불금을 지급할 때에는 보험가입자에게 의견을 제시할 기회를 주어야 한다.

제9조
삭제〈2014.12.30.〉

제10조(가불금액 등)
① 법 제11조제1항에서 "대통령령으로 정하는 금액"이란 피해자 1명당 다음 각 호의 구분에 따른 금액의 범위에서 피해자에게 발생한 손해액의 100분의 50에 해당하는 금액을 말한다.
〈개정 2009.12.31.〉
　　1. 사망의 경우: 1억 원
　　2. 부상한 경우: 별표 1에서 정하는 상해 내용별 한도금액
　　3. 후유장애가 생긴 경우: 별표 2에서 정하는 신체장애 내용별 한도금액
② 법 제11조제5항에서 "대통령령으로 정하는 요건"이란 보험회사 등이 「민사집행법」 제24조 또는 제56조에 따른 집행권원을 가진 경우로서 다음 각 호의 어느 하나에 해당하는 경우를 말한다.
　　1. 가불금을 지급받은 자의 강제집행의 대상이 되는 재산(이하 "책임재산"이라 한다)에 대하여 최초로 강제집행을 시작한 날부터 1년이 지났음에도 불구하고 반환받아야 할 금액의 전부 또는 일부를 반환받지 못한 경우
　　2. 가불금을 지급받은 자의 책임재산을 알 수 없어 강제집행을 시작하지 못한 경우로서 「민사집행법」 제62조제7항에 따른 재산명시신청 각하 결정(보험회사 등이 가불금을 지급받은 자의 주소를 알았거나 알 수 있었음에도 불구하고 이를 바로잡지 아니하여 받은 각하 결정은 제외한다)이 있은 경우에는 그 각하 결정이 있은 날부터 1년이 지난 경우
　　3. 가불금을 지급받은 자의 책임재산을 알 수 없어 강제집행을 시작하지 못한 경우로서 「민사집행법」 제74조에 따라 재산조회를 한 결과 가불금을 지급받은 자의 책임재산이 없는 것으로 조회된 경우에는 보험회사 등이 같은 법 제77조 및 「재산조회규칙」 제13조에 따라 재산조회 결과를 출력받은 날부터 1년이 지난 경우
③ 정부는 보험회사 등이 제2항에 따른 요건을 갖추었더라도 보상을 위한 해당 연도의 분담금 재원이 부족한 경우에는 다음 연도의 분담금 재원에서 보상할 수 있다.

제11조(자동차보험진료수가의 지급 의사 등의 통지)
① 법 제12조제1항에 따라 보험회사 등이 의료기관에 하는 통지는 서류, 팩스, 전산파일, 그 밖의 문서로 한다.
② 법 제12조제5항제1호에 따른 통지 및 철회에 관하여는 제1항을 준용한다.

제11조의2(자동차보험진료수가 전문심사기관)
법 제12조의2제1항에서 "대통령령으로 정하는 전문심사기관"이란 「국민건강보험법」 제62조에 따른 건강보험심사평가원(이하 "건강보험심사평가원"이라 한다)을 말한다. 〈개정 2014.2.5.〉
[본조신설 2012.8.22.]

제12조(입원 환자의 외출 또는 외박에 관한 기록 관리)

① 의료기관이 법 제13조제1항에 따라 교통사고로 입원한 환자(이하 "입원 환자"라 한다)의 외출 또는 외박에 관한 사항을 기록·관리할 때에는 국토교통부령으로 정하는 바에 따라 다음 각 호의 사항을 적어야 한다.〈개정 2012.8.22., 2014.2.5.〉

　　1. 외출 또는 외박을 하는 자의 이름, 생년월일 및 주소

　　2. 외출 또는 외박의 사유

　　3. 의료기관이 외출 또는 외박을 허락한 기간, 외출·외박 및 귀원 일시

② 외출 또는 외박에 관한 기록에는 외출 또는 외박을 하는 자나 그 보호자, 외출 또는 외박을 허락한 의료인(「의료법」 제2조제1항에 따른 의료인을 말한다. 이하 이 항에서 같다) 및 귀원을 확인한 의료인이 서명 또는 날인하여야 한다. 다만, 의료인이 외출 또는 외박을 허락하거나 확인할 수 없는 경우에는 의료기관 종사자가 서명 또는 날인할 수 있다.

③ 외출 또는 외박에 관한 기록의 보존기간은 3년으로 하고, 마이크로필름 또는 광디스크 등(이하 이 조에서 "필름"이라 한다)에 원본대로 수록·보존할 수 있다.

④ 제3항에 따른 방법으로 외출 또는 외박에 관한 기록을 보존하는 경우에는 필름의 표지에 필름촬영 책임자가 촬영 일시 및 그 이름을 적고, 서명 또는 날인하여야 한다.

제12조의2(교통사고 환자 전원 지시)

① 법 제13조의2제1항에서 "생활 근거지에서 진료할 필요가 있는 경우 등 대통령령으로 정하는 경우"란 입원 중인 교통사고 환자가 수술·처치 등의 진료를 받은 후 해당 의료기관 또는 담당의사의 의학적 판단 결과 상태가 호전되어 더 이상 진료 중인 의료기관에서의 입원 진료가 필요하지 않아 생활근거지에 소재한 의료기관 또는 제2항에 따른 다른 의료기관으로 옮길 필요가 있는 경우를 말한다.

② 법 제13조의2제1항에서 "대통령령으로 정하는 다른 의료기관"이란 다음 각 호의 구분에 따른 의료기관을 말한다.

　　1.「의료법」 제3조제2항제3호가목부터 라목까지의 규정에 따른 병원·치과병원·한방병원 및 요양병원(이하 "병원 등"이라 한다)에 입원 중인 교통사고 환자: 상급종합병원, 종합병원 및 병원 등을 제외한 의료기관

　　2.「의료법」 제3조제2항제3호마목에 따른 종합병원(이하 "종합병원"이라 한다)에 입원 중인 교통사고 환자:「의료법」 제3조의4제1항에 따라 지정된 상급종합병원(이하 "상급종합병원"이라 한다) 및 종합병원을 제외한 의료기관

　　3. 상급종합병원에 입원 중인 교통사고 환자: 상급종합병원을 제외한 의료기관

[본조신설 2009.12.31.]

제12조의3(교통사고 관련 조사기록의 열람 청구)

① 법 제14조제4항 전단에 따라 보험회사 등이 경찰관서에 열람을 청구할 수 있는 교통사고 관련 조사기록은 국가경찰공무원이 작성한 교통사고보고서 중 다음 각 호의 사항에 관한 기록으로 한다.

　　1. 교통사고 발생 일시, 장소 및 원인

　　2. 교통사고 유형 및 피해상황

　　3. 무면허운전 및 음주운전 여부

② 보험회사 등이 법 제14조제4항 전단에 따라 교통사고 관련 조사기록의 열람을 청구하는 경우에

는 열람 예정일 7일 전까지 열람청구서에 열람사유서를 첨부하여 경찰관서에 제출하여야 한다. 다만, 긴급하거나 부득이한 사유가 있음을 소명하는 경우에는 그러하지 아니하다.
③ 제1항에 따른 열람의 청구를 받은 경찰관서는 수사에 지장을 초래하는 등 특별한 사유가 있는 경우를 제외하고는 열람 방법, 열람장소 및 열람 범위 등을 정하여 서면, 전자우편 또는 휴대전화 등의 방법으로 알려야 한다.
[본조신설 2012.8.22.]

제13조(정비요금에 대한 조사·연구의 범위 및 절차)
① 법 제16조에 따른 정비요금에 대한 조사·연구의 범위는 다음 각 호와 같다.
　　1. 정비에 걸리는 표준작업시간
　　2. 시간당 공임
② 국토교통부장관은 정비요금에 대한 조사·연구를 할 때에 정비요금에 관하여 이해관계가 있는 단체에 조사·연구의 세부 범위, 조사·연구자의 선정방법 등에 관한 의견 제출을 요청할 수 있다.
〈개정 2013.3.23.〉
③ 제2항에 따라 국토교통부장관으로부터 의견 제출을 요청받은 단체는 특별한 사유가 없으면 요청받은 날부터 15일 이내에 의견을 제출하여야 한다. 〈개정 2013.3.23.〉

제14조(자동차보험진료수가분쟁심의회의 구성 및 운영)
① 법 제17조제3항에서 "대통령령으로 정하는 요건을 갖춘 자"란 다음 각 호의 어느 하나에 해당하는 자를 말한다.
　　1. 자동차보험·의료 또는 법률 등에 관한 지식이나 경험이 풍부한 자
　　2. 소비자단체에서 소비자 보호업무를 5년 이상 수행한 경력이 있는 자
　　3. 자동차사고의 피해자
② 법 제17조제1항에 따른 자동차보험진료수가분쟁심의회(이하 "심의회"라 한다)의 효율적으로 운영하기 위하여 심의회에 전문위원회를 둘 수 있다.
③ 심의회의 운영을 지원하기 위하여 심의회에 사무국을 둘 수 있다.
④ 심의회의 업무비용에 대한 보험회사 등과 의료기관의 분담금액, 분담 방법, 그 밖에 심의회의 운영에 필요한 사항은 심의회의 의결을 거쳐 심의회의 위원장이 정한다.

제15조
삭제〈2014.2.5.〉

제16조(진료수가의 지급에 관한 이자율)
① 보험회사 등이 법 제12조제4항 본문에 따른 지급기한을 넘겨 청구액을 지급하는 경우에는 연 20퍼센트의 이자율을 적용하여 지급한다. 〈개정 2014.2.5.〉
② 삭제〈2014.2.5.〉
[제목개정 2014.2.5.]

제16조의2(심의회에 대한 심사 청구의 대상 및 절차)
① 보험회사 등과 의료기관은 법 제12조의2제2항에 따른 이의 제기 결과가 자동차보험진료수가기

준을 부당하게 적용한 것으로 판단되면 법 제19조제1항에 따라 심의회에 심사를 청구할 수 있다.

② 제1항에 따라 심사를 청구하려는 보험회사 등과 의료기관은 이의 제기 결과에 대한 불복 사유 등을 적은 심사 청구서를 심의회에 제출하여야 한다.

③ 심의회는 보험회사 등과 의료기관으로부터 심사 청구를 받은 경우에는 그 사실을 건강보험심사평가원에 통보하여야 한다.

④ 제3항에 따라 통보를 받은 건강보험심사평가원은 해당 청구에 대한 의견을 심의회에 제출하여야 한다.

⑤ 제1항부터 제4항까지에서 규정한 사항 외에 심사 청구의 대상 및 절차에 관하여 필요한 사항은 국토교통부장관이 정하여 고시한다.

[본조신설 2014.2.5.]

제17조(보험계약 체결의 거부)

법 제24조제1항에서 "대통령령으로 정하는 사유가 있는 경우"란 다음 각 호의 어느 하나에 해당하는 경우를 말한다.

　　1. 「자동차관리법」 또는 「건설기계관리법」에 따른 검사를 받지 아니한 자동차에 대한 청약이 있는 경우

　　2. 「여객자동차 운수사업법」, 「화물자동차 운수사업법」, 「건설기계관리법」, 그 밖의 법령에 따라 운행이 정지되거나 금지된 자동차에 대한 청약이 있는 경우

　　3. 청약자가 청약 당시 사고 발생의 위험에 관하여 중요한 사항을 알리지 아니하거나 부실하게 알린 것이 명백한 경우

제18조(구상의 사유)

법 제29조제1항에서 "대통령령으로 정하는 사유"란 다음 각 호의 어느 하나에 해당하는 사유를 말한다.

　　1. 「건설기계관리법」에 따른 건설기계조종사면허 또는 「도로교통법」에 따른 운전면허 등 자동차를 운행할 수 있는 자격을 갖추지 아니한 상태(자격의 효력이 정지된 경우를 포함한다)에서 자동차를 운행하다가 일으킨 사고

　　2. 「도로교통법」 제44조제1항을 위반하여 술에 취한 상태에서 자동차를 운행하다가 일으킨 사고

제19조(자동차손해배상 보장사업에 따른 피해보상금액)

법 제30조제1항에 따라 정부가 피해자에게 보상할 금액(이하 "보상금"이라 한다)은 「보험업법」에 따라 인가된 책임보험의 약관에서 정하는 책임보험금 지급 기준에 따라 산정한 금액으로 한다.

제20조(보상의 절차 등)

① 피해자(피해자가 사망한 경우에는 피해보상을 받을 권리를 가진 자를 말한다. 이하 제3항과 제4항에서 같다)가 법 제30조제1항에 따라 보상을 청구할 때에는 다음 각 호의 사항을 적은 청구서를 국토교통부장관(법 제45조제1항에 따라 국토교통부장관이 법 제30조제1항에 따른 보상에 관한 업무를 보험회사 등 또는 보험 관련 단체에 위탁한 경우에는 그 위탁을 받은 자를 말한다. 이하 제5항과 제6항에서 같다)에게 제출하여야 한다. 〈개정 2013.3.23.〉

　　1. 청구인의 성명 및 주소

　　2. 청구인과 사망자의 관계(피해자가 사망한 경우만 해당한다)

　　3. 피해자 및 가해자(법 제30조제1항제1호에 해당하는 경우는 제외한다)의 성명 및 주소

　　4. 사고 발생의 일시·장소 및 개요

　　5. 해당 자동차의 종류 및 등록번호(법 제30조제1항제1호에 해당하는 경우는 제외한다)

　　6. 청구금액

② 제1항에 따른 청구서에는 다음 각 호의 서류를 첨부하여야 한다.

　　1. 진단서 또는 검안서

　　2. 제1항제2호부터 제4호까지의 사항을 증명할 수 있는 서류. 이 경우 제1항제4호의 사항을 증명
　　　할 수 있는 서류는 사고 장소를 관할하는 경찰서장의 확인이 있어야 한다.

③ 자동차의 운행으로 인한 사망 또는 부상 사고를 조사한 경찰서장은 그 사고가 법 제30조제1항 각
호의 어느 하나에 해당하는 경우에는 피해자에게 법 제30조제1항에 따른 보상을 청구할 수 있음을
알려야 한다.

④ 피해자가 법 제35조제1항에 따라 준용되는 법 제10조 및 법 제11조에 따른 보상금 및 가불금을
함께 청구할 때에는 그 지급청구서를 각각 제출하되, 그중 하나의 청구서에는 제2항에 따른 서류를
첨부하지 아니할 수 있다.

⑤ 국토교통부장관은 제1항에 따라 보상의 청구를 받으면 지체 없이 이를 심사한 후 보상금을 결정
하고, 결정한 날부터 10일 이내에 지급하여야 한다. 〈개정 2013.3.23.〉

⑥ 제1항에 따른 보상금의 지급청구에 관하여는 제7조제4항을 준용한다. 이 경우 “보험회사 등”은
“국토교통부장관”으로 본다. 〈개정 2013.3.23.〉

⑦ 보험회사 등이 법 제11조제5항 및 법 제30조제3항에 따라 보상을 청구할 때에는 다음 각 호의 사
항을 적은 청구서를 국토교통부장관(법 제45조제4항에 따라 국토교통부장관이 법 제30조제3항에 따른
보상 업무를 위탁한 경우에는 그 업무를 위탁받은 보험 관련 단체 또는 특수법인을 말한다. 이하 제9항에서
같다)에게 제출하여야 한다. 〈개정 2013.3.23.〉

　　1. 청구인의 명칭 및 주소

　　2. 피해자 및 가해자의 성명 및 주소

　　3. 사고 발생의 일시·장소 및 개요

　　4. 해당 자동차의 종류 및 등록번호

　　5. 보험가입자의 성명 및 주소

　　6. 청구요건(제10조제2항에 해당하는 사유를 말한다)

　　7. 청구금액 및 그 산출 기초

⑧ 제7항에 따른 청구서에는 같은 항 제2호·제3호·제6호 및 제7호의 사항을 증명할 수 있는 서류를
첨부하여야 한다.

⑨ 국토교통부장관은 제7항에 따라 청구서를 받으면 지체 없이 이를 심사하여 보상의 금액을 결정
하고, 결정한 날부터 10일 이내에 보상금을 지급하여야 한다. 〈개정 2013.3.23.〉

제21조(지원대상자)

① 법 제30조제2항에 따라 정부가 지원할 수 있는 대상자는 중증 후유장애인, 사망자 또는 중증 후
유장애인의 유자녀와 피부양가족으로서 생계를 같이 하는 가족의 생활형편이 「국민기초생활보장
법」에 따른 최저생계비를 고려하여 국토교통부장관이 정하는 기준에 해당되어 생계 유지, 학업 또
는 재활치료(중증 후유장애인인 경우만 해당한다)를 계속하기 곤란한 상태에 있는 자로서 제23조제2

항에 따라 지원대상자로 결정된 자로 한다. 다만, 지원을 위한 재원이 부족할 경우에는 생활형편이 어려운 자의 순서로 그 지원대상자를 선정할 수 있다. 〈개정 2013.3.23.〉

② 제1항에 따른 중증 후유장애인, 사망자 또는 중증 후유장애인의 유자녀와 피부양가족의 범위는 별표 3과 같다.

제22조(지원의 기준 및 금액)

① 제21조제1항에 따른 지원대상자에 대하여 정부가 지원할 수 있는 기준은 다음 각 호와 같다.
〈개정 2009.12.31., 2012.8.22.〉

　　1. 중증 후유장애인의 경우: 다음 각 목의 지원

　　　가. 「의료법」에 따른 의료기관 또는 「장애인복지법」에 따른 재활시설을 이용하거나 그 밖에 요을 하기 위하여 필요한 비용의 보조

　　　나. 학업의 유지를 위한 장학금의 지급

　　2. 유자녀의 경우: 다음 각 목의 지원

　　　가. 생활자금의 대출

　　　나. 학업의 유지를 위한 장학금의 지급

　　　다. 자립지원을 위하여 유자녀의 보호자(유자녀의 친권자, 후견인, 유자녀를 보호·양육·교육하거나 그 의무가 있는 자 또는 업무·고용 등의 관계로 사실상 유자녀를 보호·감독하는 자를 말한다)기 유자녀의 명의로 저축한 금액에 따른 지원자금(이하 "자립지원금"이라 한다)의 지급

　　3. 피부양가족: 노부모 등의 생활의 정도를 고려한 보조금의 지급

　　4. 제1호부터 제3호까지의 규정에 해당하는 사람에 대한 심리치료 등의 정서적 지원 사업

② 제1항에 따른 지원 금액은 별표 4에 따른 금액을 기준으로 하되, 지원을 위한 재원을 고려하여 국토교통부장관이 기준금액의 2분의 1의 범위에서 가감하여 정하는 금액으로 한다. 〈개정 2013.3.23.〉

제22조의2(자동차손해배상 보장사업을 위한 정보의 범위)

법 제30조제3항 각 호 외의 부분에서 "대통령령에 따른 정보"란 다음 각 호의 정보를 말한다.
〈개정 2013.3.23.〉

　　1. 피해자(피해자가 사망한 경우에는 피해자의 상속인을 말한다)의 성명, 주민등록번호, 주소 및 연락처

　　2. 피해 원인, 피해 현황 및 피해 정도에 관한 사항

　　3. 가해 차량에 관한 사항

　　4. 그 밖에 제1호부터 제3호까지와 유사한 정보로서 국토교통부장관이 필요하다고 인정하는 사항
[본조신설 2012.8.22.]

제23조(지원의 방법 및 절차 등)

① 제21조 및 제22조에 따른 지원을 받으려는 자는 지원신청서를 작성하여 국토교통부장관에게 제출하여야 한다. 〈개정 2013.3.23.〉

② 국토교통부장관은 제1항에 따른 지원신청을 받은 경우에는 지체 없이 이를 심사하여 지원대상 여부를 결정한 후 신청인에게 그 결과를 알려야 한다. 〈개정 2013.3.23.〉

③ 국토교통부장관은 법 제30조제2항 및 법 제31조에 따른 정부의 지원에 관한 업무를 적절하게 수행하기 위하여 다음 각 호의 사항이 포함되는 지원업무의 처리에 관한 규정을 작성하여야 한다.
〈개정 2009.12.31., 2013.3.23.〉

  1. 제21조에 따른 지원대상자 선정의 세부 기준
  2. 제22조제1항제2호 각 목에 따른 생활자금의 대출 및 그 상환, 장학금의 지급 또는 자립지원금의 지급에 관한 사항
  3. 제22조제2항에 따른 구체적인 지원금액
  4. 제27조에 따른 구체적인 집행 절차 및 사후 관리 등에 관한 사항
  5. 제1항에 따른 지원신청서의 작성 및 제출에 관한 사항
  6. 재원의 관리와 회계처리에 관한 사항
  7. 지원업무계획의 수립 및 시행에 관한 사항

제23조의2(자동차사고 피해예방사업의 범위 등)
① 법 제30조의2제1항제3호에서 "자동차사고 피해예방을 위한 연구·개발 등 대통령령으로 정하는 사항"이란 다음 각 호의 사업을 말한다.
  1. 자동차사고 피해예방을 위한 연구 및 개발
  2. 자동차사고 피해예방과 피해보상에 관한 통계 및 자료의 수집·관리
  3. 자동차사고 피해예방과 관련한 시범사업 및 선도사업의 시행·지원
② 국토교통부장관은 법 제30조의2제1항에 따른 자동차사고 피해예방사업을 적절하게 수행하기 위하여 다음 각 호의 사항이 포함된 자동차사고 피해예방사업 시행지침을 마련하여 운영하여야 한다.
  1. 자동차사고 피해예방사업 계획의 수립 및 시행에 관한 사항
  2. 재원의 관리와 회계 처리에 관한 사항
  3. 자동차사고 피해예방사업의 방법 및 절차에 관한 사항
  4. 자동차사고 피해예방사업의 정책적 타당성 평가에 관한 사항

[본조신설 2014.2.5.]

제24조(재활사업의 범위 등)
① 법 제31조제1항제1호에서 "대통령령으로 정하는 사업"이란 다음 각 호의 사업을 말한다.
  1. 의료재활사업 관계자에 대한 교육
  2. 의료재활사업에 관한 조사·연구
② 법 제31조제1항제2호에서 "대통령령으로 정하는 사업"이란 다음 각 호의 사업을 말한다.
  1. 직업재활사업 관계자에 대한 교육
  2. 직업재활사업에 관한 조사·연구
  3. 「장애인복지법」에 따른 장애인복지시설에서 제공하는 주거편의·상담·훈련 등 서비스의 소개
③ 법 제31조제2항에서 "대통령령으로 정하는 금액"이란 제32조제1항에 따라 납부받은 분담금 중 1천분의 66의 범위에서 국토교통부장관이 정하는 금액을 말한다. 〈개정 2013.3.23.〉

제25조(재활시설 운영자의 요건)
① 삭제〈2009.9.3.〉
② 법 제32조제1항제2호에서 "대통령령으로 정하는 요건을 갖춘 법인"이란 「장애인복지법」에 따른 장애인복지단체로서 자동차사고 후유장애인의 재활사업을 목적으로 설립된 법인을 말한다.

제26조(재활시설 운영자의 지정신청 등)
① 법 제32조제2항에 따라 재활시설 운영자로 지정받으려는 자는 다음 각 호의 서류(전자문서를 포

함한다)를 첨부하여 국토교통부장관에게 신청하여야 한다. 이 경우 국토교통부장관은 「전자정부
법」 제36조제1항에 따른 행정정보의 공동이용을 통하여 법인등기부 등본을 확인하여야 한다.
〈개정 2009.9.3., 2010.5.4., 2011.1.24., 2013.3.23.〉

   1. 정관
   2. 의료재활시설 및 직업재활시설(이하 "재활시설"이라 한다)의 운영·관리 등 계획서(자동차사고 후
     유장애인 재활시설의 운영·관리 등을 위한 전문인력의 확보 방안을 포함한다)
   3. 재활시설의 운영·관리 등을 위한 내부 규정 1부
   4. 의료재활시설운영자로 지정받으려는 경우에는 다음 각 목의 서류
     가. 의료기관 개설허가증 사본
     나. 「의료법」 제58조 및 제58조의3에 따른 평가결과 및 인증등급
     다. 최근 3년간 진료과목별 진료실적
② 국토교통부장관은 제1항에 따른 신청을 받으면 법 제34조제1항에 따른 재활시설운영심의위원회
(이하 "심의위원회"라 한다)의 심의를 거쳐 재활시설 운영자를 지정하여야 한다.〈개정 2013.3.23.〉

제27조(재활시설 운영자에 대한 감독 등)
① 재활시설 운영자는 다음 연도 재활시설의 운영·관리 등을 위한 계획 및 예산을 매년 10월 31일까
지 국토교통부장관에게 제출하고 승인을 받아야 한다. 승인받은 계획 및 예산을 변경하려는 경우에
도 또한 같다.〈개정 2013.3.23.〉
② 재활시설 운영자는 다음 각 호의 사항을 매 분기 종료 후 25일 이내에 국토교통부장관에게 보고
하여야 한다.〈개정 2013.3.23.〉
   1. 재활시설의 운영·관리 등의 현황(입소자의 현황을 포함한다)
   2. 재활시설의 운영·관리 등을 위한 전문인력의 현황
   3. 재활시설의 운영·관리 등을 위한 교부금의 수입 및 지출현황
   4. 재활시설의 운영·관리 등을 위한 교부금의 잔액증명서 등 국토교통부장관이 요구하는 자료
③ 국토교통부장관은 재활시설 운영자의 전 분기 재활시설의 운영·관리 등의 사업실적 및 재활시설
의 운영·관리 등을 위한 교부금의 집행실적을 고려하여 다음 분기의 재활시설의 운영·관리 등을 위
한 교부금을 조정하여 지급할 수 있다.〈개정 2013.3.23.〉

제28조(심의위원회의 구성·운영 등)
① 심의위원회는 위원장 1명을 포함한 20명 이내의 위원으로 구성한다.
② 심의위원회의 위원은 다음 각 호의 자가 되며, 위원장은 제3호의 위촉위원 중에서 호선한다.
〈개정 2013.3.23.〉
   1. 국토교통부의 자동차 후유장애인 재활지원 관련 업무 담당 과장 또는 팀장
   2. 「교통안전공단법」에 따라 설립된 교통안전공단(이하 "교통안전공단"이라 한다) 소속 직원 중에서
     교통안전공단 이사장이 지명하는 자 1명
   3. 다음 각 목의 자 중에서 국토교통부장관이 위촉하는 자 18명 이내
     가. 경제·경영·법률·의료·교통·건축·장애인복지 또는 재활관련 분야의 대학(「고등교육법」 제2조
       에 따른 학교를 말한다)에서 조교수 이상으로 3년 이상 있거나 있었던 자
     나. 판사·검사 또는 변호사로 3년 이상 있거나 있었던 자
     다. 고위공무원단에 속하는 일반직공무원 또는 5급 이상 공무원으로서 교통·의료·건축 또는 장

애인복지 분야에서 3년 이상 근무하거나 근무한 자

　　라. 「공공기관의 운영에 관한 법률」에 따른 공공기관에서 교통·의료·건축·장애인복지 분야의 중
　　　　간관리자 이상으로 3년 이상 있거나 있었던 자

　　마. 언론인으로서 3년 이상 근무하거나 근무한 자

　　바. 「비영리민간단체 지원법」 제2조에 따른 비영리민간단체로부터 추천을 받은 자

　　사. 그 밖에 경제·경영·법률·의료·교통·건축·장애인복지 또는 재활 관련 분야의 전문지식과 경
　　　　험이 풍부한 자로서 해당 분야에서 3년 이상 근무하거나 근무한 자

③ 위촉위원의 임기는 2년으로 하되, 2차에 한하여 연임할 수 있다. 〈개정 2009.12.31.〉

④ 위원장이 부득이한 사유로 직무를 수행할 수 없을 때에는 위원장이 미리 지명한 위원이 그 직무
를 대행한다.

⑤ 심의위원회의 회의는 재적위원 과반수의 출석으로 개의하고, 출석위원 과반수의 찬성으로 의결
한다.

⑥ 심의위원회의 사무를 처리하기 위하여 간사 1명을 두되, 간사는 국토교통부 소속 공무원 중에서
국토교통부장관이 지명하는 자가 된다. 〈개정 2013.3.23.〉

⑦ 제1항부터 제6항까지 및 제28조의2에서 규정한 사항 외에 심의위원회의 운영 등에 필요한 사항
은 심의위원회의 의결을 거쳐 위원장이 정한다. 〈개정 2012.7.4.〉

제28조의2(위원의 제척·기피·회피)

① 심의위원회 위원(이하 이 조에서 "위원"이라 한다)이 다음 각 호의 어느 하나에 해당하는 경우에는
심의위원회의 심의·의결에서 제척된다.

　　1. 위원 또는 그 배우자나 배우자이었던 사람이 해당 안건의 당사자(당사자가 법인·단체 등인 경우에
　　　는 그 임원을 포함한다. 이하 이 호 및 제2호에서 같다)가 되거나 그 안건의 당사자와 공동권리자 또
　　　는 공동의무자인 경우

　　2. 위원이 해당 안건의 당사자와 친족이거나 친족이었던 경우

　　3. 위원이 해당 안건에 대하여 자문, 연구, 용역(하도급을 포함한다), 감정 또는 조사를 한 경우

　　4. 위원이나 위원이 속한 법인·단체 등이 해당 안건의 당사자의 대리인이거나 대리인이었던 경우

　　5. 위원이 임원 또는 직원으로 재직하고 있거나 최근 3년 내에 재직하였던 기업 등이 해당 안건에
　　　관하여 자문, 연구, 용역(하도급을 포함한다), 감정 또는 조사를 한 경우

② 해당 안건의 당사자는 위원에게 공정한 심의·의결을 기대하기 어려운 사정이 있는 경우에는 심
의위원회에 기피 신청을 할 수 있고, 심의위원회는 의결로 이를 결정한다. 이 경우 기피 신청의 대상
인 위원은 그 의결에 참여하지 못한다.

③ 위원이 제1항 각 호에 따른 제척 사유에 해당하는 경우에는 스스로 해당 안건의 심의·의결에서
회피하여야 한다.

[본조신설 2012.7.4.]

제29조(보상책임의 면제)

법 제36조제1항에서 "그 밖에 대통령령으로 정하는 법률"이란 다음 각 호의 법률을 말한다.

　　1. 「공무원연금법」(같은 법 제34조에 따른 단기급여 및 같은 법 제42조제2호에 따른 장애 급여만 해당한다)

　　2. 「군인연금법」(같은 법 제6조제13호·제14호 및 제17호에 따른 재해보상금, 사망조위금 및 공무상 요양
　　　비만 해당한다)

　　3. 「사립학교교직원 연금법」(같은 법 제42조에 따라 준용되는 「공무원연금법」 제34조에 따른 단기급여

와 같은 법 제42조제2호에 따른 장애급여만 해당한다)
  4. 「전투경찰대설치법」
  5. 「국가유공자 등 예우 및 지원에 관한 법률」(같은 법 제15조에 따른 간호수당, 같은 법 제17조에 따
    른 사망일시금 및 같은 법 제43조의2에 따른 보철구의 지급만 해당한다)
  6. 「근로기준법」
  7. 「국민건강보험법」

제30조(분담금의 납부자 등)
① 법 제37조제1항에서 "대통령령으로 정하는 자동차 보유자"란 제5조제3호에 따른 자동차의 보유
자를 말한다.
② 제1항에 따른 자동차의 보유자와 자동차손해배상에 관한 보험계약을 체결한 보험회사(「보험업
법」에 따른 외국보험 사업자를 포함한다)는 해당 자동차의 보유자로부터 분담금을 징수하여 정부에 납
부하여야 한다.

제31조(분담금액)
① 법 제37조제1항에 따라 자동차 보유자가 국토교통부장관(법 제45조제1항에 따라 국토교통부장관이
법 제37조제1항에 따른 분담금의 수납·관리·운용에 관한 업무를 보험회사 등 또는 보험 관련 단체에 위탁한
경우에는 그 위탁을 받은 자를 말한다. 이하 제32조제1항·제2항, 제33조 및 제35조의2에서 같다)에게 납부
하여야 하는 분담금은 책임보험 등의 보험료(책임공제의 경우에는 책임공제분담금을 말한다. 이하 "책
임보험료 등"이라 한다)에 해당하는 금액의 100분의 5를 넘지 아니하는 범위에서 국토교통부령으로
정하는 금액으로 한다. 〈개정 2009.12.31., 2013.3.23.〉
② 국토교통부장관은 법 제7조·제30조 및 제31조에 따른 정부의 보상 또는 지원을 위하여 제1항에
따른 분담금이 남거나 부족함이 없도록 조정하여야 한다. 〈개정 2013.3.23.〉
③ 국토교통부장관은 제1항 및 제2항에 따라 분담금을 정하거나 조정할 때에는 미리 금융위원회와
협의하여야 한다. 〈개정 2013.3.23.〉

제32조(분담금의 납부 등)
① 보험회사 등은 법 제37조제2항에 따라 자동차 보유자로부터 징수한 분담금을 징수한 달의 다음
달 말일까지 그 징수 명세를 첨부하여 국토교통부장관에게 납부하여야 한다. 〈개정 2013.3.23.〉
② 국토교통부장관은 법 제30조제5항에 따른 자동차손해배상 보장사업(이하 "자동차손해배상 보장사업"
이라 한다)에 따른 수입과 지출을 다른 수입 및 지출과 구분하여 경리하여야 한다. 〈개정 2013.3.23.〉
③ 국토교통부장관은 법 제30조제1항에 따른 정부의 보상에 관한 업무를 적절하게 수행하기 위하여
다음 각 호의 사항이 포함되는 손해배상 보장업무의 처리에 관한 규정을 작성하여야 한다.
                                                        〈개정 2009.12.31., 2013.3.23.〉
  1. 분담금의 징수·관리 및 회계방법
  2. 보상 처리에 관한 사항
  3. 법 제39조제1항에 따른 손해배상청구권의 대위 행사에 관한 사항
  4. 보상업무계획의 수립 및 시행에 관한 사항
④ 삭제〈2009.12.31.〉
⑤ 삭제〈2009.12.31.〉

⑥ 삭제〈2009.12.31.〉
⑦ 삭제〈2009.12.31.〉

제33조(손해배상청구권의 대위 행사를 위한 협조요청)
① 국토교통부장관은 법 제39조제1항에 따른 피해자의 손해배상청구권을 대위 행사하기 위하여 가입관리전산망을 이용하여 경찰청장·지방경찰청장 또는 경찰서장(이하 "경찰청장 등"이라 한다)에게 법 제30조제1항제1호에 따른 보유자를 알 수 없는 자동차를 운행한 자의 검거 여부 및 인적사항(「개인정보 보호법 시행령」 제19조에 따른 주민등록번호, 여권번호, 운전면허번호, 외국인등록번호를 포함한다. 이하 같다)에 관한 정보 또는 법 제30조제1항제2호 본문에 따른 보험가입자 등이 아닌 자의 인적사항에 관한 정보의 열람·제출 또는 확인 등을 요구할 수 있다. 〈개정 2009.12.31., 2013.3.23., 2014.12.30.〉
② 제1항에 따른 요구를 받은 경찰청장 등은 특별한 사유가 없으면 요구에 따라야 한다.

제33조의2(채권의 결손 처분)
① 법 제39조제3항제2호에서 "대통령령으로 정하는 경우"란 다음 각 호의 경우를 말한다.
　　1. 법 제39조제1항에 따른 손해배상책임이 있는 자 또는 법 제39조제2항에 따른 가불금을 지급받은 자(이하 "채무자"라 한다)의 행방을 알 수 없거나 재산이 없다는 것이 판명되어 법 제39조제3항에 따른 구상금 또는 미반환가불금 등(이하 "구상금 등"이라 한다)을 받을 가능성이 없는 경우
　　2. 채무자가 「채무자 회생 및 파산에 관한 법률」에 따라 납부 의무를 면제받게 된 경우
　　3. 그 밖에 구상금 등을 받을 가능성이 없다고 법 제39조의2제1항에 따른 자동차손해배상보장사업 채권정리위원회(이하 "채권정리위원회"라 한다)가 인정한 경우
② 정부는 법 제39조제3항에 따라 청구권의 대위 행사를 중지하거나 구상금 등의 전부 또는 일부에 대한 결손 처분을 한 경우 연도별로 채무자의 인적사항·사고 내용·지급금액, 채권정리위원회의 의결사유·의결일자 등 필요한 내용을 기재한 대장(전자문서를 포함한다)을 작성하여 10년간 보관하여야 한다.

[본조신설 2009.12.31.]

제33조의3(채권정리위원회의 구성 등)
① 채권정리위원회는 위원장 1명을 포함한 15명 이내의 위원으로 구성한다.
② 채권정리위원회의 위원은 다음 각 호의 사람이 되며, 위원장은 제2호에 따라 지명받은 사람과 제3호의 위촉위원 중에서 호선한다. 〈개정 2013.3.23.〉
　　1. 국토교통부의 자동차손해배상보장사업 관련 업무 담당 과장 또는 팀장
　　2. 법 제45조제1항제3호에 따라 법 제37조에 따른 분담금의 수납·관리·운용에 관한 업무를 위탁받은 보험 관련 단체(이하 "분담금관리자"라 한다) 소속 임직원 중에서 분담금관리자의 장이 지명하는 사람(이하 "지명위원"이라 한다) 1명
　　3. 다음 각 목의 사람 중에서 국토교통부장관이 위촉하는 사람(이하 "위촉위원"이라 한다)
　　　가. 대학(「고등교육법」 제2조제1호에 따른 대학을 말한다)에서 「보험업법」 제4조제1항제2호 다목의 자동차보험(이하 "자동차보험"이라 한다) 관련 분야의 조교수 이상으로 3년 이상 재직한 사람
　　　나. 판사·검사 또는 변호사로 3년 이상 있거나 있었던 사람
　　　다. 자동차보험 업무에 종사한 경력이 5년 이상 된 사람으로서 그 업무에 관한 학식과 경험이 풍부한 사람

③ 위원장과 위원은 비상근으로 한다.

④ 위촉위원의 임기는 2년으로 한다.

⑤ 위원장은 위원회를 대표하며 위원회의 업무를 총괄한다.

⑥ 위원장이 부득이한 사유로 직무를 수행할 수 없을 때에는 위원장이 미리 지명한 위원이 그 직무를 대행한다.

⑦ 국토교통부장관은 위촉위원이 다음 각 호의 하나에 해당하는 경우 이를 해촉할 수 있다.
〈개정 2013.3.23.〉

1. 위원으로서의 품위를 손상하는 행위를 한 경우

2. 신체상·정신상의 이상으로 직무를 감당하지 못할 경우

3. 직무를 태만히 하거나 직무수행능력이 부족하다고 인정될 경우

[본조신설 2009.12.31.]

제33조의4(채권정리위원회의 회의 등)

① 위원장은 채권정리위원회의 회의를 소집하고 그 의장이 된다.

② 채권정리위원회의 회의는 재적위원 과반수의 출석으로 개의하고, 출석위원 과반수의 찬성으로 의결한다.

③ 위원 또는 그와 친족관계이거나 친족관계이었던 자가 해당 안건의 채무자가 되는 경우에는 그 위원은 해당 안건과 관련된 회의에 참석할 수 없다.

④ 채권정리위원회는 위원장이 필요하다고 인정하는 경우와 국토교통부장관의 요청이 있는 경우 수시로 개최할 수 있다. 〈개정 2013.3.23.〉

⑤ 채권정리위원회는 회의록을 작성하여 갖추어 두어야 한다.

⑥ 지명위원과 위촉위원이 안건심사와 관련하여 회의에 참석하는 경우 예산의 범위에서 수당·여비와 그 밖에 필요한 경비를 지급할 수 있다.

⑦ 제1항부터 제6항까지에서 규정한 사항 외에 채권정리위원회의 운영에 필요한 사항은 위원회의 의결을 거쳐 위원장이 정한다.

[본조신설 2009.12.31.]

제33조의5(채권정리위원회의 소위원회)

① 채권정리위원회가 위임한 사항을 심의하고 의결하기 위하여 채권정리위원회에 소위원회를 둘 수 있다.

② 소위원회는 위원장이 지명하는 5명 이내의 위원으로 구성한다.

③ 소위원회의 위원장(이하 "소위원장"이라 한다)은 해당 소위원회의 위원 중에서 호선한다.

④ 소위원회의 회의의 운영에 관하여는 제33조의3제5항·제6항 및 제33조의4를 준용한다. 이 경우 "위원장"은 "소위원장"으로, "채권정리위원회"는 "소위원회"로 본다.

[본조신설 2009.12.31.]

제33조의6(채권정리위원회의 사무 처리)

① 채권정리위원회 및 소위원회의 사무를 처리하기 위하여 간사 1명을 둔다.

② 간사는 국토교통부 소속 공무원 중에서 국토교통부장관이 임명한다. 〈개정 2013.3.23.〉

[본조신설 2009.12.31.]

제33조의7(결손 처분에 관한 심의 요청 등)

국토교통부장관은 채권정리위원회에 구상금 등의 결손 처분에 대한 심의 요청을 위하여 법 제45조제1항제1호 및 제4호에 따라 법 제30조제1항의 보상업무 및 법 제39조제1항에 따른 손해배상청구권의 대위 행사에 관한 업무를 위탁받은 자(이하 "보장사업자"라 한다) 또는 법 제45조제4항에 따라 법 제30조제3항에 따른 보상업무와 법 제39조제2항에 따른 반환청구 업무를 위탁받은 보험 관련 단체(이하 "미반환가불금 보상사업자"라 한다)에 심의를 위하여 필요한 자료의 제출을 요구할 수 있다. 이 경우 보장사업자 및 미반환가불금 보상사업자는 특별한 사정이 없으면 국토교통부장관의 자료 제출 요구에 지체 없이 응하여야 한다. 〈개정 2013.3.23.〉

[본조신설 2009.12.31.]

제33조의8(포상금의 지급 기준 및 절차 등)

① 법 제43조의2제1항에서 "대통령령으로 정하는 관계 행정기관이나 수사기관"이란 경찰관서 및 소방관서를 말한다.

② 법 제43조의2에 따라 신고 또는 고발을 받은 경찰관서 또는 소방관서는 신고되거나 고발된 운전자가 검거된 경우에는 국토교통부장관에게 다음 각 호의 사항을 알려야 한다. 〈개정 2013.3.23.〉

　　1. 신고 또는 고발을 한 사람의 인적사항

　　2. 신고 또는 고발의 내용

　　3. 피해자의 인적사항

　　4. 피해자의 피해 정도

　　5. 그 밖에 검거된 운전자의 인적사항 등 국토교통부장관이 포상금 지급을 위하여 필요하다고 인정하는 사항

③ 국토교통부장관은 제2항에 따라 통보를 받은 경우에는 그 내용을 확인한 후 포상금 지급 여부를 결정하여야 한다. 다만, 다음 각 호의 어느 하나에 해당하는 경우에는 포상금을 지급하지 아니한다. 〈개정 2013.3.23.〉

　　1. 신고 또는 고발이 있은 후 같은 위반행위에 대하여 같은 내용의 신고 또는 고발을 한 경우

　　2. 관계 법령에 따라 다른 행정기관으로부터 같은 위반행위의 신고 또는 고발에 대한 포상금을 지급받은 경우

④ 국토교통부장관은 제3항에 따라 포상금 지급 결정을 하는 경우에는 다음 각 호의 기준에 따라 포상금액을 결정하여야 한다. 〈개정 2013.3.23.〉

　　1. 피해자가 사망한 신고 또는 고발의 경우: 100만 원

　　2. 피해자가 부상한 신고 또는 고발의 경우: 50만 원부터 80만 원까지의 범위에서 부상의 정도별로 국토교통부장관이 정하여 고시하는 금액

⑤ 국토교통부장관은 제3항 및 제4항에 따라 포상금 지급을 결정한 경우에는 지체 없이 신고인 또는 고발인에게 알려야 한다. 〈개정 2013.3.23.〉

⑥ 제5항에 따라 포상금 지급 결정을 통보받은 신고인 또는 고발인은 국토교통부장관에게 포상금 지급을 신청하여야 한다. 이 경우 국토교통부장관은 포상금 지급 신청을 받은 날부터 1개월 이내에 포상금을 지급하여야 한다. 〈개정 2013.3.23.〉

⑦ 제3항부터 제6항까지의 규정에 따른 포상금의 지급 기준·절차 및 방법 등에 관하여 필요한 세부사항은 국토교통부장관이 정하여 고시한다. 〈개정 2013.3.23.〉

[본조신설 2012.8.22.]

제34조(자료 제출의 요청)

① 특별자치도지사·시장·군수 또는 구청장(자치구의 구청장을 말한다. 이하 "시장·군수·구청장"이라 한다)은 국토교통부장관이 요청하면 법 제6조제2항·제3항 또는 제48조에 따라 의무보험에 가입하지 아니한 자에 대하여 하는 업무의 처리 현황을 특별시장·광역시장 또는 도지사를 경유(특별자치도지사의 경우에는 제외한다)하여 국토교통부장관에게 제출하여야 한다. 〈개정 2013.3.23.〉

② 특별시장·광역시장 또는 도지사는 시장·군수·구청장(특별자치도지사는 제외한다)이 의무보험에 가입하지 아니한 자에 대하여 행하는 업무를 원활하게 수행할 수 있도록 필요한 지원을 하여야 한다.

③ 건강보험심사평가원은 국토교통부장관이 요청하면 법 제12조의2에 따라 위탁받은 자동차보험진료수가의 심사 업무 및 조정 업무 등의 처리현황을 국토교통부장관에게 제출하여야 한다.

〈신설 2014.2.5.〉

제34조의2(권한의 위임)

국토교통부장관은 법 제44조에 따라 법 제43조제1항에 따른 검사·질문 등의 권한 중 자동차보험진료수가를 청구하는 의료기관에 대한 검사·질문 권한을 시장·군수·구청장에게 위임한다.

〈개정 2013.3.23.〉

[본조신설 2009.9.3.]

제35조(권한의 위탁 등)

① 국토교통부장관은 법 제45조제1항에 따라 자동차손해배상 보장사업을 보험회사 등 또는 보험 관련 단체에 위탁할 때에는 위탁받을 자에 대하여 다음 각 호의 사항을 확인하여야 한다. 다만, 법 제45조제1항제3호부터 제6호까지의 규정에 따른 업무를 보험 관련 단체에 위탁하는 경우에는 그러하지 아니하다. 〈개정 2009.12.31., 2012.8.22., 2013.3.23.〉

  1. 최근 3년간 재산상황 및 수입과 지출의 전망
  2. 특별시·광역시·도 및 특별자치도별로 설치된 한 곳 이상의 상설 보상조직 및 그에 필요한 인력 확보에 관한 사항

② 국토교통부장관은 법 제45조제1항 또는 같은 조 제4항에 따라 자동차손해배상 보장사업을 보험회사 등 또는 보험 관련 단체에 위탁하였으면 그 사실을 관보에 게재하여야 한다. 〈개정 2013.3.23.〉

③ 국토교통부장관은 법 제45조제2항에 따라 다음 각 호의 업무를 교통안전공단에 위탁한다. 다만, 다음 각 호의 업무와 관련하여 제23조제3항에 따른 지원업무의 처리에 관한 규정 작성에 관한 업무는 제외한다. 〈개정 2013.3.23.〉

  1. 법 제30조제2항에 따른 중증 후유장애인, 유자녀, 피부양가족에 대한 지원에 관한 업무
  2. 법 제31조제1항에 따른 재활시설 설치에 관한 업무

④ 국토교통부장관은 법 제45조제3항에 따라 법 제7조에 따른 가입관리전산망의 구성·운영에 관한 업무(제6조제2항에 따른 가입관리전산망운영지침 작성에 관한 업무는 제외한다)를 「보험입법」 제176조에 따른 보험료율 산출기관(이하 "보험료율 산출기관"이라 한다)에 위탁한다.

〈개정 2009.12.31., 2013.3.23.〉

⑤ 국토교통부장관은 법 제45조제5항에 따라 법 제30조의2제1항에 따른 자동차사고 피해예방사업에 관한 업무를 보험 관련 단체 중 국토교통부장관이 지정하여 고시하는 단체 또는 교통안전공단에 위탁한다. 〈신설 2014.2.5.〉

⑥ 제2항 및 제3항에 따라 업무를 위탁받은 자는 다음 각 호의 사항을 매 분기 종료 후 25일 이내에

국토교통부장관에게 보고하여야 한다. 〈개정 2009.12.31., 2013.3.23., 2014.2.5.〉

 1. 업무의 처리상황
 2. 분담금 또는 제35조의2에 따라 국토교통부장관으로부터 지급받는 금액(이하 "교부금"이라 한다)
    의 수입 및 지출상황
 3. 제31조제1항 및 같은 조 제2항에 따라 분담금을 정하거나 조정하기 위하여 국토교통부장관이 지
    정하는 자료

⑦ 제4항 및 제5항에 따라 업무를 위탁받은 기관은 매년 11월 말까지 다음 연도 업무계획 및 소요 경
비를 국토교통부장관에게 제출하여 승인을 받아야 한다. 승인받은 업무계획 및 소요 경비를 변경하
려는 경우에도 또한 같다. 〈개정 2013.3.23., 2014.2.5.〉

⑧ 제4항 및 제5항에 따라 업무를 위탁받은 기관은 매년 2월 말까지 전년도 업무실적 및 경비지출
명세를 국토교통부장관에게 제출하여야 한다. 〈개정 2013.3.23., 2014.2.5.〉

제35조의2(분담금의 지원 범위 및 대상 등)

① 국토교통부장관은 제32조제1항에 따라 받은 분담금 중 1천분의 20의 범위에서 국토교통부장관
이 정하는 금액을 매년 12월 말까지 분담금관리자 및 보장사업자에게 지급하여야 한다.

〈개정 2013.3.23.〉

② 국토교통부장관은 제32조제1항에 따라 받은 분담금 중 그 분담금의 1천분의 10의 범위에서 국토
교통부장관이 정하는 금액을 매년 12월 말까지 법 제45조제1항제5호에 따른 채권정리위원회의 안
건심의에 필요한 자료의 조사·검증 등의 업무를 위탁받은 자에게 지급하여야 한다.

〈신설 2012.8.22., 2013.3.23.〉

③ 국토교통부장관은 제32조제1항에 따라 받은 분담금 중 그 분담금의 1천분의 10의 범위에서 국토
교통부장관이 정하는 금액을 매년 12월 말까지 법 제45조제1항제6호에 따른 포상금 지급업무를 위
탁받은 자에게 지급하여야 한다. 〈신설 2012.8.22., 2013.3.23.〉

④ 국토교통부장관은 제32조제1항에 따라 받은 분담금 중 1천분의 264에서 1천분의 414까지의 범
위에서 국토교통부장관이 정하는 금액을 그 분담금을 납부받은 달의 다음 달 10일까지 법 제45조제
2항에 따라 법 제30조제2항에 따른 지원에 관한 업무를 위탁받은 교통안전공단에 지급하여야 한다.

〈개정 2012.8.22., 2013.3.23.〉

⑤ 국토교통부장관은 제32조제1항에 따라 받은 분담금 중 제24조제3항에 따른 금액을 그 분담금을
납부받은 달의 다음 달 10일까지 법 제45조제2항에 따라 법 제31조제1항에 따른 재활시설의 설치에
관한 업무를 위탁받은 교통안전공단 및 법 제32조제3항에 따른 재활시설 운영자에게 지급하여야 한
다.〈개정 2012.8.22., 2013.3.23.〉

⑥ 국토교통부장관은 제32조제1항에 따라 받은 분담금 중 그 분담금의 1천분의 20의 범위에서 국토
교통부장관이 정하는 금액을 매년 12월 말까지 법 제45조제3항에 따라 법 제7조에 따른 가입관리전
산망의 구성·운영에 관한 업무를 위탁받은 보험료율 산출기관에 지급하여야 한다.

〈개정 2012.8.22., 2013.3.23.〉

⑦ 국토교통부장관은 제32조제1항에 따라 받은 분담금 중 1천분의 20의 범위에서 국토교통부장관
이 정하는 금액을 매년 12월 말까지 법 제45조제4항에 따라 법 제30조제4항 및 제39조제2항에 따른
미반환가불금 보상사업에 관한 업무를 위탁 받은 미반환가불금 보상사업자에게 지급하여야 한다.

〈개정 2012.8.22., 2013.3.23.〉

⑧ 국토교통부장관은 제32조제1항에 따라 받은 분담금 중 1천분의 400의 범위에서 국토교통부장관

이 정하는 금액을 매년 12월 31일까지 법 제45조제5항에 따라 법 제30조의2제1항에 따른 자동차사고 피해예방사업에 관한 업무를 위탁받은 기관에 지급하여야 한다.〈신설 2014.2.5.〉

⑨ 국토교통부장관은 제32조제1항에 따라 받은 분담금의 감소로 제1항부터 제8항까지의 규정에 따라 지급한 금액 외에 추가 지원이 필요하다고 인정되는 경우에는 전년도까지의 분담금 중 사용되지 아니하고 누적된 금액의 일부를 추가로 지급할 수 있다.〈개정 2012.8.22., 2013.3.23., 2014.2.5.〉

⑩ 제1항부터 제8항까지의 규정에 따라 국토교통부장관으로부터 지급받은 금액은 다음 각 호의 어느 하나에 해당하는 업무에만 사용하여야 한다.〈개정 2012.8.22., 2013.3.23., 2014.2.5.〉

  1. 법 제7조에 따른 가입관리전산망의 구성·운영에 관한 업무

  2. 법 제30조제2항에 따른 지원을 위한 업무

  3. 법 제31조제1항에 따른 재활사업에 관한 업무

  4. 법 제30조제4항 및 제39조제2항에 따른 미반환가불금 보상사업에 관한 업무

  5. 법 제30조의2제1항에 따른 자동차사고 피해예방사업에 관한 업무

  6. 법 제37조에 따른 분담금의 수납·관리·운용 및 정산에 관한 업무

  7. 법 제39조의2제1항에 따른 채권정리위원회의 안건심의에 필요한 전문적인 자료의 조사·검증 등의 업무

  8. 법 제43조의2에 따른 포상금 지급에 관한 업무

[본조신설 2009.12.31.]

제35조의3(정보의 제공 내용 및 범위)

법 제45조의2제1항에 따라 보험료율 산출기관이 법 제45조제1항에 따라 업무를 위탁받은 자에게 제공할 수 있는 정보의 내용 및 범위는 다음 각 호와 같다.〈개정 2013.3.23.〉

  1. 보장사업자에 대한 정보의 제공: 보험회사, 보험종목, 보험가입자의 이름, 자동차등록번호, 책임보험의 시기·종기 등 보장사업자가 그 업무를 수행하는 데에 필요한 정보(다만, 보장사업자가 법 제39조제1항 및 제45조제1항제4호에 따라 손해배상청구권을 대위 행사하기 위하여 필요한 경우에는 보험가입자의 주소·주민등록번호를 포함한다)

  2. 분담금관리자에 대한 정보의 제공: 보험회사, 보험종목, 보험가입자의 이름, 주소 및 주민등록번호, 자동차등록번호, 책임보험의 시기·종기 등 분담금관리자가 분담금의 수납·관리와 관련하여 국토교통부장관이 정하는 업무를 수행하는 데에 필요한 정보

[본조신설 2009.12.31.]

제35조의4(민감정보 및 고유식별정보의 처리)

① 국토교통부장관(법 제45조제2항 및 제4항에 따라 국토교통부장관으로부터 업무를 위탁받은 자를 포함한다)은 다음 각 호의 사무를 수행하기 위하여 불가피한 경우 「개인정보 보호법」 제23조에 따른 건강에 관한 정보와 같은 법 시행령 제19조에 따른 주민등록번호, 여권번호, 운전면허번호, 외국인등록번호가 포함된 자료를 처리(「개인정보보호법」 제2조제2호에 따른 처리를 말한다. 이하 이 조에서 같다)할 수 있다.〈개정 2013.3.23.〉

  1. 법 제11조제5항, 제30조제4항 및 제39조제2항에 따른 미반환가불금의 보상, 반환청구권대위 행사에 관한 사무

  2. 법 제30조제2항 및 제36조제3항에 따른 중증 후유장해인의 유자녀 등의 지원에 관한 사무

  3. 법 제31조부터 제34조까지의 규정에 따른 후유장애인의 재활 지원에 관한 사무

② 국토교통부장관(법 제45조 제1항 및 제3항에 따라 국토교통부장관으로부터 업무를 위탁받은 자를 포함한다)은 다음 각 호의 사무를 수행하기 위하여 불가피한 경우 「개인정보 보호법」 제23조에 따른 건강에 관한 정보, 같은 법 시행령 제18조제2호에 따른 범죄경력자료에 해당하는 정보, 같은 법 시행령 제19조에 따른 주민등록번호, 여권번호, 운전면허번호, 외국인등록번호가 포함된 자료를 처리할 수 있다. 〈개정 2013.3.23.〉
　　1. 법 제7조에 따른 의무보험가입관리전산망의 구성·운영 등에 관한 사무
　　2. 법 제30조제1항, 제36조제1항·제2항, 제37조 및 제39조제1항에 따른 자동차손해배상보장사업 및 분담금 징수·운용·관리, 손해배상청구권대위 행사에 관한 사무
　　3. 법 제39조의2제1항에 따른 채권정리위원회의 운영에 관한 사무
③ 국토교통부장관은 법 제43조에 따른 검사·질문에 관한 사무를 수행하기 위하여 「개인정보 보호법」 제23조에 따른 건강에 관한 정보와 같은 법 시행령 제19조에 따른 주민등록번호, 여권번호, 운전면허번호, 외국인등록번호가 포함된 자료를 처리할 수 있다. 〈개정 2013.3.23.〉
④ 국토교통부장관(법 제45조제1항제6호에 따라 국토교통부장관으로부터 업무를 위탁받은 자를 포함한다)은 법 제43조의2에 따른 포상금 지급에 관한 사무를 수행하기 위하여 불가피한 경우 「개인정보 보호법시행령」 제19조에 따른 주민등록번호, 여권번호, 운전면허번호, 외국인등록번호가 포함된 자료를 처리할 수 있다. 〈신설 2014.12.30.〉
[본조신설 2012.8.22.]

제35조의5(규제의 재검토)
국토교통부장관은 다음 각 호의 사항에 대하여 다음 각 호의 기준일을 기준으로 3년마다(매 3년이 되는 기준일과 같은 날 전까지를 말한다) 그 타당성을 검토하여 개선 등의 조치를 하여야 한다.
　　1. 제3조에 따른 책임보험금 등: 2014년 1월 1일
　　2. 제6조에 따른 의무보험 가입관리전산망의 구성·운영 등: 2014년 1월 1일
　　3. 제10조에 따른 가불금액 등: 2014년 1월 1일
　　4. 제12조에 따른 입원 환자의 외출 또는 외박에 관한 기록 관리: 2014년 1월 1일
　　5. 제25조에 따른 재활시설 운영자의 요건: 2014년 1월 1일
　　6. 제30조부터 제32조까지의 규정에 따른 분담금의 납부 등: 2014년 1월 1일
[본조신설 2013.12.30.]

제36조(과태료의 부과기준)
법 제48조제1항부터 제3항까지의 규정에 따른 과태료의 부과기준은 별표 5와 같다.
[전문개정 2011.4.4.]

제37조(범칙행위의 범위 및 범칙금액 등)
① 법 제50조제1항에 따른 범칙행위의 구체적인 범위와 법 제51조제2항에 따른 범칙금의 액수는 별표 6과 같다.
② 범칙금은 분할하여 납부할 수 없다.

제38조(범칙자의 범위)
① 법 제50조제2항제1호에서 "범칙행위를 상습적으로 하는 자"란 범칙행위를 한 날부터 1년 이내에

같은 위반행위를 한 사람을 말한다.

② 법 제50조제2항제2호를 적용할 때에는 다음 각 호의 어느 하나에 해당하는 사람은 범칙자에서 제외하여야 한다.

　　1. 법 제6조제3항에 따라 의무보험 가입 명령을 받고 2개월 이내에 의무보험에 가입하지 아니한 사람
　　2. 의무보험에 가입되어 있지 아니한 자동차를 운행하다가 교통사고를 일으킨 사람

제38조의2(정보제공의 범위)

국토교통부장관은 법 제50조제4항에 따라 다음 각 호의 정보를 경찰청장에게 제공할 수 있다.

〈개정 2013.3.23.〉

　　1. 법 제5조제1항부터 제3항까지의 규정에 따른 보험 또는 공제에의 가입 현황 및 변동 내용에 관한 정보
　　2. 법 제8조 본문을 위반한 자에 대한 처리결과에 관한 정보

[본조신설 2012.8.22.]

제39조(통고 처분의 절차)

① 시장·군수·구청장 또는 경찰서장은 법 제51조에 따라 통고 처분을 할 때에는 범칙금 납부통고서를 작성하여야 한다.〈개정 2012.8.22.〉

② 제1항에 따른 범칙금 납부통고서에는 통고 처분을 받을 자의 인적사항, 범칙금액, 위반 내용, 적용 법규, 납부 장소, 납부 기간 및 통고 처분 년, 월, 일을 적고 시장·군수·구청장 또는 경찰서장이 기명날인하여야 한다.〈개정 2012.8.22.〉

③ 제1항 및 제2항에서 규정한 사항 외에 범칙금의 납부 등에 필요한 사항은 국토교통부령으로 정한다.〈개정 2013.3.23.〉

부칙〈제21036호, 2008.9.25.〉

제1조(시행일)

이 영은 2008년 9월 29일부터 시행한다. 다만, 별표 3 비고란 제4호의 개정 규정은 2008년 12월 22일부터 시행한다.

제2조(시행일에 관한 경과조치)

부칙 제1조 단서에 따라 별표 3 비고란 제4호의 개정 규정이 시행되기 전까지는 같은 호는 다음과 같이 규정된 것으로 본다.

　　4. 부양 의무자가 「행형법」 또는 종전의 「사회보호법」에 따라 교도소·구치소 또는 보호감호소에 수용 중인 경우

제3조(다른 법령의 개정)

① 「교통사고처리특례법시행령」 일부를 다음과 같이 개정한다.

제4조제3항 중 "「자동차손해배상보장법」 제12조 또는 제14조(제22조에 의하여 준용되는 경우를 포함한다)의 규정에 의하여"를 "「자동차손해배상보장법」 제10조 및 제11조에 따라"로 한다.

② 「도로교통법시행령」 일부를 다음과 같이 개정한다.

별표 4 제6호의 관련근거란을 다음과 같이 한다.

③ 「범죄피해자구조법」 시행령 일부를 다음과 같이 개정한다.
제9조제3호 중 "「자동차손해배상보장법」 제26조의 규정에 의한"을 "「자동차손해배상보장법」 제30조에 따른"으로 한다.

부칙〈제21714호, 2009.9.3.〉
이 영은 공포한 날부터 시행한다.

부칙〈제21963호, 2009.12.31.〉
제1조(시행일)
이 영은 2010년 2월 7일부터 시행한다. 다만, 제22조제1항제1호나목, 별표 3의 제3호, 별표 4의 제1호 및 제3호의 개정 규정은 2010년 1월 1일부터 시행한다.

제2조(심의위원회에 대한 경과조치)
이 영 시행 당시 임명된 재활시설운영심의위원회 위원의 임기는 제28조제3항의 개정 규정에 불구하고 종전의 규정에 따른다.

부칙(「전자정부법시행령」)〈제22151호, 2010.5.4.〉
제1조(시행일)
이 영은 2010년 5월 5일부터 시행한다.

제2조 및 제3조 생략

제4조(다른 법령의 개정)
① 부터 〈132〉까지 생략
〈133〉 「자동차손해배상보장법시행령」 일부를 다음과 같이 개정한다.
제26조제1항 각 호 외의 부분 후단 중 "「전자정부법」 제21조제1항"을 "「전자정부법」 제36조제1항"으로 한다.
〈134〉 부터 〈192〉까지 생략

부칙(「의료법시행령」)〈제22635호, 2011.1.24.〉
제1조(시행일)
이 영은 2011년 1월 24일부터 시행한다.

제2조(다른 법령의 개정)
① 생략
② 「자동차손해배상보장법시행령」 일부를 다음과 같이 개정한다.

제26조제1항제4호나목 중 "「의료법」 제58조에 따른 의료기관 평가 결과"를 "「의료법」 제58조 및 제58조의3에 따른 평가결과 및 인증등급"으로 한다.

부칙(경제활성화 및 친서민 국민불편해소 등을 위한 개발제한구역의 지정 및 관리에 관한 특별조치법 시행령 등 일부개정령)〈제22829호, 2011.4.4.〉
제1조(시행일)
이 영은 공포한 날부터 시행한다.

제2조(「건축법시행령」의 개정에 따른 용적률 산정에 관한 적용례)
「건축법시행령」 제119조제1항제4호라목의 개정 규정은 이 영 시행 후 최초로 건축허가를 받는 것부터 적용한다.

제3조(「도시 및 주거환경정비법 시행령」의 개정에 따른 변경인가에 관한 적용례)
「도시 및 주거환경정비법시행령」 제27조제3호의 개정 규정은 이 영 시행 후 최초로 조합설립인가의 내용을 변경하는 것부터 적용한다.

제4조(과징금 또는 과태료에 관한 경과조치)
① 이 영 시행 전의 위반행위에 대하여 과징금 또는 과태료의 부과 기준을 적용할 때에는 종전의 규정에 따른다.
② 이 영 시행 전의 위반행위로 받은 과징금 또는 과태료 부과 처분은 이 영의 개정 규정에 따른 위반행위의 횟수 산정에 포함하지 아니한다.

부칙(위원회 운영의 공정성 제고를 위한 경제자유구역 및 제주국제자유도시의 외국교육기관 설립·운영에 관한 특별법 시행령 등 일부 개정령)〈제23928호, 2012.7.4.〉
이 영은 공포한 날부터 시행한다.〈단서 생략〉

부칙〈제24065호, 2012.8.22.〉
제1조(시행일)
이 영은 2012년 8월 23일부터 시행한다.

제2조(책임보험금의 산정에 관한 적용례)
제3조제2항제1호의 개정 규정은 이 영 시행 전 부상이 원인이 되어 이 영 시행 후 사망하는 경우부터 적용한다.

제3조(보험 등의 가입 의무 면제 사유에 관한 적용례)
제5조의2의 개정 규정은 이 영 시행 후 해당 개정 규정에 따른 보험 등의 가입 의무 면제 사유가 발생하는 것부터 적용한다.

제4조(교통사고 관련 조사기록의 열람 청구에 관한 적용례)
제12조의3의 개정 규정은 이 영 시행 후 발생하는 교통사고부터 적용한다.

제5조(포상금에 관한 적용례)
제33조의8의 개정 규정은 이 영 시행 후 신고 또는 고발하는 것부터 적용한다.

제6조(유자녀 등의 지원에 관한 적용례)
① 별표 4의 개정 규정(비고는 제외한다)은 이 영 시행 후 지원금 또는 보조금을 지급하는 것부터 적용한다.
② 별표 4 비고의 개정 규정은 이 영 시행 당시 26세가 되지 아니한 사람부터 적용한다.

제7조(다른 법령의 인용에 따른 경과조치)
제11조의2의 개정 규정 중 "「국민건강보험법」 제62조에 따른 건강보험심사평가원"은 2012년 8월 31일까지 "「국민건강보험법」 제55조에 따른 건강보험심사평가원"으로 본다.

제8조(분담금의 지원에 관한 경과조치)
국토해양부장관은 제35조의2제6항 및 제7항의 개정 규정에도 불구하고 2012년도분의 분담금을 지원하는 경우에는 이 영 시행일부터 1개월 이내에 지급하여야 한다.

부칙(국토교통부와 그 소속기관 직제)〈제24443호, 2013.3.23.〉
제1조(시행일)
이 영은 공포한 날부터 시행한다. 〈단서 생략〉

제2조부터 제5조까지 생략

제6조(다른 법령의 개정)
①부터 〈70〉까지 생략
〈71〉 「자동차손해배상보장법시행령」 일부를 다음과 같이 개정한다.
제5조제3호, 제6조제1항 각 호 외의 부분, 같은 조 제2항, 같은 조 제3항제9호, 제13조제2항·제3항, 제20조제1항 각 호 외의 부분, 같은 조 제5항·제6항, 같은 조 제7항 각 호 외의 부분, 같은 조 제9항, 제21조제1항 본문, 제22조제2항, 제22조의2제4호, 제23조제1항·제2항, 같은 조 제3항 각 호 외의 부분, 제24조제3항, 제26조제1항 각 호 외의 부분 전단 및 후단, 같은 조 제2항, 제27조제1항 전단, 같은 조 제2항 각 호 외의 부분, 같은 항 제4호, 같은 조 제3항, 제28조제2항제3호 각 목 외의 부분, 같은 조 제6항, 제31조제1항부터 제3항까지, 제32조제1항·제2항, 같은 조 제3항 각 호 외의 부분, 제33조제1항, 제33조의3제2항제3호 각 목 외의 부분, 같은 조 제7항 각 호 외의 부분, 제33조의4제4항, 제33조의6제2항, 제33조의7 전단 및 후단, 제33조의8제2항 각 호 외의 부분, 같은 항 제5호, 같은 조 제3항 각 호 외의 부분 본문, 같은 조 제4항 각 호 외의 부분, 같은 항 제2호, 같은 조 제5항, 같은 조 제6항 전단 및 후단, 같은 조 제7항, 제34조제1항, 제34조의2, 제35조제1항 각 호 외의 부분 본문, 같은 조 제2항, 같은 조 제3항 각 호 외의 부분 본문, 같은 조 제4항, 같은 조 제5항 각 호 외의 부분, 같은 항 제2호·제3호, 같은 조 제6항 전단, 같은 조 제7항, 제35조의2제1항부터 제8항까지, 같은 조 제9항 각 호 외의 부분, 제35조의3제2호, 제35조의4제1항 각 호 외의 부분, 같은 조 제2항 각 호 외의 부분, 같은 조 제3항, 제38조의2 각 호 외의 부분 및 별표 3 비고 제1호 중 "국토해양부장관"을 각각 "국토교통부장관"으로 한다.

제7조제2항제3호, 제31조제1항 및 제39조제3항 중 "국토해양부령"을 각각 "국토교통부령"으로 한다.

제28조제2항제1호, 같은 조 제6항, 제33조의3제2항제1호 및 제33조의6제2항 중 "국토해양부"를 각각 "국토교통부"로 한다.
〈72〉부터 〈146〉까지 생략

부칙(「행정규제기본법」 개정에 따른 규제 재검토기한 설정을 위한 「주택법시행령」 등 일부개정령)〈제25050호, 2013.12.30.〉
이 영은 2014년 1월 1일부터 시행한다.〈단서 생략〉

부칙〈제25149호, 2014.2.5.〉
제1조(시행일)
이 영은 2014년 2월 7일부터 시행한다. 다만, 제2조제7호의 개정 규정은 공포 후 1년이 경과한 날부터 시행한다.

제2조(상해의 구분과 책임보험금의 한도금액에 관한 적용례)
별표 1의 개정 규정은 이 영 시행 후 발생한 교통사고부터 적용한다.

제3조(자동차보험진료수가 지급의 지연 이자율에 관한 경과조치)
이 영 시행 전에 의료기관이 자동차보험진료수가를 청구한 것으로서 이 영 시행 후에 보험회사 등이 청구액을 지급하는 경우에는 제16조의 개정 규정에도 불구하고 종전의 규정에 따른다.

부칙〈제25940호, 2014.12.30.〉
제1조(시행일)
이 영은 공포한 날부터 시행한다. 다만, 제3조제1항제1호, 같은 조 제3항, 별표 1 및 별표 2의 개정 규정은 2016년 4월 1일부터 시행한다.

제2조(보험금 한도에 관한 경과조치)
2016년 3월 31일 이전에 법 제5조제1항 및 제2항에 따른 보험 등에 가입하려는 자 중 2016년 4월 1일 이후까지 유효한 보험 등에 가입하려는 자는 2016년 4월 1일부터 해당 보험 등의 만기일까지의 기간에 대해서는 제3조제1항제1호, 같은 조 제3항, 별표 1 및 별표 2의 개정 규정에 따른 금액을 지급하는 것을 내용으로 하는 보험 등에 가입하여야 한다.

[별표 1] 〈개정 2014.12.30.〉

상해의 구분과 책임보험금의 한도금액(제3조제1항제2호 관련)

1. 상해 구분별 한도금액

상해급별	한도금액	상해내용
1급	3천만 원	1. 수술 여부와 상관없이 뇌손상으로 신경학적 증상이 고도인 상해(신경학적 증상이 48시간 이상 지속되는 경우에 적용한다)
		2. 양안 안구 파열로 안구 적출술 또는 안구내용 제거술과 의안 삽입술을 시행한 상해
		3. 심장 파열로 수술을 시행한 상해
		4. 흉부 대동맥 손상 또는 이에 준하는 대혈관 손상으로 수술 또는 스텐트 그라프트 삽입술을 시행한 상해
		5. 척주 손상으로 완전 사지마비 또는 완전 하반신마비를 동반한 상해
		6. 척수 손상을 동반한 불안정성 방출성 척추 골절
		7. 척수 손상을 동반한 척추 신연손상 또는 전위성(회전성) 골절
		8. 상완신경총 완전 손상으로 수술을 시행한 상해
		9. 상완부 완전 절단(주관절부 이단을 포함한다) 소실로 재접합술을 시행한 상해
		10. 불안정성 골반골 골절로 수술을 시행한 상해
		11. 비구 골절 또는 비구 골절 탈구로 수술을 시행한 상해
		12. 대퇴부 완전 절단(슬관절부 이단을 포함한다) 소실로 재접합술을 시행한 상해
		13. 골의 분절 소실로 유리생골 이식술을 시행한 상해(근육, 근막 또는 피부 등 연부 조직을 포함한 경우에 적용한다)
		14. 화상·좌창·괴사창 등 연부 조직의 심한 손상이 몸 표면의 9퍼센트 이상인 상해
		15. 그 밖에 1급에 해당한다고 인정되는 상해
2급	1,500만 원	1. 뇌손상으로 신경학적 증상이 중등도인 상해(신경학적 증상이 48시간 이상 지속되는 경우로 수술을 시행한 경우에 적용한다)
		2. 흉부 기관, 기관지 파열, 폐 손상 또는 식도 손상으로 절제술을 시행한 상해
		3. 내부 장기 손상으로 장기의 일부분이라도 적출 수술을 시행한 상해
		4. 신장 파열로 수술한 상해
		5. 척주 손상으로 불완전 사지마비를 동반한 상해
		6. 신경 손상 없는 불안정성 방출성 척추 골절로 수술적 고정술을 시행한 상해 또는 경추 골절(치돌기 골절을 포함한다) 또는 탈구로 할로베스트나 수술적 고정술을 시행한 상해
		7. 상완 신경총 상부간부 또는 하부간부의 완전 손상으로 수술을 시행한 상해

		8. 전완부 완전 절단(완관절부 이단을 포함한다) 소실로 재접합술을 시행한 상해
		9. 고관절의 골절성 탈구로 수술을 시행한 상해(비구 골절을 동반하지 않은 경우에 적용한다)
		10. 대퇴 골두 골절로 수술을 시행한 상해
		11. 대퇴골 경부 분쇄 골절, 전자하부 분쇄 골절, 과부 분쇄 골절, 경골 과부 분쇄 골절 또는 경골 원위 관절내 분쇄 골절
		12. 슬관절의 골절 및 탈구로 수술을 시행한 상해
		13. 하퇴부 완전 절단(족관절부 이단을 포함한다) 소실로 재접합술을 시행한 상해
		14. 사지 연부 조직에 손상이 심하여 유리 피판술을 시행한 상해
		15. 그 밖에 2급에 해당한다고 인정되는 상해
3급	1,200만 원	1. 뇌손상으로 신경학적 증상이 고도인 상해(신경학적 증상이 48시간 미만 지속되는 경우로 수술을 시행한 경우에 적용한다)
		2. 뇌손상으로 신경학적 증상이 중등도인 상해(신경학적 증상이 48시간 이상 지속되는 경우로 수술을 시행하지 않은 경우에 적용한다)
		3. 단안 안구 적출술 또는 안구 내용 제거술과 의안 삽입술을 시행한 상해
		4. 흉부 대동맥 손상 또는 이에 준하는 대혈관 손상으로 수술을 시행하지 않은 상해
		5. 절제술을 제외한 개흉 또는 흉강경 수술을 시행한 상해(진단적 목적으로 시행한 경우는 4급에 해당한다)
		6. 요도 파열로 요도 성형술 또는 요도 내시경을 이용한 요도 절개술을 시행한 상해
		7. 내부 장기 손상(장간막 파열을 포함한다)으로 장기 적출 없이 재건수술 또는 지혈수술 등을 시행한 상해
		8. 척주 손상으로 불완전 하반신마비를 동반한 상해
		9. 견관절 골절 및 탈구로 수술을 시행한 상해
		10. 상완부 완전 절단(주관절부 이단을 포함한다) 소실로 재접합술을 시행하지 않은 상해
		11. 주관절부 골절 및 탈구로 수술을 시행한 상해
		12. 수근부 완전 절단 소실로 재접합술을 시행한 상해
		13. 대퇴골 또는 경골 골절(대퇴골 골두 골절은 제외한다)
		14. 대퇴부 완전 절단(슬관절부 이단을 포함한다) 소실로 재접합술을 시행하지 않은 상해
		15. 슬관절의 전방 및 후방 십자인대의 파열
		16. 족관절 골절 및 탈구로 수술을 시행한 상해
		17. 족근관절의 손상으로 족근골의 완전탈구가 동반된 상해
		18. 족근부 완전 절단 소실로 재접합술을 시행한 상해
		19. 그 밖에 3급에 해당한다고 인정되는 상해
4급	1천만 원	1. 뇌손상으로 신경학적 증상이 고도인 상해(신경학적 증상이 48시간 미만 지속되는 경우로 수술을 시행하지 않은 경우에 적용한다)

등급	금액	상해 내용
		2. 각막 이식술을 시행한 상해
		3. 후안부 안내 수술을 시행한 상해(유리체 출혈, 망막 박리 등으로 수술을 시행한 경우에 적용한다)
		4. 흉부 손상 또는 복합 손상으로 인공호흡기를 시행한 상해(기관절개술을 시행한 경우도 포함한다)
		5. 진단적 목적으로 복부 또는 흉부 수술을 시행한 상해(복강경 또는 흉강경 수술도 포함한다)
		6. 상완신경총 완전 손상으로 수술을 시행하지 않은 상해
		7. 상완신경총 불완전 손상(2개 이상의 주요 말초신경 장애를 보이는 손상에 적용한다)으로 수술을 시행한 상해
		8. 상완골 경부 골절
		9. 상완골 간부 분쇄성 골절
		10. 상완골 과상부 또는 상완골 원위부 관절 내 골절(경과 골절, 과간 골절, 내과 골절, 소두 골절에 적용한다)로 수술을 시행한 상해
		11. 요골 원위부 골절과 척골 골두 탈구가 동반된 상해(갈레아찌 골절을 말한다)
		12. 척골 근위부 골절과 요골 골두 탈구가 동반된 상해(몬테지아 골절을 말한다)
		13. 전완부 완전 절단(완관절부 이단을 포함한다) 소실로 재접합술을 시행하지 않은 상해
		14. 요수근관절 골절 및 탈구(수근골간 관절 탈구, 원위 요척관절 탈구를 포함한다)로 수술을 시행한 상해
		15. 수근골 골절 및 탈구가 동반된 상해
		16. 무지 또는 다발성 수지의 완전 절단 소실로 재접합술을 시행한 상해
		17. 불안정성 골반골 골절로 수술하지 않은 상해
		18. 골반환이 안정적인 골반골 골절(천골 골절 및 미골 골절을 포함한다)로 수술을 시행한 상해
		19. 골반골 관절의 이개로 수술을 시행한 상해
		20. 비구 골절 또는 비구 골절 탈구로 수술을 시행하지 않은 상해
		21. 슬관절 탈구로 수술을 시행한 상해
		22. 하퇴부 완전 절단(족관절부 이단을 포함한다) 소실로 재접합술을 시행하지 않은 상해
		23. 거골 또는 종골 골절
		24. 무족지 또는 다발성 족지의 완전 절단 소실로 재접합술을 시행한 상해
		25. 사지의 연부 조직에 손상이 심하여 유경 피판술 또는 원거리 피판술을 시행한 상해
		26. 화상, 좌창, 괴사창 등으로 연부 조직의 손상이 몸 표면의 약 4.5퍼센트 이상인 상해
		27. 그 밖에 4급에 해당한다고 인정되는 상해
5급	900만원	1. 뇌손상으로 신경학적 증상이 중등도에 해당하는 상해(신경학적 증상이 48시간 미만 지속되는 경우로 수술을 시행한 경우에 적용한다)

		2. 안와 골절에 의한 복시로 안와 골절 재건술과 사시 수술을 시행한 상해
		3. 복강 내 출혈 또는 장기 파열 등으로 중재적 방사선학적 시술을 통하여 지혈술을 시행하거나 경피적 배액술 등을 시행하여 보존적으로 치료한 상해
		4. 안정성 추체 골절
		5. 상완 신경총 상부 간부 또는 하부 간부의 완전 손상으로 수술하지 않은 상해
		6. 상완골 간부 골절
		7. 요골 골두 또는 척골 구상돌기 골절로 수술을 시행한 상해
		8. 요골과 척골의 간부 골절이 동반된 상해
		9. 요골 경상돌기 골절
		10. 요골 원위부 관절 내 골절
		11. 수근 주상골 골절
		12. 수근부 완전 절단 소실로 재접합술을 시행하지 않은 상해
		13. 무지를 제외한 단일 수지의 완전 절단 소실로 재접합술을 시행한 상해
		14. 고관절의 골절성 탈구로 수술을 시행하지 않은 상해(비구 골절을 동반하지 않은 경우에 적용한다)
		15. 고관절 탈구로 수술을 시행한 상해
		16. 대퇴골두 골절로 수술을 시행하지 않은 상해
		17. 대퇴골 또는 근위 경골의 견열골절
		18. 슬관절의 골절 및 탈구로 수술을 시행하지 않은 상해
		19. 슬관절의 전방 또는 후방 십자인대의 파열
		20. 슬개골 골절
		21. 족관절의 양과 골절 또는 삼과 골절(내과, 외과, 후과를 말한다)
		22. 족관절 탈구로 수술을 시행한 상해
		23. 그 밖의 족근골 골절(거골 및 종골은 제외한다)
		24. 중족족근관절 손상(리스프랑 관절을 말한다)
		25. 3개 이상의 중족골 골절로 수술을 시행한 상해
		26. 족근부 완전 절단 소실로 재접합술을 시행하지 않은 상해
		27. 무족지를 제외한 단일 족지의 완전 절단 소실로 재접합술을 시행한 상해
		28. 아킬레스건, 슬개건, 대퇴 사두건 또는 대퇴 이두건 파열로 수술을 시행한 상해
		29. 사지 근 또는 건 파열로 6개 이상의 근 또는 건 봉합술을 시행한 상해
		30. 다발성 사지의 주요 혈관 손상으로 봉합술 또는 이식술을 시행한 상해
		31. 사지의 주요 말초 신경 손상으로 수술을 시행한 상해
		32. 23치 이상의 치과보철을 필요로 하는 상해
		33. 그 밖에 5급에 해당한다고 인정되는 상해
6급	700만 원	1. 뇌손상으로 신경학적 증상이 경도인 상해(수술을 시행한 경우에 적용한다)
		2. 뇌손상으로 신경학적 증상이 중등도에 해당하는 상해(신경학적 증상이 48시간 미만 지속되는 경우로 수술을 시행하지 않은 경우에 적용한다)

		3. 전안부 안내 수술을 시행한 상해(외상성 백내장, 녹내장 등으로 수술을 시행한 경우에 적용한다)
		4. 심장 타박
		5. 폐좌상(일측 폐의 50퍼센트 이상 면적을 흉부 CT 등에서 확인한 경우에 한정한다)
		6. 요도 파열로 유치 카테타, 부지 삽입술을 시행한 상해
		7. 혈흉 또는 기흉이 발생하여 폐쇄식 흉관 삽관수술을 시행한 상해
		8. 견관절의 회전근개 파열로 수술을 시행한 상해
		9. 외상성 상부관절와순 파열로 수술을 시행한 상해
		10. 견관절 탈구로 수술을 시행한 상해
		11. 견관절의 골절 및 탈구로 수술을 시행하지 않은 상해
		12. 상완골 대결절 견열 골절
		13. 상완골 원위부 견열골절(외상과 골절, 내상과 골절 등에 해당한다)
		14. 주관절부 골절 및 탈구로 수술을 시행하지 않은 상해
		15. 주관절 탈구로 수술을 시행한 상해
		16. 주관절 내측 또는 외측 측부 인대 파열로 수술을 시행한 상해
		17. 요골간부 또는 원위부 관절외 골절
		18. 요골 경부 골절
		19. 척골 주두부 골절
		20. 척골 간부 골절(근위부 골절은 제외한다)
		21. 다발성 수근중수골 관절 탈구 또는 다발성 골절탈구
		22. 무지 또는 다발성 수지의 완전 절단 소실로 재접합술을 시행하지 않은 상해
		23. 슬관절 탈구로 수술을 시행하지 않은 상해
		24. 슬관절 내측 또는 외측 측부인대 파열로 수술을 시행한 상해
		25. 반월상 연골 파열로 수술을 시행한 상해
		26. 족관절 골절 및 탈구로 수술을 시행하지 않은 상해
		27. 족관절 내측 또는 외측 측부인대의 파열 또는 골절을 동반하지 않은 원위 경비골 이개
		28. 2개 이하의 중족골 골절로 수술을 시행한 상해
		29. 무족지 또는 다발성 족지의 완전 절단 소실로 재접합술을 시행하지 않은 상해
		30. 사지 근 또는 건 파열로 3개 이상 5개 이하의 근 또는 건 봉합술을 시행한 상해
		31. 19치 이상 22치 이하의 치과보철을 필요로 하는 상해
		32. 그 밖에 6급에 해당한다고 인정되는 상해
7급	500만 원	1. 다발성 안면 두개골 골절 또는 뇌신경 손상과 동반된 안면 두개골 골절
		2. 복시를 동반한 마비 또는 제한 사시로 사시수술을 시행한 상해
		3. 안와 골절로 재건술을 시행한 상해
		4. 골다공증성 척추 압박골절

		5. 쇄골 골절
		6. 견갑골 골절(견갑골극, 체부, 흉곽내 탈구, 경부, 과부, 견봉돌기, 오구돌기를 포함한다)
		7. 견봉 쇄골인대 및 오구 쇄골인대 완전 파열
		8. 상완신경총 불완전 손상으로 수술을 시행하지 않은 상해
		9. 요골 골두 또는 척골 구상돌기 골절로 수술을 시행하지 않은 상해
		10. 척골 경상돌기 기저부 골절
		11. 삼각섬유연골 복합체 손상
		12. 요수근관절 탈구(수근골간관절 탈구, 원위 요척관절 탈구를 포함한다)로 수술을 시행한 상해
		13. 요수근관절 골절 및 탈구(수근골간관절 탈구, 원위 요척관절 탈구를 포함한다)로 수술을 시행하지 않은 상해
		14. 주상골 외 수근골 골절
		15. 수근부 주상골·월상골 간 인대 파열
		16. 수근중수골 관절의 탈구 또는 골절탈구
		17. 다발성 중수골 골절
		18. 중수수지관절의 골절 및 탈구
		19. 무지를 제외한 단일 수지의 완전 절단 소실로 재접합술을 시행하지 않은 상해
		20. 골반골 관절의 이개로 수술을 시행하지 않은 상해
		21. 고관절 탈구로 수술을 시행하지 않은 상해
		22. 비골 간부 골절 또는 골두 골절
		23. 족관절 탈구로 수술을 시행하지 않은 상해
		24. 족관절 내과, 외과 또는 후과 골절
		25. 무족지를 제외한 단일 족지의 완전 절단 소실로 재접합술을 시행하지 않은 상해
		26. 16치 이상 18치 이하의 치과보철을 필요로 하는 상해
		27. 그 밖에 7급에 해당한다고 인정되는 상해
8급	300만 원	1. 뇌손상으로 신경학적 증상이 경도인 상해(수술을 시행하지 않은 경우에 적용한다)
		2. 상악골, 하악골, 치조골 등의 안면 두개골 골절
		3. 외상성 시신경병증
		4. 외상성 안검하수로 수술을 시행한 상해
		5. 복합 고막 파열
		6. 혈흉 또는 기흉이 발생하여 폐쇄식 흉관 삽관수술을 시행하지 않은 상해
		7. 3개 이상의 다발성 늑골 골절
		8. 과중 돌기 골절(극돌기, 횡돌기) 또는 후궁 골절
		9. 견관절 탈구로 수술을 시행하지 않은 상해
		10. 상완골 과상부 또는 상완골 원위부 관절 내 골절(경과 골절, 과간 골절. 내과 골절, 소두 골절 등을 말한다)로 수술을 시행하지 않은 상해

		11. 주관절 탈구로 수술을 시행하지 않은 상해
		12. 중수골 골절
		13. 수지골의 근위지간 또는 원위지 간 골절 탈구
		14. 다발성 수지골 골절
		15. 무지 중수지관절 측부인대 파열
		16. 골반환이 안정적인 골반골 골절(천골 골절 및 미골 골절을 포함한다)로 수술을 시행하지 않은 상해
		17. 슬관절 십자인대 부분 파열로 수술을 시행하지 않은 상해
		18. 3개 이상의 중족골 골절로 수술을 시행하지 않은 상해
		19. 수족지골 골절 및 탈구로 수술을 시행한 상해
		20. 사지의 근 또는 건 파열로 하나 또는 두 개의 근 또는 건 봉합술을 시행한 상해
		21. 사지의 주요 말초 신경 손상으로 수술을 시행하지 않은 상해
		22. 사지의 감각 신경 손상으로 수술을 시행한 상해
		23. 사지의 다발성 주요 혈관손상으로 봉합술 혹은 이식술을 시행한 상해
		24. 사지의 연부 조직 손상으로 피부 이식술이나 국소 피판술을 시행한 상해
		25. 13치 이상 15치 이하의 치과보철을 필요로 하는 상해
		26. 그 밖에 8급에 해당한다고 인정되는 상해
9급	240만 원	1. 안면부의 비골 골절로 수술을 시행한 상해
		2. 2개 이하의 단순 늑골골절
		3. 고환 손상으로 수술을 시행한 상해
		4. 음경 손상으로 수술을 시행한 상해
		5. 흉골 골절
		6. 추간판 탈출증
		7. 흉쇄관절 탈구
		8. 주관절 내측 또는 외측 측부 인대 파열로 수술을 시행하지 않은 상해
		9. 요수근관절 탈구(수근골간관절 탈구, 원위 요척관절 탈구를 포함한다)로 수술을 시행하지 않은 상해
		10. 수지골 골절로 수술을 시행한 상해
		11. 수지관절 탈구
		12. 슬관절 측부인대 부분 파열로 수술을 시행하지 않은 상해
		13. 2개 이하의 중족골 골절로 수술을 시행하지 않은 상해
		14. 족지골 골절 또는 족지관절 탈구로 수술을 시행한 상해
		15. 그 밖에 견열골절 등 제불완전골절
		16. 아킬레스건, 슬개건, 대퇴 사두건 또는 대퇴 이두건 파열로 수술을 시행하지 않은 상해
		17. 수족지 신전건 1개의 파열로 건 봉합술을 시행한 상해
		18. 사지의 주요 혈관손상으로 봉합술 혹은 이식술을 시행한 상해
		19. 11치 이상 12치 이하의 치과보철을 필요로 하는 상해
		20. 그 밖에 9급에 해당한다고 인정되는 상해

급수	금액	상해 내용
10급	200만 원	1. 3cm 이상 안면부 열상
		2. 안검과 누소관 열상으로 봉합술과 누소관 재건술을 시행한 상해
		3. 각막, 공막 등의 열상으로 일차 봉합술만 시행한 상해
		4. 견관절 부위의 회전근개 파열로 수술을 시행하지 않은 상해
		5. 외상성 상부관절와순 파열 중 수술을 시행하지 않은 상해
		6. 수족지관절 골절 및 탈구로 수술을 시행하지 않은 상해
		7. 하지 3대 관절의 혈관절증
		8. 연부조직 또는 피부 결손으로 수술을 시행하지 않은 상해
		9. 9치 이상 10치 이하의 치과보철을 필요로 하는 상해
		10. 그 밖에 10급에 해당한다고 인정되는 상해
11급	160만 원	1. 뇌진탕
		2. 안면부의 비골 골절로 수술을 시행하지 않는 상해
		3. 수지골 골절 또는 수지관절 탈구로 수술을 시행하지 않은 상해
		4. 족지골 골절 또는 족지관절 탈구로 수술을 시행하지 않은 상해
		5. 6치 이상 8치 이하의 치과보철을 필요로 하는 상해
		6. 그 밖에 11급에 해당한다고 인정되는 상해
12급	120만 원	1. 외상 후 급성 스트레스 장애
		2. 3cm 미만 안면부 열상
		3. 척추 염좌
		4. 사지 관절의 근 또는 건의 단순 염좌
		5. 사지의 열상으로 창상 봉합술을 시행한 상해(길이에 관계없이 적용한다)
		6. 사지 감각 신경 손상으로 수술을 시행하지 않은 상해
		7. 4치 이상 5치 이하의 치과보철을 필요로 하는 상해
		8. 그 밖에 12급에 해당한다고 인정되는 상해
13급	80만 원	1. 결막의 열상으로 일차 봉합술을 시행한 상해
		2. 단순 고막 파열
		3. 흉부 타박상으로 늑골 골절 없이 흉부의 동통을 동반한 상해
		4. 2치 이상 3치 이하의 치과보철을 필요로 하는 상해
		5. 그 밖에 13급에 해당한다고 인정되는 상해
14급	50만 원	1. 방광, 요도, 고환, 음경, 신장, 간, 지라 등 내부장기 손상(장간막파열을 포함한다)으로 수술을 시행하지 않은 상해
		2. 수족지 관절 염좌
		3. 사지의 단순 타박
		4. 1치 이하의 치과보철을 필요로 하는 상해
		5. 그 밖에 14급에 해당한다고 인정되는 상해

2. 영역별 세부지침

영역	내용
공통	가. 2급부터 11급까지의 상해 내용 중 2가지 이상의 상해가 중복된 경우에는 가장 높은 등급에 해당하는 상해부터 하위 3등급(예: 상해내용이 2급에 해당하는 경우에는 5급까지) 사이의 상해가 중복된 경우에만 가장 높은 상해 내용의 등급보다 한 등급 높은 금액으로 배상(이하 "병급"이라 한다)한다.
	나. 일반 외상과 치과보철을 필요로 하는 상해가 중복된 경우에는 각각의 상해 등급별 금액을 배상하되, 그 합산액이 1급의 금액을 초과하지 않는 범위에서 배상한다.
	다. 1개의 상해에서 2개 이상의 상향 또는 하향 조정의 요인이 있을 때 등급 상향 또는 하향 조정은 1회만 큰 폭의 조정을 적용한다. 다만, 상향 조정 요인과 하향 조정 요인이 여러 개가 함께 있을 때에는 큰 폭의 상향 또는 큰 폭의 하향 조정 요인을 각각 선택하여 함께 반영한다.
	라. 재해 발생 시 만 13세 미만인 사람은 소아로 인정한다.
	마. 연부 조직에 손상이 심하여 유리 피판술, 유경 피판술, 원거리 피판술, 국소 피판술이나 피부 이식술을 시행할 경우 안면부는 1등급 상위등급을 적용하고, 수부, 족부에 국한된 손상에 대해서는 한 등급 아래의 등급을 적용한다.
두부	가. "뇌손상"이란 국소성 뇌손상인 외상성 두개강안의 출혈(경막상·하 출혈, 뇌실 내 및 뇌실질 내 출혈, 거미막하 출혈 등을 말한다) 또는 경막하 수활액낭종, 거미막 낭종, 두개골 골절(두개 기저부 골절을 포함한다) 등과 미만성 축삭손상을 포함한 뇌좌상을 말한다.
	나. 4급 이하(4급에서 14급까지를 말한다)에서 의식 외에 뇌신경 손상이나 국소성 신경학적 이상 소견이 있는 경우 한 등급을 상향 조정할 수 있다.
	다. 신경학적 증상은 글라스고우 혼수척도(Glasgow coma scale)로 구분하며, 고도는 8점 이하, 중등도는 9점 이상 12점 이하, 경도는 13점 이상 15점 이하를 말한다.
	라. 글라스고우 혼수척도는 진정치료 전에 평가하는 것을 원칙으로 한다.
	마. 글라스고우 혼수척도 평가 시 의식이 있는 상태에서 기관지 삽관이 필요한 경우는 제외한다.
	바. 의무기록상 의식상태가 혼수(coma)와 반혼수(semicoma)는 고도, 혼미(stupor)는 중등도, 기면(drowsy)은 경도로 본다.
	사. 두피 좌상, 열창은 14급으로 본다.
	아. 만성 경막하 혈종으로 수술을 시행한 경우에는 6급 2호를 적용한다.
	자. 외상 후 급성 스트레스 장애는 다른 진단이 전혀 없이 단독 상병으로 외상 후 1개월 이내 발병된 경우에 적용한다.
흉·복부	심장타박(6급)의 경우, ① 심전도에서 Tachyarrythmia 또는 ST변화 또는 부정맥, ② 심초음파에서 심낭액증가소견이 있거나 심장벽운동저하, ③ 심장효소치증가(CPK-MB, and Troponin T)의 세 가지 요구 충족 시 인정한다.

척추		가. 완전 마비는 근력등급 3 이하인 경우이며, 불완전 마비는 근력등급 4인 경우로 정한다.
		나. 척추관 협착증이나 추간판 탈출증이 외상으로 증상이 발생한 경우나 악화된 경우는 9급으로 본다.
		다. 척주 손상으로 인하여 신경근증이나 감각 이상을 호소하는 경우는 9급으로 본다.
		라. 마미증후군은 척수손상으로 본다.
상·하지	공통	가. 2급부터 11급까지의 내용 중 사지 골절에서 별도로 상해 등급이 규정되지 않은 경우, 보존적 치료를 시행한 골절은 해당 등급에서 2급 낮은 등급을 적용하며, 도수 정복 및 경피적 핀고정술을 시행한 경우에는 해당 등급에서 1급 낮은 등급을 적용한다.
		나. 2급부터 11급까지의 상해 내용 중 개방성 골절 또는 탈구에서 거스틸로 2형 이상(개방창의 길이가 1cm 이상인 경우를 말한다)의 개방성 골절 또는 탈구에서만 1등급 상위 등급을 적용한다.
		다. 2급부터 11급까지의 상해 내용 중 "수술적 치료를 시행하지 않은"이라고 명기되지 않은 각 등급 손상 내용은 수술적 치료를 시행한 경우를 말하며, 보존적 치료를 시행한 경우가 따로 명시되지 않은 경우는 두 등급 하향 조정함을 원칙으로 한다.
		라. 양측 또는 단측을 별도로 규정한 경우에는 병합하지 않으나, 별도 규정이 없는 양측 손상인 경우에는 병합한다.
		마. 골절에 주요 말초신경의 손상 동반 시 해당 골절보다 1등급 상위 등급을 적용한다.
		바. 재접합술을 시행한 절단소실의 경우 해당 부위의 절단보다 2급 높은 등급을 적용한다.
		사. 아절단은 완전 절단에 준한다.
		아. 관절 이단의 경우는 상위부 절단으로 본다.
		자. 골절 치료로 인공관절 치환술 시행할 경우 해당부위의 골절과 동일한 등급으로 본다.
		차. 사지 근 또는 건의 부분 파열로 보존적으로 치료한 경우 근 또는 건의 단순 염좌(12급)로 본다.
		카. 사지 관절의 인공관절 치환 후 재치환 시 해당 부위 골절보다 1등급 높은 등급을 적용한다.
		타. 보존적으로 치료한 사지 주요 관절 골절 및 탈구는 해당 관절의 골절 및 탈구보다 3등급 낮은 등급을 적용한다.
		파. 수술을 시행한 사지 주요 관절 탈구는 해당 관절의 보존적으로 치료한 탈구보다 2등급 높은 등급을 적용한다.
		하. 동일 관절 혹은 동일 골의 손상은 병합하지 않으며 상위 등급을 적용한다
		거. 분쇄 골절을 형성하는 골절선은 선상 골절이 아닌 골절선으로 판단한다.
		너. 수족지 절단 시 절단 부위에 따른 차이는 두지 않는다.
		더. "근, 건, 인대 파열"이란 완전 파열을 말하며, 부분 파열은 수술을 시행한 경우에 완전 파열로 본다.

		러. 사지골 골절 중 상해등급에서 별도로 명시하지 않은 사지골 골절(견열골절을 포함한다)은 제불완전골절로 본다. 다만, 관혈적 정복술을 시행한 경우는 해당 부위 골절 항에 적용한다.
		머. 사지골 골절 시 시행한 외고정술도 수술을 한 것으로 본다.
		버. 소아의 경우, 성인의 동일 부위 골절보다 1급 낮게 적용한다. 다만, 성장판 손상이 동반된 경우와 연부조직 손상은 성인과 동일한 등급을 적용한다.
		서. 주요 동맥 또는 정맥 파열로 봉합술을 시행한 상해의 경우, 주요 동맥 또는 정맥이란 수술을 통한 혈행의 확보가 의학적으로 필요한 경우를 말하며, "다발성 혈관 손상"이란 2개 부위 이상의 주요 동맥 또는 정맥의 손상을 말한다.
	상지	가. 상부관절순 파열은 외상성 파열만 인정한다.
		나. 회전근개 파열 개수에 따른 차등을 두지 않는다.
		다. 6급의 견관절 탈구에서 재발성 탈구를 초래할 수 있는 해부학적 병변이 병발된 경우는 수술 여부에 상관없이 6급을 적용한다.
		라. 견봉·쇄골 간 관절 탈구, 관절낭 또는 견봉 쇄골간 인대 파열은 견봉 쇄골인대 및 오구 쇄골인대의 완전 파열에 포함되고, 견봉 쇄골인대 및 오구 쇄골인대의 완전 파열로 수술한 경우 7급을 적용하며, 부분 파열로 보존적 치료를 시행한 경우 9급을 적용하고, 단순 염좌의 경우 12급을 적용한다.
	하지	가. 양측 치골지 골절, 치골 상하지 골절 등에서는 병급하지 않는다.
		나. 천골 골절, 미골 골절은 골반골 골절로 본다.
		다. 슬관절 십자인대 파열은 전후방 십자인대의 동시 파열이 별도로 규정되어 있으므로 병급하지 않으나 내외측 측부인대 동시 파열, 십자인대와 측부인대 파열, 반월상 연골판 파열 등은 병급한다.
		라. 후경골건 및 전경골건 파열은 족관절 측부인대 파열로 수술을 시행한 경우의 등급으로 본다.
		마. 대퇴골 또는 경비골의 견열성 골절의 경우, 동일 관절의 인대 손상에 대하여 수술적 치료를 시행한 경우는 인대 손상 등급으로 본다.
		바. 경골 후과의 단독 골절 시 족관절 내과 또는 외과의 골절로 본다.
		사. 고관절이란 대퇴골두와 골반골의 비구를 포함하며, "골절 탈구"란 골절과 동시에 관절의 탈구가 발생한 상태를 말한다.
		아. 불안정성 골반 골절은 골반환을 이루는 골간의 골절 탈구를 포함한다.
		자. "하지의 3대 관절"이란 고관절, 슬관절, 족관절을 말한다.
		차. 슬관절의 전방 또는 후방 십자인대의 파열은 완전파열(또는 이에 준하는 파열)로 인대 복원수술을 시행한 파열에 적용한다.
		카. 골반환이 안정적인 골반골의 수술을 시행한 골절은 치골 골절로 수술한 경우 등을 포함한다.

[별표 2] 〈개정 2014.12.30.〉

후유장애의 구분과 책임보험금의 한도금액(제3조제1항제3호 관련)

장애급별	한도금액	신체장애 내용
1급	1억 5천만 원	1. 두 눈이 실명된 사람 2. 말하는 기능과 음식물을 씹는 기능을 완전히 잃은 사람 3. 신경계통의 기능 또는 정신기능에 뚜렷한 장애가 남아 항상 보호를 받아야 하는 사람 4. 흉복부 장기의 기능에 뚜렷한 장애가 남아 항상 보호를 받아야 하는 사람 5. 반신불수가 된 사람 6. 두 팔을 팔꿈치관절 이상의 부위에서 잃은 사람 7. 두 팔을 완전히 사용하지 못하게 된 사람 8. 두 다리를 무릎관절 이상의 부위에서 잃은 사람 9. 두 다리를 완전히 사용하지 못하게 된 사람
2급	1억 3,500만 원	1. 한쪽 눈이 실명되고 다른 쪽 눈의 시력이 0.02 이하로 된 사람 2. 두 눈의 시력이 각각 0.02 이하로 된 사람 3. 두 팔을 손목관절 이상의 부위에서 잃은 사람 4. 두 다리를 발목관절 이상의 부위에서 잃은 사람 5. 신경계통의 기능 또는 정신기능에 뚜렷한 장애가 남아 수시로 보호를 받아야 하는 사람 6. 흉복부 장기의 기능에 뚜렷한 장애가 남아 수시로 보호를 받아야 하는 사람
3급	1억 2천만 원	1. 한쪽 눈이 실명되고 다른 쪽 눈의 시력이 0.06 이하로 된 사람 2. 말하는 기능이나 음식물을 씹는 기능을 완전히 잃은 사람 3. 신경계통의 기능 또는 정신기능에 뚜렷한 장애가 남아 일생 동안 노무에 종사할 수 없는 사람 4. 흉복부 장기의 기능에 뚜렷한 장애가 남아 일생 동안 노무에 종사할 수 없는 사람 5. 두 손의 손가락을 모두 잃은 사람
4급	1억 500만 원	1. 두 눈의 시력이 0.06 이하로 된 사람 2. 말하는 기능과 음식물을 씹는 기능에 뚜렷한 장애가 남은 사람 3. 고막이 전부 결손되거나 그 외의 원인으로 인하여 두 귀의 청력을 완전히 잃은 사람 4. 한쪽 팔을 팔꿈치관절 이상의 부위에서 잃은 사람 5. 한쪽 다리를 무릎관절 이상의 부위에서 잃은 사람 6. 두 손의 손가락을 모두 제대로 못쓰게 된 사람 7. 두 발을 족근중족(Lisfranc) 관절 이상의 부위에서 잃은 사람
5급	9천만 원	1. 한쪽 눈이 실명되고 다른 쪽 눈의 시력이 0.1 이하로 된 사람 2. 한쪽 팔을 손목관절 이상의 부위에서 잃은 사람 3. 한쪽 다리를 발목관절 이상의 부위에서 잃은 사람 4. 한쪽 팔을 완전히 사용하지 못하게 된 사람 5. 한쪽 다리를 완전히 사용하지 못하게 된 사람 6. 두 발의 발가락을 모두 잃은 사람

		7. 신경계통의 기능 또는 정신기능에 뚜렷한 장애가 남아 특별히 손쉬운 노무 외에는 종사할 수 없는 사람 8. 흉복부 장기의 기능에 뚜렷한 장애가 남아 특별히 손쉬운 노무 외에는 종사할 수 없는 사람
6급	7,500만 원	1. 두 눈의 시력이 0.1 이하로 된 사람 2. 말하는 기능이나 음식물을 씹는 기능에 뚜렷한 장애가 남은 사람 3. 고막이 대부분 결손되거나 그 외의 원인으로 인하여 두 귀의 청력이 귀에 입을 대고 말하지 않으면 큰 말소리를 알아듣지 못하게 된 사람 4. 한 귀가 전혀 들리지 않게 되고 다른 귀의 청력이 40센티미터 이상의 거리에서는 보통의 말소리를 알아듣지 못하게 된 사람 5. 척주에 뚜렷한 기형이나 뚜렷한 운동장애가 남은 사람 6. 한쪽 팔의 3대 관절 중 2개 관절을 못쓰게 된 사람 7. 한쪽 다리의 3대 관절 중 2개 관절을 못쓰게 된 사람 8. 한쪽 손의 5개 손가락을 잃거나 한쪽 손의 엄지손가락과 둘째손가락을 포함하여 4개의 손가락을 잃은 사람
7급	6천만 원	1. 한쪽 눈이 실명되고 다른 쪽 눈의 시력이 0.6 이하로 된 사람 2. 두 귀의 청력이 모두 40센티미터 이상의 거리에서는 보통의 말소리를 알아듣지 못하게 된 사람 3. 한쪽 귀가 전혀 들리지 않게 되고 다른 쪽 귀의 청력이 1미터 이상의 거리에서는 보통의 말소리를 알아듣지 못하게 된 사람 4. 신경계통의 기능 또는 정신기능에 장애가 남아 손쉬운 노무 외에는 종사하지 못하는 사람 5. 흉복부 장기의 기능에 장애가 남아 손쉬운 노무 외에는 종사하지 못하는 사람 6. 한쪽 손의 엄지손가락과 둘째손가락을 잃은 사람 또는 한쪽 손의 엄지손가락이나 둘째손가락을 포함하여 3개 이상의 손가락을 잃은 사람 7. 한쪽 손의 5개의 손가락 또는 한쪽 손의 엄지손가락과 둘째손가락을 포함하여 4개의 손가락을 제대로 못쓰게 된 사람 8. 한쪽 발을 족근중족 관절 이상의 부위에서 잃은 사람 9. 한쪽 팔에 가관절이 남아 뚜렷한 운동장애가 남은 사람 10. 한쪽 다리에 가관절이 남아 뚜렷한 운동장애가 남은 사람 11. 두 발의 발가락을 모두 제대로 못쓰게 된 사람 12. 외모에 뚜렷한 흉터가 남은 사람 13. 양쪽의 고환을 잃은 사람
8급	4,500만 원	1. 한쪽 눈이 시력이 0.02 이하로 된 사람 2. 척추에 운동장애가 남은 사람 3. 한쪽 손의 엄지손가락을 포함하여 2개의 손가락을 잃은 사람 4. 한쪽 손의 엄지손가락과 둘째손가락을 제대로 못쓰게 된 사람 또는 한쪽 손의 엄지손가락이나 둘째손가락을 포함하여 3개 이상의 손가락을 제대로 못쓰게 된 사람 5. 한쪽 다리가 5센티미터 이상 짧아진 사람 6. 한쪽 팔의 3대 관절 중 1개 관절을 제대로 못쓰게 된 사람 7. 한쪽 다리의 3대 관절 중 1개 관절을 제대로 못쓰게 된 사람 8. 한쪽 팔에 가관절이 남은 사람 9. 한쪽 다리에 가관절이 남은 사람 10. 한쪽 발의 발가락을 모두 잃은 사람 11. 비장 또는 한쪽의 신장을 잃은 사람

9급	3,800만 원	1. 두 눈의 시력이 각각 0.6 이하로 된 사람 2. 한쪽 눈의 시력이 0.06 이하로 된 사람 3. 두 눈에 반맹증·시야협착 또는 시야결손이 남은 사람 4. 두 눈의 눈꺼풀에 뚜렷한 결손이 남은 사람 5. 코가 결손되어 그 기능에 뚜렷한 장애가 남은 사람 6. 말하는 기능과 음식물을 씹는 기능에 장애가 남은 사람 7. 두 귀의 청력이 모두 1미터 이상의 거리에서는 보통의 말소리를 알아듣지 못하게 된 사람 8. 한쪽 귀의 청력이 귀에 입을 대고 말하지 않으면 큰 말소리를 알아듣지 못하고 다른 쪽 귀의 청력이 1미터 이상의 거리에서는 보통의 말소리를 알아듣지 못하게 된 사람 9. 한쪽 귀의 청력을 완전히 잃은 사람 10. 한쪽 손의 엄지손가락을 잃은 사람 또는 둘째손가락을 포함하여 2개의 손가락을 잃은 사람 또는 엄지손가락과 둘째손가락 외의 3개의 손가락을 잃은 사람 11. 한쪽 손의 엄지손가락을 포함하여 2개의 손가락을 제대로 못쓰게 된 사람 12. 한쪽 발의 엄지발가락을 포함하여 2개 이상의 발가락을 잃은 사람 13. 한쪽 발의 발가락을 모두 제대로 못쓰게 된 사람 14. 생식기에 뚜렷한 장애가 남은 사람 15. 신경계통의 기능 또는 정신기능에 장애가 남아 노무가 상당한 정도로 제한된 사람 16. 흉복부 장기의 기능에 장애가 남아 노무가 상당한 정도로 제한된 사람
10급	2,700만 원	1. 한쪽 눈이 시력이 0.1 이하로 된 사람 2. 말하는 기능이나 음식물을 씹는 기능에 장애가 남은 사람 3. 14개 이상의 치아에 대하여 치과보철을 한 사람 4. 한쪽 귀의 청력이 귀에 입을 대고 말하지 않으면 큰 말소리를 알아듣지 못하게 된 사람 5. 두 귀의 청력이 모두 1미터 이상의 거리에서 보통의 말소리를 듣는 데 지장이 있는 사람 6. 한쪽 손의 둘째손가락을 잃은 사람 또는 엄지손가락과 둘째 가락 외의 2개의 손가락을 잃은 사람 7. 한쪽 손의 엄지손가락을 제대로 못쓰게 된 사람 또는 한쪽 손의 둘째손가락을 포함하여 2개의 손가락을 제대로 못쓰게 된 사람 또는 한 쪽 손의 엄지손가락과 둘째손가락 외의 3개의 손가락을 제대로 못쓰게 된 사람 8. 한쪽 다리가 3센티미터 이상 짧아진 사람 9. 한쪽 발의 엄지발가락 또는 그 외의 4개의 발가락을 잃은 사람 10. 한쪽 팔의 3대 관절 중 1개 관절의 기능에 뚜렷한 장애가 남은 사람 11. 한쪽 다리의 3대 관절 중 1개 관절의 기능에 뚜렷한 장애가 남은 사람
11급	2,300만 원	1. 두 눈이 모두 근접반사 기능에 뚜렷한 장애가 남거나 뚜렷한 운동장애가 남은 사람 2. 두 눈의 눈꺼풀에 뚜렷한 장애가 남은 사람 3. 한쪽 눈의 눈꺼풀에 결손이 남은 사람 4. 한쪽 귀이 청력이 40센티미터 이상의 거리에서는 보통의 말소리를 알아듣지 못하게 된 사람 5. 두 귀의 청력이 모두 1미터 이상의 거리에서는 작은 말소리를 알아듣지 못하게 된 사람 6. 척추에 기형이 남은 사람

등급	금액	장애 내용
		7. 한쪽 손의 가운데손가락 또는 넷째손가락을 잃은 사람 8. 한쪽 손의 둘째손가락을 제대로 못쓰게 된 사람 또는 한쪽 손의 엄지손가락과 둘째손가락 외의 2개의 손가락을 제대로 못쓰게 된 사람 9. 한쪽 발의 엄지발가락을 포함하여 2개 이상의 발가락을 제대로 못쓰게 된 사람 10. 흉복부 장기의 기능에 장애가 남은 사람 11. 10개 이상의 치아에 대하여 치과보철을 한 사람
12급	1,900만 원	1. 한쪽 눈의 근접반사 기능에 뚜렷한 장애가 있거나 뚜렷한 운동장애가 남은 사람 2. 한쪽 눈의 눈꺼풀에 뚜렷한 운동장애가 남은 사람 3. 7개 이상의 치아에 대하여 치과보철을 한 사람 4. 한쪽 귀의 귓바퀴가 대부분 결손된 사람 5. 쇄골, 흉골, 늑골, 견갑골 또는 골반골에 뚜렷한 기형이 남은 사람 6. 한쪽 팔의 3대 관절 중 1개 관절의 기능에 장애가 남은 사람 7. 한쪽 다리의 3대 관절 중 1개 관절의 기능에 장애가 남은 사람 8. 장관골에 기형이 남은 사람 9. 한쪽 손의 가운데손가락이나 넷째손가락을 제대로 못쓰게 된 사람 10. 한쪽 발의 둘째발가락을 잃은 사람 또는 한쪽 발의 둘째발가락을 포함하여 2개의 발가락을 잃은 사람 또는 한쪽 발의 가운데 발가락 이하의 3개의 발가락을 잃은 사람 11. 한쪽 발의 엄지발가락 또는 그 외의 4개의 발가락을 제대로 못쓰게 된 사람 12. 국부에 뚜렷한 신경증상이 남은 사람 13. 외모에 흉터가 남은 사람
13급	1,500만 원	1. 한쪽 눈의 시력이 0.6 이하로 된 사람 2. 한쪽 눈에 반맹증, 시야협착 또는 시야결손이 남은 사람 3. 두 눈의 눈꺼풀의 일부에 결손이 남거나 속눈썹에 결손이 남은 사람 4. 5개 이상의 치아에 대하여 치과보철을 한 사람 5. 한쪽 손의 새끼손가락을 잃은 사람 6. 한쪽 손의 엄지손가락 마디뼈의 일부를 잃은 사람 7. 한쪽 손의 둘째손가락 마디뼈의 일부를 잃은 사람 8. 한쪽 손의 둘째손가락의 끝관절을 굽히고 펼 수 없게 된 사람 9. 한쪽 다리가 1센티미터 이상 짧아진 사람 10. 한쪽 발의 가운데발가락 이하의 발가락 1개 또는 2개를 잃은 사람 11. 한쪽 발의 둘째발가락을 제대로 못쓰게 된 사람 또는 한쪽 발이 둘째발가락을 포함하여 2개의 발가락을 제대로 못쓰게 된 사람 또는 한쪽 발의 가운데 발가락 이하의 발가락 3개를 제대로 못쓰게 된 사람
14급	1천만 원	1. 한쪽 눈의 눈꺼풀의 일부에 결손이 있거나 속눈썹에 결손이 남은 사람 2. 3개 이상의 치아에 대하여 치과보철을 한 사람 3. 한쪽 귀의 청력이 1미터 이상의 거리에서는 보통의 말소리를 알아듣지 못하게 된 사람 4. 팔의 노출된 면에 손바닥 크기의 흉터가 남은 사람 5. 다리의 노출된 면에 손바닥 크기의 흉터가 남은 사람 6. 한쪽 손의 새끼손가락을 제대로 못쓰게 된 사람 7. 한쪽 손의 엄지손가락과 둘째손가락 외의 손가락 마디뼈의 일부를 잃은 사람 8. 한 손의 엄지손가락과 둘째손가락 외의 손가락 끝관절을 제대로 못쓰게 된 사람

| | | 9. 한 발의 가운데발가락 이하의 발가락 1개 또는 2개를 제대로 못쓰게 된 사람
10. 국부에 신경증상이 남은 사람 |

비고

1. 신체장애가 둘 이상 있는 경우에는 중한 신체장애에 해당하는 장애등급보다 한 등급 높은 금액으로 배상한다.

2. 시력의 측정은 국제식 시력표로 하며, 굴절 이상이 있는 사람에 대해서는 원칙적으로 교정시력을 측정한다.

3. "손가락을 잃은 것"이란 엄지손가락은 지관절, 그 밖의 손가락은 제1지관절 이상을 잃은 경우를 말한다.

4. "손가락을 제대로 못쓰게 된 것"이란 손가락 끝부분의 2분의 1 이상을 잃거나 중수지관절 또는 제1지관절(엄지손가락의 경우에는 지관절을 말한다)에 뚜렷한 운동장애가 남은 경우를 말한다.

5. "발가락을 잃은 것"이란 발가락의 전부를 잃은 경우를 말한다.

6. "발가락을 제대로 못쓰게 된 것"이란 엄지발가락은 끝관절의 2분의 1 이상을, 그 밖의 발가락은 끝관절 이상을 잃거나 중족지관절 또는 제1지관절(엄지발가락의 경우에는 지관절을 말한다)에 뚜렷한 운동장애가 남은 경우를 말한다.

7. "흉터가 남은 것"이란 성형수술을 한 후에도 육안으로 식별이 가능한 흔적이 있는 상태를 말한다.

8. "항상 보호를 받아야 하는 것"이란 일상생활에서 기본적인 음식섭취, 배뇨 등을 다른 사람에게 의존해야 하는 것을 말한다.

9. "수시로 보호를 받아야 하는 것"이란 일상생활에서 기본적인 음식섭취, 배뇨 등은 가능하나, 그 외의 일은 다른 사람에게 의존해야 하는 것을 말한다.

10. "항상 보호 또는 수시 보호를 받아야 하는 기간"은 의사가 판정하는 노동능력상실기간을 기준으로 하여 타당한 기간으로 정한다.

11. "제대로 못 쓰게 된 것"이란 정상기능의 4분의 3 이상을 상실한 경우를 말하고, "뚜렷한 장애가 남은 것"이란 정상기능의 2분의 1 이상을 상실한 경우를 말하며, "장애가 남은 것"이란 정상기능의 4분의 1 이상을 상실한 경우를 말한다.

12. "신경계통의 기능 또는 정신기능에 뚜렷한 장애가 남아 특별히 손쉬운 노무 외에는 종사할 수 없는 것"이란 신경계통의 기능 또는 정신기능의 뚜렷한 장애로 노동능력이 일반인의 4분의 1 정도만 남아 평생 동안 특별히 쉬운 일 외에는 노동을 할 수 없는 사람을 말한다.

13. "신경계통의 기능 또는 정신기능에 장애가 남아 노무가 상당한 정도로 제한된 것"이란 노동능력이 어느 정도 남아 있으나 신경계통의 기능 또는 정신기능의 장애로 종사할 수 있는 직종의 범위가 상당한 정도로 제한된 경우로서 다음 각 목의 어느 하나에 해당하는 경우를 말한다.

   가. 신체적 능력은 정상이지만 뇌손상에 따른 정신적 결손증상이 인정되는 경우

   나. 전간(癲癇) 발작과 현기증이 나타날 가능성이 의학적·타각적(他覺的) 소견으로 증명되는 사람

   다. 사지에 경도(輕度)의 단마비(單痲痺)가 인정되는 사람

14. "흉복부 장기의 기능에 뚜렷한 장애가 남아 특별히 손쉬운 노무 외에는 종사할 수 없는 것"이란 흉복부 장기의 장애로 노동능력이 일반인의 4분의 1 정도만 남은 경우를 말한다.

15. "흉복부 장기의 기능에 장애가 남아 손쉬운 노무 외에는 종사할 수 없는 것"이란 중등도(中等度)의 흉복부 장기의 장애로 노동능력이 일반인의 2분의 1 정도만 남은 경우를 말한다.
16. "흉복부 장기의 기능에 장애가 남아 노무가 상당한 정도로 제한된 것"이란 중등도의 흉복부 장기의 장애로 취업가능한 직종의 범위가 상당한 정도로 제한된 경우를 말한다.

「교통사고처리특례법」

제1조(목적)

이 법은 업무상 과실 또는 중대한 과실로 교통사고를 일으킨 운전자에 관한 형사처벌 등의 특례를 정함으로써 교통사고로 인한 피해의 신속한 회복을 촉진하고 국민생활의 편익을 증진함을 목적으로 한다.

[전문개정 2011.4.12.]

제2조(정의)

이 법에서 사용하는 용어의 뜻은 다음과 같다. 〈개정 2011.6.8〉

  1. "차"란 「도로교통법」 제2조제17호가목에 따른 차와 「건설기계관리법」 제2조제1항제1호에 따른 건설기계를 말한다.

  2. "교통사고"란 차의 교통으로 인하여 사람을 사상하거나 물건을 손괴하는 것을 말한다.

[전문개정 2011.4.12.]

제3조(처벌의 특례)

① 차의 운전자가 교통사고로 인하여 「형법」 제268조의 죄를 범한 경우에는 5년 이하의 금고 또는 2천만 원 이하의 벌금에 처한다.

② 차의 교통으로 제1항의 죄 중 업무상과실치상죄 또는 중과실치상죄와 「도로교통법」 제151조의 죄를 범한 운전자에 대하여는 피해자의 명시적인 의사에 반하여 공소를 제기할 수 없다. 다만, 차의 운전자가 제1항의 죄 중 업무상과실치상죄 또는 중과실치상죄를 범하고도 피해자를 구호하는 등 「도로교통법」 제54조제1항에 따른 조치를 하지 아니하고 도주하거나 피해자를 사고 장소로부터 옮겨 유기하고 도주한 경우, 같은 죄를 범하고 「도로교통법」 제44조제2항을 위반하여 음주측정 요구에 따르지 아니한 경우(운전자가 채혈 측정을 요청하거나 동의한 경우는 제외한다)와 다음 각 호의 어느 하나에 해당하는 행위로 인하여 같은 죄를 범한 경우에는 그러하지 아니하다.

  1. 「도로교통법」 제5조에 따른 신호기가 표시하는 신호 또는 교통정리를 하는 경찰공무원 등의 신호를 위반하거나 통행금지 또는 일시정지를 내용으로 하는 안전표지가 표시하는 지시를 위반하여 운전한 경우

  2. 「도로교통법」 제13조제3항을 위반하여 중앙선을 침범하거나 같은 법 제62조를 위반하여 횡단, 유턴 또는 후진한 경우

  3. 「도로교통법」 제17조제1항 또는 제2항에 따른 제한속도를 시속 20킬로미터 초과하여 운전한 경우

  4. 「도로교통법」 제21조제1항, 제22조, 제23조에 따른 앞지르기의 방법·금지시기·금지장소 또는 끼어들기의 금지를 위반하거나 같은 법 제60조제2항에 따른 고속도로에서의 앞지르기 방법을 위반하여 운전한 경우

  5. 「도로교통법」 제24조에 따른 철길 건널목 통과 방법을 위반하여 운전한 경우

  6. 「도로교통법」 제27조제1항에 따른 횡단보도에서의 보행자 보호 의무를 위반하여 운전한 경우

  7. 「도로교통법」 제43조, 「건설기계관리법」 제26조 또는 「도로교통법」 제96조를 위반하여 운전면허 또는 건설기계조종사면허를 받지 아니하거나 국제운전면허증을 소지하지 아니하고 운전

한 경우. 이 경우 운전면허 또는 건설기계조종사면허의 효력이 정지 중이거나 운전의 금지 중인 때에는 운전면허 또는 건설기계조종사면허를 받지 아니하거나 국제운전면허증을 소지하지 아니한 것으로 본다.

8. 「도로교통법」 제44조제1항을 위반하여 술에 취한 상태에서 운전을 하거나 같은 법 제45조를 위반하여 약물의 영향으로 정상적으로 운전하지 못할 우려가 있는 상태에서 운전한 경우
9. 「도로교통법」 제13조제1항을 위반하여 보도가 설치된 도로의 보도를 침범하거나 같은 법 제13조제2항에 따른 보도 횡단방법을 위반하여 운전한 경우
10. 「도로교통법」 제39조제2항에 따른 승객의 추락 방지 의무를 위반하여 운전한 경우
11. 「도로교통법」 제12조제3항에 따른 어린이 보호구역에서 같은 조 제1항에 따른 조치를 준수하고 어린이의 안전에 유의하면서 운전하여야 할 의무를 위반하여 어린이의 신체를 상해에 이르게 한 경우

[전문개정 2011.4.12.]

제4조(보험 등에 가입된 경우의 특례)

① 교통사고를 일으킨 차가 「보험업법」 제4조, 제126조, 제127조 및 제128조, 「여객자동차 운수사업법」 제60조, 제61조 또는 「화물자동차 운수사업법」 제51조에 따른 보험 또는 공제에 가입된 경우에는 제3조제2항 본문에 규정된 죄를 범한 차의 운전자에 대하여 공소를 제기할 수 없다. 다만, 다음 각 호의 어느 하나에 해당하는 경우에는 그러하지 아니하다.

1. 제3조제2항 단서에 해당하는 경우
2. 피해자가 신체의 상해로 인하여 생명에 대한 위험이 발생하거나 불구(부구)가 되거나 불치(부치) 또는 난치의 질병이 생긴 경우
3. 보험계약 또는 공제계약이 무효로 되거나 해지되거나 계약상의 면책 규정 등으로 인하여 보험회사, 공제조합 또는 공제사업자의 보험금 또는 공제금 지급 의무가 없어신 경우

② 제1항에서 "보험 또는 공제"란 교통사고의 경우 「보험업법」에 따른 보험회사나 「여객자동차 운수사업법」 또는 「화물자동차 운수사업법」에 따른 공제조합 또는 공제사업자가 인가된 보험약관 또는 승인된 공제약관에 따라 피보험자와 피해자 간 또는 공제조합원과 피해자 간의 손해배상에 관한 합의 여부와 상관없이 피보험자나 공제조합원을 갈음하여 피해자의 치료비에 관하여는 통상비용의 전액을, 그 밖의 손해에 관하여는 보험약관이나 공제약관으로 정한 지급 기준금액을 대통령령으로 정하는 바에 따라 우선 지급하되, 종국적으로는 확정 판결이나 그 밖에 이에 준하는 집행권원상 피보험자 또는 공제조합원의 교통사고로 인한 손해배상금 전액을 보상하는 보험 또는 공제를 말한다.
③ 제1항의 보험 또는 공제에 가입된 사실은 보험회사, 공제조합 또는 공제사업자가 제2항의 취지를 적은 서면에 의하여 증명되어야 한다.

[전문개정 2011.4.12.]

제5조(벌칙)

① 보험회사, 공제조합 또는 공제사업자의 사무를 처리하는 사람이 제4조제3항의 서면을 거짓으로 작성한 경우에는 3년 이하의 징역 또는 1천만 원 이하의 벌금에 처한다.
② 제1항의 거짓으로 작성된 문서를 그 정황을 알고 행사한 사람도 제1항의 형과 같은 형에 처한다.
③ 보험회사, 공제조합 또는 공제사업자가 정당한 사유 없이 제4조제3항의 서면을 발급하지 아니한

경우에는 1년 이하의 징역 또는 300만 원 이하의 벌금에 처한다.

[전문개정 2011.4.12.]

제6조(양벌 규정)

법인의 대표자, 대리인, 사용인, 그 밖의 종업원이 그 법인의 업무에 관하여 제5조의 위반행위를 하면 그 행위자를 벌하는 외에 그 법인에도 해당 조문의 벌금형을 과한다. 다만, 법인이 그 위반행위를 방지하기 위하여 해당 업무에 관하여 상당한 주의와 감독을 게을리하지 아니한 경우에는 그러하지 아니하다.

[전문개정 2010.1.25.]

부칙〈제3490호, 1981.12.31.〉

① (시행일) 이 법은 1982년 1월 1일부터 시행한다. 다만, 제4조 내지 제6조의 규정은 이 법 공포일로부터 6월 이내의 범위 안에서 대통령령으로 정하는 날로부터 시행한다.

② (적용례) 이 법 시행 전에 「형법」 제268조의 죄를 범한 제차의 운전자에 대하여는 종전의 규정에 의한다.

부칙(「도로교통법」)〈제3744호, 1984.8.4.〉

제1조(시행일)

이 법은 공포 후 6월이 경과한 날로부터 시행한다. 〈단서 생략〉

제2조 내지 제3조 생략

제4조 (다른 법률의 개정 등)

① 「교통사고처리특례법」 중 다음과 같이 개정한다.

1. 제2조제1호 및 제2호·제3조제1항 및 제2항 및 제4조제1항 중 "제차"를 "차"로 한다.

2. 제2조제1호 중 "제2조제9호"를 "제2조제13호"로 한다.

3. 제3조제2항 본문 중 "제74조"를 "제108조"로, "제45조"를 "제50조"로 한다.

4. 제3조제2항제2호 중 "제11조의2"를 "제13조"로, "제47조의7"을 "제57조"로 한다.

5. 제3조제2항제3호 중 "제13조제1항·제2항 또는 제47조의6의 규정에"를 "제15조제1항 또는 제2항의 규정에"로 한다.

6. 제3조제2항제4호 중 "제17조"를 "제19조"로, "제18조"를 "제20조"로, "제47조의5"를 "제56조"로 한다.

7. 제3조제2항제5호 중 "제20조"를 "제21조"로 한다.

8. 제3조제2항제6호 중 "제44조"를 "제48조"로 한다.

9. 제3조제2항제7호 중 "제38조"를 "제40조"로, "제66조의2"를 "제80조"로 한다.

10. 제3조제2항제8호 중 "제39조"를 "제41조"로, "제40조"를 "제42조"로 한다.

② 내지 ④ 생략

부칙〈제4548호, 1993.6.11.〉
이 법은 1993년 7월 1일부터 시행한다.

부칙(「도로교통법」)〈제4872호, 1995.1.5.〉
제1조(시행일)
이 법은 1995년 7월 1일부터 시행한다. 〈단서 생략〉

제2조 생략

제3조(다른 법률의 개정)
① 「교통사고처리특례법」 중 다음과 같이 개정한다.
제3조제2항제2호 중 "「도로교통법」 제13조제2항의 규정에 위반하여 차선이 설치된 도로의 중앙선을 침범하거나"를 "「도로교통법」 제12조제3항의 규정에 위반하여 중앙선을 침범하거나"로, "회전"을 "유턴"으로 한다.
제3조제2항제4호 중 "제19조제1항·제20조 또는 제56조제2항의 규정에 의한 앞지르기의 방법 또는 금지에 위반하여"를 "제19조제1항·제20조 내지 제20조의3 또는 제56조제2항의 규정에 의한 앞지르기의 방법·금지시기·금지장소 또는 끼어들기의 금지에 위반하여"로 한다.
제3조제2항제6호 중 "제48조제3호"를 "제24조제1항"으로 한다.
제3조제2항제7호 중 "제40조"를 "제40조제1항"으로 한다.
제3조제2항제10호 중 "제48조제5호"를 "제35조제2항"으로 한다.
② 및 ③ 생략

부칙〈제5157호, 1996.8.14.〉
이 법은 공포한 날부터 시행한다.

부칙(「화물자동차 운수사업법」)〈제5408호, 1997.8.30.〉
제1조(시행일)
이 법은 1998년1월1일부터 시행한다.

제2조 내지 제7조 생략

제8조(다른 법률의 개정)
① 「교통사고처리특례법」 중 다음과 같이 개정한다.
제4조제1항 중 "「보험업법」 제5조·제7조 또는 「육운진흥법」 제8조"를 "「보험업법」 제5조·제7조, 「육운진흥법」 제8조 또는 「화물자동차 운수사업법」 제36조"로 하고, 동조 제2항 중 "「보험업법」에 의한 보험사업자 또는 「육운진흥법」에 의한 공제사업자"를 "「보험업법」에 의한 보험사업자나 「육운진흥법」 또는 「화물자동차운수사업법」에 의한 공제사업자"로 한다.
② 내지 ⑤ 생략

제9조 생략

부칙(「보험업법」)〈제6891호, 2003.5.29.〉
제1조(시행일)
이 법은 공포 후 3월이 경과한 날부터 시행한다.〈단서 생략〉

제2조 내지 제32조 생략

제33조(다른 법률의 개정)
① 「교통사고처리특례법」 중 다음과 같이 개정한다.
제4조제1항 본문 중 ""보험업법」 제5조·제7조"를 ""보험업법」 제4조 및 제126조 내지 제128조"로 한다.
② 내지 ⑧ 생략

제34조 생략

부칙(「도로교통법」)〈제7545호, 2005.5.31.〉
제1조(시행일)
이 법은 공포 후 1년이 경과한 날부터 시행한다.

제2조 내지 제7조 생략

제8조(다른 법률의 개정)
① 생략
② 「교통사고처리특례법」 중 다음과 같이 개정한다.
제2조제1호 중 "제2조제13호"를 "제2조제16호"로 한다.
제3조제2항 본문 중 "제108조"를 "제151조"로, "제50조제1항"을 "제54조제1항"으로 한다.
제3조제2항제2호 중 "제12조제3항"을 "제13조제3항"으로, "제57조"를 "제62조"로 한다.
제3조제2항제3호 중 "제15조제1항 또는 제2항"을 "제17조제1항 또는 제2항"으로 한다.
제3조제2항제4호 중 "제19조제1항·제20조 내지 제20조의3 또는 제56조제2항"을 "제21조제1항, 제22조, 제23조 또는 제60조제2항"으로 한다.
제3조제2항제5호 중 "제21조"를 "제24조"로 한다.
제3조제2항제6호 중 "제24조제1항"을 "제27조제1항"으로 한다.
제3조제2항제7호 중 "제40조제1항"을 "제43조제1항"으로, "제80조"를 "제96조"로 한다.
제3조제2항제8호 중 "제41조제1항"을 "제44조제1항"으로, "제42조"를 "제45조"로 한다.
제3조제2항제9호 중 "제12조제1항"을 "제13조제1항"으로, "제12조제2항"을 "제13조제2항"으로 한다.
제3조제2항제10호 중 "제35조제2항"을 "제39조제2항"으로 한다.
③ 내지 ⑦ 생략

부칙〈제8718호, 2007.12.21.〉
이 법은 공포 후 2년이 경과한 날부터 시행한다.

부칙(「화물자동차 운수사업법」)〈제8979호,2008.3.21.〉
제1조(시행일)
이 법은 공포한 날부터 시행한다.

제2조부터 제4조까지 생략

제5조(다른 법률의 개정)
① 「교통사고처리특례법」 일부를 다음과 같이 개정한다.
제4조제1항 본문 중 "「화물자동차 운수사업법」 제36조"를 "「화물자동차 운수사업법」 제51조"로 한다.
② 부터 ⑪까지 생략

제6조 생략

부칙〈제9941호, 2010.1.25.〉
① (시행일) 이 법은 공포한 날부터 시행한다.
② (적용례) 제3조제2항의 개정 규정은 이 법 시행 후 최초로 발생한 교통사고부터 적용한다.

부칙〈제10575호, 2011.4.12.〉
이 법은 공포한 날부터 시행한다.

부칙(「도로교통법」)〈제10790호, 2011.6.8.〉
제1조(시행일)
이 법은 공포 후 6개월이 경과한 날부터 시행한다.

제2조부터 제5조까지 생략

제6조(다른 법률의 개정)
① 「교통사고처리특례법」 일부를 다음과 같이 개정한다.
제2조제1호 중 "「도로교통법」 제2조제16호가목"을 "「도로교통법」 제2조제17호가목"으로 한다.
② 생략

「교통사고처리특례법시행령」

제1조(목적)
이 영은 「교통사고처리특례법」(이하 "법"이라 한다)에서 위임된 사항과 그 시행에 관하여 필요한 사항을 규정함을 목적으로 한다.

제2조(우선 지급할 치료비에 관한 통상비용의 범위)
① 법 제4조제2항의 규정에 의하여 우선 지급하여야 할 치료비에 관한 통상비용의 범위는 다음 각호와 같다.
    1. 진찰료
    2. 일반병실의 입원료. 다만, 진료상 필요로 일반 병실보다 입원료가 비싼 병실에 입원한 경우에는 그 병실의 입원료
    3. 처치·투약·수술 등 치료에 필요한 모든 비용
    4. 의지·의치·안경·보청기·보철구 기타 치료에 부수하여 필요한 기구 등의 비용
    5. 호송·전원·퇴원 및 통원에 필요한 비용
    6. 보험약관 또는 공제약관에서 정하는 환자 식대·간병료 및 기타 비용
② 치료비에 관한 통상비용의 계산에 있어서 피해자가 외국에서 치료를 받은 경우의 제1항 각 호의 비용은 국내 의료기관에서 동일한 치료를 하는 경우 그에 상당한 비용으로 한다. 다만, 국내 의료기관에서 치료가 불가능하여 외국에서 치료를 받은 경우에는 그에 소요되는 비용으로 한다.

제3조(우선 지급할 치료비 외의 손해배상금의 범위)
① 법 제4조제2항의 규정에 의하여 우선 지급하여야 할 치료비 외의 손해배상금의 범위는 다음 각호와 같다.
    1. 부상의 경우 보험약관 또는 공제약관에서 정한 지급 기준에 의하여 산출한 위자료의 전액과 휴업손해액의 100분의 50에 해당하는 금액
    2. 후유장애의 경우 보험약관 또는 공제약관에서 정한 지급 기준에 의하여 산출한 위자료 전액과 상실수익액의 100분의 50에 해당하는 금액
    3. 대물손해의 경우 보험약관 또는 공제약관에서 정한 지급 기준에 의하여 산출한 대물배상액의 100분의 50에 해당하는 금액
② 제1항제1호 및 제2호의 규정에 의한 위자료가 중복되는 경우에는 보험약관 또는 공제약관이 정하는 바에 의하여 지급한다.

제4조(손해배상금의 우선 지급 절차)
① 피해자가 제2조 및 제3조의 규정에 의한 손해배상금의 우선지급을 받고자 하는 때에는 금융위원회 또는 국토교통부장관이 정하는 바에 의하여 보험사업자 또는 공제사업자에게 손해배상금 우선지급의 청구를 하여야 한다. 〈개정 1994.12.23., 1999.5.24., 2008.2.29., 2008.12.31., 2013.3.23.〉
② 제1항의 규정에 의하여 손해배상금 우선 지급의 청구를 받은 보험사업자 또는 공제사업자는 그 청구를 받은 날로부터 7일 이내에 이를 지급하여야 한다.

③ 피해자가 「자동차손해배상보장법」 제10조 및 제11조에 따라 손해배상액 또는 가불금을 지급받은 때에는 보험사업자 또는 공제사업자는 손해배상금의 우선지급액에서 이를 공제할 수 있다.

〈개정 2008.9.25.〉

제5조(피해자에 대한 성실보호)
보험사업자 및 공제사업자는 보험 또는 공제와 관련된 교통사고 피해자의 보호관리업무를 성실히 수행하여야 한다.

제6조(법 제4조 내지 제6조의 시행일)
법 제4조 내지 제6조의 규정은 1982년 6월 30일부터 시행한다.

부칙〈제10864호, 1982.7.9.〉
이 영은 1982년 6월 30일부터 적용한다.

부칙(재정경제원과 그 소속기관 직제)〈제14438호, 1994.12.23.〉
제1조(시행일)
이 영은 공포한 날부터 시행한다.

제2조 내지 제4조 생략

제5조(다른 법령의 개정)
① 내지 〈114〉 생략
〈115〉「교통사고처리특례법시행령」 중 다음과 같이 개정한다.
제4조제1항 중 "재무부장관"을 "재정경제원장관"으로 한다.
〈116〉내지 〈327〉 생략

부칙(건설교통부와 그 소속기관 직제)〈제14447호, 1994.12.23.〉
제1조(시행일)
이 영은 공포한 날부터 시행한다. 다만, 제13조제5항·제70조·[별표7]·[별표9] 및 [별표10]의 규정은 1995년 1월 1일부터 시행하고, 제71조 내지 제78조 및 [별표11]규정은 1995년 3월 1일부터 시행하되, 항로관제요원의 사전교육 및 직무적응훈련을 위하여 필요한 범위 안에서 [별표 11]의 항공교통관제소공무원 정원중 78인(항공주사 50, 전무주사 5, 항공주사보 17, 전무주사보 4, 전무서기 2)은 1994년 9월 9일부터, 나머지 정원 70인(3급 1, 4급 1, 5급 5, 6급 21, 7급 21, 8급 14, 기능직 7인)은 1995년 1월 1일부터 각각 1995년 2월 28일까지 각각 건설교통부의 공무원 정원으로 본다.

제2조 내지 제4조 생략

제5조(다른 법령의 개정)
① 내지 〈137〉 생략
〈138〉「교통사고처리특례법시행령」 중 다음과 같이 개정한다.

제4조제1항 중 "교통부장관"을 "건설교통부장관"으로 한다.
〈139〉 내지 〈205〉 생략

부칙(법무부와 그 소속기관 직제)〈제16337호, 1999.5.24.〉
① (시행일) 이 영은 공포한 날부터 시행한다.〈단서 생략〉
② 생략
③ (다른 법령의 개정)「교통사고처리특례법시행령」 제4조제1항 중 "재정경제원장관"을 "금융감독위원회"로 한다.

부칙(경찰청과 그 소속기관 직제)〈제20692호, 2008.2.29.〉
제1조(시행일)
이 영은 공포한 날부터 시행한다.

제2조(다른 법령의 개정)
①부터 ⑤까지 생략
⑥「교통사고처리특례법시행령」 일부를 다음과 같이 개정한다.
제4조제1항 중 "금융감독위원회"를 "금융위원회"로 한다.
⑦부터 ⑫까지 생략

부칙(「자동차손해배상보장법시행령」)〈제21036호, 2008.9.25.〉
제1조(시행일)
이 영은 2008년 9월 29일부터 시행한다.〈단서 생략〉

제2조 생략

제3조(다른 법령의 개정)
①「교통사고처리특례법시행령」 일부를 다음과 같이 개정한다.
제4조제3항 중 "「자동차손해배상보장법」 제12조 또는 제14조(제22조에 의하여 준용되는 경우를 포함한다)의 규정에 의하여"를 "「자동차손해배상보장법」 제10조 및 제11조에 따라"로 한다.
② 및 ③ 생략

부칙(행정안전부와 그 소속기관 직제)〈제21214호, 2008.12.31.〉
제1조(시행일)
이 영은 공포한 날부터 시행한다.〈단서 생략〉

제2조부터 제4조까지 생략

제5조(다른 법령의 개정)
①부터 〈30〉까지 생략
〈31〉「교통사고처리특례법시행령」 일부를 다음과 같이 개정한다.

제4조제1항 중 "건설교통부장관"을 "국토해양부장관"으로 한다.
〈32〉부터 〈175〉까지 생략

부칙(법무부와 그 소속기관 직제)〈제24415호, 2013.3.23.〉
제1조(시행일)
이 영은 공포한 날부터 시행한다.

제2조 생략

제3조(다른 법령의 개정)
① 생략
②「교통사고처리특례법시행령」일부를 다음과 같이 개정한다.
제4조제1항 중 "국토해양부장관"을 "국토교통부장관"으로 한다.
③부터 〈16〉까지 생략

참고문헌

〈저 서〉

김유중, 『자동차보험 대인손해사정 실무』(보험연수원, 1997)
민병진, 『자동차보험이론』(㈜고시아카데미, 2006)
이보환, 『자동차사고손해배상소송』(육법사, 1990)
이은영, 『채권총론』(박영사, 1991)
한국자동차보험(주), 『자동차손해배상보장법해설』(1982)

〈논 문〉

박윤철, "자동차사고 근로 재해 면책에 관한 연구", 한양대학교 대학원 석사학위논문(1995)